LAND OF DESIRE

欲望之地

Merchants, Power,
and the Rise of
a New American
Culture

美国
消费主义
文化的
兴起

William R. Leach

[美] 威廉·利奇 著

孙路平 付爱玲 译

著作权合同登记号　图字：01-2019-2623

图书在版编目（CIP）数据

欲望之地：美国消费主义文化的兴起/（美）威廉·利奇（William R. Leach）著；孙路平，付爱玲译 . —北京：北京大学出版社，2020.10

（培文·历史）

ISBN 978-7-301-31041-0

Ⅰ.①欲⋯　Ⅱ.①威⋯　②孙⋯　③付⋯　Ⅲ.①消费文化—研究—美国　Ⅳ.① D771.283

中国版本图书馆 CIP 数据核字（2020）第 074104 号

Land of Desire: Merchants, Power, and the Rise of a New American Culture by William R. Leach
Copyright © 1993 William R. Leach
Simplified Chinese edition copyright © 2020 Peking University Press
This translation published by arrangement with Pantheon Books, an imprint of The Knopf Doubleday Group, a division of Penguin Random House, LLC., through Bardon Chinese Media Agency
All rights reserved

书　　名	欲望之地：美国消费主义文化的兴起 YUWANG ZHI DI
著作责任者	［美］威廉·利奇（William R. Leach）著　孙路平　付爱玲 译
责任编辑	徐文宁　于海冰
标准书号	ISBN 978-7-301-31041-0
出版发行	北京大学出版社
地　　址	北京市海淀区成府路 205 号　100871
网　　址	http://www.pup.cn　新浪微博：@北京大学出版社 @培文图书
电子信箱	pkupw@qq.com
电　　话	邮购部 010-62752015　发行部 010-62750672 编辑部 010-62750883
印 刷 者	天津光之彩印刷有限公司
经 销 者	新华书店
	660 毫米×960 毫米　16 开本　29.5 印张　480 千字 2020 年 10 月第 1 版　2023 年 1 月第 2 次印刷
定　　价	69.00 元

未经许可，不得以任何方式复制或抄袭本书之部分或全部内容。
版权所有，侵权必究
举报电话：010-62752024　电子信箱：fd@pup.pku.edu.cn
图书如有印装质量问题，请与出版部联系，电话：010-62756370

《欲望之地》是一部记录美国生活大规模转型的编年史。

——《纽约时报书评》

如果你想追忆那个更简单、更朴素的美国，就请阅读《欲望之地》……商业领袖在宗教和资本主义之间建立起一种神秘的关联，利奇在分析这一关联时展现出了多层面剖析历史的卓越才能。下次怀旧时请阅读本书，你会发现，历史过往并不仅仅是一连串被珍藏的事件和回忆。过去就在我们面前。

——《洛杉矶时报》

利奇是一位优秀的作家和缜密的研究者……该书围绕一个矛盾展开，即资本主义要求人们在工作场所是虔诚的信徒，而在收银台前却是狂热的异教徒。

——《华尔街日报》

利奇这部大作耗时十余载，它对美国消费主义文化转型进行了一针见血的描述，令人振奋。大规模的生产和分销提供了"大量的商品，满足了人们从未意识到的需求"，消费主义文化转型就是在这一背景下发生的。

——《波士顿凤凰报》

1880年至1930年间，美国从一个由职业道德主导的社会，转变为一个被消费资本主义支配的社会。利奇分析了美国文化历史中促成这种转变的权力结构之间的相互作用。

——《出版人周刊》

《欲望之地》不是那种干巴巴的概述性历史书。它令人信服地告诉我们，我们现今这样的购物方式、需求、想象和生活方式是如何发展出来的。

——《巴尔的摩太阳报》

利奇的书，其最振奋人心之处在于，它的论点具有很强的说服力，即消费主义是由一系列态度构成的，这些态度就像机械鸟的动作一样，都是人们精心设计出来的。

——《哈泼斯杂志》

马尔库塞的《单向度的人》让 20 世纪 60 年代变得更加激进，同样，利奇的《欲望之地》也能给 20 世纪 90 年代带来许多变革。利奇研究了 1880 年到 1930 年间的美国历史，他对消费资本主义的评述令人惊叹。

——《西雅图时报》

本书不可或缺。……利奇是一个叙事天才，他对那些重要的细节有敏锐的洞察力……他耐心地追踪消费主义社会的发展：肇始于微不足道的零售业，经历消费服务业的制度化，再到消费主义被全面接受为美国的生活方式。

——《国家》

本书将商业历史与文化历史巧妙相融，让人们重新认识了美国商业生活的广阔领域。

——《威尔逊季刊》

一部精彩之作！利奇对 20 世纪根本问题的阐释非常精妙……如果有人想要了解我们这个消费主义社会的起源，本书无疑是一部必读书。

——美国公共广播电台《市场》栏目

被打破的平衡 *

人们正在店里购物,享受着愉悦,在门廊里说着话,

突然,所有人都安静下来,

他们跑出拱门,仰望天空:

在托斯卡纳的夏日晴空,

扬起一阵嘹亮尖锐的号角声,

那声音既悲伤,又强烈、决绝、大胆。

人们惊叹不已。预言者说:

"众神很少为人类费神,但在每个时期结束时,

上天都会宣示一个征兆,

它指明了新的时代、新的风俗、一个历经变革的民族。

伊特鲁里亚时代结束了,罗马统治时期开始了。

明智的水手都会顺风使舵。"

           昨天,我听到

一阵号角声,它是那么尖锐,那么悲伤,

我很难保持明智……我必须接受变化,忍受它;

不要为人民过分担忧,他们自会拥有属于他们自己的幸福。

当共和国发展到臃肿不堪时,恺撒就会接管它;

当生活变得面目可憎时,就会有新的政权出现……

---

* Robinson Jeffers, "The Broken Balance," 1929, from *Rock and Hawk: A Selection of Shorter Poems by Robinson Jeffers*, Robert Haas, ed. (New York, 1987).

目　录

前言　007

导言　欲望之地和消费资本主义文化　001

第一部分　诱惑策略
　　第一章　一个商业帝国的开端　013
　　第二章　色彩、玻璃和灯光构成的外墙　036
　　第三章　室内展示　067
　　第四章　时尚与不可或缺之物　086
　　第五章　阿里巴巴之灯：为个人和公共利益服务　106

第二部分　权力环路
　　第六章　"商业掌管世界"：新秩序背后的机构联合　147
　　第七章　沃纳梅克的简朴生活和国教道德的沦丧　183
　　第八章　心灵疗愈和幸福机器　215

第三部分　管理梦想文化：1922—1932
　　第九章　"整合时代"：商品、金钱和合并热潮　253
　　第十章　"把他们的梦想卖给他们"　286
　　第十一章　盛会　310
　　第十二章　胡佛的绿宝石城和政府管理　335

结论　遗产　361

注释　372

前　言

谁有能力构想美好生活的愿景并使之盛行，谁就拥有最具决定性的力量。美国商业一直在追求低成本地进行商品生产和销售，追求不断增加的商品数量和更高的利润水平。1890年以后，它获得了构想美好生活愿景的能力，尽管在此过程中它也遇到过几次严重的危机，但它始终保持着这样的能力。从19世纪90年代开始，美国企业与一些重要机构联手推动美国社会发生转变，要将它变成一个专注于消费、舒适与安康、奢侈生活与获取的社会，在这个社会里，今年的商品比去年多，明年的更比今年多。美国消费资本主义产生了一种对过去和传统充满敌意的文化，一种面向未来的欲望文化，它将美好生活与商品混为一谈。这种文化刚开始时是一种非主流文化，或者说是一种与共和政体早期传统和基督教美德相违背的文化，之后它逐渐发展成为美国的主流文化。这种文化很快就被世界上很多人视为美国生活的核心。

本书主要讲述1880年至1930年这种文化形成的关键时期，旨在阐明这种文化的力量和吸引力，以及它给美国带来的道德巨变。今天，大众消费资本主义四处蔓延，我们迫切需要了解它最初是如何形成的，以及在这个过程中我们获得了什么又失去或压制了什么。我们迫切需要把这种文化视为一种在一个特定时段内的历史产物，尤其是如果我们对它还心存疑虑、想要改变它或完全拒绝它的话。

我们并不缺少研究现代美国消费社会的历史学家，他们目前所从事的大部分工作都很有价值，能为我们提供大量信息。事实上，没有他们的工作，也就没有本书的问世。然而，大多数新著述要么痛斥消费社会，使人对它出现的原因感到费解，要么就是对它赞赏有加，暗示只有那些傻瓜、清教徒或受虐狂才会抵制它和对它吹毛求疵。现今大多数人都对消费社会抱持赞赏态度，就连那些自称社会主义者或激进文化批评家的人也都认为，消费资本主义曾经是（现在也是）一种具有解放性的力量，是能够满足所有人类"真正"需求和欲望的最佳制度。

本书尝试对消费资本主义文化做出一种更为全面的评价。书中讨论了导致它产生的经济现实：全国性企业、大众市场零售商和银行，讨论了广告商、投资者、陈列展示艺术家、时装设计师、大量的经纪人，以及设计商业诱惑的"骗子"。但是，本书并非只是在做一种经济分析，它将文化视为一个整体、一系列不同的人和团体（文化团体、非经济团体、宗教团体和政治团体）之间的复杂关系，这些团体共同创造了商人约翰·沃纳梅克（John Wanamaker）所说的"欲望之地"。本书第一部分讨论了那些商人及其采用的诱惑顾客的手段；第二部分和第三部分则展示了，这些商人如何与教育者、社会改革家、政治家、艺术家和宗教领袖进行合作，以促成新的经济和文化的诞生。

我要提醒读者注意的是，本书并不关注公众（对消费资本主义文化）的认同和接受问题。虽然本书描述了很多行为：既有很多人肯定新文化，也有很多人反对它或憎恨它，还有很多人为它欢呼，但是，这些行为并非本书主题。本书的主旨并不是公众对这种文化的认同，而是这种文化的形成。可以肯定，公众的认同在这个过程中也发挥了一定的作用，但却并非那种决定性的作用。这听起来可能会让人觉得有些矛盾，因为我们知道，资本主义的捍卫者总是声称：资本主义是迄今为止最民主的经济体系，它的正常运作需要甚至依赖公众对它的认同。许多经济学家也都声称，资本主义市场要想正常运转，就要对消费者"真正的"需求和愿望，或者是其认同的事物，做出很好的回应。

然而，我并不认为公众认同是这一新现象形成及其持久存在的关键。事实上，消费资本主义文化可能是有史以来最不合乎民意的公共文化之一；之所以说它不合乎民意，原因有二。首先，它并不是由"人民"创造出来的，而是由商业团体和其他精英合力创制，这些精英乐于并致力于盈利，不断加速进行资本积累。其次，在日常行为中（而非以任何阴谋方式），它只突出了美好生活的一个愿景，而排除了所有其他愿景。通过这样做，它消解了美国的公共生活，使美国人民无法洞察组织及构想生活的其他方式，而这种洞察则有可能让他们认同那种真正民主的主流文化（如果他们要对什么表示认同的话）。

本书的写就基于我持续十多年的广泛研究。我采访了很多人，在此谨致谢意：纽约市罗德&泰勒百货（Lord & Taylor）20世纪30年代的陈列展示经理达纳·奥克莱尔（Dana O'Clare），费城沃纳梅克百货（Wanamaker's）前高级副总裁兼陈列展示专家弗雷德·约斯特（Fred Yost），已经退休的零售采购员马乔里·普莱舍特（Marjorie Pleshette）、伊丽莎白·哈密尔（Elizabeth Hamil）和多拉·桑德斯（Dora Sanders），已故投资银行家保罗·梅热（Paul Mazur）的妻子阿道菲纳·梅热（Adolphina Mazur），沃纳梅克百货费城店已故前董事长理查德·邦德（Richard Bond），以及公共关系科学的先驱创造者爱德华·伯奈斯（Edward Bernays）。

我是60多年来首位获许查阅费城沃纳梅克百货商店档案的人，沃纳梅克是20世纪初美国最具影响力的商人，所以这是一次让人难忘而幸运的经历。虽然当时沃纳梅克百货高级副总裁罗伯特·哈里森（Robert Harrison）认为我在档案中不会找到什么有价值的东西，但他错了。我发现了沃纳梅克所有装订好的书信集，以及数百封没有装订的他与他的儿子罗德曼（Rodman）之间的通信。此外还有许多报纸剪贴簿、私人笔记本、日记，以及数不清的涉及公司成长和发展各个方面的文件。这些档案内容丰富，我很感激自己能有机会进行查阅。正是因为我在那里度过了将近五个月的时间，本书前半部分可以算是沃纳梅克的传记，同时也是对他帮助创造的那种文化的研究。

来自其他六个机构的藏品也为本书做出了重要贡献，它们是纽约公共图书馆、纽约历史学会、国会图书馆、国家档案馆、美国国家历史博物馆和纽约大学博斯特图书馆。我还要感谢以下机构的工作人员：马萨诸塞州剑桥市哈佛商学院的乔治·贝克图书馆、纽约市大都会艺术博物馆、纽约市美国自然历史博物馆、纽约市布鲁克林博物馆、马萨诸塞州伍斯特市的伍斯特古物学会、纽约市档案和记录中心、纽约市普瑞特艺术学院、伊利诺伊州芝加哥市的芝加哥历史学会和纽伯瑞图书馆、纽约市布鲁克林历史学会、纽约市哥伦比亚大学巴特勒图书馆手稿室、纽约大学档案馆和纽约大学塔米门特图书馆。以下机构收藏的档案也很有价值，它们是芝加哥的菲尔德百货（Field's）、费城的斯特劳布里奇与克洛西尔百货（Strawbridge and Clothier），以及华盛顿特区的伍德沃德与洛思罗普百货（Woodward and Lothrop）。我要特别感谢菲尔德百货高级副总裁乔治·林德（George Rinder），他在我1985年夏天访问期间热情相助。我还要感谢菲尔德百货的档案管理员霍默·夏普（Homer Sharp）、密苏里州堪萨斯城阿特金斯博物馆馆长亨利·亚当斯（Henry Adams）、达特茅斯学院图书馆的菲利普·克罗嫩韦特（Philip Cronenwett），感谢他们及时向我提供照片。

本书所做的研究也得益于古根海姆基金会、国家人文基金会、华盛顿伍德罗·威尔逊国际学者中心和纽约大学纽约人文学院提供的奖学金支持。我还要感谢得克萨斯州达拉斯市的斯坦利·马库斯（Stanley Marcus），他在这项研究初期向我提出了很多建议，帮助我确定了研究方向。

本书的完成不只依靠研究和经济资助，它还受益于广大友人和学者的慷慨相助，学者们的仔细评审使我得以避免在事实和判断方面犯错。感谢伊丽莎白·科根（Elizabeth Kogen）和沃伦·苏斯曼（Warren Susman）的夫人的帮助；感谢迈克尔·赫恩（Michael Hearn）为我提供《绿野仙踪》一书作者弗兰克·鲍姆（Frank Baum）的生平及其所处时代的信息，这些信息在本书的研究中发挥了重要作用；理查德·福克斯（Richard Fox）对宗教一章的审阅，也让本书的讨论更具深度。

感谢克里斯托弗·拉什（Christopher Lasch）和威廉·泰勒（William

Taylor）审阅了本书第二稿，让我得以从容应对撰写本书第三稿和第四稿的挑战。感谢唐纳德·迈耶（Donald Meyer）和玛丽·弗纳（Mary Furner），他们两次审阅手稿，提出了一些尖锐的意见，让我意识到书中尚有不少错谬和冗赘之处；另外，在某些观点上我们意见相左，对此我在书中也都一一做出回应，这也使得本书的内容更具说服力；感谢罗伊·罗森茨维格（Roy Rosenzweig），他对本书早期草稿那种详尽的反馈堪称典范。

我的图书编辑珍妮特·霍普金斯（Jeannette Hopkins）耗时数月审订书稿，感谢她帮着完善书稿。感谢弗雷德·约旦（Fred Jordan）、苏珊·诺顿（Susan Norton）等人帮助顺利完成这个项目。

感谢伊丽莎白·布莱克马尔（Elizabeth Blackmar）对本书无数遍的批阅，她弥补了我的不足，同时强化了我的优势，她为本书做出了无与伦比的贡献，她的陪伴帮我度过许多艰难时光。

最后，我要感谢1985年去世的沃伦·苏斯曼，他对生活中的一切都充满热情，他对别人的爱护和培养无以言表，正是他让我在许多年前走上了研究历史这条路。他通过教书和写作来表达自己的思想，这种表达力使他位居伟大历史学家之列。在我所认识的人中，他对思想的追求拥有最持久的热情。他的垂范使得历史研究就像是一种最激动人心和最有价值的职业。他的超强记忆力则比其他任何东西都更能让本书内容变得鲜活无比，并使我确信本书会顺利完成。

导　言
欲望之地和消费资本主义文化

1906年，商人约翰·沃纳梅克写道："开创新事物的人，在最初都像哥伦布启航时一样，少有人有信心能到达目的地。"沃纳梅克宣布了一种新文化的出现，这种新文化将会主宰美国人的生活，其核心是追求快乐、安全、舒适和物质财富。另一位商人评价说："这种文化只与我们自己、我们的快乐和生活有关。它不会说：'祈祷吧，去服从，牺牲你自己，尊重君王，敬畏你的主人。'它只会低声道：'取悦你自己，照顾你自己。'这难道不是个人主义时代一种自然而又合理的结果吗？"[1]

在美国内战后的几十年里，美国资本主义开始形成一种独特的文化，它与传统的家庭或社区价值观无关，与任何传统意义上的宗教无关，更与政治民主无关。它是一种商业和市场导向的世俗文化，货币及商品的交换和流通是它的审美生活和道德情感的基础。本书讲述的就是这种文化的发展，它的特征，以及那些促使其形成的个人和团体。

这种文化的主要特征是：获取和消费成为实现幸福的手段，对新事物的崇拜，欲望民主化，金钱价值成为衡量社会所有价值的主要尺度。

到一战时，美国人已经被消费的快乐和放纵所吸引，工作不再被视为通往幸福之路。这种诱惑之根，深植于美国和欧洲的历史。几代人以来，美国一直被说成是一个物质充裕之地，一座可以满足人们所有愿望的花园。许多新教徒甚至认为，千禧年的承诺（基督复临）注定会在此实现，新耶路撒冷不仅会带来救赎和精神喜乐，还会带来现世的福祉和贫穷的终结。[2] 20世纪初，这一神话被改写成城市化和商业化，越来越脱离其宗教目标，越来越关注个体满足，甚至关注新的娱乐场所，如百货商店、剧院、餐厅、酒店、歌舞厅和游乐园等。这些场所仍然承载着许多以前的神话信息（美国人可以被更新和重塑），但是，旧思想经常将美国视为千禧之地，在这里可以实现许多不同梦想（精神梦想、职业梦想、政治梦想和物质梦想），而这一新时代则宣告，对商品的追求将会成为获得所有的"善"和个人救赎的手段。因此，先锋广告商阿蒂马斯·沃德（Artemas Ward）放弃了旧宗教，却保留了对天堂的信仰。他在1892年写道："这个世界，只有当它对我们的个人行为做出回应时才是真实的。然而，在梦想的土地上，存在着一些我们触摸不到、觉察不到、改造不了、想象不到的东西，它们比我们现在拥有的东西要显得更伟大、更宽广、更强大。这个世界对所有人开放，每个人都有机会。"[3]

对"新事物"的崇拜就属于这种新文化。在这方面，美国人又一次为自己的历史做好了准备。类似"新世界""地球上的新天堂""新国家"这些词语变得极为常见；似乎每个人都在吹嘘这个国家的"创新方式"，一神教牧师威廉·钱宁（William Channing）在1830年盛赞美国为一片拥有"新自由""新社会制度""新道路""新收获"的"新大陆"。在美国，新奇和变化本身早已成为一种传统。"这个世界和一些书籍习惯于把我们国家与'新'这个词联系在一起，"马克·吐温在《密西西比河上的生活》（*Life on the Mississippi*）一书中写道，"我们很早就获得并一直抱有这样一种印象，即美国没有什么旧事物。"[4] 在这种情况下，历史被新事物所挟持，我们也就很难去捍卫任何传统，以及任何传承下来的习俗或信仰。

思想家爱默生和诗人惠特曼表达了这种崇拜的深刻的一面，他们邀请人们主动（而不是被迫）去体验新事物，接受各种各样的表达，以自己的方式去追求新事物。爱默生写道，人们应该寻求新事物，并不是因为它们是新事物，也不是为了获取那些与物质财富相关的"低俗的满足"和"对舒适的过度关注"，而是因为在新事物那里人们有可能找到精神重生、洞察力和美德。[5] 西方人对知识的追求也促进了他们对新事物的探索，启蒙运动和科学革命将这种探索从此前一直存在的"善恶之争"中解放出来。

然而，到19世纪末，商业资本主义已经迷恋上了这种对新事物的崇拜，完全认同并接受了它。创新与越来越多的商品生产联系在一起。时尚和风格成为核心，它们盗用民俗设计和形象，将风俗稀释成单纯的表象和外观。对新事物的崇拜可能是这种文化最激进的一面，因为它很容易颠覆任何风俗、价值观或民间观念。科学也是激进的，但就其本质而言，它并不仇视习俗、传统或宗教。而市场资本主义与习俗、传统或宗教之间的关系则是敌对的；在我们这个时代，没有一种移民文化（在很大程度上可以说也没有一种宗教传统）有能力抵制它。凡是来到这个国家的群体，都必须学会接受和适应美国资本主义文化的这一基本特征。

伴随着对新事物的崇拜和消费者天堂的展开，欲望开始民主化。欲望民主化也根源于美国走向民主的伟大运动。至少到19世纪上半叶，大多数美国白人都是自主经营者、地产所有者、繁荣的大西洋贸易的食品和原材料生产商，他们的生产活动基本上没有工业生产所带有的那种风险（工业生产依靠严格的工作节奏和那些非独立的劳动力生产商品）。美国人为他们广泛传播的繁荣而欢欣鼓舞。美国是所有人的"舒适之地"。[6]

但是，1885年以后，随着国家工业化的飞速发展，民主观念，就像人们对待新事物及天堂的观念一样，开始发生根本变化。土地蕴含的财富日益减少，财富更多地存在于资本或者是生产新商品所需要的资金上。这种金钱财富被少数人拥有；与此同时，越来越多的美国人都失去了对工作的控制，变成依赖他人（资本所有者）来获取工资和福利。在这种背景下，一种新的民主概念产生了，它由日益增加的收入和不断提高的生活标准促成，得到资本家和许多进步主义改革者的支持；与过去相比，这种民主要更具包容性，但也更有局限性。

这种带有高度个人主义色彩的民主观，强调人的自我取悦和自我实现，而非社区或公民福祉。随着经济及政治自由的旧基础（财产所有权和工作控制权）逐渐消失，一种更新和"更好"的基础正在形成。这一概念包含两个方面。首先，它强调，舒适和繁荣的传播不仅是美国经验的一部分，也是其核心。因此，进步主义者赫伯特·克罗利（Herbert Croly，西奥多·罗斯福总统的启迪者）写道，"美国生活的承诺"中最重要之处在于，"为越来越多优秀的美国人提供舒适和富足的生活"。经济学家约翰·克拉克（John Clark，一位商业支持者）认为，尽管美国在财富上"存在巨大而且仍在不断加大的不平等"，但是，民主可以通过"自由"市场的良性天赋得到保证，这种良性天赋可以给美国人提供无限增长的商品和服务。[7]其次，新的"民主"概念还包括欲望民主化，或者更准确地说，就是人们渴望得到同样的商品、享有同样的舒适和奢华的平等权利。所以美国文化在1880年以后变得更加民主，每个人（儿童和成人，男人和女人，黑人和白人）作为个体都拥有平等的权利去渴望、渴念、渴求他们喜欢的东西。"舒适之地"正在成为"欲望之地"。

这种"民主"的新定义并不是在没有遇到政治上的反对的情况下出现的。事实上，美国内战结束后，一场激烈的冲突席卷全国：针对在工业化的美国应该如何组织民主这一问题，农民和工人站在了与商人对立的立场上。到19世纪80年代和90年代，兴起了一场声势浩大的民粹主义工会运动；这一运动可以追溯到较早的共和政体时代，它主张，民主必须以财产所有权和工作资源为基础，而不能只以拥有商品为基础。他们宣称，民主生活和共和国的美德依赖于独立的家庭，这些独立的家庭拥有土地和工具，可以自行生产大部分消费品。社会改革家和新一代经济学家也认同这些观点，他们甚至要求采取措施来确保财产民主化，进而确保普通美国人享有自主权。1879年，进步主义经济学家亨利·亚当斯（Henry Adams）警告说："必须建立一种更加公平的财产和产品分配制度，否则，民主的结局必将是专制和衰落。"[8]

但是，民主的新市场观念得到很多人的支持并迅速占据主导地位。个人欲望（而非财富、政治或经济权力）的民主化，可能是新文化对现代社会最显著的贡献之一，这一成就产生了许多后果。欲望激励人们上进，迫使人们相互竞争和自我约束，并为未来的快乐而牺牲当下的舒适。与此同时，欲望也经常使得丈夫和妻子、孩子和父母，以及朋友之间处于一种对立状态。它使人们变得焦虑不安，而当欲望得不到满足时人们就会心生怨恨。由于欲望与新事物的联系及其对幻想的执着，美国人更加拒绝将死亡视为一个客观事实，他们把欲望与死亡分离，想要摆脱恐惧。在大多数文化中，对欲望和渴望的接受，通常都是与对恐惧、时间流逝和死亡的接受交织在一起。但在美国，尤其是在这样的文化背景下，许多作家都选择了去除欲望中的恐惧和害怕（或如美国最重要的儿童故事作家鲍姆所说的"心痛和噩梦"），而给予生活一张永葆青春的幸福面孔。

在这种文化中还涌动着另一股潮流，那就是金钱的影响，它使欲望给人带来的那种焦虑和渴望变得更加强烈。历史学家佩里·米勒（Perry Miller）写道，到1815年，金钱价值已经成为美国的主导价值。[9] 1880年以后，金钱以一种前所未有的方式进入美国的经济和文化生活。过去，人们经常自己制作商品，使用不同的货币作为交换媒介（至少在1865年以前是这样），有时还会进行物物交换。慢慢地，越来越多的美国人都失去了他们的土地和工具，被迫依靠货币收入（薪水）来保障他们的安全和幸福；与此同时，他们开始依赖那些"无名之手制造的商品"[经济学家韦斯利·米切尔（Wesley Mitchell）之语，韦斯利·米切尔是美国第一位商业周期方面的权威，他在很久以前就指出了这个问题]。[10]

这种变化使金钱开始在美国人的生活中占据一种显要地位。金钱价值（或市场价值）成为很多人衡量所有其他价值的基本标准，"甚至是对于人们用来判断什么对他们有价值的暗淡的内心世界来说也是如此"。[11]查尔斯·库利（Charles Cooley）是现代社会学的先驱创始人，他对这种趋势深感担忧，认为它是一颗一夜之间形成的毒瘤。他在1912年写道，"金钱价值"的出现并非"自然的"或"正常的"；它们是新经济和文化的历史产物，"而绝对不是全体人民一致行动的结果"。过去，价值观的"特性来自……教会"，现在，价值观正在从"商业和消费"中获取这种特性。世间一切的价值，甚至是美、友谊、宗教和道德生活的价值，都取决于它能给市场带来什么。[12]

在 19 世纪前几十年，消费成为获得幸福的手段、对新事物的崇拜、欲望民主化和金钱价值在美国并未占据主导地位（在美国以外的其他地方也是如此，尽管启蒙运动哲学家早在 18 世纪后期就开始在他们的国家和文化里宣扬它们）。1880 年以前，美国主要还是一个农业经济体，大多数美国人都是在农场生活和工作。直到 1870 年，任何一家工厂的平均工人人数仍然不足 10 人。[13] 大多数市场都是本地或地区性的，大多数企业都由个人拥有和管理。当时的美国文化主要是农业文化、共和政体文化、宗教文化，大多数人（白人）都是自己控制着自己的财产或土地。

本书主要探讨这种旧文化如何受到挑战，又如何逐渐被新文化所取代；讨论新的全国性公司和投资银行，它们几乎是在一夜之间就进入了美国人的日常生活。书中内容侧重于邮购商店、连锁店、纺织品商店、酒店、餐馆，尤其是百货商店，因为大多数历史学家长期以来一直轻视它们，事实上，整个销售领域都被他们轻视，与他们重视的农业和工业生产相比，销售仅处于次要地位，不值得他们去详加研究。[14] 但是，他们这么做是错误的，这些机构不仅过去是而且现在也是资本主义经济中不可或缺的一部分。它们把资本主义现实（即资本主义的梦想生活）直接而具体地带给一代又一代的男人和女人，它们和其他机构一起成为"欲望之地"的塑造者。没有它们，新的企业经济就无法发挥作用，"欲望之地"也就不会诞生。

本书还将论述另外三个核心主题：新商业美学的发展、经济机构与非经济机构之间的合作，以及新型经纪人的成长；它们对我们理解消费资本主义文化为何会出现及如何出现至关重要。1880 年以后，美国企业开始创造一系列新的商业诱惑（一种商业美学）来大量流通和销售商品。这是美国资本主义文化的核心美学，它向人们展示了美好生活和天堂的愿景。文化必须产生某种关于天堂的概念，或者是产生一些富有想象力的关于美好生活的想法。文化必须产生一套图像、符号和标识，它们至少要能引起人们的兴趣，如果能够引发人们对它们的热爱和忠诚则是最佳。[15] 1880 年以后，为了营销商品和赚钱，美国商业资本主义开始创造这套符号、标识和诱惑，它们构建了美好生活的愿景。从 19 世纪 80 年代开始，为了满足商业需求，欲望和渴望这一商业美学应运而生。由于这种需求不断增长并在越来越广阔的市场中寻求得到表达，欲望和渴望这一商业美学也就无处不在并出现了多种形式。1880 年以后，这种商业美学出现在橱窗、电子标识牌、时尚秀、广告和广告牌上，它们作为艺术品或商品本身，构成一种免费的服务和一种奢华的消费环境。

这种商业美学发展的核心是那些能够激发人们欲望的视觉材料：色彩、玻璃和灯光。过去几个世纪，这些视觉材料被宫廷和军队用来激发民众的献身（精神）、忠诚和恐惧，被宗教用来描绘天堂；现在，在美国和其他工业化国家，它们则被用来暗示：这是一个没有压力的"快乐"的人间天堂。保罗·希尔巴特（Paul Scheerbart）是德国一位建筑乌托邦主义者，他写道："彩色玻璃可以化解仇恨。""色彩让光线变得柔和，柔光让人精神平静。"[16] 到 1910 年，在努力创造新商业美学的过程中，美国商人掌握了对色彩、玻璃和灯光的运用，在它们与消费之间形成了一种极为紧密的联系，以至于在今天看来这种联系似乎再自然不过。20 世纪 20 年代，许多商业机构和商人都在想尽一切办法去利用"色彩"——根据《纽约时报》上的说法，这个词已经被"用滥了"。[17]

美国文化的新消费方向也是各种机构（非经济机构和经济机构）相互联合的结果，这些机构在关系网络中共同作用，强化欲望民主化和对新事物的崇拜。那些全国性公司、百货商店、投资银行、连锁酒店和娱乐机构纷纷加入这一网络，大都会艺术博物馆、布鲁克林博物馆、哈佛商学院、康奈尔大学、沃顿商学院、纽约大学、普瑞特艺术学院和纽约设计学院也都参与其中。就连世界产业工人组织（IWW）这一全国最激进的工会，也在无意中参与了这种新文化的建设。

新的大众经济和文化改变了美国的宗教机构及其传播的精神文化，后者也助推了前者的形成。本书的目标之一就是阐明这种变化的特征：精神特征、制度特征，以及这种变化对民众意识的影响。到 1900 年，主流的新教教派开始屈服于新文化，并按照新的文化观点重新定义其自身使命；许多天主教徒和犹太教徒也都做出了相似的抉择。美国出现了新的宗教团体或半宗教团体——精神领袖奥里森·马登（Orison Marden）和海伦娜·布拉瓦茨基（Helena Blavatsky）等心灵疗愈师和积极思想家，埃莉诺·波特（Eleanor Porter）和弗兰克·鲍姆等作家开始登上历史舞台，他们都提供了一种与商业世界的优先事项和视角相协调的观点。

大约在1910年以后，联邦政府也加入了支持消费主义文化的阵营；随着胡佛领导下的商务部的扩张，这种支持在20世纪20年代达到了顶峰。

任何一种文化要想持久存在，都会不可避免地需要在不同机构之间形成一种牢固的关系。1895年以后，商店、博物馆、教堂和政府机构开始合力营造"欲望之地"，并将目光转向消费渴望、消费商品、消费愉悦和娱乐方面。一群新经纪人活跃在这一网络的中心，推动着图像、金钱和信息的流动。在这一过程中，他们促进了文化的改变。这里我是在广义上使用"经纪人"这一术语，它不仅包括房地产经纪人和股票经纪人，还包括为企业提供协调服务的任何个人或团体，如投资银行家、公司律师、信贷专家、城市博物馆馆长、向初出茅庐的设计师讲授商业和工业艺术的艺术学院讲师、培养商业领袖的大学教授、重新定义工业秩序目标以囊括更多消费领域的经济学家、广告代理商、旅行社、为时代广场等地打造"光与色"的"专家"、专业模特经纪公司［如曼哈顿的约翰·鲍尔斯公司（John Powers Incorporated）］。

记者塞缪尔·施特劳斯（Samuel Strauss）在20世纪20年代指出，经纪人具有一种独特的"才能"，能够"适应时代不断变化的需求"。[18]自古以来，他们就是行事异常冷静的中间人，他们把人们聚到一起，安排交易，洽谈合同，而最重要的一项活动则是放贷。经济人在其历史早期处于经济生活的边缘，人们既看不起经纪人（尤其是放贷人），又对他们充满恐惧，认为他们在剥夺他人的资源；但是，随着市场发展和新型经纪人（批发商、房地产经纪人、商品及股票交易商等）的出现，这种偏见开始逐渐淡化，尽管经纪人处于生活边缘这一特点依然存在。[19]

大约在1895年以后，经纪行业的规模空前巨大，经纪人开始在美国生活中占据一席之地，这使得 20 世纪成为一个经纪人的世纪，像纽约这样的城市更是成为经纪人的一个巨大的避风港。经纪人风格（为了建立有利可图的关系而压制自己的信念和克制自己的判断）是最具现代性的风格之一。它在当今社会的政治经济和道德经济中占一种显要地位。现今社会中几乎所有的领域中都活跃着经纪人的身影，他们向美国文化中注入了一种新的非道德主义（道德虚无主义）；这种非道德主义毫不关心美德，但却对不断膨胀的欲望非常友好。与销售商和制造商一样，经纪人曾经并且现在依然对扩大市场和销量感兴趣，对商品从生产者到消费者的流通感兴趣；他们关注的是货币，而不是人，是未来，而不是过去。艾米莉·米德（Emily Mead）是一位广告专家兼经纪人，同时也是著名人类学家玛格丽特·米德（Margaret Mead）的母亲；1901 年，她在一本经济学杂志上发表了一篇文章，建议人们不要为过去担忧。她这样安抚商人们："在所有革新的早期阶段，人们都会担心犯错，害怕背叛理想，唯恐社会基础将会遭到破坏；但是，到了下一代，人们基本上就不会有什么良心上的顾虑了。"[20]

在我看来，没有哪个国家能像美国一样形成这样的商业美学、这样的经纪人阶层、这样的机构网络，以及如此多样的精神归宿。美国是世界上第一个致力于进行大规模生产的经济体，也是第一个创造出大众消费机构和大众消费诱惑策略的国家；这些机构和诱惑策略相继出现，出售机器生产的大量商品。美国（更准确地说，是在美国占据主导地位的商业阶层）比其他任何国家都要更有效、更广泛地在不同机构之间建立起一种独特的联系，这些机构都在共同努力实现商业目标。本书追溯了这些机构的历史，并说明了为什么它们会与商业机构本身，与沃纳梅克百货、菲尔德百货和斯特劳斯兄弟一起，助力世界上最强大的消费文化的开启和持续。

随着时间的推移，消费资本主义文化成为一种真正的美国文化，不过，它的出现也并非没有遭到抵制和反对——这样的新事物或这么重要的事物本就不容易进入历史舞台并占据主导地位。它在全美各地的影响力也不尽相同，仍有很多地方，如乡村小镇、宗教社区乃至城市飞地，在某种程度上并未受到消费资本主义文化的影响。另外，就在消费资本主义文化正在展现自身的时候，另一个机构联合体也在兴起，那就是新兴的公立学校、公立大学和私立学院，它们与商业系统并无密切关系，它们为无数美国年轻人提供了一条通往成功和自我实现的路径（尽管我们将会看到，在这些机构中，也是商业教育占据优先地位）。正如我希望本书所展示的，当时也有许多团体和个人都在振臂疾呼，抵制正在发生的新文化变革。其中包括反对大公司的农民和工人、参与对抗大型百货商店的零售战的独立小商户、宗教信徒和领袖、国会民主党人和市政社会主义者、反叛的经济学家、文人墨客，以及众多"普通"公民。这其中有许多人主要忠于那种旧式民主生产传统，那是一种有着强大力量的传统，它宣称人们应该自主决定自己的文化命运、政体形式和劳动条件。而其他人则只是担心，这种消费资本主义文化会对精神生活和创造性生活产生一些不好的影响。这种文化的新奇性使得许多经历过其创造过程的人，在他们的内心深处都有一种不安感和疏离感，当他们走到自己生命的尽头时，他们经常感觉自己就像是一个生活在自己国家的陌生人。然而，尽管有这种反对和异议，这种文化最终还是站稳了脚跟，占据了主导地位，并重塑了美国经验。

第一部分

诱惑策略

第一章
一个商业帝国的开端

经济学家爱德华·米德（Edward Mead）是广告专家艾米莉的丈夫，他在 1910 年写道："新的商业公司出现了，它们就像原始森林里的大树，植根于人类的欲望和需要，长得根深叶茂。"[1]从阿莫尔、斯威夫特等肉食包装公司到美国钢铁公司这样的巨人集团，这些商业公司在经济中大放异彩，令整个国家都惊叹不已。它们数量巨大，从西尔斯·罗巴克公司（Sears，Roebuck & Co.）、伍尔沃斯百货（Woolworth's）、连锁酒店埃尔斯沃斯·斯塔特勒（Ellsworth Statler）等大众消费公司，到芝加哥的菲尔德百货、纽约的西格尔－库珀百货（Siegel-Cooper's）、费城的沃纳梅克百货等商店，它们就像是新生的原始森林里的参天大树，它们的经营者雄心勃勃、闯劲十足，这些商人开创了时如梦幻、时如梦魇的现代营销世界。

世纪之交，过去的纺织品零售店，甚至包括曼哈顿下城斯图尔特商店（Stewart's）的白色"大理石宫殿"在内，都被大型百货商店超越，这些百货商店在美国随处可见。这些大众零售企业的经营者敢于冒险（偶尔，他们中的一些人也会以破产或入狱收场），他们带领企业参与激烈的市场竞争。百货商店尤其象征着消费革命的本质，它通过诸多方式占据市场主导地位。每家百货商店的商品种类都很齐全，它们控制了大量的资本（它们自己的和他人的），企图以此清除小规模竞争。当这种方法不再起效后，它们就在 19 世纪 90 年代的"零售战"中，借助国家机构的权力（其他手段除外）击垮了对手。

对很多习惯了旧日那种"安静的老式营销"的人来说，百货商店的发展异常迅猛，而且往往显得过于危险或激进。19世纪90年代末，机器制造的大量商品从工厂涌入商场，商人们开始担心生产过剩，供过于求，进而出现大恐慌和大萧条。一场分销危机让新经济遭受沉重打击，危及百货商店收益。在摆脱这一混乱局面后（然而，这种威胁却是永远不会消失的），商人们开始采取新的营销方式。当时出现了一系列商业诱惑策略：橱窗展示、装饰、广告、时尚秀、时尚博览会、服务等，它们打破了商品销售的僵局，唤醒了美国人"渴望和选择的能力"。

"文明生活的主要机构"

促成这种新经济和文化的核心因素是工农业生产的革命，以及利润驱动型公司的出现。这场革命催生了经纪人阶层，也是美国新机构系统得以建立的主要原因。1899年到1905年短短六年间，美国的粮食产量增长近40%。1890年到1900年间，廉价人造珠宝的产量翻倍，男女成衣的产量也是如此。玻璃制品和灯具的产量，由1890年的8.4万吨增至1914年的超过25吨。据称，到19世纪末，美国人使用的地毯数量，超过全世界其他国家所用地毯数量的总和。[2] 很多商品都是为了满足人们没有意识到的需要而生产出来的。广告专家艾米莉写道："我们有用来吃泡菜和橄榄的叉子，吃草莓和冰淇淋用的叉子，吃牡蛎和鱼用的叉子；我们也有越来越多种类的浆果勺、糖勺、汤勺、盐勺、芥末勺。"[3] 1890年共有3.2万架钢琴上市，到1904年其数量增至37.4万架。廉价活页乐谱的产量也很大。当初的美国钢琴公司中只有很少几家存活至今，其中最成功的要数斯坦威公司（Steinway）。但是，在1900年，市场上存在数百种"品牌"钢琴，其中包括奇克林、鲍德温、克拉尼奇&巴赫、梅森&哈姆林、爱默生、沃斯、金伯尔、布鲁斯特等，大部分"品牌"钢琴都以价格相对便宜的乐器充斥着这一以中产阶级人群为销售对象的市场。[4]

上述所有这些生产都是以下两个因素的结果：一是新工具及"连续加工"机器的增加，二是煤炭、蒸汽、天然气、石油，以及最关键的电力等新能源的发现。大量的机器和能源成就了规模生产，使商人们可以在任何地方建造工厂和办公室，使得"永无止境的扩张规模"成为可能。[5]今天我们熟知的美国主要铁路干线都是在1895年以前完成的。电话和电报将远在两地的人们的声音连接起来，加速了商品和货币的流通。[6]操作机器的劳动力储备（包括大量移民，以及来自乡村和小镇的本国失业工人）也增加了。商业也第一次拥有了可以自由支配的大量投资资本，这些资本由新的商业银行和国家银行，尤其是新的保险公司汇聚而来。[7]

大型商业公司或商业联合体走在市场前列，它们在经济重要性方面取代了19世纪中期那种典型的企业。早期的企业规模体量较小，它们依靠产品差异，或者是在一个相对来说缺少竞争的市场中制造某种独特产品来取得成功。新型公司并不关心产品之间的差异性，它们在意的是高产量、满负荷生产，以及在大众市场占据主导地位。为了应对价格暴跌、高昂的劳动力成本和市场波动（所有这些都是激烈竞争所致），这些公司应运而生（特别是在1895年以后）。这些公司试图通过"控制价格、劳动力和中间商"（其中最重要的是"控制价格"）来击败竞争对手。爱德华·米德写道："竞争的本质是对买方在价格上做出让步，联合的重要原则是卖方控制供应。"这些公司希望能在没有任何外来干预的情况下，"在运输成本之上自由要价"，并"说服买方购买，从中获取一切可能的利益"。[8]

与创业型企业（它们在过去和现在都是由个人或几个合伙人所有并共同经营）不同，公司是合法实体，其所有人承担有限责任，从而可以在原所有人去世后确保公司所有权的连续性。公司还是社会组织，它拥有行政层级结构，管理机器、工具和劳动力。但是，它首先是一个经济机构，通过私有及公有股票所有权来产生资本；为了获利，它通过进行合并（往往是兼并）来攫取市场控制权。1907年，哈佛大学教授亚瑟·哈德利（Arthur Hadley）不无赞赏地写道："现代公司的发展是为了满足大型产业对资本的需求，这种资本是任何个人或小型合作团体都无法提供的。"[9]

现代商业公司是受利润驱使的机器。到1900年，很多商业公司都与那些帮助它们进行合并和兼并的投资银行家结成联盟，把经济改造成一个专注于"盈利"（making profits）而非"制造商品"（making goods）的系统。尤其是投资银行家，他们正在指挥经济生活走上一条金钱至上的道路［索尔斯坦·凡勃伦（Thorstein Veblen）可能是第一个注意到这一点的人］，他们通常在企业董事会任职，甚至亲自管理企业，为企业提供贷款以扩张、合并和控制市场，不过，他们并不关注商品的内在价值或效用。他们引入了一种新的资本形式，凡勃伦称之为"商业资本"。到1895年，"为获利而投资"已经"取代在工业和工艺上的投入"，凡勃伦称其为"人类历史上最重要的转变之一"。[10]

罗伯特·海尔布罗纳（Robert Heilbroner）认为，大规模经营的公司是资本主义进程的本质："金钱资本不断转化为商品资本，之后，商品资本又转化为金钱资本。"（爱德华·米德说，"大公司不断发展"并"不断增加设备以提高利润"。）[11] 正是这个可能会引发震动的过程，让美国经济和社会具备了活力、创新、积极进取等特征——今年的商品比去年多，明年的更比今年多，利润也不断增加。而这样一来也就不可避免地导致越来越多的资本集中在生产资源和资本的所有者手中，这些所有者有权决定用谁不用谁，决定工作的性质。这个过程赋予他们一种权力去管理社会活动，并控制人们对财富、商品和幸福的获取。[12] 用凡勃伦的话说，到1900年，公司"不仅主宰了经济结构，还成为文明生活的主要机构"。[13]

并非所有行业都采用了公司形式，像建筑业和服装业就仍由许多个体经营的、没有合并的企业组成（它们通常可以自由地分包并雇用最便宜的劳动力）。[14] 但是，在经济的生产和消费领域，占据优势地位的一定是公司。正如商业历史学家阿尔弗雷德·钱德勒（Alfred Chandler）所说，在创纪录的年代，公司接管了美国的商品生产和分销，在重要性方面取代了小型雇主所有制企业。从火药制造商杜邦公司到美国钢铁集团和标准石油公司，大型生产资料公司应运而生。紧随其后或同时成立的还有一些大型消费品公司：宝洁等肥皂公司，雷诺和罗瑞拉德等烟草集团，以及斯威夫特公司(其产品系列包括牛肉、羊肉、猪肉、鸡肉、鸭肉,其众多肉类包装分厂和营销网点在1890年以前就已遍布全美)等肉类企业。[15]

1895年以后,美国的服务业大幅扩张,快速发展。在19世纪的大部分时间里,美国的酒店和餐馆寥寥无几,规模很小,并且仅出现在少数几个城市。内战结束以后,新的铁路运输让这一切都发生了变化。铁路公司在城市里建起或协助建起舒适的酒店和餐馆,满足了经常奔赴各地的批发采购者和销售员、政客、四处巡演的演员和马戏团、越来越多的游客,以及各种行骗者的需求。最大的发展出现在1900年以后,其标志性事件是第一座"摩天大楼宾馆"的落成和首批大型酒店连锁门店的开启,这些庞大的多层建筑就像工厂一样运转,里面有数千名工人一天到晚辛勤劳动。[16]

销售业也经历了类似的强劲发展,出现了纺织品店、连锁商店、邮购商店、特产商店,以及特别引人注目的百货商店。钱德勒曾说,尽管很多这样的企业在所有权和经营方面仍然是独立的(现今这样的企业有很多仍是如此),但是,整个销售业都受到了扩张、集中,甚至是已经席卷其他经济领域的合并的冲击。[17]

从"大理石宫殿"到大量的商品和资本

在1880年以前,百货商店并不存在;当时仅有一些社区经销商、小型纺织品企业,以及经销网点遍布城乡的大型批发商。然而,接下来20年,人们在城市里随处都可见到那些大型零售公司具有强大集中销售能力、装有众多橱窗的多层建筑。百货商店在英国、日本、法国和北欧的首都城市都站稳了脚跟(不过,当时罗马和马德里则没有百货商店)。[18]影响了美国销售业的三家法国大商场:老佛爷百货、巴黎春天百货和好商佳百货,都位于巴黎(一个以奢侈品商店而闻名的城市)。[19]日本能够引起人们兴趣的大商场,仅有东京的三越百货这一家。[20]在英国,尽管零售业得到高度发展,出现了各种规模的消费者合作社和多种专卖店,但却只有伦敦拥有以中产阶级人群为销售对象的大型百货商店，如怀特利百货（Whiteley's）、哈罗德百货（Harrod's）和塞尔弗里奇百货（Selfridges）等；塞尔弗里奇百货是英国第一座由钢筋混凝土建成的商业建筑，它由美国人戈登·塞尔弗里奇（Gordon Selfridge）创立。[21] 德国也有百货商场，但它们大都是面向"低端客户"，销售廉价商品；只有柏林的沃特海姆百货（Wertheim）宣称自己具有中产阶级特色，迎合了外国人的需求。[22]

  与其他国家相比，美国百货商店的营销，在范围、规模和丰富的中产阶级特性方面都可以说是独具一格。在美国很多城市乃至一些小城镇，出现了大量的以中产阶级人群为销售对象的商店，其发展速度超过世界上其他任何地方。1915 年，一位瑞士商人前来美国考察，他惊讶地说道："不仅纽约、芝加哥和费城这样的大城市有这种以中产阶级人群为销售对象的商店，就是一些小城市也有那些大型知名商店。"[23]

  百货商店的扩张速度和规模，让其他经济形式黯然失色；严格来说，这种扩张最初发生在 19 世纪 90 年代早期，当时商人们在旧商店旁加盖配楼，外观上显得有些混乱，经常"就像东拼西凑的一样，毫无统一性和美感可言"。[24] 1895 年以后，它们和各类零售连锁店、邮购公司一起主导了销售业，为创造一个充满消费诱惑的强大新世界做出了贡献。大众市场商人也取得了成功，由于每家商店都会销售大量新品，所以商人们集中了所有权，控制了大量的资金（像其他公司一样），击败或吞并了他们的竞争对手，并表现出卓越的个人能力。

  在为数不多的早期大商人中，只有苏格兰－爱尔兰移民亚历山大·斯图尔特（Alexander Stewart）接近我们心目中现代大众零售商的形象。19 世纪 60 年代和 70 年代，他在纽约拥有全美最大的商店。斯图尔特无疑是一个杰出人物。据说是他把一价制（one-price system）引入美国。斯图尔特在 19 世纪 60 年代后期取得巨大成功，当时格兰特总统想要任命他为财政部部长，被他直接拒绝。内战期间及内战结束后，他将其大部分资金都投入到纽约市有利可图的商业扩张中。他那个铸铁打造的五层楼纺织品零售店"大理石宫殿"，俯瞰着曼哈顿市中心的阿斯特广场和百老汇大街所在的整个街区。白色的科林斯式立柱、明亮的煤气灯灯光，以及几百扇透明的窗户，让这座商店显得异常宏伟，直到20世纪50年代的一场大火将其摧毁。它是19世纪60年代纽约市最大的建筑。[25]它的四楼是生产区，女人和孩子们弯着腰在一排排的缝纫机上劳作。楼下是女士们购物的地方，她们仔细端详着那些高级时装和精致的纺织品：贝尔法斯特蕾丝、丝绸礼服，以及价值1 000美元的驼绒披肩。[26]

在关于"财富能给美国人带来什么"的幻想和神话中，斯图尔特是美国最早的伟大人物之一，他是一个被成千上万的人所追捧和向往的人，"以尽人皆知的慷慨和巨大的财富而名扬天下"。[27]他那如同君王般的存在，在这片共和政体的土地上显得很有些异样，让人们产生了一种荒谬的想法，认为他仁爱宽厚，魅力非凡。布鲁克林一位女士给他写信，向他兜售自己的身体："我必须要有钱，为了得到钱我愿意出卖自己。我来找你是因为你是一位绅士，信任你让我感到安全。我熟悉这个世界所谓的高雅社会。我30岁，身材窈窕——你愿意买下它吗？"俄亥俄州一位男子恳求他："汇5万美金来吧。我想买块地建家育婴所。赶紧把钱汇来，时间就是金钱。"佛罗里达州一位18岁男孩向他讨要一辆脚踏车，"我一直在攒钱想买一辆，可钱还是不够。先生，如果我觉得你不会给我钱，我就不会问你要了"。"我想让你给我寄3美元，"纽约贝尔维尔小镇一位14岁男孩在信中写道，"因为你是我知道的最有钱的人。"[28]

也有一些人谴责斯图尔特是一个"社会吸血鬼"，认为他的"整个商业系统"是"一种压迫"。[29]但是，即使在他于1876年去世后，他仍在继续控制着人们的幻想。盖尔·汉密尔顿（Gail Hamilton）是一位著名专栏作家和《时尚芭莎》（Harper's Bazaar）杂志编辑，她写道，斯图尔特最终让美国人从拥有和渴望财富的那种罪恶感中解脱出来。"我们都想拥有金钱和奢侈品，"她说，"我们只有在无法得到它时才会去贬低它。"斯图尔特告诉我们，"我们应该尽情地享受财富"并"停止对金钱吹毛求疵"。[30]

然而，尽管如此，斯图尔特主要还是在做批发生意（19世纪70年代到80年代，唯一的大型销售就是批发），他的零售商店只出售昂贵的纺织品。1908年，沃纳梅克在给一位朋友的信中写道："1876年以前存在的唯一一家大商店就是斯图尔特商店，它只卖纺织品。"[31] 19世纪90年代中期出现了统一的新型大规模零售机构，据很多人描述说，首家这样的机构由纽约市敢于冒险的亨利·西格尔（Henry Siegel）建立。西格尔最初是芝加哥一名独立商人，1887年，他与弗兰克·库珀（Frank Cooper）合作创建了第一家西格尔－库珀商店；在大获成功后，他就意气风发地向纽约进军。高盛投资银行为他发行了200万美元债券，他借此在曼哈顿买下大量地产。1896年，他在第十八街和第六大道新开了一家西格尔－库珀百货。那是一座钢铁结构的石头建筑，高六层，顶部有一个巨大的玻璃暖房、一个楼顶花园餐厅和一个60米高的塔楼。根据西格尔的建筑师德勒莫斯（Delemos）和科德斯（Cordes）的说法，这是"世界上第一个设备齐全的独立商店"。[32]

到20世纪早期，沃纳梅克写道，装有500瓦钨灯的商店已经取代了过去用蜡烛照明的商店，楼层数也由原来的12层增至25层，销售空间达到数百万平米。[33] 很多知名商店都开始呈现出现今人们熟悉的样子：1902年和1912年芝加哥的菲尔德百货、1903年芝加哥的斯科特百货（Scott）、1902年曼哈顿的梅西百货（Macy's）、1912年波士顿的法林百货（Filene's），以及1913年圣路易斯的费默斯－巴尔百货（Famous-Barr），后者是一座俯瞰市中心零售区的白色宏伟建筑。1913年，位于辛辛那提的拉扎鲁斯百货（Lazarus）的"旧建筑群"被拆除，代之以一家完整的综合百货商店。[34]

百货商店比其他企业更能反映出美国经济生产及进口的总体情况。19世纪80年代，大多数商店都只有15个小部门；而到1910年，很多商店都设置了多达125个部门。19世纪90年代后期，西格尔－库珀百货售卖的商品不仅有主食、庭院用品、针头线脑、成衣、机器制造的家具、数百种名牌钢琴，还有最大的摄影廊里使用的摄影器材，宽敞的宠物部还出售猴、狗、猫、鸟、海狮、幼豹和热带鱼。1910年，位于曼哈顿第三十四街和第七大道的梅西百货，拥有全美最大的国内地毯市场。费城的沃纳梅克百货则拥有"全美最好的书店",但它很快就被芝加哥的菲尔德百货超越,菲尔德百货的图书销量超过世界上其他任何一家卖书的百货商店。[35]

从纽约的布鲁明代尔百货（Bloomingdale's）和西格尔-库珀百货,到芝加哥的费尔百货（The Fair）,商店出售大量鲜肉和冷藏肉、罐头食品、新鲜蔬菜、奶酪、面包、糖果、咖啡、茶和特产美食。[36] 据食品采购员威廉·泰顿（William Titon）说,梅西百货是第一家售卖犹太食品的大型零售商店,而且从1914年开始,店里"一年四季都售卖稀有的热带果蔬"。[37] 其食品部售卖麦片、麦麸、花生酱、全麦食品、酸奶等,265种不同的葡萄酒和香槟,各种啤酒、杜松子酒、白兰地、朗姆酒和威士忌,以及梅西自有品牌红星牌鸡尾酒。[38] 百货商店的"食品杂货"业务获利颇丰,但也有一些商家拒绝涉足这一业务。"我们店不卖食品杂货,"1899年,沃纳梅克在给一位来信咨询的顾客的回信中写道,"因为杂货部门不卖葡萄酒和烈酒就无法盈利,而我们原则上则是反对饮酒的。"[39]

除了售卖各种商品,大众零售商还会想法筹措资金来不断扩大店面,以买卖更多的商品。例如,许多商家都想整合经济过程中的所有要素,包括原材料、制造、分销、批发和零售。可以肯定的是,到1900年（20世纪20年代无疑也是如此）,这种整合正在迅速消失,因为大众零售商撤弃了他们的生产和批发业务而专注于零售,他们把其他业务外包给别的商家以提高效率。但是,在此之前,像斯图尔特这样的商人（甚至是在19世纪70年代）就已进行过这样的操控（在海外工厂,甚至是在他自己的商店里）。直到20世纪30年代早期,菲尔德百货仍然一直在这样做,它拥有一个由很多工厂、车间和批发分支办公室（1932年时高达30个）组成的庞大体系；沃纳梅克百货在某种程度上也是如此（在糖果、枕头、化妆品、冰淇淋和牙膏的销售上）；梅西百货在爱尔兰拥有一家纺织厂,在法国拥有一家精品瓷器厂,在波西米亚拥有一家玻璃器皿直销店。[40] 1909年,布鲁明代尔百货在曼哈顿第六十三街一栋四层楼房里开始生产自有品牌的内衣,还雇用"数百名专业钢琴制作工"来制造自己的钢琴。芝加哥州街上的曼德尔斯百货（Mandels）则生产出了"更优质的垫子、弹簧床垫和软垫家具"。[41]

许多商人都迈出了建立全国连锁店的第一步，这是制造业中已经出现的整合模式的一部分。1906 年，华尔街投资银行家资助了西尔斯·罗巴克公司的扩张，这是一家邮购商店，它于 1892 年首次合并成立，为农村市场提供服务。银行在公共证券市场发售价值数百万美元的西尔斯·罗巴克公司股票，以使该公司获得它进行扩张所需要的资本。研究该公司的一位历史学家写道："西尔斯·罗巴克公司第一次有了稳固的财务基础……有了足够的营运资本来保证其销量快速增长。"[42] 这一趋势对形成美国的经济和文化有显著影响。历史学家艾伦·内文斯（Allan Nevins）写道："1906 年以前，公共资金市场很少对大众销售领域的企业家们开放。"[43] 但是，投资银行家们看到了摆在他们和客户面前那一丰厚的金融回报，遂协助扭转了这一局面。1912 年，为西尔斯·罗巴克公司服务过的合作银行公司：雷曼兄弟和高盛银行，资助并重组了伍尔沃斯公司，使其分店从 1892 年的 18 家增至 600 家，分布在欧美各地。[44]

其他零售商则通过兼并竞争对手扩大了其自身规模。霍勒斯·克拉夫林（Horace Claflin）是美国最大批发公司的缔造者，他的儿子约翰·克拉夫林（John Claflin）早在 1901 年就试图将一系列连锁百货商店纳入其已故父亲的生意版图。1890 年，约翰·克拉夫林将他父亲的百货商店（当时它已控股数家零售商店）重组为一家责任有限公司；后来在投资银行家摩根（J. P. Morgan）的资助和建议下，他又进一步扩大了公司的规模。1901 年至 1909 年间，摩根建议他创建两家新控股公司，在市场上公开销售证券。到 1910 年，克拉夫林已经拥有近 40 家零售店，其中包括纽约的罗德 & 泰勒百货、麦克里里百货（McCreery's）、纽瓦克市的哈恩百货（Hahne's）等知名公司。[45]

密苏里州圣路易斯市的五月百货商店（May Department Stores）于 1910 年在纽约设立公司，它是美国存在时间最长的连锁百货商店之一。到 1914 年，五月百货拥有一家丹佛的鞋子和服装公司，一家房地产和投资公司，一家克利夫兰的百货商店，匹兹堡的博格斯和布尔百货商店（Boggs and Buhl Department Store），俄亥俄州阿克伦城的奥尼尔商店（O'Neill and Co. Store），以及最重要的圣路易斯的费默斯－巴尔百货——一位商店赞助人在1913年称它拥有当时"世界上最大的办公楼"。[46]

亨利·西格尔也想缔造一个销售帝国。在投资银行家们的帮助下，他于1901年成立了一个商店辛迪加，包括西格尔－库珀商店（西格尔现在是它唯一的所有者）、曼哈顿的辛普森－克劳福德－辛普森百货（Simpson-Crawford-Simpson），以及芝加哥的施莱辛格和迈耶百货商店（Schlesinger and Mayer Store）。[47]几年以后，西格尔买下了第十四街和第六大道拐角处的老梅西百货商店（1877年斯特劳斯家族买下梅西百货，斯特劳斯兄弟将其搬至第三十四街的非商业区），将其命名为第十四街商店（用他的话说，这样做是为了"迎合大众"）；他还在波士顿开了一家西格尔商店。西格尔商店拥有50～100个部门，提供餐厅、会客室、牙科诊所，以及可以办理定期存取款业务的银行等"服务"。他的客户往他的银行里存入了数百万美元，这也是他后来一败涂地的诱因。[48]

西格尔此时担任亨利·西格尔公司的负责人，他的身价超过1 000万美元，并得到曼哈顿的律师兼金融家老亨利·摩根索（Henry Morgenthau, Sr.）的支持——摩根索还是西格尔百货的董事会成员。摩根索迎合了大商人们的发展需求，帮助巩固了纽约的房地产业务（后来他在一个关键历史时刻出任美国驻土耳其大使）。[49]1893年，在他的帮助下，伊西多和南森·斯特劳斯（Isidor and Nathan Straus）在竞标战中获胜，拥有了布鲁克林的韦克斯勒＆亚伯拉罕百货（Wechsler & Abraham）。作为韦克斯勒的律师，摩根索说服韦克斯勒出售该商店，他的理由是"独立经营有失明智，不应冒险保护它"。而由此产生的结果就是，亚伯拉罕＆斯特劳斯百货（Abraham & Straus）诞生了。1896年的时候，摩根索是法官亨利·希尔顿（Henry Hilton）的律师，后者是斯图尔特在阿斯特广场门店的店主，当时该店入不敷出，摩根索"建议（希尔顿）卖掉这个店以减少损失"。反过来，这则使费城的沃纳梅克得以收购斯图尔特商店并将其打造成美国最大的百货商店。[50]1909年，波士顿法林百货的法林兄弟（Lincoln and

Edward Filene）几乎要依靠投资银行家为其新店建设提供资金，举步维艰。他们收到了摩根索的来信，摩根索在信中写道："你们只要拥有足够的资金就不会失败。"[51]

然而，成功并非已成定局，摩根索很快就在与西格尔的交往中认识到了这一点。1913 年至 1914 年间，西格尔和克拉夫林的公司先后倒闭。克拉夫林百货的倒闭可谓咎由自取，因为其原有批发公司无法控制其下面的很多零售店，这些零售店申请的银行信用额度合计超出公司的信用额度数百万美元（涉及 5 000 家银行），并拒绝与批发部门进行沟通，这使得公司内部起了冲突。J. P. 摩根再次介入，这次他将公司重组为一家新公司，即联合纺织品公司（ADGC），至今它仍是全美领先的零售公司之一。他成功地要求克拉夫林辞职。[52]1914 年，西格尔业绩惨淡（除了一家商店，其他商店皆不盈利），并且投资过度，他在明知自己没有偿还能力的情况下接受了纽约大银行家们的贷款，最终酿成大错。为了周转资金，他从自己的商店银行（即他的客户那里）拿钱去填补巨额亏空。后来他的这一行为败露，1914 年 2 月，两万名债权人上门逼债，而他则根本没法还清。这一年，他锒铛入狱，被判犯有重大盗窃罪，并在纽约州罗切斯特市门罗县监狱服刑 9 个月。那时摩根索正在土耳其忙于处理土耳其人屠杀亚美尼亚人事件，无暇关注西格尔的衰败，否则此事很可能会让他震惊不已。[53]

19 世纪 90 年代的零售战

大众市场零售商能够获得成功，并不只是因为他们能够筹措到大量资金，或者是因为他们能够在同一家店铺或通过一本产品目录来提供各种商品。他们还会采用一些更直接的手段去挫败其竞争对手，比如，与改革者和州府联手出击。19 世纪 90 年代，零售战爆发（尤其是在西部诸州），它象征着"美国合并"引发的动荡，挑战了百货商店的合法性。[54]"吞噬一切的怪物"正在摧毁"小人物"，纽约市一些杂货商对此苦不堪言。[55] 更早的时候，美国的小商家们就曾组织起来对抗那些大商家以免其自身被消灭；当时，这一幕也在巴黎和伦敦上演。历史学家哈米什·弗雷泽（Hamish Fraser）写道："零售业似乎正在从小商贩手中转移到大企业手中。"[56] 不过，在美国，小商贩们对那些大商家的抵制则是在一个更大的范围内展开的。

1891年，堪萨斯城一家小型贸易集团的总裁说："这是一个自由的国度，但若一个城市有两三家大商店包揽所有生意，那么所有小商店都会倒闭。"同年，堪萨斯城一位纺织品经销商抱怨道："我正在受到三家百货商店和街头小贩的威胁。"[57] 1893年经济萧条过后，小零售商们将其艰难处境归咎于百货商店。一位零售商认为："大商店以许多不起眼的方式剥夺了人们很多的独立性，强使人们依赖它们。这种依赖可能会给那些足够幸运的商店带来更多金钱，但也使它们受制于权力集中。这种权力集中迟早会变成暴政，使受压迫者在广阔无边的美国再无立锥之地。"[58] 从加州到纽约州，各个州府都引入法律，向那些"将其触角四处伸展、缠紧单一经营商的章鱼"征税，这些单一经营商包括花商、鞋商、杂货商、珠宝商、家具经销商等。屠夫和酒商往往成为战斗的引领者。[59]

芝加哥的这一斗争尤为激烈。1893年经济萧条过后，数百家公司破产。[60] 而州街上的菲尔德百货等商店在经受住经济风暴的冲击之后，甚至变得更加繁荣；它们横扫芝加哥商业区中心，将房地产价值提高到小竞争对手难以承受的水平，并通过出售各种各样的商品攻入小公司的客户群。自19世纪80年代以来，菲尔德（及其精明副手塞尔弗里奇）一直在努力说服芝加哥的主要零售商——约翰·法韦尔公司（John Farwell and Co.）、波士顿商店、曼德尔斯百货，甚至是菲尔德百货的劲敌斯科特百货——聚集在州街上，这样它们就能像一股不可抗拒的统一的销售磁力来发挥作用。"老板想要统一打造州街，"菲尔德百货的一位高管回忆说，他"用了很长时间打造曼德尔斯百货，并努力让那些零售百货都留在那里"，还"协助建立了波士顿商店"。[61]

菲尔德习惯于打压他的对手。他反对所有工会，解雇了所有与工会有关系的员工，并多次招募"职业恶棍"或花重金雇来国民警卫队解散罢工。[62]芝加哥一家报纸说，多年来，对芝加哥的劳动者来说，菲尔德一直象征着反对"劳工组织"这股力量背后的"联合资本"；而菲尔德本人则认为，他代表着那些反对"无法无天的罢工者暴行"的"芝加哥人民"。[63]

芝加哥的大商人们意外地从新兴的中产阶级自由派改革者那里获得了支持，这些改革者是进步主义者，他们憎恨并害怕当时发生的劳资冲突，期盼能够出现一些集权机构来打击一下那些"当地特殊势力"。[64]这些人大多是律师、医生、牧师、工程师和管理人员——他们认为百货商店是未来的一种发展趋势，小零售商和工人都应顺应这一趋势退出历史舞台。[65]许多改革者都仰慕乌托邦小说家爱德华·贝拉米（Edward Bellamy），他的畅销小说《回顾》（*Looking Backward*，1886）将百货商店置于美国社会的中心，他发起的民族主义运动攻击了各种各样的"特殊主义"。贝拉米解释道，民族主义者认为，"摧毁竞争对手，将城市竞争对手吸纳到同一屋檐下的一角"，是一项伟大的历史成就；[66]他们梦想着将所有美国人都纳入一个集中的大众消费系统，人们只要能够接受严格的工业体制，即刻就能获得相同的消费品和服务。最终目标是建立"一个同质性的全球社会体系"，沿着军国主义路线走下去，没有阶级冲突、地方差别和宗派差异。

反对这一强大的商人和改革者联盟的，是小零售商、熟练和非熟练工人、在城市边缘开展业务的小型房地产商，以及将商店视为女性和儿童的剥削者的劳工领导人。他们联合发起抵制运动，要把百货商店赶出城市。站在暴动者背后的是"当地的"政党领袖、政党核心小集团、最近当选的民主党派市长卡特·哈里森（Carter Harrison），以及短期参与其中的民主党派市议会。1897年2月，市长说："因为大商店都集中到了一个巨大的零售区，所以那里的房地产价值得到了一种极大但却是不合理的提升。"一群当地妇女也鼓动人们支持小零售商，试图破坏大众对大商店的信心。[67]8月，费尔百货申请肉类出售许可证时，遭到了拒绝。[68]11月，市长将经营百货商店的商人们告上法庭，迫使他们遵守城市条例，禁止他们出售肉类和酒类。市议会还通过一项决议，强制那些出售一个系列以上商品的商人支付分级许可证费用。[69]

百货商店的崛起在其他许多城市也引起了类似的不满，甚至遭到强烈反对，这些城市中一些管理商店的官员觉得有必要公开为大规模销售进行辩护。纽约市富尔顿街的市区商业人士协会（DBMA）组织起来，明确反对"信托、垄断和百货商店对所有商业部门的侵犯"。此举激怒了位于纽约百老汇和阿斯特广场的沃纳梅克百货的负责人罗伯特·奥格登（Robert Ogden），他对此进行了反击。在纽约等地举行的演讲中，奥格登使用了与贝拉米相似的言辞，他坚持认为百货商店为数千人提供了工作、是时代的先锋，那些小经销商的观念太过"落后"。他说："针对百货商店的批评，无非是在暗示百货商店摧毁了那些小型竞争者的生计。"他承认，从某种程度上来说，这是"真实的"，但若纠结于此，

> 就看不到百货商店为他们保留谋生机会、使其变得更加富有的一面。那些拒绝认清现实、进行无望冒险以灾难性结局告终的人既可怜又可悲。但是，这种判断应该承认下面这一事实：这样的结果源于无知或顽固，或两者兼有。如果受苦的**个体适应实际情况**并在大公司谋事，他就会得到公平的补偿，就不会落得像一个乞求人们同情的乞丐一样。

奥格登对那种认为小经销商应该与百货商店拥有同等生存权的说法不以为然。他也没有提及资本在决定谁是获胜者这件事情上所发挥的作用。奥格登断言，"历史"表明，"在百货商店问世之前"，"小商店老板属于一个日渐衰败的阶层：过去的零售商中只有不到5%的人获得长久的成功。因此，如果当时小生意失败的情况极为普遍，那么大型零售商店的出现对伟大的工业阶级来说就是一种福祉"。[70]

到1900年左右，抵制百货商店的斗争逐渐结束，尽管纽约州和马萨诸塞州仍有零星的和不成功的对百货商店征收特别税的尝试。[71]百货商店最终还是占了上风。各州立法机构驳回提议的法案，各州最高法院则宣布提议的法案违宪。一位贸易发言人写道，这样的结果"消除了这样一种想

法,即大商场是由神秘机构创造出来旨在毁灭小商人的怪物"。[72] 各州政府都站在百货商店一边(尽管有些州可能会对自己这样做感到有些不安),使得它们的存在合法化。马萨诸塞州劳工统计局发布的一份报告显示,"百货商店可能会垄断某些特定商品",但是,那些大零售商"对'单类产品商店'生意的侵犯,要远小于公众认为的水平"。[73] 与此同时,华盛顿特区的联邦工业委员会于1901年发布报告声称,百货商店"极大地扩宽了特色商店的经营范围",它们"必须建在我们城市的贸易中心"。报告称赞那些大零售商让美国成为一个"舒适服装、舒适家用品和装饰品,以及各种奢侈品的消费大国"。[74] 随着19世纪90年代经济萧条的影响逐步减弱,许多小零售商的生意确实出现好转,从而使得伊利诺伊州等地对那些大商人的抵制有所减弱。

1902年,新的12层高的菲尔德百货在芝加哥开业,成千上万名芝加哥人蜂拥而至;这是商人成就的一个标志:作为一家转型企业,菲尔德百货不仅有服务"阔人"的"丝绸生意",它还为"大众购物者"效劳。塞尔弗里奇在开业典礼上讲道:"我们为人民创建了这个伟大的机构——这是人民的商店,是他们在商业区的家,是他们的购物总部。"[75] 该店拥有100多万平米的销售面积,店里"每个柜台、架子、陈列柜和桌子上都摆放着鲜花",店内还有许多茂盛的植被、棕榈树、蕨类植物,横幅和彩带随处可见。沃纳梅克百货费城店的管理人员询问那里发生了什么,一位芝加哥年轻女士答道:"那里好像盛开着一百万朵红蔷薇。""那里有巨大的电碗和灯泡,奇特又引人注意。"六个弦乐团分布在不同楼层,整个店内乐音缭绕。开业当天,商店不出售任何东西。新"地下室"卖的是"廉价商品"和楼上商品的仿制品,"品质一般"。"芝加哥市民"("提着一篮子鱼的意大利女人、波兰人或匈牙利人,以及街头男孩")观看了这一盛况。"毫无疑问,现在这个行业发展很快,但是,要不了多久,它将会变得更加国际化。"[76]

该区很多商家甚至特意关门歇业,让他们的员工去参观菲尔德百货。其他城市的商家也在密切关注菲尔德百货的开业及其产生的影响。"我看了所有关于你们开业的报道，"菲尔德在美国最大的竞争对手沃纳梅克在给塞尔弗里奇的信中写道，"我承认，除了我们自己的生意，我对你们所做的事情比对其他任何事情都要更感兴趣。我希望能亲自去看一看。"[77] 芝加哥市长哈里森被人们的热情所打动，他亲自出面请求菲尔德百货将开业秀延长一周。"这次开业是芝加哥历史上最盛大的事件之一，"上一段中那位年轻女士总结道，"……总之，那里简直就是一个奇妙的乐园。"[78]

随着对那些大商人最后一丝抵抗的消失，美国商业开始步入一个关键阶段。商业史上此前从未有过这样的时刻，商人们可以更加自由地运用他们自己或他人的财产来做他们喜欢的事情。纽约市百老汇大街和第六大道之间、从第十四街到第二十三街的整个市中心零售区（史称"女士们的一英里"，因为当时有很多女性在那里购物），仅仅过了十年左右就变得无人问津，因为零售区移到了上城区更好的地段，商人们得以接近新的交通站点、新兴娱乐区，以及从挤满移民的曼哈顿下城逃离的富裕中产阶级。1900 年至 1915 年间，不光梅西百货，还有阿尔特曼百货、罗德 & 泰勒百货、斯特恩百货（Stern's）、康斯特布尔百货（Constable）、麦克里里百货、萨克斯百货（Saks）等 25 家大商店，占据了第三十四街与第五十二街之间从东到西的上城零售区。

"美国最伟大的商人"

像西格尔这样的商人先是因为成功而一鸣惊人，后来又因贪婪和野心而锒铛入狱，相比之下，其他商人就要显得更加明智，他们更具道德感，也更加坚持不懈。他们当中最重要的商业人物非沃纳梅克所属，所有人都说他是"美国最伟大的商人"。1909 年，他标榜自己"彻底改变了美国的零售业"。[79]

1838 年，沃纳梅克出生于一个离费城市中心仅有 40 公里的小乡村。他的父亲是一位砌砖匠和建筑工人，他的父母都有德国—苏格兰—荷兰—法国血统，并且都是虔诚的长老会教徒；沃纳梅克从小就被培养成一个极其虔诚的信徒，忠于他的信仰和圣经，终生诵读圣经不辍。1860年，那年他21岁，商品推销开始成为一种能给年轻人提供锦绣前程的职业。他在福音派宗教与商业新世界之间犹豫不决，但最终还是选择了商业。他想成为另一个斯图尔特，一位"零售"斯图尔特，一位零售王子。认真算起来，他的职业生涯始于内战期间（由于健康欠佳，他得以免服兵役）。当时军用品和军装的市场需求很大，他抓住这一时机迅速变富，并用这些财富扩大了他的第一项业务：成人男装和童装。[80]

1876年发生了三件事，它们促使沃纳梅克最终成为美国商人领袖。第一件事是，斯图尔特在那一年去世，这一定让他不寒而栗。第二件事是，百年纪念博览会在费城开幕，当时费城是美国主要的制造中心。这是美国举办的第一个世界博览会，可能也是最具影响力的博览会，因为它开启了稳定的商品流通，以及人们关于商品的幻想。当时有人写道："这就像揭开面纱一样，它展现出了世界的规模、多样性和美丽。""这是一块基石，"沃纳梅克后来说，"在此基础上，各地制造商从各国的展品中汲取经验，重新打造自己的业务，使其具备新内容、新时尚并更具开拓性。"[81]第三件事（它实际上始于1875年12月）对沃纳梅克来说更是别有深意：那是一次重大的宗教复兴，是在沃纳梅克自己的地产上进行的。应沃纳梅克之邀，福音传道者德怀特·穆迪（Dwight Moody）在市场街废弃的宾夕法尼亚火车站进行布道。沃纳梅克计划把这个地方改造为"大仓库"，或者是他所说的"新型商店"。

在沃纳梅克看来，这次布道至少使他正在从事的工作变得更加神圣。后来他给正在芝加哥布道的穆迪去信说："虽然我不能前去拜访您，但我们都在为您祈祷，特别是在旧仓库改造的周年纪念日里。一年前的昨天我过得多么愉快啊，现在，我是那么怀念过去的那个日子。这座建筑的每个角落里都仍然散发着往昔的那种香甜味道。"[82]穆迪想让沃纳梅克放弃他的生意（详见下章），但被沃纳梅克拒绝了。[83]到19世纪90年代中叶，沃纳梅克已经成为斯图尔特遗产的最大继承者，他的费城商店可能是这个城市的中心机构。[84]似乎是为了证明他拥有斯图尔特遗产的权利，沃纳梅克买下了斯图尔特位于纽约百老汇大街和阿斯特广场的大理石宫殿。这是一个大胆之举，因为斯图尔特的这家商店因为生意惨淡而屡经转手，而且当时明显可以看出，（甚至是在 1896 年）纽约商业的发展发生在住宅区而非市中心。但是，只要沃纳梅克活着，他就能克服困难获得成功。他任命奥格登为店长，为商店注入新的活力，而他自己则坐镇费城总店。六年后，他在旧的"大理石宫殿"对面建起一座"现代"商店，并用天桥将这两者连接起来。由芝加哥建筑师丹尼尔·伯纳姆（Daniel Burnham）设计的这座新建筑迅速成为纽约"一景"，这种情况一直持续到 20 世纪 40 年代。[85]

沃纳梅克对收购地产及拆除纽约门店前的旧建筑兴奋不已，商店经理后来声称，纽约店的面积比帝国大厦的还要大，它的橱窗也要更多。1903 年，沃纳梅克写信给快速运输委员会（RTC）主席亚历山大·奥尔（Alexander Orr）说："当我拿到阿斯特广场的地产时，"

> 我希望能成功地让百老汇信托公司接受这个新地段，以代替它们目前所在的位置。这当然会让我很快建成位于第八街、第九街、百老汇大街和第四大道围起的街区上的整栋建筑。当我获得舒适港湾阿斯特广场所有地产的所有权时，我将推倒辛克莱大厦，可能还有另一栋建筑，以便在商业上取得更好的发展。位于第四大道第十街拐角的三个街区和一小块区域——实际上包括百老汇大街以东和第十街以南的舒适港湾的所有地产，这部分区域的发展将会极大地改变这一社区的建筑风貌。[86]

为沃纳梅克谈判购买租赁权和建筑物的老摩根索说，这是"有史以来纽约市最大的一桩房地产交易"[87]。

在几年后的 1911 年，沃纳梅克告诉一个商团："活着是一件极好的事情——死了则一无所有。野兽和鸟类都死了——活着就是一切。宇宙对最轻微的触摸也很敏感，所以要让跑赢世界的轮子一直转起来。"[88] 1912 年，他在费城市中心开了一家高 24 层的百货商店，至今它仍屹立不倒。

建筑师伯纳姆曾说:"这是世界上最具纪念意义的商业建筑。"[89]

由于他的个人内心冲突,以及这些冲突所揭示的他正在推动创造的商业经济和文化,沃纳梅克更加引起人们的兴趣。他把新经济转变成新文化——我们可以称他为美国商业文化的驯化者。他不仅"彻底改变了零售业",还使时尚合法化。他培养了人们对新事物的狂热,使欲望和消费民主化,并促成一种深受金钱价值浸染的商业环境。但是,和很多美国人一样,在他的内心深处,他对这种文化似乎也是犹豫不定。作为一位虔诚的信徒,他建立了很多基督教机构:圣经学校、教堂、国内和国际布道团,希望这能在某种程度上让消费世界与传统宗教信仰及宗教实践相兼容。他试图将基督教融入新文化,但正如我们后面将会看到的,宗教却是日益被边缘化并变得无关紧要。

沃纳梅克是在田园般的费城郊区开始自己的人生,最终则是以城市商业帝国掌管者的身份走向生命的终点:农村和城市,故乡和商业,始终在他的内心进行争斗。他是时尚最热情的倡导者,但他也支持"简朴生活"运动。他手握大量资本,却对经纪人、房地产代理商和金融资本家嗤之以鼻。在积累资本和建立新店时,他拒绝依靠"我们自己以外的任何经济援助"。"我确信,我应该更好地学习依靠自己,而不是依靠现在由少数人的势力和金钱操控的国家金融体系。"[90]当被问及他是否是一位"资本家"时,他说他不是。虽然拥有数家工厂并打算把他的商店从"合伙企业"变为"公司",但他却说:"我只是一个商人。"[91]

在1907年大恐慌期间,沃纳梅克这个美国最有钱的人之一,迅速成为他自己和其他商人眼中的穷光蛋。他所有的钱都被套牢在投资上。但是,他(在那些好心的债权人的帮助下)在大恐慌中幸存了下来并再次占据优势。"人类经历过铁器时代和石器时代,现在则开始进入商业时代,"1907年,他告诉救世军创始人兼指挥官威廉·布斯(William Booth)将军,"世界各地的人们都在崇拜放在异教徒寺庙内外一尊最没用的神:金钱(MONEY);这尊神不会说话,没有眼睛,没有耳朵,也没有力量去延长人的寿命。"[92]

分销危机

约翰·沃纳梅克、马歇尔·菲尔德、亨利·西格尔、斯特劳斯兄弟，以及其他类似商人，走在了重新指引美国生活方向的最前面。他们与全国性公司、商业投资银行一起，为"欲望之地"的诞生和扩张做出了贡献。不过，在将美国转变为消费社会或将美国人转变为可靠的消费者这一点上，他们却未发挥决定性作用。其他条件不得不发挥作用，包括非经济机构的协助、宗教的调节，以及新中间商的出现（所有这些因素都将在本书中得到检视）。另一个推动条件也出现了，那就是恐惧，其中包括对消费接受（或消费抵制）的恐惧、对商品流通的恐惧，以及对分销的恐惧。

显然，随着公司和商品数量的增加，消费（及分销和营销）并不能被视为是一件理所当然的事情。1875年以后，许多经济学家、商人和制造商都开始担心，商业经济如此拼命地追求越来越高的生产能力，如此为金钱而疯狂，最终必将导致供过于求、生产过剩和经济危机。这种恐惧可能并没有什么依据（至少在一些行业中仅有轻微的生产过剩），但是，无论真假，它都广泛而持久地存在于人们心中。1877年，一位商人反问道："如果没有生产过剩，为何全世界的仓库都堆满了商品？"[93] 1912年，另一位商人断言："我们这个国家正在为生产过剩所拖累。""商品必须流通起来。""虽然我们提高了生产效率，但是，迄今为止我们所生产的商品，已经超出了现有分销系统的能力。想要充分利用我们的生产潜能，就必须解决分销问题。"[94] 西奥多·德莱塞（Theodore Dreiser）在他1902年撰写的一篇从未发表的关于分销的文章中也对此予以声援。他说，大城市没能及时运送果蔬，以避免其出现腐烂和浪费。[95]

分销危机对不同的人有着不同的意义。对那些主要是工人和穷人的捍卫者来说，它意味着财富分配或收入平等。历史学家多萝茜·罗斯（Dorothy Ross）写道，"财富分配"是1870年以后的改革者和经济学家关注的"核心问题"。[96] 对其他人来说，尤其是商人，这场危机则是一场关于商品或者是关于商品从生产者到消费者的流通的危机。当然，这两个危机是相关的：增加收入意味着人们可能不可避免地但却并非一定会增加消费，进而有助于清除阻碍商品流通的障碍。事实上，关于这两个"危机"（财富危机和商品危机）之间的联系，从19世纪80年代到1910年，人们一直都有激烈的争论（即使在今天也仍有争论）。正方是贝拉米等社会主义者，他们敦促国家为每个成年人提供有保障的年收入，这样每个人都可以平等地获得同样的东西。反方是约翰·克拉克等经济学家，他们认为劳动力和资本"已经得到了他们应得的"，市场将会按照自己的方式对收入和商品进行最公平的分配。

总的来看，克拉克的观点胜出，被那些认为市场必须成为解决财富分配危机主要媒介的商人们所接受。但就商品分销危机而言，那些满负荷大批量生产的企业的老板却是看到了问题的另一面。他们需要一种不依赖于供需"自然法则"的东西来确保营业额。商人们不得不采取一些更为积极的干预措施，不仅要控制价格、产出和劳动力，与他人结盟（最重要的是与国家结盟），还要说服大众改变思想，培育新的消费意识，转变消费者的想象力等。艾米莉在1901年写道，这是一项巨大的挑战。商人们需要在所有人当中扩散"欲望"，而不只是在"精英"中间扩散欲望，因为后者已经"用上了新产品"。货币收入并非培育欲望的决定性因素。艾米莉在1901年写了一篇为广告方法辩护的文章，它被广泛引用（就连凡勃伦都称赞并引用了它）。她在文章中写道，"我们不关心支付能力，我们只关注人类需要和选择的能力"，并着力开发"人类对欲望的想象力和情感"。凯瑟琳·费希尔（Katherine Fisher）也是一位广告专家，她在1899年写道："**没有想象力，就没有欲望。没有欲望，也就没有向人们提供商品的需求。**"[97]

因此，商业以美国历史上其他行业从未使用过的方式去追求想象力。它迅速转向新的营销方法并传播种种诱惑策略：广告、陈列展示、装饰、时尚、风格、设计和消费者服务等。它还重塑了劳动力的结构和特征，不仅引入了新的经纪人，还引入了一个服务员新阶层（销售员、服务生、旅馆侍者和前台服务员等）去迎合消费者的需求，服务人员的增长速度远远超过其他工人。它既影响了女性，也影响了男性。少数女性雇员的工资越来越高（尤其是在时尚业），不过，大部分女工从事的都是那些收入最低和最低贱的工作。儿童也受到了影响。新的商业经济和文化将儿童视为个人消费者，将其从家庭中剥离出来，通过建造一个独立于成人世界并与之竞争的儿童世界来获取利润。商业与其他团体通力合作，努力打破分销僵局，这让美国文化充满了新的符号和意象，出现了一种关于色彩、玻璃和灯光的全新美学。

第二章
色彩、玻璃和灯光构成的外墙

1916年，沃纳梅克写道："我们满脑子想的都是窗户。"沃纳梅克的百货大楼拥有数千扇窗户，包括办公室窗户和近百个大型橱窗，布满了他的纽约店和费城店的外墙。"橱窗是眼睛，它会与观者的眼睛相互对视。"今天，人们认为橱窗的存在是一件理所当然的事情，几乎不怎么会去注意每个城市街道上过多的玻璃形状和玻璃表面。但在20世纪初，很多人都被玻璃后面的图片、商品乃至玻璃本身弄得眼花缭乱。[1]

1904年，小说家亨利·詹姆斯访英归来，看到曼哈顿几乎是在一夜之间竖立起来的"玻璃塔"，深感不安。在《美国掠影》(*The American Scene*)中，他将玻璃塔与艺术家拉·法吉(La Farge)的作品（第五大道上阿森松教堂里的彩色玻璃窗）进行了比较。他看到教堂窗户（那些"最可爱的形象"）受到那些"为经济理念代言的窗户"的威胁。拉·法吉的创作虽说是"新的"，但却注定要败给"那些让人反感的存在"（商业橱窗），因为"商业橱窗能带来金钱"。詹姆斯将教堂窗户与那些"让人反感的"的橱窗进行了对比，将正统美学与金钱美学或商业美学进行了对比。他担心即将发生一种"移除"悲剧，旧的"美好"将会不可避免地消失。他说："不管怎样，那一面面窗户，永远都不会与建筑的优雅风格相协调。建筑物只可以有灯，因为灯能够协助完成商业交易，达成谈判协议，所以每盏灯的存在都有极高的价值。一个内行的纽约客，想要战胜竞争对手或者确保对方不会打败他,并不需要大片大片的玻璃窗。"[2]

1903年冬天,女作家薇拉·凯瑟(Willa Cather)来到纽约,她惊讶地看到,橱窗角落花架上小玻璃盒里展示的鲜花,比起在自然状态下"显得更可爱,更诱人"。1911年冬天,埃德娜·费伯(Edna Ferber)在写到芝加哥一家商店的橱窗时,愤怒地说:"橱窗是一件艺术品,但它也引发了无政府主义,破坏了满足感,是坦塔罗斯的第二次盛宴。""橱窗里,桃子是毛茸茸的、金黄色的,其实在这个时候它们并非如此;当脆饼变成去年夏日的回忆时,草莓就在这里鲜亮上市了。"[3] 1902年春天,德莱塞经过纽约第五大道,他观看了那些新设计和装饰的橱窗,感慨道:"它们展示了一种多么强烈、多么让人震颤的热情啊!它们在观众心中激起了一种渴望:想要得到他们所看到的某些东西,品味那种让人震颤的存在和它创造出的画面。"[4]

詹姆斯、凯瑟、费伯和德莱塞这四位小说家,都对美国生活中一种近乎全新的事物做出了回应,那就是为商业需求服务的美学传播。这种商业美学的核心是,使用一切可能的方式昼夜不息地展示商品。展示对美国商业来说并非一种全新事物:从殖民时代晚期开始,它就以各种形式出现在费城和波士顿等城市。它的新颖之处在于展示的规模、展示物品的数量,以及为促进商品流通而进行的色彩、玻璃和灯光的混合运用。

19世纪90年代后期,一些新的视觉媒体被发明出来,其中包括"画面切换"或广告图片、艺术海报、彩绘广告牌、电子标识牌,以及最具吸引力的展示橱窗。与此同时也出现了擅长推销商品和打造形象的专业人士,他们将色彩、玻璃和灯光完美地加以融合。他们当中有广告天才阿尔伯特·哈伯德(Elbert Hubbard)、沃纳梅克的合伙人奥格登、美国最具影响力的商业艺术家马克斯菲尔德·帕理什(Maxfield Parrish)。另外,《绿野仙踪》的作者鲍姆也是其中一员。事实上,鲍姆在以儿童图书作家闻名之前就是全国公认的橱窗设计方面的权威,他为成千上万名橱窗装饰工提供"装饰和展示艺术"建议。鲍姆与其他橱窗专家一起帮助创造了一道非凡的玻璃景观,这也许是美国城市中即将出现的一个最强大的欲望领域。

到 1910 年，在鲍姆、帕理什、奥格登和哈伯德等人的帮助下，大众市场的商人试图用大量图片来占据人们的视觉空间。他们一起帮着改变了很多人看待和理解商品的方式，也改变了人们在社会中的生活方式。

哈伯德与眼球吸引

哈伯德是一位颇具影响力的广告人和投资人，他利用个人形象缔造了自己的事业。哈伯德是数百位广告商的宣传顾问，也是罗伊克罗夫特公司的经理。罗伊克罗夫特公司是纽约州北部一家著名的艺术和手工艺品公司，它试图以"现代"美国方式，将大规模生产及大众销售风格与手工制作和"文艺复兴"融合到一起。哈伯德靠为零售企业和全国性公司撰写"广告宣传文章"赚了一大笔钱，"小到牙签、大到货车"他都可以写。他的促销辞，塑造了一代乃至几代美国人看待商业和商品的方式。

1915 年，"卢西塔尼亚号"远洋客轮在大西洋被击沉，船上的哈伯德溺水而亡；在此之前，摄影师拍到了他"在各种情形下各种姿势"的照片。摄影师拍到了他与老洛克菲勒一起打高尔夫，与伊娃·坦圭（Eva Tanguay）一起跳舞，与埃尔伯特·加里（Elbert Gary）聊天，向爱迪生倾诉，骑着爱马"加内特"在乡村庄园散步，骑摩托车，使用新型安全剃刀，八月中旬在电扇旁或穿着皮大衣摆姿势。他工作室的每个屋子里都挂着这样一张照片：一个看起来很奇怪的高个子男人，长发飘飘，戴着一顶贵格会教徒的大帽子，打着一个拜伦式领带。他的头像被印在商务文具上，出现在他工作场所外面的巨大电子标识牌上，还被做成一个壮观的彩绘标识悬挂在他老家的火车站。在他出版的《庸人》（The Philistine）杂志上，几乎每期上都会有几张他的照片。他的朋友们哀叹："他的最后一则广告（他的最后一张照片）和不幸的'卢西塔尼亚号'一起沉没了。"[5]

哈伯德的"生活本身就是一则广告"。他宣称："每个人都应该在他还活着的时候做广告。"他在 1911 年的广告人大会上说："不做广告的人就是死人一个，不管他是否意识到这一点。"他反复强调，人们应该不断地将他们自己及其"服务和商品"推向公共空间,而最好的推动手段就是图片。"人生太短,别用谦虚的罩子把自己藏起来。"[6]

哈伯德的一位朋友说,他"把商业神圣化"了,同时也"把他的生意宗教化"了。19世纪70年代,他在美国中西部长大,那里的新教教堂是"所有社交生活的中心",但他却是一点点地退出教堂,去寻找新的信仰。[7]"商业里自有空间来安放你所有的宗教、所有的诗歌和所有的爱。商业本应是美好的,并正在飞快地变得美好。""现在,每当我想听一些好的布道时,我就会去参加广告俱乐部的每周午餐会,去听一个研究广告方法的人讲演——他想把天堂带到当下和此地。"[8] 他对他所谓的资本主义"多重市场"感到高兴,他深信:只有不断地进行宣传,才能打破商品与人之间的隔阂。他的商业口号是:"拯救经济需要在生产者与消费者之间建立一种更密切的关系。"[9]

19世纪80年代后期以前,视觉广告被视为与著名马戏团艺人巴纳姆的胡说八道一样,不值一提。事实上,那时的报纸和杂志上很少出现广告,或者根本就没有广告,就是有广告,其版面也都很小,并无多少视觉吸引力。一大堆单词被密密麻麻地排在一起,插图和粗体排印也不多。几位广告代理商自己并不撰写广告,他们是"版面经纪人",只从报纸和杂志上购买版面,供他人宣传自己的商品。[10] 1885年以后,商品从工厂涌出,那些大型制造商和零售商开始改变广告的特点和范围。1880年,企业在广告方面的资金投入是3 000万美元;到1910年,石油、食品、电力和橡胶等新型大企业的广告支出超过6亿美元,占国民收入的4%(在随后60年,这一比例一直保持不变)。19世纪90年代和20世纪初,大型零售商和公司的广告投资,促成了第一批面向大众市场的报纸和杂志的出现,其中包括《世界报》(*Cosmopolitan*)、《星期六晚邮报》(*The Saturday Evening Post*)、《妇女家庭杂志》(*The Ladies Home Journal*)和《舒适杂志》(*Comfort Magazine*)等。[11]

从宝洁到高露洁等全国性公司,首次通过全国性的广告活动直接接触消费者。那些大型零售商证明了"持续广告"、全年广告和"日常广告"

的价值。1904年，一位零售商表示："当今的报纸主要是百货商店创造出来的。"沃纳梅克也说："所有的时间都是广告时间。"[12]

哈伯德等第一批全国知名的广告代理商，就像雇用专业广告人士的国家机构一样，打理自己的业务（代理机构中的女性广告人一开始占比很小，直到1910年后她们的人数才开始有所增加）。19世纪80年代，美国只有两位重要的广告文字撰稿人；到19世纪90年代末，这个行业的从业者达到数百位；到1915年，他们的数量增加到数千位。1904年，美国广告联合会（AFA）正式成立。[13] 广告"专家们"不再局限于销售版面，他们开始创作广告文案和图像。

在早些年间，制造商和零售商在谁应该控制广告这个问题上存在一定的分歧，但是，他们采用的方法和风格却是一致的。他们两者都依赖新的促销活动，以及各种方法（杂志、直邮广告、报纸、上门展示、免费样品、广告牌）的搭配。[14] 他们认可图画、图片、照片在说服消费者购买商品和服务上所起的核心作用。

19世纪90年代后期，"眼球吸引"开始与广告文案竞争重要地位。一位早期的广告支持者说，"色彩、形式和可视化"对广告的成功是"不可或缺的"。[15] 1905年，一位营销人员建议商店通过"艺术性的画面切换"来"唤起人们的想象"并"诱导他们去购买商品"，他说，广告里应该充满"生动逼真、会说话的图片"。另一位营销人员说："图片是第一原则。你可能会忘记你读过的内容，但你会立即记住你看到的图片！"[16] 一位广告商也说："那些冷冰冰的文字很难打动人心，但你却会对一幅图片产生感觉。"[17]

1904年，一位沃纳梅克百货员工在回忆19世纪80年代的广告时说："那时我们已经意识到了它们的价值，但还不知道如何制作足够有趣的图片去满足日常需求。如今我可以为任何一个广告推荐300张图片，但你要知道，那时我们涉足的是一个全新的领域。"沃纳梅克在1911年一本个人备忘录中写道："图片是未受教育者的教科书。"两年后，他给一位采购员去信，首先推荐了那种"有动感的广告图片，或者是那种能让观看者产生某种情感的广告图片"[18]。

也许第一批出现的流行图片是19世纪80年代和90年代的"广告卡",马戏团、剧院、纺织品店、百货商店和雪茄公司将它们免费送到顾客家或是寄给顾客。这些色彩鲜艳的卡片描绘了各种各样的活动和场景:在康尼岛游泳,歌剧院的非洲象金宝,飞舞的蝴蝶,街上嬉戏的小丑,以及爱丽丝在颠倒梦境中的表演。虽然这些卡片并未展示实际的待售商品或服务,但是,很多卡片背面都印有价格表,而且最重要的是,每张卡片都试图将商业与游戏、奢侈、乐趣、幻想或远方的神秘联系起来。各地的成人和儿童都在收集它们,将其放入图册。路易丝·库默尔(Louise Kummer)有一本19世纪80年代的图册,里面珍藏的卡片大都来自纺织品店,该图册现藏于华盛顿特区一家博物馆。[19]

在这种卡片收集的高潮时期,其他视觉广告形式开始对商品进行清晰的描绘,尤其是西尔斯·罗巴克公司和蒙哥马利·沃德百货(Montgomery Ward's)的邮购目录,以及那些大型零售商店的商品目录。早在19世纪60年代后期,一些纺织品店就在通过邮寄商品目录来销售商品,只不过这些目录基本上没有什么视觉效果。即使在19世纪90年代,它们也缺乏可靠的视觉材料,就像时尚杂志中那些仅仅暗示了商品外观的插图。[20]在世纪之交,发生了一场重要的具象化变革。此时约有1 200家邮购公司,它们梳理了全国每一个角落,争抢"最隐蔽和偏远地方的"600多万名顾客。[21]沃纳梅克百货的《育婴专家》(*Baby Coaches*)和《自行车》(*Bicycles*)、纽约第六大道上辛普森-克劳福德-辛普森百货的《好好吃喝》(*Good Eating Magazine*),以及西格尔-库珀百货的《现代家政和食品新闻》(*Modern Housekeeping and Food News*)上,都印制了专门的商品目录。[22]与此同时,商品目录的封面也开始出现一些富有想象力的构思(通常都是出自那些知名艺术家之手),它们和广告卡片一样印刷精美,色彩丰富。

这些商品目录有的长达数百页,里面生动逼真的绘图和富有吸引力的照片,正在取代过去的广告文案和拙劣的图像。各地的商品目录都充满"精美、清晰、独特的色调和线条",以及出色的"艺术设计"。1907年,一位广告客户被这样的目录打动,就最近新增的目录业务写道:"我们从未见过插图如此丰富的目录,几乎所有商品都配有图片。就像站在真正的商场柜台前一样,女人们看着目录上的图片就能选到她们喜欢的商品。"[23]纽约第六大道的奥尼尔百货(O'Neill's)为1898年的圣诞节制作了一份商品目录,翻开这份目录的美景封面就是由精美涂层纸制成的四个彩色内页,上面展示了很多即将上市的商品,其中包括金色灯具和蓝色男士便服。一年后,沃纳梅克百货的商品目录中则刊登了一则玫瑰粉色紧身胸衣的广告。[24]

我们只能猜测广告中的色彩洪流会对顾客产生什么样的影响,而这种影响则是广告商精心安排的。先驱广告商阿蒂马斯·沃德是《名望》(Fame)杂志的编辑,他是美国人进入"梦想之地"的引路人,拥有在全美公共汽车和火车上投放广告这一最具营利性的特权;他支持在地铁广告中加入色彩元素。一战以前,纽约地铁刚一开通,他就呼吁在商业中运用色彩,因为它能突显"待售商品的纹理、质地、丰润及风味"。他说,这是一种"无价的元素"。"它会诱发人们对所展示商品的渴望。""它会在顾客的购买记忆里留下烙印。"它"使用通用的图片语言",与"外国人、孩童,以及生活中每一个能看能读的人"进行交流。[25]

图片的流行趋势在报纸上也有体现。1894年,行业媒体正式宣布"广告从专栏转向整版"。过去局限在报纸半栏或边角处一些小小的、没有视觉效果的广告被整版广告取代,新的广告样式拥有更醒目的标题、更宽的边距、多种多样的文字说明,最重要的是,拥有待售商品的清晰图片。[26]

醒目的包装,以及为全国性企业的品牌商品及当地零售商品制作的彩色传单和商标标签,也都开始流行起来。实际上,这些标签使得企业开始生产和销售标准化产品。到1905年,注册商标数量达到一万个,从钢笔到软饮料,每种商品的商标都能从视觉上吸引消费者的注意力和忠诚度。商标无处不在,系统地建立了企业的声誉,历史学家苏珊·斯特拉瑟(Susan Strasser)写道:"牛排上、饼干上、床柱上,到处都印着商标,它们在广告中非常显眼,并被印在公司的信笺上。"[27]

时代的征兆

美国户外广告业的发展产生了更为深远的影响。1890年至1915年间，美国出现了无数的海报、招牌、广告牌和电子图像。第一批美国彩色海报是为剧院、游乐园和纺织品店而设计，于1895年开始流通。其设计灵感主要来自切雷（J. Cheret）和格拉谢特（E. Grasset）等法国海报艺术家的作品，他们为商品注入了新的**生活乐趣**。1913年，英国诗人鲁珀特·布鲁克（Rupert Brooke）在参观沃纳梅克百货费城店时惊讶地得知，巴黎那些年轻前卫的"后印象派"画家"已经为这家商店设计了多年的海报"。他还"充满敬畏地看着"一位年轻美国画家，"为一些夏季西装做类似于马蒂斯风格的广告插图"。布鲁克在采访那位"非常聪明的首席女画家"时发现，所有的"画家都可以自由作画，当然，画裸体……或吸烟者除外"。[28]

广告商在街道交通工具上、火车站和地铁站张贴海报。纽约文化评论家约瑟夫·胡内克（Joseph Huneker）写道："一张海报把我带到康尼岛。"这是一张1914年的海报，上面画着一位乐队指挥，指挥着一个由螃蟹、鱼、龙虾、水果、西瓜、哈密瓜和蛤蜊组成的"多汁交响乐团"。胡内克说："在那之前，我曾发誓再也不去康尼岛。""但那张海报！啊！如果那些广告人知道广告上的标志和符号是如何唤起人们的激情的，他们在请画家自由挥舞画笔时就会变得更加谨慎……我迫不及待地想要出发去往康尼岛。我仿佛已经感受到了那场味觉交响乐。"[29]

广告牌遍布美国，展示了那些全国性公司的商标或产品，如吉列剃须刀、柯达相机、高露洁牙膏、箭牌口香糖和百威啤酒等。一幅巨大的可口可乐广告挡住了尼亚加拉瀑布的景色，而门侬爽身粉的广告牌则挂在大峡谷上方。一位游客写道，在华盛顿特区的"宾夕法尼亚大道上，要想进入国会大厦，必须先看一排构成直角线的巨大广告牌"，你"如果不看那些广告牌，也就没法看到其背后的加菲尔德纪念碑"[30]。

户外广告业务中的电子标识广告，在1900年以后得到迅速发展。为了满足这一行业的需求，一些新的行业期刊应运而生，其中包括《时代的征兆：一本面向所有对更好广告感兴趣者的杂志》（*Signs of the Times: A Journal For All Interested in Better Advertising*）。该杂志最初于 1910 年左右在辛辛那提、芝加哥和纽约发行。今天我们仍能看到这本杂志，它采用了一个古老的宗教术语"时代的征兆"作为刊名。这个词语被福音派新教徒使用了数百年，他们在某些"征兆"中看到了即将到来的世界末日和"耶稣基督的二次降临"。事实上，在这本杂志发行的第一年，骚乱就席卷了美国教堂。这场骚乱是由宗教的衰落和"现代主义"浪潮引起的。在纽约，浸信会牧师艾萨克·霍尔德曼（Iaac Haldeman）等福音派领袖汇编了一卷"最全面"的书，对尚未到来的千禧年做出了预言。霍尔德曼认为，"时代的征兆"就是"商业腐败和贪婪"的"征兆"。当然，广告商眼中的《时代的征兆》则预示着一个不同的未来，他们尊崇一些完全不同的神灵。[31]

一位发言人说："电子广告既是一种图片媒介，也是一种色彩媒介，此外，它还是一种运动、行动、生命、灯光和强制吸引力的媒介。"[32] 长期以来，美国人和其他国家人民一直都将商业白光区与城市的消费核心联系在一起，而现在则出现了一种全新的商业白光区。19 世纪 90 年代中期，商人们第一次采用了"壮观"的电子显示器，它被安装在带有闪光装置的钢架上。曼哈顿百老汇大街因为有这样的标识而变得闻名遐迩，比如，1900 年，麦迪逊广场上由绿色灯泡组成的高 13.5 米的亨氏泡菜标识；再如，1910 年，第三十八街和百老汇大街上诺曼底酒店顶部的罗马战车赛发光标识（高 22 米，宽 270 米）。[33]

商业灯光经纪人古德（O. J. Gude）号称"广告界的拿破仑"，他创造了"不夜街"这个词。古德从灯光中看到了一个别人尚未发现的商业利基。他发明了用于彩绘广告的永久标识牌，将传统的广告张贴企业升级为法人公司，并创造了第一个大型电子广告牌。他声称，他的"作品"表达了美国美学的精华。古德说："户外广告已经感受到并展示了这个国家人民的艺术精神，它是一种美好的而非残酷的统治。"[34]

古德很高兴地看到，这些标识"把它们的公告强加给了那些对它们感兴趣和不感兴趣的路人"。他附和了艾米莉在 1901 年提出的观点：如果想要让人们养成一种新习惯，这种强制性就是必要的。艾米莉说："成功的广告是强制性的。它会不断地加强人们对它的注意和印象。它可能出现在标识牌上、街车上或杂志页面上。每个人都会不自觉地去看它。这是一种微妙的、持久的、不可避免的存在，它会潜入读者的内在意识。"[35]古德重复道："注意广告牌的放置，要让每个人都必须读它，并自愿或不自愿地吸收广告传播的内容。不断地阅读'请购买布兰克饼干吧'，会让这个品牌成为人们潜意识知识的一部分。"[36]

第一批"会说话的"标识是沿着百老汇大街等地设立的（它们尚未在时代广场集中出现，时代广场主要形成于一战期间及一战以后）。1912年以后出现了被称为"高楼广告标识"（sky signs）的全景和移动标识，商家可以在标识牌上快速滚动广告文字，并且每天都可以更换广告内容。移动的灯具被涂上各种颜色的漆。电工们重新设计剧院、酒店、商店和其他企业的天幕，将人名、公司名和商品名呈现在天幕上，用灯光"点亮"它们。成千上万名游客坐着观光车跑到商业区来观看这片"充满灯光和电子标识的幻景"。[37]

并非每个人都对这样的标识入侵感到高兴。很多城市的改革组织都将它视为一种审美妨害，认为它威胁到了房地产价值。"滥用标识现象非常明显，"艾米莉承认，"疲惫的旅行者对街车上的广告、巨大的标识，以及那些亵渎岩石、悬崖和美丽风景的行为变得越来越不耐烦。"[38]社会学家爱德华·罗斯（Edward Ross）就是这样一位旅行者。1912年，他搭乘火车穿行太平洋西北地区，看到一则广告："斯克罗布夫人的牙粉"，广告的背景是一片茂密的松林。他写道："如果乘客对此感到厌恶，那么他们到死都不会使用那种牙粉。""然而，我们是'企业'的崇拜者，我们从未想过要去抵制那些在不恰当的时刻把他们的生意抛到我们面前的人。"城市企业似乎有权在公共场所做它们想做的事情："在这个城市，每一个目所能及的地方都在疯狂地标榜某个品牌的泡菜或苏格兰威士忌的优点。"罗斯问道："每当我走出门，都有人要粗暴地抓住并折磨我的注意力，用一个标识快速地将他的商品输入我的大脑，他凭什么可以这么做？"[39]

这些抗议产生的结果有好有坏，因为广告牌的倡导者从宪法第一修正案中找到了庇护，他们认为美学是一种品位，不能被立法规定或监管。大多数人都认可这种观点。[40] 一战以前，市政确实开始将广告牌限制在某些区域，但在多数情况下这都是商业组织游说的结果。在很多城市，高档零售商开展了一项运动，旨在通过《区划法》，阻止在繁华的购物区树立广告牌。富裕社区也在分区设置标识方面展现出强大的影响力。但是，在那些较贫困地区，在城市的大众市场商业中心，以及越来越多的公路和街道上，强势的广告牌行业仍在继续对美国人"强加"其"公告"内容。

奥格登和帕理什的职业生涯

有几个因素加速了商业对图片广告的接受。其中之一就是创建了专业组织来管理标识数量和位置。在19世纪的大部分时间内，广告牌行业一片混乱，不受管制，在城镇乡村任意布点；没有什么能阻止马戏团和剧院囤积优选的广告位，或者阻止它们轻易地将其他公司排除在外。1910年，户外广告商提出一项新租赁法，对竞争进行了管制。客户得到保证"其展示是已经登记并受保护的"，这意味着在合同期限内这些空间不会使用其他标识。由于很多公司在广告展示方面都得到同等待遇，结果就是展示变得更加多样化。（与此同时，很多为最有权势的大公司服务的标识广告商开始高价买断租赁权却无意于做广告，这也在一定程度上排除了竞争。）[41]

推动图片广告发展的另一个因素是新型色彩和灯光的使用。此时，各种商品都可以被生动地构想和呈现出来。据色彩专家路易斯·普朗（Louis Prang）统计，1880年以后，美国商业获得了无与伦比的新颜色供应：超过1 000种不同的色度和色调。这些人工色彩（如淡紫色和铬黄色）由苯胺煤焦油染料制成，其中有一些在光泽上超过了天然色。在世纪之交，有很多颜色被创造出来，颜色标准也被制定出来，这样一来，无论是柏林还是芝加哥的商业人士，都能明白不同的红色或蓝色实际上是什么样子。[最流行的标准由阿尔伯特·蒙塞尔（Albert Munsell）在1900年制定，现今

仍在使用。] [42]

1910 年出现了许多新型灯：煤气灯、弧光灯、棱镜灯、碳燃烧电灯、钨丝灯、泛光灯和聚光灯。历史学家雷纳·贝纳姆（Reyner Baynam）写道："充足的灯光有效地颠覆了人们观看建筑物的既有视觉习惯。当人造光穿透建筑物的结构时，人们第一次有可能构想出这些建筑物，因为它们的真正特征只有在天黑以后才会被观察到。" [43]

19 世纪末光电技术和彩色光刻的引入，使商人和商业画家能够廉价而大量地复制各种图像。研究视觉艺术的历史学家证实，1880 年至 1910 年间，图片艺术和摄影开创了视觉信息表现的新时代，使得视觉信息变得更加醒目。任何文章、绘画和照片都可以借助新的处理技术，轻松地转换为具有吸引力的网版插图。该技术使用了一种不同的图像生成方式，迫使非摄影艺术家以一种更加真实的方式去呈现物体和人物。例如，"时装插画"行业发生了一种不可逆转的变化，它再也无法依赖早期杂志上那些老套的图片。1902 年，一位零售商写道："现在，就连画出来的时装图片都比过去要逼真得多。在这方面，摄影为展现美做出了贡献。" [44]

一些信奉福音派宗教承诺（广泛传播福音）的商人，也促进了这种新广告图像的发展。19 世纪 90 年代后期沃纳梅克百货的合伙人兼纽约店店长奥格登，就是这样一位商人。在其他商人（包括沃纳梅克本人）承认图像的力量之前，奥格登就在公开谈论使用图像广告。全美知名文案撰稿人、世纪之交曾在沃纳梅克百货工作过的曼利·吉勒姆（Manly Gillam）回忆道，还在 19 世纪 80 年代，奥格登就"一直在沃纳梅克百货的广告人员中倡导使用插图"，他"对图片充满热情"。[45]

奥格登也热衷于其他事业。例如，他作为种族正义的捍卫者而广为人知。奥格登于 1836 年出生于费城，由一位"黑人奶妈"带大；他领导了为南方黑人争取受教育权的运动，后来他出任弗吉尼亚州汉普顿学院的董事会主席，汉普顿学院是专为黑人开办的首批工业劳动学院之一。[46] 沃纳梅克对奥格登非常仰慕，他曾说："我真诚地爱他。""一个人去爱另一个人并非易事"，但"他真的很了不起"。1913 年奥格登去世时，沃纳梅克在给自己儿子罗德曼的信中写道:"我们再也不会有像他这样的人了。他是一个善的奇迹。"[47]像沃纳梅克一样,奥格登也信奉长老派主义,尽管他的宗教观点并不正统。他憎恨"基督徒的伪善之辞",觉得打牌、看戏或玩台球并不是什么大是大非问题。[48]他在有钱后担心自己越来越无法将"实际事务"(尤其是他两个十多岁女儿的自我放纵:她们在费城"出柜")与"基督教理想"相调和。他曾告诉他的一位朋友,"有时候他真的怀疑自己是否有权出售沃纳梅克百货里陈列的所有的华丽服饰"。[49]

不过,在给19世纪90年代末管理沃纳梅克百货纽约店的罗德曼写信时,奥格登却说了一番截然不同的话。他在1898年写道:"我有理想,其核心是我所追求的赚钱能力,这是基本原则。"零售业"通过增加金钱提供舒适生活的能力,提升了人类的幸福感"。金钱是一切的核心:通过商品来赚钱,通过满足他人的梦想来赚钱,通过服务赚钱,通过图片赚钱。他在给沃纳梅克的信中讲解了广告的重要性:"广告是商业的核心和灵感,是我们做的所有其他事情的活力源泉。……这是一门不容忽视的科学。"[50]

1897年,奥格登在纽约斯芬克斯俱乐部(美国第一家广告俱乐部)做演讲时,解释了为什么"热情的图片"要优于"冷漠的文字"。图片比其他广告形式更能引人注意。"在铅字无能为力时,热情的图片则能唤起人们的好奇心,触发幽默感,迎合高雅的品位,并在不知不觉中抓住普通观者的注意力。广告商必须掌控人们无意识的注意力。"他在这里看到了一个使命,一个把"美"带给普通人的使命。"我知道艺术大师会嘲笑'广告艺术也是一门人类的艺术'这种说法,但实际情况就是这样,广告艺术也会带给人类利益,这种益处惠及艺术家本人和他所吸引的观众。"他说,要摆脱"为艺术而艺术这一矫揉造作的观念;艺术属于商业,它必须与那些'实用的东西'相结合"。[51]

奥格登和沃纳梅克等商人聘请那些训练有素的艺术家来为他们制作广告,这也是图片广告变得如此广泛和复杂的另一个原因。到19世纪末,那些大众市场公司和零售商们就能从不断壮大的广告艺术家群体中,挑选合适的人来设计广告牌、海报、商品目录、报纸和杂志上的展示广告。

最有名的商品销售艺术家当属帕理什,他被誉为20世纪上半叶美国最伟大的广告艺术家。帕理什几乎为每一种你能想象到的推销媒介都做过设计。他为酒店、餐馆和酒吧画壁画:1906年,他为纽约的尼克博克酒店画了传奇的《老国王科尔》,这幅壁画后来被转移到圣瑞吉酒店的科尔国王房间。他给汽车公司设计广告牌,他为克兰巧克力公司设计了克利奥帕特拉的广告展板;他也绘制杂志插图,比如,他为《科利尔杂志》(Collier's Magazine)绘制了《天方夜谭》的图画。在他绘制的一则广告中,一位大臣为文艺复兴时期的国王和王后奉上了覆盆子果冻,国王和王后穿着一身紫色的长袍,坐在金色的宝座上。他的作品流传之广,令其他艺术家羡慕不已。这要归功于曼哈顿的拉欣·伍德广告公司(Rushing Wood),这家公司根据需要把他的设计做成广告牌、日历、海报,以及百货商店和专卖店的橱窗卡。人们把他设计的图片从杂志上剪下来贴到厨房和卧室里。[52]

帕理什相貌英俊,他经常为自己海报上的男性和女性人物裸体摆姿势。1870年,他出生于费城;他的父亲是一位信奉不可知论的贵格会教徒,后来背弃了那种"单调的生活观",成为一名兼职画家(还是一家生意兴隆的文具店的老板)。帕理什继承了他的父亲的叛逆思想。[53] 19世纪90年代后期,他因其为儿童读物所做的插图而进入公众视野,这些读物中包括鲍姆写的《鹅妈妈故事集》(Mother Goose in Prose)。帕理什也为伊迪丝·华顿(Edith Wharton)的畅销书《意式别墅及庭院》(Italian Villas and Their Gardens)做了插图,华顿对那些插图非常满意。他为公司企业和消费机构进行了各种宣传设计;他在19世纪90年代为沃纳梅克百货设计了亚麻标签和商品目录封面;他为费城的巴特拉姆酒店设计了菜单;他为皇家发酵粉、高露洁牙膏、圣诞老人肥皂、改良韦尔斯巴赫灯等全国性制造商设计了海报。他试图提高商品(及其制造公司)的吸引力和现代性,通过新旧对比来突出新商品的"现代性"优点。他把新商品置于文艺复兴、中世纪或古代背景中:穿着紧身衣、衣着华丽的男孩们在用爱德拉克相机拍照,仙女们在阿拉丁式的山洞里中使用工厂制造的香皂。

帕理什经常把商品或公司与一种异想天开的氛围联系到一起。事实上，他被称为插画界的彼得·潘。他似乎着迷于所谓的"表面魔力"（这是那个时代流行的一个词）。通过在某个图案上重复上釉，他往往能够得到一种闪闪发光的效果。特别的蓝色让他的图片呈现出一种明亮的珐琅质外观，这种蓝就是众所周知的"帕理什蓝"。[54]1915年，受柯蒂斯出版公司委托，帕理什与广告色彩师路易斯·蒂法尼（Louis Tiffany）合作，在费城创作了《梦幻花园》，这是一幅长15.24米、宽4.57米的色彩斑斓的马赛克壁画。帕理什设计了壁画，蒂法尼则用玻璃将其呈现出来。这幅壁画最近在费城的柯蒂斯中心进行修复，仍然可以参观。它的创作者说，它旨在传达一种"神秘"感，"就连那些没有受过教育的人也都可以感受到这种神秘感"。帕理什用瀑布、紫色的山峦、茂密的植物、金色的峡谷和丰富的花朵构思了这幅壁画，所有元素混合成一团模糊而多形态的颜色。这幅壁画对观赏者没有任何要求，它是一件大众商业艺术品，旨在用漂亮的色彩和马赛克上的灯光让顾客感到愉悦。[55]

帕理什为爱迪生电气公司的马自达灯具制作的日历极为有名，每张日历都展示了帕理什所说的"光的伟大历史"的一些侧面。帕理什由此找到了他的商标形象：在光芒四射的自然背景中，身穿蓝色和金色服装的少男少女，眺望着充满希望的远方。有时候，他设计的图片中的"光芒"（比如他在十八九岁时制作的一块汽车广告牌）效果非常出彩，以至于"公众停下来盯着它看，身心愉悦，却忘了注意上面宣传的是什么"。[56]

帕理什喜欢画那些能够"暗示"公司力量或商品吸引力的图画，而不喜欢去画那些直接展示商品或公司的图画。他给其客户巧克力制造商克拉伦斯·克兰（Clarence Crane）去信说："我宁愿画一些梦中花园、春天、秋天、青春、海洋的精神、生活的乐趣之类的东西（如果有这些东西的话）。""我希望你已经看过我为通用电气设计的日历（《梦幻之光》），这是他们将会在秋季推出的一款日历，以提醒公众他们制作了一盏好灯。我想我领会到了一点'**事物的精神**'。你知道我说的这种事物的精神是什么吗？我指的是让我们获得大多数快乐和幸福的事物的精神。

户外的精神、灯光和距离的精神……我确信，这是公众身上还没有丧失的一种品质。"[57]

帕理什认为，除了给每个人带来快乐和不冒犯任何人，他的工作不包含任何特殊信息或目的。"我们都知道，"他告诉他的经纪人拉欣·伍德，"人们喜欢的是一个美丽的场景，里面有穿着衣服或不穿衣服的人，他们散发着魅力，但可能并没有什么特点。不管这个场景是什么，它都是难以捉摸的。我的画作复现这一场景，就是为了吸引尽可能广泛的观众。"怀着一种对万物有灵论的迷恋，帕理什将广告图片制作发挥到了极致，他用光和色彩来渲染风景，试图将商业与带来生命的温暖和新生，与纯真和儿童生活，与一种遥远的超越感，联系起来。

和此前一些团体一样，帕理什等广告商也发现，图片可以吸引人们的注意力，培育一定程度的忠诚，并能激发人们的欲望。广告商们知道，图片之所以能够引人注目和取得成功，是因为它们赋予原本无意义或无生命的物品以"生命"和"意义"，给商品注入了一种商品原本不具备的力量。一位商人说："不再有呆板的历史文物，有的只是**人物、生活、色彩、行动，以及人类对图画，尤其是对自然事物的兴趣**，它们能抓住人们的注意力并将其集中到商品或商品的特征上。""色彩、亮光、对比、氛围，以及令人愉悦的空间不平衡"，绝对是必不可少的。[58]

弗兰克·鲍姆与《橱窗》

橱窗展示商品方式极具诱惑力，它以一种其他图画媒介无法比拟的方式，把商品放置在"令人愉悦的空间不平衡"中。如今，在电视广告出现多年以后，橱窗已经失去了它在诱惑策略中的关键地位。我们甚至已经无从想象，当初它们如何让小说家詹姆斯或费伯震惊不已，它们又如何成为吸引消费者的核心视觉方法。在销售力方面，没有什么能与橱窗进行竞争，广告卡片、海报、广告牌，甚至是早期的电子标识，都不是橱窗的对手。橱窗属于一种不断扩展的玻璃景观，也许还是一种最形象的标志，表明一种新经济和具有非凡规模的欲望文化正在形成。

在1885年以前，现代意义上的橱窗展示并不存在。人们通常都是直接把商品摆在橱窗里，或者要是天气好的话就把它们堆在店外。很多商店都未在橱窗展示任何东西；有些商店觉得展示没有品位，大多数商店则是不知道该去如何展示那些堆满货架的制成品。当时与橱窗展示相关的资源和环境都很差。总的来说，那时候的商店，灯光效果很差，橱窗玻璃质量低劣，展示物品都是临时的（通常都是粗棉布、盒子、布匹，或者是从后面库房里随机翻出的物品）。[59]

现代展示风格的出现可以追溯到1889年。那时候，《纺织品经济学家》(The Dry Goods Economist) 杂志是19世纪晚期商品推销中最具影响力的声音，它将其自身兴趣从金融转向零售。该杂志的总部位于纽约，从1858年创立到19世纪80年代，它没有为商家发表过一篇讲解零售方式的文章，而是不断报告货币市场、经纪业务和房地产，以及商品交易的情况。它上面每周都有基督教福音派的活动专栏，呼吁商人们追求一条"无私和简朴之路"。1889年，在一种更加世俗化和更具商业竞争性的氛围中，它果断地接受了商品推销。"展示你的商品吧，"它告诉商人们，"哪怕你只展示很少一部分，因为商品的销售量肯定与展出的商品量成正比。"[60] 19世纪末，商业进入周期性的飞速上行阶段，视觉营销打开了一个新的局面。

转向新方法的第一人并非商业人士，而是美国著名童书作家鲍姆。鲍姆在零售方面所做的工作，几乎与他的奥兹国故事一样，对美国文化的发展产生了重要影响。和帕理什一样，他也练就了一身能够满足商人需求的新技能。他的关于"装饰和展示艺术"的杂志和手册，是全世界最早的同类图书。[61] 该手册很快就在橱窗展示行业占据主导地位，多年来一版再版；他的杂志也成为同类刊物中最具生命力的一个。他给它起名《橱窗》(The Show Window)，1900年以后更名为《商家记录与橱窗》(The Merchants Record and Show Window)，20世纪20年代再次更名为《展示世界》(Display World)，最后一直沿用至今的名称则是《视觉营销》(Visual Merchandising)。

1856 年，鲍姆出生于纽约州北部一个漂亮的庄园"玫瑰草坪"。他在一个富裕的德裔美国人家庭长大，是家里七个孩子中最小的一个。他的父母对他关爱有加，尤其是他那位在宗教上极为虔诚的母亲，她曾试图通过严格的卫理公会派教义来教育他，但失败了。[62] 鲍姆家南边不远处就是宾夕法尼亚州的油田，那些深绿色的石油就像奥兹国的绿宝石一样，在 19 世纪 50 年代首次为人们带来了巨大的财富。鲍姆的青少年时代都生活在石油的影子里。他的父亲在油田赚了很多钱：他从流经油田的河水里撇取原油，进行提炼，然后把炼制的石油以高价卖掉。老洛克菲勒那时可能是他的一名员工，不过老洛克菲勒很快就将自己的炼油公司"标准石油公司"打造成美国历史上第一家大型商业公司。[63] 后来，他的父亲创立并领导了锡拉丘兹第二国家银行，这是该地区经济快速发展的另一个标志；在那之后，他的父亲又投资了奶牛场和零售地产。[64]

　　鲍姆本人并没有被他父亲的工业和银行世界所吸引。他喜欢的是资本主义的另一面，那就是娱乐、消费和"梦想生活"。鲍姆想要解除表达欲望的禁忌。他说："最充分地享用生活就是智慧的本质。因此，尽情地去'吃喝玩乐吧，因为明天你就要死去了。'"[65] 比起储蓄，他更喜欢花钱。如果说他有宗教信仰的话，那就是"神智学"这一新的美国心灵疗愈法，它把它的信奉者们带到了当下和此地，将他们从享受生命、商品或金钱所产生的罪恶感中解脱了出来。他娶了 19 世纪女权主义领袖玛蒂尔达·盖奇（Matilda Gage）的女儿莫德·盖奇（Maud Gage）。他也坚决捍卫女性的权利，理由是女人和男人都应该自由地去做他们想做的事情。他说："我们国家成功的关键是宽容。""自己活，也让别人活。"[66] 鲍姆写了许多儿童故事，其中最有名的就是《绿野仙踪》，该书迎合了商业美国的精神诉求。（本书第八章将会详述鲍姆的童话和他的生活哲学。）

　　年轻时，鲍姆爱上了剧院，并在这上面投入了相当大的精力，就像他早年在宗教上投入的精力一样。他从十几岁开始就投身剧院。到 1880 年，他开始撰写剧本和排演戏剧，担任主演，并与妻子一起在中西部巡演。他同时也从事商品推销工作，成为一名旅行推销员，这很快就成为他职业生涯中一份赚钱的工作。他还创立了一家自己的公司：鲍姆的卡斯托林公司（BCC），从原油中提取轴用润滑脂。[67] 19世纪80年代后期，他前往南达科他州的阿伯丁（他妻子的家族在那里有自己的领地），在那里开了一家零售店"鲍姆的集市"（Baum's Bazaar）。该店模仿了伍尔沃斯百货在纽约州尤蒂卡市的连锁店，鲍姆在销售旅行中曾去过纽约。

鲍姆越来越习惯于进行炒作和诱骗，他会向所有首次进店的女性都赠送"冈瑟糖果"。源源不断的广告从他的笔尖流向社区出版社。他说，每个人都能在"鲍姆的集市"找到适合自己的东西，包括中国灯笼、锡器、陶器、糖果、香烟、自行车、冰淇淋和黄铜痰盂等新商品。孩子们趴在鲍姆商店的大玻璃窗上，一个劲地往里窥探。[68]

就在这家商店的所有事务都步入正轨之际，当地却开始出现经济萧条，商人们陷入债务纷纷破产，"鲍姆的集市"也倒闭了。鲍姆被迫另寻工作。他转向新闻业，凑足钱买下当地一家倒闭的报纸《阿伯丁周六先驱报》（*The Aberdeen Saturday Pioneer*）。他包办了这家报纸上几乎所有文章，包括广告。尽管生活贫苦，但他仍是阿伯丁经济增长的一位热情推动者。他希望"工厂继续生产以确保全年贸易"，并敦促商人们做出各种努力以促进消费。[69]

鲍姆是一个行动者，他对展示技巧特别感兴趣（直到19世纪90年代商人们才开始掌握这些技巧）。有一次，他写道："以前根本就没有'橱窗'这种东西。"现在，即使在南达科他州这样的地方，商人们也在学习如何在橱窗里摆放商品。"虽说男性对这些事情较为无感，但他们也会惊叹于展示的魅力。"[70] 当地商人为展示国内商品和进口商品举办了"华丽的狂欢节"，鲍姆对此赞不绝口。狂欢节期间，主要大道上都设立了摊位，每个摊位都有"穿着"待售商品的"活的"女模特，她们有的身上挂满草莓、橙子、坚果和饼干，有的穿戴钻石、丝绸、瓷器，甚至是微型打字机。放在今天，这样的狂欢很可能会被视为对女性的侮辱而遭到攻击。但是，鲍姆却不觉得这样做有什么不妥；事实上，他可能积极地参与了两样事物的发展：商品推销的发展和女性的进步。据鲍姆说，这些服饰"精美、华丽、讲究、昂贵,足以给任何中世纪女王的宫廷增添高雅品位";这是一个"令人眼花缭乱的场面",让人得以一瞥"天堂的景象"。[71]

1891年春天,阿伯丁的一切似乎都在分崩离析。经济危机摧毁了这座城市。破产的鲍姆一文不名。他再次出发前去寻找工作,这次他淘到了金子。他选择了芝加哥这座繁华的大都市,开始为美国历史上最大的世界博览会做准备。[72] 在芝加哥,市场上有各种各样的商品:从首批机器生产的好时糖果(Candy Kisses,19世纪90年代在芝加哥被研制出来)和大量反季节水果,到各种各样的东方地毯和名牌三角钢琴,甚至连那些妓女都站在灯光下的"橱窗里""明码"待售——德国社会学家马克斯·韦伯(Max Weber)若是在世纪之交去芝加哥撞见这一幕,定会大吃一惊。[73] 在这里,人们可以在市中心看到中西部最大的百货商店,同样是在这里,菲尔德定期召集国民警卫队前来镇压工会活动。

鲍姆先是在《芝加哥晚报》工作了几个月;之后,他在芝加哥一家主要的陶器和玻璃批发商皮特金与布鲁克(Pitkin and Brook)那里找到一份全职工作,在马路上卖东西。鲍姆很快就成为公司里的优秀销售员。到19世纪90年代中期,他已经在芝加哥北区买下一座带浴室和气灯的大房子。他和妻子从来不在他们的四个孩子身上省钱,特别是在圣诞节期间,他们家里会有"四棵闪着不同颜色灯光的圣诞树(四个男孩一人一棵),放在房间的四个角落",树下摆放着各种"奇妙的礼物"。事实上,任何假期都是鲍姆宠溺家人和自己的借口。[74]

慢慢地,鲍姆厌倦了在路上卖东西,他开始寻找能让他在家里赚钱的工作。他开始写下让他出名的儿童故事。他还提出了一个完全符合芝加哥零售商需求的想法:创建展示橱窗。

和阿伯丁一样,芝加哥的商品推销也在发生明显的变化,这主要表现在持续十年之久的残酷的零售战、工会与商店之间的斗争,以及很少有商家能够控制制成品库存的急剧增长。鲍姆对库存的兴趣远远超过零售战或劳资纠纷。事实上,他有一个计划,也可以说是一种方法,一项新的展示策略,可以向商家展示,如何让他们的商品流通起来,进而增加他们的利润。他确信，大多数商家都不了解展示，他们仍然只是把商品堆放在窗户和货架上。他感觉到，这些货物需要一种能够产生吸引力的新型处理方法。

凭借多年的商品推销和剧院工作经验，没有人能比鲍姆更好地指导商家采用新的展示策略。也没有人能比他更确定，人们可以被橱窗说服或诱惑去购买商品。鲍姆表达了与巴纳姆相同的信念，他写道："有人说人们并不容易被橱窗展示所诱惑，但是，只有我们才更了解实际情况——人们似乎没有办法让自己不受欺骗。"无论如何，"没有广告，现代商家就会被人遗忘"[75]。

1898 年，鲍姆成立了全美橱窗设计师协会（NAWT），这是同类行业组织的第一家，旨在"将商业装饰提升到专业水平"[76]。协会很快就发展到拥有 200 名会员。鲍姆担任秘书长。1897 年，他推出了第一期《橱窗》，这是一本中等大小的"装饰艺术月刊"，通常每期都有 60 多页，里面配有丰富的绘图和照片，并包含各种产品的广告：从"贵妇紧身胸衣"到"弗林克的窗户反光板"。到 1900 年，它已成为一本彩色杂志，被装饰成玫瑰色、粉红色、黄色、绿色、棕褐色、蓝色和棕色。"我想做一本专注橱窗设计的杂志，"鲍姆告诉他的一位家人，"我知道这是非常需要的，如果我们能够做起来的话，肯定会成功。"塞尔弗里奇当时正在建造更大的橱窗并扩大他的展示团队，他称赞《橱窗》是百货商店"不可或缺的一份期刊"。几个月后，该杂志的发行量就增加到数万册。[77]

《橱窗》处于新营销运动的最前沿，旨在培育人们全年的消费欲望。在这个过程中，它推动了展示面貌的改变；它向读者推荐了吸引消费者的新策略，尤其是鲍姆个人偏好的那些策略：带有"壮观"的旋转星星的移动电子屏，"消失的女士"，机械蝴蝶，旋转的轮子，白炽灯——一句话，就是任何能够吸引顾客"观看橱窗"的东西。"人们总是会停下来凝视那些移动的东西，"他说，"并喜欢研究机械，或者想知道这种机械效果是如何产生的。"[78]

然而，《橱窗》上面最基本的信息都与商品本身有关：用最好的艺术来"唤醒观察者的贪婪及其拥有商品的渴望"。他似乎对贪婪持有一种宽容的态度。毕竟,哪家成功企业取得成功不是依靠人们的贪婪?他似乎对商品的内在价值并不感兴趣(这一点与很多商人不同);相反,他把注意力放在了商品"看上去"的样子,也就是它们的"卖"点上。最重要的是让人们去购买。他预测,只要商品"得到恰当的展示","展示橱窗就会让它们迅速畅销,哪怕(商品)已经老旧得都要长出白胡子了"[79]。

鲍姆劝告商人,不要像过去那样把商品满满地挤在橱窗里,而是要从中加以挑选。鲍姆说,不要只是把灯和锡罐摆在那里,而是要让它们"动起来",就像舞台上的人物一样。[80]《橱窗》反复琢磨戏剧主题,寻找"潜藏在美丽商品中的可能性";思考如何"高雅地展示一条围裙",如何调整灯光照明以把橱窗加宽加深;如何"组合出各种色彩,进行奢华的展示,以愉悦人心"。"在荣耀之光中展出商品",让它们看起来就像珠宝一般。[81]

闪闪发光的水晶迷宫

在两年后的 1900 年,《绿野仙踪》出版,鲍姆离开了零售业;此时,百货商店里展示橱窗的数量已有很大增加。过去,商人们只能从法国进口优质平板玻璃;现在,他们可以购买国内工厂大量制造的玻璃。15 年后,美国人消费的平板玻璃占到全世界玻璃生产总量的一半。这些玻璃更便宜、更透明、更结实,面积也更大;橱窗的深度、形状和抛光都有多种,以适应种类和数量日益增加的商品。1906 年,沃纳梅克百货纽约店开张,店内每个橱窗"都有普通住宅一个房间那么大小",店里配有图书馆、客厅、卧室和餐厅。圣路易斯新开的斯克鲁格斯百货(Scruggs)"几乎全是玻璃",它最下面三层楼由"巨大的玻璃板"建成。[82] 很快,"全玻璃表面"就在繁荣的零售区变得司空见惯;而且随着镜子增加,窗户不仅反光,还会映出店内外的物体,从而形成了一座"闪闪发光的水晶迷宫"。19 世纪中期,隔着窗户往里看仍被视为一种轻率和庸俗之举。而到 20 世纪早期,情况已是大为不同,人们被邀请(乃至被诱惑)去观看橱窗。一些商家还特意聘请了那些专业的"橱窗凝视者"来鼓励人们去观看橱窗。[83]

新的外部玻璃环境开始改变人与商品之间的关系。过去（甚至就在不久前），人们都是在城镇市场购物（在欧洲等地，人们也在市场广场、大厅和集市购物），被商品团团包围。例如，19世纪50年代伦敦的白教堂区就是服务于工人阶级和穷人，那是一个很大的露天市场，几乎没有固定的商店，全是叫卖的街头流动小贩，他们叫卖的东西，从家禽、鱼、鲜花、肉饼，到牡蛎、柠檬水、咖啡、西洋菜和金鱼，一应俱全。工人阶级的家庭主妇在白教堂区高低不平的路面上你挤我拥，选购培根、奶酪、茶、糖，甚至是柴火，和卖家讨价还价。在美国，这种模式在某种程度上也得到了复制（虽然它从未形成如此完全的阶级隔离方式或者达到这样的程度）。[84] 南北战争前夕，费城是当时美国商业发展排名第一的城市，但是，这里的购物者仍然沿着市场街（城市主干道）在露天摊位间闲逛，在那里他们可以摸，可以闻，可以仔细拣选商品（同时也可以尽情享受这种社交环境）。四面八方都有进出通道和人流；一位评论者描述说，顾客与商品之间的接触"畅通无阻"。[85]

乡村地区和工人阶级社区的这种露天购物，一直持续到20世纪20年代。[86] 即使在今天，短时性的街头集市在很多城市也很常见。在纽约和洛杉矶等城市，特别是在人口稠密的新移民社区，似乎也出现了更为固定的露天摊位销售。比如，在纽约市的运河街，露天店铺就比比皆是。但是，从19世纪90年代后期开始，在很多人看来，这种购物形式日渐被一种完全不同的方式所取代。各种价位数量巨大的商品被放在坚固的大型建筑中，吸引着各种各样的人群，促使商人们对商品的流通和展示进行控制。一方面，商品（或者更确切地说，商人们对它们的资本投资）需要保护，不仅要防扒手，还要防天气和街头尘垢的影响。另一方面，必须找到一种方法让人们对商品产生亲密印象，让商品摆脱封闭状态。奥地利流亡艺术家兼橱窗专家弗雷德里克·基斯勒（Frederick Kiesler）后来说，在保持利润不断增长的情况下，流通大量商品（"打破顾客与商品之间的障碍"）的压力，的确比以往任何时候都要大。过去的解决办法之一是制作二维广告图片和标识，现在则可以使用三维展示橱窗。

用玻璃来展示商品产生了几个重要影响：它有助于形成一种新的阶级文化，即它有助于更清楚地区分贫富顾客。从19世纪90年代后期开始，在纽约等城市，住宅区的购物开始与玻璃和富足发生联系，而市中心的购物则仍与为移民、低收入工人、淘廉价货的各阶层购物者设置的露天摊位联系在一起。玻璃阻止了气味和触摸，弱化了消费者与商品之间的联系。与此同时，它也放大了视觉效果，将一个已经在观看的城市人，变成一个潜在的观看上瘾者。所有的东西都是可见而不可触摸，这改变了商品与人之间关系的特征。19世纪30年代，爱默生在他的随笔中诗意地描述了视觉感受的主要作用，"我变成一个超然的眼球；我什么都不是；我看到了一切"。当然，爱默生是在描写树林和自然，但是，到1910年时，已经开始出现那种爱默生式的购物者，他们内心的欲望日渐膨胀，这种欲望在想象中可能会变得愈发强烈——全是眼睛，没有鼻子，也没有手指。[87]

玻璃是商人们在资本主义社会中单边权力的象征，它拒绝向任何有需要的人提供商品，切断了他们获得商品的途径，却没有被指责为是一种残忍和不道德之举。[88]同时，玻璃后面的图片也诱惑了观看者。结果就是，拒绝与渴望交织在一起，而这则必然会极大地强化欲望，让现实变得更加残酷。与其他媒介相比，玻璃或许更能让人们的欲望民主化，虽然它也让人们更难民主地获得商品。你看到它与原物一样大——你总是能看到它被放大，你看到一切都在被展示——但你就是触及不到它。除非你打碎玻璃抢走它，或者是走进去买下它，否则你就无法拥有它。在这样的背景下，打碎玻璃很容易演变成为一种阶级行为。

到1910年，美国很多主要城市地铁站的地上和地下都设置了橱窗。坐地铁时，走过橱窗的人，或者是那些在站台上候车的人，不可避免地会看到这些橱窗，这使得它们成为最理想和最昂贵的橱窗；商人们与市政府进行谈判，争取获得摆放橱窗的空间权。"橱窗特权极具价值，"1909年，法林百货的地产经纪人说，"我们似乎正在获得这种非同寻常的特权。"波士顿的法林百货拥有"极佳的"地下橱窗，它的管理层这样吹嘘道。据行业报道，费城市场街的商店：斯内伦贝格百货（Snellenberg's）、沃纳梅克百货、利特百货（Lit's）、斯特劳布里奇与克洛西尔百货，以及金贝尔斯百货，都用橱窗进行"华丽的展示"，从而延长了地铁站台的长度。芝加哥的地下橱窗始建于1905年，是为菲尔德百货、曼德尔斯百货和斯科特百货建造的。1902年纽约高速地铁建成之后，从曼哈顿可以直达布鲁克林，于是，纽约的百货商店店主们也都纷纷要求延长有灯光昼夜照明的地下橱窗的长度。[89]

形式必然源于混乱

随着橱窗增多，商品陈列和装饰的资源库也得到了扩大。木质背景及顶棚的"封闭式橱窗"这一概念开始在零售店中流行。一位装饰师写道，"封闭式橱窗可以防止灰尘和苍蝇"，可以"防止存货受损"并可"提供展示背景"。[90]到1910年，由橡木或红木搭建的封闭视觉空间，为城市商店提供了充分开发消费者幻想的机会。展示人员大胆地采用彩色玻璃罩、彩色玻璃板和射灯，使橱窗充满丰富的色彩。独立展示公司则为商家提供基座、女帽架、天鹅绒、丝绸、装饰背景，以及别具一格的新装置：人体模型。[91]

在19世纪的大部分时间内，人体模型都是出现在简易博物馆中，这些地方因为展示一些稀奇古怪的物品而出名，比如，"稀有"的动物和鸟类，去世国王、王后及臭名昭著的罪犯的蜡像等。1875年以后，更"精致"的人体模型要数费城和芝加哥世博会人类学展厅中的"群像展"。[92]但在商品推销中，最常见的服装模型却是"无头假人"（它没有胳膊、头和脚）。到1912年，随着成衣的兴起和全套服装的生产，完整的人体模型变得"非常流行"。就连一直坚持使用无头假人的菲尔德百货也开始把它们放入橱窗，摆出各种姿势，展示商品。[93]第一批"新型"人体模型刚开始多是女性，它们是洋娃娃一般的静态蜡像，温度一高就会融化，与《高黛仕女书》（Godey's Lady's Book）中的形象非常类似。后来，商人们使用更为可靠的纸浆和蜡混合制作模型，并将它们放入带有温控的橱窗。摄影技术的发展影响了所有形式的图像制作，受其影响，人体模型也拥有了逼真的头发、可以活动的四肢、自然的面部特征和"生动的表情"。一位零售商说:"蜡像的种类非常多。"[94]

有了人体模型和其他展示材料,商家就可以更加自如地操纵橱窗中的商品。百货商店的店主们将整个展示行业推向了新的方向,虽然也有很多不足之处一直持续存在到20世纪20年代,比如,劣质照明,窗眩光,展品过多,装饰太多。[95] 为了激发顾客对所有商品的欲望,百货商店的店主们甚至主动去帮助那些没有做过任何展示或装饰的廉价货连锁店,如伍尔沃斯百货等。

展示人员用充足的色彩衬托商品以增加其吸引力。1910年,埃德蒙·罗斯坦(Edmund Rostand)的戏剧《公鸡》(*Chanticleer*)在百老汇上演,主角是一群色彩鲜艳的公鸡。之后,一股红色潮流席卷纽约市的橱窗。帽子、拖鞋、遮阳伞、袜子和拖鞋展示,全是公鸡红;窗腰上悬挂着猩红色的窗帘;第三十四街阿尔特曼百货的一个橱窗里,装饰者把带有公鸡图案的猩红色丝绸和黑色蕾丝搭在一个服装模型上。1916年2月,第三十四街和百老汇大街的金贝尔斯百货里,每个橱窗都有一种不同的色彩,非常有"戏剧感":紫色的灯光照在银器上,绿色的灯光照在丝绸上,蓝色的灯光照在家具上,红色的灯光照在卧室陈设上(这是受到日本设计的启发)。[96]

展示人员还以鲍姆式的橱窗展示方式,选出合适物品,放在突出位置。20世纪20年代之前,虽然大多数展示人员还是忍不住会把商品挤满窗户,但是,很多人都已开始注意到这个问题。"形式必然源自混乱,"1905年,一位零售商呼吁道,"不同的产品系列,甚至是单个商品",都应该"被突出"。另一位零售商说:"展示必须突出一个特征。"在可能和合理的限度内,所有商品,包括日常制成品和食品,都应该以类似方式进行处理。1902年,德莱塞曾这样描述:对灯光的策略性使用,可以让人产生一种关于深度和活力的幻觉,一种"颤动的存在感"。

人体模型尤其有助于人们从混乱中提取形式,目的是将人们的目光"集中"到少数商品上,"以自我暗示的方式来创造一种能够激发热情的现实氛围"。展示人员甚至在橱窗中将人体模型身上的女性内衣"戏剧化"，这种做法与19世纪的方法完全不同，当时商人们倾向于把这些商品堆放在货架上或者只是将其随意堆在一起。小说家约翰·帕索斯（John Passos）对这些内衣印象非常深刻。他在他的小说《1919》中就用它们展示了，这一新的城市环境如何激发起一个男人的性欲。他在小说中写道："服务员上菜时扭动的臀部和颤动的乳房，商场橱窗里展示的女孩内衣等，所有这些东西都让他异常激动，难以自持。"[97]

有一些内衣展示的受欢迎程度令人震惊，它们造成街道拥挤，甚至引发街头骚乱。在华盛顿州斯波坎市，警察接到报警前去驱散一群人。这群人挤在一个橱窗周围，橱窗里"逼真的人体模特"穿着一件暴露的"督政府时期风格的"睡袍。一名"拒绝离开橱窗"的年轻人被警察强行拖走——一位零售商夸口道，"在西北部地区，人们因为观看橱窗展示而被捕"，这还是第一次。[98]

但是，这些橱窗的存在也遇到了一些阻力。早在1899年，当这种内衣展示首次出现时，女性俱乐部就以"不道德"为由对其发起攻击。类似攻击时有发生，但其力度却是日渐式微。1913年去世的本杰明·阿尔特曼（Benjamin Altman）极为讨厌全身人体模型（实际上，基于道德原因，他对所有人体模型都很厌恶）。出于对他的尊重，阿尔特曼百货直到20世纪20年代末才开始使用人体模型。由于这一做法已被公众普遍接受，以及大众市场巨大的营销"压力"，大多数大型百货商店都在用人体模型进行商品展示。1919年，展示行业的一位发言人写道："如果市场上有对内衣的需求，不展示它的商店就会输掉。"[99]

到1915年，美国企业开始通过一些戏剧性的处理手段来改变商品的意义，对商品进行投资——他们认为商品比其他东西更重要。但是，商人们所做的并不只是从视觉上去关注商品，他们还想赋予商品一种"联想的"力量。一位零售商表示，"要把商品与人和事联系起来"，而不是与"买卖的想法相连，这样你才能引人注意"。橱窗里展现的魅力、"缤纷的配色方案"、奢华、逃避、冒险和休闲活动，都在吸引顾客购买商品。[100]

这种联想风格对男装和女装的影响是不同的。男装的展示是低调的、不张扬的，多采用深色调，简单，柔和，不具修饰性，体现了男性气质。"简洁应该成为男装展示的基调。""大多数男人都不喜欢颜色鲜艳的领带……他们倾向于把精美的装饰效果看作'无用的褶边'。"20世纪早期男装展示的基本规则是，不以那种"过度活泼"的方式去展示男装，不使用那些明亮的色彩去突出视觉效果。当然，橱窗里也没有出现过穿着内衣的男性人体模型。当时的男性人体模型极为少见，除非是要作为其他展示的一种衬托，或者是要以那种最死板的方式去展示男装。[101]

对女装而言，情况则完全不同。1911年，沃纳梅克百货费城店一个简单的女帽展，围绕一个美丽女人的肖像画展开，旨在传达一种奢侈或放纵感官欲望的思想。纽约第十四街的格林胡特百货（Greenhut's）在丝绒背景中放置了衣服装饰品，旨在"不断让人想到"即将到来的"晚间活动的那种刺激"。1914年，梅西百货的春季橱窗以一种"完全不同于以往的"风格对外开放：它用整个舞厅场景来展示各种各样的晚礼服，而"里维埃拉海滨长廊的复制品"则展示了其他一些衣着华丽的人体模型。[102]

亚瑟·弗雷泽的神殿

许多做这些展示的人（当时从事这项工作的都是男性）都把这份工作当成是在做生意，仅此而已。其他人试图将其转化为一种艺术形式，还有一些人则对他们所做之事的道德标准感到困惑。沃尔特·阿勒特（Walter Allert）就是一个内心充满矛盾的展示者。在梅西百货工作期间，他对视觉营销时而颂扬，时而谴责。阿勒特在梅西百货的"中心部分"（这个地方以前从未做过展示区域）设立了新的室内"展示装置"，把人体模型放进橱窗里布置好的卧室。他还支持一项消除窗眩光和窗户反射的新技术。[103]有一次，他说："整个商业世界正在醒来，发现他们可以用一些优美的方式去行事。"过去，橱窗装饰者会将"一车帽子全放在一起展示"；现在，他则会"以一种让城里每个女人都会驻足、**注视和倾听**——更重要的是购买——的方式对这些帽子进行展示"。阿勒特甚至力劝市政府聘请"市政展示经理",这样一来城市就也可以变得像"百货商店一样美丽"。他说,他"梦想"中的城市,就是以展示原则为基础的城市。[104]

1910年是他进入梅西百货的第三年,他开始警告自己不要过度依赖"精致的展示"去"诱使人们把钱花在他们买不起的东西上"。他开始保护"价值"和"经济",反对过度和浪费。1914年,他甚至抨击起那些花哨的橱窗。"我们不是戏剧制作人,"他说,"我们不是在搭建舞台。想想吧,我们把商品摆在橱窗里,给它布置一个能让顾客产生**虚假的**欲望或期望的背景,这是一件多么错误的事情。"

在1916年的某个时候,阿勒特经历了一场他的一个朋友所说的"危机"。他辞去工作,成为一名基督教科学派成员。[105]其他展示者都对此感到沮丧,尽管他们中最受尊敬的展示者、阿尔特曼百货的赫尔曼·弗兰肯塔尔(Herman Frankenthal)深信阿勒特能够挺过这场"个人危机"——弗兰肯塔尔自己就挺过了一场类似的危机,回到了这个行业。弗兰肯塔尔是一位德国移民,19世纪70年代早期他在费城工作,之后去了曼哈顿市中心的斯特恩百货,最后到了第三十四街的阿尔特曼百货。他是第一个在橱窗里把布披在人体模型上的人,他把这种艺术提升到了一种前所未有的水平,"阿尔特曼百货一天就售出2.5万多码丝绸"。大约在1910年,他精神崩溃,离开了阿尔特曼百货,但在几个月后他又杀了回来。"橱窗令人着迷,"弗兰肯塔尔说,"正是这种魅力使我在阿尔特曼百货工作了19年。这一特别的职业就是橱窗艺术……他们都回来了……阿勒特也会回来的。"[106]弗兰肯塔尔说对了,阿勒特确实回来了,但他并未恢复其原有的声望,其标志就是他的名字从行业报道中消失了。

其他展示者则从未在展示这个问题上起过自我冲突,例如,菲尔德百货的亚瑟·弗雷泽(Arthur Fraser),他是美国1920年以前(及此后许多年)"一流的展示总监"。弗雷泽出生在魁北克,是一位天主教徒,他将"联想风格"带到一个新的高度,这让他之前的任何橱窗展示者都无法企及。还在少年时,弗雷泽就跟随他的哥哥来到美国。19世纪90年代中期,他只有十几岁,在爱荷华州克雷斯顿一家纺织品店做店员。若不是塞尔弗里奇的代表来访,他可能会永远待在克雷斯顿。这位代表是菲尔德百货的主管,是一个干劲十足之人,他当时正在规划零售业发展的新路径。塞尔弗里奇反复告诉他的员工:"学着忘记过去,更多关注现在。"[107]

塞尔弗里奇的经营方式就连菲尔德都感到困惑,后者本质上是一个批发商。菲尔德百货的一位高管在谈及塞尔弗里奇的影响时说道,他"就像一场飓风席卷了这个地方",他"善于言谈,非常坦率,在零售业很有名气"。19世纪90年代后期,塞尔弗里奇为菲尔德百货增加了第一个展示橱窗,以及低架子、电话、展示装置、旋转门和第一批橱窗装饰人员。1902年,他告诉他的员工:"在这个地方,每天都是展示日。"那一年,这家商店在芝加哥拥有"最大的高抛光平板玻璃窗"。[108] 塞尔弗里奇还帮助使鲍姆的《橱窗》成为美国展示行业的主要行业期刊。

1895年,塞尔弗里奇的一名代理招募了弗雷泽,让他从事展示工作,当时弗雷泽还很年轻。1897年,据说他是第一个通过橱窗表现饱满单色(不包含任何商品)的展示人员,比如,各种色度和色调的红色。到20世纪早期,弗雷泽已是展示工作的负责人。他清理了橱窗里的那些"杂乱商品",将展示品的数量减少了75%~90%。1913年,他将人体模型引入菲尔德百货,发明了(据他说)由纸浆做成的高度逼真的模型。《女装时报》(*Women's Wear Daily*)声称他是第一个"给人体模型穿戴装饰品"的人(尽管这一声明就像这个受促销驱动的领域中的其他声明一样很难确认真假)。他说:"我试着让人体模型变得无比真实,让女人们觉得是她们在穿着那些衣服。"到1916年,他手下管着50个画家、雕塑家和工匠。[109]

弗雷泽所用的方法完全是戏剧性的。他在一次采访中回忆道:"我们会把商品戏剧化——让商品成为真正的舞台作品。""我经常去纽约看戏。我从戏剧中获得的东西比从其他任何地方获得的都要多。"[110] 20世纪初,纽约的剧院正在进行场景设计方面的改良,布景更加逼真,构思更加精巧,更符合戏剧主题,与表演者也更相宜。弗雷泽感受到了这些变化。大约在1907年,当商店橱窗被加深和拓宽时,他开始进行尝试,将他的商品置于昂贵的、以信息为导向、能够引发即时欲望的背景中。[111]"如果这件衣服具有路易十四时期的风格，那么背景就要符合这一时期的特征，或者，如果所谓的帝国时尚受到人们的喜爱并被展示出来，那么背景、挂饰、家具和其他配饰也就都要能让人们回想起古希腊罗马时代的辉煌与简约。"1913年秋天，弗雷泽在橱窗里放置了一些日本风景画，以此为背景来突显那些受到日本主题影响的商品。一位展示专家写道："柔和朦胧的色调，模糊的线条，远处隐约可见的白雪皑皑的富士山，为整个场景提供了一种美妙的视角。这是真正的日本艺术。"[112]

从其留存至今的橱窗照片和展品来看，弗雷泽作品的"艺术性"在今天就没有像在20世纪初那样令人印象深刻。他的展示"作品"（及其众多仿作）都很浮华、呆板、公式化，并依赖风景画为背景。随着时间的推移，在1915年或1916年，他的作品风格明显有所改观。但是，不管时间怎么变化，他的目标却是一直都不曾改变。像所有大型商店的展示者一样，他也希望女性——所有女性——能把目光投向橱窗并展开想象："我在家里就可以想到这个主意"，"这件衣服的材料和颜色搭配得恰到好处"。他"希望能在观看者的内心创造一种和谐"，"就像想要'窥视'神殿内部一样，这是一种我们与生俱来的欲望"。[113]

直到20世纪30年代，据说是出于对创始人"清教主义"的尊重，菲尔德百货的所有橱窗一到星期天就会被罩起来。[114]这一策略也产生了一种既定效果，引发了人们对下周商品的期待；每到星期一，都会有无数人来观看弗雷泽的"艺术品"。1916年秋天，当金色的帷幕即将拉开之时，成千上万名女性都在期待一睹展示商品。男人们也会观看橱窗展示，他们观看了菲尔德百货的橱窗，以及其他奇特展示者的橱窗。德莱塞在日记中提到他在纽约市的一次购物之旅："我们穿过第三十四街和第五大道，到达第四十二街，凝望着那里的橱窗。我们看到了许多精彩的展示……我们参观了康斯特布尔百货、富兰克林·西蒙公司（Franklin Simon and Co.）、罗德&泰勒百货，以及梅西百货。天气越来越冷……谁能想得到，这些商店在冬天竟会变得如此迷人。"[115]

第三章
室 内 展 示

时间：1879年1月。苏菲·霍尔（Sophie Hall）是纽约一位圣公会牧师的妻子，她在当月日记的开头评论了祷告会和即将进行的传教工作："死亡只是一瞬，复活终会到来。"大约一周后的周日，她在曼哈顿下城一座公理会教堂听了一次布道，牧师的警告让她印象深刻："如果基督教或宗教以任何方式干扰了您做的事情，这件事情肯定是不正当的。"第二天，她和她的朋友一起去了第十四街的梅西百货，她们在那里逗留的时间远远超出她的计划。她后来在日记中写道："我们在梅西百货看到那么多好东西，实在舍不得出来。"[1]

时间：1920年12月。范妮·施默茨勒（Fannie Schmertzler）是纽约一个中产家庭十几岁的女儿，圣诞节期间，她在梅西百货行窃被抓。为了求得宽大处理，她的律师致信梅西百货副总裁珀西："她并非品行不端，我们有足够的证据可以表明她是一个有教养又善良的人。"在这一"事件"发生前八个月，她还在梅西百货工作，

> 离开商店后，她积极推动与犹太人孤儿院相关的慈善工作。在圣诞节购物高潮季，人的物欲最为强烈，这是人最易丧失警惕心的时刻。商店里展示的商品那么诱人，又那么容易拿走，这对她的心理产生了影响，让她无法抵制诱惑。最终，她的道德决心动摇了，她冲动地而非故意地犯了错误。[2]

1879年，苏菲在逛商店时受到商品诱惑，遭遇道德困境，心生愧疚。1920年，范妮去梅西百货闲逛，既受到商品的诱惑，又受到"诱人展示"的诱惑，当然，最终她没能及时离开。

从苏菲逛商店到范妮行窃，室内营销的新时代已经到来，顾客开始进入商家为了促进消费而设置的新的内部空间。商家增加了扶梯和玻璃柜等技术设备，以便于购物者在店内上下移动。他们构建了室内的社会特征，把空间分门别类：为"大众"建造了廉价地下商场，为"上流社会"创造了优雅的小"沙龙室"。带有狂欢氛围的儿童部门（特别是玩具部门）开始在零售商店出现，它象征着一个新儿童世界的诞生。它与成人世界彻底分开，这在美国可谓史无前例。商人们在制作一张富有想象力的画布，他们用色彩、玻璃和灯光，以及一些戏剧性策略（或者他们所谓的"装饰的核心主题"），来改造室内空间。换句话说，商店外部发生的一切也在内部上演。

拆除门口台阶，建立人与商品之间的新亲密关系

在1880年以前，大多数企业都未采取任何措施来布置商品和空间以吸引购物者；就连那些最有可能在意这一点的商家（那些大型零售商），在店内展示商品的方式也都很蹩脚，他们只是把商品捆在一起，堆放在木柜台上。19世纪90年代以前装饰技术的一个标志就是，把商品挂在墙上和柱子上，从商店穹顶悬垂下来，或者是搭在栏杆上。[3] 商家用商品装饰墙壁，或者是把商品藏在架子上、抽屉里，这样既可以遮灰挡尘，又可以防止顾客把商品摸脏。[4] 1885年以后，很多零售商仍在沿用这种方式，但是，随着新的室内陈列和装饰方法的出现，一些变化也在悄然发生。

慢慢地，此前那种"请勿触摸"的命令，让位于当下这种"再靠近些"的恳请。《纺织品经济学家》杂志上的一位作者写道，商家拆除门口台阶，邀请顾客进店，这是对"沙龙建筑"的一种模仿——这一建筑细节的有效性已经得到证明。文章指出："在入口处设置台阶是一种错误的做法，那些有可能进店的顾客,不应该遇到任何阻碍。"[5] 商家也用"旋转门"代替了先前那种老式的"平开门",以加快顾客流动。有人断言,"平开门对那些进出商店粗心大意的人来说会是一种威胁",而"旋转门"则会使顾客"更容易进店"。[6] 他们建造了通往地下部门的入口,增加了整个商店的入口数量。店内过道也被加宽。沃纳梅克向一位朋友吹嘘他在费城的商店,"据我所知,世界上没有哪个城市的大型商店,在临街出入口数量和过道空间方面能与这家店相媲美"[7]。19世纪90年代中期,商店开始建造更大的通道,当时西格尔-库珀百货的西格尔将其纽约店的主要通道改造成一条"宽敞的大街",以吸引人们进店。建筑师解释说,"商店中央的通道将被扩宽成一个敞亮的广场",购物者可以在这里恢复精神,放松身心,四处顾盼。[8]

电梯和扶梯也使顾客在店内的流动变得更容易,更快速。到1900年,电梯在大商店已是随处可见,它连接着距离商店入口很远的"快卖"廉价货,从而使得顾客在"穿梭"商店时必然要经过主楼层的昂贵商品区。零售商按照同样的原则布置每个楼层和部门。例如,1916年,布鲁克林的亚伯拉罕&斯特劳斯百货,通过在电梯附近展示昂贵的东方小地毯,并将品级稍差一些的便宜地毯堆到后面,彻底改变了地板覆盖部门的格局。[9]

1898年,当沃纳梅克第一次听说扶梯时,他就知道自己必须拥有它们。1912年,他的第二个"大商店"完工,"移动的楼梯"(扶梯)开始载着顾客上下。这让许多人都感到新奇不已。[10] "哦,这里真是一片乐土!"1904年,一位伦敦游客喊道,"这种设备立马就能把痛苦者带入快乐的天堂。"菲尔德百货维修部门的负责人说:"这是一种行动!它让你想要上升。扶梯把人流带到上面的楼层,就像血液流回静脉。"[11] 另外,扶梯还使商家得以将"畅销品"摆放到店内更多的地方。班贝格百货(Bamberger)的管理团队在1912年声称,五台扶梯为商店增加了利润,因为通过扶梯,"商店里全年'畅销的日用品'被放在二楼和三楼,缓解了主楼层的拥堵状况"[12]。

与电梯和扶梯等循环设备一起出现的还有玻璃环境,它在商店内外都得到快速扩展。事实上，利用玻璃卖货的技巧在美国得到巧妙运用，它对各种形式的销售都产生了影响。商店里出现了弯曲或平直的玻璃门和玻璃架、玻璃柜台和玻璃容器，到1905年，甚至出现了41种不同的玻璃陈列柜。[13]

哈里·莫里森（Harry Morrison）是一位乌托邦风格的工程师，他确信，将玻璃用于室内陈列将会"彻底改变"消费。他成为利用玻璃进行自助销售的代言人；他在芝加哥为威博尔特（Wieboldt）连锁百货商店建造了好几个自助餐厅，名气很大。在这些新的自助餐厅中，玻璃展柜加快了人货流通，刺激了冲动性饮食消费。一位玻璃展柜的倡导者宣称，自助餐厅之所以能取得成功，是因为"它们通过吸引人们的视觉和嗅觉卖出了更多的食物……远胜过那些冷冰冰的菜单。在自助餐厅，我们点的食物总是会超出我们需要的量，只有经过训练，一个人才有可能不在自助餐厅过度消费。"[14]

1911年，沃纳梅克聘请莫里森来重新设计费城新店的玻璃内饰。事实上，沃纳梅克一生都相信玻璃的销售力，不管是商店外部还是内部的玻璃。19世纪80年代中期，他在巴黎考察了好商佳、巴黎春天百货和卢浮宫等一些著名机构的室内空间。他赞叹巴黎的伟大，并告诉生活在那里的儿子罗德曼，这是"世界上开商店开得最好的城市"。"这里每天都会冒出一些新方法，这些方法可以在我们的商店转化为金钱。"[15] 在1886年的考察中，他在日记里记下的东西就有，巴黎春天百货的"玻璃地板、蓝色饰边的油毡、平板玻璃门廊、桥面玻璃地板、宽敞的楼梯、玻璃电梯轿箱、玻璃电灯房。商品得到极好的展示——真是一个好点子"[16]。回到国内，他购买了很多室内玻璃装置；例如，他有一些暗光照明的玻璃柜，其中许多柜子后面都装有镜子。莫里森还进一步说服沃纳梅克，"把所有可能的东西"都放在玻璃下或玻璃后。莫里森写道："在沃纳梅克的店里，用玻璃展示商品的系统得到了最大限度的发挥，就连女装也都被从库房拿出来放进了玻璃柜。"[17]

镜面玻璃在商店（以及酒店和餐馆）得到大量应用，它们被嵌入滑动电梯门，插入陈列柜和货架，挂在墙壁和柱子上。正如商人们自己率先承认的那样，镜子产生了一种近乎完全虚幻的效果。它们"似乎扩大了楼层空间"；它们"隐藏"了商店里没有吸引力的部分，从各个角度"展示了玻璃陈列柜中的商品"，放大了商品的"诱惑力"。镜子让商店"恢复了活力"，暗示了商店的"幽深"。[18] 它们有能力把顾客引入一个自我陶醉的镜像迷宫，并营造出一种环境，让他们以最亲密和个性化的方式与商品进行互动。1897 年，沃纳梅克百货费城店一楼的每根柱子都被镜子包起来，"从地板一直通到天花板"。1904 年，第六大道西格尔－库珀百货店内的紧身胸衣区"装满了镜子"。[19]

"戏剧上演的舞台"

各类商家也开始将他们的内部空间重新加以装修，使其成为具有吸引力的商品展示空间和销售空间。到 1900 年，百货商店试图用镜子把店里那些较为乏味的区域掩藏起来；不仅如此，它们还将财务楼层（或生产楼层，如果有的话）和销售楼层明确分开。直到一战，纽约的梅西百货还在努力把没有装修的高楼层上的"非销售员工"完全屏蔽，旨在消除员工们在店里流汗苦干的所有迹象。这么做的主要目的是，给予购物空间一个独特身份：它是且只是一个消费场所。1902 年，一位零售商表示："销售部门就是戏剧上演的舞台。"[20]

青铜装饰和红木木制品取代了旧的铁质和简单的木制装饰品，木地板被"掀掉"换成"田纳西大理石"（在菲尔德百货）或石灰华灰色火山石（在罗德＆泰勒百货）等。[21] 地上铺起了地毯，柱子和墙上装上了明亮的镜子。大型商业大厦的通风情况得到改善，供暖和制冷也都好于以前，尽管还不足以完全克服夏季的炎热或冬季的寒冷（冬夏是商家所谓的"淡季"）——这个问题一直存在了很长时间。[22] 消费机构内部开始出现新的照明形式，但这只是标志着一个阶段的开始而非完成（直到 20 世纪 20 年代这个阶段才告完成）。沃纳梅克走在了时代最前面，他再次转向巴黎寻求指导和灵感。他写道："卢浮宫里每个地方的用光都很奢侈。"好商佳百货拥有"极好的光线","到处都是光井,光线十分充足"[23]。沃纳梅克百货等商家增加了用于购物或只是闲逛的照明,安装了间接和半直接的照明系统,将光源隐藏在半透明的容器中,或者是隐藏在倒置的碟形物中,这些碟形物会把灯光投射到天花板上,利用漫射的"柔光"来照明。一位顾客在刚刚走过带有这种照明的室内空间后说:"这种光就像明媚春日里的晨光。"另一位顾客说:"这种光让人感觉像是一种自然光。"[24]。

19世纪80年代后期,约翰·鲁特(John Root)和路易斯·沙利文(Louis Sullivan)等建筑师在商业空间推广色彩的使用,但却收效甚微。他们的目标是"把室外的东西带入室内",沙利文认为,他设计的1893年芝加哥世博会上的交通大楼(使用了多彩的装饰和金色门廊),以及芝加哥市中心的礼堂剧院(第一个将色彩和灯光成功地融入室内设计的戏剧空间),就做到了这一点。20世纪初,戏剧艺术总监马克·克劳(Mark Klaw)、亚伯拉罕·厄兰格(Abraham Erlanger),以及舒伯特兄弟,正在纽约等地建造旗舰剧院。这些剧院的内部装饰,色彩鲜艳,灯光明亮,大堂豪华,这预示着20世纪20年代那种过度装饰的趋势。[25]

路易斯·蒂法尼是这一美学项目的最早参与者之一;他是一位热情奔放的色彩大师,以其灯具和珠宝设计而闻名。他与帕理什合作,在费城的柯蒂斯出版大厦创作了一幅名为《梦幻花园》的壁画。1902年,蒂法尼为菲尔德百货设计了一个由蓝色、绿色、金色和乳白色组成的玻璃穹顶,这是世界上最大的彩色玻璃马赛克单体建筑。蒂法尼认为这是他自己"艺术作品的巅峰"。他精心挑选颜色,遵循着把它们与"距离和无限"结合起来的艺术传统。黄色和红色意味着"亲近和活力",它们在"本质上都是富有情调的"。穹顶由三个同心圆组成,让人产生一种错觉,认为这是一个无限开放的空间或天堂。这个穹顶,类似于蒂法尼在长岛家中大床正上方的穹顶,其灵感来自诗人布莱克的神秘主义。它传达了一种"需求"、渴望和欲望的"无限性"——对这种消费环境来说,这是一个完美的审美符号。[26]

在世纪之交,配色方案在大型消费空间越来越成为一种必需。1915

年，旧金山举办了巴拿马-太平洋国际博览会，庆祝巴拿马运河建成。色彩大师朱尔斯·格林（Jules Guerin），作为敦促美国人将色彩更多地用于商业的新一代画家，对博览会上出现的色彩进行了彻底的整合。格林说，这场博览会就是"我的色彩创作"和"我的梦想之城"。"到处都是色彩！——我们已经太久没有在公共建筑里看到这种神奇的品质了。色彩，和音乐一样，都是情感的语言。"[27] 1903 年，在加州圣地亚哥市附近的科罗纳多酒店内，每一层都有自己的配色方案，每一个房间都有颜色协调的壁纸、瓷器和手巾。鲍姆曾在此度假并写出了"大部分奥兹系列图书"。[28] 1909 年左右，纽约格林尼治村建造了大量的茶室，每间茶室都有自己的颜色主题或配色方案，包括紫色的小狗、蓝色的小马和阿拉丁船等。这些"充满奇特而美丽色彩的空间，鲜艳无比，富有东方风情，令人陶醉，而且里面还有咖啡和东方糖果供应"。[29] 在百货商店，专用房间、每个楼层，甚至整个商店，都是围绕一个配色方案来进行设计。1901 年，波士顿的法林百货从地下室到楼顶都被各种各样的绿色浸染。1907 年，格林胡特百货到处都是绿色：地毯、侧壁、凳子和桌面记事簿全是各种不同色度的绿色，还有绿色的储物盒和包装纸、绿色的文具、绿色的绳子，甚至绿色打字机里的油墨和纸带也都是绿色的。一位"思想进步的"南方商店老板是"配色方案的坚定支持者"，他把自己的店铺从里到外都涂成了明亮的柠檬黄。[30]

对大众和上层社会的诱惑

商家通过装饰、陈列展示，以及对玻璃柜、镜子、电梯和扶梯等设施的依赖，提升了商品的价值；与此同时，商家还赋予室内空间一定的社会意义，其中一些旨在反映中产阶级的品位，另有一些旨在满足工人阶级的需要，其他的就是要解决"中产阶级"和"大众"的共同需求。

"廉价地下卖场"就其字面意义和比喻意义而言都是指的底层空间，系由经济萧条的 19 世纪 70 年代主楼层的"廉价商品柜台"演变而来。它们采用斯巴达式的销售方式，不讲求技巧，直接出售标价较低的商品和楼上昂贵商品的低端系列。这样就使主楼避免了拥挤，同时也将不同等级的购物者区分开来。19世纪90年代后期，芝加哥的商店似乎是美国首批拥有廉价地下卖场的商店。"这是一种芝加哥思想"，曼哈顿斯特恩百货的路易斯·斯特恩（Louis Stern）在接受采访时说道，在芝加哥，"各个阶级"混杂一起，"在同一商场购物"，这一点与纽约有很大不同。"这可能会导致商家尝试打造廉价货集市，好把普通大众与上流社会分开。"[31] 1909年，波士顿的法林百货创建了"自助"廉价地下卖场，这可能是所有同类卖场中最有名的。几年后，沃纳梅克如法炮制，建造了"便宜货集市"和"廉价地下卖场"。尽管斯特恩等商人很是抵触这种卖场所具有的那种社会含义，但是，地下卖场的"想法"还是保留了下来。斯特恩说："我不觉得建造地下卖场有什么必要。""地下卖场培育出的这种阶层差别……是不民主的，也有违美国精神——与新世界的平等观念格格不入。""尽管如此，我认为，如果不考虑这些因素，廉价地下卖场就其自身优点而言，没有理由不获取成功。"[32]

其他商店空间则具有不同的社会特征："非商店式的"特殊空间、"沙龙室"和小型"拱廊商店"，它们都是为了满足商家认为的中产阶级的欲望和期待而精心打造出来的。1902年秋天，曼哈顿市中心的辛普森-克劳福德商店的装饰师，在食品杂货部集中摆放了三个明亮的亭子，展示瓶装商品、肉类、鱼类和饼干，每个亭子都有一个发光的乳白色玻璃圆顶，周边分布着椭圆形的玻璃展示柜。纽约的金贝尔斯百货在1912年首开先河，它将油毡巧妙地布置在地毯部门：地毯被卷成大卷，集中在一起，以突出其线条、形状和颜色，这让该部门看上去就像是一座"东方清真寺"。[33]菲尔德百货四楼的皮草部，因其诱人的室内展示而驰名芝加哥。就像对女帽、斗篷和内衣的展示一样，菲尔德百货的管理层在对皮草的展示上，也考虑到了很多顾客的消费能力。因此，该部门的一边是桌子、柜台和玻璃柜，出售稍便宜的皮草和皮草配饰，另一边则是真正的奢侈品，有的价值数万美元。沿着皮草部的中心（以及整个楼层）往前走，可以看到一排大的发光玻璃柜，里面放着各种奢华的皮草服装。[34]

菲尔德百货皮草展示的整个内部空间符合阶级差别，旨在激发社会无能感（social inadepuacy）和嫉妒情绪，并诱发冲动性购买。它确实产生了一定的效果，但是，这些效果也并非总是符合菲尔德百货的最大利益。那些皮草看上去是如此诱人，以至于它们在1910年时频频失窃，从而威胁到了该部门的利益。菲尔德百货的经理指出，"扒手中很少有专业小偷"，相反，她们往往是青春期少女（如本章开篇的范妮），更多的则是受过良好教育、富有又文雅的女性，她们经常拿走皮草配饰。她们属于一个更大的盗窃群体，至少从19世纪50年代开始，她们就被通称为"盗窃癖患者"。这是一个伪科学术语，指的是那些出于冲动而非必要而偷窃各种商品的女性。这些女性往往不被起诉（1883年，沃纳梅克致信一个朋友："我从来都不喜欢对这些女士提起诉讼。"），有时她们还是被偷的商人的亲戚。她们的这一举动损害了零售商的利益，并成为商人们的笑柄。[35] 她们卷走了任何便于携带的东西：华而不实的便宜货、珠宝、长袜和内衣，将其藏在遮阳伞和裙子的皱褶里。然而，菲尔德百货的皮草部门可不会和"盗窃癖患者"或商店扒手开玩笑。"圣诞节期间，皮草部门是店里最容易失窃的地方。"菲尔德百货的批发销售经理在接受采访时表示，为了应对这些小偷，他们"在部门中间安排了一名侦探"，"他一刻都不放松地盯着来来往往的人们，盯着人们的眼睛"。[36]

除了皮草等部门的诱人展示，商家们还推出了样板展室，这是一种最直观的营销图片。沃纳梅克百货的莫里森在谈到家具时说，把它们组织成"图片，要好过把它们毫无意义地摆放在那里"。菲尔德百货的管理层也支持这一策略。1912年，芝加哥一家日报上刊登了一则广告，宣称："当你进入菲尔德百货时，你看到的不仅是展示，还有诠释。在那里，展示远远超出了简单的吸引和趣味。商品必须被放置在特定的环境中，才能突出其实用性、美观性和新颖性，才能为顾客提供新的建议并向顾客展示更广泛的可能性。"[37]

样板展室的起源也许可以追溯到19世纪美国商业剧院的图像制作，后者为剧院经营者带来了高额的利润。哑剧、舞台画面和风景奇观都是风行一时的戏剧娱乐形式，它们在19世纪80年代和90年代最为盛行。亨利·欧文（Henry Irving）、大卫·贝拉斯科（David Belasco）和斯蒂尔·麦凯（Steele Mackaye）是三位重要的美国戏剧制作人，当时他们都正处于事业巅峰。他们都主张淡化对话和叙事，突出"生动的舞台画面"。一位戏剧历史学家解释道，欧文的莎士比亚戏剧，与其说是以对话和人物塑造著称，不如说是以"考古的准确性"和"宏伟的画面"著称。贝拉斯科是美国最早的灯光和色彩大师之一，他曾扬言："在舞台上，灯光效果最重要，其次才是人物。"麦凯为现代戏剧技术做出了持久的贡献，他将布景、壮观的动作、舞台造型、电子图像和舞台上的群体移动融为一体。他为美国商业剧院设计了到那时为止最为逼真的建筑图片。[38]

早在19世纪80年代，美国商人就已将这种绘画策略应用于室内商品展示，以一种非常有限的规模筹办样板展室。到20世纪初，样板展室有时会占据整个楼层：纽约金贝尔斯百货展厅的面积有1.2万平方米；华盛顿的伍德沃德与洛思罗普百货有一套套房用于商品展示，这家商店的广告商说："这一特色得到广泛认可，华盛顿的家庭主妇经常光顾这里，找寻适合自家的东西。"1908年，沃纳梅克百货纽约店里的"宫殿"开放，这是当时规模最大的家具及配饰永久性展厅。它是一个"真正的"双层24室的区域，位于商店圆形大厅的中心，从六层一直延伸到八层。"宫殿"在采暖、通风及维护方面花费巨大，它一直是沃纳梅克百货的一个营销特色——直到1918年，为了给更多的电梯和更高效的展示空间让出地方，罗德曼将其拆除。"无论从哪个方面来看，它都非常逼真"，它就像是从贝拉斯科或麦凯的舞台上直接移过来的。展厅功能齐全，配有楼梯、管家储藏室、仆人餐厅、饰有虎皮的伊丽莎白时代的藏书室、詹姆士一世风格的餐厅、路易十四风格的客厅，餐厅外面甚至还有一座意式大花园。每个房间都放置了人体模型，门厅也有模型守卫。整个"宫殿"灯光明亮迷人，就像有人住在里面一样，书被扔得到处都是，高尔夫球杆靠在墙上。每个房间都配备了从商店各个部门挑选的家具、帷幕和艺术品，向公众展示"装饰品位和美感"的最新标准。沃纳梅克说，他建立这个"样板展室"

旨在满足"大众市场"的需求。但是，实际上，这是一个欲望空间，给这个空间赋能的是大众与上层阶级之间的紧张关系，而不是同质的"大众"。的确，如果这座"宫殿"真是为每个人准备的，那么谁还会想要里面那些贵重物品呢？商店报告声称，1912年以后，每年都有超过100万人进店参观这座"宫殿"。[39]

核心主题的"消除"力量

形形色色的商人和商业经理人都在通过内部空间来呈现"核心主题"：将其商业活动与某种特定的理想特征相结合。就像一位展示人员所说，这样做的目的是"消除"销售空间的字面特征，切断其与商业和企业之间的联系。[40]就像样板展室的例子，"核心主题"概念可能源于19世纪晚期的美国戏剧区；戏剧舞台制作的吸引力主要在于导演和设计师让整个演出都贯穿一个主题。对核心主题的依赖也可能源自世博会，其成功部分取决于对其核心主题的表达。从1876年费城举办的百年纪念博览会，到1893年芝加哥举办的世界哥伦布博览会，以及1904年圣路易斯举办的路易斯安那交易博览会，无一不紧扣主题。克罗利是进步主义运动的知识领袖，他就1901年布法罗举办的泛美博览会写道："欢乐是它的主调，参观者被带入一种尽可能不同寻常的环境中。""这里充满节日欢庆气氛"，证明"适宜的环境可能是幸福的元素"。[41]

1900年以后美国中部流行的那种露天表演，可能也是"核心主题"策略的一个来源，它将游行、表演和音乐融为一体。伯纳德·索贝尔（Bernard Sobel）是一位老练的露天表演经理人，后来成为百老汇一位重要的戏剧经纪人；他写道，一个剧本要想获得成功，"必须有一个统一的、能够主导整个表演的主题"。设计和颜色必须协调一致，以产生"一种持久和统一的印象"。[42]

不管作为室内装饰基础的核心主题到底源于何处，到1915年，对剧院老板、餐馆老板和百货商店零售商来说，设计那种能够满足成年人幻想的虚幻环境，已是一种必需为之的事情。19世纪90年代后期，戏剧经理人奥斯卡·汉默斯坦（Oscar Hammerstein）将他的几个屋顶花园餐馆，变成纽约人逃离城市喧嚣的归隐之处。他把百老汇大道和第四十五街的奥林匹亚剧院屋顶花园，改造成了一个具有田园风情的洞室，内有乔木、池塘、岩石和小桥。一位到访者写道："饱受酷暑折磨的哥谭市（纽约市的别称）人，在这里看到天鹅戏水，会顿感神清气爽，无比放松。"其他屋顶花园则被改建成"蒙特卡洛的漫步长廊"、带"牛棚"的"荷兰农场"，以及鸭子戏水的"古桥"池塘。[43]

在纽约市其他地方，拥有类似室内设计的茶室和歌舞厅也开始出现。在格林尼治村就有带有异域风情的"罗曼尼·玛丽的罗马尼亚酒馆"、西四街上狄更斯风格的"疯帽子"，以及克里斯托弗街上海盗风格的"海盗窝"等餐饮场所。在"海盗窝"，顾客要通过一扇"坚固的橡木小门"进去，之后要借助船上灯笼发出的忽明忽暗的烛光，灵巧地穿过"一条狭窄又昏暗的走廊"。画家纽厄尔·韦思（Newell Wyeth）后来描述道，顾客必须"摸索着爬上弯弯曲曲的楼梯，沿着船上的平台、船长步道等通道，到达一个堆满枪支、弯刀和数百把手枪的大房间。绳索、各种器具、登船梯、黄铜加农炮、鹦鹉笼子和猴子笼——所有这些都要靠船上的灯笼才能看清！"[44]

零售商采用了类似的策略。1912年，奥地利移民装饰师杰尔姆·科尔伯（Jerome Koerber）建议"设计核心主题，消除商店的概念"。他曾负责费城斯特劳布里奇与克洛西尔百货的展示工作，对其他装饰师产生了很大的影响。[45]沃纳梅克的一位装潢师在《商店装饰的力量》一文中写道，"要突出某些商品"，就是要用一个"核心主题"来统一商品。"因为多年实践让我看到一个已被无数次证实的真相，即'人们购买的不是商品，而是效果'。""让所有细节都服从一个核心主题，让整个商店成为一个精彩的展示场所。"[46]

商人们充分地利用了这一理念，把他们的公司装饰成法国沙龙、玫瑰花或苹果花节、丰收节、"巴黎街"、日本花园、冬天里的亚热带度假区或南部种植园。[47] 1900 年 3 月，达拉斯的桑格兄弟百货（Sanger Brothers' Deparement Store）里充满了"慵懒的东方情调"：衣橱、帐篷，以及带有异国风情的女性。[48] 1900 年 4 月，西格尔－库珀百货进行了复活节孕育主题的展示，天花板上悬挂着金丝雀笼子，店里随处可见巨大的毛绒兔子玩具。科尔伯（及其 24 位助手）于 1911 年 1 月在斯特劳布里奇与克洛西尔百货进行了"歌剧主题"的展示。他用"浅黄和金色方案"装饰了圆形大厅和过道，在主楼层上精心地布置了穿着皮草和歌剧服装的蜡像，墙上挂着著名歌剧演员的肖像。商场的出入口和沙龙区都摆放着路易十四风格的家具。[49]

沃纳梅克娴熟地运用这些策略，被他的一些崇拜者称为"营销界的基拉尔菲"。不过他不太喜欢这种叫法，因为基拉尔菲在美国一些戏剧场景中通常是一名无耻的建筑师。从 19 世纪 80 年代到他去世，沃纳梅克和他的员工都在努力展现核心主题的装饰力量。例如，1895 年 12 月，天使造型被用来装点费城门店的圆形大厅。奥格登写信给沃纳梅克，向他汇报了"天使"主题的展示（奥格登把整个展示称为"天使的飞翔"，沃纳梅克因人在欧洲而没能亲眼看到），"它们都在向上飞"。奥格登还寄去了照片，从中可以清楚地看出装饰者的手笔。他写道："领头的天使比其他天使飞得都高，第一个天使到最后一个天使之间的垂直距离有 4.2～4.5 米，虽然从下往上看距离没那么大。"奥格登建议沃纳梅克把照片举过头顶，这样就能更好地理解他在说什么。他还指出了沃纳梅克可能看不出的东西——很多"布朗尼"蛋糕（这些蛋糕穿插在天使中间，由于底片太过模糊，使得它们难以辨认）、"色与光"，以及展示的完整视觉特征，把"需要花很多想象力去构想的东西……带到了你面前"。他自豪地说，它"取得了巨大的成功，引起了人们极大的兴趣"。[50]

沃纳梅克百货的这一圣诞盛景，在很大程度上预示着 20 世纪 20 年代宗教标志在商品推销方面的过度使用，当时，沃纳梅克百货的装饰师将中世纪教堂玫瑰窗的"完美复制品"（甚至是兰斯大教堂和沙特尔大教堂的整个外立面复制品），嵌入了商店的圆形大厅。[51] 不过，这方面其实早有先例。1898年，为了迎接圣诞季，沃纳梅克在纽约店的圆形大厅搭建了一个"巨大的教堂模型"，每隔一段时间，管风琴和唱诗班就会为顾客进行一场表演。[52]

　　世俗主题被更加精妙地融入商店，将室内空间与商品结合在一起。1908年冬天，沃纳梅克花了半个月时间改造费城总店的内部空间，以服务于"新娘禧年"这一核心主题。"整个商店充满婚礼氛围。"几乎每个楼层都由粉白两色装饰。地下室家具部门的展示人员组织了"新娘烹饪班"，向女士们展示如何使用新式"厨具"和厨房设备。八楼展出了"装修完善、家具齐全的新房，极具暗示性"。几乎每个楼层——每个角落、每部电梯附近——都有一些静态画面：一位新娘和两位伴娘"身穿精美礼服"的婚前场景，以及"新娘吃早餐"的场景。这两个场景展示了穿着法式贴身礼服的新娘待客、参加晚宴和舞会、在新家接待朋友、在阳台享受下午时光、在厨房做饭等活动。一张卡片上写着："每位新娘的家都是一座宫殿，难道不是吗？——不管它是一个房间，还是一座宅第。"管风琴师每隔一段时间就会在大厅演奏婚礼进行曲。在商店的礼堂剧院，一位钢琴家现身说法，证明国内著名的"柯纳比"牌钢琴，是"最适合为新娘弹奏的立式钢琴"。[53]

全新的儿童世界和"玩具部里的天堂"

　　商人们为儿童商品策划了特别的主题和颜色。到1910年，美国零售商正在形成一种他们所谓的儿童商品的重要"宣传结构"（publicity structure），这一变化反映了一种全新的儿童商品的生产。1890年以前，大多数美国儿童吃穿玩的东西，都由他们的父母为他们制作或准备。国内几乎没有厂家生产儿童用品。但是，在接下来20年间，以儿童为销售目标的成衣、运动服装和糖果的销量迅速增长，婴儿服装也是如此。1915年，婴儿服装业成为美国最大的行业之一，单是曼哈顿下城就有75家工厂生产婴儿服装。[54]

美国玩具业的发展也极为惊人：1905年至1920年间，玩具产量增长了1 300%。"如今，这已成为一个了不起的产业，"沃纳梅克在1916年告诉他的玩具采购员们，"玩具生产者拿着很高的工资。"[55] 1900年以前，纽约的梅西百货和费城的沃纳梅克百货都是著名的玩具经销商，它们只按季节展示玩具，遇上节庆活动，玩具区域就会被拆除。[56] 1908年，芝加哥的西格尔-库珀百货在六楼开设了一个"玩具城"，几乎覆盖整个玩具区，这一扩张突破了旧玩具"部"的限制。几年后，众多商店都开设了玩具区，比如，布鲁克林的那姆百货（Namm's）和芝加哥的费尔百货，"一年四季都在激发顾客的拥有欲"[57]。1912年，菲尔德百货采取了同样的策略，将玩具展示系统化，依照儿童的年龄，以及室内/户外活动，对玩具进行分类。[58]

该行业得以快速发展的原因包括：更好的生产、当时极高的保护性关税、社会上对儿童玩具不断增长的需求，以及至关重要的是，一战期间德国玩具业的崩溃。1913年至1917年间（以及一战过后），美国工厂一直在将好战的德国人宣传为"屠夫"，将他们的玩具宣传为"血腥的玩具"。美国企业凭借着与德国人有关的所有可能的刻板印象，消除了来自德国的竞争。[59]

1915年至1917年间，美国热卖的"阿拉巴马·库恩·吉格（Alabama Coon Jigger）"（这是一个会笑和会蹦跳的玩具黑人男孩），在国际玩具市场上取得巨大的"成功"。[60]（沃纳梅克等国内经销商让这个玩具大卖，只要"库恩·吉格"售罄，他们就立刻补货。）[61] 1905年以后出现了一系列类似的微型玩具，供成年人购买或使用。玩具公司还生产自行车、三轮车、快运货车和滑板车；除了"库恩·吉格"，其他机械玩具的产量也在成倍增长，其中包括电动火车、发电站和信号塔；教育类玩具，如积木、建筑模型、拼写板和绘画工具包，也成为一种有利可图的投资对象。美国人还发明了"毛绒"玩具、说话娃娃、软体娃娃，以及拥有栩栩如生的四肢、真发和睫毛的橡胶娃娃。商人们在生产玩具车和玩具房子上的投资达到将近300万美元，几乎与每年生产真正的婴儿车上的投资一样多。[62]

然而，新的儿童宣传结构的特征，不仅源于这种生产，更源于儿童照顾、护理和教育方面发生的更广泛的变化。在19世纪的大部分时间里，儿童都被封闭在成人社会和经济中。除非离家去做学徒，他们通常都是与他们的父母和其他成年人一起工作。他们就在这些关系背景中被培养或利用。但是，在1880年以后，越来越多的儿童与成人分离。新型成人劳动力（专业的、技术的和企业的劳动力）的出现，要求人们受过广泛的学校教育，义务教育法将儿童从劳动力大军中拉了出来。工资增长和更多地依赖节育（以及由此导致的出生率下降），使得许多父母都可以在他们的孩子身上花费更多的时间和金钱。心理学家们和哲学家们开始将儿童视为一个有着特殊需求的独特群体。

一方面，儿童很容易地就获得了与成年人同等重要和同等范围的权利和优待。另一方面，他们又发现自己以一种新的方式与成年人相隔绝，这并非他们自身的过错，虽然他们的父母正在密切关注他们的福利。儿童也变得容易感受到新需求和新期望给他们带来的压力和刺激，而这些需求和期望则是昔日儿童根本没有机会去想象的，更不用说去体验或表达了。

美国的零售商们认识到并利用了这一趋势。1902年，菲尔德百货举办了一场"儿童节"庆祝活动，塞尔弗里奇对其手下员工说："儿童是我们商店的未来客户，他们现在对商店的印象将会对他们产生持久的影响。"五年后，商店将整个四楼改造为"儿童楼"。[63] 1912年，菲尔德百货的广告商在芝加哥的日报中宣布：

> 现代儿童世界的广阔发展，对我们这一商业机构来说非常重要。并非每个人都意识到儿童对商品和服务的需求，但是，这种需求天生就存在。他们的兴趣、欲望、偏好、拥有商品的权利，与成年人一样强烈和明确。菲尔德公司将会越来越多地关注儿童及其需求。

商人们对新的文化模式，尤其是对新的"儿童世界"的出现非常敏感。与各地的城市商家一样，菲尔德百货也在制定针对儿童的诱惑策略，为儿童设计单独的展示，为儿童设立类似于成年人的关联部门，一个独特的儿童世界。一位专家说："对孩子的每一次关注，都可以把母亲与商店联系在一起。"另一位儿童市场倡导者则认为:"让人们像孩子一样,他们将终生都会是你的顾客。"[64]

儿童商品营销结构的核心是玩具店。如今,百货商店里的玩具部门已在萎缩,但在20世纪初,它却是突然就变成一只假日营销里会下金蛋的鹅。零售商们喜欢说,它不仅仅是一个销售空间,它还是一个幻想之地、一个青少年的梦想世界。通过玩具部门,商人们开始实现市场的年龄细分,在战略营销方面把"儿童世界"置于与成年人同等重要的地位。在世纪之交,玩具部门的营销似乎受到成年人对幻想和逃避的渴望的影响,它在儿童、商店和消费者欲望之间打造了一种联盟。它给成年人带来了一种沉重的市场压力,为商品和资金的流通开辟了另一个渠道。

菲尔德百货20世纪40年代的总裁休斯顿·麦克贝恩(Hughston McBain)回忆道:"玩具部门就是天堂。"20世纪初,他曾跟随他的母亲,从他们的老家(密歇根州的大急流城)前往芝加哥购物旅游。[65] 1912年,另一位商人说:"玩具展示方式发生了多么大的变化啊!这对孩子们来说太奇妙了,现在我们有非常多十年前连想都没想过的好玩东西。"[66] 商人们改变了玩具部门的内部空间。他们使用漫射的彩光照亮展示区,悬挂无数的彩球,并用"闪耀的星光"进行装饰。玩具部门成为商店里最让人赏心悦目也是最"奇特"的部门之一,表现了"玩具乐园的真正浪漫色彩"。一位色彩支持者建议:"给你的玩具店起个名字吧,最好是带颜色名称的。"他提议,"小红兔"怎么样?"粉粉猪"或"小紫牛"呢?[67]

曾对戏剧性零售手段嗤之以鼻、务实又缺乏想象力的商人们,现在正在考虑利用颜色和隐喻,把他们的商店或商店的一部分变成"狂欢地带",变成"童话故事"和"粉红大象",其中最有利可图的则是变成圣诞老人及圣诞精灵的家园。19世纪90年代中期以前,除了资产阶级的私人住宅和壁炉(即使在这里,圣诞老人也是一个相对较新的固定角色),圣诞老人似乎与任何机构都没有关联。但当大型百货商店开始让零售区相形见绌时,圣诞老人的地位也就开始发生变化。那些大型百货商家声称,圣诞老人和圣诞节的形象专属于他们。城市营销开始赋予圣诞节仪式以实质和形式。"活的"圣诞老人定居在儿童玩具部。[68]

圣诞老人的商业化在20世纪20年代达到顶峰,在本书最后一部分我们将会看到这一幕。但是,在那之前很久,零售商们就一直在摸索如何将圣诞老人用于商业目的。19世纪90年代,圣诞老人被放在店里偏僻的角落,之后人们又尝试了其他一些策略,比如,把他从北极带到铁路沿线城镇,在火车站迎接他,在市中心的商店大张旗鼓地请他安顿下来。在城市商店的大型玩具部门,圣诞老人坐在华丽的宝座上,忙着向孩子们承诺他们想要的礼物(这是一个再经典不过的剧情),他的左右两边是穿着红衣服和绿衣服的小精灵们。[69]

当时有不少专为孩子们举办的圣诞盛景活动,其中准备得最为精心的要数沃纳梅克百货纽约店和费城店举行的活动。这两个店的室内节日游行花费巨大,几乎没有其他零售商可与匹敌,虽然也有人做过这方面的尝试。当地一位官员抱怨,商人们对圣诞老人的关注似乎背离了圣诞节的基督教精神。沃纳梅克则向他保证:"年轻人很早就知道,圣诞老人仅仅是一种快乐和传统。我不认为它会有损于基督降临的故事。"[70]

沃纳梅克在19世纪90年代就已拥有较大的儿童业务,但那时他的玩具区还很小,无足轻重,诚如他自己所说,"只有到了节日才会活跃上几天",仅仅是商店业务中一个小小的"插曲"。然而,在15年左右的时间里,这个部门逐渐变成"一种永久的存在",成为"商场业绩最佳的楼层之一"。[71] 到1912年11月,他决定"消除儿童区的商业氛围",重新设计玩具店,"以舞台剧的方式吸引顾客"。店里的墙上画着一些装饰性的壁画,天花板上悬挂着各种彩灯的半圆形灯罩,地板上放置着"可怕的"绿龙和漫画人物硕大的石膏头,四下里的镜子反射出彩光,熠熠生辉。[72]

从那时开始,沃纳梅克百货纽约店和费城店的玩具部门就开始变得一年比一年精致。沃纳梅克努力"超越"自己和其他商人。1914年12月,他将纽约店的玩具部门从地下室搬上四楼,此后该部门在那里一直待了40年。圣诞节期间,沃纳梅克用"怪物跳跳"、巨型小丑、马戏团皮影、天花板上吊着的金银星星,以及"世界上最大的兔子家族",来装饰玩具部门和圆形大厅。

两年后，沃纳梅克安排上演了一场商店游行，这一游行活动由以威廉·马斯顿（William Marston）和哈里·伯德（Harry Bird）为首的展示团队进行组织。伯德在剧院受过培训，还是戏剧经理人和剧作家贝拉斯科的朋友。[73]从11月9日到圣诞节前夕，每天上午10：30，沃纳梅克百货的玩具部就会关闭灯光，成千上万名儿童一起观看游行——小号声和鼓声过后，由沃纳梅克百货员工组成的穿制服的铜管乐队就出现了，他们走在游行队伍的最前面。随后，故事书里的人物就会轮流登场，从巨人杀手杰克到公鸡，再到滑稽小丑。最后出现的是圣诞老人，他坐在一架宫廷轿子上，像国王一样被四个因纽特人抬着，到达位于圣诞老人镇的皇家红色剧场。1919年的游行中出现了一些新特色：一些小女孩扮演雪花，一些小男孩则装扮成银色的星星和叮当作响的铃铛，此外还有一个4.5米长的火车头。这个火车头"似乎是自驱动的"，后面拉着一辆平板车，车上有一个大包装盒，上面写着"轻拿轻放"。圣诞老人坐在蓝金双色栏杆后面的彩虹色阳台上，就像是一尊被精灵和小矮人包围的东方神祇。他把一些7.6厘米长的小娃娃分送给坐在他腿上的孩子们，那些孩子正在低声说出他们的愿望。[74]

那时的圣诞老人（以及整个圣诞场景）属于构成室内诱惑的新事物，是现代营销的重要组成部分。他和镜面玻璃、扶梯、样板展室、通风系统、"向上飞翔的天使"统属一个整体；他属于皮草部门里展现的阶级矛盾，因为它们都表达了商家要在人生的每一刻（从婴儿到结婚）都进行销售的决心。但是，这项正在开展的事业还有一个特点，这个特点在某些市场上也被证明是一种有利可图的策略，这一策略受到阶级和社会差异的推动，最重要的是，受到人们对新事物的渴望的推动。

第四章
时尚与不可或缺之物

"时尚！"费城斯特劳布里奇与克洛西尔百货的装饰师和展示经理科尔伯写道，"没有哪个词能像'时尚'一样对百货商店产生这么大的影响。"[1] 时尚营销建立在新的商业图像和戏剧性策略的基础上并对其进行了强化。就像展示业和广告业雇有众多男性，时尚业则雇有很多女性，其中有些女性职位还较高，但大多数女性从事的都是那种低收入工作。费丝·奇珀菲尔德（Faith Chipperfield）和安妮·埃文斯（Anne Evans）等数百位女性担任时尚采购员，她们旅居欧洲，被提拔到相当有影响力的位置。

时尚营销是一种西方商业特有的做法，它是一种卓越的戏剧性策略，体现了对新事物的追求。与橱窗展示和玩具店一样，时尚营销也将欲望民主化；它具有令人兴奋的意义，把从巴黎的贵族魅力到东方主义的异域情调等很多事物介绍给广大消费者。1908年，一位零售商说："时尚赋予商品一种高于其内在价值的价值……让商品别有一种吸引力，若不是因为时尚，商品的趣味性就会减损。"[2] 时尚的目的是让女人（在一定程度上，也让男人）觉得自己很特别，给她们装腔作势的机会，把她们带入一个奢侈或伪奢侈的世界，超脱于工作、苦差、账单和日常生活的单调。它的效果往往是让人感到不安和焦虑，特别是在一个阶级界线被模糊或否定的社会，在一个人人奋力争取平等地位和同等财富的社会，在一个如果跟不上别人步伐、买不起别人拥有的东西就会担心自己掉队或被人瞧不起的社会。

与此同时，在美国大众市场的背景下，时尚也需要不断变化，不断创新，被各种具有营销潜力的想法所吸引。单一的时尚品——哪怕消费者还在想尽办法去购买它——往往会迅速失去其独特性，所以商家不得不以一种狂热的速度向市场上推出时尚新品，以维持时尚具有魅力或独特性的假象。当然，如果能巧加处理，它就能很好地服务于商业，给商家带来稳定的营业额，甚至可能造成顾客的购买瘾。

1894年，凡勃伦发表了一篇关于女性服装的文章，他在文章中写道，时尚基于这样一种观点，即"过时的东西不能穿。必须不断有新款奢侈饰品或服装取代旧款"。凡勃伦的评论与其说是一种批判，不如说是一种对事实的诠释；他所说的，与商人们自己说的，实际上是一回事。1903年，一位商业编辑写道：

> 所有阶层的消费者，当他们被强加一种印象，即上一季的衣帽已经无可挽回地过时了，一种新的需求就会被创造出来，这对那些其工作就为满足消费者需求的人来说，是一个再好不过的结果。在美国，事情尤其如此。如果人们还戴着去年的帽子，穿着去年的衣服，就说明他们没有购买能力——没有哪个美国人愿意承认这一点。所有与商业有关系的人士都应该认识到这一事实，他们都应该好好利用其手中这一强大的杠杆。[3]

时尚迫使人们去购买，丢弃，再购买。它不关注商品的实用性或持久的艺术性，而只关注商品短暂的吸引力。通过大力宣传即将上市的春秋时装，让人们对这些人为创造的时尚变化提前做好准备，商家强化了时尚的易变性。

时尚本身就是关键——据说，"新奇"就是人们所渴望事物的核心。一战爆发时，时尚已有多种呈现形式，包括大胆的"王室"促销、时尚秀和时尚盛会。1913年沃纳梅克父子推出的"安拉的花园"（Garden of Allah）时尚秀，可能是给人印象最深刻的早期时尚景观。

时尚的发展与庞大的服装业

到19世纪中叶，美国时装市场的结构已经基本形成。《彼得森》(Peterson's)、《时尚芭莎》《高黛仕女书》《家居杂志》(The Home Journal)等时尚杂志，都在向都市女性传播时尚讯息，并派人前往巴黎了解最新流行趋势。专卖店和高级纺织品店（如曼哈顿的斯图尔特百货）也派采购员去往巴黎，向国内报告最新风尚。尽管如此，在那个世纪的大部分时间里，时尚总体上仅属于大城市里的少数人；由于交通和交流的局限，时尚的步伐，及其风格和设计上发生的变化，都很缓慢。19世纪80年代后期以后，电话、无线电、跨大西洋电缆，以及首批蒸汽船和游轮的出现，使得思想和设计的传播变得更加迅速，从而加快了时尚的发展节奏。在成衣生产的推动下，时尚营销对百货商店来说变得越来越重要，并由此改变了零售业的面貌。

在这一增长的基础上，庞大的纺织服装业开始崛起。1885年以后，它在大城市（尤其是纽约）的扩张速度是其他行业的2～3倍。到1915年，服装业已经成为美国第三大产业，仅次于钢铁和石油产业。棉毛纺织厂在新英格兰迅速发展，并与丝绸厂一起迁入南方和宾夕法尼亚州。1875年，丝绸还是一种奢侈品，其市场规模很小，是一种地方性产业。虽然机械化已在进行，但是，丝绸生产仍然依赖手工技艺和手工织布机。到1910年，新泽西州帕特森等中心城市的丝绸制造商们已经放弃手工织布机，全部采用机械化生产，依赖高速运转的自动化机器，而这些机器则由那些廉价"速成"的非熟练劳动力照看。这些被丝绸产业迅速强加给那些习惯于传统手工方法的劳动力的机器，以低廉的成本生产出大量的丝绸，仅在1900年就用了近1 000万磅生丝（1870年仅用了68万磅）。[4]其中有道工序是把金属注入织物，这样做可以给织物增添一种新的光泽[激进劳工分子威廉·海伍德（William Haywood）称其为"绚丽的色彩"]，但也会缩短织物的"寿命和耐用性"。[5]如今，丝绸市场已是一个庞大的市场，其推动因素可能是对丝绸服装的极高需求。劳工领袖伊丽莎白·弗林

(Elizabeth Flynn)说:"丝绸曾经是一种奢侈品,在1913年……它依然很时尚。每个女人都想拥有一件自己的丝绸礼服,它越是容易损坏,她就越是想要得到它。"[6]

根据纺织专家莫里斯·克劳福德(Morris Crawford)的说法,一战时,美国丝绸厂每年使用的生纤维量超过欧洲各国的用量之和。服装行业的年总产值超过10亿美元;仅在纽约就有1.5万家女装厂,雇工超过50万人,其中大都是技术不熟练的移民妇女和儿童,他们的工资很低。[7]制造商们都在争夺这种劳动力,因为这样做可以节省资金,使他们更具有竞争力,并可大幅提升盈利。[8]他们依赖转包制,即制造商只需向两三个人直接支付薪水,由这些人去组织人员进行工作;这些人会雇用便宜的工人,后者则会雇用更低一级的工人(妇女、儿童和一些男人)。整个产业链都在围绕廉价劳动力、低工资和难以忍受的工作条件运转。事实上,时尚界的发展依赖于美国商业中最具剥削性、最辛苦的产业(直到今天,这一情形依然没有发生改变)。

推销成品和其他制成品的压力越来越大,越来越多的商人都开始相信,时尚是一种不可或缺的咒语。一位时尚专家写道:"摆脱生产过剩的方法在于,弄清楚站在柜台前的女人想要什么并生产那些东西,然后迅速抛弃它们,接着转向其他东西,多变的时尚会把她的注意力转移到这些东西上。"另一位时尚专家写道:"不断变换材料、颜色和设计,对生产商和经销商的盈利至关重要。"[9]时尚成为"整个纺织品行业生产和分销环节的核心要素"。[10]

城市零售商们在巴黎、柏林、伦敦和维也纳都设有办事处。他们派出"时尚推广员"去复制巴黎时装设计师设计出的款式,包括"蕾丝嵌入"这种最小的细节。一位美国推广员写道:"公众购买的只会是那些已经在各种时尚杂志上广为宣传的款式。"由于当时的美国本土设计师没有什么名气,零售商们不得不复制巴黎的"最新时尚"。他们面向的是更广泛、不怎么富裕的客户,故其"成本降低了三分之二"[11]。换句话说,那种在法国属于上流社会的贸易,在美国则变成一种大众市场的贸易。

女性采购员和巴黎时尚"女王"

服装业蓬勃发展的另一个标志是它高薪聘请了很多女性，不过，它也雇用了更多的低薪女性。19世纪90年代早期，和销售领域一样，美国时装业的大多数采购员都是男性，但到1915年，10 849名零售采购员中有近三分之一都是女性。[12]站在行业最前沿的是：丽贝卡·埃里希（Rebecca Ehrich），她是纽约具有时尚意识的埃里希兄弟百货（Ehrich Brothers）的创始人；莫莉·纽伯瑞（Mollie Newberry），她是芝加哥波士顿商店的老板兼大众市场负责人；莉娜·希梅尔斯坦（Lena Himmelstein），她是1904年以"大美女"为目标客户的莱恩·布赖恩特（Lane Bryant）专卖店的创办者。但是，越来越多的营销经理、人事总监和广告经理也都由女性担任。[13]一战以前，女性采购员是很多办事处的代表，以至于沃纳梅克将她们吸收进他的纽约同业公会（NYBT），这是公司的最高执行顾问委员会。

女性采购员（非时尚买家和时尚买家）的崛起，也并非没有遇到来自男性的异议或不快，很多男士都坚决反对她们，这些男士管理着那些大批量商品（鞋子、家具、家居摆设、玻璃器皿、地毯等）的部门。菲尔德百货的一位男性采购员承认："我之所以选择在地毯部门工作，是因为地板覆盖物代表着一种更加男性化的商业风格。"[14]

与许多越来越依赖女性劳动力的销售商和制造商一样，沃纳梅克对职业女性也是持有两种看法。有时候，他很传统，经常赞美那些为家人牺牲一切的家庭妇女，但他又会优先提拔男性，付给他们比女性更高的薪水。然而，几十年来，他一直都是妇女选举权的拥护者，并敦促各个行业雇用女性。事实上，在雇用女性问题上保留意见，对他来说是有好处的（在他留存至今的私人和公开著述中，似乎没有哪个地方表明他曾非常担心社会上那种对女性的剥削，比如在服装行业）。与整个消费行业中的其他商人一样，他也看到了更廉价的女性劳动力身上具有的那种竞争性经济优势，甚至他还注意到女性在追求家庭之外事业时在智识上取得的发展。他曾写过一篇广告社论，问道："女性适合待在哪里？任何地方。"1914年，他说，女性的工作不应"仅限于擦洗、清扫、烹饪和'照顾婴儿'"。"世界各地的女性，过去和现在都在为商业……为科学、为100个专业和专家使命而学习。""对那些受过良好教育的聪明女性来说，她们在这个世界上可以做的事情比以往任何时候都要多。"[15]

沃纳梅克把众多女性采购员视为其商业成功的必要条件，对她们赞赏有加，她们当中的很多人也是对他忠心耿耿，虽然沃纳梅克付给她们的薪水要少于那些男性员工。南希·麦克莱兰（Nancy McClelland）是瓦萨学院一位富有进取心的优等毕业生。她于1912年在沃纳梅克百货纽约店创建了第一个装饰和古董部门。她可能是美国最有想象力的古董采购员。沃纳梅克父子都"不让她过度工作，以免损害健康"。当她决定离开沃纳梅克百货创建自己的公司南希·麦克莱兰公司时，沃纳梅克非常吃惊。他代表自己和罗德曼给麦克莱兰去信说："我从未想过您会离开我们，我们俩都想尽一切可能让您在我们这里感觉更加幸福，让您的事业更加成功。"[16]

沃纳梅克和其他商家雇用的很多采购员，在其职业生涯中不停地往返巴黎等地寻找时尚创意。1902年，沃纳梅克在给罗德曼的信中提到，他刚聘用了一位精干的49岁女采购员来推销斗篷和西装。这位女士"12岁时去了阿尔特曼百货，在那里一干就是37年。在她出国期间，她的部门发生了很多变化，于是她一气之下离开了阿尔特曼百货"，她曾先后"漂洋过海70次"。1900年，曾在梅西百货手套部门工作了五年的莉娜·罗本娜（Lena Robenau），被梅西百货当时的老板伊西多提拔为采购员。接下来31年，她一直待在梅西百货。她是美国第一位出国的法国手套采购员，她还去过英国、苏格兰、德国、瑞士和意大利等地采购。她是以一种拥有权力的独立商人的身份去进行采购的。她说，梅西百货"放手让我去采购"，公司"几乎从未批评过我。所有问题都由我自己定夺"。[17]

行业期刊把这位巴黎时尚采购员称为"零售女王"中的"女王"。商店员工都来为她的海外之行送行。人们站在码头上，举着香槟向她表示敬意并向她挥手作别。有时候，那些女性采购员的出发还会被拍成电影。安娜·罗伯逊（Anna Robertson）是布鲁克林富尔顿街那姆百货的女帽采购员，1915 年，她开始了她的第 26 次欧洲之旅。摄像机记录下了她抵达巴黎、与巴黎办事处负责人会面，以及在巴黎商店总部参观的情景。另一位女性采购员回忆道："一战以前，我在巴黎为我们国家最好的百货商店之一工作，那是我一生中最幸福的日子。"[18]

许多时尚采购员都去了欧洲，并会在那里待上尽可能长的时间。20 世纪初期，沃纳梅克百货的巴黎采购员费丝·奇珀菲尔德，利用公司慷慨的"健康与康复"政策，在欧洲休假很长时间。一位员工向罗德曼抱怨："她原本说是离开 40 天，费用由我们承担。但她这人神经太不正常，竟然恳请在那里待上更长时间，而这一请求竟然还得到了批准。她在那里待得实在是太久太久了。现在她应该被召回或免职……我认为，如果每个员工都可以随意四处闲逛，这会让人道德败坏，让公司员工士气低下。"[19]

奇珀菲尔德拒绝了沃纳梅克的召回，她选择了辞职，然后就从沃纳梅克的花名册中消失了。但是，她几乎立刻就出现在波士顿法林百货的员工名册中，担任该店的巴黎时装顾问。1912 年，她联合另一位时尚采购员安妮·埃文斯，在巴黎成立了一家名为"时尚与商品代表"的合伙机构。她们两个人都是大学毕业。奇珀菲尔德拥有文学士和理学士双学位，甚至还因翻译了几部法国小说而小有名气，这些小说中包括皮埃尔·米尔（Pierre Mille）的《君主》（The Monarch）和奇瓦斯－巴伦（Chivas-Baron）的《安南的三个女人》（Three Women of Annam）。20 世纪 50 年代，她在纽约市生活，为玛格丽特·富勒（Margaret Fuller）撰写了一本流传甚广、广受好评的传记《追寻爱情》（In Quest of Love）。这本书扣人心弦，读来津津有味，它强调了"富勒的心灵故事"。"难道现在不正是追忆那个生而渴望爱的女人的时候吗？"[20]

奇珀菲尔德的合伙人埃文斯喜欢"待在巴黎"，喜欢在圣心大教堂附近与同事和朋友一起喝酒。1919 年，就在《凡尔赛条约》签署后不久，她在巴黎一次正式的招待会上偶遇威尔逊总统。"他身边没人的时候，我就站在离他不远的地方，"埃文斯写信给一个商业伙伴说，"在我们被大使引见给他之前，大使已经告诉他我们是做什么工作的了。他后来就一直和我交谈。能在这么大的场合（一个让人大开眼界的场合）和他交谈是一个难得的机会。我永远都不会忘记这一刻。"[21]

接下来七年，奇珀菲尔德和埃文斯通力合作，扩展了美国时尚营销的国际版图。她们为金贝尔斯百货等商店撰写、编辑和出版时尚杂志《巴黎风尚》(Paris Vogue)。罗德曼曾无比羡慕地给父亲写信说："昨晚我看到从巴黎寄来的金贝尔斯百货的时尚讯息，实在是太精彩了。"[22] 这两位女士与一批商店密切合作，包括圣路易斯的斯克鲁格斯百货、罗切斯特的福尔曼百货（Forman's）、纽瓦克的班贝格百货、哥伦布市的拉扎鲁斯百货，以及波士顿最大的女装商店法林百货。多年来，她们几乎每天都会"把一些宝贵的信息传给商店"，这些信息涵盖价格、生产过程、最新产品、美国国内竞争对手的情况等方面。她们给法林百货写了一份典型的报告，报告中写道："尽管巴黎物价偏高，但金贝尔斯百货和菲尔德百货等商店都已提前一年下单，并且从未取消过预订。"在同一封信中，她们还写道："紧身胸衣的制造商正在设计生产一些非常漂亮的商品，他们期待很多美国采购员都能过来看看。"她们详细地剖析了法国百货商店的采购行为，并在1918年后为法林百货增加了邮购服务，这样美国的父母就可以给他们身在前线的儿子寄送包裹。1919年，她们进行了一项全面的"国外市场调查"，为零售研究协会（RRA）在巴黎第一家办事处的工作打下了基础。[23]

零售研究协会为20多家会员店提供国内外商品营销的共享数据库。它的成立标志着出现了一些新的趋势：国内商品营销的整合，以及美国时尚营销在国际上的扩张。

罗德曼与女王的便鞋

大型零售商们认为，与巴黎的神奇联系可以确保他们获得那些思想新潮的顾客，为此他们引进了所有有前景的法国设计或想法。为了帮助把菲尔德百货转变成一家大型零售店，塞尔弗里奇访问了巴黎春天百货和好商佳百货。沃纳梅克父子也不断地向巴黎寻求时尚建议。他们在日常时尚

广告里加入了 *offres merveilleuses*（不错的价格）、*vente de blanc*（白葡萄酒）、*en vente ici*（在这里出售）、*ce qu'on doit savoir*（我们需要知道的）、*choisissez maintenant*（现在的选择）等法语词汇。[24]

1888年罗德曼从普林斯顿大学一毕业就被父亲派往国外，担任巴黎门店的常驻经理。他对巴黎商品营销的了解，要远远超出他父亲的想象或预期。在法国生活和文化的影响下，罗德曼成为一个都市"世界主义者"，他的兴趣和激情与他那依然是乡下平民的、没上过高中的父亲截然不同。罗德曼弹奏钢琴，创作时尚的法国沙龙音乐，并研究法国绘画、雕塑、珠宝、纺织品、挂毯、家具、古董，以及法国博物馆和宫殿。他收集了数量惊人的艺术书籍和艺术品。1893年，他在巴黎组建了美国艺术协会（AAA），它成为接下来20年美国艺术家最负盛名的聚集地之一。罗德曼与他的三个孩子和第一任妻子，每年都会有一段时间住在"香榭丽舍大道上一座华丽的公寓"里。他对丝绸内衣有独到的品位，曾将一些蓝色的丝绸内衣送给他的女性亲戚们。1894年，一位女性亲戚致信罗德曼："去年冬天的一个早晨，我看到了蓝色的'爱之梦'——这是你在梅多布鲁克沐浴后穿的内衣——我好开心。它们是我能够想象到的最美丽、最令人愉悦的衣服。明年夏天，我要穿着它们出门，只穿着它们！到时候可别忘了来看我啊！"19世纪90年代中期，他举办过多场奢华晚宴；有一次，他为每位来宾都奉上一整条羊腿、一篮桃子、一大瓶香槟（3升）、一瓶珍贵的葡萄酒、一件昂贵的珠宝，作为晚宴的纪念品。[25]

1898年，罗德曼带着家人回到费城与他父亲一起经营公司，这是沃纳梅克一直希望实现的梦想。1909年，罗德曼成为他父亲的全面合伙人。1911年他掌管纽约店后，就成了常驻合伙人。可能是为了他，沃纳梅克百货创建了第一个用于展示法国内衣的巴黎沙龙室。这些房间是在巴黎准备好后被整装运到纽约。在巴黎期间，他曾向国内寄送时尚广告、商品目录、服装标签、送货车设计、时尚插图，以及无数用于销售和展示的工艺品。他的父亲后来曾经说起他的行为："我们无法理解，我们觉得罗德曼已经失去了理智。我们一点也看不懂他寄过来的都是些什么东西。"[26]

时尚已经开始渗透服装行业的各个方面；虽然还要再过 20 年它才会影响家具、运动器材、厨具等其他商品，但它已经成为商家津津乐道的事物。"时尚将是我们日常业务的基石，"1911 年，沃纳梅克的一位管理人员写道，"所以在特殊商品的购买上应该采取同样的政策，即排除一切明显不合时尚的东西。"[27] 新的时尚期刊［如《时尚》（*Vogue*）等］开始出现，随后出现了《女装时报》。《女装时报》上对时尚和美国商品销售的每日报道，从总体上反映了成衣行业的崛起和时尚脉搏的加快，它很快就被誉为"零售圣经"。

为了促进消费，商人们开始利用国内外精英的"奢侈做派"，希望它们能够慢慢影响普通消费者的幻想。他们将自己的商品与高级地位、王室和上流社会的魅力，以及各种奢侈品联系在一起，包括那些声名狼藉的法国交际花用的奢侈品。迪巴里内衣和蓬帕杜丝绸品上市了，帝国内衣、女王衬裙、皇家紧身胸衣和裙子支撑、公主环带和皇家打字机也都相继上市。沃纳梅克百货设有玛丽·安托瓦内特房间，菲尔德百货拥有"法国美女"房间。内衣室（"特别的闺房"）承诺禁止男性入内，只有女性可以进入，"这样，女士们就可以尽情享受物品而不会觉得尴尬"。商家声称，这些房间提供了通往"另一个世界"的途径，"一个即使对美国女性来说也是知之甚少的世界"[28]。1908 年秋天，整个行业都在传言："美国市场上也在售卖贵族专用的香水，不过它们是以数字而非名字命名的。"[29]

"今天的女人，"一位行业发言人写道，"渴望过上那种富丽堂皇的生活——比以往任何时候都更加渴望。她愿意花钱购买这样的生活。如何取悦女人？谁来设计各种精美的东西让她们心甘情愿地掏出钱包？最了解这些问题的人从未闲着。他们到处寻找好点子来激发'购物女王'的虚荣心。他们取得了巨大的成功。"[30]

1906 年，沃纳梅克百货费城店为纪念法国大革命举办了一场奢侈的展览，这在商品推销平凡化（merchandising's trivialization）的历史上既不是第一次也不是最后一次。展览的高潮是玻璃展柜里路易十六和安托瓦内特被砍断头颅的"精确"复制品，以及他们"真正的"加冕冠。这种做法非常流行，结果就是出现了一帮专业骗子，他们向城市零售商兜售仿冒的皇家工艺品。一个骗子给梅西百货写信说："我看到您的竞争对手们昨天宣称，他们正在展示沙皇的加冕长袍。您想要比他们更好的货吗？我有一双维多利亚女王结婚时穿的丝袜和白色便鞋，上面有戴着王冠的维多利亚女王的头像，我可以向您保证它们绝对都是真品。它们对您来说值得进行为期一周左右的展示吗？如果您觉得值得，您会出价几何？"斯特劳斯兄弟对此提议有何回应，历史没有记载。但是，现代商品营销却是非常重视这种伎俩。[31]

巴黎盛会：时尚秀

美国时尚界最具轰动效应的创新，就是将巴黎独有的私密时尚秀引入大众市场。我们很难确定这种趋势的准确起始时间，但是，1903 年，纽约的埃里希兄弟百货（这是一家高档特色商店，专门迎合中上阶层女性）可能进行了巴黎时尚秀的首展。十年后，时尚秀的形式已被固定下来：真人模特走在商店剧院或部门通道上，灯光工程师将灯光聚焦在她们身上，在音乐的伴奏下，有时会产生一种"戏剧性效果，就像在剧院中一样"。"当一场极为惊艳的表演正在进行时，观众们都屏住了呼吸。"这些表演往往都是围绕一个主题进行（巴黎主题自是必不可少，另有波斯、中国、俄国、墨西哥等主题），其中许多表演都呈现出那种"精心策划的戏剧般的壮观场景"。[32]

1910 年，金贝尔斯百货首次推出"礼服漫步"。这一表演在 5 年内先后经历了 20 次变化。成千上万名女性涌入位于曼哈顿第三十四街和第七大道的这家商店，观看模特们每天穿着时尚的巴黎服装在坡道上走来走去。1911 年，这家商店的主题是"蒙特卡洛"，店内建有赌场、轮盘赌桌和仿地中海风格花园。34 名模特走在通道上，从剧院一直走到商店餐厅，"沿途两边有数千个座位，可以容纳数千名来自纽约市及周边郊区的女性"。金贝尔斯百货的茶室也被改造得就像"巴黎的蒙特卡洛"。[33]

沃纳梅克在其费城店和纽约店举办的时尚秀，可能是所有时尚秀中准备得最巧妙的，它们受到了罗德曼思想的启发。1908年的秋季发布会，可以说是一场浮华的"巴黎时尚盛宴"。它在费城店的剧院举行，其背景是金色和红色，意在暗示拿破仑和约瑟芬的宫廷。玛丽·沃尔（Mary Wall）是这场时尚秀的导演，她在剧院两侧竖起巨大的画框，用黑色天鹅绒镶边，画框里面是穿着最新巴黎礼服的真人模特。当两个模特走出画框时，聚光灯不时打到她们身上。伴随着轻柔的管风琴音乐和玛丽·沃尔对每件服装优点的讲述，在一个打扮成拿破仑侍从的孩子的陪同下，模特们昂首阔步，沿着通道走向观众。这次活动以全面重现拿破仑和约瑟芬的加冕礼而结束。[34]

在时尚秀的第一天，沃纳梅克邀请了100位"女性社会名流"前来出席。她们是费城的精英，过来鉴赏巴黎精英的品位。接下来两天，费城的其他女性也受到了邀请。据商店报道，数十万女性都来了。一位《纽约世界报》记者对此印象深刻，他写道："这场巴黎盛宴让沃纳梅克百货成为巴黎的代言人。它明确宣告，'帝国'将是本季的主导风格。"[35]罗德曼在纽约店举办的"巴黎会议"，超越了他父亲在费城举办的"巴黎盛宴"。罗德曼也是通过操纵阶层差异来推动时尚的发展。他把"整个商店"（而非只是剧院）都浸润在"巴黎的魅力"中。在"时尚"的下午，只有阔气的富人才能获得入场许可；只有在"不那么时尚的早晨"，那些不时髦的大众才被允许进入商店。真人模特们展示了波烈（Poiret）、沃斯（Worth）和帕奎因（Paquin）设计的礼服，聚光灯不时照亮她们来来往往的脚步。[36]

在20世纪第二个十年的晚期，沃纳梅克百货纽约店还诠释了其他国际主题，如农民玛雅主题，事实证明，这在时尚界是一个热门话题。1917年，罗德曼借助盛行的玛雅"主题"举办了第一场"体育时尚秀"。剧场里到处都是高大的玻璃柜，里面陈列着模仿印第安设计的服装：带有玛雅刺绣的钱包，和玛雅围巾连在一起的运动帽，印第安毛毯制成的坐垫，以及模仿印第安斗篷制成的阳伞。走秀舞台两端挂着装裱好的照片，它们由商店装饰师拍摄的照片放大而来，展示了失落的玛雅文明的"宝藏"。"真正的"印第安女性被策略性地安置在这些照片附近，旁边是一排描绘危地马拉文化的"印第安小屋"，真人模特身上的服装是以玛雅文化为灵感进行设计的，对这些模特来说，每个印第安小屋都是其"知识"背景。[37]

到1915年，从马里兰州的巴尔的摩到得克萨斯州的韦科，美国几乎每座大城市都在举办时尚秀。每半年就会举办一次时尚秀。此外还有儿童时尚秀，另有几家商店合办的时尚秀。这些表演每次都能吸引数千名观众。它们对城市的日常生活具有一种潜在的破坏性，纽约等地的警察要求商家在举办雇用真人模特的演出时要出示许可证。在曼哈顿，警察甚至威胁要彻底禁止此类演出。[38] 那些举办时尚秀的商家也担心，顾客涌入剧院、茶室和餐馆，或者是在人行道上排成长队，会打击其他商店的生意。

一些商家迫不得已，将时尚秀从商店搬入当地剧院，那里很快就成为时尚秀表演的竞争中心。一些拥有内置圆形舞台的高档餐厅也开始举办时尚秀。芝加哥市中心麦迪逊街上广受欢迎的露台花园（Terrace Garden）是一个"名副其实的梦幻花园"。一位商人写道，它的形状就像罗马竞技场，桌子层层排列上去，"后面的要比前面的高，每一个都能俯瞰下面的舞台"。每年一到特殊时刻，"最时髦的时尚秀"就会一连举行数周，每次都会有50～70名模特在老顾客、热切的时尚买家和服装生产商面前走来走去。[39] 到20世纪第二个十年末，时尚秀甚至演变成一场壮观的露天盛会，变成一种由管弦乐队、模特和特效构成的多媒介表演。[40]

安拉的花园

在一战以前很多年所有的销售主题中，最受欢迎的要数东方主题；这是一种从下至上的时尚，而不像巴黎时尚秀那样是一种从上至下的时尚。如果说巴黎的时尚模式经常意味着远离平民大众，获得上流社会的优雅和身份，那么东方主义则意味着另一种东西，一种或许不那么彬彬有礼和文雅的东西，甚至是一些不被允许的东西——诚然是奢华的，但也带有生活的阴暗面。根据当月或当年的时尚，特定的子主题可能是伊斯兰、印度、日本或中国，商店则会被装饰成清真寺、寺庙或沙漠绿洲。从19世纪90年代早期开始，世博会的组织者就诠释了类似的主题，尤其是在旧金山、布法罗和圣路易斯举办的世博会上。电影和商业剧院也转向东方主题来招揽生意。具有讽刺意味的是，就在美国政府限制中国人和日本人进入美国的那些年里，美国的城市却是正在植物园里建造日本园林，美国的商人们则是在为中国文化和中国美学给他们带来的金钱价值而欣喜若狂。

文学评论家爱德华·赛义德（Edward Said）将这种东方主义与西方帝国主义联系起来，认为非西方人民的人格是冲动的、原始的、不文明的，容易被无法控制的激情和欲望牵制。东方主义思想通过暗示非西方人是孩子，无力照顾自己，来证实西方的主导地位及对外国财产的侵占和挪用是正当的。历史学家罗伯特·莱德尔（Robert Rydell）在《世界是一个博览会》（*All the World's a Fair*）中也提出了一种类似的观点：世纪之交在欧美国家举行的博览会，展示了西方的实力，抹杀了其他文化和社会。[41]

欧美国家的东方主义扭曲和贬低了非西方文化，但它也暴露出西方人内心深处的一种感觉，即他们缺少"东方人"所拥有的某些至关重要的东西。东方主义反映了西方社会（尤其是在城市里）内部发生的变化，它象征着一种对西方文化中某种缺失的同情，一种对比传统基督教认可的生活更"让人满足"的"感官"生活的渴望。至少从19世纪50年代起，人们的这种不满足就开始在美国出现，那时第一代富裕的美国"游客"访问了非西方国家，他们写信回国描述他们在那里看到的各种色彩和设计；有些人还出版了一些相关的书籍，东方文化被高度浪漫化，极富吸引力。[42]

到1915年，很多富裕美国人的梦想生活都带有几分东方主义幻想的印记。哈佛大学和耶鲁大学的师生，也许是在反抗他们的父母和教会的沉闷与循规蹈矩，他们狼吞虎咽地读着瑞德·哈葛德（Rider Haggard）、埃德加·索尔特斯（Edgar Saltus）和于斯曼（J. K. Huysmans）的东方主义暧昧小说。20世纪初，纽约等地的城市富人乘着工业财富的巨大浪潮，打扮成土耳其大官、印度王公、伊斯兰舞者和波斯公主的样子去参加私人派对。路易斯·蒂法尼成年后的大部分时间都生活在东方情调的奢华中。作曲家马勒的妻子在19世纪90年代后期拜访了蒂法尼在曼哈顿的公寓,她以为自己进入了一个波斯静修处,一个神秘的"天堂……到处都是棕榈树、会议厅、花纹窗格、穿着彩虹色礼服的可爱女人"。她写道:"这是一个梦,是纽约的《天方夜谭》。"1913年冬天,蒂法尼穿着一条土耳其裤子和一件精美的衬衫,参加了在德尔莫尼科餐馆举办的一个东方服装舞会(当年有很多类似的舞会),舞会上每个人穿的衣服都是"模仿考古学家们发现的古代宝物制成的"。[43]

到1918年,美国人已经看过很多关于克利奥帕特拉生活的电影版本。百老汇和歌剧舞台上也有一些东方主义的表演,从德国作曲家斯特劳斯的《莎乐美》和意大利歌剧作曲家普契尼的《蝴蝶夫人》,到英国剧作家约翰·马斯菲尔德(John Masefield)的《忠实者》和美国剧作家爱德华·谢尔顿(Edward Sheldon)的《天堂花园》。[44]通过东方主义这一媒介,李·西蒙森(Lee Simonson)、诺尔曼·盖迪斯(Norman Geddes)和约瑟夫·厄本(Joseph Urban)等有影响力的舞台设计师,为美国的剧院观众带来了越来越奢华的色彩。关于西蒙森的舞台设计(厄本和盖迪斯的作品也是如此),《纽约时报》上的一篇文章中写道:"他的作品充满东方气质,有迄今为止美国最大胆、最美丽的一些舞台设计……五年前他就在平静的美国艺术界掀起了波澜,现今他仍在坚持更加大胆地使用色彩。"[45]

一些小说作品也探讨了东方主题,从这一时期刚开始时哈罗德·弗雷德里克(Harold Frederic)写的《西伦·韦尔的堕落》(*The Damnation of Theron Ware*),到1917年这一时期结束时伊内兹·欧文(Inez Irwin)写的《王国的女士们》(*Ladies of Kingdoms*)。在这两部小说中,东方主义风格象征着与基督教文化的彻底决裂。在弗雷德里克的小说中,年轻牧师韦尔被"解放了的"年轻爱尔兰女子西莉亚引诱。她的"公寓"就像一个东方主义的梦境,有色彩缤纷的"靠垫和枕头"、裸体的男女雕像、地毯,以及与之搭配的黄色和蓝色的木地板,一张巨大的"东方沙发"占据"房间的三个边"。事实上,西莉亚就是她居所的化身:"她头发光亮,皮肤细腻","身体像窗帘一样精致柔软""火辣""热烈"。[46]20年后,美国女权主义运动的领导者之一伊内兹·欧文，为她的主角索思沃德呈现了同样的布景，并赋予它同样的女权主义含义。小说开头，索思沃德居住在康涅狄格州她祖父母的乡村府邸。她在房子的高处为自己设计了一个饰有东方主题图案的奇妙"阁楼"，墙上贴着五颜六色的绉纱，整个房间就像王公的住处。"这让我想起了《天方夜谭》。"她为数不多的访客中的一位这样评价道。在阁楼里，索思沃德躺在长沙发上，穿着东方情调的服饰（一件"番茄色的王子外套"），梳着带有"很多彩色丝质小球"的"高耸的中国头饰"，心里想着她的享乐和冒险计划。[47]

"绿宝石城"的创造者鲍姆创作了很多带有异国情调的小说，其中包括《最后一个埃及人》（*The Last Egyptian*，1908）和《命运的女儿》（*Daughters of Destiny*，1906）。后一本小说是一个关于"东方"国家巴鲁克斯坦的故事，在那里，"色彩意味着一切"，人们享受着"奢侈的香水浴……躺在东方长沙发上，倚在散发着麝香味的靠垫上"。鲍姆说，与"刻板的美国人"和"诡计多端"的西方商人相比，巴鲁克斯坦人"自由而狂野"，是"冲动的孩子"，他们"只服从自己内心的声音，而蔑视那种深受西方人影响的冷冰冰的礼节"。[48]

由此，"东方主义"这一流行隐喻也就进入了各种各样的文化活动中。但它得到广泛传播的主要原因在于，对分销和营销要求很高的美国新消费产业，几乎是在一夜之间就繁荣起来。美国商业传达了东方主义的信息，它看到了机会并开始赞美这些东西：奢侈、冲动、欲望、原始主义、即时自我满足——而就在几十年前，它们还被贬低为是一种会危及经济生产力的东西。当然，这并不是说商人们已经停止批判这些新价值——他们并未停止（宗教团体或普通男女也没有停止）。但是，现在他们分成两派，持有两种相互矛盾的观点。在工作和生产方面，商业（和主流文化）强调压抑、理性、自我否定和纪律；而在销售和消费方面，它则为浪费、放纵、冲动、不负责任、梦想或其他非西方品质打开了大门。

无论人们对东方事物的普遍兴趣如何复杂，美国商业却是为这些事物的传播和为民众创造一种新的梦想生活提供了主要手段。其他团体则可能传播了一种不那么扭曲、与历史有点关系的东方主义信息，例如，新一代人类学家和考古学家；哈佛大学和耶鲁大学里那些激进的、被异类化的波希米亚年轻人，他们可能只是想了解东方文化，而并非要借助它们来得到有益于健康的放松和兴奋，以及来自"东方"文化的移民。但是，这些对立的声音即使存在，也没有强大到能够控制公众情绪的程度。

借助这一新的神话，商人们做了他们想做的事情，特别是通过采用"搭卖"这个手段。"搭卖"是20世纪商业中独有的一个概念，它允许商家使用各种富有想象力的材料，而不仅仅是东方主义，去占据成年人和儿童的视觉和心理空间。在1914年的一次小规模搭卖活动中，梅西百货的管理层将"梅西礼服和时尚品"、一位17岁"流行女星"，以及当地日报的"时尚版面"结合到了一起。[49]零售商在更广泛的领域内联合他们的资源，在合作性时尚表演、合作性广告宣传，以及节日装饰和展示的"同步性"中表达了统一的理念。[50]1916年3月的一个晚上，亚拉巴马州伯明翰市中心的所有商家在同一时间打开橱窗，从而拉开了"时尚周"的序幕，"整个城市，一片辉煌"[51]。

在最具影响力的联合中，那些看似不同的商业机构，如剧院、零售店、餐馆、酒店和电影院，都采用了类似的主题。与20世纪20年代那种更复杂的联合不同，这些一战以前的搭卖在很大程度上都是非正式的，甚至显得有点幼稚，它基于商家的共识，即哪些主题最具营销吸引力。

最早和最成功的促销活动发生在一战以前，当时许多商业机构都利用了一部畅销小说《安拉的花园》。小说的作者是英国人罗伯特·希钦斯（Robert Hichens），他是一位自由派牧师的儿子。年轻时，希钦斯想当舞蹈演员，但是父亲不支持，于是他就转向了新闻业，之后他又转向小说创作。希钦斯非常崇拜英国作家奥斯卡·王尔德和法国作家安德烈·纪德，而这两个人都沉迷于东方主义主题。19世纪90年代后期，希钦斯访问了阿尔及利亚、埃及和其他伊斯兰国家。他爱上了这些国家并开始撰写一些东方主题的图书，其中包括《埃及魔咒》（The Spell of Egypt, 1908）、《圣地》（The Holy Land, 1910）和《贝拉·唐娜》（Bella Donna, 1908）等。

其中有两部被改编成戏剧，后来又被制作成无声电影和有声电影。[52]

《安拉的花园》是希钦斯自己最喜爱的作品。它以典型情感小说那种略显夸张的风格，表达了欧洲人对理性文明、传统秩序和传统行为的觉醒。它似乎在呼吁人们从压抑中解脱出来，追寻希钦斯所说的那种与"动物"激情相联系的"新生活"。在这一时期，这本书不断被改写，形式多样。和希钦斯同时代的哈葛德原本也可以写一本这样的书（并且可以写得更好）；鲍姆也试图这么做，但却失败了。

《安拉的花园》以女主人公多米尼开场。她32岁，未婚，是一个英国人。在前往北非的途中，她厌倦了那个过于理性的西方世界，"渴望"有某种东西能将她与东方世界的"基本力量"联系起来。"她想要听到鼓声，"希钦斯写道，"她想要的，比她能表达的、比她知道的还要多。'渴望'在折磨她的内心。"她想要"突然开启原始的力量。她的内心总是潜藏着一种大胆而无畏的冒险精神，与其说是女性的，不如说是孩子气的。她已经32岁了，却还没有满足这种对冒险的渴望，甚至都没有完全意识到她是多么想要满足它。但是，现在她开始明白了，并且感到它迫切需要得到满足……她的灵魂似乎听到了自由的脚步正在向南而去。她所有的困惑、厌倦、痛苦……全都一扫而空。她摆脱了文明生活里的种种琐碎。"[53]

这些段落是这本小说的灵魂。随着情节发展，多米尼被吸引到沙漠的神秘中（"安拉的花园"）。她说："我身上有一种野蛮人的气质。"她参观了一个带有"狂野"色彩的阿拉伯餐厅，女人们在那里跳着"恶魔般的"舞蹈。在那里，她遇到了另一位"沙漠新手"鲍里斯，这是一个"性感又充满激情"的英裔俄罗斯人。他们"屈服"于对方，一起骑马进入沙漠，或者说"进入孤独，进入恐惧"。他们匆匆结婚，并开始在沙漠安家。

在小说的这个地方，希钦斯改变了主意，他停止了炽热奔流的叙述；这本书的性爱情节止于前戏。这类粗糙的文学作品有一个模式，即在主角眼看就要开始过上幸福生活时，作者却强迫他们为其轻率的欲望付出代价。鲍里斯突然感到愧疚不安，他向震惊不已的多米尼坦白，自己其实是一个迷途的僧侣，他必须回到他的俄罗斯修道院。多米尼悲痛不已，但不久她就从悲痛中恢复过来。毕竟，她将永远记住她的"安拉的花园"。

1904年，《安拉的花园》出版，希钦斯变成一个富人。虽然这本书在英国销量惨淡，但它在美国却是非常畅销，接下来40年，该书再版44次。有三部电影都是根据它改编而成，前两部都是无声电影，第三部则是1936年出品的一部彩色有声电影[由玛琳·黛德丽（Marlene Dietrich）和查尔斯·波伊尔（Charles Boyer）主演]。[54]1907年，希钦斯应美国女演员玛丽·纳瓦罗（Mary Navarro）之邀，为百老汇的新世纪剧院改编这部小说，将其搬上舞台。这是一个能展示"恢宏场面"的剧院，虽然开演之夜"沙尘暴袭击了所有人"，"动物们"也在舞台上制造了一些"混乱"，但是，这场表演"非常神奇"。希钦斯记得，开场是这样的：

> 一切都慢慢变亮起来。看哪！沙漠在我的面前伸展开来。一个停顿！一声呼喊，这一次是从幕后发出来的：光线逐渐消失，夜晚降临沙漠。我抬起头，看到了穹苍，它深邃无底，蓝色的夜空中布满了星星，就像挂在上面一样……我以前从未在舞台上见过（对非洲晴朗夜空）如此完美的呈现。后来，我又看到，夜晚逐渐消失，一个奇冷又神秘的黎明来临了，非常完美。

尽管希钦斯对制作人很生气——制作人忽视了原作中的对话甚至是叙述，但是，他对这场"盛大的演出"还算满意（而且他拿到了属于自己的报酬，对此他还是很感激的）。[55]

在芝加哥，这部戏剧的"上座率非常高"。每次都会有人因为座位已满而被拒之门外。1912年，该剧在纽约再次上演，取得了更大的成功。在这一年（以及至少在接下来的十年），酒店和餐馆纷纷模仿《安拉的花园》里的场景进行装饰。帕理什等商业艺术家通过制作杂志封面、糖果公司广告，以及有《安拉的花园》场景的商业海报，积累了一笔小小的财富。好莱坞第一位电影明星、女演员阿莉娅·纳兹莫娃（Alia Nazimova）在日落大道上建造了一座非常漂亮的乡村庄园，就叫"安拉的花园"，里面有一个黑海形状的游泳池。后来她很精明地将这处地产改为好莱坞最受关注的酒店之一并依然沿用原名,这里成为拍摄大多数王宫戏的场地。几家大型百货商店都以"安拉的花园"为主题举办了轰动一时的时尚秀。1912年,在芝加哥,菲尔德百货、波士顿商店和博览会都借用了芝加哥舞台剧剧组中的那些阿拉伯男演员,在时尚秀活动期间,他们穿着假的伊斯兰服装,在主楼和剧院里来回行走。[56]

1912年4月,沃纳梅克百货纽约店举行了最大规模的"安拉的花园"时尚秀。舞台上再现了"无云的非洲天空",上面点缀着"闪光的星星",戏剧开演之夜让希钦斯印象深刻。从百老汇演员中招募来的六名"阿拉伯男子和两名女子"(那些男子包着头巾,身体健壮),沿着商店拱廊"走来走去",或者安静地站在那里。从沃纳梅克自己的藏品中借来的各种青铜和东方雕像沿着长廊排列,装点着剧院舞台。一支弦乐队演奏着一些东方音乐,30余名模特穿着模仿阿尔及利亚风格设计的服装,在坡道上来回走动。有时,聚光灯会扫到一些"特别令人惊艳的服装上。看到特别喜欢的服装时,观众就会爆发出阵阵掌声"。"安拉的花园"时尚秀是罗德曼的一个灵感,他想要激发起人们对阿拉伯主题这一新时尚的兴趣。这场时尚秀吸引了数千名女性前来观看,其中有些人什么都没看到,有些人找不到座位,还有很多人则被拒之门外。[57]

时尚、室内展示和装饰,以及由色彩、玻璃和灯光打造的外墙,是20世纪早期美国消费资本主义的重要诱惑策略,它们构成了未来发展趋势的基础。但是,与此同时,其他因素也在发挥作用,而且这些因素甚至更具包容性,它们极大地扩展了消费社会的边界,并给美国带来了一种新文化。这种新文化似乎能让每个人都获得无限的商品供应,并承诺会让他们过上一种安全、舒适和幸福的生活。

第五章

阿里巴巴之灯：为个人和公共利益服务

1918年，沃纳梅克在他的一本备忘录里写下了很多关于"服务"的条目，其中一条写道："聪明人从销售中获得的主要利润不是金钱，而是服务于顾客。"[1] 商人们认同，所谓服务，就是他们有义务去照顾和满足顾客和员工的需要。它（向服务转变）标志着工业资本主义（在许多人的心目中，工业资本主义长期以来只带来了轰鸣的工厂和永远的贫困）的一个转折点。它的标志不是"公众被诅咒"，而是"公众被服务"。

这些服务包括减轻顾客购买压力的新型消费信贷（赊购账户和分期付款），对待顾客体贴周到的服务人员，以及能让消费者感到身心愉悦的多用途空间。它使德裔美国人所谓的 *gemütlichkeit*（纯粹的舒适和放松）这一生活方式制度化。美国式服务融合了"高雅艺术"和"低俗艺术"，深受精英文化欢迎。它催生了商店和酒店里的艺术画廊、音乐会，以及从高雅到粗俗的各种娱乐活动。1880年到1910年间，"服务"的概念非常宽泛，体现了一种解决或反映美国最紧迫的社会需求的雄心壮志。商家创造这个概念旨在安抚自己的员工，并给公众留下一种仁慈和友好的印象。但是，服务的存在理由，就像其他诱惑策略一样，最终都是想要掏空顾客的钱包。它的指导逻辑是唤醒个人的欲望。彼得·莫林（Peter Maurin）是一位激进派天主教徒，他在1932年写道，1880年以后在美国出现的服务是"商业化的热情好客"，或者也可以说是"为获得利润而服务"。[2] 服务展示出商业机构的最大优势，并迅速渗透整个消费领域，包括酒店、餐馆、剧院、零售店和城市公用事业部门，在这些领域中，顾客人数多少对经济上的成功可以说是至关重要。

服务是一种"无利可图的理想"

到 1910 年，美国商人正在将一系列服务引入他们所在的机构。这一想法相对较新，号称"商人里的贵族"的沃纳梅克可能是其最积极的倡导者。1886 年，他说："我的顾客有权要求我尽可能提供一切服务。"[3] 十年后，他在一则广为流传的广告中说："商店的存在不应只为店主的利益，而应为了大多数人的最大利益。某种意义上，这不是沃纳梅克的商店——这是公众的商店，由沃纳梅克先生拥有和管理，通过商店为人们带来的利益，他使自己和其合作伙伴都受益。"五年后，他又说："未来的商店只能通过优质服务来获得顾客。它将受雇于公众。"[4]

沃纳梅克一再谈及这个主题，似乎是想说服那些对他的动机持怀疑态度的人：他既不是资本家，也不是钱贩子，而是一个致力于人民福祉的基督徒。沃纳梅克声称，他所说的"新型商店"主要是为了盈利，但也是为了满足人民的需求。1906 年，他在纪念费城店扩建的演讲中说："这种新型商店是在人类需求的呼唤下产生的。它能给顾客带来便利，这是他们应得的，而不是一种礼遇。它通过我们制定的新政，恢复了人民的权利。"[5]

金贝尔斯百货是沃纳梅克在市场街上的劲敌，它毫无顾忌地采取了同一策略，这让沃纳梅克很是生气。（他给儿子去信说："金贝尔斯百货是一个肆无忌惮、寡廉鲜耻的抄袭者。"）[6] 金贝尔斯百货在沃纳梅克用的同一份报纸上宣布："'金贝尔斯'没有用所有格形式，我们没有称它为'我们的商店'，而你们的商店则是你们的（'金贝尔斯百货'的英文名 Gimbels 不是所有格形式，'沃纳梅克百货'的英文名 Wanamaker's 则用了所有格）。商店是一个服务机构。另外，这份声明也并非为讨公众欢心。"纽约的西格尔-库珀百货也紧随其后，1904 年，它的商店报纸宣布"这是一家人民的商店",呼应了零售战结束后塞尔弗里奇1902年在新菲尔德百货开业时所发表的那种民粹主义消费者言论。[7]

酒店商人埃尔斯沃斯·斯塔特勒和卢修斯·布默（Lucius Boomer）也在积极推进服务；斯塔特勒像沃纳梅克一样热心于服务，他积极地向所有愿意倾听的人传播服务的福音。[8]斯塔特勒于1863年出生于宾夕法尼亚州。他的父亲是一位贫穷的德国改革派牧师，后来慢慢厌倦了传教而选择了商品推销。19世纪70年代，他们举家搬到了俄亥俄州。斯塔特勒先是在当地一家玻璃厂工作，后来在一家小旅馆当行李员。1900年，他在布法罗开了一家餐馆，但却失败了，因为很多人仍然习惯在家吃饭。一年后，他在布法罗和圣路易斯经营了两家大型酒店，为这两个城市的博览会服务。不过，博览会一结束，这两家酒店就被拆除了。[9]

在布法罗和圣路易斯，斯塔特勒推出了一种新式"完美服务"：排斥宫殿风格的酒店。他说，从资本主义角度来看，服务必须被视为一种价格适当的商品，或者像其他商品一样是可交换的。[10] 1919年，他在纽约、布法罗、底特律、圣路易斯和克利夫兰都开有酒店，这是世界上第一家面向大众市场的标准化连锁酒店。每家分店都有适合不同消费水平的房间，从1.5美元起，并会提供从便宜到豪华的各种服务。"酒店界的魔法师"为他所谓"无利可图的理想"而奋斗。斯塔特勒曾说："酒店只出售一样东西，那就是服务。顾客永远都是对的。"[11]

斯塔特勒最精干的竞争对手就是华尔道夫-阿斯托里亚酒店集团的董事会主席布默。布默从来都是穿得一丝不苟，他以其管理高档酒店的能力而著称，其服务理念影响了整个酒店业。19世纪90年代，酒店业蓬勃发展，布默从芝加哥大学辍学后就进入这一行业，他先后在佛罗里达、加拿大、纽约布莱顿海滩、曼哈顿管理过酒店。1912年，他在第三十四街和百老汇大道的零售区中心开了一家高25层的麦卡宾酒店（Hotel McAlpin）。据他说，这是当时世界上最大的酒店。到1918年，他掌管着一系列酒店，其中包括华尔道夫等时尚酒店。到1929年，布默将会把华尔道夫酒店重建成其目前的规模。[12]布默写道："客房管理是酒店管理的精髓。这是一种基于数量的客房管理。我希望客人能像在自己家中一样得到服务——并且是比在自己家中更好的服务。我们对服务设定的唯一限制就是，不触犯法律，不侵犯他人的舒适。"[13]

餐馆和剧院纷纷采用这一新的服务方式，铁路和公用事业中那些知名企业也是如此。1910年，巴尔的摩＆俄亥俄铁路公司和宾夕法尼亚铁路公司，在利润不断下降的情况下，抛弃了此前那种对公众不以为然的政策，宣布它们将会热诚地"服务"公众。几乎是与此同时，美国电话电报公司（AT&T，美国最大的公用事业公司）的总裁声称，公司"发现，它有责任为顾客提供最好的服务"，或者有责任经营一家以"微笑的声音"而闻名的电话公司。[14] 不久，联邦爱迪生公司（芝加哥最大的电力公司）的老板塞缪尔·英萨尔（Samuel Insull）也发起了一个项目，以让公众相信他的公司是以服务为导向的。他对他的经理说："我不在乎你的特许经营做得有多好，但你必须经营好自己的生意，赢得所在社区的好感，否则就请走人。"[15]

神圣或商业性的热情好客

为什么在1895年以后会有那么多人倡导"服务"？为什么会有那么多企业都把自己标榜为是为社会福祉而服务的企业？荷兰历史学家约翰·赫伊津哈（Johan Huizinga）在20世纪20年代初曾两度访问美国，他认为自己找到了问题的答案，那就是基督教。赫伊津哈写道，服务起源于中世纪的基督教传统，当时人们创造了一种热情好客的传统，并以宗教为由为公众服务。但是，美国人已经打破了这一古老的宗教传统，尽管他们还尽力保留着服务精神。他们信奉一种"新的服务"，一种世俗的基督教。在很多大学、政府部门，甚至是商界，"中世纪时那种根深蒂固的道德观念……正在觉醒重生"。[16]

很多美国人都认可赫伊津哈所说的大部分内容，尽管他们并不同意他说的他们的"服务"只是某种形式的基督教精神。对那些自认为虔诚的宗教人士来说，服务并不是基督教活动的替代品，而是基督教活动本身。19世纪80年代，沃纳梅克和其他商人受到新一波福音派新教复兴运动的影响，该运动强调"个人神圣"高于一切。历史学家乔治·马斯登（George Marsden）写道，这种神圣包含了一种"深刻的个人奉献体验，充满了精神力量，以及对艰苦的基督教服务的奉献"。它强化了一种古老的观念，即富有的基督徒有义务对社会上的其他人表现得像无私的"服务员"一样。[17]复兴主义者穆迪是这场运动的关键人物，他四处宣扬神圣精神，组织神圣会议和机构。"服务的力量"是他最喜欢用的一个短语，到1890年，他所有的追随者都采用了这个短语。[18]在第六章我们将会看到，穆迪极大地影响了沃纳梅克的宗教观，可以说，穆迪的神圣观造就了沃纳梅克的服务观。

服务理念的兴起可能也受到内战后自由共和主义的影响，自由共和主义强调更好的政府（"公务员制度"）和新共和精神。这一传统在很大程度上得到城市精英的捍卫，它主张公共利益高于私人利益，"政府要由最优秀的人来管理"。毫无疑问，它反映了很多商人的观点，其中包括沃纳梅克。他曾于1889年至1893年间在哈里森总统时期的联邦政府出任邮政局局长。沃纳梅克强烈的"公民服务"意识和"公益"意识与他的基督教观点融合在一起，可能塑造了他的百货商店的服务理念。

然而，这种与自由共和主义或基督教不无关系的商业服务理念的兴起，有一个更重要的原因是商业的"形象问题"。1895年至1915年间，当商人们对服务的热情达到高潮时，很多美国人也对他们所认为的公司的镇压行为乃至暴力行为进行了反抗。受到虐待的产业工人奋起反抗工业，农民组织起义，反对铁路、银行、土地投机商和公用事业公司哄抬物价，掠夺土地和森林。[19]城市大零售商被小商人们谴责为"吞噬一切的怪物"，被工会谴责为"漠视工人福祉的自私自利之徒"。从纽约到芝加哥，改革者们痛斥零售商的政策，而由改革家弗罗伦斯·凯利（Florence Kelley）等人领导的全国消费者联盟（NCL）则抨击零售商向店员支付极低的工资，剥削儿童，以及迫使女性员工（因为工资低而不得不）去卖淫。

商人们努力改善他们的公众形象，试图证明他们的经营符合所有人的最大利益。对许多劳动者来说，"人民利益"问题是一个原则问题而非形象问题，是一个关乎独立和免受剥削的问题；而对商人们来说，这个问题则越来越是一个形象问题。要让公众觉得真正的民粹主义者是商人而不是员工，民主的新领域是消费而不是生产，这才符合商家利益。

很多商家都在努力提高他们的声誉，让他们显得关心他人、富有同情心和体面。梅西百货副总裁珀西，在他的父亲伊西多于1912年在"泰坦尼克号"上遇难之后，试图抹去公众对百货商店是娼妓温床的看法——芝加哥惩治恶行委员会在早些年间曾散布过这一看法，而梅西百货所处的地段（那里曾有一个臭名昭著的红灯区）也在许多人的心目中强化了这一看法。[20]

1913年，珀西邀请曼哈顿的"十四点委员会"来视察梅西百货；十四点委员会是一个与警方合作的治安维护团体，旨在取缔曼哈顿商业区的种种"恶习"。他的目标是将梅西百货打造成"纽约最体面的商店"。[21]珀西并不是一个严厉的清教徒，但是，出于个人利益考虑，他乐意领导一场反恶习运动。首先，作为一名德国犹太人和犹太社区的发言人，他必须驳斥一项广泛存在的指控，即犹太移民女性（以及他自己的很多雇员）比其他女性更有可能沦为妓女。[22]珀西担任委员会主席，就是为了证明百货商店是一个健康的机构，并未剥削女性；1915年在他上任后不久，该委员会就发布了一份报告，证实梅西百货事实上是"正常的"。但在另一方面，"秘密报告"中的证词却是与此相反。调查显示，女售货员们互相传阅色情卡片和色情诗歌，公开谈论"性"和"性欲"。[23]其他参与调查的改革者所做的私人记述也印证了这一观点，即梅西百货等商店的情况既不"正常"也不"体面"。一位改革者警告说："百货商店的女孩们面临的最大诱惑不是贫穷，而是奢侈和金钱。"另一位改革者说："与家庭环境为她们树立的道德标准相比，奢侈和金钱才是她们正在确立的生活标准。她们并未按照她们母亲那一代人的标准去看待性道德。"[24]

公用事业及铁路公司和酒店还设计了员工福利计划，以消除公众对其雇佣行为的任何负面想法。这些计划既没有得到工会的认可,也没有显著增加工人的权力;它们旨在以最低成本让员工拥有一种融入公司"大家庭"的感觉。芝加哥曼德尔斯百货经理这样说道:"我们的计划是将一家大商店的员工变为一个友好合作的大家庭的一员。"[25] 从 19 世纪 80 年代开始,尤其是在 1886 年干草市场暴乱之后,企业推出利润分享计划来代替涨工资,这意味着工人可以通过持有公司股票来赚取一些钱,"让他们感觉自己就像真正的公司合伙人"[26]。斯塔特勒在 1916 年试行了雇员持股计划。[27] 联邦爱迪生等公司则推出了福利计划(主要由工人自己掏钱),创建棒球队,建造公司度假营地和休闲温泉。[28]

那些大型零售商因其知名度较高,设计了可能是美国最详尽的员工福利计划。到 1915 年,几乎所有大商家都把"雇员"变为"商店大家庭成员"。[29] 梅西百货有一个近乎"完美的福利制度",包括一家医院、一个强制性互助协会、一所"私立学校",以及一个由"女总管"管理的"福利部门"(这是仅有销售人员可以享受的"福利")。[30] 在其他商店,员工入职一年后可以带薪休假一周(入职三年后可以享受两周带薪假)。此外,员工还可以在商店自己的休养所,在山区或海滩度假。[31] 1917 年,乔丹·马什百货(Jordan Marsh)购买了位于波士顿的海伦·凯勒庄园旧址作为商店的休养所,供疲惫的员工休假。[32] 西尔斯·罗巴克公司在 1901 年发行了《天窗》(*The Skylight*)杂志,这可能是第一本由公司员工编写的营销杂志。[33] 很快,西格尔-库珀百货就有了《思想与工作》(*Thought and Work*)(意在培养"一个大家庭"的观念),法林百货商店推出了《埃可夫图》(*Ecfto*),萨克斯百货有了《萨克斯计划》(*Saksograms*),班贝格百货办了《逆流》(*Counter-Currents*),纽瓦克市的普劳特百货(Plaut)出了《蜂巢简报》(*Honey-Comb Briefs*)。到 1915 年,全美已有 60 多种此类报刊。[34] [斯塔特勒和布默也不甘落后,他们分别推出了员工报纸《斯塔特勒推销术》(*Statler Salesmanship*)和《阿普罗波斯》(*Apropos*)。] [35]

然而,所有这些刊物都是由管理层自己启动的,梅西百货甚至按照一美分一份的价格将其卖给自己的员工。[36] 其他很多福利也都是骗人的,许多员工都是带着怀疑或蔑视的态度去看待那些所谓更加"真诚的"福利。梅西百货的一位私人调查员在一份未发表的报告中写道,"女孩们"蔑视梅西百货的"福利",将其视为一种"伪善"之举。她们讨厌那些窥探她们私人事务的"女总管"。调查员写道:"商店提供的任何东西,包括教学、娱乐等,都受到质疑。"[37]另一方面,沃纳梅克百货纽约店的员工们对他们的工作条件却是给予"高度评价",认为这里"是一个非常出色的工作场所"。[38]

沃纳梅克努力超越其所有竞争对手。虽然沃纳梅克的传记作者认为沃纳梅克鼓励他的"商店大家庭"发起他们自己的福利计划,而且他绝对不是一个"有家长作风的人",但是,沃纳梅克曾在1902年写信给一个客户说:"在某种程度上,我像父亲般对待我的员工。"[39]沃纳梅克认为,他不仅有"义务"为员工支付"合法工资",还有义务"为他们提供福利和教育",这包括他"所有的员工":男人和女人,男孩和女孩,白人和黑人。[40]

在管理责任感乃至"神圣感"的驱动下,沃纳梅克通过衷心为员工服务来实现自己的目标。虽然他从未屈服于工会或劳工要求,但他也必须对这个时代的巨大经济动荡、劳资冲突,以及人们对公司和百货商店的攻击做出回应。他按照自己的方式推行福利政策以重塑他的公众形象。毫无疑问,他依然记得他信赖的同事奥格登的警告。奥格登在19世纪90年代早期曾建议他以某种方式回应会危害其"名望"的劳工问题或风险。1890年5月,奥格登敦促沃纳梅克重振1886年就已开始实施但却日渐衰微的"与员工分享利润计划",因为如果不这样做,"员工就可能会士气低落,从而给公司带来危险"。一年后,奥格登针对新一轮劳工骚动写道:

> 鉴于我们在这个问题上所扮演的重要角色,我们应该先行一步。工人们从未像现在这样躁动不安,我们也从未像此刻这样受到如此彻底的批判……我们需要得到公众的欢迎,但我有理由担心公众不会像以前那样对我们友好。如果这是真的,我们就要非常谨慎……星期六

下午我曾对你说过，企业就像一台精密仪器，不能马虎对待，不管从哪个角度来说（商品、用人、广告）这句话都是正确的。每个因素都事关我们是否受欢迎。如果我们变得不受欢迎（不管是对我们的员工还是对公众来说），经济衰退就会开始。[41]

几个月后，他再次提醒沃纳梅克："人们的**感受**是检验我们成功与否的标准。"[42]

1897年10月，沃纳梅克在多份报纸上都刊登了整版广告，把他的商店宣传为"一家人民的商店"，而非"沃纳梅克的商店"，以此表明他要以攻为守。但与此同时，他还在向劳工骑士团的负责人特伦斯·鲍德利（Terence Powderly）解释他的福利计划，并说明为什么他要压缩"利润分享计划"。他说，他有更好的方法可以帮助他的员工。那是他独有的方法。[43]

大约从这个时候起，沃纳梅克就开始利用音乐在店内营造一种团结一致、亲如一家的氛围。可以肯定的是，其他商家也在做着同样的事情，有些商家甚至还组建了商店管弦乐团和音乐社团。[44] 但是，沃纳梅克，作为瓦格纳和许多德国音乐的崇拜者，对其他商家的努力嗤之以鼻。他在给罗德曼的信中提到了附近的竞争对手。他说："斯特劳布里奇与克洛西尔百货、斯内伦贝格百货和金贝尔斯百货的'歌唱和音乐协会'真是太小儿科了。对此我们已经做好了充分的应对准备。"[45] 他的视野更加宽广。到1915年，他组织工人（两家店现在约有1.2万名员工）成立了独立的鼓号乐团、一个拥有650名成员的初级合唱团、一个30人的管弦乐队、一个苏格兰风笛乐队、一支150人的沃纳梅克童子军合唱团，并且每年都会组织"让世界充满音乐"的合唱节比赛。50余名黑人员工组成"罗伯特·奥格登乐队"，乐队以沃纳梅克密友的名字命名，这证实了沃纳梅克将黑人员工当成"家庭"成员的承诺（店内有超过200名黑人在管理电梯或在餐厅工作）。沃纳梅克百货的工作日是以音乐开始的，员工们和着音乐，唱着《寻找希望》或《如果你心意纯正》等晨曲。通常情况下，穿着缀有金色纽扣的猩红色制服的男童子军团和军乐队，会在8点为商店奏乐和歌唱。"当男孩子们带着鼓走出来时,我发自内心地为他们感到骄傲,"沃纳梅克(人们称他是"童子军乐队"的创造者)说,"因为他们在传达某种东西。他们演奏的音乐将会被人们听到。谁都会为这些引领我们热爱音乐的大男孩感到骄傲!"[46]

沃纳梅克的两家店里还有员工餐厅、医疗诊所、公共图书馆、养老金计划、语言教学俱乐部和女性选举权辩论俱乐部。费城店的屋顶有当时世界上最大的露天体育馆,有跑道,还有篮球场、足球场、手球场和网球场。员工运动俱乐部在麦迪逊广场花园举行全国比赛。员工们可以去新泽西海滨和宾夕法尼亚州乡村的商店营地度假。费城店里还有得到国家认可的"美国贸易和商业大学",它向青年员工讲授最重要和最新的商业课程,"费用全由商店出"。[47]

因此,对更好公众形象的追求,以及对基督教和自由共和主义思想的信仰,表明了沃纳梅克的新服务理念的某些来源。但是,这一新的服务理念还有一个更为实质性(而且相当明显)的来源隐含在员工的待遇中。正如奥格登指出的,仁慈的劳动政策非常重要。它之所以重要,并非因为它自身,而是因为它树立了一种商人的仁慈形象,确保了商人"受欢迎",并实现了商人满足消费者需求的更大目标。换句话说,产生服务的原因是商家必须流通商品,所以他们最终关注的并不是员工,而是消费者,以及让消费者感到舒服。一位商品专家后来说道:"服务的好坏,取决于消费者的需求和欲望得到满足的程度。"[48]

正是在这样的背景下,商人们创造了一种新的服务形式:消费者服务。在沃纳梅克这样的商人眼中,这种服务甚至要比打造积极的公众形象更为重要,而且它从根本上远离了早期共和主义和基督教传统。消费者服务引发了贵族思想,而非共和思想;它专注于服务本身,而非社区、公共职责或神圣。虽然它也试图满足社区需求,但它主要还是偏重享乐主义,追求个人的快乐、舒适、幸福和奢华。

正是本着这种消费者服务(它与其他类型的"服务"紧张共存)精神,商家开始关心起自己的员工(这样员工就会去关心顾客)。沃纳梅克告诉他的员工,"无论他们的服务能力如何",他们"在顾客面前都代表了他",而他"最宝贵的资产——善意——则完全取决于他们如何对待顾客"。[49] 每位员工都必须为商店的服务尽职尽责。1910 年秋天,当他的黑人员工因为受到顾客不友好的对待而感到沮丧时,沃纳梅克极为罕见地在夜间会见了他们,(他在给儿子的信中写道)"看看我能不能让他们振作起来。我们要不遗余力地向顾客提供更好的服务。让公司头疼的是,虽然它已经尽了最大努力做到不出错,尽量避免被顾客投诉,不向顾客做出无法履行的承诺,但是,顾客仍然感到不满意。"[50]

本着服务精神,沃纳梅克等商人不仅提升了员工福利,还为客户设计了一系列服务。其中包括具体的商品服务:退货特权、免费送货和轻松信贷,以及所谓的情境服务,即那些旨在为公众提供幸福感和舒适感的服务。这些服务的目标是让商店、酒店和其他消费企业成为社区的"命脉"。他们通过支持慈善事业、为婚礼提供场所,以及鼓励发展社区艺术和文化,来满足社区需求。最终,新服务试图将 *gemütlichkeit*(纯粹的舒适)融入整个消费环境中。

"最大马克斯"及在法庭上付出代价

1880 年以前,大多数人都是批量购买原材料并自行带回家。那时还没有包装商品,成衣也相对较少。顾客和店主通常也都彼此熟识,如果关系好的话,商家长期为顾客提供服务的情况也不少见。但是,那时的零售业规模较小,与顾客的亲密度较高,商家并未对所有顾客都采用共同或统一的模式。这种关系往往具有个性化的特点。由于固定价格并不是整个经济的规则,人们经常会讨价还价,有时还会物物交换。

1880 年至 1915 年间,新的经济形势限制了这种面对面的互动。随着制造商品、包装商品和成衣商品的增加,商家开始按照固定价格进行销售。很多成衣都存在问题,很多物品经常在运输和交付的过程中被弄破或弄脏,而且其交易量又很大,最终破坏了客户与商家之间原有的信任,新的信任基础急需建立。商店制定了规范的退货政策，以向顾客保证商品是可靠的。纽瓦克市的班贝格写道，他决定采用沃纳梅克在19世纪80年代制定的退货政策，"没有什么能比这项政策更有助于商店发展了"。纺织品店和早期的百货商店慢慢也都采取了这一政策。1918年8月，梅西百货的珀西在一项针对纽约商店的调查中发现，没有一家商店"拒绝退货"。[51]

1880年至1915年间，出现了一种相对可靠的免费送货系统。到1913年，30个州73%的零售商都在靠卡车运送货物。商店送货区域有时远远超出旧有当地商店区域的界限。梅西货车的送货范围一直到泽西岛南部和宾夕法尼亚州西部。梅西百货的管理层承诺向客户提供从"大西洋到太平洋"的免费邮寄服务。沃纳梅克是免费送货服务最热心的实践者，他"在国际邮政范围内"，把所有"付款超过5美元的商品免费寄送世界各地"。[52]

最重要的是，建立了一种轻松信贷系统，以促进新形势下的消费。从18世纪后期开始，商家经常以分期付款方式出售商品。19世纪早期，纽约和波士顿一些家具经销商也开始如此行事。对于小额贷款，人们被迫依赖小贩，以及无处不在的典当商和少量臭名昭著的"放高利贷者"（他们以极高的利率来剥削穷人）。由于银行拒绝借钱给消费者（事实上，直到1833年，高利贷法在马萨诸塞州依然有效），人们开始转向当地商人寻求信贷。在大城市，像纽约的康斯特布尔百货和斯图尔特百货或费城的沃纳梅克百货等高档纺织品店，都为有钱顾客提供"赊购特权"，有时甚至还会允许他们有空时再来付款。不过，到19世纪80年代早期，按月支付已是标准做法。[53]

1880年以后，那些牟利的个人贷款者不再被看成骗子，轻松信贷机会迅速增加。无论高利贷背负了怎样的恶名，这种恶名都在迅速消退（尽管在1910年时人们仍然认为，为牟利而放贷是一种"坏透了"的做法）。小额贷款业务开始出现。在世纪之交，至少有两家连锁贷款公司，它们开设了100多个办事处。虽然这些公司都是非法的并且仅存在于少数几个大城市，但是，它们却预示着在20世纪20年代以合法身份和更大规模出现的新事物。此外，商家鼓励越来越多的人（而不仅仅是富人和中上阶层顾客）使用赊购账户。仅1896年10月，沃纳梅克百货纽约店就开立了2 500个赊购账户。西格尔－库珀百货采用了一种更为宽松的信贷政策，之后被整个行业所效仿。[54]到1910年，除了梅西百货（它仍然坚持使用现金支付），所有大型零售商都采用了这一政策。1914年，一位观察员看到信用账户的增加，感叹道："诱惑已被广泛传至每一个人。"[55]商家发现，那些拥有赊购账户的顾客要比其他类型的顾客更容易冲动购物和大量购买，他们会在很长一段时间内认定同一家商店。

至此基于个人判断的个性化政策要么被抛弃，要么被修改，因为商家之间要争夺新的信贷客户。信贷经理致函资深客户，邀请他们推荐友邻成为赊购顾客。1904年，费城市场街上颇受欢迎的利特兄弟百货在给其所有赊购客户的信中写道："我们相信，拥有赊购账户会让购物变得不那么无聊……所以我们恳请您在随函附寄的卡片上写下最多三个熟人的名字和地址，我们将会很高兴为他们提供赊购特权。"十年后，利特百货通过向顾客提供优惠来换取新账户的信息："为了答谢您帮助我们开立完美的赊购账户，我们将会尽快为您提供一本完整的黄色赠券簿，里面包含1 000张黄色赠券。只要您推荐的新顾客购买了价值10美元以上的商品，您就可以使用这些赠券。"[56]

费城各家商店争夺顾客的竞争异常激烈。沃纳梅克百货（此前它是那些相互竞争企业的信贷信息来源）停止了与其他百货商店进行数据共享。沃纳梅克的信贷经理向一位因被拒绝共享信息而心怀不满的商人解释道："新的商业问题不断出现，我们发现，我们提供的信息大都被人用去创建他人自己的信贷部门。"[57]

为了加快赊购交易，商家早在世纪之交就向客户发行了圆形金属识别"硬币"。几年以后，全美各地的商店都在使用这种识别币。"它们是有编号的，"费城的金贝尔斯百货向其客户解释道，"这个数字将是我们账簿上您的账户的一个标记。"但是，这些识别币经常被购物者乱放、弄丢或忘在家里。有时，这些小小的"赊购板"（人们也这么叫它），对那些"不诚实的服务员"和"捡到它们、未经许可而使用它们的外人"来说，也是一种"诱惑"。[58]

随着赊购业务不断增长，零售商为那些不太富裕的客户定制了分期付款的购物方式，以满足他们的需求。从19世纪80年代早期开始，商品销售扩散到了南部黑人社区和东北部的移民聚居区，会说两种语言的小贩在那里的批发店外揽活儿。在这两个地区，小贩什么东西都卖：从地毯、钟表、床上用品，到各种餐具、厨具、缝纫机和家具；他们接受分期付款——通常买家需要交一大笔定金。[59] 就连在1907年俄国大革命前夕流亡到纽约的莱昂·托洛茨基（Leon Trotsky），也要靠小贩售卖的物品来为他租来的公寓进行装修。托洛茨基在其自传《我的一生》（*My Life*）中写道："那所公寓配备了欧洲人没有用惯的各种便利设施：电灯、燃气灶、浴盆、电话等。"由于有"这些东西"，托洛茨基的孩子们"完全被纽约征服了"。年轻的多萝茜·戴（Dorothy Day）在成为天主教工人阶级激进主义的热情拥护者之前，就已在格林尼治村住了很长时间。同年，她按照"首付一美元，每周一美元"的付款条件买下一部小型留声机。回想往事，她宣称，分期付款计划是"穷人的瘟疫"。她写道："这种不诚实的行为剥夺了穷人的收入。"[60]

通过分期付款来出售商品是一份既辛苦又残酷的工作，因为许多商贩都以此来掠夺穷人（南方棉田的黑人，以及北部和西部的非英语移民），以高额利息去榨取他们辛苦挣来的每一分钱。[61] 与此同时，许多商贩又受到人们的钦佩和爱戴，因为他们渴望为其所在社区服务，愿意为分期付款等上数月时间。通过对从婴儿衣物到葬服和棺材这一人生历程中所有物品的销售，这些人与顾客建立起终生友谊：去他们家中探望，倾听他们的心声，和他们闲聊。[62] 拉扎鲁斯·斯特劳斯、路易斯·柯尔斯坦、亚当·金贝尔、莫里斯·里奇（Morris Rich）等少数商贩成为伟大的商人，另有一些人则被写进了小说。[63]

在小说《大卫·列文斯基的崛起》（*The Rise of David Levinsky*）中，亚伯拉罕·卡汉（Abraham Cahan）描述了一位提供分期付款服务的双语商贩，他叫"最大马克斯·马戈利斯"（Maximum Max Margolis），他专门向纽约下东区的"舞厅常客"兜售服装、珠宝和家具。卡汉写道："许多新婚女子都是在舞厅里遇到她'命中注定的另一半',她们从马戈利斯那里买来婚戒和起居室里所有的配套物品。"马戈利斯既是一个放债者,也是一个小贩。对卡汉来说,他是新商业力量的象征。这种新商业力量不仅渗入犹太移民聚居区,还进入了20世纪早期的美国城市。马戈利斯巧舌如簧,内心险恶,总是在伺机寻找上当受骗者。在小说的中间,主角列文斯基急于成功,从马戈利斯那里寻求贷款。他爱上了马戈利斯年轻聪明的妻子多拉,多拉也爱上了他。这段恋情把马戈利斯变成一个可怜的,甚至是悲剧性的人物,一个施害者和受害者,一个渴望掠夺却反被掠夺的男人。[64]

分期付款购物之所以会成为中产阶级购物习惯的一大特征,很大程度上是因为社会上出现了越来越多的"耐用品",包括农业机械、钢琴、家具、缝纫机,以及(一战期间的)汽车。在一些较新的商品系列中,如汽车,分期付款销售需要客户具有大量稳定的后备资金,所以这一方式在商家中间发展缓慢。[65]在其他领域,这一趋势则要出现得更快一些。1885年,沃纳梅克在给费城一位客户的信中写道:"很遗憾,我们不能提供分期付款服务。"到1900年,他的钢琴生意飞速发展。纽约和费城的大型钢琴沙龙开张之际,他开始通过"签订合同"来销售钢琴,这在一定程度上有些类似于分期付款计划。沃纳梅克在1903年一则旨在**培养欲望**的黑体字广告中宣布:"我们想要告诉顾客,拥有这些东西是多么容易……拥有一架钢琴非常容易,虽然它看似价格不菲。最终,欲望成熟了。在欲望变得很迫切的时候,人们总是会找到办法的。"沃纳梅克允许他的客户签订"合同"按月付款,显然他们并未被要求预付款。[66]十年以后,纽约市几家百货商店推出了"分期付款俱乐部"来"销售某些商品":留声机、钢琴、缝纫机和橱柜,"按月付款,而不是现金支付或赊销"[67]。

赊购账户和分期付款购买等信贷政策,以及慷慨的退货和免费送货服务的有效性,可以通过多种方式来证实,尤其是1900年后让很多商家感到懊恼和愤怒的堆积如山的退货。梅西百货的珀西抱怨那些最可恶的消费者说:"这些人会一天跑好几家商店,在每家商店都挑选几样商品。因为拥有货到付款的特权,这些商品就会被送到他们家里。当他们有了很多商品后,他们就会挑选其中一样,其余的全部退回。""有些人甚至退回了他们所买商品的一半,"1916年,一位愤怒的采购员告诉沃纳梅克,"他们无事可做,就来尽情购物,然后随意退货。"沃纳梅克告知他的采购员关于全套家具的退货情况:"我们有证据表明,纽约人会在节日或婚礼时购买家具、地毯、油画、瓷器,用来装饰客厅,用完后就退回所有这些东西。"[68] 对一些零售商来说,退货情况变得非常糟糕,他们立即对那些违规者采取了一些惩罚性措施,甚至完全终止了退货政策。[69]

人们对轻松信贷的反应,也可以从越来越多的法院判决上看出——仅在纽约市就有数百乃至数千份指控消费者拖欠货款的判决,要求他们付款,要么就是面临法律指控。那些违规的消费者会被告上法庭,其中包括弗兰克·赫布来斯维特(Frank Hebblethwaite)等花花公子。1898年,弗兰克在沃纳梅克百货纽约店为其女友吉莱梅·希尔(Jireme Shear)开立了一个赊购账户。一天下午,她从商店带走了一大堆商品:紧身胸衣、礼服、内衣、手套等,这最终让弗兰克在法官面前颜面扫地。法院要求他支付1 500美元欠款。海格扎姆·托帕卡扬(Haigazam Topakayan)是一位地毯经销商,1913年,他以4 000美元的价格在金贝尔斯百货地毯部购买了38块印度地毯,却没有通过分期付款支付一分钱。经纪人奥斯卡·汉默斯坦的第二任妻子艾玛·斯威夫特(Emma Swift)等富裕女性也是如此。1914年,艾玛从金贝尔斯百货赊购了价值5 000多美元的商品,这给她丈夫的赊购账户带来了麻烦。帕特里克·戴利(Patrick Daly)、詹姆斯·伯纳德(James Bernard)、弗朗西斯·艾略特(Frances Elliot)、约翰·布伦尼尔(John Brunneil)和安娜·格林(Anna Glynn)均购买了售价为1 200美元或更贵的名牌钢琴,但她们却都多次拖欠付款。[70]

法庭记录还清楚地显示了中产阶级妇女或上层妇女的信用缺失情况。这些妇女依靠她们丈夫的收入生活,她们欢喜地进入商店,但在离开时欠下的债务却超出了她们丈夫的信用。1900年以后,有很多妻子都这么做,由此出现了一类新的法庭案件,反映出法律的困惑,比如,什么是"必需品"、谁有义务付款，以及这些女性是否应该被她们的丈夫禁止购物等。所有的零售商都在热切地期盼这些案件的法律判决。[71]

"沃纳梅克诉韦弗案"（*Wanamaker v Weaver*）是一个"重要的"案例或先例。该案在1901年到1903年间历经三场不同的法庭审理。[72]西蒙·韦弗（Simon Weaver）是纽约州罗切斯特市一位商人，1901年年初，他的妻子独自前往费城参加婚礼。在没有告知丈夫的情况下，她以自己的名义在沃纳梅克百货开了一个赊购账户。她用发给自己的"金属硬币"购买了玩具、毛巾、鞋子和桌布。回到罗切斯特后，她再次返回费城购买了针织品和更多的毛巾、鞋子。欠款越积越多，而她则无力支付。沃纳梅克将此事告知韦弗先生并将其告上法庭。根据沃纳梅克百货的理解，尽管纽约州已经通过已婚妇女财产法案，但是，普通法仍然规定丈夫有义务向妻子提供"必需品"。[73]本案中的问题是，虽然韦弗夫人以自己的名义开立了账户，但她是否真的购买了"必需品"？她是否拥有绑定丈夫信用的合法权利？

在罗切斯特陪审团的审判中，韦弗夫人作证支持沃纳梅克的立场；她说，虽然她的"丈夫给的钱比较充足"，但她购买的是"必需品"。她说，她曾在沃纳梅克百货购买了"针织品"，"因为罗切斯特没有她穿的那种"。尽管她拥有无数条毛巾，但她还是在沃纳梅克百货又买了很多条，"因为她认为它们很便宜"。但是，陪审团做出了不利于沃纳梅克的裁决，因为韦弗夫人在购买这些商品时并未告知她的丈夫。不能简单地因为她嫁给了她的丈夫，因为她购买了不是"必需品"的商品，就要绑定她丈夫的信用。[74]

沃纳梅克向纽约州最高法院上诉法庭提起上诉，他确信"原则相当重要"——法律必须保证商家能够获得已婚女性以信贷方式所购商品的付款。[75]这次他赢了，法院裁定，商家不应被迫对女性进行有关她们丈夫信用的"调查"。它确认了妻子"用丈夫的信用"去购买商品的合法权利，这些商品本质上都是必需品，尽管实际上因为生活优裕它们并非必需品，"除非这些商品是在丈夫明确禁止妻子使用其信用后售出的"。[76]

韦弗先生被这一判决激怒，他也向纽约州上诉法庭提起上诉并赢得了官司。纽约州最高法院判决的理由与罗切斯特法院的理由相同：他的妻子并未得到他的许可，她并不"需要"她购买的东西，并且韦弗已经给了她足够的"现金"。此外，最高法院表示，1880 年纽约州的婚姻法否定了普通法，规定妻子可以凭借自己的权利而不是通过丈夫而成为行为主体。所以韦弗夫人有责任自行支付她从沃纳梅克购买的商品，因为她是以她自己的名义购买的。[77]

"沃纳梅克诉韦弗案"试图澄清和解决一系列问题，但是，法院的最终裁决结果却并未能让人满意。詹姆斯·舒勒（James Schouler）是当时最受尊敬的婚姻法权威，他在 1920 年写道："法律关于必需品的裁决有些让人费解；由于法律和事实之间的界线并不明显，这一情形也就变得更加严重。有时，陪审团会决定商品是否必需；有时，这则会由法官来决定。"[78] 但是，"沃纳梅克诉韦弗案"暴露的并不仅仅是未能找到一种让人满意的解决方案，它还揭示了新商业经济给婚姻带来的巨大压力，这种新经济使丈夫与妻子处于一种对立状态，并切断了他们之间的社会联系。与其他欠款案件一样，它也证明了，商人们的"欲望教育"，以及他们提供的轻松购买服务，对每个人来说都是一种新的危险。

多年来，这些商家采取了很多反制措施来阻止欠款和退货情况的发生，比如，他们游说各州司法部门立法允许他们扣发工人工资，允许他们创建一个新的信贷机构提供消费者信用信息等。[79] 他们协助成立了全美零售代理协会（NARA，1906）和零售信贷人协会（RCMA，1912），来监督消费者的消费活动，并建立起可靠的消费者评级。[80] 但是，无论他们打着服务人民的旗号怎样努力遏制或约束，欲望的闸门都已被打开。一位零售信贷人士在 1915 年写道："'赊购它'是伟大的美国消费者的口号。它使人们能够轻松安全地用下月工资购买现在的东西。'赊购它'是现代的阿里巴巴之灯。在这些花言巧语的武装下，人们就可以囊中空空地去市中心购物，然后带着奢侈品回家。而后他则会发现，自己需要按照 37% 的利率加上律师费来偿付大量账单。"[81]

顾客是"自给自足的城堡"里的客人

除了轻松信贷、退货特权、免费送货，阿里巴巴之灯还提供了更多的"服务"，以满足社会需求。它将顾客视为客人，为其提供各种舒适愉悦的环境。很多美国人都将这种服务与消费民主化的本质联系在一起。它不仅出现在商店里，还出现在酒店和餐馆中。它让很多欧洲游客都大为惊讶。1904年，一位英国记者在谈到美国的消费者服务范围时写道："在英国，人们几乎不相信会有这样的服务。"另一位英国人写道："服务是否到位是一个很大的问题。"一位德裔美国人写道："在提到美国的商品销售时，欧洲顾客的第一反应就是服务。"甚至美国人自己有时也会对商家所说的那些"不合理的服务要求"感到惊讶："实际上，很多人的所作所为就像商店是一种慈善机构，好像其成立和持续存在都是为了服务公众而不考虑利润。"[82]

为了让顾客感到自己是受欢迎的，商家训练其员工将上门的顾客视为"特殊人群"和"客人"。服务人员的数量，包括那些受托照顾顾客的人员，在1870年至1910年间增加了5倍，是产业工人增长率的2.5倍。其中包括餐馆和酒店员工，他们被雇来伺候客人以换取工资和"小费"。他们几乎都是新移民，其中多为贫穷的德国人和奥地利人，也有意大利人、希腊人和瑞士人。他们每周工作7天，每天工作11个小时，其劳动强度之大令人难以忍受，而他们到手的薪水却很微薄，有时还要忍受厨房里的酷热。一战以前，他们一直被那些主要工会所忽视，他们那种艰苦的工作条件与当时服装和纺织工人的工作条件相当。[83]

小费的存在原本是为了鼓励服务员容忍这些工作条件，以换取来自顾客身上可能的意外之财。1890年以前，给小费在美国是一种不寻常的做法（虽然这在欧洲那些豪华酒店里很常见），当时流行的"美式收费制"规定，在固定时间供应食物，不提供不必要的服务，没有小费，很少或没有后续服务。1900年以后，欧洲的餐饮服务系统在美国迅速传播，给小费这一做法首先进入高档场所，之后则逐渐进入那些价格更加亲民的地方。到

1913年，一些欧洲游客甚至对美国付小费的范围之广感到"愤怒"。[84]给小费对工人的影响较为复杂。一方面，它有助于维持工人的低工资，增加了顾客等待期间的那种紧张度，并延长了工人的工作时间。"给小费是一种巨大的罪恶，"一位20世纪40年代退休的服务员写道，"它让服务员感到自卑——让他觉得自己一直要仰仗顾客的仁慈。"[85]另一方面，一些服务员则因小费带来的"投机兴奋"、风险和机会而变得心神不宁。

但是，对顾客而言，给小费的目的只有一个，那就是让他们感到舒服和优裕。在不断增加的廉价劳动力的支持下，给小费使消费贵族化，并将上流社会的舒适模式带入中产阶级生活方式中。一位餐馆老板说："给小费是对服务员的奖赏，因为他们让顾客感觉自己像一个'大人物'。"这种感觉"取决于服务员提供的服务"，服务员把我们引向"餐桌"并"预测我们的每一个需求或想法"。"彬彬有礼的服务对餐馆老板来说是一笔宝贵的资产。我们大多数人都有一种奇怪的小心机：我们很享受那种有钱人的感觉、那种'大人物'的感觉，以及那种愿望得到满足的奢华感觉。"[86]

大型酒店开始系统地贯彻"顾客至上"这一理念。布默的华尔道夫酒店为顾客提供了穿制服的服务员，在一天中的任何时刻，顾客都可以通过摁下房间里的电动按钮"索要"食物。一位满意的客户写道："卧室的设施和服务让我想起《天方夜谭》里的故事。"[87]布默训练他的员工在客户面前"谦卑"行事，指示"前台"人员不要忘了"适时"地给房间里的"客人"打去电话，及时了解他们的需求。请问您对房间还满意吗？您想来杯香槟吗？房间里需要更多鲜花吗？您需要在床上吃早餐吗？

斯塔特勒的酒店比华尔道夫酒店更受美国人欢迎。斯塔特勒很是鄙视华尔道夫酒店内那些"穿制服的奴仆"，他更愿让他的"客人们"留在他们"自给自足的城堡"里，不受任何打扰。1907年，他是第一个在所有酒店房间安装私人浴室的酒店老板。在酒店历史上，房间里第一次通了自来水；第一次装上了壁橱；壁橱里第一次装上了灯；房门第一次装上了锁柱，并设有标牌以告知服务员"客人"是否在屋内。华尔道夫酒店通过在每个房间设置电子按钮改善了客房服务，而斯塔特勒则是在客房里增设了电话。每部电话都能接通接线员。接线员接受"叫醒电话"的请求，安排客房服务。1914年12月，从未停止探索的斯塔特勒取消了周日早餐的服务费。"因为酒店客人和其他人一样，喜欢在周日早上穿着便服懒洋洋地躺在床上，"他解释道，"所以酒店将会竭尽所能让他们在房间里就能很容易吃上早餐，以增加他们的愉悦感。"[88]

很多商家都会大量雇用女性员工，这主要是因为"女性知道如何待人如宾"——每当被问及为什么要雇用女性担任酒店经理时，布默都会这么说。女性"拥有一些出色的条件，能够成为负责任的女主人"，并会"本能地"去践行那些"让人觉得像在家里一样"的理念。曼哈顿剧院经理奥斯卡·汉默斯坦在其商业剧院雇用女性作为"引导员"，因为女性具有一种"殷勤有礼的能力"。在百货商店，女性不仅担任售货员，还会担任"女引领员"，引导客户去往各个部门和各个楼层。[89]

赫伯特·蒂利（Herbert Tilly）是费城斯特劳布里奇与克洛西尔百货的总经理，他说，大商店擅长诠释"顾客至上"这一理念，"不管顾客的肤色、种族、宗教如何"。"我们想要让顾客知道，我们并未把他们当成临时访客，"1901年，沃纳梅克在给一位客户的信中写道，"所有进店者都是我们的客人。"[90]销售人员在任何地方都会受到"举止是否得体"的检查，他们必须总是"亲切的"，外表整洁，虽不引人注意但又随时可以被找到，能够巧妙地"强调商品的价值"，能够准确回答顾客提出的问题。例如，菲尔德百货一名经过培训的职员可能会说："您好！""我可以帮您吗？""这不是很漂亮吗？"（根据店里的指示，他们从来不说："您穿什么尺码？""您想要什么？""还需要其他东西吗？"）[91]百货商店寻求的是那种了解"商品"、懂得将"商品与顾客"进行恰当匹配的员工。越来越多的人都认为，店员必须知道如何区分真丝和纤维丝，区分好的和差的设计，区分优质和劣质的瓷器，区分廉价和漂亮的皮革。并非所有店员都能掌握这些区别，但到20世纪第二个十年，很多商家都意识到，由于商品日益复杂，营业额是高是低，部分取决于那些老练的职员。于是，商家就开始在店内举办培训课程来"教导销售人员了解商品"，或者是求助行业学校来为员工开展"教育培训"工作。[92]

早在 1900 年，拥有数百位电话接线员的商店总机就可以昼夜不停地接受客户订单。到 20 世纪第一个十年，沃纳梅克百货已经开通了 24 小时"电话"订购业务，而纽瓦克市的班贝格百货则在柜台上摆满了小巧的红色电话，这样顾客就可以随时拿起听筒，询问"与商店有关的任何事情"。为了满足移民顾客的需求，布鲁克林的亚伯拉罕 & 斯特劳斯百货等商店还在店内配备了翻译人员，这些翻译人员可以提供 20～25 种语言的服务。梅西百货为那些讨厌购物或者根本无法到店的男士提供男性顾客购买服务。一位住在亚洲中南半岛的男士请求梅西百货为他购买一辆汽车，以及各种装饰品和家具。梅西百货的管理人员答道："梅西百货很乐意为您提供这项服务。"[93]

芝加哥的曼德尔斯百货、纽约的阿尔特曼百货、费城的沃纳梅克百货等，都以拥有向客户提供房屋装饰建议的全职员工而自豪。费城一位女士向沃纳梅克抱怨，他的工作人员在给她的屋子贴壁纸时色彩搭配不合适。沃纳梅克马上就让他的工作人员给这位女士的屋子"重新贴了壁纸"，以证实他的服务是可靠的。他把室内设计师称为"组装师"，或"家具及室内所有其他物品的鉴赏家"。"鉴赏家会帮助您设计装饰方案，就合适的家具、地毯、挂饰，以及屋内需要的一切提出建议。"鉴赏家会"在某个楼层的工作室里组装好这些商品，就像您将会在您自己家中看到它们的那样，这样您就可以确切地知道最终效果会是什么样子"。[94]

沃纳梅克组装师的工作规模宏大，1910 年，他们为纽约的丽思卡尔顿酒店进行了全面装饰。他们也会上门给顾客家进行装饰。1912 年，应富有的曼哈顿公司律师约翰·R. 帕索斯（John R. Passos）的要求，他们在哈佛大学校内的马修斯楼为他刚上大一的儿子小约翰·帕索斯装修了一个三室套房。这段经历可能给年轻的小约翰·帕索斯留下了很深的印象；许多年后，在他 1932 年的小说《1919》中，伊芙琳·哈钦斯这一角色就是为了纪念当年的装修师而塑造的，这是一个不负责任、内心冷漠、只为自己而活的人。[95]

"幸福分销员"

顾客可以使用新的商业空间，如房间、大厅、礼堂、餐厅等，来满足他们的"特殊需求和欲望"。消费机构过去是（现在也是）典型的多用途机构。1885年以后，美国出现了很多这样的机构，它们经常被用作社区的社交中心，与教会竞争或共同拥有一批主顾，并且经常可以满足其他机构不予回应或没有理由回应的诸多需求。

酒店和餐馆都有供人们进行约会、达成交易、举行宴会、举办婚礼的空间——当然，所有这些服务都是要付费的。布默位于第三十四街和百老汇大道的麦卡宾酒店始建于1912年，旨在满足职业女性和购物女性的独立需求。它是纽约同类型酒店的第一家，其中有一层专供女性使用并由女性管理，里面有一个独立的女性餐厅和一个单独的女性入口和前台。投资银行家J. P. 摩根说，这一设计灵感来自他的女儿安妮·摩根（Anne Morgan）。安妮认为，女性对这些独立的区域是有需求的，因为"这座城市没有哪座一流酒店能够允许女性在没有人陪同、没有到主服务台上申请并经过仔细审查的情况下就进行登记申请房间的。而对大多数女性来说，这都是一种令人反感的体验"[96]。具有讽刺意味的是，早在1913年，麦卡宾酒店有时一天会举办三场婚礼。诗人e. e.卡明斯的婚礼在波士顿科普利广场酒店举行，但他对酒店是如何提供"服务"的却是一无所知，因为婚礼全程都由他的未婚妻一手操办。[97]各种行业协会和专业团体经常使用酒店和餐厅的宴会设施、餐饮服务和会客室，以及精心装饰的舞厅。酒店和餐馆还鼓励商家在样板室展出他们的商品。[98]

城市零售商非常敏感地意识到，有必要将他们的生意置于城市生活的中心。关键因素在于：获取客户愿望，表达对客户愿望的兴趣，关注、培养、提升和满足客户的愿望。一位专家写道："企业必须是公共服务机构并反映其所在地区的特点。""我们必须成为人们生活中不可或缺的一部分。"[99]

商家有时也会将他们的商店交给女性团体使用，例如，位于南达科他州苏福尔斯市的范特尔兄弟－丹弗斯公司（Fantle Brothers-Danforth

Company），它向五个不同的女性团体开放，允许她们使用商店一整天。[100]在印第安纳州韦恩堡的沃尔夫 & 德索商店（Wolf and Dessauer），女性可以在商店剧院和礼堂的卡片派对或茶会上招待朋友。"人们可以免费使用舞台上的桌子。音乐免费提供，女主人可以为她的聚会点午餐，并确信可以得到特别服务。"[101]商家也会在当地做一些慈善活动，并充当贫困儿童的"幸福分销员"，为孩子们捐赠玩具、玩偶、大衣和内衣。为了表达对穷人的尊重，他们甚至还会邀请一些穷人前来参加假日福利活动。[102]

百货商店还兼做"教育中心"。展示者会向顾客解释真空吸尘器、厨房灶具、鞋油和咖啡壶的优点。商店经理会组织"工业博览会"来展示某些商品来自何处，以及它们是如何被制造出来的。1912 年，曼哈顿西格尔 – 库珀百货的一位宣传人员表示，公众"应该有机会了解商品是如何被制造出来的"。之后不久商店就组织了一次大规模展览，共展示了 150 余家微型工厂。[103]这些展品肯定会教给公众"一些东西"，但从本质上来说，它们都是经过美化的工业展品，与在各州博览会或世博会上的展品类似，是按标准制作的，与生产劳动的特点（各种成本和苦难）毫无关系。

现代艺术和美国艺术是在百货商店，而非博物馆中，找到了它们第一批真正的赞助人。1902 年，美国最具原创性的色彩师拉·法吉的蜡笔画，出现在菲尔德百货的橱窗和画廊中。菲尔德百货为印第安纳州和伊利诺伊州的年轻艺术家成立了"山地人沙龙"美术馆。[104]1910 年，德莱塞漫游费城时，在沃纳梅克百货看到一块野兽派风格的四格壁画。壁画出自美国人安妮·赖斯（Anne Rice）之手，上面描绘了巴黎的生活场景。它悬挂在一楼电梯的上方，向德莱塞"暗示着一种生活感和美感"。他赞叹道："灯光、空间、勇气、力量、粗犷的红色、绿色、蓝色、淡紫色、白色、黄色！"（赖斯曾在罗德曼创立的巴黎艺术学院学习过，后来她成为德莱塞的众多女情人之一。）[105]

受到 1913 年军械库展览会的启发，金贝尔兄弟成为现代艺术最热情的支持者。他们买下塞尚、毕加索和布拉克斯的作品并在辛辛那提、纽约、克利夫兰和费城的商店画廊展出。[106]五年后，芝加哥斯科特百货的五楼新画廊上，展出了美国人亨利·贝洛斯（Henri Bellows）、威廉·格拉肯斯（William Glackens）和约翰·斯隆（John Sloan）的作品，以及新墨西哥州陶斯艺术家协会（TSA）的作品。[107]

沃纳梅克是最倾向于把他的商店宣传为"公共机构"的人，在他的艺术展示中他也是最具创新精神的商人，这毫不奇怪。[108]他对博物馆把图片乱七八糟地"挂在墙上"这种做法感到遗憾，认为这"破坏了最美好的东西所能产生的效果"。为了维持顾客的兴趣，他将自己收藏的画作进行了循环展览，从费城店的"工作室"（这儿挂一幅康斯特布尔的画，那儿摆一幅雷诺兹的，以及沃纳梅克最钟爱的提香和特纳的作品）到他的纽约店，然后再回到他的费城店。[109]（在"现代画家"中，沃纳梅克最欣赏的是莫奈。）他运用了他所说的"新展示原则"，制定了可供日后博物馆馆长遵循的标准。他希望在墙上留出足够的空间来让画作"呼吸"，就像它要被出售一样。他说："那些非卖品仍然要有一幅好的卖相。一切可爱的东西，一切有价值的东西，都需要借助商人的眼光……来进行充分的展示。"[110]

在零售商店和大型城市酒店也出现了其他类型的空间：公共图书馆、城市邮局、银行、牙科诊所、照顾生病购物者或酒店客人的小医院。一些商店还拥有一些"无声房间"，供女性在那里放松、反思，甚至冥想。[111]到1915年，女性和孩子们可以去往酒店、商场美容院或（儿童）理发店和"幸福乐园"。很多酒店，包括布默和斯塔特勒经营的酒店在内，都配有游泳池、土耳其式浴室、屋顶花园餐厅、鸡尾酒酒吧、酒吧间和咖啡馆。布默在纽约的麦卡宾酒店宣称，它拥有美国最大的地下餐厅（德式餐厅，供应啤酒等）。[112]

1899年，菲尔德百货的四楼有了芝加哥第一家大茶室。下午3点到5点，那里可以容纳500人喝下午茶。它"因提供玫瑰潘趣饮料而闻名"。当时的茶室员工、后来的女老板安娜·尼尔森（Anna Nelson）记得，它"以每天清洗的手工刺绣亚麻菜单吸引了那些上流社会人士"。[113]到1914年，菲尔德百货为中产阶级女性准备了众多茶室和餐厅：核桃茶室、英式茶室、殖民时期茶室、水仙茶室和水晶茶室等。同年，沃纳梅克百货费城店在其大水晶茶室供应鹅肝酱。梅西百货不仅拥有一个可以让顾客吃牡蛎和蛤蜊（或"梅西俱乐部"三明治）的长餐台，它在八楼还有一个可供2 500人同时就餐的餐厅（它被宣传为"世界上最大的餐厅之一"）。这些餐馆经常被店主视为亏钱的买卖，但却是吸引顾客进店消费的一种很好的诱饵。[114]

孩子们在商店、酒店、图书馆和博物馆都有属于他们自己的服务项目、空间和"时间"。[115]纽约的麦卡宾和"英联邦"等酒店配有儿童游乐场和托儿所，里面的服务人员都是受过专业训练的护士。[116]1911年，菲尔德百货宣称它拥有美国最大的儿童游乐场，这是一个全年开放、一次能照顾和招待三四百名儿童的地方。州街上的波士顿商店与菲尔德百货展开竞争，它把游乐场装饰成一座"巨大的森林"，墙上爬满了树枝和藤蔓，商店里的柱子被树皮层层包裹。小船在一个有许多鱼儿的室内湖里划行。[117]

很多女性经常会带着孩子去托儿所（实则是日托中心），有时她们会把孩子留在那里一留就是好几个小时，自己则跑去购物，而无视两个小时的托管时限。有时，一些无意购物的母亲也会把她们的孩子丢给护士照看。这种做法究竟对儿童产生了怎样的影响是有争议的，尽管纽约市康斯特布尔百货的一位采购员说，"儿童"一旦在商店的游乐场（它与一个托儿所、一个玩具室、一个大的娃娃屋、一家儿童鞋店毗邻）里玩耍过，"他们就永远不会忘记它，事实上，我们总是很难让孩子们从里面出来。他们永远都不想走"[118]。

1900年以后，剧院、演奏厅、百货商店和酒店内的礼堂，都为成年人和儿童提供免费音乐会和表演，这些场所的音响质量和大小通常与专业音乐厅相当。亚瑟·鲁宾斯坦（Arthur Rubinstein）、米沙·埃尔曼（Mischa Elman）和安东·鲁宾斯坦（Anton Rubinstein）等著名音乐家，都曾在商店演奏厅演奏过。由商店员工组成的合唱团则会为顾客演唱康塔塔、圣乐曲和其他合唱作品。[119]"壮观的表演"有时也会被搬上礼堂，比如，纽约西格尔-库珀百货举行的为期六周的"国家狂欢节"——八月的"东方周"和一场异域风情的表演"梦幻和魔法凉亭"让狂欢节达到高潮。在"让人兴奋的"光色效果的装点下，表演"展现了东方风采：一座土耳其后宫、一场土耳其舞女的游行、一个'灯之精灵',以及'尼罗河里的克利奥帕特拉'"。一年后,商店又上演了一场"亚马逊秀",里面充满了"奇怪的转换"、"惊人而美丽的电子展示屏",以及"耀眼的幻象"。[120]

到1910年,百货商店及其类似机构已经成为市区公民生活的强大支柱;它们不仅销售商品,还传播免费的娱乐、思想、信息和精神动力——有时这对它们所在的社区具有一种不可或缺的价值。

纯粹的舒适和约瑟夫·厄本的乌托邦

消费者服务的另一个方面则与社区利益无关,而与消费者的个人享受有关,它迎合了那种对逃避和奢侈的幻想,向顾客提供一种愉悦和舒适的"氛围"。其核心是追求旨在让消费者产生幸福感的音乐等完美的氛围。在内战结束后的几十年里,尤其是在商家开始争夺广阔市场的城市里,音乐成为这种消费服务形式的共同元素。20世纪初期比较新奇的大型中产阶级自助餐厅,开始聘请乐队在午餐时间为就餐的商人们演奏音乐,就像迈克尔·戈尔德(Michael Gold)在他的小说《没钱的犹太人》(*Jews Without Money*)中所回忆的:"我的母亲为一家大型高档餐厅工作,这家餐厅专为下百老汇的商人们服务……它是一个超级自助餐厅,桌子上摆放着鲜花;午餐时间有弦乐团演奏乐曲;餐厅内还有其他一些装饰品。"[121] 1910年10月,德莱塞在公园大道酒店暂住,以躲避此前招惹的一些麻烦,并对一段无望的爱情进行了反思。一个温暖的夜晚,心情沮丧的他透过酒店窗户看到一家庭院餐厅。"每张桌子上都摆放着红色的灯盏,像萤火虫一样散发着光芒。"管弦乐队正在为顾客演奏迷人而轻柔的音乐。目睹此情此景,他的心里突然生出一种"不可名状的忧伤"。[122]

如今已经很难确切知道,在餐厅、酒店、百货商店,以及类似的消费环境中演奏音乐这一做法到底源自何处。有种观点认为它源自德国移民,因为他们拥有*gemütlichkeit*传统。这一德文术语的意思是"纯粹的舒适",其标志就是音乐配食物加饮料。老摩根索是德国出生的犹太裔美国金融家和政治家,他在其自传《这一生》(*All in a Life-Time*) 的第一页中,就充满温情地描述了这一传统:"在德国,有一种生活方式,被人们时刻挂在嘴边的一个单词 *gemütlich* 表达出来。这个单词几乎无法翻译,它意味着满足、轻松自在、满意。"老摩根索等德国人将这个单词及其代表的传统和生活方式带到了美国。[123]

gemütlichkeit(纯粹的舒适)并不是一种单独的文化活动。它是所有德国人共享的更广泛的节日文化传统的一部分。德裔美国人是美国最大的移民群体(到 1910 年时其人数已增加到 900 万);他们也是最多元化的移民群体,包括天主教徒、犹太人、新教徒、世俗的无信仰者、城市世界主义者、乡村农民、工人、商人和农夫等。[124] 历史学家凯瑟琳·康岑(Katherine Conzen)说,将这些人联系在一起的是他们共同拥有的公共节日文化,这种文化培育了他们的共同体。很多人都希望这能成为德国对美国文化的一个重要贡献。公共节日文化有两个方面:不仅有强调社交性和享受性的 *gemütlich* 方面,还有注重思想和精神而非商业和实用性的人文方面。很多德国人都认为,美国似乎正缺少这两个方面。一方面,美国人没有真正的高雅文化——没有伟大的音乐或艺术;另一方面,他们似乎也不会放松,不会享受人生或在公共场合举行庆祝活动。1846 年,一位德裔美国人抱怨道:"做生意和祈祷是现代共和党人最兴奋的时刻。""美国人对任何事情都没有热情,"另一位德裔美国人说,"他们甚至都不会尽情娱乐。"[125]

就像康岑等人所说,从 19 世纪 40 年代开始,各行各业的德国人,在一个又一个城市,创立了许多新的公共节日,如席勒、歌德和贝多芬的纪念日、五月节、民俗节等。很多公共节日都以歌唱、政治劝诫和呼吁"英雄主义"为特征。人们打着横幅,穿着华服,举着火炬,场面壮观。[126] 德裔移民走到哪里就把音乐带到哪里,从而创造了繁荣的钢琴业和大交响乐团。德国人几乎是单枪匹马地形成了密尔沃基、辛辛那提、克利夫兰和圣路易斯的早期音乐文化。除了管弦乐队,他们还组织起合唱团和音乐节,赞助歌剧院、音乐会和音乐厅。[127]

德裔美国人还将啤酒和音乐结合到一起，使娱乐与餐饮融为一体。从19世纪40年代开始，他们就接管了啤酒业，并从英国人手中夺取了控制权。[128] 与此同时，他们则不顾禁酒主义者的抗议，为众多露天啤酒馆请来各种乐团，愉悦单个顾客或家庭顾客。德国人习惯和家人"一起"在啤酒馆"吃饭"。啤酒馆的墙上挂着贝多芬、莫扎特和舒伯特的肖像。[129] 艾尔·史密斯（Al Smith）在其1929年出版的自传《到目前为止》（*Up to Now*）中，描绘了纽约市最大的啤酒花园之一——大西洋花园酒店，19世纪70年代后期，"德国人经常光顾"这家位于波威里街上的酒店。"伊舍（Esher）教授拥有一支女子乐队。大西洋花园酒店向顾客供应简餐，通用饮品是储藏啤酒。我和姐姐喝着热可可，吃着大块蛋糕；那些上了年纪的人则喝着啤酒，聊着天，听着音乐。"[130]

德裔美国人鼓励美国人热爱音乐，学会放松自身，体验感官享受，欣赏美好事物，这些都为促进美国文化进步做出了贡献。美国人需要欢乐。德国的节日文化，以及其中蕴含的舒适和享受的传统，还以另一种方式展示在公众面前，那就是新兴的大型消费机构。[131] 在资本主义社会的转型过程中，商人们把这些有使用价值的传统纳入盈利的轨道，就像他们把社会生活的其他方面都给商品化一样。[132] 在将这些传统商业化方面，德裔美国商人可能比其他美国人做得更多，从而切断了他们与更民主社区的联系。我们看到，到1900年，很多主要的美国零售商都拥有德国血统：约翰·沃纳梅克、亚当·金贝尔、弗兰克·库珀、亨利·西格尔、斯特劳斯兄弟、法林兄弟、圣路易斯五月百货商店的大卫·梅（David May），以及哥伦布市拉扎鲁斯百货的弗雷德里克·拉扎鲁斯。[133] 沃纳梅克甚至在其商店里呈现了德国民俗节的商业版本（但没有啤酒）。1902年及此后很多年，他的商店面向费城所有种族的人开放，作为政策的一部分，他给了德国人特殊待遇。例如，1907年3月22日，商店的整个拱廊里都挂着德皇的照片；当地一个德国歌唱团在三楼音乐厅为顾客演奏，每天两场。[134]

当然，过分关注德裔美国人是错误的；因为很多其祖先来自其他国家的美国人［尤其是来自不列颠群岛的，如马歇尔·菲尔德和斯科特百货的约翰·皮里（John Pirie）、伍德沃德与洛思罗普百货的塞缪尔·伍德沃德（Samuel Woodward）和哈德森百货的约瑟夫·哈德森（Joseph Hudson）]，也将舒适与享乐融入消费机构。然而，我们可以有把握地说，这种传统——德国的或某些非德国的变体——构成了现代消费者服务的主要来源。

大型美国度假酒店是 19 世纪 80 年代和 90 年代的产物。通过在晚餐时间和特别场合为客人提供音乐，它们将这一传统变成一种制度。到 20 世纪第二个十年，音乐和舞蹈已经成为城市酒店生活的标准特征。艾米莉·弗兰肯斯坦（Emily Frankenstein）是芝加哥一位富裕犹太医生十几岁的女儿，她在日记中提到新建的埃奇沃特海滩酒店："这家酒店太棒了。在那间漂亮的餐厅里，我们被安排在门前的一张桌子上，从那里我们可以看到密歇根湖。现场洋溢着一种节日气氛，有很多明亮的彩灯——柔和而欢乐——管弦乐队演奏着一些优美的乐曲。"冬天的时候，艾米莉·弗兰肯斯坦就在芝加哥市中心的库珀-卡尔顿酒店跳舞。[135]

1913 年，斯塔特勒（他同样是一位德裔美国人）也在他的酒店里增加了音乐服务。同年，布默在麦卡宾酒店安装了"keene-a-phone"，这是一种"录音音乐"，可以从一个中心位置同时输送到几个酒店房间。据说，很多"客人"都对这一尝试感到满意，他们敦促布默"将这台会唱歌的机器永久留在酒店"。[136] 在沃纳梅克百货，多年来，弦乐团一直都在演奏"午餐时间的轻柔音乐"。[137] 其他大型百货商店也在各个楼层布置了小型乐队，诱使顾客进店，让他们觉得在这里可以得到放松和安宁，并拥有购物的好心情。纽约的西格尔-库珀百货聘请了一支女子管弦乐队，为商店的杂货部门和葡萄酒部门的购物者演奏。在市中心的辛普森-克劳福德商店，"乐师们藏在爬满藤蔓的格子架后面"进行演奏，让人感觉音乐与商店的氛围无形地融合在一起。[138] 1895 年以后，各大百货商店全天都有风琴师演奏。沃纳梅克百货费城店安装了一架"世界上最大的风琴"，它是沃纳梅克本人从 1904 年路易斯安那交易博览会上抢购来的。即使在以控制管理费用而闻名的伍尔沃斯商店，管风琴师也会"随时回应客户需求，提供服务"。到 20 世纪初，人们"希望能在音乐的陪伴下购物"。[139]

其他一些能够让人感到放松和舒适的空间娱乐也被纳入其中。在世纪之交，商家不仅在画廊展示艺术，还委托著名艺术家创造更适合新的消费机构的环境。在这些艺术家中，有一些以一种近乎乌托邦的方式对待他们的创作。他们提供了一种商业美学，旨在取悦顾客，让顾客放松。"我们想要创造一种必要的幻想，"舞台设计师西蒙森说，"我们想要把沉闷的灰色换成美妙的彩色。"我们想要"满足所有人对奢华仪式的渴望"。[140]

联合纺织品公司的所有者认为，"颜色问题非常重要"。1914 年，该公司邀请一位著名肖像艺术家来为它重新装饰一家商店，也就是位于第三十四街和第五大道的麦克里里百货。约瑟夫·蔡斯（Joseph Chase）于 1898 年毕业于普瑞特艺术学院，之后他前往巴黎深造。他说，在巴黎，他"尽其所能地去探索色彩——不惜任何代价"。他是一名色彩狂热分子，他撰写了关于色彩的书籍并研究了色彩的"治疗"功能，研究它是如何影响人的感觉、心态和注意力的。他解释说："如果你把最好的房间的天花板刷成柠檬色，那么你在周日早上看报纸时就会觉得更轻松。天花板看起来会显得更柔和，更安静，而且这种颜色能给房间带来更多的光感。"虽然蔡斯的重要作品大都完成于 20 世纪 20 年代，但是，在这之前他就对麦克里里百货产生了直接影响。他在那里使用的每种颜色，都着眼于舒适和"让人产生联想的氛围"。[141]

奥地利人约瑟夫·厄本是为消费机构工作的最有影响力的艺术家之一，他是一位熟练的装饰手艺大师。[142] 他于 1872 年出生于维也纳。他的父母是信奉天主教的中产阶级。他将"纯粹的舒适"变成西蒙森所说的"奢华仪式"。对厄本来说，音乐、装饰和色彩都可以融入一种完全愉悦的体验中。他曾在维也纳学过建筑学，并因是激进的维也纳艺术家团体"分离派"的成员而小有名气。后来他离开该团体，组建了"哈根帮"（Hagenband），这是一个致力于现代艺术的小团体。在奥匈帝国皇帝的赞助下，厄本为皇帝设计了皇家庆典，为贵族设计了别墅，为高级资产阶级设计了狩猎小屋，迎合了富人和贵族的口味。奥匈帝国的危机和一些艺术上的冲突，以及来自美国的诱人邀请，使得厄本在 1911 年移民美国,当时他39岁。他很快就将自己对衰落的哈布斯堡帝国统治阶级的忠诚,转移到了在美国占据统治地位的商业资本家身上,后者是他现在的主要赞助人。[143]

在1932年去世之前,厄本先后设计过酒店、百货商店、歌剧院、鸡尾酒吧、商业剧院、大学和城堡,是一位优秀的跨界艺术家。奥托·蒂根(Otto Teegan)是他的一位崇拜者,蒂根写道,厄本"用颜色的视角去看待一切,包括生活",试图"建造一种多彩的结构",其"氛围"将会"在阴暗的日子里散发魅力",并帮助消除人类的"丑陋和痛苦"。与他同时代的保罗·希尔巴特一样(希尔巴特相信心灵疗愈,认为"彩色玻璃会化解仇恨"),厄本也认为"漂亮"建筑本身就能让人开心;他和越来越多的其他商业艺术家一样对色彩抱有一种浓厚的兴趣,这使他成为商业审美的关键缔造者之一。[144]

美国人第一次认识厄本是在一战之前,当时他是齐格菲歌舞团和大都会歌剧院的首席舞台设计师。他的"精神"生活完全沉浸在歌舞剧场中。"在我们未来的生活中,"他写道,"舞台的影响必定和过去教会的影响相同。"拉尔夫·沃克(Ralph Walker)是一位美国建筑师,他在谈起厄本为德彪西的《佩列阿斯和梅丽桑德》设计的舞台时说道:"这是一个充满魔力的世界。这里有些东西让贝拉斯科都显得微不足道。"[145]厄本先后为12部时事讽刺剧、7场屋顶花园表演和18部音乐喜剧设计了舞台。1915年,他设计的第一部讽刺剧,因为舞台上的一切都是各种色调的蓝,而被叫做"蓝色讽刺剧"。[146]厄本是用现代风格设计东方舞台造型的大师,比如,在齐格菲剧院上演的骄奢淫逸的"后宫景象",或者是情节紧凑、具有现代主义风格的"色彩殿堂"。戴姆斯·泰勒(Deems Taylor)是一位美国作曲家和乐评人,他写道:"他证明了,为一部普通百老汇歌舞剧设计的场景也应该是迷人的,人们应该对那种美产生共鸣。"很多人去剧院都是为了看厄本的舞台设计,而不是为了去看表演。[147]

美国舞台设计师西蒙森和盖迪斯也从事消费机构的室内设计,厄本和他们一起把舞台重新设计成一个"我们可以身临其境"的完整的三维空间。他摒弃了 19 世纪晚期那种拥挤的舞台"现实主义",代之以一种新的流畅的"现代性"、一种夸张的深度、一种"让人吃惊的"广度,以及一种"恰当的舞台气氛"。为了达到这些效果,他不再使用彩色风景画,而是突出了"彩色光线"、聚光灯和"间接照明"。[148] 他学到的关于灯光和色彩,关于空间和物体的戏剧化,以及关于营造"氛围"的知识,都被他运用到消费机构的室内装饰中。他在这一领域的工作于 20 世纪 20 年代达到顶峰(参见第十章),但在更早的 20 世纪初他就接受了来自酒店、餐馆、屋顶花园、歌舞厅和百货商店的重要委任。1915 年,他在金贝尔斯百货开创了时尚秀的新理念,他将进口礼服的颜色与商店装饰和展示的颜色相搭配,并将走秀舞台分成两个部分,一个在舞台右侧,一个在舞台左侧。[149]

一年后,也就是 1916 年,厄本与商业壁画家拉斐尔·柯克纳(Raphael Kirchner)合作,重新装修了曼哈顿雷森韦伯酒店餐厅的"天堂客房"。一位观察家写道:"为了让'天堂'变得名副其实,他们不惜一切代价。"[150] 1917 年,他们两个人在纽约新椰林餐厅的室内装饰取得了最重要的成功,这是"纽约从未有过的"装饰风格。作为首席装饰师,厄本将一个空荡荡的水泥地隔间,改造成为一个热带梦幻空间,一个顾客"可以身临其境"的地方。中央餐厅的圆顶天花板和拱门用金箔加以装饰,一种蓝色、绿色和金色的配色方案,让家具、天花板、墙壁、丝绸窗帘和地板和谐一致。边缘饰有热带鸟类,地上摆有椰子垫,金色地毯上织有"真的"棕榈滩椰子树的图案。"间接灯光"照耀着整个房间、表演舞台和舞池。金色的穹顶上悬挂着一些"巨大的球体"。一位评论家说:"混合的暖色调,配上道具摆放,椰子林的氛围立马就显现出来。"[151] 表演舞台两边都是柯克纳原始风格的壁画。其中一幅描绘了"在椰子树丛嬉戏的少女",另一幅则描绘了一位动人的"女神"站在海岸上向帆船上的水手挥手。柯克纳画作上的金色、蓝色和绿色在整个餐厅内部流淌,厄本设计的房间则从柯克纳的热带风景画中奇妙地浮现出来。与舞蹈和音乐一起,这一室内装饰营造出了一种"完美的"轻松和舒适的氛围。

一种新的商业文化秩序

到1915年，服务已经成为一种多变的策略。追求高营业额的大型企业机构在服务方面做得最好。始于19世纪80年代强调职责和道德义务的基督教环境之中的服务，迅速发展变成为现代消费者服务。它不仅意味着一块赊货记录牌或免费送货，还意味着吸引人的室内设计、艺术画廊、音乐愉悦、热带风景、为忙于购物的母亲设立的托儿所、餐桌旁服务周到的侍者、客房服务和床上早餐。服务的普及让人觉得美国的确是一个不错的地方，人人都能得到同等待遇和一流服务。

几乎是从一开始起，服务就像是一种新的语言（视觉上的、音乐上的、言语上的），和一种掩盖潜在追求（对利润的永恒追求）的新方式。但是，服务永远都无法真正掩盖这样的追求。很多商家本身（或者大多数消费者）也不会觉得它应该被掩盖起来。毕竟，美国的消费者服务，无论是轻松信贷，还是奢华氛围，都是一种资本主义而非社会主义的艺术。正如彼得·莫林所说的"服务"一样，它"并不是真正的热情好客"，因为它与过去的天主教收容所没有任何共同之处，而唯有这些收容所才是向任何有需要的人免费开放的。消费者服务既没有深度，也没有被认真对待。就像这种文化里很多别的东西一样，人们既可以接受它，也可以抛弃它。莫林说，这是一种"商业化的热情好客"。当它不再能带来盈利时，它就会停下来或被修改以适应新的商业需求。就像橱窗玻璃一样，它象征着商家的力量和主导地位，最重要的是，它象征着可以随时被遏制或取消的市场活动。说到底，服务真的是只为那些能付得起钱的人服务。[152]

尽管如此，如果你想知道美国为何会变成一个大众消费社会，那么想要从服务的兴起中去找寻某种解释，可能是一种更糟的做法。在经济不平等和劳资冲突时期，很多美国人都将服务与"美国的承诺"联系在一起。它有一种安抚人心的目的，似乎在说，在经济困境中，大多数人都没有什么好担心的；安全和愉悦永远都在等着他们。服务表达了很多经济学家当时（及现在）更喜欢说的资本主义"仁慈的一面"，即给予人民一种更好和更舒适的生活方式，以换取可靠的利润流。这种观点认为，资本主义不只"追求利润"，它还通过提供有效服务来"满足他人的需求"。世纪之交的一位经济学家说："资本之所以能够占据主导地位，是因为它能为人们提供服务。"[153]

因此，服务与其他诱惑策略一起，使消费领域具有了一种独立的特征，并日益形成一套明确的价值观，强调物质财富、奢侈、舒适、快乐和幸福，而非"丑陋"或"痛苦"。可以肯定，这些价值观长期以来一直都是很多人心中"美国的承诺"的一部分，但是，在这个时代，随着生产与消费相分离，随着公司企业开始组织消费活动，这些价值观，或者更准确地说，很多美国人最"珍视"的东西，似乎只对生活的一面感兴趣。

这是一种史无前例的现象。1880年以前，对很多人来说，消费和生产都是连在一起的。在地方或区域经济中，男人、女人和儿童彼此紧密地一起生活和劳动（并且通常也相互剥削），有时也会自给自足。大多数美国人都知道商品和财富来自何处，因为那是他们自己生产出来的，人们知道它们的价值，并了解生产它们的各种成本和痛苦。此外，那些旨在赋予消费一种自主身份的复杂的联想意义，也不是当时社会生活的一部分。

1890年以后，生产和消费机构实际上被公司企业接管。商业，而非普通人，为确定商品（这里指机器制造的新商品）的价值和文化特征做出了最大的贡献。与此同时，商人、经纪人和制造商则是尽其所能，在思想上和现实中，将生产世界与消费世界分开（在此过程中，男人、女人和孩子们也被分开）。如果说1875年纽约的斯图尔特还能在顾客的注视下在同一个地方进行生产和销售的话，那么到1910年，这种经济一体化几乎已经消失。正如我们所看到的，在梅西百货这样的商店里，管理层系统性地消除了销售环节里所有辛苦劳作的痕迹。一位商人说："销售部门是戏剧上演的舞台。"色彩、玻璃和灯光，以及"核心主题"，都被用来赋予消费一种新的独立身份。

生产世界和消费世界，这两个曾经连在一起现在则已大相径庭的世界，给人们带来了很多令人不解的后果。女性在决定是否消费时面临一种特殊困难，就像经济学家米切尔在其1912年发表的一篇文章中率先指出的那样。过去，女性在家里充分参与商品生产，一眼就能看出商品价值；现在，大多数妇女都与生产过程相脱离，她们主要是购买者，被迫研究别人设计的价格和诱惑。但是，正如米切尔所说，有哪位女性能够拥有足够的知识，去评估"牛奶、鞋子、家具、肉类、杂志、燃料、帽子、内衣、床上用品、消毒剂、医疗服务、玩具、地毯和糖果"的价格？价格真的能衡量价值吗？它是体现了经济价值和效用，还是仅仅体现了奢侈和社会地位？[154]

在这种新的货币经济和文化中，既然个人劳动在商品制造过程中并未发挥真正作用，个人是否还有可能确定商品的"真正"意义和价值？个人是否还能理性地控制其消费欲望？

女性必须学会解读诱惑，并评估那些"对消费者感兴趣的广告商和店主"所说话语的"真实性"，这些人赋予商品各种各样的联想。[155]女性（尤其是母亲）必须知道如何区分自己的愿望和家庭的需求。对男人来说，事情则有所不同，并且要更容易应对一些（至少米切尔这么认为），因为他们"赚钱"只限于在工作场所，而不是在家里。为了家人幸福，女性需要保持距离才能看清打折商品对她们所具有的"真实"价值，尽管大多数女性都不喜欢保持这样的距离——因为"花钱"和"给予爱"的需求不可避免地会交织在一起。

一些女性通过简单的"不加批判地接受其所处时代提供的现成的传统价值观"，很容易就适应了生产世界与消费世界的分离。一些女性则为"每个家庭主妇工作中所体现的金钱价值观新方案"而感到担忧。[156]另有一些女性（及男性）未能及时做出调整，成为冲动消费的牺牲品，或者落得一身债务；还有一些女性甚至完全失去控制，偷走了她们想要的东西。

生产世界与消费世界的分离，还带来了其他一些重要后果。它使消费变为自由和自我表达的"真正领域"，成为舒适和愉悦的唯一避难所，在这个地方，所有愿望都能得到满足，一切皆有可能。如果说对大多数人而言，工作和生产带来的满足感较少，那么消费，尤其是在这种超脱和流动的环境中，则似乎能给人带来更多的满足感。最近，诗人及散文家刘易斯·海德（Lewis Hyde）评论道，消费社会——或者更确切地说，是作为这个社会标志的大量机器制造的商品——令人兴奋，因为它暗示了一种与过去的彻底决裂，一种"漂泊"不定的感觉，一种对新奇和冒险的承诺。阿蒂马斯·沃德等美国广告先驱注意到了消费资本主义形成的这些迹象，他在1892年说："每个人面前都展现了一个世界，每个人都有属于自己的机会和可能性。"[157] 美国商人和经纪人，从约翰·沃纳梅克到约瑟夫·厄本，也认识到了这些特点，他们利用复杂的服务系统、轻松信贷计划，以及充满奢侈、欲望和异国情调的环境，来强化这些特点。

所有这一切都是为了赋予消费一种独立的特性，并传达了一种感觉，即至少在商品世界中，男人和女人可以找到一种转变和解放、一个没有痛苦的天堂、一种新的永恒。他们可以找到宗教历史学家约瑟夫·哈洛图尼亚（Joseph Haroutunian）所谓的通过"拥有"而"存在"，通过"商品"而"发现善"。换句话说，充满消费幻想的消费世界开始培育这样一种观念，即男人和女人，可能不是通过精神上的善行或对"永恒"的追求，而是通过占有"商品"、追求"无穷"来成就自我，哈洛图尼亚将这种观念与资本主义"一直"生产新商品、创造新意义的趋势联系到了一起。[158]

然而，这种观念是虚幻的，因为消费世界，无论它看上去与生产世界相隔有多远，总是依赖并容易受到创造它的资本主义势力的影响。说它是虚幻的，还因为在这些新条件下，"存在"和"拥有"可能永远都不会和解。哈洛图尼亚认为，"存在"是有限的，因为我们"只存在于我们这一生"并注定要走向死亡。而另一方面，在新的消费环境中，"拥有"则让人相信死亡是可以被克服的，或者人们可以在"无限的积累"中找到"永恒"。在"我们这个时代，一个人积累的商品可能是无限的，但他用于积累商品的时间却是有限的。在机器的世界里，拥有有限生命的人是无限多的。'存在'的本质是有限的，但是，'拥有'却能冲破禁锢，朝无限奔去。带着死亡印记的人，面临着无限拥有的机会。"然而，这却是一种最大的错觉，因为它否定了男人和女人的人性，否认了他们在时间里的存在。"那种理想的无限所产生的激情，进入了他们对有限事物的积累中，并将他们的整个存在变得毫无意义。"[159]

生产世界与消费世界的分离，也带来了其他一些相关后果：消费世界的存在往往抹杀了人类在创造它时所做出的贡献和承受的痛苦。批评家埃德蒙·威尔逊（Edmund Wilson）在 20 世纪 30 年代早期写道，消费者与生产者之间的距离，是"主宰现代世界的那一庞大抽象体系的一部分"。这一体系的影响"导致感官麻木和社会隔离，使工业社区的生活变得贫乏无比"。那些"获得红利"的人很少或根本就不关心那些"为红利付出劳动"的人。"资本主义制度更容易让人们意识不到他们在做什么，不知道他们的生活方式对其他人意味着什么样的危险、困难、绝望和羞辱。"[160]

到 1910 年，越来越多的人都是越来越不知道东西是怎么被制造出来的和由谁制造的。再说了，在一种鼓励自我放纵、自我满足和自我享乐的文化中，还有谁会想去知道这些事情呢？承认资本主义在这些新条件下造成的痛苦，会让人们感到内疚和苦恼。但是，消费世界与生产世界相分离则使得人们否认痛苦变得比较容易，结果也就是形成了一种自私和具有腐蚀性的道德冷漠。

这种独立的商业文化是一种令人敬畏的创造。但是，它的独立性并不单单是企业商人和商家造成的，否则，1900 年以后最终出现的那种文化就不会影响那么深远，也不会那么令人敬畏，更不会那么快就占据上风。不会的；这是因为其他团体也参与了这些变化，这些团体产生的影响，极大地确立了这一新的商业文化的范围和持久性。

第二部分

权力环路

第六章
"商业掌管世界"：新秩序背后的机构联合

1989年秋天，亚伯拉罕&斯特劳斯百货在西三十三街和百老汇大道开了一家购物中心，这是曼哈顿历史上规模最大的购物中心。可以说是公共机构和私人机构力量联手建造了它。房地产开发商动用了更多的借入资本储备进行融资。纽约交通管理局花费5 000万美元，对该地区的地铁站进行了"现代化"改造。社区协会和酒店业主清理了街头小巷里的无家可归者。城市公园管理局改造了街对面破旧的格里利广场。这个大型购物中心的开幕之夜被录制下来，随后在国家电视台播出。托尼·班奈特（Tony Bennett）等大牌演员，在那个霓虹闪动的九月之夜，为数百位特邀嘉宾演出。[1]

当然，在我们这个时代，类似这样的机构联合，已经成为美国城市发展和再开发一个可预见的特征，它既是美国商业文化日渐衰落的一个象征（对色彩、灯光和玻璃的使用越来越缺乏新意，甚至令人生厌），也证明了这种开发仍然具有强烈的狂欢节的吸引力。从巴尔的摩到明尼阿波利斯的那些昂贵项目（每一个都是为了振兴消费，每一个都经历了调整以体现当地的民俗风情），都是随着公共团体和私人团体为了一个共同目标而走到一起才得以成形。我们并不了解它们的历史，也不知道它们对美国商业生活和文化的形成起到了多么重要的作用。但是，任何持久的文化都建立在相似的关系基础之上，建立在经济团体和非经济团体之间相似的联合之上，建立在相似的权力环路之上。

还在一战爆发以前，发明现代诱惑策略的新型商业机构网络就已经在改变文化格局。但是，这些机构本身并不足以让任何人以不同的方式去思考或行动，或者保证美国文化发生任何持久的变化。商人们也需要其他机构共同努力来确保这种变化，他们需要其他友好的合作伙伴（在本章末尾我们将会看到，甚至是那些不友好的合作伙伴）来帮助他们创建新的商业秩序。

接下来三章将会探讨这些机构的特点，以及它们如何以其各自不同的方式，为消费资本主义的大众文化注入活力。第六章描述了四个机构支持领域。第一个是教育领域，它由商业艺术学校、学院和大学（最著名的是宾夕法尼亚大学和哈佛大学）组成，它们敞开大门为商业的教育需求服务。第二个是文化领域，主要关注大型城市博物馆及其"新策展人"莫里斯·克劳福德、斯图尔特·库林（Stewart Culin）、约翰·达纳（John Dana）和理查德·巴赫（Richard Bach），他们是美国那些热情地（乃至空想地）追求新大众消费行业目标的人们的代表。联邦政府和市政府构成第三个提供援助与合作的领域。政府对新经济的介入较为复杂，充满了紧张和矛盾，但它对新商业文化发展的支持多于阻碍。第四个是工会运动领域，在本章最后一节我讨论了新的权力环路中一个几乎不可能的参与者：世界产业工人组织，它是美国最激进的工会。在美国，没有哪个团体比世界产业工人组织更加憎恨资本主义，但它有时采取的措施却反映并证实了这种资本主义力量，当然，这些措施最终产生了一些悲剧性的后果。

第七章和第八章探讨了美国制度生活的另一个基本维度：宗教，研究了制度化宗教的基本情况，尤其是沃纳梅克和福音派新教，以及其他宗教团体回应新文化挑战的情况。这两章描述了一种新的心态：心灵疗愈，它非常符合很多美国人的希望和期望。在某种程度上，这两章也脱离了本书的制度层面，涉及价值观的转变和精神生活的变化。

"找出"并满足"人的需求"

　　1898 年前后，除了费城宾夕法尼亚大学的沃顿经济学院，美国没有一所大学或学院正式教授商业课程。"商业学院"于 19 世纪 80 年代开始运作，但是，它们用在算术、书写、基础记账和广义"商业"方面的教学时间只有三个月。在世纪之交以前的美国，那些想要深入研究经济学科的年轻人，可以选择农业、冶金、采矿、工程，以及与生产有关的学科。他们研究如何"制造东西"，而不是如何开拓市场和销售商品或者如何"赚钱"。教育系统并不关注后来所说的"商业的金钱方面"。不仅学院不讲授成本核算，美国公司也很少这样去做。没有两个商人会用相同的方式去追踪记录商业交易。而没有统一的做法也就无法跟踪货币和商品的总体流动，或者预测它们未来的流动。[2] 就连想要推行商业专业教育的沃顿经济学院在其早期也没能做好这项工作。它只提供为期一年的教学，主要侧重于会计、商法和实践（就是在这些方面，它做得也不是很好）。[3]

　　它没有对当时出现的经济机构进行系统研究，也没有对大型零售商、信贷系统、投资银行家和银行，以及不断发展的商品市场进行研究——这些市场正在渗透截至此时都无法逾越的经济边界。除了一些私人的、行会式的活动和某些州的中学，美国人并未对商业艺术进行过多的专业研究。在英国（及法国和德国），到 19 世纪中期，大型博物馆（从英国的肯辛顿花园到法国的工业艺术博物馆）正在与生产商合作来教授工业设计。但在美国，商业及工业艺术、展示及装饰、广告、风格及时尚，要么刚刚起步，要么就是一些无人问津的领域。[4]

　　1895 年以后，随着工业的发展和工业企业的成长，这一切开始发生变化。直到 20 世纪 20 年代末，美国才拥有了世界上最大的研究这些学科的教育机构。中小学艺术教育得到一群新教育者的支持，他们认为，艺术教育的根本目的就是让美国人把他们的兴趣和欲望，从手工制品转移到批量生产的新消费品上。[5] 彩色粉笔、彩色蜡笔和彩纸等新材料也被添加到教学材料中。约翰·杜威（John Dewey）等哲学家在会议上就"艺术与工业"

之间的必要关系，以及为什么要在高中开展艺术教育等话题做了发言。[6]

新工业艺术运动，或者又叫优秀设计运动，源于 1920 年以前的商业艺术学校和博物馆。19 世纪最先教授工艺品制作或美术的学校，包括普瑞特艺术学院和纽约美术与应用艺术学院（日后的帕森斯设计学院），它们均位于纽约市。1900 年以后，它们转向商业艺术教学。普瑞特艺术学院因为迎合了"商业贸易元素"而受到手工艺团体的诟病，但是，年复一年，它的课程吸收了新的商业主题：室内装饰、服装设计、商业插图和应用设计。1913 年，它开设的商业插画课人满为患，"共有 117 名学生上课"，最后不得不分成四个班。两年后，普瑞特艺术学院的学生在亚伯拉罕 & 斯特劳斯百货、金贝尔斯百货、贝斯特百货（Best's）和阿尔特曼百货找到了正式工作。[7]

到 1918 年，由弗兰克·帕森斯（Frank Parsons）管理的纽约美术与应用艺术学院，已经成为大众市场营销的服务者。1906 年，帕森斯受聘来"推动设计系及其教学"。接下来十年，他与纽约的服装业和商店建立了紧密的联系。他的课程包括展示营销和产品设计等商业科目。他的个人专长是室内装饰。简洁是他的座右铭。"任何无关的东西，都是对材料、空间、金钱和精神意识的浪费。"受心理学家沃尔特·斯科特（Walter Scott）的影响，他教育学生们要专注于想象力、本能、心理学、暗示（他说，"理性的吸引"通常都不奏效），在消费者心中创造"联想"；利用"物体的性感"，操纵"色彩语言"。他说，色彩"对情感有直接的吸引力"。[8]他是数百位想要打破"美"与"商业"、高雅艺术与低俗艺术、大众与精英之间区隔的新型教育者之一。这种区隔在百货商店、酒店和世博会上已经被消解。他说："艺术不是为了少数人，不是为了有才华的人，不是为了天才和富人。"在商品营销中，艺术是"为了所有人"。帕森斯想要实现的毕生目标就是，"让艺术与贸易之间的联系变得更加容易"。[9]

除了这些艺术学校，专门教授商业课程的学院和大学的数量在 1920 年达到 125 所。其中包括三个零售方面的研究生项目：波士顿的西蒙斯学院、匹兹堡的卡内基技术研究院和格林尼治村的纽约大学。西蒙斯学院的普林斯销售学院（PSS）成立于 1915 年，由精力充沛的露辛达·普林斯（Lucinda Prince）管理。14 年前，她曾在波士顿管理自己的零售学校。波士顿的一些商店 [法林百货、怀特百货（White）和乔丹·马什百货] 雇用了她的毕业生，他们对那些学生的表现感到满意，决定在经济方面给她提供援助。1915 年，他们任命她为全美零售纺织品协会（NRDGA）的教育主任，并资助她的学校与西蒙斯学院进行合并。两年后，匹兹堡的商人与当地公立学校系统和卡内基技术研究院联合设立了"零售培训研究局"。匹兹堡的七家百货商店 [由考夫曼百货（Kaufmann's）的埃德加·考夫曼（Edgar Kaufmann）牵头] 约定，在五年内每年向该局捐赠 3.2 万美元，旨在通过培训和雇用新员工，以及向新员工灌输服务承诺，来改善商店服务质量。[10]

"提供更好的服务"既是纽约大学零售学院的既定目标，也是商人们、纽约市教育委员会和纽约大学共同努力的方向。这一想法来自安妮·摩根，她是一位有烟瘾的富有的女权主义者，也是投资银行家 J. P. 摩根的女儿。安妮和她的父亲一样任性。她蔑视她父亲的财富和反犹观点，把对奢侈的热爱和对很多社会事业的倡导结合到了一起。安妮于 1912 年说服纽约麦卡宾酒店的管理人员，留出一整层楼让女性管理，专为女性服务。[11] 1915 年，她和其他人共同领导了"百货商店协会"（DSA）。这是一群具有改革思想的社会女性，她们敦促纽约大学校长埃尔默·布朗（Elmer Brown）为百货商店的年轻女性制定零售培训项目。"百货商店协会，"她说，"希望推进商店年轻女性的全面发展和技术教育。我们认为，这个问题在全国范围内都至关重要。就像在其他许多领域一样，最大的任务是教师对学员进行必要的培训。"[12]

在安妮的要求下，布朗在纽约大学教育学院开设了零售课程。随后，梅西百货副总裁珀西也加入进来，急于启动这个项目。珀西属于新一代商人，这代商人希望在建立一个高效分层管理机制的同时，又能保持一定程度的家族控制。1912 年，他的父亲伊西多在"泰坦尼克号"上丧生，他和他的另外两个兄弟（杰西和赫伯特）在梅西百货掌权。珀西毕业于哈佛大学，戴着夹鼻眼镜，学者派头十足。他决定接管这一企业。他与他父亲的兄弟南森，以及他的堂兄弟们进行了斗争。通过一系列计谋，珀西、杰西和赫伯特成功地让南森及其儿子们卖掉了股份。虽然南森并未失去什么（他保留了亚伯拉罕 & 斯特劳斯百货股票的所有权），但是，这件事却使南森和珀西交恶，南森至死都未原谅珀西。南森在得知侄子出任新零售学校执行委员会主席后致信布朗："自从他父亲（我可怜的兄弟伊西多）去世后，我就没有去过梅西百货，因为这个人及其兄长不让我或我的儿子们留下，我也不想见他。我给您去信是想让您知道，如果仅仅因为他是犹太人或者是我们人民的代表就授予他这一职位，那么他是不配得到它的。"[13]

年轻的珀西想要将梅西百货带入"现代"，让它摆脱先前那种"廉价土气、只卖便宜货"的名声。他极力推崇合理化推销，确信需要对分销和营销系统进行彻底改革，才能确保商品和货币稳定流通。梅西百货长期以来在记账方面的无能表现让他大为震惊，他采纳了新的成本核算方法、更为规范的人事管理政策，以及泰勒的时间分析方法。他雇用了梅西百货的第一批管理员，并在店里添置了电子计算器、邮件地址印刷机、计算打字机、喷码机、折叠和展开信封的电动设备，以及性能更佳的收银机。[14]

珀西完全了解其他地方在提升零售业方面所做出的种种努力，他十分渴望也能拥有一个属于自己的教育领地来培训销售人员。但是，很明显，他无法自己筹措资金建立学校，于是他就和其他商人一起劝请纽约大学为他们开办零售学校。最初几次会议都是在梅西百货的珀西私人办公室和位于第三十七街和第五大道的罗德 & 泰勒百货的会议室召开，来自纽瓦克、曼哈顿和布鲁克林的 20 多位商人，以及纽约市教育委员会和纽约大学的相关人员参加了会议。他们敲定了零售学校的架构和管理办法，明确了学校的职权范围，由纽约大学全权负责招聘教师和设置课程。珀西担任执行委员会主席，罗德 & 泰勒百货和联合纺织品公司的负责人塞缪尔·雷伯恩（Samuel Reyburn）主管财务委员会。

1919 年 5 月，纽约大学的零售学院开始培训专业人员，让他们在城市商店和高中教授零售课程，从而使销售工作升级为一项"技能劳动"。具体课程包括分销、管理、纺织品、色彩、设计、商店组织和商业伦理等。学校议程的第一份正式哲学声明，给服务培训确立了一个鲜明的立场。"在一个权力来源非人化，以及日益依赖个人资源的时代，我们必须让销售重新具有人情味……现代零售业的失败，很大程度上源于人们没有认清一个基本事实，即人类平等是一切的核心。"纽约大学零售学院"试图通过提升人的素质来改善零售服务，因为全世界商品的分销任务都有赖于人的因素"。[15] 学校第一年招收了30名学生，虽然人数不多，但日后再看这些人的发展就会发现，他们都很有前途。接下来十年，纽约大学成为全美零售培训方面的顶尖学府。[16]

其他大学也大胆地向商业教育领域进军，它们做的事情比纽约大学还要大，并且更具影响力。沃顿经济学院一开始实力并不强，但在1895年到1915年间，它就实现了其创始人、实业家约瑟夫·沃顿（Joseph Wharton）的目标：推进专业的商业教育。在具有消费意识的新院长西蒙·帕滕（Simon Patten）的领导下，该学院获得国际声誉并成为一所四年制学校。其入学人数从1900年的150人，上升到1914年的950人；其所开课程也转向一些新领域，如营销、财务和企业管理等。[17] 学院的主要教员中包括经济学教授爱德华·米德。1904年，爱德华·米德在沃顿经济学院创办了著名的会计与金融夜校；后来，他还在1914年创办了颇具影响力的拓展学院。企业融资（投资银行学及通过证券营销而进行的企业扩张）是他最喜欢的领域，他在该领域的教学中起到了带头作用。他认为，大公司是最高效的经济单位，它们的"集权"结构为控制商品和资金流通提供了最佳手段。为了在课上阐明自己的观点，他经常挑选大型百货商店为例，详细说明它们如何利用内部会计程序来控制和管理自己的组织。他的著作《黄金的故事》（*The Story of Gold*）和《投资的兴衰》（*The Ebb and Flow of Investment*）做出了开创性贡献。[18]

他的妻子艾米莉是一位女权主义进步主义者和三个孩子的母亲，她本身就是一个充满魅力的人物，值得更多关注。1899年至1900年，她在沃顿经济学院学习社会学和经济学；之后，她发表了一篇文章，对美国农业的"可能性"进行了分析,这篇文章获得了"Hart, Schaffner, and Marx Prize"(这是芝加哥男装行业向研究分销问题的学者颁发的一个新奖项)。她撰写了一篇具有里程碑意义的营销方面的文章《广告在现代商业中的地位》,这篇文章出现在凡勃伦担任编辑的《政治经济学杂志》中,后来又被凡勃伦在他的书中加以引用,并在其他期刊上得到重印,包括由阿蒂马斯·沃德担任编辑、存在时间很短但却很有影响力的营销杂志《名望》。在这篇文章中,艾米莉敦促商人们深入家庭内部,消解普通家庭主妇的抵抗,在追求利润的过程中"忘掉过去"。"因此,必须采用新的刺激手段来让人们使用商品,"她说,"要打破固定的习惯,培养新的欲望,并为欲望的满足提供无数的可能性。"[19]

然而,在商业教育方面比沃顿经济学院更具开创性的是哈佛大学。1908年,哈佛商学院成立,这是第一所拥有全职教师、可以授予工商管理硕士学位的独立的职业学校。院长劳伦斯·洛厄尔(Lawrence Lowell)写道:"不管他们在大学里学的是什么,我们既然录取了他们,就要教他们商业,而不是政治经济学。"[20]

把商业作为一门专业课程来进行教授的决定,是基于哈佛大学的学生们将会成群结队地进入商界这一实用主义的洞见。1908年,哈佛大学校长查尔斯·艾略特(Charles Eliot)说:"我们去年六月份的那些毕业生,有一半以上都进入了商界,这些年来,哈佛大学毕业生里有很大一部分都取得了很高的成就,尤其是在公司和国家金融机构。"艾略特认为,如果哈佛大学的毕业生会进入商界,那么哈佛大学本身最好就要先意识到这一点并教给他们商业知识。哈佛大学还确信,要经营当代的新型公司,需要一种新的"专业知识"。最初的商学院教员之一写道,资本主义的"一人所有制阶段"正在消亡。需要做的是,在管理部门、行政组织、"大型投资银行"和"大型销售组织"(简言之,就是构成新公司产业秩序基石的所有机构和活动)中进行培训。[21]

哈佛商学院致力于教授这些新科目,而这也是它存在的理由;虽然最初几年在教育经费上有所不足,但是,它为此类教育奠定了坚实的教学基础。学院首任院长是 42 岁的经济学家埃德温·盖伊（Edwin Gay）。虽然作为一个学者，他对分销和消费模式了解颇多而对实际业务则一无所知，但是，他却清楚地看到了这个时代的趋势。1908 年，他被任命为院长，协助把经济思想从生产，引导到他所谓的"经济的可塑性元素"（销售）上。他说："我们不要过多地去关注生产的组织方式，而是要去关注分销方式和不断扩大的市场范围。"[22]

在盖伊的领导下，哈佛商学院开设了一些新课程，其中包括广告、投资金融、成本会计、现代银行、商品推销、零售和经济价格变动等。1914 年，三门必修课中的"美国经济资源"改名"市场营销"，这是一个值得注意的转变。梅尔文·科普兰（Melvin Copeland）是这门课的首任教师，他出版了这门课程的第一本大学教科书 [1914 年，哈佛大学教授保罗·切林顿（Paul Cherington）撰写了第一本关于广告学的教科书]。他写道，"市场营销"一词常用于 1914 年以前的商学院，仅指对"原材料商品交易"的研究。哈佛大学及不久以后许多其他大学和学院里所开设的这门课程的内容远远超出这一定义，旨在帮助学生"理解包括物流、需求激活、推销、定价，以及产品和服务交换中涉及的其他活动的整个过程"[23]。

比这些变化更重要的是 1911 年盖伊创立的哈佛商业研究局，它是商学院的一部分。这是第一个研究市场营销、商品推销和分销的机构。盖伊坚持认为，"分销营销方面的定量测量"是核心；在这方面，他受到阿尔奇·肖（Archie Shaw）的指导。肖既是一位身家百万的办公设备制造商，也是《系统》（System）和《工厂》（Factory）这两家有影响力的商业杂志的编辑。他本人还写过一篇关于市场分销问题的文章并广为流传。[24] 在他的建议下，盖伊决定成立该局。其他商人也对这所初具规模的学校表示了兴趣，其中包括急于克服成本核算方法差异的全美鞋业零售商和制造商。

肖认为应该全力以赴解决分销问题。他说服该局去研究中间商，特别是那些新银行家和保险公司，他们为很多企业筹集了扩大营销设施所需要的资金。他认为，人们应该研究科普兰所描述的广义上的营销。"为什么还没有对分销问题进行系统研究呢？"肖问道。长期以来，人们一直关注生产；但是，肖认为，"生产问题"已经解决了——实际上，"我们的产能非常巨大"，它们"超出了现有市场的需求"，并因"生产过剩"、价格过低（低到无法获利）和效率低下而威胁到了国家利益。工厂生产的产品远远超出人们的"主要需求"；现在，它们以各种新奇的东西和奢侈品来"充斥市场"，许多工厂都在试图满足那些"甚至没有被人们明确表达出来"的需求。分销处于一种"混乱状态"，造成"巨大的社会浪费"。[25] 肖说："如果想要充分利用我们的生产潜力，我们就必须解决分销问题（将货物从工厂迅速运至消费者手中并获利的问题）。""必须为可能提供的商品找到市场。这主要意味着，要对现有市场进行更深入的开发。必须要明确个人没有表达出来的需求，必须要让他注意到满足这些需求的可能性。"如何识别并满足"新的欲望"，而不是去侮辱或压制它们，是即刻要做的事情。"可以肯定的是，有人会对人的需求变得日益复杂感到惋惜，"肖说，但是，"这是哲学家而不是商人要解决的问题"，对商人来说，"他的主要任务就是找出人的需求，并提供满足这些需求的手段"[26]。

营销和分销很快就成为该局讨论的一个重要议题。在鞋业零售商和制造商的求助下，该局在第一年制定了第一个标准的账目分类，从而为鞋业带来了一种新的统一。鞋业人士要求对行业分销方法进行研究，特别是研究工厂成本与零售价格之间的差距——一位业内人士表示，这一差距过大，以至于"卖的是分销方式，而不是制成品。产品本身及其生产成本，只占消费者得到商品前之交易所涉及的全部劳动、思想和牺牲的一小部分"[27]。该局针对鞋子分销进行的第一项研究，虽然是在预算不足的情况下完成的，但却堪称典范。科普兰认为，它的"百分比表"是"哈佛大学有史以来发表的最有价值的单项研究项目"。鞋业人士对其称赞不已，在行业媒体上刊登了它的调查数据，并对其他类似的调查给予了支持。

随后出现了更多的分销研究，其中每一项都由该局与商家合作完成；商家共同资助了这些分销研究，并愿意向该局提供这些研究所需要的任何运营统计数据。该局于1914年调查了零售杂货业务，1915年调查了批发鞋业公司，1916年调查了批发杂货业务，1917年调查了零售综合商店，

1918 年调查了零售五金经销商，1919 年调查了零售珠宝商。全美批发杂货商协会（NAWG）等组织对这些研究成果感到非常满意。"我们觉得，"一位发言人说，"应该给予大学里的这个部门一切可能的鼓励。这些信息不仅很有价值，而且很有可能会改进批发杂货业务的会计核算方法。"[28]

在 20 世纪第二个十年末期，该局已经不再是一个小作坊，而是摇身变为一个大企业。1920 年进行的一项针对百货商店的研究，是连续进行的年度分销研究中的最后一项。它详细地调查了 500 多家百货商店，这些商店的总销售额超过 8 亿美元。根据科普兰的说法，这些针对零售和批发运营费用的调查，是"世界上首批此类研究"。[29]

大博物馆和馆长

与这些教育机构一样，大型城市博物馆也在向大众市场制造商和零售商提供它们的专业知识。时至今日，我们早已接受了博物馆与商业之间的联合，认为这很平常，认为这反映了艺术与市场力量之间的亲密关系。总的来说，这种关系始于美国自然历史博物馆、布鲁克林博物馆、纽瓦克博物馆和大都会艺术博物馆这四家博物馆。商人们向其中三家都馈以重礼，其中最为慷慨的是投资银行家 J. P. 摩根和百货商店商人乔治·赫恩（George Hearn）、本杰明·阿尔特曼对大都会艺术博物馆的大额捐款。

这项运动的领导者是莫里斯·克劳福德，他是美国自然历史博物馆馆长，也是《女装时报》的编辑，多年来他一直都在推广工业设计。他拒绝追随他的父亲和祖父的脚步：他的父亲是一位受人尊敬的纽约律师，他的祖父则是一位著名的卫理公会牧师；而是选择了追随他的叔叔汉福德的脚步，汉福德属于新一代"过渡性"商人。这些商人引导美国零售业，从小规模的家族企业发展到面向大众的市场企业。1899 年，汉福德应邀接手圣路易斯斯克鲁格斯百货的管理（该店老板斯克鲁格斯先生因身体原因而卸任）。他夜以继日地工作，将其改造成为一家功能齐全的百货商店，并实行严格的员工纪律。他在巴黎和纽约设立采购办事处；五年内，他升任总裁；在投资银行家的帮助下，他再次对这家商店进行重组，使其与两家大型专业零售连锁店（一家经营地毯和家具，另一家经营五金器具）进行合并。汉福德为这种疯狂的工作节奏付出了代价，他的健康严重受损。作为一家大型商店的管理者，他感受到"很大的压力并有很多担忧"，他写道，商店"本身就是一个世界，有它自己的纪律、机制和关系"。后来他精神崩溃，在公众场合和私下都会因为一些小事而泪流满面，最后他靠弹钢琴才得以痊愈（为了预防复发，他甚至在出差时也带着钢琴）。与此同时，斯克鲁格斯百货则成为密西西比州西部主要的商业组织之一。1907年，这时汉福德仍然在位，他建造了一座高17层的法国文艺复兴时期风格的建筑，这座建筑因其巨大的橱窗和内部覆盖着玻璃镜子的柱子而闻名。[30]

在克劳福德二十出头的时候，虽然汉福德略微有些排斥他，但他对汉福德正在完成的事情却是非常着迷。年轻时，他曾在克拉夫林公司工作，这是一家经营惨淡的批发公司，1913年正式倒闭。之后他转向零售业，得到了两个职位：《女装时报》的研究编辑和美国自然历史博物馆的纺织品研究助理，这两个职位几乎贯穿其整个成年生活。博物馆这份工作是博物馆馆长亨利·奥斯本（Henry Osborn）于1915年为克劳福德量身打造的，"以表彰克劳福德在博物馆秘鲁纺织品研究方面所做出的贡献"[31]。

克劳福德在博物馆里向那些专业的设计师和工厂经理讲授秘鲁织物（他是该领域的全国权威）、编织和棉花，以及如何将"原始装饰艺术"与"机器加工"联系到一起。[32] 尽管博物馆长期以来一直支持商业设计，但却是在人类部主任克拉克·威斯勒（Clark Wissler）的支持下，克劳福德开始定期向商界开放藏品。[33] 他公开向企业家讲解博物馆里的珍品。1916年，他在纽约举办的全美丝绸制造商大会上发表演讲。他呼吁观众前来参观"玛雅坟墓上的雕刻、蚀刻的拉布拉多桦木摇篮、技艺精湛的古秘鲁披风、粗糙的非洲拉菲草刺绣，所有这些都可以给我们提供极好的重要建议"。[34] 他在北美印第安大厅举办了当代服饰展，每件展品的样式都取材于博物馆收藏的真品。[35] 奥斯本馆长非常高兴，对克劳福德及其助手的工作给予很高评价。克劳福德向所有人（而不仅仅是富人和上层阶级）介绍

"艺术和美"。(奥斯本说:"我的座右铭一直是:我们必须屈从于征服。")作为一种很好的连带效果,美国女性服饰的演变开始进入一个新的阶段。最终,奥斯本写道,"我们的女性"将会穿着美国人自己设计的服装,而"不用在服装中表达那种欧洲国家非常普遍的颓废主义"[36]。

有时克劳福德也会在他的展览中模仿第五大道的展示策略,但就奥斯本的品位而言,这有点太俗气和过于欧化。在1919年的一次展览中,克劳福德把穿着丝绸服装的栩栩如生的"蜡制人体模特"放在展览入口处的"第二个凹室",把几个真人模特安置在丝绸织布机展览中。奥斯本通过其主管弗雷德里克·卢卡斯(Frederic Lucas)向克劳福德抱怨道:"这些都是巴黎人,而不是美国人。"[37]他要求把模特都移走。克劳福德没怎么抗议就将其都挪走了,毕竟,他已经实现了扩展设计运动的更大目标。作为《女装时报》的编辑,他利用一切机会去赞美美国自然历史博物馆——它是"设计师发展过程中和美国工业艺术运动中最为进步的力量"[38]。他创立并监管了纺织品设计大赛。1917年,该赛事首次获得《女装时报》的赞助。通过这本杂志,他在全国范围内组织了各种设计活动,激励各地的博物馆馆长,邀请他们参与他所谓的"美国设计运动"(Designed-in-America Campaign)[39]。

在跟随克劳福德的馆长中,包括布鲁克林博物馆的斯图尔特·库林和纽瓦克博物馆的约翰·达纳。虽然这两个人比克劳福德大了整整一代,但是,他们却是和他在同一时期担任令人瞩目的职位,并且都塑造了自己工业设计的职业生涯。库林(克劳福德赞赏他有一种"完美的、充满灵感的品位")于1858年出生于费城,他的父母是德国路德教会成员。他是当时最重要的民俗学家和人类学家之一。他周游世界各地,收集各种原始器物,并与原始民族的人们生活在一起(他所描述的原始部落里的成年人或儿童游戏至今仍具魅力,包括他1907年记录的那些北美印第安人游戏)。20世纪初期,在沃纳梅克的资助下,库林进行了三次探险,以研究北美印第安人的文化。1903年,他被任命为布鲁克林博物馆的民族学藏品负责人。通过坚持不懈的收集,他将布鲁克林博物馆打造成了一座世界一流的博物馆。[40]

相比之下，约翰·达纳的人生就没有库林和克劳福德那么平坦；年轻时，他曾到处寻找新的生活和职业，想要摆脱自己在佛蒙特州伍德斯托克度过的充满宗教罪恶感的童年。他于1856年出生于一个严格的公理会家庭，他的祖先可以追溯到约翰·科顿（John Cotton）。正如他的一位传记作者所说："达纳深谙呆板的道德法规和旧英格兰安息日的规定。"[41] 1874年大学毕业后，他在科罗拉多州担任土地测量员，后来去了东部学习法律。由于对生活不满，他又回到了科罗拉多州，住在一个牧场里，与一位密友的妹妹结了婚。结婚加上父母过世（这两件事以两种极为不同的方式结束了他对其父母所持世界观的依赖），让他陷入一种痛苦的宗教危机。"罪是人性堕落的表现"，这一想法让他厌恶。他接受了一神论，但正如他自己所说："我离一神论越来越远。"他换了一份又一份工作：建筑、新闻、银行等，他的内心总是焦躁不安、心烦意乱。到1890年，他已不再信奉任何宗教，谁跟他提宗教他都会很生气。霍尔格·卡希尔（Holger Cahill）是一位曾在纽瓦克博物馆与达纳合作过的艺术家，他说达纳是一个"强烈反对宗教"的人。[42]

达纳正在成为一个"新人"，他拒绝任何会限制他自由选择和自由行动的东西，以及那些会使他脱离"新的"和"现代"的东西。正如卡希尔所说，他成了一位真正的"佛蒙特人"，一个"会让你做他认为你真正相信的事情的自由意志主义者"。19世纪80年代后期，他成为新泽西州纽瓦克市的图书管理员。他创建了第一个商业资料图书馆，并把"开放式书库"引进美国的图书馆。1909年，他创建了纽瓦克博物馆，这不仅是一个展示"美术"的地方，还是一个服务商业的机构。[43]

与克劳福德一样，达纳和库林也都致力于为商业服务，而且他们都没有任何强烈的反宗教或道德信念。库林从其多次旅行和一生的民族学反思中得出的结论是："从下诺弗哥罗到布加勒斯特，从基里尔群岛到新山，无论有着怎样的借口，商业都是生活的中心。"对库林来说，百货商店集中体现了"美国人的社交生活和商业生活"。商店，而不是教堂，"对当今的文化和人们的品位影响最大。它让我们所有人都有可能参与到一个新的革命时代的创造性思想中"[44]。

库林和达纳都讨厌那种传统的博物馆。达纳认为，它们是普通人无法进入的"偏远的宫殿和寺庙"，令人沮丧和恐惧，仅用于展示古代文物和"美术"。如果所有的博物馆都能像百货商店那样，事情就会好得多。这些商店是城市生活的"中心"，它们那"结实的……钢筋混凝土"结构里，"充满了与人们生活息息相关的物品"。它们"一天24小时都对人们开放"；它们展示"物品"的方式非常诱人；它们提供"休息场所"，以便人们在购物时可以得到放松。百货商店把"物品"放在最显眼的位置并将其出售给所有人，从而"增加了人们对生活的热情"[45]。对达纳来说，所有"新"的东西（因此也是所有"好"的东西）都与商业有关。"商业掌管世界，或者我们也可以说，世界变得文明的速度，就像人们学着用简单的商业原则去管理事物的速度一样快。当公共机构对商业人士有用时，它就会发挥出其最好的效能。"他像诗人惠特曼一样（尽管他身上没有惠特曼的那种批判性）为这个城市的工业生活感到高兴。他告诉纽瓦克贸易委员会，他习惯于走在纽瓦克的大街上，观察铁路和运河旁的"住宅和工厂"，他看到"街道上充满生机，有许多男人、女人和孩子，浓烟从高大的烟囱里喷涌而出，人们和他们上班的工厂在薄雾中隐约可见，这种景象显得怪异、独特而又壮观。这就是工业化的美国。这是一个机器时代，未来的公民们，包括你我，都在等待它的到来"[46]。当然，商人们也都慷慨解囊，捐钱给达纳的实验性设计事业。尤其是班贝格百货的路易斯·班贝格，他在20世纪20年代资助了纽瓦克博物馆的扩建。

库林和达纳毫不怀疑设计在提高大规模生产企业的利润方面所起的战略性作用。他们也不觉得机器制造的商品有哪个地方比不上手工制作的商品。库林在给克劳福德的信中写道："当代的手工艺品在品位上与机器产品相比并没有明显区别，虽然机器制造的产品在样式、线条和颜色方面可能稍弱一些，但这却也并非不可避免。"达纳认同库林的这一观点。他猛烈地抨击那些"手工制作"的膜拜者。他从凡勃伦的书中汲取了灵感，写道："如果穷人因为某种原因无法接触到那些较古老的艺术制造方法，那么富人通常就会采用这些方法。""如今，人们对手工制品的赞赏，很大程度上是出于一种想要拥有某种东西的欲望，这种东西在同类中独一无二，会给它的拥有者带来一点旧式休闲阶级的独特性。"[47]

在以沃纳梅克等商人为代表的消费民粹主义的推动下，达纳和库林开始为各行各业的设计师们提供博物馆设施。达纳在纽瓦克市组织了设计空间，举办了大型工业品展览。他可能是美国第一位敢于这么做的博物馆馆长。他认为，"博物馆的功能就是展示艺术对工业社会的意义"。1912年，他展出了德意志制造联盟的作品，该联盟是一个德国工业设计团体，也是包豪斯建筑学派的前身。之后，他又为美国公司举办了很多工业艺术展。"比起早期绘画大师的作品，机器时代那些被忽视的艺术更让他觉得骄傲。"[48] 传统博物馆的核心内容（油画）慢慢地让他觉得无聊，因为在他看来，这种艺术与"普通人"的生活或思想几乎没有任何关系。另一方面，工业艺术或机器艺术则是"人民"理解的艺术，因为他们可以买下它们带回家。"人民"并不构思或"制造"这些商品，这一点并不重要。他断言，大规模销售的机器产品注定要反映大众品位，而手工制品则被从人民中"移除"了，因为它在本质上是精英主义的，它更亲商而非亲民。

在库林看来，布鲁克林博物馆就是一个"艺术产业中心"；他的目标是，激励工业设计师将农民和原始的设计、色彩融入机器制造的商品。他认为，工业化之前的文化"在感觉上"非常优于工业文化，后者经常将原始的东西贬低为"弱的"、女性化的、幼稚的和非理性的。在谈到他对北美印第安人的多次访问时，他说："我在那里感到精神焕发，觉得自己变得更加年轻和更有活力。我已经在野蛮人中实现了自己的梦想，在他们的生活和思想中，我看见了世界的曙光。"库林认为，让"原始"进入商品，可以让人们重新获得与那些"重要元素"的合理关联，同时也能以相对较少的投资回报给企业一定的利润。与新商业领域中的其他许多人一样，他也认为美国人已经太久没有"鲜艳的"色彩了，他们误认为这种色彩是幼稚的。此外，人们从童年中可以学到很多东西，就像从"原始事物"中可以学到很多东西一样。他说,"我拥有孩子般的渴望和对色彩的欲望",而且"我现在仍会对这种孩子般的渴望产生共鸣"[49]。

1917年,库林在布鲁克林博物馆开了一家设计工作室,那里面装满了他在非洲、东欧、印度、波斯和北美旅行时收集的数千件远古人和农民的手工制品。克劳福德在《女装时报》上写道,一年后,这家"工作室"和库林,"对我们一些最成功的设计师来说,已经变得非常知名了"。库林对他的"品位实验室"很是自豪。他向他在自然历史博物馆的朋友、人类学家法兰兹·鲍亚士(Franz Boas)吹嘘道,他所在的博物馆部门与大量的专业艺术家之间已经形成了一种"亲密关系"。[50]

家具设计师,以及包装纸、梳子、标签和包装方面的设计师,先后都来参观布鲁克林博物馆。但是,由于克劳福德在《女装时报》上的大力宣传,那些"时尚"服饰制造商和百货商店采购员也都蜂拥而至。时装设计师从农民的织物中汲取创意——原始风格、异国情调——并将其融入美国时尚。由于需求很大,博物馆的空间变得非常宝贵。1919年,库林给一家制造商写信说:"我把我的印度材料,也就是在印度阿默达巴德购买的木材,用在了楼梯上。今年冬天,女装设计师们转向印度寻找材料,我的印度纺织品和服装一直很受欢迎。女装设计师们一直在想法利用它们。"[51]此外,库林还会根据客户的要求,随时提供民间工艺品用于展示,或者是作为全国各地的设计模型,以满足当下流行的趋势。

纽瓦克博物馆、布鲁克林博物馆和美国自然历史博物馆为新工业设计运动做出了很大的贡献,但就影响力而论,它们中却没有一个能与大都会艺术博物馆媲美。在参加尚处于起步阶段的工业设计运动的早些时候,大都会艺术博物馆的行事还很保守(尽管博物馆的章程要求它做一些事情来帮助培训艺术工匠),但到1915年它已发现自己对这一新领域非常着迷。博物馆的管理人员对博物馆新近的收购非常自豪,博物馆的"公告"中说,这"使他们能够为设计师和制造商提供无穷多的建议"。[52]1914年,大都会艺术博物馆设立了一个新职位:工业艺术助理,理查德·巴赫就任这一职位。巴赫比库林、达纳和克劳福德拥有更多的资源。他监管博物馆与商业之间的密切合作，并使博物馆和其他机构一样，与机器和工业设计产生了一种明确的浪漫关系。他写道："这可能是一个令人吃惊的断言，但对工业艺术而言，迄今为止，机器无疑为文明提供了最大的优势和援助……如果机器制造出现了什么问题，那也绝对不是机器的错。"前景令人兴奋："我们有可能把一个好的椅子的设计传播到两万个地方，而在纯手工制作的普通条件下，这样的椅子可能不会超过十来把。"[53]

巴赫比其他任何人都更深刻地认识到，"设计"对大规模生产的成功有多么重要。巴赫认为，很多物品的外表和形状，而不是其内在结构或功能，为商业利润提供了最大的保障。事实上，"设计本身"可能会产生"全部利润"，他写道："那些制造和销售商品但却从不设计的人，或者是那些觉得去年的设计依然不错的人，只不过是怀着对工业灾难的恐惧在'虚度光阴'罢了。"[54] 在巴赫的领导下，博物馆与制造商和设计师之间建立起一种密切的联系。博物馆欢迎设计行业在它这里举行展览。1915 年，在艺术与贸易俱乐部的赞助下，博物馆举行了一次巡回展。这次展览展示并诠释了色彩和谐法则与"纺织品、墙纸和木材之间的关系"。艺术与贸易俱乐部成员威廉·科芬（William Coffin）指导了这次展览，他是一位家具制造商，后来成为大都会艺术博物馆馆长。一年后，大都会艺术博物馆与《女装时报》合作，组织了首届纺织品设计大赛。这次大赛共有 31 个州参加，博物馆秘书亨利·肯特（Henry Kent）担任评委。[55]

经过与商家协商，博物馆开始定期举办讲座和研讨会。1916 年，设计"专家"弗罗伦斯·利维（Florence Levy），为行业代表、销售人员和百货商店采购员做了一系列设计讲座。这门课程成为博物馆的标准课程，它涵盖了线条、质量、和谐、色彩等内容。20 世纪第二个十年末期，珀西请巴赫为梅西百货的销售人员和执行经理举办了一个色彩及设计学习班。该学习班由哥伦比亚大学师范学院的格雷斯·康奈尔（Grace Cornell）负责。阿尔特曼百货展示人员赫尔曼·弗兰肯塔尔讲授"悬垂艺术"课程；路易斯·温伯格（Louis Weinberg）基于对"博物馆所藏物品原件的研究"，开设了有关色彩的课程，其讲座内容后来汇编成《日常生活中的色彩》

(*Color in Everyday Life*）一书出版。[56]

在所有这些活动中，博物馆设计专家都在呼吁一种新的商业美学，其中，色彩被视为消费品中"一个被更有意设计的因素"。温伯格认为，美国商人最终也开始认识到颜色在商业上所具有的价值，而其他美国男性则仍然觉得色彩是"女性化的"。"商业领域正在吸引当今人们的专业思维，在这个领域中，几乎没有一样产品其颜色是不重要的。商人们使用色彩并为此付出大价钱。""色彩是一种商业资产，在商业中不容小觑。"[57]

大都会艺术博物馆里最受欢迎的工业设计服务，可以从博物馆的"实验室"和工作室中找到，设计师们在这里构思公寓照明灯具、廉价珠宝、肥皂包装纸、牙膏管、印花棉布和灯罩的设计方法。在这里，主要是在设计工作室，博物馆与大规模生产建立了联系。这些工作室成立于1909年，刚开始规模较小，但它们很快就发展壮大，其工作人员都是家具、广告、珠宝、服装、包装设计方面的专家，以及"公众每年花10亿美元购买的其他装饰艺术品的所有者"。巴赫说，这些专家为来访的制造商和设计师提供建议，他们尤其要"熟悉美国庞大而复杂的销售机器的各种要求"。巴赫本人亲自走访工厂和商店，以"跟上市场"，并"展示博物馆设施的商业价值，进而帮助制造商实现他们自己的目标"。他按成本价向学生和设计师出售了数千张照片。[58]

1917年，巴赫在博物馆举办了他的第一个大型工业艺术展，展示了这些工作室设计的制成品。每件展品旁都放着其设计灵感来源的手工制品：殖民时代的家具仿制品旁放着18世纪的"真品"，廉价珠宝旁摆着"东罗马帝国的象牙"，而"刺绣饰章"旁则摆着美式"运动半身裙"。在1919年的展览中，巴赫在博物馆的"公告"中写道：当参观者经过看起来像"雅典花瓶"的"商业容器"，或者经过"有宗教色彩"的壁纸时，他们禁不住发出阵阵"惊叹"。在次年的展出中，仿中国明代的石罐旁摆放着"可以追溯到1644年到1662年间"的明代花瓶，法国玫瑰肥皂盒被放在路易十四时代的珠宝盒旁，高露洁牙膏管旁则摆放着各种博物馆"艺术品"。[59]

巴赫举办的那些展览，表达了美国最好的博物馆对消费资本主义新兴特权的认可。巴赫、库林、达纳和克劳福德都认为，过去的思想和形象都是可售商品，就像其他任何商品一样，也应该用它们来向大众传播美的概念。他们看到，在他们与商业的合作中，一个更好的世界正在形成。尽管如此，他们仍是机会主义者，他们不再评判商人，而是追随了那股迎合商业需求的浪潮。所有人都认为，大型博物馆想要获得影响力、地位和赞助只能走这条路，因为他们都相信，商业已经取代宗教成为生活的中心。一切都在围绕商业进行，包括人类的愿望、梦想和想象力。就像他们那个时代的许多其他男女一样，如约瑟夫·厄本、费丝·奇珀菲尔德、南希·麦克莱伦、马克斯菲尔德·帕理什和弗兰克·鲍姆等，他们确信商业掌管着最大的权力，任何不承认这一事实的机构或个人都会受到惩罚。

城市表演及与市长们的亲密接触

　　大商人们大肆吹嘘他们与市长等政治家之间的亲密关系。沃纳梅克在给一位熟人的信中提及纽约市长："我们是约翰·海兰（John Hylan）市长的亲密朋友。"市长"知道，我们中没有人会做任何事或允许别人做任何事去伤害他的崇高声望"。菲尔德百货的大卫·耶茨（David Yates）记得，"海兰市长是我们的朋友"，世纪之交时芝加哥第一区臭名昭著又狡猾的市议员约翰·考夫林（John Coughlin）也是"我们的朋友"。"我经常见到他[考夫林]，而他每次都会说：'无论你们做什么，我都绝对支持你们。'"毫无疑问，考夫林为那些大商人购买巩固其在州街和华盛顿的地位所需的地产铺平了道路。[60]

　　1905年以后，作为许多内幕交易和上诉的结果，许多商人都设法从根本上影响了城市空间的面貌，他们获得新的地产来充实他们的财产，并有权推倒旧建筑，为新建筑和更好的交通条件让路。大型百货商店和酒店附近都设有专门的地铁站。为了满足这些机构及类似机构的需求，一些公共汽车和火车路线被开辟出来或者改变路线。在纽约布鲁克林，亚伯拉罕&斯特劳斯百货的亚伯拉罕（他在1907年成为区交通委员会成员）等商人影响了地铁线路的规划，地铁线路最终都汇聚在布鲁克林市中心，几家主要百货商店（包括他自己的商店）在此营业。[61]

百货商店有时甚至都懒得向市政府请求，它们对其自身行为的公共价值充满信心。1913年，在没有获得评估委员会授权的情况下，位于纽约第三十四街的金贝尔斯百货建造了一座从高架铁路直接进入商店的带顶棚的人行天桥。市政府对此提出抗议。金贝尔回信说，这座人行天桥有助于"人们自由地出入车站周围的街道和该商店"，从而缓解了这里的交通拥堵状况。他断言，它的存在将会"给游客和城市人民带来很多好处"。他没有道歉，也没有承认任何错误。对"服务"和"交通"的提及，可能产生了预期的良好效果。在另一次信件交流及承诺对该结构做好"防火"设施处理后，金贝尔斯百货被市政府授权去做它已经做完的事情。[62]

市长和其他当选官员经常把参加与大型商店有关的重要活动当成自己的一项职责。有时，他们不得不劝说那些害怕给公众留下不好印象的商家接受市政府的帮助。1901年春天，一位纽约市议员给梅西百货的斯特劳斯兄弟写信，建议他们派代表参加市议会会议，讨论"在你们所在街区的某些地方禁止手推车小贩的决议"。市议员说，"我已经亲自介绍了这一决议"，所以"还请你们到场发表意见"。斯特劳斯兄弟拒绝出席，因为倡导清理小贩可能会让一些善良的人感到不安。毕竟，斯特劳斯家族不就曾做过很长一段时间的小贩生意吗？然而，他们私下里却是对市政官员说，他们"赞成该决议"。[63]

市政府和商人之间最重要的合作工具是行业协会，这些团体积极塑造城市，对抗它们眼中那些不负责任的老板和缺乏同情心的工薪阶层。由商人领导的纽约市第五大道协会，在全国各地都有效仿者；它塑造了第五大道地区的整个演变。1913年到1920年间，市政府满足了它的诸多要求：加宽了街道，种植了树木，在公共空间"尽最大可能"清除了那些地痞流氓，街道上建立了行人"安全岛"，拆除了那些花哨的广告牌。在该协会的催促下，该市采用了新的地铁站并让公交改线，以更好地为零售区服务。由于"我们一小部分成员"激烈的游说，出现了新的分区和居住法，旨在第二十三街以上的街道清理制造业，防止"成群结队的服装工人中午在街上游荡以造成拥挤，好让人们能够进入商店、银行和办公室"。这些法律开启了一个进程，到 1929 年，第五大道的大部分地区，成为一个完全受到法律保护的"零售区"，与城市其他地方和所有工业发展都截然不同。[64]

城市贸易协会和市政府之间的合作，为市民文化注入了一种新的消费维度。1912 年夏天，纽约市两大著名贸易团体，与公园部和警察局一起组织了一场"走遍世界，寻找仙境"的儿童表演。该活动在中央公园的绵羊草甸举行，改编自 1912 年的一个同名竞技活动。这场表演由五个部分组成，是一则关于消费者富足的寓言。据市政府说，该表演的设计理念是，通过"制造更多的'包容性'，消除'排他性'"，来"促进真正的民主"。它首先描绘了"对仙境的寻找"，一群"穿着旧世界服饰的儿童，找啊，找啊，却都没能找到那处仙境"。表演以舞蹈、色彩、灯光，以及一场堆满"蛋糕、矿泉水、冰淇淋和糖果"的盛宴结束。[65]

由该市很多大商家（包括金贝尔斯百货、梅西百货和格林胡特－西格尔－库珀百货）捐赠的一队汽车，把 5 000 多名贫困儿童，从这个城市"巨大的混合人口"社区，送到了中央公园。爱迪生电气公司为活动提供了红色、蓝色、白色的灯具和装饰品，以及一个"巨大的电子'五月节花柱'"，营造了一种"美妙的电子'仙境'"。大纽约区的酒店和商业人士联盟，则为最后的高潮"盛宴"提供了各种糖果和点心。[66]

由市政府和商人共同组织的类似大规模表演，也出现在美国其他地方。1917 年，圣路易斯市政当局与当地商人联手，在该市的森林公园呈现了一场"秋季节日和时尚表演"。在广告俱乐部和圣路易斯时尚秀这两个行业团体的共同资助下，这座城市整个夏天都在赶着为这场盛会建造一个新的户外剧院。销售商和制造商可以"零租金"使用剧院，只要他们确保票价低廉，能将利润用于维护和改善剧院，并把工人及其家人从城市周围接来观看表演。[67]

这次时尚表演不同于以往人们在圣路易斯所看到的表演，它是一种消费表演，或者也可以说是一场融合了所有艺术（剧院、视觉效果、舞蹈、音乐、歌唱和营销）的戏剧盛会。首先出场的是军乐队，其中包括一支女子仪仗队和一个由200多名女性组成的喇叭队。乐队成员都是该市费默斯-巴尔百货的雇员。数百名"真人模特"在一条一直延伸到观众席的巨型通道上来回行走，展示"最新时尚"的鞋袜、外套、女帽和晚礼服（共有150种不同服装）。这其中还穿插着一些"具有艺术性的舞台造型和芭蕾舞"，包括"雕像的舞蹈"，其中那些大理石人物"栩栩如生"并"神奇地"转变为穿着"迷人晚礼服"的人体模特；这场表演的最后是一段精心编排的舞蹈"狄俄尼索斯的狂欢"，它为整场演出画上了一个圆满的句号。[68]

这项活动大受欢迎，以至于它在接下来十年一次又一次地举办。这是该市致力于商业文化"民主化"的一个花哨的象征。这可能也是市政府第一次以如此开放的方式，试图通过消费者诱惑策略来影响公众舆论（打着"文化提升"的幌子），并将舆论从困扰这座城市的冲突和紧张局势中转移开。关于这场表演，一份行业杂志上写道："这是市政当局首次正式承认，商业是医治城市生活弊病的灵丹妙药。"[69]

公共行为范围的扩大

政府层面的政治机构也加入了市政、博物馆、商业艺术学校和大学的行列，开始支持新的消费经济和文化。1890年以后，联邦政府的行政部门开始扩大，这预示着美国历史进入了一个新纪元。在这一进步主义时期，19世纪的反政府偏见被大大削弱。[70] 例如，商务与劳工部于1903年成立，拥有公司管理局、灯塔委员会、统计局等诸多下属部门。1913年，这个部门又被新的商务部和新的机构取代，其中包括国内外商务局和儿童事务局。同年，劳工部成立。1912年，美国邮政总局引进了包裹邮递业务，并极大地扩展了乡村免费邮递业务的范围。国会还创建了联邦储备委员会（1913年）、联邦贸易委员会（1914年）和海关税则委员会（1916年）。[71]

这一扩张的原因，与公司资本主义的崛起、（社会）冲突和混乱，以及伴随公司资本主义崛起而来的机遇直接相关。[72] 然而，考虑到美国人传统上对任何形式中央集权的恐惧,扩张对美国人来说并不是一件容易被接受或认可的事情(不同于经历过类似变化但习惯于国家干预的欧洲人)。因此,它是由一些相互矛盾的倾向所塑造的。

一方面,许多进步主义者认为,联邦政府是全体人民福祉的警觉仲裁者,是一个不应偏袒任何一方的调解者;它的"公民目的大于任何特定利益团体的野心"。[73] 为了实现这一目标,政府成立了一些新的机构来公开调查并监测一个团体对另一个团体施加的不公正行为。这些新机构所付诸的努力又产生了保护公共利益的新法律。[74] 因此,联邦委员会和国会委员会从19世纪80年代开始的工作,还产生了反垄断法和保护性劳动立法。[75] 1912年,国会议员阿尔塞纳·普约(Arsène Pujo)举行听证会来调查银行系统,发现了他所谓的"对货币和信贷的控制日益集中在几位纽约银行家手中";其结果就是成立了联邦储备委员会,它将监管机制引入银行业,并试图消除那些纽约银行家对银行业的控制权。[76]

从19世纪90年代开始,愤怒的市民开始向美国政府求助,以保护人民免受污染食品的危害,阻止公司剥削做工的妇女和儿童,并在某种程度上让消费者重新获得对产品和生产方式的控制。新的消费者权益团体,尤其是凯利领导的全国消费者联盟,意识到消费和生产之间日益拉大的距离中所存在的危险,认为人们不应该被那些不负责任和贪婪的商人所伤害。历史学家大卫·西伦(David Thelen)指出,让这些改革者感到不安的是,越来越多的消费者对商品制造过程都是一无所知,也不了解人类为此付出的代价和痛苦。为了防止这种趋势延续下去,凯利等人呼吁国家行动起来;他们在委员会面前作证,要求制定新法,迫使政府保持警惕;他们希望在更加人性化的基础上"重新将消费和生产统一起来"。这些行动的结果之一就是,政府在1906年制定了《纯净食品与药品法》。[77]

与此同时,联邦政府也开始为公司企业服务,这为胡佛等人在20世纪20年代的工作奠定了基础。当然,政府长期以来一直都在扶持企业:为铁路提供土地补贴,为许多行业提供关税保护,为世博会提供资金等;但是,在1895年以后,政府进行援助和干预的范围却是快速增加,虽然还不够系统。看似严格的反垄断法实则很少得到执行，也从未因寡头垄断而被强制执行；事实上，最近的商业史已经表明，由于出现的法律冲突从未被明确解决，联邦法律实际上让这些垄断企业的存在变得合法化，同时也给了美国人一种感觉——一种"象征性的"感觉——即在没有采取任何措施来"改变国家新的企业资本主义品牌"时，也就需要采取另外一些举措。[78] 更为关键的是，如果没有国家的赋权，企业自身及其所代表的经济权力的集中也就根本不会存在。是国家赋予了公司存在的合法权利。记者沃尔特·李普曼（Walter Lippmann）在 1937 年写道："现代工业管理的集中，不是由技术变革引起的，而是由国家通过其法律创造出来的。"[79]

很多部门和机构也都纷纷采取行动，通过促进出口商品进入国外市场来帮助企业。《联邦储备法案》不仅设法加快国内外可靠资金的流动，还向美国公司保证它们可以在国外设立分支银行。海关税则委员会向总统提供全球市场数据，以便他可以决定如何最好地帮助企业进入全球市场。国内外商务局把训练有素的旅行推销员和商业调查员派遣到国外，制作了一些工业电影以促进美国商品的销售，出版了《商业报告》（*Commerce Reports*）（一份关于外贸发展潜力的日报），并在国外设立了商业领事馆，以跟踪贸易信息，帮助美国企业找到新市场。[80]

这些年间，被国会授权来反对"不公平商业竞争"的联邦贸易委员会，堪称企业与政府合作的典范。这一时期，它由那些支持商业的人们领导。他们支持广告宣传，帮助指导公司进行"精确的成本核算"，并通过收集贸易和关税数据来协助国内出口商。[81] 联邦贸易委员会（及其前身公司管理局）也对企业的呼声做出了回应，以解决相互竞争的经济群体之间的争端。例如，1911 年至 1913 年间，制造商敦促公司管理局对大众零售商和制造商之间的分歧进行仲裁，以决定哪个集团有权控制商品的转售价格。大众零售商希望能够随意降价，而制造商则希望他们可以保留对商标商品价格的控制权（该局最终做出了支持大众零售商的裁决）。[82]

几年以后，在制造商的邀请下，联邦贸易委员会与其合作，在广告业中建立了统一的"事实"标准（当时该行业正因"谎言"和"歪曲事实"

而饱受抨击),并防止未经批准的广告商"侵犯商标的神圣性或诋毁其竞争产品"。此外,全美广告商成功地劝阻联邦贸易委员会将广告作为一种固有的偏见行为进行批判性评估。这一胜利的影响一直持续至今。1915年,一位行业代表声称:"每个人都应该有权谈论他所认为的产品的真相。在有些情况下,与那些科学的陈述相比,对产品的吹捧更能让大众准确地理解那些技术方面的事实。"[83]

当然,这些合作的结果也并非总是支持公司企业。这一点从政府内部对集权的持续敌视,以及对小企业的持续支持上就可看出。然而,在政府充当仲裁员的情况下,政府与企业之间这种新的机构关系,确实有助于政府成为大型企业乃至整个公司商业发展的强大盟友。

更好的婴儿和更好的递送

另外两个联邦机构:美国儿童事务局,以及其自身业务得到极大扩展的美国邮政总局,在与商业的关系上也发挥了相似的作用。美国儿童事务局是所有机构中最进步的一个,它致力于促进儿童的健康和福利,并在有意无意间帮助传播了一种新的商品伦理和文化。

该局成立于1912年。在朱利亚·拉斯罗普(Julia Lathrop)的精干领导下,该局强烈反对雇用童工,并试图降低美国婴儿死亡率,提高儿童营养水平。它还与全国消费者联盟密切合作,制定了一份儿童议程。从19世纪90年代开始,全国消费者联盟就在百货商店、纺织和服装工厂,以及糖果和玻璃制造业中发现了剥削儿童的现象。在这些地方,童工工时长,工资低,尤其是在圣诞假期。全国消费者联盟的目标是,让美国人意识到在生产和消费的历史性分离中人们付出的代价,并敦促政府采取措施结束那些很多时候不为人知的痛苦。

儿童事务局支持并推进了这项任务。它与全国消费者联盟合作,敦促社会各界恪守义务教育入学法,将其视为防止剥削性雇用童工的最佳方式,并支持联邦童工法(该法两次被美国最高法院宣布为违宪)。童工法规定，国会有权限制、规范和禁止18岁以下儿童务工。（该法最终于1938年作为《公平劳工标准法》的一部分获得通过。）[84] 儿童事务局在1915年创立了婴儿节，1916年设立了婴儿周，1918年又设立了儿童年，所有这些举措都旨在宣传需要更好的婴儿护理和产妇护理。[85]

儿童事务局和全国消费者联盟取得的成就无可争辩，它们改善了美国儿童的命运。之所以有人愿意去做这些事情，是因为这些事情本身就是好事。但是，这些变化的发生，也是因为拉斯罗普及其员工与美国商人通力合作，以确保出现一个新的更好的儿童世界。

同样，全国消费者联盟与百货商店进行不懈的合作以求废除童工，这也为儿童事务局做出了示范。凯利后来说："我们在努力为孩子们挽回假期。"到1911年，为了回应全国消费者联盟的抗议，几乎所有大城市的大型商店都结束了凯利所说的"节日暴行"（圣诞假期童工仍在夜间工作）。在此过程中，百货商店和全国消费者联盟开始就儿童福祉的共同目标达成一致。1910年，在金贝尔斯百货庆祝其纽约店的开业典礼上，凯利做了一次演讲。她赞扬了"很多大型零售公司负责人在这一运动中的通力合作"。这次演讲引起了人们对这一模式的关注。[86]

美国儿童事务局也认识到了百货商店的重要性：它们不仅是剥削者，同时也是盟友。为了让人们了解它的信息，该局与数百家百货商店建立起一种特别联系，这些商店此时都是市中心城市生活的主要机构。[87] 例如，它依靠百货商店来宣传婴儿日、婴儿周、儿童年和返校运动，所有这些活动都由该局发起。在波士顿，商家举办了"婴儿福利展览和讲座"。全国各地的零售商都在出售"婴儿纽扣"，展示"婴儿服装"。"刚出生和已出生几年的小孩子，"一位热衷举办婴儿活动的商人写道，"必须拥有属于自己的完整世界，不仅包括特别的衣服和食品，还有特别的家具、特别的沐浴设施，以及各种特殊物品。"[88] 密苏里州一家大型纺织品企业专门为"婴儿周讲座"修建了一座礼堂。据该局报道，在其他城市，零售商与婴儿周举办者之间的联系非常密切，以至于"该活动有被视为商业广告之虞"。[89]

许多商人和公职人员都热情地参与其中。"在报纸的宣传和政府的支持下,"一位零售业发言人写道,"婴儿福利活动已在很多商店被证明是能够吸引顾客的。"甚至在"政府支持"使这种促销浪潮合法化之前,一些商店就推出了"婴儿周"活动,它们向参加活动的人们分发婴儿读物,并在橱窗中展示"婴儿周"主题商品。一些商店还举办了廉价的营养和饮食课程,以及婴儿称重比赛。婴儿称重是一项重要的公共服务,因为婴儿的体重可以体现婴儿的营养水平及其生存能力。[90]

该局与城市商人之间的合作,产生了两个不一定相容的结果。首先,它为母亲们提供了她们在其他地方可能无法获得的服务,她们学到了一些有用的育儿理念和方法。其次,它服务于商人的利益。1912 年,该局"拥有"它所创造的节日:婴儿日和儿童节。短短几年过后,这些节日的控制权就已落入商人们手中,他们最大限度地利用了这些节日。

虽然儿童局的目标与商品推销毫无关系,但是,它与商店的共同努力却是间接促进了消费经济的扩张。事实上,由于对商店的依赖,该局已经认可它们是"服务"中心,并默认了越来越多儿童商品的引进和销售、儿童部门的增加,以及旧部门的扩大都是合理的。

另一方面,改革后的美国邮政局对消费经济的影响则是直接的、即时的和极其广泛的。1900 年以前,生活在乡下和农场的美国人是没有办法让邮件送上门的。他们必须自己或托人进城去取。相比之下,城市居民自 1861 年以来,一直都在享受着联邦政府提供的直接邮寄服务。与此同时,每个人——城市和乡村的普通民众——都依赖六家大型快递公司来寄送包裹,但是费用较高。这些公司只为美国少数几个地区提供了充分的服务,并且仅在几个大城市可以做到送货到门。1898 年到 1920 年间,联邦政府接管了包裹邮寄和乡村邮递业务。[91]

这项改革主要得力于沃纳梅克。沃纳梅克的传记作家们指出,他在 1889 年到 1893 年间担任美国邮政总局局长,他的梦想是增加政府权力,让所有人都能享受更多现代生活的商品和乐趣。[92] 1889 年,他推出了跨大陆快速邮车服务。他为城市住宅设立邮箱,并将免费城市派递局的数量从 401 家增至 610 家。他努力开通乡村免费送货和包裹邮寄服务。1892 年,他获得了一笔资金，便尝试在几个城镇开展农村免费送货服务，并取得了一定的成功。但是，他的成功是有限的，尽管农民非常支持，但他和他们都没有办法在国会获得广泛支持。他们也没有能力对他们的强劲对手（小城镇商人和国家快递公司）发起猛烈进攻，后者担心不断壮大的美国邮政总局会摧毁他们，就组织了反对新改革的全国性运动。[93] 中西部是反对的中心，在这里，反对者把重点放在拟议的改革上，认为它其实是一种"危险的阶级立法"；当时的评论认为："这种立法倾向于社会主义，将会导致政府与私营企业进行商业竞争。"[94]

然而，在整个19世纪90年代和20世纪初，社会潮流却是开始转向反对这种力量联盟。公众越来越厌倦快递公司哄抬价格的做法。新的政治联盟开始形成。大型邮购公司一直是扩大邮政服务最强大的支持者，它们开始采取积极行动，加入小农场主和城市居民的行列，敦促通过新的邮政法。"邮政发展联盟"是1902年在华盛顿成立的一个新游说团体，在它的背后，矗立着西尔斯·罗巴克公司和蒙哥马利·沃德百货，以及所有拥有有效邮购业务的大型城市零售商：梅西百货、沃纳梅克百货、阿尔特曼百货、西格尔－库珀百货等。一位进口商给梅西百货的杰西去信说："邮政发展联盟得到了蒙哥马利·沃德百货、国家现金出纳机公司（NCR），以及我们自身等公司的支持……包裹邮寄和有效的农村服务显然会使所有邮购商受益，所以我们恳请您能促使它加快到来。"最终，杰西也加入了这一行列，他说："包裹投递活动最终必将取得成功。"[95]

国会里的支持者开始成倍增加，尤其是在19世纪90年代出现了席卷美国农村的经济困境之后。1892年，邮政服务内务委员会（HCPS）声称，更大的乡村免费邮递业务，将会"在很大程度上帮助阻止目前农业人口不断升高的不满情绪"。进步主义者在支持邮政改革时也提出了类似的论点，他们说，包裹邮寄和乡村免费邮递业务将会拯救国家，把国家团结起来，把相互冲突的元素融合到一起，最重要的是，将会刺激商品在全国流通。整个国家将会在一夜之间转变成"一个运输系统"。一位研究邮政服务的历史学家写道："人们将会被一种全新的革命性的商品营销方式所吸引。"[96]沃纳梅克在1895年至1912年间在国会多次作证说,邮政改革将会"敦促政府修建邮递道路","鼓励人们去往人烟稀少之地",促进更广泛的"商品流通",这种流通是阻止经济停滞和消除经济萧条所需要的。[97]

由于这一游说,联邦政府承担起了邮政服务的责任,向农村引进免费送货和包裹邮寄服务。1897年,美国只有82条邮政路线,而到1905年,公民团体只需向国会议员提出申请,就能轻松地获得自己的邮政路线。这一年新开通了超过3.2万条邮政路线。1912年,国会建立了全国包裹邮寄系统,一年后,政府的机动车辆开始运送包裹,事实证明,这一做法既便宜又高效。第一批邮政包裹于1913年1月1日由费城的沃纳梅克和他在纽约的儿子罗德曼派出,这是可以理解的。[98]最初的邮政法案划定了八个邮区,并规定包裹重量不得超过5公斤,但是,没过不久,这一限额就提高到22公斤,后来又改为32公斤。[99]

联邦政府经营的包裹邮寄和乡村免费邮递业务,在速度和效率上很快就超过了其所有竞争对手,政府财政工资表上增加了数千名工人,之前由私营企业履行的多项职能也都被纳入政府职能。美国的包裹邮寄和乡村免费邮递业务拓展了道路系统,这反过来又需要政府投入时间去维护和修理公路和街道,需要进行改革以提升机构的力量,这种力量能够稳定和刺激新的企业消费经济和文化。

在19世纪时,美国邮政总局的目标是,让越来越多的人获得"知识和真理"。到一战结束时,这一目标已被改变;此时,邮件的最大使用者是商业。到1920年,政府邮政人员每年要把数亿个包裹,以及大量的商业广告和信件,运送到美国人的家门口。如果说快递公司像农村的零售商和批发商一样在一开始就遭受损失,那么那些邮购公司,像西尔斯·罗巴克公司和蒙哥马利·沃德百货,以及一些百货商店的邮购部门,却是获利甚丰。它们的发展障碍几乎是在一夜之间就被消除,其利润从1908年的4 000万美元增至1920年的2.5亿美元。接下来十年,特别是西尔斯·罗巴克公司,将会把其巨大的利润及其邮购部门的"黄金时代"归功于联邦政府,或者归功于一位历史学家所说的"地球上最大的分销系统"。[100]

帕特森表演

历史学家卡罗琳·韦尔（Caroline Ware）很久以前就在《格林尼治村》(*Greenwich Village*) 一书中指出，美国文化在 1915 年以前经历了一次重大的变革。韦尔写道，在 19 世纪的大部分时间里，美国文化"基本上是农业的、商业的、个人主义的、易变的、以新教伦理价值观为主导的"。随着时间的推移，这种文化开始"逐渐消失"，商业团体、移民和宗教团体，以及新兴产业开始出现。但是，这种文化仍"未同化任何重要机构"。在这一过程中，"工业化进程大大加速"，传统的美国文化开始分裂；一战以前，它甚至已经开始"瓦解"，但它却并未消失，而是在适应新体制的过程中变得"支离破碎"。尤其是在大城市，人们现在"面对着社会组织间相互冲突的文化模式及原则的碎片"。他们被迫"将自己视为孤立的个体，而不是作为连贯的社会整体的一部分进行调整"。"结果就是，社会控制大大削弱，社区融合全面缺失。"[101]

韦尔的分析借鉴了欧美社会学家广泛持有的不同观点，并以一种具有独创性和探索性的方式，将其应用于对格林尼治村的历史研究。但是，她并没有认真对待甚至都没有注意到这种较新的文化——大众商业文化——已经开始超越并取代日渐衰落的 19 世纪的文化。韦尔所描述的一切，在某种程度上都发生了：工业扩张削弱了旧的社会控制，城市的社区融合被打乱（与韦尔的说法相反，社区融合并未"完全"消失）。与此同时，一种新的资本主义文化（它比之前出现过的任何文化都要更有同质性），开始填补这种由于旧有一致性的消失而出现的空白。

衡量这种新文化同质性力量的一个标准就是，它在多大程度上获取了美国主要机构的支持。正如我们在上面所看到的，教育系统发挥了作用，城市博物馆、地方及联邦政府也发挥了作用。这一支持还来自另一个机构：劳工运动组织，甚至是来自劳工运动最激进的派别：世界产业工人组织。世界产业工人组织谴责资本主义制度是所有经济体制中最具剥削性的。然而，工会领导却策略性地操纵并采纳了一项意识形态议程，这一议程可以被认为是对工会所憎恨和攻击的事物进行了制度上的强化。

1913年6月，世界产业工人组织在刚刚重建的麦迪逊广场花园，举办了一场展示新商业文化印记的表演。这场表演是赢取"帕特森罢工"策略的一部分。工会也希望能够利用先前罢工已经取得的一些突出成就。1912年春天，它战胜了马萨诸塞州劳伦斯的羊毛制造商；几个月后，它又在曼哈顿对酒店业发起了第一次有效的总罢工，这在纽约是闻所未闻的；这次罢工打击了华尔道夫酒店、贝尔蒙特酒店和麦卡宾酒店；1.8万名工人离开他们的工作岗位，在纽约面前宣告了他们的存在，并抗议劳动给他们带来的不幸。伊丽莎白·弗林是罢工的主要组织者之一，她在后来写道："大规模的警戒线包围了所有的酒店和时尚餐馆。"[102] 总体来说，罢工以失败告终，但也小有收获：一些酒店付给工人的工资略高于过去，并为后来的组织活动奠定了基础。而且对很多人来说，罢工本身就让人振奋。

1912年冬天，世界产业工人组织在新泽西州的帕特森组织了一次更加大胆的罢工。罢工者主要是来自不同族群的非熟练丝绸工人。这次罢工有很大的风险。工人们的工资近来被大幅削减，工时被延长，许多帕特森的丝绸厂（工人们负责将进口生丝进行编织和染色）刚刚实施了技术创新，极大地改变了这项工作的性质。1900年以前，熟练的纺织工和染色工对他们的工作有很大的控制权，没有一个员工能同时操作两台以上的织布机；而现在，制造商开始安装自动驱动织布机，一个人可以同时操作四台织布机。为了用非熟练劳工取代熟练劳工，工厂主开始转向最便宜的劳动力：移民妇女和儿童（14岁以上）。到1913年，丝绸市场利润丰厚，帕特森的商人们努力满足纽约时装业的需求。当工人们反对提高速度和降低工资时，老板们威胁说要把厂子搬到宾夕法尼亚——他们已经在那里建立了分厂，新织布机也已在那里全面运转，当地矿工的妻子们愿意在只有微薄工资的情况下工作以贴补家用。[103]

1913年冬天，一批又一批丝绸工人离开了他们的工作岗位，最后，所有的工厂都停止了运转。站在运动最前沿的是世界产业工人组织的领导人威廉·海伍德和格瑞·弗林。那些丝绸厂的老板们采用一切可能的手段来镇压罢工。世界产业工人组织的执委会成员埃瓦尔德·克特根（Ewald Koettgen）记录道："整个城市的管理和法院系统，都在加班加点地压制世界产业工人组织。"[104] 工人们开始挨饿，这迫使海伍德等人发起了一场争取得到更多资助和引起更多人们注意的运动；海伍德对事态发生的可怕转变愤怒不已，对纽约报纸的拒绝报道（以免引起纽约工人的不满）也感到无比愤怒，在格林尼治村（他暂时居住在这里），他向梅布尔·道奇（Mabel Dodge）和约翰·里德（John Reed）等富有的知识分子求助；道奇是一位著名的乡村沙龙领导人，里德则刚从哈佛大学毕业，对劳工激进主义很感兴趣。在海伍德的公寓里举行的一次会议上，道奇敦促海伍德："你可以将罢工带到纽约，展示给工人们。你为什么不租一个大厅，在那里重新组织罢工？"海伍德被道奇的想法所打动，但却不知道如何去做。里德随后也出席了会议，他自告奋勇地说他能"做到这一点！""我们要为罢工举行一次表演，"他说，"这在世界上将会是首例。"他们希望以此鼓舞罢工者的士气并引起纽约工人们的注意。这次演出的收入将会全部捐给工会罢工基金。[105]

接下来的表演由里德与其哈佛大学同学、布景设计师罗伯特·琼斯（Robert Jones）共同构思，一共分为六幕，在舞台上展现了帕特森丝绸厂发生的罢工。后来因在戏剧舞台上熟练运用灯光和色彩而闻名的琼斯（他曾说："每次去剧院，我都会仔细观察灯光和色彩。"），把世界产业工人组织的红色融入了整个表演。[106] 在帕特森，工人们挥舞红牌子和红手帕的行为会激怒工厂主；在罢工者、工会负责人和工厂主讨论罢工事宜的公开会议上，穿红衣服的罢工者更是经常会被赶出或禁止进入。[107] 但是，在曼哈顿，红色却是发挥了一种不同的作用，琼斯在女工的头发上别上了红蝴蝶结，并让男工系上红领带。他在剧院里悬挂起红色的横幅，让参加表演的儿童穿上红色服装，并发给每位观众一支红色康乃馨。在麦迪逊广场花园大厦的顶部，有4个3米高的电子广告牌，上面亮着红灯，显示着"IWW"的字样，方圆几公里内都能看见。著名乡村艺术家约翰·斯隆（John Sloan）绘制了舞台布景：一个巨大的丝绸厂，坐落在诸多小工厂中间。[108]

这场盛会由从实际罢工中招募的1 000名工人主演。经过多次排练，演出当天，工人们手持红旗，在游行乐队的伴奏下，从克里斯托弗街游行到麦迪逊广场花园。正如该计划所描述的，他们在舞台上上演了"一场由世界产业工人组织指挥的工人阶级与资产阶级之间的斗争"。最后一幕上演了最近发生的一次谋杀案：一名工人被工厂主雇用的侦探杀害，海伍德和弗林曾在这位工人的葬礼上先后致辞，现在，在舞台上，他们再次做了演讲。

里德说，这次表演是"现实主义艺术"取得的一个胜利。对他自己来说，这也是一个胜利。为了庆祝他所认为的巨大成功并让自己尽快得到恢复，他和道奇、道奇的儿子、道奇儿子的保姆，以及罗伯特·琼斯，一起乘坐游轮前往意大利佛罗伦萨度假。[109]哈钦斯·哈普古德（Hutchins Hapgood）是一位自由作家，他也是道奇沙龙的常客。他相信自己看到了，"大众在工业和艺术中的自我表现……在整个人类社会都散发着光芒"。道奇认为，这里面"最快乐的事情"之一，就是"教会罢工者演唱一首无法无天的歌曲给'哈佛，老哈佛'"[110]。但是，对罢工者来说，无论从哪个方面来看，这场表演都是一场灾难。弗林很生气："没钱。什么也没有。""这件事原本被誉为对罢工的救赎"，但是，帕特森的工人们只得到了"150美元和各种各样的解释"！[111]更糟的是，这场表演标志着罢工失败，甚至还有可能加速了罢工失败。演出结束后几天，帕特森的工厂陆续与各个熟练工人群体（其中有很多人都是不情愿地参加了罢工）达成了和解；大约一周后，饥饿仍在继续，所有工人都被迫回去工作，工会并未找到解决问题的办法。

弗林将罢工失败直接归咎于表演，虽然她自己也曾参与其中。她在回想过去时留意到，那些本应留在帕特森进行示威游行的工人，当时却在为纽约排练台词。事实上，"第一批工贼进入帕特森工厂时，工人们正在为表演进行排练，而那些最优秀、最有活力的工人……则是最好的示威者"[112]。弗林谴责事件的"幕后黑手"（里德、道奇等人），"他们没有真心投入"；她哀叹表演具有明显的"戏剧性"："把工人们的思想从实际的斗争中转移到想象的斗争中，是一种致命的做法。让他们从真正的工作中分心，是帕特森罢工中出现的首要危险。我们不得不抵制它并与之对抗的次数实在是太多了！"[113]

帕特森表演揭露了新商业文化在多大程度上已经渗入美国生活的意识形态中心，以及它在多大程度上（甚至是在工人激进主义的中心）已经确立了人们渴望并为之奋斗的特征。即使在这里，生产与消费之间不断加大的距离也在发挥作用，它混淆了真实与虚幻之间的差异，可能会让受剥削最深重的工人对其自身痛苦无动于衷。帕特森的工人们是在为麦迪逊广场花园上演的"一幕"而罢工的吗？那些商人和工厂老板是否也在想象中取得了成功，就像他们在百货商店和工厂车间赢得了具体的战斗一样？

与世界产业工人组织中的很多领导人一样，海伍德对工人们应该为之奋斗的目标同样缺乏深思熟虑；他的很多梦想都是借来的，比如从乌托邦思想家贝拉米那里借来的，贝米拉把百货商店和消费放在他"美好生活"理念的核心。在1913年对帕特森工人所做的一次演讲中，海伍德描述了一个"理想的社会"：

> 它将是乌托邦式的。这里将会有一个美妙的餐厅，你将会在那里享受最好的食物；一些悦耳的音乐将会促进你的消化，精彩的管弦乐队会将这些音乐送到你的耳边。这里还会有一个健身房、一个大游泳池和一个大理石私人浴室。这个工厂有一层将专门用于进行艺术品展出，你将会看到比纽约大都会艺术博物馆里还要好的藏品……你的工作椅将会是一把安乐椅，这样当你感到疲惫时，你就可以很舒服地躺在上面放松自己。[114]

弗林极其推崇贝拉米的想法。她后来回忆说，贝拉米的乌托邦小说《回顾》，"令人信服地解释了，在社会主义制度下，美国将会是多么和平、繁荣和幸福，它给我留下了无比深刻的印象，也给其他无数人留下了这样的印象"[115]。然而，与此同时，在1913年，她则认为，除了贝拉米和海伍德所描述的那种舒适，甚至除了罢工者所要求的更高的工资，还有一些东西要更值得去争取。"对工人们来说，每天多挣几美分，每天少干几分钟活儿，然后第二天再怀着同样的心理、同样的社会态度回到工作中，只不过是获得了暂时的利益而非持久的胜利，"她说，"所以工人们的胜利必须是双重的，如果只能有一种胜利，那么在精神上获胜也要好过在经济上获胜。"[116]

到1915年，正如帕特森的形势所显示的，美国大部分地区都正在成为一个"欲望之地"。这是由企业货币经济、对利润的追求，以及"利润制造者与工人之间日益扩大的距离"造成的。[117] 19世纪大部分时间里大多数人所追求的物质上的舒适和富足，正在被"占有"的观念，被"因占有而存在"的观念，被浮华和炫耀而不是被与现实公开对抗的观念，被欲望而不是被满足感所取代。

20世纪初，新的经济机构（百货商店、全国性公司、酒店、剧院、餐馆、商业银行和投资银行）开始重塑美国文化。和它们站在一起的还有它们的经纪人（像弗兰克·鲍姆、马克斯菲尔德·帕理什、约瑟夫·厄本和O. J. 古德这样的人），他们共同创造了新的消费诱惑。与此同时，另外一些非经济机构及其经纪人：博物馆、教育机构和政府，也开始满足商业需求。就连世界产业工人组织的领导层也被资产阶级策略所吸引和迷惑，他们在无意中也为新的权力环路做出了贡献。

第七章
沃纳梅克的简朴生活和国教道德的沦丧

1901年，一位传教士问沃纳梅克，他是否认为现代商业主义会给教会生活带来负面影响，沃纳梅克回答说他不这么认为。他说，事实上，"过去20年的商业活动对宗教生活非常有益"[1]。考虑到周围正在形成的文化的特征，虔诚的长老会教徒沃纳梅克怎会作此评判？是什么样的宗教生活观促使他这么去想？宗教人士又是如何看待美国正在发生的那些重大变化：公司的崛起，新的货币经济，消费欲望文化的传播？他们有没有想过，它们会给精神生活带来什么影响，或者宗教职业的未来会是什么样子？

除了百货商店、政府、博物馆和大学，还有一样事物也在为这种新文化忙碌着，那就是宗教。这里所说的宗教并不只是那种制度意义上的宗教，它还意味着"精神生活"，或者更广泛地说，就是人们遵循的原则，他们的是非观，他们的优先事项和价值观。本章和下一章将会探讨宗教对这种新文化所做回应的特点，与其说我们是在考察制度本身，不如说是在考察一个相对虔诚的民族，在思考或遭遇新商业社会的道德挑战时，所做出的伦理和精神上的决定。

就沃纳梅克而言，他认为美国的宗教和商业都处于一种健康状态，而不是一个在衰退、另一个在崛起，因为他自己一直都在努力给这两个世界注入活力。他并不是唯一抱有这种信念的人。事实上，这很有可能是当时大多数人的观点；很多富裕的福音派和自由派新教徒，以及很多中产阶级天主教徒和犹太人都持有这种观点。虽然沃纳梅克等人认识到了新经济环境给人们造成的痛苦并想法从基督教立场去加以应对，但是，他们对新经济环境却是持肯定态度并坚信它的道德正确性。他们相信，文化和宗教并不是对立的，而是将会一起携手迈进美国的新千年。传统宗教最终还是赞同美国新文化和经济的，从而成为新秩序赖以生存和维持的另一个支柱。

必须承认，每个宗教团体中都有领导者理解并抵制正在发生的一切。世纪之交的宗教文化，或许与我们这个时代的有所不同，但却仍然至关重要，足以让强大的异议者发出自己的声音。沃尔特·劳森布什（Walter Rauschenbusch）就是那些批判者之一，他是一位德国浸礼会牧师，也是一位著名的社会福音传道者。他努力复兴美国新教的先知思想，将宗教与文化紧密相连，并以批判的眼光去看待它们之间的关系。1907年，他在其最著名的《基督教和社会危机》（*Christianity and the Social Crisis*）一书中写道："竞争性的商业把各种东西都摊开在我们面前，恳求并说服我们去购买那些我们并不想要的东西。人们试图破坏道德教育的产物：远见和自制，并适应今朝大吃大喝、明日忍饥挨饿的野蛮人的道德习惯。"他认为，经济富足只是刚刚开始与精神生活的需求进行斗争，因为现代人即使拥有无限的舒适和财富，"仍然可能被可怕的空虚所困扰，感觉自己的存在是一个毫无意义的谜题和错觉"[2]。

约翰·瑞恩（John Ryan）是一位毕生都在批判消费资本主义的天主教徒。他是华盛顿特区天主教大学的社会伦理学教师，也是最低工资立法的最早倡导者之一。瑞恩的批判体现在两个方面。一方面，他清楚地认识到，很多美国人（20世纪初可能有1/8的美国人）都生活在贫困中。他们的健康、体面和舒适需要被提高到一种可以接受的水平。瑞恩谴责那些将"非自愿贫困"视为美德的人，他坚称，所有"多余的财富"都应与穷人分享。另一方面，他也提醒天主教徒及非天主教徒要警惕"消费和物质占有"的精神风险。他所坚持的标准是"节俭的舒适"、充实的工作，以及慈善，而不是"感官的多样化满足"——这种满足"让自爱和自私得到极大的膨胀，让人们对上帝的爱和对邻居的有效的爱大幅减少"。瑞恩断言：

"天主教与资本主义生活观之间存在着一道不可逾越的鸿沟。"天主教尊重每个人的"价值",而商业则"使货币价值成为最高价值",并通过"强力"销售来培养一种"虚假的自由感"。[3]资本主义认为劳动是"邪恶的",需要被忍耐,"因为它能够带来消费和享受"。天主教则将劳动视为生命的本质:它是"实现个人才能的手段",是"按照上帝的旨意实现个人终极目的的手段"。1908年,瑞恩特别对那些富足的天主教徒进行了批判,他写道:"生活水平不是由人们拥有什么来衡量,而是由他们渴望和希望拥有什么来衡量。遗憾的是,这些天主教徒却错认为,有价值的生活在于对物质需求的无限满足。"[4]

卫理公会牧师、一神论牧师,以及伦理教化运动的支持者,都赞成与瑞恩观点类似的"整体人格"概念。19世纪70年代后期伦理教化运动的创始人、犹太自由主义者菲利克斯·阿德勒(Felix Adler)等领导人担心,人类的"个性"会受到"自我孤立"和"冷漠"的威胁。他警告说,工人们正在受到"机器"的伤害,失去个性。他写道:"奢侈品非但没有帮助人们保持这种个性,反而在破坏和阻碍它的发展。"[5]

在纽约市,有几位正统的犹太拉比刚从东欧移民过来。他们努力抵制现代商品力量的影响,因为现代商品力量会瓦解他们对其人民宗教习俗的控制——特别是对规范屠宰和肉类销售的饮食教规的控制。对饮食教规的控制,是拉比权威和整个犹太教生活方式的核心象征。[6]在欧洲,从仪式屠宰者到零售商,任何参与其中的人都必须是正统的犹太人。此外,饮食教规行业是为了公共利益而非私人利益在运作,大多数工作人员都是当地社区雇用的,社区的社会福利都由肉类消费税收资助。在美国,到1912年,那些欺诈、自私、盗窃和亵渎行为,已经侵入截至此时受到保护的公共领域。历史学家亚瑟·戈伦(Arthur Goren)写道,当前的商业屠宰场雇用了许多东正教工作人员(这是一种被禁止的做法,因为它损害了那些执行饮食教规者),私人商家(而非当地社区)正在"从一种产品中获利,这种产品的较高价格源自其宗教价值"。[7]

东正教神职人员奋起反抗,他们与其他同样忧心商业危险的犹太人一起参与了一项短暂的实验，即卡希拉实验（Kehillah experiment），这项实验的目的是在纽约所有犹太人之间创立一种新的统一，并重新激活拉比对饮食教规的控制。在当时的那种多元化背景下，这是一项非凡的努力，它由犹太复国主义改革派拉比犹大·马格尼斯（Judah Magnes）领导。《纽约环球报》的出版商塞缪尔·施特劳斯等世俗犹太人也加入了这一实验。马格尼斯渴望为他的实验创建一个东正教中心，世俗犹太人可以在此聚集，拉比们可以完全控制饮食教规，进而给予拉比们新的希望。虽然这一努力最后还是以失败告终，但在一战以前，它确实短暂地阻止了世俗市场力量的入侵，并在一定程度上恢复了旧有的社区稳定。[8]

这些都是针对新商业趋势发出的一些抵制和批评的声音。此外，当时也有许多其他声音：爱荷华州阿曼那宗教村的成员拒绝让电影进入社区；纽约等地很多新教福音派人士，将"肆无忌惮地展示奢侈品"抨击为"时代结束的标记"，将"不断地攫取"视为"对社会和平与舒适的威胁"。[9]当时社会上的那种精神紧张、冲突和对立，某种程度上在今天依然存在。尽管存在这些异议（其中有些见解还非常深刻），但是，美国城市里出现的运动却是在走向一种新的宗教和解、一种新的道德妥协，试图将消费者的愉悦、舒适和获得（即"美国的生活标准"），融入传统基督教世界观的残余之中。

作为自由福音派布道者和机构建设者的沃纳梅克

想要了解既存宗教的演变，必须从沃纳梅克说起；他对美国宗教生活的贡献，几乎与他为商业扩张所做的贡献一样大。从19世纪50年代开始，沃纳梅克就非常积极地在城市中发展美国新教：他协助建立了伯大尼主日学校（BSS）等重要宗教机构，并发起了"世界主日学校运动"，从而帮助塑造了美国城市中产阶级的文化宗教观。我认为，看他如何从宗教角度去处理新的商业秩序，就能知晓大多数中产阶级美国人在过去和现在是如何对待这一秩序的。沃纳梅克创建了两套机构：一套是宗教机构，另一套是商业机构。他认为，这两者相互关联，互为补充。它们在他的生活中，以及在社会上，扮演着不同的角色。商业机构满足了沃纳梅克对权力、财富和幸福的需求，并催生了一种颠覆传统宗教观的戏剧化的世俗文化。宗教机构则满足了他对个人救赎的需求，并保护他和其他人免受新商业文化的深刻影响。这种分裂的观点反映了公共目标和个人目标之间的分歧，并削弱了宗教应对当今重要公共问题的能力。

沃纳梅克的个人宗教史，是美国新教所发生的重大变化的一部分。美国新教从殖民时期严格的加尔文主义，演变为19世纪50年代非宗派的福音主义。加尔文主义一直在思考人类固有的"邪恶"，人类在上帝权力面前的无能为力，以及获得救赎的困难；它认为，基督徒的生活是一场持续而艰巨的考验，涉及个人本性的诸多方面。相比之下，福音派新教则显得较为乐观和自由，它的教条也更少，它不确立神权，它确信每个人都可以在没有太多压力或挣扎的情况下就能得到救赎。它更为关注人们的行为方式，而不是他们对上帝和罪恶的思考有多么深刻。最终，它成了一种比加尔文主义更能与商业经济相容的宗教体系；加尔文主义则把自己武装起来以抵御世俗文化的诱惑，提醒自己注意精神衰落和软弱的危险。[10]

19世纪50年代以后，很多主流团体，如长老会、卫理公会、公理会和圣公会等，都集中资源建立教派间的福音机构，尤其是主日学校、基督教青年会、基督教女青年会，以及该世纪后期的救世军，以帮助美国人调整宗教体验去适应城市生活。到1912年，一个广泛存在的宗教机构，将全国各地的小团体汇集成一个共同的文化整体。这些新的准宗教团体补充了普通学校或公立学校的工作（很多人都认为这些学校已不再向儿童传播宗教信仰），其工作人员和管理人员都是从商人和职业团体中招募的普通教徒，他们最关心的是向儿童和年轻人灌输正确的价值观。这是一个新的非专业"专家"阶层，他们拥有比父母和神职人员更多的宗教权威。

在主日学校，在教会发行的报纸和书籍中，儿童和成年人被灌输以现代"基督教"精神的基本要素：自我控制，节制，尊重安息日规定，服从，以及忠实于简朴的圣经教导。[11]

1858 年，20 岁的沃纳梅克在费城开办了伯大尼教会主日学校，这比他在纺织品行业开展事业还要早上几年。同年，他被任命为美国基督教青年会首位付薪秘书；他组织了无数次祷告会，第一年就招募了 2 000 名会员，推动了该组织在全国范围内的发展。"我走在小路上，走近篱笆旁，"他在谈及其在基督教青年会的工作时说，"召唤人们加入进来。"[12] 伯大尼教会主日学校是他一生中最感兴趣的机构。1859 年，也就是在正式成立后的第一年，学校一共有 50 名孩子（和几位成人）；南街的新伯大尼教堂建成后，共有 275 名儿童和 17 名教师。[13]

沃纳梅克原本可以轻松地成为和他的朋友穆迪有着同等地位的复兴主义者，后者是内战后最有影响力的福音派传教士。穆迪身材比较矮小，中年时体格健壮，相貌一般。沃纳梅克的身体条件相对来说要较好一些，他 40 岁时身高接近 1.8 米，一头棕发，鹰钩鼻额，一双灰蓝色的眼睛，声音深沉洪亮，很有魅力。他的传记作者写道："他习惯与人挽臂同行。"[14] 他与穆迪的宗教及社会经历有些类似。他们两个人年龄只差一岁，他们的父亲和祖父都是泥瓦匠；他们都信仰福音主义，并通过主日学校运动和基督教青年会（穆迪是芝加哥基督教青年会聘任的首位秘书）而崭露头角。[15] 年轻时，他们两个人都热衷于零售业。1857 年，穆迪从马萨诸塞州的诺斯菲尔德搬到芝加哥，在那里从事一份非常赚钱的工作：卖鞋。他还进行过房地产投机，并以高利率向个人贷款（也就是说，他是一个放高利贷者）。与当时很多美国人一样，他并不觉得他的商业行为与宗教信仰之间有什么冲突。1858 年，他给他的哥哥写信，吹嘘自己赚到了钱，同时劝告哥哥要"坚持对圣经的应许"，不要让"任何东西阻止你全然享受上帝的爱"。[16]

然而，他们两个人之间有一个根本的不同。1860 年，他们都经历了一场宗教危机，但结果却是各不相同。穆迪一天天变得更加世俗和富有，然而，突然有一天，他决定放弃事业去做一位传教士。他的传记作者说，这一选择并非全是冒险之举；虽然他一度陷入贫困，但他知道，在未来的某个时刻，他可以依赖芝加哥富商约翰·法韦尔这位虔诚的长老会教徒来资助他。就像当时的大多数复兴主义者一样，对穆迪来说，宗教和商业"深深地交织在一起",这使得他(以及其他福音派人士)很难去评判商业道德。[17]他也不喜欢复杂的思想、过于刨根问底的探寻,以及会引发教义争端的任何东西。他看重的是对耶稣那种单纯的爱,以及通过耶稣得到的个人救赎;他几乎完全反对个人罪恶,特别是看戏、违反安息日规定、酗酒和"世俗的娱乐"等。[18]尽管如此,穆迪却是真切地感受到他的牧师职责。他相信,"只有全心投入宗教信仰的使命中,才能找到真正的幸福"。后来,他写道:"我受到内心声音的驱使。"[19]可以肯定,他的决定从未导致他公开批评商业,但却确实导致他"将自己献给上帝,谴责那种'时髦的基督教'"和"允许精神吞噬和控制生活的世俗方面"。[20]1871年,他在纽约城经历了第二次改宗,当时他哭了,"除了基督传道和为灵魂工作,他对一切都失去了兴趣"。他加入了新的"神圣"运动,该运动强调"献身于辛苦的基督服务和充满精神力量的内心"。他甚至被前千禧年主义所吸引,这是一种悲观的福音派时间观,它游离于乐观的福音派主流之外,从某些迹象中看到了文明的崩溃,并相信一切都将变得更糟,而不是更好。[21]也许,如果能从其他人那里得到更多鼓励(尤其是从那些对资本主义企业不感兴趣的前千禧年主义者那里),穆迪可能会变得比以前更多地去批判美国生活。[22]

1860年,沃纳梅克也经历了类似的事情。那一年,他为是否要成为牧师进行了激烈的斗争,但他的梦想则是成为另一位斯图尔特(美国第一位伟大的商业王子),而且这一梦想很快就捕获了他的内心。[23]然而,在19世纪70年代一段短暂的时间里,这种思想斗争再次在他的内心活跃起来,他甚至可能都想过要去追随穆迪的脚步。1875年,他邀请穆迪在费城一个旧火车站进行了一次大型布道,他计划在布道后不久就把这里改造为他的大仓库纺织品店。这次布道不仅让他心潮澎湃,还让他每天都能接触到穆迪,穆迪此时已经沉浸在其自身的"神圣"使命中。布道后几个月,穆迪从芝加哥给沃纳梅克写了两封信,敦促他离开商界。他写道:"我必须给你写信,再次努力让你离开你的生意。尽快离开吧。在我看来,魔鬼似乎要夺去你的王冠。""我认为你拓展业务是错误的。我觉得这是魔鬼对你耍弄的一个计谋，它想捆住你的手脚。我恳求你不要让自己的内心变得一片荒凉。"[24] 沃纳梅克可能是被这些恳求打动了。1878年，他和穆迪的几个密友一起参加了在纽约举办的一场关于前千禧年主义的会议。前千禧年主义是一种宗教立场，它与沃纳梅克传统的商人乐观主义，以及他的福音派自由主义截然不同。[25]

但是，沃纳梅克又一次退却了，他太急于走自己的路，太渴望从事一项比穆迪的选择更大胆的事业。他不仅想要拓展他的生意，他还相信自己并不需要放弃一条道路去追求另一条道路。穆迪拒绝世俗路线，拒绝让神圣重塑他的世俗利益。但是，沃纳梅克却是想要鱼和熊掌兼得。宗教历史学家威廉·哈钦森（William Hutchinson）说，沃纳梅克和其他福音派自由主义者有一个共同的愿望，即"放弃神圣与世俗之间长期存在的冲突"。[26] 他想得到一切：两个王国，两顶王冠。他既想要"存在（来自精神的恩典）"，又想要"拥有（拥有越来越多的'东西'：商业利润、舒适、物质进步和权力）"。因此，在宗教领域，他开始做穆迪认为所有优秀基督徒都应该做的事情——但其规模则要更为宏大；在他走向成熟的过程中，他一直恪守穆迪式简朴的福音虔诚。他在笔记本里记下了他的宗教思想和格言，反映了他说的"耶稣基督宗教"的"简朴"信仰。"耶稣从来不笑，"他在1871年这样写道，"世俗选择面临一种巨大风险——我们有一些神圣的事情要做。"[27] 在1894年的一次欧洲之旅中，他写道："耶稣无处可倚。如果他有财产，他就会被同胞孤立；但他分享一切，奉献一切，不为自己保留任何东西。"[28] 他在1901年写道："上帝更高大，更圆满——'无限之爱'（Infinite Love）的所有力量，并非夸大。"[29]

沃纳梅克还扩建了伯大尼教会主日学校。19世纪50年代后期，学校的规模还比较小，但到19世纪90年代，它已成为世界上最大的主日学校。学校隶属伯大尼长老会，有两位牧师、多位助理牧师、一些辅助人员、很多普通教徒领导，以及数千名会众。事实上，伯大尼长老会是美国最典型的机构型教会之一，是一种新的教会，它有很多教派，既服务于宗教目标，又满足了社会和文化需求。与后来的百货商店一样，这些教会开始锚定社区生活；它们有大量的预算，有唱歌、吃饭、开会的场所和各种活动。1891年，一位牧师说，很多教会"一周七天，全天开放"，并关注城市贫困及劳资冲突等问题。它们试图在某种程度上把宗教与世俗生活联系起来，并探讨了"人类的整个生活"——从娱乐和精神指导到经济和人道主义援助。它们当中最具社会意识的是基督教服务中心，它开办托儿所、职业介绍所和施粥处，并举行救赎布道。其他教会则将社会服务与娱乐相结合。奥里亚娜·阿特金森（Oriana Atkinson）是戏剧评论家布鲁克斯·阿特金森（Brooks Atkinson）的妻子，她在纽约市格林尼治村长大。在社交和宗教方面，她完全依赖于社区的卫理公会教堂，即第十四街的大都会教堂，"它像一块磁铁，吸引着周围好几个街区的人们"。她在回忆录里写道："一周里的每个日夜，小礼拜堂都有活动举行，有时也会在教堂里面举行"，包括讲座、唱诗班排练、圣经班、专业音乐会、缝纫会、宣教会和主日学校等。[30]阿特金森的教会，以及其他类似教会，经常把教会服务视为一种"专业表演"。它展示的是牧师的权力，而不是会众的参与。渐渐地，这些教会开始鼓励宗教顺从，人们"来教堂做礼拜，就像去听音乐会或者去剧院看戏一样"[31]。

伯大尼长老会不仅是最早的机构型教会之一，而且它也像沃纳梅克百货一样具有多面性。早在19世纪80年代，礼拜仪式上就有管弦乐队演奏，教堂里的彩色玻璃窗与商店里的彩色玻璃窗相映成趣，引座员谦恭的服务态度也和沃纳梅克百货销售员的态度一样。（在1906年的纽约店，九楼的餐厅、公共休息室和艺术画廊都嵌有彩色玻璃窗。）[32]与此同时，伯大尼的两位牧师亚瑟·皮尔森（Arthur Pierson）和威尔伯·查普曼（Wilbur Chapman），受到穆迪神圣布道的影响，努力帮助城市贫民。除了为儿童开设主日学校课程，伯大尼长老会还赞助了帐篷里的福音集会、一次救赎布道、一处海滨住宅、一所每日假期圣经学校、工作日夜间课程、一座日间托儿所，以及国内外的多场布道活动。教师们在周日下午会为长老会和非长老会人士开办"圣经联盟"，上午则仅为"男性"开设兄弟会。[33]

沃纳梅克主管伯大尼长老会几十年，并在那里的主日学校教书。"我从不错过一个周日，"1913年，他在给一位朋友的信中写道，"除非我生病或出国。根据个人经验，我知道没有什么可以取代它。"1898年，他在主日圣经课上为近2 000人讲课。[34]他最喜欢的是在上午指导"兄弟会"，这是沃纳梅克在1890年组织起来的一群男人。十年后，"兄弟会"改名"罗马军团"，那时沃纳梅克在讲《新约·罗马书》。兄弟会的成员大都是他店里的员工，但也有来自费城各地和邻近城镇的其他人。截至1900年，该组织拥有900多名成员。沃纳梅克喜欢给这些男人讲解圣经里的一些简单故事和寓言。20世纪初，他花了很多时间来讲解他最喜欢的圣经段落：《罗马书》第八章和第十章。他要求这些人记住这些内容。他还给那些在家人面前"背诵"这些段落的男人的妻子们一一写去了表扬信。第八章的核心内容是："随从肉体的人体贴肉体的事；随从圣灵的人体贴圣灵的事。体贴肉体的就是死，体贴圣灵的乃是生命平安。原来体贴肉体的，就是与神为仇。"[35]

沃纳梅克资助了"1873年大恐慌"之后最后一次重要的城市宗教布道：穆迪1876年的大布道，这次布道比之前任何一次都要更加符合商业和专业人士的需求，他们希望摆脱对目前所做之事的罪恶感。它吸引了成千上万的人，甚至包括格兰特总统和美国最高法院的所有成员。近40年后，沃纳梅克以同样的热情支持了原教旨主义者比利·桑代（Billy Sunday）的布道工作，渴望能够重现昔日"辉煌"，但却未能如愿。他向比利·桑代奉上了他个人的服务、他的钱、他创造的宗教机构。他写信告诉比利夫人："只要他给我们留出清场时间，我们就会不断给他输送新的听众。我希望桑代先生能在这里住上两三个月，帮助我们制定新的《独立宣言》。"尽管费城自由派经济学家斯科特·尼尔林（Scott Nearing）等人恳求桑代的布道能够涵盖改革问题，但是，沃纳梅克（他自己的牧师有时也会强调社会服务）却恳求桑代通过耶稣传播拯救的简单信息。[36]

沃纳梅克是其所在基督教长老会中的资深教徒。他在费城建造了四座大教堂。1900年以后，新的族裔进入城市，取代了移居他处的一些较老的北欧人（沃纳梅克并不为这种人口变化感到惋惜），他提议建造更多的教堂。19世纪70年代，他让美国主日学校的重要报纸《主日学校时报》重新焕发活力。当时，这份报纸由于缺少资金，正在走下坡路。他把报纸收购过来，放在自己的出版社印刷（这对商人们来说闻所未闻）。后来，报纸的订阅量超过50万份。他担任费城安息日协会（PSA）会长超过40年，为救世军和基督教青年会的兴起和壮大做出了贡献。沃纳梅克认为，基督教青年会是一个优秀的城市机构，没有它，年轻人的道德生活将会处于危险之中。就像对待伯大尼长老会一样，他在基督教青年会上也付出了很多心血。1886年，他写信给一个朋友说："我认为，一个组织良好的基督教青年会，对任何一个城市的福祉来说，都是不可或缺的……我之所以在它上面投入大量资金，是因为我不知道还有哪个领域能和它一样有这么高的投资回报。作为一名商人，我认为，它的存在价值远远超过了为我们所雇用的那些年轻人提供保障和鼓励的价值。"[37]

1895年以后，沃纳梅克的宗教工作呈现出一种全球化特征，反映了当时福音派新教的流行趋势。他先后出资在马德拉斯（1895年）、加尔各答（1901年）、首尔（1901年）和北京（1913年）创建了基督教青年会学校。1900年，他为基督教青年会创建了印度总部，并在印度的阿拉哈巴德基督教学院建立了玛丽·沃纳梅克女子学校，该学院与伯大尼教会主日学校有联系。1919年，他成为"世界主日学校协会"会长。[38]

简朴生活和牧师瓦格纳

令人惊讶的是，沃纳梅克也是美国"简朴生活运动"的创始人，是除西奥多·罗斯福总统之外这场运动最忙碌的机构赞助商。1901年至1904年间，简朴生活运动影响深远，美国城市中产阶级开始对它产生兴趣；它"具有信仰和时尚的双重身份"[39]。"工艺美术"运动中的人们崇尚简约；一批新的室内设计师也是如此，其中包括德·沃尔夫（De Wolfe）和伊迪丝·华顿。1899年，华顿的第一本书《房屋装饰》（*Decoration of Houses*）出版，它支持简朴"美学"，反对杂乱和装饰。乡村住宅和质朴风格成为富人的追求。新荒野运动的倡导者、环保人士和"回归土地"理念的支持者也赞成简朴生活哲学。约翰·缪尔（John Muir）是一位伟大的自然主义者，他在1894年创立了"塞拉俱乐部"，他认为，简朴生活是现代资本主义"gobble gobble"学派精神的唯一和最佳选择。"我们的文明模式引发了很多需求，但却很少有人想起纯粹的休息或自然的治愈能力。"[40] 对简朴生活的崇尚，也影响了1910年成立的美国童子军，以及一些新的露营团体。人类学（它在19世纪末期发展成为一门专业）也受到简朴生活理念的启发，可以说，人类学对简朴生活的兴趣（想在其他地方和民族中寻找简朴生活），影响到了人类学家解释"原始"民族的那种浪漫方式。就像民族学家沃尔特·罗斯（Walter Roth）在谈到几内亚印第安人时所说的："他们生活在最完美的平等之下……满足于简朴的生活方式，丝毫不想效仿殖民者的那些惯常活动。"[41]

但是，简朴生活观的主要受众还是宗教人士，特别是那些拥有自由福音派背景的美国城市中产阶级。他们中有很多人都对自己不断增加的财富和舒适，在道德上感到不安或内疚，他们发现，简朴生活理念很有吸引力。沃纳梅克作为简朴生活运动的导演，又一次站到了运动的最前沿。

这场运动中最著名的一本书是法国神职人员查尔斯·瓦格纳（Charles Wagner）撰写的《简朴生活》（*The Simple Life*）。瓦格纳是一位路德派牧师，和沃纳梅克一样，他也具有非宗教自由派倾向。他比较关注信仰新教的法国资产阶级的物质主义行为。他的书于1901年出版，后被译成其他几种语言。书中委婉地批评了法国资产阶级那种忽视精神生活、热衷于物质生活的行为。

《简朴生活》在法国反响平平，但在美国却是引起了轰动。瓦格纳在书中讨论了新的"复杂物质主义"（更好的住房、更好的食物、更多的家庭用品，以及更高的生活标准）对道德行为的影响。他认为，物质进步既有益处，也存在潜在的危险，因为它缺乏一个安全的道德核心。已经很富有的人渴望得到越来越多的东西，从而产生了"一种普遍的不安状态……需求越多，欲望就越多，我们也就变得越爱争吵"。"时尚"和"奢侈品"正在腐蚀欧洲人和美国人。人们"想要模仿大人物，却忘记了如何做到简单、真实、自我牺牲,尤其是谦卑"。"我们这个时代最大的幼稚之处就是对广告的热爱。为了从默默无闻中脱颖而出,"

> 为了广为人知,为了让人谈论自己——有些人如此沉迷于这种欲望,我们有理由说他们是受了广告的蛊惑。滥用展示,或者更确切地说,把所有东西都展示出来;越来越没有能力去欣赏那些隐藏的东西……有时,人们会怀疑这个社会最后是否会变成一个大集市——人人都在帐篷前敲锣打鼓。[42]

顺便说一句,没有证据表明瓦格纳认为这些批评适用于他。

瓦格纳最大的批评是反对"物质主义者",后者与过去决裂,接受了"现代"新事物。瓦格纳说,没有人再去关心"家庭传统",关心传统"孝道"和神圣信仰,或者关心旧工艺。新婚夫妇不是用"那些提醒他们记住过去的物品"来布置屋子,而是"用全新的家具装饰房子,那些家具没有任何意义",不过是"轻率和肤浅的象征"。[43]

必须做点什么。可是要做什么呢?瓦格纳明确表示,我们不能回到过去。像大多数"简朴生活者"一样,他的计划并不是回到"旧时代"的那种"简朴生活",也不是回到传统基督教设想的那种简朴生活。瓦格纳说:"我和那些不断哀叹自己没有出生在其曾祖父那个时代的人完全不同。我是这个时代的儿子。我觉得它正在变得一天比一天迷人。"[44]也不是回到"社会主义"或其他类似的方案。瓦格纳认为,那些大型社会项目是错误的,因为它们涉及财富再分配;事实上,如果民主和平等走得太远,一样会误入歧途。富人和穷人,工人和资产阶级——他们完全可以适得其所。

他提出的解决方案是个人的。人们应该宣称自己过着简朴生活,每个人都按照"自己的方式"和"自己的心意"生活。瓦格纳后来解释说:"我的书只是说,如果我们的心很简朴,那么无论周围环境如何,我们都会过着简朴生活。"[45]重点是要避免一切炫耀或过于复杂的东西。瓦格纳建议,不要考虑像"钱"这样的"坏东西"。避免"悲观主义"和"自我剖析"，保持"自信"并"充满希望"。他建议，重新拿起旧工艺品，重新塑造旧的家庭传统。试着"做你自己"。"简朴是一种心态。它存在于我们生活的主要意图中。当一个人想要成为他应该成为的人，即诚实和自然的人时，这个人就是简朴的。让一朵花成为一朵花，让一只燕子成为一只燕子，让一块石头成为一块石头，让一个人成为一个人，而不是狐狸、野兔、猪或猛禽：这就是事情的全部。"[46]

在伯大尼教会主日学校的一天

仅在纽约市及其周边地区，《简朴生活》就售出了数千本。[47] 到1904年，瓦格纳的名字在美国已是"家喻户晓"。"美国公众对他的面庞非常熟悉"，一眼就能认出。全国各地都能看到他的照片，就像全国各地都能看到他的崇拜者埃尔伯特·哈伯德的照片一样。[48] 爱德华·博克（Edward Bok）是美国主要女性杂志《妇女家庭杂志》的出版商，也是沃纳梅克在费城的邻居，他利用杂志向数百万美国人推广瓦格纳的想法。西奥多·罗斯福总统对瓦格纳的著作大加赞赏，他看的那本书很可能就是沃纳梅克送给他的。[49] 对这本书的需求如此广泛，就连为行业提供现代营销建议的《纺织品经济学家》的编辑们也在推销它。他们说，它的畅销，

> 表明人们在内心很是排斥那种矫揉造作的复杂生活，而在现实生活中，有很大一部分美国人都被迫过着那种生活……瓦格纳对这种旧的、永恒的、直截了当的替代方案进行了直率的描述，对美国人来说，读这本书是一件非常有益心灵健康的事情。

在三个月的时间里，该书引起了巨大的反响。1905年3月，编辑们说："奢侈……是一个相对的概念；瓦格纳和他的《简朴生活》则恰恰相反，它是所有美国人都追求的，只不过程度有所不同而已。"[50]

沃纳梅克是瓦格纳最热情的支持者。沃纳梅克坚信，简朴生活理念

将会成为他所认为的美国"宗教衰落"的解药。他在笔记中将这种衰落归因于"对信条的争论"、"更高层面的（圣经）批评"和"争夺财富的竞赛"。[51]沃纳梅克买下数千本《简朴生活》，将其分发给他的员工、伯大尼人和朋友。[52]他在宾夕法尼亚州林登赫斯特如同宫殿般的乡间住宅旁建造了一间简单的"小屋"。据他的传记作者说，每当他有冲动的时候，"他就会住进去，过上几日他的朋友瓦格纳倡导的那种简朴生活"。[53]

1903年春天的一个早晨，沃纳梅克前往瓦格纳在巴黎的公寓进行拜访。他邀请瓦格纳去美国"研究宗教生活状况"并做巡回演讲。[54]回到家中，沃纳梅克写信给他的朋友，说起那个"令人愉快的男人"和"令人愉快的见面"。瓦格纳甚至"给我寄来了他的照片"[55]。1904年9月，瓦格纳出发了。"美国欢迎你！"沃纳梅克在从勒阿弗尔出发的航行途中发出了这封电报。[56]在美国的前两周，瓦格纳将和沃纳梅克待在林登赫斯特（但不是在那间小屋里），以便他可以在一种适宜的环境下适应美国，然后再开始研究美国的"宗教生活"。[57]

瓦格纳在林登赫斯特的第一天，是从沃纳梅克的日常仪式开始的："一家之主"向"全体家人、主管和仆人"诵读圣经。之后，他们参观了这所房子；瓦格纳感觉房子很大，很漂亮，但他并不觉得"奢侈"，尽管他承认这里有他见过的最昂贵的画作（包括庚斯博罗、伦勃朗和提香等名家的作品），而且花卉、植物、中世纪挂毯、雕像和艺术品随处可见。大楼梯平台上立着一架有着几百根音管的管风琴。瓦格纳非常欣赏温室和花园里的兰花。他徒步穿过乡村，疲惫地回到一个"圆形建筑"，这是为他回来准备的，"垂下的树枝上挂着串串紫葡萄和金梨"。他在这里小睡，结果被小女孩们的笑声惊醒，她们在他面前的桌子上"堆满了水果"。"我吃到了一些美味的梨子和麝香味的葡萄。"[58]

瓦格纳为期两周的访问让沃纳梅克欣喜若狂，尽管这会影响他做生意的时间。他和瓦格纳成为朋友，彼此的简朴都给对方留下深刻的印象。[59]沃纳梅克写信给一位伯大尼的朋友说："前两个星期要是你能和我在一起就好了，那时，简朴生活的典范正和我住在一起。""瓦格纳牧师是一位高尚的人，我希望你我都能更多地了解他质朴的本性。他的本性不仅简朴，而且强大和健全。"[60] "美国的普通教徒对他们的教会来说是一笔宝贵的财富，"瓦格纳说，"在那些身居要位但知道如何保持心灵完美简单的人当中，我会给约翰·沃纳梅克保留一个特殊位置。愿后世还会赐予我们像他这样的人。"[61]

瓦格纳在东海岸巡回演讲简朴生活，沃纳梅克经常伴其左右。瓦格纳参观了"很多美国的机构型教堂"，他"对它们的规模，它们的阅读会、缝纫会和各种娱乐活动惊叹不已"。他写道："成员们以这种方式在宗教会议之外的其他地方聚会，教会成了孤独者有可能找到家人、青年人有可能找到伴侣的地方。"[62] 在华盛顿，沃纳梅克把瓦格纳介绍给了罗斯福总统。沃纳梅克向他自己的朋友们吹嘘自己"掏腰包支付了瓦格纳的所有费用"，帮他准备了巡回演讲，还为有意发表瓦格纳的文章或《简朴生活》摘录的报纸杂志担任媒体经纪人。[63] 他代表瓦格纳从其富有的同事那里募集资金，尽管"瓦格纳从未要求任何人向他提供任何东西，但是由于他很贫穷，并且是自费来了解美国，所以我们有些人想要资助他回家，至少不能让他背上债务"[64]。

瓦格纳参观了沃纳梅克所有的"宗教机构"：基督教青年会、各种社区"友谊"团体，以及伯大尼教会主日学校。在"罗马军团"的招待会上，他将瓦格纳亲笔签名的《简朴生活》分发给兄弟会成员。[65] 在与沃纳梅克一起前往伯大尼的途中，瓦格纳满怀敬畏地看着沃纳梅克：他正坐在车里阅读当天要用的圣经段落，并一次次停下来去给病人分发鲜花。

后来，瓦格纳在《美国印象》（*Impressions of America*）一书中记下了他在费城伯大尼教堂的初体验："我了解了一种从未见过的新的宗教生活，尽管后来美国有很多这方面的例子。我在那里度过的一天——1904年9月25日——是神圣的，我永远都不会忘记。"兄弟会成员"在公义的生活上彼此劝勉"，让他感觉很"美妙"。在地下室大礼堂，他给1 000人做了布道。下午，他参加了圣经班的集会，听取了沃纳梅克等人对"圣保罗篇"的讲解。瓦格纳说，这些普通教徒对圣经一种有正确的态度；他们并不关心"教条问题或经文的科学解释",而只关心"如何运用隐藏在书里的精神宝藏",那才是至关重要的。他认为这很合乎他的心意:不太深奥,不是"自我剖析",当然也没有那些"不人道的悲观情绪"。在另一个礼堂,瓦格纳听到"几千个孩子"和成年人齐声吟唱"好听的赞美诗",并听到"一个华丽的女低音,那声音充满强烈的宗教感,是最好的艺术都无法模仿的"。接下来的主日普修课,就像"一个四周布满鲜花的喷泉"。"年轻人在这个迷人的地方接受福音派传统教义的场面非常动人。"[66]

晚间的圣餐礼给瓦格纳留下了最难忘的印象。当人们开始进入伯大尼教堂时,他感到"空气中浮动着一股崇拜的气息","我的灵魂充满了超脱的感觉"。沃纳梅克请他在庆祝圣餐前讲几句。"今晚您是我们的客人,"沃纳梅克低声对他说,"像兄弟一样给我们讲几句吧。"瓦格纳讲了,虽然他后来忘了他都讲了什么,但他却记得这群人由一条"永恒情感下颤动的金绳"连接在一起,他记得他说过一句"我们实际上拥有同一个灵魂"。在首席牧师宣称"这是我的身体……这是我的血液"时,瓦格纳觉得"高等生命的秘密源泉似乎已被打开,一股生命之流淌过精神的原野"。在那一刻,"无数个世纪连在了一起",伯大尼成为"上帝的花园"。瓦格纳后来写道,"它变成上帝的神殿"和"天国的大门"。[67]

沃纳梅克一定会对这一切都感到非常满意。在瓦格纳于 1904 年 12 月 2 日乘船返回巴黎之前,也就是在 11 月下旬,他让麦克卢尔出版社安排在接下来的几个月内出版《牧师瓦格纳年鉴》(*Pastor Wagner Year Book*)。沃纳梅克到纽约为瓦格纳送行。1904 年 12 月 24 日,沃纳梅克告诉他的一位朋友:"今年我们的圣诞生意是有史以来最棒的。"新年前夜,他写信给瓦格纳说:"我在林登赫斯特非常想念您。""您似乎属于这所房子,"他说,"当您不在这里时,这座房子变得完全不一样了。"[68]

童话故事或私人寓言

沃纳梅克为简朴生活和他的宗教机构网络所做的工作令人惊叹。更值得注意的是，与此同时，他正在建立一套截然不同的商业机构，传递一种截然不同的价值观。他称赞简朴、节俭和孝道传统。他崇拜耶稣，因为"他分享一切，奉献一切，不为自己保留任何东西"；他坚持认为，兄弟会应该记住那些说"体贴肉体的就是死"的经文。然而，与此同时，他却正在构建一种商业文化，这种文化违背了这些品质和经文所代表的一切。

毕竟，正是沃纳梅克将法国时尚和商品引入美国。虽然他很欣赏瓦格纳对现代人追求"新事物"的哀叹，但他自己却能接受这一点。沃纳梅克自己的广告宣称，人们经常到他的店里购物，仅仅是为了接受有关新事物的教育，去看看机器制造的新商品（他的整个生意都依赖于机器制造），甚至是呆呆地看看新机器。事实上，从19世纪80年代开始，沃纳梅克就亲自带领顾客进入他那迷宫般的商店地下室，让他们观察那些"驱动"他生意的"动力机器"。他是第一个在商店使用电灯的大商人，第一个销售汽车和飞机的商人，第一个销售马可尼无线电的商人，他对此感到很是骄傲。[69] 他拥有全国最大的家具陈列室，但他同意瓦格纳的说法，即"新婚夫妇放弃他们的传家宝"是一种愚蠢的做法。他的商店里充满了种种纯粹的"舒适"，他的时尚秀（尤其是他的"安拉的花园"表演）成为全城的谈资。令他高兴的是，他能以极快的速度"把奢侈品变成必需品"，这是其他零售商所无法比拟的。他写道："我的商店是生活必需品的美丽田野。"[70]

沃纳梅克说他讨厌"戏剧作品中的那种粗俗"，而且当有人说他的商店礼堂是"戏剧礼堂"、需要办许可证时，他就会感到颇为难堪，他告诉他的儿子罗德曼"我们不是在进行戏剧演出"；尽管如此，罗德曼却是他那代商人里最拥护室内表演的一位，是"现代营销界的基拉尔菲"。一位同代人说，他是"巴纳姆式的"。"这个商店就是一场盛大的演出。"甚至沃纳梅克本人也从戏剧角度来看待他的商店。[71] 20世纪初，当他与兄弟会一起研读福音书时，他还在阅读另一种文学。这种文学与传统基督教格格不入，但与他的百货商店和消费活动却很和谐。他读的是儿童故事和童话。

到19世纪50年代，大多数美国儿童都被禁止阅读童话故事，这些故事被视为是反基督教的和不实用的，容易让人做白日梦，是对工作伦理的颠覆。即使进入20世纪，人们仍在争论童话是否会产生道德风险。[72]但是，沃纳梅克不仅阅读这些"反基督教的"故事，他还为他的孙辈们写了一些这种故事。遗憾的是，这些童话故事都没有流传下来。不过，确实也有一些东西保存了下来，它们类似于童话故事，那就是沃纳梅克的广告短文。

从72岁一直到1922年84岁去世，沃纳梅克写下了数百篇这样的短文，其中大都带有童话故事的痕迹。它们还显示出，他倾向于从一种独特的角度去看待他的百货商店——也就是说，从戏剧的角度去看待它们。"费城有一个商品花园，"他写道，

兰花和耐寒的一年生商业花卉总是并排盛开着。这个花园是为所有人打造的……

这个商店是一枚复活节彩蛋。

我们的商店是一条8公里长的金链……它就像一片浓密的树林，带有秋天的色彩，充满了可爱的东西，看上去有趣又美丽……

商店的每一层都是一张大桌子，上面摆满了当季的奢侈品……

这是许愿镇吗？一位乡下人在进入前门时问道。"是的，不过有些人叫它沃纳梅克镇。"

我们有能力把收成运进沃纳梅克仓库……

这座巨大的建筑不是幻觉

　　它很容易被找到

　　它一直在满足人们的需要

　　它每天都很充实

　　它的充实在于它的新鲜感。

这家商店就是彩虹和金罐。你还记得爱丽丝·博尔特（Alice Bolt）不是吗？我们有多少次被告知彩虹脚下有金罐？一道灿烂的彩

虹把我的一只脚放在市场街的拐角,这是这家商店开始的地方,另一只脚放在了商店现在所在的第十三街的拐角。今天,它们的脚下就有巨大的金罐!……[73]

这些广告短文描绘了资本主义微笑的面孔。但这是一张诚实和真诚的面孔吗?把某些东西"戏剧化"这本身并非坏事,但若你像沃纳梅克说的那样讨厌"戏剧",你的话还能让人相信吗?沃纳梅克喜欢把人造商品比作花卉蔬菜,把他的商店比作农场。但这难道不是一个伟大表演者所玩戏法的又一个例子吗?

沃纳梅克是如何把耶稣寓言转变为童话和广告语言的?为什么宗教对他来说那么重要?这个问题的答案之一,可以从沃纳梅克的基督教管理意识中找到;像其他富有而虔诚的人一样,沃纳梅克也认为自己有道德义务把其大部分财产捐给基督教机构。他也相信基督教的理念和价值观。另一个答案是,沃纳梅克需要拥有一种道德权威。他对他的宗教机构进行了个人投资,他可能需要以此来圣化其自身行为。他想在和他正在建造的零售店一样宏大的规模上感到纯净和美好。

沃纳梅克既不是一个褊狭之人,也不是一个严格的福音派新教徒。他的传记作者认为,沃纳梅克的独特之处在于他对生活不带偏见。"我对沃纳梅克的生平和著作认真研究了两年,我认为这句话可能最适合当他的墓志铭:'他对任何人都不做评判。'"[74] 他是一位禁酒主义者,喜欢与其他禁酒者为伴,但他仍然理解甚至接受他的员工在限定范围内饮酒。(他与店里的风琴师布朗先生曾起过冲突。布朗经常喝醉,演奏的音乐让顾客很是心烦。沃纳梅克受够了他。他给罗德曼写信说:"他又喝醉了。你不在时,他已经这么做过好几次了。我只想说,不管他的音乐有多么动听,他清醒时的精神有多么高尚,如果我们尊重自己,那么我们无论如何也不能再用他了。我认为为他频繁酗酒是在羞辱这家商店。"[75])沃纳梅克并没有把他的宗教信仰或道德观强加给他人。1886年,他向一位牧师朋友坦承,"每个问题都有两面"。"我雇用了三四千人,但我并不觉得我有权控制他们,或者有权命令他们在工作以外的私人时间去做什么。他们中有希伯来人、天主教徒、各种派别的基督徒，他们每个人都有权拥有自己的意见并对自己的行为负责。"[76] 他在 1898 年写信给另一位顾客说："我们绝不允许宗教、国籍或肤色介入就业问题。"[77]

但是，每当涉及他自己的生活和他在世界上的位置（他自己的公众形象）时，他就会出于某种需要转向宗教活动以使他的事业神圣化。金钱始终是他思考的对象。他在私人笔记中一次又一次地提到"富足"概念，在他的头脑中，"富足"不仅与恩典和神圣有关，也与金钱有关。1900 年，当他在印度与传教士会面并扩大了基督教青年会的规模之后，他开始考虑在纽约开设分店所涉及的房地产交易。为了敲定这些"交易"，他突然中断旅行提前回国。在那一刻，其他一切（宗教、教堂、基督教青年会）都被他抛在一边。他得到了他想要的东西，他不仅续签了斯图尔特那栋老房子的租约，还为曼哈顿闹市区的整个街区签了一份新的大租约——那将是世界上最大的百货商店所在地。交易完成后不久，他就在宗教笔记本上写道："就像一朵水晶玫瑰，散落一地，被一扫而空——一觉醒来，如梦一场，过去的日子就这样过去了。主啊，求您不要记住我们的不足——我们赶快忏悔，恳求您割断连接我们与罪恶的绳索……重要的是要做得彻底……""极其彻底。"[78]

这是沃纳梅克一生都在重复的一种模式，它始于 1876 年穆迪在大仓库的布道。就好像他必须在一个领域有所建树，才能在另一个领域取得成就一样。当瓦格纳热情地赞美伯大尼的美丽时，沃纳梅克则写信给他的一个朋友说："我正在动用我能支配的每一分钱来建造我的两座大楼，它们的造价高达数百万美元。"[79]

1904 年 11 月，也就是瓦格纳访问美国的最后一个月，沃纳梅克曾短暂休息，去圣路易斯参观了路易斯安那交易博览会。他花了数万美元从那里买下全套现代德国家具，其中包括一尊青年风格派黄铜巨鹰雕像，后来该雕像放在了费城新店的圆形大厅。他还在博览会上购买了世界上最大的管风琴，也放到了商店。后来，这架风琴和这尊巨鹰雕像都成了费城的标志。[80]

我们如何看待这些矛盾（如果它们真的是矛盾的话）？当人们要求他思考商业与宗教之间的关系时，他又会怎么想？1901年，一位牧师问他：现代商业主义对教会生活有何影响？他答道："除了酒厂、酒馆、赌场或类似的地方，没有什么正当经营的业务会干扰一名基督徒的信仰。据我观察，我相信，商业活动在过去20年所达到的较高水平，对宗教生活非常有利。"[81] 另一位牧师问道：难道圣诞老人在圣诞节没有威胁到基督的地位吗？没有，他回答说，一点儿都没有，因为每个孩子都知道圣诞老人是虚构的。一位医生询问：沃纳梅克百货的年轻男女员工"混杂而聚"，这是否存在潜在的危险？他回答说，他"不知道"任何此类活动。而且，如果认为他的员工是"在损害他们最高利益的条件下工作的，这将是对他的商店的一种诽谤"[82]。

那时候，商业和宗教之间并不存在冲突。"存在"和"拥有"、恩典和获得、神圣和世俗之间也没有矛盾，因为沃纳梅克认为它们是同一件事。在这一点上他是对的，尽管在某些方面，他的看法和自由福音派新教的观点并不一致。至少从19世纪50年代开始，大多数新教徒都相信宗教和商业的兼容性，相信这两者都在快速发展。[83] 换句话说，自由派新教以其强烈的非评判性为百货商店让出了道路，而沃纳梅克则在很大程度上证明了这种和解。

可以肯定，偶尔他也会尝试将宗教和商业分开。例如，他拒绝在店里展示那些描绘基督的画作。1898年，他在给一位顾客的信中提到，19世纪80年代后期，他买下了匈牙利画家米哈伊·蒙卡奇（Mihály von Munkácsy）的巨幅壁画。"我有两张蒙卡奇的画作：《基督在彼拉多面前》和《基督受难像》，80%的时间它们都被束之高阁，这足以证明我不愿让关于基督的画作与我的生意发生联系。"[84] 但是，沃纳梅克确实在他的店里展示了"在芝加哥博览会上拍摄的教堂照片"，而且在节日期间，他也的确在圆形大厅安装了教堂模型。他这样写道："我希望工作日我在商店，能像星期天我在伯大尼教堂的讲坛上一样，鼓励人们，让他们更好地提升自己。"[85] 将宗教和商业结合起来，对他来说似乎并不是一种亵渎（现在这也不是一种亵渎，而且具有讽刺意味的是，与沃纳梅克所处的那个时代相比,现在的宗教信仰对很多人来说变得更加无关紧要)。

然而,无论沃纳梅克对他所创造的东西是否感到不安,都无关紧要。对他来说,宗教不仅是非评判性的,而且是非常个人化和私人化的;它既与商业无关,独立于商业,又与商业混杂在一起。基督教的温情,以及它对牺牲和服务的要求,让沃纳梅克感觉美好、高尚和纯净。他并没有兴趣把宗教视为一套批判性思想,或者是一种可以用高标准的道德诚信和精神参悟去衡量行为的先见预言。当然,这并不是说他对宗教的社会性一面就漠不关心,事实上,他所做的传教工作和创建的学校都是为了帮助穷人,都是旨在培养一种有道德的中产阶级心态、基督徒的家长作风,以及有序和礼貌的行为。但是,虔诚和个人主义是他宗教生活的主要特征。对他和无数其他人而言,宗教能够让他"更接近上帝的神迹"和"上帝的爱"。[86] 瓦格纳关于沃纳梅克和其他伯大尼人的说法——不关心教条问题或经文的科学解释,只关心从福音书中挖掘"宝藏"——是正确的。

沃纳梅克对宗教的运用,阐明了主流美国新教从过去一直延续至今的一种趋势,那就是,它未能保持强烈的批判性和智性传统。沃纳梅克创建的宗教机构很重要;它们组织和塑造了社会身份,有助于形成一个阶级共同的文化边界,它们也在一定程度上帮助了那些被社会抛弃者,也许还让一些人拥有了基督教的使命感;但是,作为宗教"思想",它们并没有什么深度。它们是妥协者。它们提倡个人救赎、个人幸福、和谐,而不是不满、冲突、羞耻或洞察力。伯大尼教会主日学校和其他在美国蓬勃发展的类似机构,都没有能力去批判反思沃纳梅克等人所创造的那"另一个"世界。

罪恶、共识和机构建设

近几十年来,美国中产阶级城市及郊区生活的一个特点就是:一种舒适的绅士风度、害怕出现极端情绪和当众出丑,但又有能力消费挥霍。对一些人来说,周日去教堂,周一去购物或上班,俨然已经成为一种固定的中产阶级仪式。他们还有一系列"市中心"配套活动,比如,周二在"茶室"见面，周三去"俱乐部"等。此外，历史学家赫伯特·施奈德（Herbert Schneider）早就指出，消费新商品的能力，越来越成为一种神圣化的标志，而不是一种道德沦丧的症状。穷人之所以成为"传教的对象"，不是因为他们不信教（许多穷人都非常虔诚），而是因为他们无法与富人一样消费。施奈德写道，那些更"抑郁的群体"被"称为'国内异教徒'，之所以这样说，并不是因为他们没有信仰，而是因为他们缺乏特权。虽然他们并未失去希望，但是，他们在宗教上却成了异类"[87]。

在某种程度上，这种文化模式导致某种道德愤慨或狂热。这种模式的内涵并不深刻，其部分目的是为了消除罪恶的表象，减轻人们对自身富足所产生的罪恶感。社会学家罗斯在1907年说，这种模式针对的是"恶习"而非"罪恶"。罗斯坚称，恶习是一种带有"个人"属性的东西，包括喝酒、嫖娼、诅咒、偷窃或当众吵闹。他说，恶习只与"个人"有关，而且它大体上是"无害的"。而在另一方面，罪恶则是"社会性的"，它对他人产生的后果"比恶习更应受到谴责"。对罗斯来说，正是那些与商业活动有关的现代罪恶，最严重地危害了美国的道德和社会福祉。

罗斯说，新的罪恶已经出现，这是商业机构（公司、大型百货商店、商业银行和投资银行，以及信用机构）组成的新的连锁体系的结果。犯罪分子可能在里面犯下了滔天罪行却尚未被发现。他说："今天最需要遏制的罪犯，是一些受人尊敬、堪称典范、为人信赖的人物。他们处于信托关系网的中心，他们坐在办公椅上就能扒开1 000个人的口袋，毒害1 000个病人，玷污1 000个人的思想，或者是危及1 000个人的生命。需要给其套上枷锁的正是那些活跃的、大规模犯罪的人。"他的观点放在80年后的今天来看依然无比正确。[88] 或者就像华顿1913年的小说《乡村风俗》（*The Custom of the Country*）中的一个人物所说："在美国，真正的犯罪是那种'大的盗窃'。"[89]

但是，自由福音派新教徒忽视（或暗中钦佩）的却正是这种经济和社会罪恶的行为，他们瞄准的反而是那些最不可能威胁经济秩序的恶习——罗斯称之为肉体上的"小罪"。有理由相信，作为自己商业的创始人和所有者，沃纳梅克一直在寻找制度上的"罪恶"。与此同时，可以说，对他所创造的世界不予评判，他有一种明显的既得利益——事实上，这是一种反利益。但是，沃纳梅克却是坚定地以自己的信仰进行发誓；对他来说，这并非一种假装。成千上万的新教徒也和他一起发誓；他们加入了他的组织，似乎愉快地接受了他们一起形成的正当理由。

一方面忠于"内心的"新教，另一方面又忠于消费乐趣，这种模式是美国新教对新经济和文化普遍反应的特征。[90]它由若干宗教发展而来："教会感受到了我们这个时代对商业的那种迷恋，"罗斯在1912年说道，"它拒绝破坏现状，不敢采取一种可能与利润狂热相冲突的立场。"[91]美国的政教分离传统在这里起到了一种具有决定性的作用。各种各样的宗教机构也发挥了重要作用，其导致的分裂使得任何一个群体都很难发号施令、塑造文化特征、确立亵渎神灵的界限。美国最高法院法官费利克斯·法兰克福特（Felix Frankfurter）在1952年的最高法院裁决中宣称，"美国"存在"多种多样的'神圣'思想，它们由大量宗教团体那种平等但却冲突的热情所拥有"，从而"使'亵渎神灵'一词显得过于模糊而无法满足基于理性和公平的宪法要求"[92]。

现有新教模式的核心是昔日那种强大的社会批评传统的衰落，这种传统是一种先知的特性，一种用宗教标准评判社会现实的决心。劳森布什说，美国新教徒在他们的宗教中已经变得"个人主义"和"私人化"了。"[福音主义]虽然充满虔诚和热情，但却缺少先知的天赋，"他说，"它对人类的总体生活缺乏强烈的兴趣，这种兴趣原本可以创造一种统一、和谐、大胆的世界宗教观。"[93]

此外，主流新教（在我看来）与主流天主教和犹太教变得越来越相像，尽管这些群体需要更长的时间才能使自己完全顺应同样的趋势，尽管有强大的批评声音存在。当天主教徒和犹太人在努力同化的时候，他们也开始分裂：一方面，他们致力于推进现有的商业社会；另一方面，他们又致力于推进那种充满分裂和虔诚的内在宗教，在他们适应商业社会时，这种宗教一直支撑着他们。在这一过程中，无论是社会福音、先知传统，还是这些信仰中的慈善和禁欲观，对很多人来说，它们留存下来的东西似乎都已被破坏。

在 1900 年以前，改革派犹太人效仿主流基督教青年会，在全国各地的城市建立青年男女希伯来协会。[94]此外，从 1918 年开始，大量涌入纽约郊区的中产阶级犹太人，开始将他们最重要的宗教机构（犹太教会堂），变成一个舒适的中产阶级避难所。

历史学家黛博拉·摩尔（Deborah Moore）对这座新的犹太机构建筑进行了说明。她指出，1910 年以前，纽约第一代犹太移民已将犹太教会堂改造为"旧世界的犹太人"机构，并致力于社区的社会福利。另一方面，当第二代中产阶级犹太人迁往布鲁克林和布朗克斯郊区后，他们拒绝了犹太教会堂的"模式"，转而支持"犹太社区中心"，这是一个类似新教教会的新机构，是按照他们自己的中产阶级形象打造的。这些中心受到那些受过良好教育的犹太复国主义者的启发，后者把旧世界习俗变成一种"与美国文化和英语有关的世俗形式的种族认同"。最初，它们被用来整合四项活动：宗教礼拜、学习、社会服务和娱乐。后来，随着时间的推移，在越来越多的犹太社区中心，社会服务被取消，文化活动、社交和娱乐开始占据主导地位。评论家伊斯雷尔·戈尔茨坦（Israel Goldstein）说，宗教仍是焦点，但是，"随着犹太社区中心的发展，宗教的主导地位逐渐衰弱"，导致"犹太教会堂的世俗化"。犹太教会堂、学校、游泳池、体育馆，乃至"极好的犹太餐厅"（加上"真正的犹太氛围"），被组合成一个建筑群，花费数百万美元；在某种程度上，这些建筑群类似于美国的多用途建筑（如酒店）。有人将它们比作"拥有各种商品的百货商店，为顾客节省了精力，为管理层提供了更高的经济效益"。[95]

天主教也做出了类似的调整，它的目标也包括创建一套强大的机构，在将天主教融入美国文化的同时又竖起一道屏障来抵制美国文化。到 1912 年，天主教堂已在美国生根，影响广泛，它不仅适用于广大工人阶级，也满足了成功的中产阶级的需求。教区数量成倍增加，主教、牧师和修女的数量也得以增加。随着这种增长，天主教徒面临着与新教徒和犹太人同样的问题——需要建立一个足够安全的基地，来满足大型集会的需要并影响公众舆论。

可以肯定，与大多数新教徒不同，天主教徒经常被迫要去解决不同种族群体之间的宗教纠纷，并要抵御对其充满敌意的新教文化。[96]但和其他宗教一样，主流天主教甚至在一战以前就已对美国文化做出了妥协。这并不是说那种传统的慈善和禁欲思想已被抛弃。事实上，20世纪初，天主教的慈善观（自愿捐赠而非"领受"或"拥有"）仍很流行。历史学家亚伦·阿贝尔（Aaron Abell）说，"一些天主教徒无法理解，一个人是如何通过帮助他人来合法地赚钱的"，他们"将专业的社会工作者视为冷血的唯利是图者"。[97]在各个教区主教的支持下，形成了一个全新的天主教慈善网络。此外，像耶稣会信徒或本笃会修士这样的神职人员被要求发誓坚守贫穷，这样他们就可以在不"灰心丧气"的情况下完成他们的主要任务。就连当时的教区教士和修女也要遵守固定的行为模式，所有人都遵循统一的道德准则，穿着统一的服装，遵守同样简朴的生活方式。

与此同时，教会也开始让周围世界了解它。慢慢地，很多城市教区都成了社交中心：人们在这里打牌或玩宾果游戏，赶集，演戏，上演黑人剧或举行野餐活动［尽管这种转变更具有20世纪20年代（这是城市教区的"黄金时代"）的特征，但在这个阶段早期就能看到它的雏形］。[98]历史学家杰伊·多兰（Jay Dolan）等人的研究表明，早期朴素的美国天主教风格，慢慢地让位于更大更好的教堂的华丽风格。与他们的美国新教同行一样，蓬勃发展的天主教教区的教堂被设计成昂贵的罗马式或哥特式风格，布满了彩色玻璃窗、精美的雕像和小礼拜堂。许多城市的红衣主教都接受了所谓"大天主教"的说法，试图证明美国天主教徒也有权利"走向一流"。在芝加哥，德裔美国红衣主教乔治·蒙德莱因（George Mundelein）在20世纪前二十多年里沉迷于公共仪式表演。他希望这一展示能够表达新的天主教自豪感，并向普通天主教徒灌输对教会的绝对忠诚和对教士权威的尊重。它部分借鉴了天主教宗教表演古老的欧洲传统（特别是德国天主教徒，他们对多彩壮观的表演有着比爱尔兰人更大的热情），但也被美国人对表演和展示（色彩、灯光和盛会）所表现出的新迷恋所强化（也许在某种程度上还反映了这种新迷恋）。也可以说，天主教表演和消费盛会互为支持，它们都认识到宏大的空间能够有效地赢得人们的惠顾。[99]

在建立这种新机构的同时，天主教开始强调非智识福音，而不是社会福音。虽然一些有思想的神职人员也曾著书立说（如华盛顿特区天主教大学的高级教士约翰·瑞安），但总的来说，教会还是设法给天主教徒灌输了一种"没有思想的文化适应"。"美国教会通常不像欧洲教会那样，把社会教义作为宗教承诺的必然结果。这无疑使得天主教逐渐被美国人所接受"，但其"代价则是有效地抛弃了天主教的基本信条：宗教应该塑造文化而不是由文化来塑造宗教"[100]。这种做法对天主教大学或大学生活的影响肯定是令人沮丧的；事实上，它引起了人们对"托马斯有机主义"平淡形式的兴趣，这与瑞安的"批判托马斯主义"不同，而更像是未来的电视福音派主教富尔顿·希恩（Fulton Sheen）倡导的那种"温暖"态度。希恩坚持推行"宗教与生活之间模糊的融合"，以及所有天主教徒之间精神上的"相互依赖"感。他协助打造的这种思潮并没有多少哲学深度，而且对一些人来说也没有太多希望可言。一位沮丧的天主教教士在1924年说："我们今天教化的主要问题在于，我们没有什么可教的……我们没有智慧去教导别人。我们不知道该怎样像我们的父辈那样去谈论生活。"[101]

许多天主教教士都虔诚地信奉宗教，这种虔诚促进了文化统一而非精神反思。他们开始传播一种简单的"福音派道德准则"，它有些类似于新教徒中流行的道德规范。天主教教士似乎比新教徒更为坚定地关注肉体上的"小恶习"，尤其是性罪恶。事实上，天主教统治集团这些年越来越认为，"在头脑中"实施的性恶习，与在行动中实施的性恶习一样是"错误的"。（与此同时，忏悔则让天主教徒比新教徒更容易摆脱罪恶的重负。）[102]

与主流的新教团体和犹太教团体一样，天主教统治集团一般也不承担对新的金钱文化和金钱经济进行批判的责任。文化统一和社团是它的优先考虑事项。在基督教的自我牺牲、兄弟之爱、精神完美和放弃俗世的传统观念慢慢地都被取代的新情况下，虽然传统力量强大而坚固，但是，天主教教士却是被其他事物所吸引。现代资本主义文化在智力和道德方面提出的巨大挑战，以及它对教会整个遗产的质疑，在很大程度上依然没有得到解决。考虑到主流天主教福音派的性质，以及大多数红衣主教对不断扩大机构规模的痴迷、对学习商业方法以获得成功的兴趣、对"走上一流"的承诺，任何规模的哲学和伦理问题都被搁置一旁。[103]

走下坡路

总的来说，主流宗教的反应，既没有让美国人更深入地了解消费资本主义新文化的特征，也没有让他们了解这种文化所带来的道德挑战的性质。许多（天主教和新教）福音派团体和中产阶级犹太人都选择了向内转，但却并未提出一种令人满意的批判观点。但是，正如沃纳梅克的故事所说明的那样，这种失败往往会对个人道德产生一种毁灭性的打击。对沃纳梅克来说，宗教在很大程度上是他的个人事务，对他的商业行为没有直接影响，对他教育孩子的方式也影响不大。他似乎无法将他的宗教情感或信仰传给他最亲爱的孩子罗德曼——罗德曼已被指定为他的商业帝国的继承人。

沃纳梅克对罗德曼的那种怜爱之情几乎是原始的。在一封又一封写给儿子的信中，他非常温柔地和尽情地表达了他的爱。1903年2月，他写道："我只能把我的爱堆积在这里——它比落基山脉和喜马拉雅山还要高——是你让它变得高大……你一定要允许我在林登赫斯特旁边为你建造一处度夏小屋。"一天后，他写道："你道的晚安就是我的情人节卡片，里面饱含着浓浓的爱。"后来他又写道，"给你写一封情书，我亲爱的儿子"。这封信的署名是"乔纳森·爱你的人"。"今天我已经想了你无数次了，你这个亲爱的、珍贵的、有耐心的男人，我在草坪上爱着你，在屋子里爱着你。"1918年，他在去佛罗里达旅行时开玩笑地写道："你老爸昨晚梦见你了。早上醒来，我在床上翻了个身，为你腾出一块地儿来，伸出双臂想揽你入怀——你为什么不喜欢我的小床，不住下来和我一起吃8点的早餐呢？"[104]

通常这些信都有点儿像诗歌，就像下面这封一样：

早上7：30

早饭之前

独自一人

二十六号图书馆，六月十三日

我来找你了

　　我亲爱的儿子

首先要说一声早上好

咬一口你的脸颊

在一天的开始亲吻你。

　　　父亲[105]

在写给儿子的这些信中，他既没有提过自己的宗教观点，也没有提过基督教青年会的事情，更没有说起伯大尼教会，甚至都没有提及兄弟会。

为什么沃纳梅克没有和他深爱的儿子交流他的宗教信仰呢？这有以下几个原因，我认为它们都是相互关联的。首先，沃纳梅克对儿子的爱，在表达上远远超过了其他关系或忠诚，甚至包括宗教信仰。"我是你的老父亲，我爱你甚于我的生命。"[106] 另外，沃纳梅克更关心的是传给罗德曼商业知识，而不是向他传授自己的新教徒价值观。沃纳梅克的宗教个人主义有着强烈的非评判性，可能也在这里起了作用。他的机构建设似乎满足了他内心的某种东西；这是他的，在某种程度上，这令他忠于穆迪的布道：建立机构来传播基督耶稣的简单话语，并协助塑造国家的道德品质。但是，他的机构并不适用于他的儿子，罗德曼显然更喜欢那种都市化、世俗化、国际化的生活。罗德曼是他自己的管家，他的宗教信仰是他自己的事。也可以说，从早期宗教愿景的那种丰富性来看，沃纳梅克实际上并没有什么有力量的东西可以传给他的儿子。

这对他儿子（以及和他同名的孙子小约翰·沃纳梅克）的道德影响是

巨大的。罗德曼完全不关心简朴生活、主日学校、福音书、基督徒的节制和克己。如果这些东西构成基督徒的意义，那么罗德曼就不是基督徒。与他的父亲不同，他毫不迟疑地在沃纳梅克百货的大厅里展示了蒙卡奇描绘基督受难的画作。（确切地说，这是在沃纳梅克过世后才进行的展示。但就算是在这位老人生前展示，他真的会介意吗？）罗德曼生活在一个近乎奢华的世界里。他拥有很多房产，包括位于法国比亚里茨的迪沙泰尔大别墅，这曾是英王爱德华七世的财产，罗德曼在那里招待欧洲那些最富有的王室贵族。[107] 他衡量成功的标准是，州长、王子或公主最近是否到他家吃过饭。他在巴黎和纽约举办奢华派对，为客人提供昂贵的葡萄酒并分发钻石纪念品。他拥有很多游艇（其中一艘名叫"涅槃"）和无数仆人。作为一种爱好，他还创作了一些法国钢琴音乐（其中一首名叫"献给我的朋友穆罕默德王子的华尔兹舞曲"）。[108]

与此同时，罗德曼也是一个忠诚而孝顺的儿子。他谴责所有那些公然违反他父亲及他父亲所属阶层道德准则的行为。没有什么可以玷污这个姓氏（必须要说的一点是，1923 年，他的第二任妻子以"遗弃罪"的罪名与他离婚）。[109] 1924 年，他在给他妹妹的信里面谈到了他们的父亲：最重要的是，"我会以我们公司创始人的最高愿望"为寄托。"我觉得，伟大的精神离我们很近，这意味着我们应该完成我们需要完成的工作，以及我们要做的工作——竭尽全力继续完成这些任务，这将会向全世界显示出前所未有的伟大创举。"[110] 他为这项事业努力工作，在他的领导下，沃纳梅克百货继续蓬勃发展。

罗德曼的儿子小约翰·沃纳梅克就没有那么幸运了。对他来说，游艇和城堡，以及环绕身边的美女，都充满了魅力，而教堂和主日学校则没有任何吸引力。这个年轻人迷失在他的父亲和祖父的商业文化的道德迷宫中。他酷爱喝酒，到 20 世纪 20 年代早期他已变成一个酒鬼。他还吸毒："易上瘾的粉末、药丸、液体"。[111] 让罗德曼感到"厌恶"的是（罗德曼最终与他、他的妻子、他的孩子脱离了关系），小约翰是一个不负责任的父亲，他相继抛弃了自己的两个孩子，是一个花花公子，一个嫖客。他自己的快乐远比别人的幸福更重要。20世纪20年代中期，他在费城店"包养"了一名年轻女子供自己消遣。这件事后来被发现了。[112] 他利用家族权力来盘剥女性，已经从一种"恶习"发展到了一种"罪恶"。小约翰缺少老约翰曾发过誓的所有福音派美德。他的整个态度似乎都在嘲笑这位老人的宗教"成就"和这一"成就"的虚伪。在他祖父的机构大楼里，似乎没有任何东西可以提示他应该如何为人处事。他的父亲本就继承不多的道德遗产，到他身上则彻底瓦解了。

沃纳梅克家族道德沦丧的速度之快，不能被视为大多数乃至很多美国人的典型经历。但它确实标志着一种在许多不那么富裕的美国人的生活中正在缓慢出现的趋势，并确实表明福音派宗教在应对新秩序的道德挑战方面存在不足。这一时期的主流机构宗教也表现出同样的无能。沃纳梅克的案例也说明了其他一些事情：如果普通宗教标准作为道德准则来说力量太过虚弱，那么其他准则就会乘虚而入取而代之。

从某种程度上来说，沃纳梅克的解决方案是成功的。毕竟，它为许多人提供了一种精神生活的框架，并在有限的范围内承认了这种精神生活在基督教生活里的中心地位。人们也可以说，通过支持简朴生活运动和建立自己的宗教机构，沃纳梅克至少承认美国已经发生了一些重大变化，而且这些变化带来了一种道德挑战。他也认识到，需要某种道德合法性，甚至是某些神圣的元素，来证明商业持续发展的合理性，并塑造这种发展。

但是，沃纳梅克的解决方案和宗教机构建设也让很多人感到不满，因为它拒绝或没有能力用一种系统的哲学或伦理方式去应对美国的新文化。其中一些人（如瑞恩和劳森布什）拒绝妥协，是因为它们已经后退得太远了。而其他人反对沃纳梅克的那种虔诚和妥协，则是因为它们在为新秩序让路和接受新秩序方面走得不够远。这些人既没有表现出沃纳梅克的那种否认，也没有表现出他的那种模棱两可。他们接受了这种文化并欢庆它的到来。他们所持有的宗教观就是心灵疗愈，或者也可以说是积极思考。

第八章
心灵疗愈和幸福机器

对大多数人来说，沃纳梅克的宗教模式（一方面是简朴的虔诚和宗教机构建设，另一方面是与商业和解）可能是一个标准，它提供了一定限度的舒适度和稳定性。这种模式可能模糊了但却没有完全擦除宗教与商业之间的界限。擦除这一界限的是"心灵疗愈"——它与沃纳梅克的方法有些类似但却要更为激进，它是一种深深扎根于美国本土的精神面貌，是许多美国人思维中都有的一种普遍的哲学偏见。

心灵疗愈产生了一些新的宗教观念和群体，比如，新思想运动、统一运动、基督教科学和神智学。这是一种普遍的精神心态，它以愿望为导向，乐观、阳光、欢乐、自信，对生活毫无悲观之态。在心灵疗愈中，没有黑暗，没有梅尔维尔或霍桑小说中的那种阴郁，没有秘密，没有罪与恶，没有阴冷或不洁，只有安全的海岸和"健康的阳光"。[1]心灵疗愈充斥文化的方方面面，触及美国自由主义政治经济学的核心，并影响了西蒙·帕滕（他关于经济学的观点逐渐影响了美国的商业思维和政治政策）这样的大人物，而像凡勃伦等其他经济学家则是痛斥心灵疗愈。心灵疗愈在自由主义的流行文化中得到了充分的表达，比如，埃莉诺·波特的作品《波莉安娜》(*Pollyanna*)，橱窗设计先驱鲍姆的作品《绿野仙踪》，《绿野仙踪》可能是最有名的一部心灵疗愈作品。

"新疗愈师"

心理学家威廉·詹姆斯（William James）在其 1902 年出版的《宗教经验之种种》（*The Varieties of Religious Experience*）一书中，首次以一种引人注目的方式，引起了人们对心灵疗愈运动的关注。这个术语以前就曾很流行，但却是詹姆斯确保了它在历史上永远占有一席之地。他发现，心灵疗愈团体由一些宗教派别组成，这些宗教人士认为，人可以仅仅通过意志和信念来治疗疾病，在人间创造天堂。心灵疗愈师也被称为"新疗愈师"，后来还被称为"积极思想家"。与传统宗教相比，心灵疗愈与美国时势的联系更为密切，在利用新的精神机会方面也要更富有创造力。就连沃纳梅克和他的精神伴侣瓦格纳也都自称心灵疗愈者，他们两个人都反对那种"非人道的悲观主义"，都自信而乐观。然而，他们仍然保留了其原来的宗教信仰。[2] 而大部分心灵疗愈师则都想逃离他们原来的宗教信仰，创造更符合主流商业文化的新宗教和新观点。1915 年左右，他们开始争夺数以千计的美国人的忠诚。

心灵疗愈团体源于 19 世纪 70 年代和 80 年代的宗教大动荡，那是美国宗教史上的一个转折点，其间不仅出现了许多本土宗教派别（从"伦理教化"到"耶和华见证人"），而且新教的优越性也开始衰落（新教分裂为现代主义和原教旨主义两大阵营）；此外，其他宗教团体和思想则开始兴起。历史学家将这一时期描述为一个精神危机的时代，这场危机使得大多数新教徒、天主教徒和犹太教徒决定进行内部机构建设；到 1915 年，许多新教福音派都已转向原教旨主义，或者是从似乎极度危险的"现代"中撤退；其他人则陷入混乱、怀疑，甚至绝望。[3] 也有一些人，即那些心灵疗愈者，找到了一种新的确定性，他们似乎在正确的时间找到了正确的答案；尽管彼此之间常有不和，但总的来说，他们构成了美国对"系统的生活哲学唯一的原创贡献"。根据最近一位历史学家的说法，到 20 世纪末，他们产出的文献达到一种"惊人的数量"。[4]

对心灵疗愈运动来说，一个具有里程碑意义的事件，就是 1893 年在芝加哥世博会上举行的世界宗教会议；当时，"疗愈"团体三位主要精神领袖（两位女士和一位男士）在会议期间举行的对谈，引起了公众的注意。年轻女士露西·斯普拉格（Lucy Sprague，后来她成为经济学家米切尔的妻子），是许多认为他们的对谈（以及整个普世经验的新颖性）是"自己生命中的一个伟大事件"的芝加哥人之一。[5] 在对谈中，神智学会创始人布拉瓦茨基的继承者、来自英国的安妮·贝赞特（Anne Besant）谈到了神智学。基督教科学的创始人玛丽·艾迪（Mary Eddy）解释了基督教科学的哲学，努力将其与贝赞特的思想区分开，后者的思想要更加"东方"化，带有一种"异教"倾向。印度哲人维韦卡南达（Vivekenanda）在与会者面前慷慨陈词，他戴着一条白色的丝绸头巾，穿着一件柔软的猩红色长袍，系着一条深红色的腰带；他宣讲了印度教的基本哲学吠檀多（吠檀多对神智学和新思想有很大影响），这让听众激动不已；会议结束后，维韦卡南达游历了这个国家，点燃了人们对吠檀多和心灵疗愈运动的兴趣。[6]

心灵疗愈通常与自由派及福音派新教有着共同的根源，它将这些信仰中许多最自由的倾向发挥到了极致。心灵疗愈法（尤其是其世俗变体，如神智学和新思想）是务实的，它以一种最坚定的方式反映了美国人的信念，即人们可以创造自己的命运并找到完全的幸福。这些信仰想要使宗教在现代社会发挥作用，将其与世俗和科学的愿景相结合，并使其适应人们不断扩大的物质欲望。[7] 像沃纳梅克这样对内心生活保持一定忠诚的新教徒，把商业与宗教区别以待；而心灵疗愈者则是向外看，将"自我"完全开放给他们眼中"多彩的人世"。

总的来说，正如历史学家唐纳德·迈耶在其心灵疗愈史著作《积极思想家》（*The Positive Thinkers*）中指出的那样，心灵疗愈者并没有什么特别的政治主张可言，实际上，他们是不关心政治的。但是，他们确实拥有自己独特的神学态度、心理学和经济学观点，这些观点背离了早期 19 世纪的观点，而与新的商业优先事项相一致。

表面上看，这些教派在神学上似乎互为对手。更"传统"的基督教科学家经常指出，圣经是获得启示和精神洞察力的主要来源；而神智论者和新思想派虽然到处寻找指引，但却极少求助于圣经。神智论者在这方面显得尤为大胆（甚至是怪异），他们相信"亡灵"在地球上空盘旋，活人可以通过降神会和一些媒介触及这些灵魂。神智学创始人布拉瓦茨基曾举行过一些非常壮观的降神会，但却不过是在用她那双迷人的蓝眼睛（和其他设备）或其他伎俩来骗人。许多神智学者也是神秘主义者，他们相信生物永远不会死亡，而是会蜕变成新的实体：动物、鸟类或其他什么生命体。业力和轮回是神智学的基本原则。[8]

与此同时，布拉瓦茨基和其他神智论者则反对任何形式的个人神灵，他们是激进的反基督教者，因此基督教科学家对他们可以说是深恶痛绝。神智学和新思想的追随者拒绝相信传统的"来世"概念，他们相信只有永恒的"此地与此刻"。新思想派的心灵疗愈者和神智论者都研究异教徒的信仰和世界宗教，如佛教和印度教，以寻找所有宗教背后的"元精神"；他们认为，这些元精神首先出现在古代世界神秘的异教中。

所有的心灵疗愈者，尽管他们宗教信仰有别，但却都相信"此生的救赎"和"此世的丰足"，而不是死后升入天国。[9] "自己活，也让别人活"，是所有这些教派的基本信条。他们抵制"邪恶""内疚""诅咒""堕落"这些旧有概念。神智论者借鉴印度教的观念，大胆地反对基督教中的"罪恶"和"愧疚"观念。布拉瓦茨基说，上帝不再是一个审判人的神，而是一个善良的人——"他根本不是一个人"，而是一种"神力"，一种信徒内充外显的完全"治愈和充满活力的力量"。上帝是一个"整体"，是圣父圣母的幸福融合，是一种人人得以获取的完全的丰足，他无时无刻不对所有人施与仁慈。布拉瓦茨基写道，"宇宙本身正在展现出它自己的本质"，因此我们也"永远正在成为纯粹的精神"。[10] 上帝实际上是孩子愿望的化身——任何时候都渴望被爱、被保护和被供养。[11]

"即使遇到挫折也终会成功"这一新的乐观积极心理，是心灵疗愈学的基础。[12] 心灵疗愈者拥有"健康的心灵"。"通过建设性思考和服从所产生的创造性力量"，每个人都有"无限的可能性，这是灵感、力量、健康和富足的源泉"。[13] "我们真的是神，"印度哲人维韦卡南达告诉他的追随者,"而非罪人。我们不乞求救赎,而是要求获得救赎,这是我们心灵与生俱来的权利。我们的想法决定了我们会成为什么样的人。因此,如果我们认为自己是罪人,我们就会成为罪人;如果我们认为自己神圣,我们就会真的变得神圣。"[14] 心灵疗愈者摒弃了所有的消极思想,特别是恐惧、担忧和焦虑。一位信徒写道,恐惧是一种"自我强加或自我允许的自卑感",是一种"有害的、不必要的东西"。它会使人害病,让人无法获得宇宙中真正的富足。心中想要"成功",你就会"取得成功"。布拉瓦茨基说,唯一的"上帝","潜伏于所有"个体身上。[15] "每个人身上都有一种潜在的力量,"奥里森·马登写道,"一股坚不可摧的生命力量,一种不朽的健康原则,若能得到发展,它必能治愈我们所有的创伤。"其他心灵疗愈领袖则说道:"醒来吧,快去挑战我们的自我极限……唯一能够阻止我们获得充足金钱或空气的就是我们的恐惧。""你现在想要的都是你的了……你生来就是要去进行统治和享有富足。"[16]

尤金·玛尔(Eugene Mar)是新思想运动的一位积极倡导者,他写道,美国人应该永远消除"责任或自我否定的观念"。"对被解放的灵魂来说,没有什么是普通的或不洁的。没有必要推迟幸福的到来。"[17] 马登说:"我们都知道那些错误思维会产生一些灾难性的影响,所以不要担心焦虑。""如果你想从生活中得到最大的收获,你就要坚信:你是为快乐而生,你并不只是一个工作机器,你还是一个快乐机器。切断过去,也不要去预想明天,从当下这一刻开始获取每一种可能性。积极思考、有创造力、幸福思念,会让你收获很多美好的事物。"[18]

积极的经济学方法与这种充满活力的心理学和神学相伴而生;与早期那种自由放任的"稀缺"和"自我否定"思想不同,它支持更具吸引力的"供给"和"繁荣"观念。无论如何,在心灵疗愈者眼中,这个世界都是一个非常美好的地方:根本就不存在痛苦一说。贫穷、不公正,以及各种不平等,都只存在于头脑中。"所有人都可以享用无尽。"[19]

这种心灵疗愈的意识形态,在城市文化的许多方面都能找到。所谓"为快乐和无忧生活而进行的十字军东征",往往是由一战以前那些接受了心灵疗愈思想的商人和广告商发起的。[20]《成功》等商业贸易期刊和西格尔－库珀百货的员工杂志《思想与工作》上，就刊登了那些心灵疗愈大师的最新文章。"不要推迟你的快乐，"1904年的《思想和工作》上的一篇文章敦促人们，"毫无疑问，生而为人的目的就是要获得快乐和满足。"[21] 涉足新思想的广告狂热者哈伯德，在全国各地进行商业"布道"，提醒他的听众，"恐惧是最大的骚扰者，它会导致各种身体疾病"。"积极思考对健康和智慧至关重要。"[22] 他说："我相信，我们现在正生活于永恒中，就如同我们未来必定生活于永恒中。"[23]

心灵疗愈的符号也被市场化，例如，密苏里州堪萨斯城一个年轻女子设计的"无忧"福娃。那是一个蹲在那里微笑的娃娃，它胖乎乎的，像尊佛；它有时是男孩的样子，有时是女孩的样子，代表了"他们理应成为的那种万物之神"。据一位销售商说，这种玩偶"在玩具贸易中受到前所未有的追捧"。全美的酒店、餐馆、百货商店和家庭中都能看到它的身影。[24] 它掀起了20世纪初的"娃娃热"，那是美国人第一次在玩具上花费数百万美元。这种娃娃还有一些变体，例如，"泰迪福娃"和"比利肯和比利肯特"娃娃（这是"一对让人一见就想笑的娃娃"，据说是为了"驱走困难、小烦恼、无聊和焦虑"而设计出来的），这些玩具很快就从纽约卖到了西雅图。对新兴的中产阶级消费群体来说，这是一个完美的心灵疗愈符号。那个年代的人们说："福娃身上充溢着一种满足感。""一看到它，人们就会忘记忧愁。"[25]

成千上万的美国人都在认真对待"新疗法"。早在19世纪90年代后期，自从维韦卡南达获得成功后，对圣哲的崇拜就开始吸引成百上千心有不满且有钱的女性和过度劳累的商人，这种狂热的顶点是——印度心灵导师克里希那穆提在二十出头时就大受欢迎。商人们参加冥想和瑜伽课程来培养积极思考能力。富有的格林尼治村女主人、1913年帕特森表演的共同启发者梅布尔·道奇则实践了许多心灵疗愈方法，寻求成为一个"超级自我"。她的一个情人这样评价她："她与'它'，即无限，紧密相连。"[26] 被神智学、基督教科学和新思想吸引的有各种各样的人，比如凡勃伦的第一任妻子爱伦，以及小说家德莱塞。尤其是对德莱塞来说，这种新的"宗教"观点，与当下这个金钱、野心、贪婪和欲望的世界完全适配。[27]

帕滕的心灵疗愈政治经济学

美国经济学研究中的心灵疗愈观点，深刻地影响了一些主要政治经济学家的思想。经济学本身（及其多年盟友社会学，它们到后来才分离为两门独立学科）在美国是一个相对较新的领域。[28] 19 世纪 80 年代，当时这一领域的创造力特别强，经济学以其理论和地盘之争，以及第一批协会组织成立为标志；到 1900 年，经济学"迅速成为美国智识生活的永久特征"。正如著名经济学家约瑟夫·熊彼特（Joseph Schumpeter）所说，大学生们成群结队地报名选修经济学课程，"经济学专业变得炙手可热，发展势头异常迅猛"[29]。帕滕在 1908 年写道："经济学思想深受欢迎，就像这是一种必然存在的自然状态。……今天，在每个人的思想和话语中都能看到经济学的影子。"[30]

人们对这门多年来一直被称为"令人沮丧的科学"产生了新的兴趣，这意味着人们正在努力把握新的金钱世界，应对经常出现的繁荣与萧条的可怕轮回，认真对待公司、投资银行家和新的消费业务。一些经济学思想家试图评估这些变化的更大"意义"、它们对人民福祉的影响，以及它们的精神－文化和经济承诺。还有一些经济学家则避开了这些问题，他们没有去研究市场活动对更大的文化或社会的影响，他们认为市场活动是静态的，位于时间范畴之外。[31] 另有很多经济学家（有可能是 20 世纪初的大多数经济学家）仍在思考约翰·穆勒、亚当·斯密等人早期的政治经济学，在政治和文化背景下处理市场问题。[32] 这些经济学家中的那些"新锐"思想家，对新消费经济的整体形态和方向颇感兴趣（尽管他们并未将这种经济称为"消费经济"）；他们还认为，经济学家应该考虑多种制度：经济、政治和文化，因为正是这些制度构成了一个社会或一种文明。他们当中既有人批评美国商业，反对心灵疗愈观点；也有人，如帕滕，则欣然接受了这两者。[33]

虽然经济学中的那些批评声音从未占据主导地位，但是，我们仍然需要对其认真以待，因为批评的激烈程度揭示了当时正在发生的历史变化的重要性。凡勃伦是美国最具原创精神的经济学家和讽刺评论家，他对心灵疗愈法避之不及，尽管他的第一任妻子爱伦对神智学很有几分痴迷。不过，他倒是赞同心灵疗愈者的某些说法，"基督教里谦卑、放弃、克制或不抵抗的原则，几乎都已经从道德场景中被消除了"[34]。但是，他并不认为，新的资本主义世界可以确保所有人都享有丰足；事实上，它正在缩小而不是扩大宇宙的可能性，因为商业把人们的欲望聚焦于商品消费，使其远离生产劳动和土地所有权。[35]

新的商业世界被认为是儿童愿望的体现——凡勃伦对这一说法嗤之以鼻。诚然，资本主义的丰足通过承诺一切、承诺保护人民终身免受痛苦和恐惧，来回应每个孩子的梦想，但它正在培育一个由经纪人塑造的社会，这些经纪人包括投资银行家、地产经纪人、放高利贷者、虚拟商品交易商、广告商等，他们没有从事生产劳动，只是靠买卖他人的愿望来赚钱，不劳而获。凡勃伦很是鄙视这个阶层，认为它将经济活动从制造有用的商品转向赚钱和获取利润。他说，这些人对工艺一无所知，但对利润、营业额和愿望的复杂性却是了若指掌。[36]

用凡勃伦的话来说就是，这个阶层强加给美国人一种新的"推销技巧"。销售是古老的，但销售技巧却是新的，它是商品大规模生产的一个功能，是对信贷的新依赖、是需要支持间接费用、是价格体系的直接结果。"销售技巧是所有有偿交易的最终目的，也是最活跃的目的。"[37]"销售技巧的终端，是在一个封闭的市场中以牺牲消费者利益为代价得到一些东西；它是商业企业的代名词。"[38]凡勃伦蔑视那些新成立的商业学校，因为这些学校教给学生那些"欺骗性的金融手段和推销技巧"——用他的话说，那是一门"欺骗的艺术"。[39] 1922年，他在其最后一部重要著作《不在所有权》（*Absentee Ownership*）中写道，诱惑策略将古老的工作文化转变为一种"虚构的"文化。凡勃伦认为，商人承诺的是"个人声望和地位"、高水平的"个人幸福"、"跟上潮流"等所有"与商品内在品质无关的东西"。他们是在"无形的"现实和"魔法艺术"领域做生意。[40]

凡勃伦在新的商业文化中没有看到任何有价值的东西，因为它的"驱动力不是工艺和人类服务的必然结果，而是无限延伸的贪婪"。[41]他在1914年写道："销售技巧普遍流行，商业企业大行其道，这也许是金钱文化对工艺进步最严重的阻碍。销售技巧在最初的行动中就玷污了工艺感，使得高效工作和适用性这一倾向与公共利益相背离。"[42]就普通道德标准而言，新的商业文化是贫瘠的，因为它在追求"新奇"和"营业额"的过程中，破坏了"兄弟之爱""父母之爱"和"相互服务"，以及"对后代及共同利益的关怀"。[43]

帕滕则没有这样的疑虑。对他来说，一切都是心灵疗愈。他是对资本主义丰足和消费理论影响最大的美国经济学家；他的理论证明了不断提高的愿望和消费水平的合理性，以及为推动消费引擎而制定商业策略的合理性。然而，在个人生活中，他却是"地球上孤独的灵魂之一"[帕滕第一位也是最有洞察力的传记作者雷克斯福德·特格韦尔（Rexford Tugwell）在1922年曾这样评说]。帕滕4岁时母亲去世，这使他终生都缺少一种稳定的感情来源。成年后，他几乎没有朋友，也没有与亲人保持关系。他中年成家，但他唯一的这段婚姻却没有孩子，并有一个不幸的结局：他的妻子为了另一个男人离开了他。具有讽刺意味的是，虽然他对"消费"和"愿望"投入了经济学关注，但他自己却是过着一种"僧侣般的生活"。他"不了解生命之美"。他"从不知道他在吃什么、穿什么或看什么"。他对"家庭、花园、书籍、衣服、画作都不感兴趣"。"没有什么东西对他来说真的有意义。"[44]与此同时，他对他人却非常慷慨，尽管他几乎毫不关心金钱。晚年时的他已是一位资深教授，他曾捐钱给学生，当学生还钱时，他却拒绝收下。"我的兴趣在于你的幸福，"他说，"而不是你的收入。"[45]他剥夺了自己几乎所有的生活乐趣，但他却相信自己在市场中找到了一种精神，它为大众敞开了欢乐和幸福的大门。

帕滕于1852年出生于纽约，他的父母是新英格兰移民和严苛的长老会教徒，他们的祖先是清教徒移民。后来，他们全家搬到伊利诺伊州的桑威奇，那里是一片少有人居的沼泽，帕滕的父亲几乎是凭一己之力把那里变成一片繁茂的农田。然而，帕滕对农业并无多少兴趣；24岁时，在父亲的帮助下，他前往德国接受教育，学习经济学。但在学成回乡后，他却找不到工作。他在父亲的坚持下进入法律行业，一度几乎失明（至于是出于情感原因还是身体原因，就不得而知了），直到后来完全放弃法律，他的视力才又慢慢恢复。接下来，他在父亲的农场犁地和投掷干草来排解内心的苦闷，还曾在爱荷华州做过学校看门人，那段时间他一直在进行关于经济学的思考和写作。1886年，他出版了他的第一本书《政治经济学的前提》(*The Premise of Political Economy*)，并因此而在费城沃顿经济学院谋得一个教职。他很快就让这所学院扬名世界。费城是沃纳梅克的家乡，帕滕热情地拥抱了这座城市，而背弃了他的家庭、父亲的农场、故乡小镇（他再也没有回去过），以及他的家庭的宗教信仰。"我现在的世界，"他后来写道，"与养育我的世界有很大不同，就像达尔文的英国与热带截然不同一样。"[46] 然而，他又为父亲在经济上的成功感到骄傲，这激发了他对美国将会一直富足下去的信心。1886年至1922年间，他发展了一种消费理论，将他对往昔的拒绝和对美好未来的梦想融合到了一起。

帕滕的政治经济学建立在至少两代美国经济学家的思想之上，这些经济学家坚信，美国一定能免于历史上人类不可避免的负担：稀缺。[47] 他仍然支持边沁等人的传统经济享乐主义，但他拒绝接受古典政治经济学的旧有严格法则：工资铁律、固定工资基金理论、收益递减规律。他坚持认为贫穷可以被终结，并盛赞新商业文明的"正确性"。帕滕的大部分著作都涉及经济主题，但其研究范围则较为广泛，涉及宗教、文化和西方的整个历史。他还写诗，不过那些诗写得很糟。在他生命的最后一年（1922年），他还写了一本劣质小说《泥洞》(*Mud Hollow*)，讲述一个年轻人寻找一位完美伴侣的故事，这本书融合了帕滕的个人渴望和未来的经济思想。从他所有的著作中，我们可以看到一个经济学家版的马登的"幸福机器"，或者是鲍姆的《绿野仙踪》。工厂制造的商品、百货商店、新的企业垄断、分期付款、五分钱电影院、游乐园，所有这些全都被他视为新的社会盈余和新的、更美好的人性。

帕滕认为，为了支持这种不断发展的商业文明，必须建立一种新的价值观结构。他相信，一个社会的文化，应该与它的经济和政治特性完美契合。如果经济发生根本变化，文化自然就会做出相应的改变；当遗留的旧文化无法很好地适应新的物质条件时，人们就应将其摒弃。他还认为，经济学家可以在美国发挥重要作用，因为这里基本上是一个"商业社会"。经济学家（而不是牧师或神父）最能决定哪些"价值观"最适合新的经济条件。事实上，他们完全有能力确立"道德标准的起源或内核"，或者是"工业社会的道德"。帕滕声称，像他这样的人应该站在第一线。他写道，长期以来，道德一直属于"宗教和哲学范畴"，现在则理应由那些有商业头脑的人来接管。[48]

帕滕有一种宣扬心灵疗愈的使命。他攻击那些"悲观主义者"、评论家，以及以亨利·乔治（Henry George）和亨利·劳埃德（Henry Lloyd）等人为代表的乌托邦主义者——这些人都认为美国正在进入罗马的衰落模式，正在从过去的旧道德信念中大步撤退。[49]帕滕认为，理性的道德进步，而不是非理性的衰落和冲突，才是包括美国历史在内所有人类历史所固有的特性。美国陷入困境并不是因为它抛弃了过去，而是因为它没有足够快地离弃过去。传统基督教道德对社会的持续控制，正在阻碍社会进步。"我们从祖先那里继承的习惯、本能和感受，"他在其1901年出版的《财富消耗》（*The Consumption of Wealth*）一书中写道，"不再是我们遵循的安全指南。"[50]"克制、拒绝和否定"已经不再适用于当下社会。"原始世界逐渐隐没，社会结构随之发生改变，蕴藏着流动财富和无限资源的土地出现了，而此时，道德主义者仍在继续高举牺牲原则。"只有消除那些"灌输顺从和苦行精神、强调压抑欲望的旧有价值体系，与原始社会截然不同的社会思想才能突显出来"。[51]

"沉溺于消费奢侈品是一种有罪和不道德的行为"这样的想法，早先是完全合理的；它"有助于人们适应环境，是让人们在艰苦环境下安之若素的必要手段"。但是，美国人已经不再生活在原始时代。生活在新时代的人们需要一种新的道德，以消除"充分享乐的障碍"，进而做出理性的选择。[52]

如果不是来自古老的宗教或哲学，那么新的道德观念又是从何而来？答案很简单：它来自商业、商品和现代市场本身。韦伯是德国最伟大的社会学家，他在1902年的弗莱堡讲话中坚持认为，"从政治经济学的主题中不可能得出独立的理想"。他对日益强盛的资本主义统治和旧信仰体系明显崩溃所带来的后果忧心忡忡。[53]帕滕对此则不以为然，这在一定程度上是因为他反对社会主义，仇恨劳资斗争。对他来说，市场就是救赎——这也是他对那些激进分子的回答。

帕滕在新的企业背景下更新了18世纪亚当·斯密所持有的那种"市场"概念，这让他比同时代任何一位美国经济学家或社会学家都要显得更加前卫。他提出，对私人财富的稳定追求和市场关系的扩张，必然导致和平、人性改善、社会稳定、"高贵"和文明（在某种意义上，诚实、可靠、善良符合每个人的自身利益）。[54]帕滕得出结论：现代企业的资本主义体制是道德的，因为它"增加了工业的稳定性，减少了饥荒、传染病和失业的痛苦"。他声称，其他任何经济体系都无法实现这一目标。公司企业是道德的，因为它已经形成了一种值得效仿的经济模式：合作、集团导向和利他模式。过去，商人们不关心共同利益，他们"孤军作战"，只受自私的野心支配。然而，新的条件迫使他们集中资源并采取"豁达的观点"。"在过去的60年中，"帕滕在1912年解释说，"个人已经不见了；集团代表了一切。今天，如果一个人不加入一个界定分明的产业集团，他就不可能取得成功。大规模资本主义的增长，消除了那些不合群的资本主义者，使得社会化团体对每个行业的控制日益增强。"[55]

他赞赏资本主义垄断企业，因为它们是"赚钱的"机构，它们能够"保持"和"平衡自身预算"。过去，那些不了解资本主义方法的"原始交易者"，"不讲道德，臭名昭著"，"他们既互相欺诈，也欺骗社会。竞争理论就是从他们所采用的那些残酷的方法中产生的"。现代的资本家就不是这样，他们密切合作并保留账目，利润和成本一目了然。今天的商人只考虑社会和经济的一般状况，他们衡量行为的依据是其对利润的影响。"高社会道德和高平均利润，"帕滕说，"具有相同的根源，因为它们是预算编制之社会化影响的结果。预算编制是一种将人们团结在一起并将较小团体联合成较大团体的力量。"[56]

帕滕对预算编制的道德结果非常谨慎，他挑选了国际银行家（凡勃伦所谓"不劳而获"的艺术大师）作为现代道德的典范。银行家们"相互合作，避免竞争，为公众服务。银行道德是最高的道德，因为它不受国家、地区或信条道德的限制。""银行家持有的是远见。"[57] 但是，他对企业资本主义的道德潜力还有更多的话要说；他认为，商业所产生的消费者丰足，以及那些支持丰足和多样性的经济"定律"，也是道德和理性的。在这里，他抛出了那种传统古典享乐主义的论调。像斯密、边沁和其他古典经济学家一样，帕滕也认为人们天生就讨厌工作（痛苦）并渴望消费（快乐），但是，他通过扭转关于"奢侈生活会产生腐败影响"的美国旧观念，为这个观念增加了一个新的伦理维度。快乐和消费并不意味着更不道德；相反，更多的快乐和消费意味着更高的道德。人们拥有的商品和服务越多，他们被允许欲求和拥有的越多，他们的渴望就显得越不急迫，他们也就越不会沉迷其中。

这是帕滕的理论核心：商业创造出的丰足社会要比传统的"农业社会"更为道德。更高的生活水平意味着更高的欲望门槛，不太强烈的欲望意味着较少的腐败和更高的道德。只有原始人才是真正贪婪地追求感官享受的人，他们的生活水平较低，饮食中只有少数是买来的，他们日复一日地奋斗，脑子里想的只有下一顿食物。"在食物供应不规律的地方，"帕滕写道，"人们的想象力通常最为疯狂……原始人有强大的胃口"，他们"不知道如何适度地去使用它"。他们是"贪吃的人"。[58]

帕滕向我们说明了，人们预算中不断增加的新商品，是如何让他们变得更有道德的。他写道，认真看待消费法则有助于奠定真正的道德科学的基础，而"哲学和宗教则无视消费法则"。他将边际效用定律作为基本道德律，认为它比任何"黄金法则"或"圣经法则"都要更有效。[59] 根据这一定律，随着每个人消费越来越多的商品，每个增量变得越来越不理想，就会诱使消费者去购买其他能够带来更多愉悦的商品。随着时间的推移，购物越来越多，这种反应一次又一次地发生，欲求得到满足的时长也就越来越短。消费者的欲求在下一个商品中迅速得到满足，就会去追求下一个商品，然后是再下一个商品，这个过程会沿着新的道德路线改变个人行为。于是，消费者的欲望就会保持较低水平，因为欲望总是很快就能得到满足。消费者得到的越多，消费的越多，他们就越不渴望得到，就越少有"动物性"，就越不容易"过度消费"。[60]"过着高标准的生活，意味着要尽情享受快乐并快速厌倦它。任何快乐都会很快变得陈旧，除非它能被丢弃，为新事物腾出地方。"[61]

这里重要的是"新事物"会以稳定的速度提升个体生活水平。在那个时代，没有哪个经济学家像帕滕那样告别过去，以此作为道德和智识的指南。帕滕将美国社会中出现的一种已经很清晰的倾向（将所有的"新事物"都视为无可争辩的好事，将所有的"旧事物"都视为难以忍受的坏事），解释为一种文明法则。他从未回头。"我们把文化，"他在1912年写道，

> 作为文明的最终产物，而不是它的一个要素。然而，只要看一下事实我们就会发现，文化是人类活动的一个标志，而不是祖先的传统与观念的标志。社会传统一直都在被打破，这在文化领域表现得尤为明显。文化不再是对古老或异邦事物的欣赏，而是一种比传统享乐更为强烈的愉悦……文化是那种更加令人有满足感的消费组合的结果。每一种新产品都会改变文化的发展方向。[62]

它总是在为了美好而改变。增加支出创造了新的男性和女性。它促使人们进行预算，从而赋予他们"国际银行家"的无私美德。消费者购买的东西越多，他们的欲望水平达到平衡，他们就会将他们的"剩余"能量导向对他人的援助上，转向创造公共财产（公共图书馆、公共道路、音乐厅

和艺术画廊）而非私有财产上。[63]"过去是节俭者比奢侈者更加高尚，如今则是非节俭者比节俭者更加高尚。"[64]不断购买"新"商品，消除了人与人之间的差异，将人们变为"更好"的人，并为在美国社会中形成新的团结与和谐打下了基础。

帕滕声称，如果说移民和旧秩序的分裂剥夺了社会和谐的古老来源，那么新的和谐来源则在为美国文化的新"核心"铺平道路；消费模式正在将人"标准化"，让他们思考和渴望同样的事物。"被标准化的人取得成功，"帕滕说，"不合标准的人则离开城镇或就此寂寂无名。"新消费者是放眼全球的通才。另一方面，原始人"缺乏概括能力，这使他们无法摆脱当时条件下的暴政"。"只有每个人都有的新冲动和新理想，才能作为团结的基础……而在把欲望孤立起来的前提下，或者是在把不同派系联合起来的当地传统下，除了破坏，什么都不会产生。"[65]

帕滕非常肯定这种新伦理的救赎能力，他敦促人们去了解培育它的每种机制。人们必须每天接触"欲望的对象"，每天都有"条件"感受到"对商品的渴望"。"所有传统的消费限制，所有对奢侈的禁忌"，全都应该"被废除"。"目前的情况并不令人满意，因为我们对道德方案做了妥协，而不是严格摈弃旧俗、坚守新规。"[66]他的目标是心灵疗愈："世界上不应该有美德和罪恶的化身。纽曼（著名天主教红衣主教）的天使必须与路德的魔鬼同行。绝对不能有忏悔的行为，宽恕是可以无偿获得的。"[67]

学校和国家必须协助创造这种新秩序。"父母对孩子所负的责任过于沉重，"帕滕说，"我们高估了家庭塑造其成员的力量，而忽视了城市生活中各种机制的作用。我们用克制来塑造男孩的性格，实际上，我们应该考虑的是他们的娱乐。"教育者应该教给儿童关于所有事物的边际效用法则，因为这是一个基本的道德法则。"道德教育应该从经济世界的课程开始，"他写道，"因为道德机制与生活标准的机制相同。经济活动锻炼了人们未来的道德能力。"[68]国家有义务保证"下层阶级"拥有与其他人一样的消费机会；"如果没有社会的帮助，今天的下层阶级就会走投无路"。国家必须教育这些人；它必须保护"新权利"并使之制度化，包括安抚权、安全权和无所畏惧地生活的权利。如果说帕滕不相信国家应该打破垄断或重新分配财富，或者不相信地产可以成为公民独立和财富的基础，那么他相信的就是明智的资源配置。"富裕并非通过阶级冲突和惩罚少数人来实现，而是通过社会改良和进步来实现，在这个过程中，人们被从生产边缘带走，接触到更好的资源和更有利的环境。"最后，国家有义务向所有公民都提供"生活收入"，即最低工资，以便他们可以稳定地获得商品和娱乐。[69]

无论最终可能的解决方案是什么，手段都是相同的：使人们与商业机构保持联系，而商业机构则将他们全部转变为有着低强度欲望的标准化消费者。人们看到的是"商业化的街道"——与"公园、剧院、'康尼岛'和百货商店提供的娱乐和消遣"一起——因为"它包含了高潮的主要元素……新事物的高潮"。人们，尤其是移民，应该忘记旧俗，歌颂现代商业机制，因为这些机制在"呈现那种令人兴奋的生活"中表现得如此"精彩"。对移民来说，坚持旧俗的结果就是持续退化，对此他们只能怪自己。帕滕说，有限的"原始"胃口，只会被胃口更大、更平衡的人所利用。帕滕相信，这些移民实际上是通过帮助更强大的阶层占据上风而造成了自身的痛苦；他们保持着原始状态，未能充分利用和"享受"新环境，因此他们成了"巩固一个国家统治阶级地位的现成手段，这个阶层消耗了由被统治阶级的道德准则所产生和拒绝的额外物质。剥削的真正来源不是政治，也不是竞争，而是旧的传统、习惯和偏见"[70]。

1909 年，在《产品和高潮》(*Product and Climax*) 这本奇异的小书中，帕滕比较了两套机构：一套是传统机构（教堂、图书馆和学校），另一套是"新的""城市的"机构（零售店、剧院、娱乐场、冰淇淋店、一美分商场等）。他的描述清楚地表明了哪一边更好：他很激进地将新机构置于"正确的右边"，而将旧机构置于"错误的左边"。旧机构实际上处于黑暗之中并封闭自身，这表明它们与那个有着"种种禁止性道德机构"的"贫瘠"世界和"有着多重禁令的人为道德"有关。商业街上的新场所则"装饰着灯光和便宜饰品"，"商店的门"始终都是"敞开的"。[71]

在这一愿景中，有一些个人的东西将帕滕与其他跟过去决裂的美国人联系在一起，即由于没有过去的牵系，他们渴望能够拥有一个新家园。欲望和性欲就包含在这一愿景中，就像《产品和高潮》这个书名所暗示的，可能这也是帕滕想要暗示的，因为他自己读过并接受了弗洛伊德的性理论。[72] 这一愿景中也有困惑和渴望，它们为欲望所助长和增强；这一愿景的核心是愿望。在他后来的书中，特别是在《泥洞》中，他甚至认为是"愿望"的力量激发了整个进化过程。他说："愿望脉冲和愿望结构，是打开有机进化秘密大门的钥匙。"[73]

弗洛伊德看到了非理性的本能和潜伏在愿望背后的贪婪动机。与弗洛伊德不同，帕滕只瞥见了它看似"理性"的角色，或者是瞥见它以一种"渐进的方式"推动一切发展。有些人可能会把许愿视为一种幼稚行为，或者是一种无能和脆弱的表现，但是，帕滕对此的看法却是相反。他认为，许愿是积极的，甚至是生物进化的结果；因为它会引发行动，创造"需要"，而这反过来又会自动导致内心满足，获得更多的商品和乐趣，进而产生更多的愿望。"愿望将能量引向满足，"他写道，"并使能量朝着目标流动。……那些期盼的愿望迫切需要实现。"帕滕想要释放而非削减每个人"愿望"的力量；他希望"数百万人"都许下愿望能有一种完整的文化"消费"并"朝着满足摸索前进"，希望个人能够在获得和占有中努力互相模仿。愿望，满足，愿望，满足，愿望堆积在愿望之上——这就是帕滕对美国的幻想。[74]

在他看来，美国不仅是一个"欲望之地"，也是一个"愿望之乡"。就像他那个时代的许多人一样：从约翰·达纳、斯图尔特·库林、约瑟夫·厄本到马克斯菲尔德·帕理什、奥里森·马登、弗兰克·鲍姆，帕滕非常渴望把握当下。他想从困扰他的任何内心情感的暴虐中解脱出来。虽然他也担心新的开放将会产生新的封闭、提高欲望的门槛，但他还是想要敞开心扉。与此同时，他的思想也反映了他那个时代新的商业趋势，并且似乎满足了新商业秩序下的意识形态要求。

帕滕对他那个时代的知识分子和政治潮流产生了一种决定性的影响。例如，他是1900年以后美国出现的新社工运动中最聪明的智者之一。纽约市和其他城市的社会工作者学习了他对城市娱乐的看法——帕滕认为，这种有组织的游戏形式，是将儿童安全地融入城市生活的最佳方式之一。他通过沃顿经济学院和美国经济学会影响了几代经济学家，而美国经济学会正是在他的协助下于1885年宣告成立。他认为美国经济正在朝着"完全丰足"迈进，这一观点催生了1900年以后自由主义思想的兴起；随着时间的推移，他的思想改变了社会全局。

沃顿经济学院毕业生特格韦尔是帕滕的学生兼其传记作者，他是一位充满激情的帕滕信徒，他后来成为富兰克林·罗斯福总统政府中的一位重要成员。在他的一生中，即使到了晚年，他也仍会在其作品中提到帕滕。1982年，特格韦尔写道："我相信他是他那一代人中思想最深刻的。""他比其他任何老师都产生了更大的影响力，可能约翰·杜威和威廉·詹姆斯除外，他们两个人在美国学术史上的影响要更大。当然，在他们之外，帕滕就可以独占鳌头了。"[75]

哥伦比亚大学的富兰克林·吉丁斯（Franklin Giddings）等社会学家、沃尔特·威尔（Walter Weyl）等政治记者，以及进步主义运动中那些雄心勃勃的知识分子发言人，显然都受到了帕滕思想的影响。虽然吉丁斯经常不同意帕滕的观点，但他却承认帕滕"影响并塑造了我的思想"。吉丁斯和威尔都相信新商业世界的道德正确性，相信美国这个新的复杂而分散的社会可以通过不断提高的"生活水平"来进行构建。吉丁斯在书中传播了这样一种观念，即标准化是将美国多元化人口加以"整合"的关键。只要美国人都想拥有相同的商品并抱有同样的梦想，我们就无须担心那些无政府主义者。现代生活中"主要的同化力量"是"标准化消费"。"想要明白这个道理，我们只需要去想想那些普通物品，如地毯、墙纸、桌布、钢琴、留声机、昂贵的服装和珠宝……这些东西被那些原本没有支付能力的阶层所消费；我们只需要意识到美妙的事物如何产生标准化的影响力……作为财富的消费者，我们表现出精神和道德上的团结。我们想要拥有同样的东西。我们拥有相同的品位。至少就我们生活中的这一部分而言，我们拥有一种高度普遍的意识之基础和事实。"[76]

据记者沃尔特·李普曼介绍，帕滕在沃顿经济学院的学生威尔，是进步主义者中最广博多闻和最受尊敬的经济学家。威尔在其1912年出版的《新民主》(*The New Democracy*)一书中，推广了帕滕对"盈余"经济的看法。这本书是有史以来最重要的"总统文本"之一，它影响了西奥多·罗斯福总统等人。[77] 在这本书中，威尔对美国经济的未来满怀信心；过去那种"稀缺"心态，正在慢慢地被不断扩大的"丰裕"排除在外。"社会盈余压倒了我们所有的传统，塑造了我们所有的哲学"，它有可能消除美国所有的贫困和不公正。从威尔讨论新商品，到他坚信国家必须进行干预以促进"消费社会化"并确保社会进步运动取得成功，我们可以看到帕滕对他产生的影响。威尔坚持认为，一种新的、更好的道德，一种关于快乐的"新伦理"，一种新的心灵疗愈方法，将会来自与政治民主相联系的经济秩序。他说："民主指的是物质商品和基于物质商品的精神商品。"像吉丁斯和帕滕一样，威尔也看到社会内部出现了一种新的统一，这种统一的基础是对社会盈余的共同追求和共同认识。[78]

帕滕和威尔在对某些事物的看法上也有不同。这种不同在威尔对欲望新特征的理解方式上表现得最为明显。新产品创造了一种新的基于贫困的愿望；这种贫困并不是真实的，而是想象出来的。"我们，"威尔借用凡勃伦的观点说，"正在发展出一种新型的贫困：没有汽车，没有游艇，没有小别墅。最微妙的奢侈品成为必需品，缺少它们，会让人心生怨愤。今天，人们的不满情绪在社会范围内达到了一种很高的程度……不满到了最后就是精神烦恼。"[79]

抛开这一观点上的不同，威尔和吉丁斯的思想中也表现出帕滕的许多弱点，其他追随帕滕的思想家在这方面也未能幸免。像帕滕一样，他们没有对现代经济体系的任何主要结构特征提出任何批评。他们将现代企业视为道德机构。关于金钱及其在形成和歪曲欲望特性方面所起的作用，他们没有做出任何负面评价。他们认为，真正的"幸福"可能主要来自货币收入和消费，而不是来自令人满足的劳动或社区利益。像其他害怕工业革命所带来的社会后果的美国人一样，他们认为，美国人应该忘记工作，转而去休闲、玩乐和消费。

帕滕协助创造了消费自由主义的意识形态支柱之一，这对消费自由主义的出现非常重要，就像投资银行、橱窗、电力、博物馆、哈佛商学院、沃纳梅克的虔诚，以及心灵疗愈一样重要。他（和他的学生们）为新产品的不断生产，或者是日后所谓"全面增长的经济体系"，提供了一种完美的道德理由。

波莉安娜与心灵疗愈的大众文化

心灵疗愈也进入了流行文化，进入电影、百老汇音乐剧、儿童故事和童话中。《波莉安娜》的作者波特和《绿野仙踪》的作者鲍姆，从儿童文学作家中脱颖而出，他们都从心灵疗愈视角来撰写自己的作品。

1868年，波特出生于新罕布什尔州，她是普利茅斯殖民地开创者的后裔；她一生中的大部分时间都与疾病为伴，但她却写出了一本关于健康和幸福的畅销书。她的母亲也曾患病多年，青少年时体弱多病，后来嫁给一位非常富有的商人：美国分离器和机械公司总裁约翰·波特（John Porter），而她的婆母也是长期患病，一直需要人照顾。19世纪90年代后期，在克服自身糟糕的健康状况并结束进入死胡同的音乐事业后，波特立刻接受了心灵疗愈的观念，开始了新的故事写作生涯。她写了很多书，其中有一本《哦，钱！金钱！》(*Oh, Money! Money!*)，讲述了三个表兄弟的故事：他们每个人都意外地从一个不知名的亲戚那里继承了10万美元，并以三种不同的方式去处理那笔钱——这成为20世纪50年代流行电视连续剧《百万富翁》(*The Millionaire*) 灵感的来源。故事的寓意非常"美国化"："做事的，不是金钱，而是金钱背后的人。"（但有钱难道不是很好吗？）[80]

波特的成名作《波莉安娜》写于1912年，这是一本正宗的心灵疗愈书。故事的女主角是一个11岁的女孩波莉安娜，即使面对生活中最令人生畏的痛苦，她也能够做到永远面带微笑，对生活感到"高兴"，为每个人带来"色彩、光明"和健康。一位对她感到敬佩的医生说："我希望我能给她开方治病。"遇到波莉安娜后,老人们扔掉了"灰色和单调",为生活增添了"红色、蓝色和黄色的精纺品"。那些习惯于节俭和储蓄的吝啬鬼们,学会了"自己活,也让别人活"和"享受生活"。波莉安娜说,"我喜欢彩虹",还有"冰淇淋"和"房间铺的地毯"。她传讲邪恶和诅咒的危害来激励那些疲惫不堪的牧师们,让他们抵制圣经中对"800个喜乐之人"的阴郁描写。[81]她的签名是"快乐游戏",或者是"去寻找生活中的乐事——无论那是什么"。她总是"很高兴,很开心,很喜悦"。

在《波莉安娜》中,波特提出了一个心灵疗愈的预言,这个预言对女主角的命运和全书都起着支配作用:

> 人需要的是鼓励。人的自然抵抗力应该得到加强,而不是被削弱。不要总是喋喋不休地指责一个人的缺点,而是要告诉他他身上的美德。试着让他摆脱坏习惯。鼓励他展示更好的自我、真实的自我、那个敢做能赢的自我!……一个美丽、充满希望的人物是有感染力的,有可能彻底改变一座城市。……人们头脑里想的、心里感受的,都会流露外显。如果一个人和蔼可亲和乐于助人,那么,要不了不久,他的邻居也会变得和蔼可亲和乐于助人。但若他只是责骂、皱眉和批评——他的邻居也会皱眉、瞪眼!……当你寻衅找茬,你得到的就是麻烦和不幸。当你知道你会找到美好时,你就会得到它。[82]

后来波莉安娜因为遇上车祸而瘫痪,即便如此,她仍然"高高兴兴的",甚至比以往任何时候都要更加快乐(当然,她也得到了奖赏——后来她又完全康复)。故事的最后,"半个小镇的人都戴起了蓝色丝带,停止了家庭战争,或者是喜欢上了以前从未喜欢过的东西,这一切都是因为波莉安娜。"那些工厂工人一度对工作感到沮丧并讨厌他们的雇主,而现在他们则"很高兴又到了周一早上"。[83]

《波莉安娜》使波特几乎举世闻名。很多商业产品(以及一个受欢迎的室内游戏)都以"波莉安娜"命名。这本书被译成八种语言,还被改编成剧本搬上百老汇舞台，并被制作成两部成功的电影：一部由玛丽·碧克馥（Mary Pickford）主演（1920年），另一部由海莉·米尔斯（Hayley Mills）主演（1960年）。我们很难知道工人们是否喜欢这本书（如果他们肯读这本书的话），但毫无疑问，沃纳梅克喜欢这本书。他把这本书送给他的家人、朋友和员工。《波莉安娜》提供了与《简朴生活》相同的道德食谱：不要考虑太多，尽情享受生活，保持温和善良，总是看到事物光明的一面。[84]

鲍姆和神智学

鲍姆的《绿野仙踪》比《波莉安娜》要更受欢迎，它充分地展示了心灵疗愈的特点。鲍姆不仅是一位商人、一位橱窗装饰大师、美国最成功的童话作家，他还践行了神智学，他可能是通过他的岳母盖奇接触到神智学的。盖奇是美国女权运动的领导者之一，也是《女性选举权历史》（*History of Woman Suffrage*）一书的著者之一。盖奇厌恶国教，部分原因在于它反对妇女解放。神智学无疑要更合乎她的心意，就像它合乎其他许多进步主义者的心意一样，后者疏远基督教，希望能将某种宗教与科学知识相融合，与对女性的高度尊重相融合。盖奇非常欣赏布拉瓦茨基的《揭开面纱的伊西斯》（*Isis Unveiled*），这本书是对埃及伟大女王的致敬。盖奇在《女性选举权历史》中引用布拉瓦茨基的话说，伊西斯"自己的身体里就有孕育万物的萌芽"[85]。

鲍姆显然也很钦佩布拉瓦茨基。他在自己家中举办通灵会，而且他还是神智学会的成员。[86] 神智学亲科学反基督教的一面吸引了他。他在1890年写道："信仰的时代正在慢慢沉入过去。"我们有了"新的信念"，我们"急切渴望洞察自然的秘密——我们对知识的渴望一直都是被禁止的。""随着国家进步，人口增长，去教堂做礼拜的人越来越少。人们开始认为，研究科学……就是与教会为敌。但是，我们知道，科学是真实的。"[87]

神智学是一种较为宽松的心灵疗愈形式，它不做判断又很宽容，非常合乎鲍姆的心意。受到印度教"人无罪无愧"思想的影响，1890 年鲍姆在《阿伯丁周六先驱报》上写道："我们生活中的那些美好事物是要拿来用的。未雨绸缪的储蓄理论本身是很好的，只要它没有成为否定你自己去过舒适生活的借口。"他坚称，一个人大可不必为其每天早上餐桌上的橘子（这在当时是一种昂贵的水果）感到难堪，即使他因为工资太少而买不起它。一个人有时可能会"被迫去借几块钱"，那又怎样？不管怎样，"当死神来临，谁将成为赢家？是那个说'我已经活过了！'的人，还是那个说'我已经省钱了'的人？""最充分地享用生活就是智慧的本质。所以，尽情地去'吃喝玩乐吧，因为明天你就要死去了。'"[88]

鲍姆也用一些心灵疗愈的符号来装饰自己的家，其中就包括坐在他钢琴上的那个"无忧"福娃。[89]他讨厌禁酒令和"周日蓝色法律"；在他成名以后，他遵循自己内心的想法，购物狂欢，住最好的酒店，享受漫长而奢侈的假期，最后则是背负一身债务。[90]

当然，最重要的是，鲍姆为青少年和成年人写了一些儿童故事和童话，通过故事表达了赞同消费的观念：放任，舒适，不加评判，心灵疗愈。他的许多书里都有对商品、机械发明、人造"物品"、有多道菜的宴会、水果景观、美味蛋糕、奶油泡芙、焦糖、爆米花、果冻豆鹅卵石、（由巧克力、糖霜面包、姜饼和葡萄干做成的）人形食品的描写。这些描写是为了让孩子们确信：这个世界是一个非常美好而和善的地方，每个人都有充足的东西可以享用。在那些传统的童话故事中，例如《汉塞尔和格莱特尔》，儿童经常因为渴望和偷吃禁食而受到饥饿或死亡的威胁。而在鲍姆的"繁荣"王国中，丰足是永恒的，饥饿则是不可想象的。[91]

一个积极的美国童话故事

鲍姆最有名的书就是《绿野仙踪》，它是 19 世纪晚期宗教动荡和经济变化产生的最重要的文化作品之一。与帕滕的政治经济学和马登的"幸福机器"一样，鲍姆的故事同样植根于美国自由主义背景，是当时受众最广的童书,并在他生前就被译成多种语言(他于1919年去世)。[92]一战结束以后,兴起了一个活跃的奥兹产业链(《绿野仙踪》又被译为《奥兹国的大魔法师》),出现了玩具、游戏、涂色书、木偶、海报等大量的衍生品。《绿野仙踪》还成为美国广告运动的一部分。例如,1913年,纽约的西格尔－库珀百货在纽约各地竖起了同样的巨型广告牌,它由广告商古德设计,描绘了名人们在"人人都去大商场"的旗帜下进入西格尔－库珀百货。走在队伍最后面的就是《绿野仙踪》里的稻草人。[93]

与20世纪其他任何一本书相比,这个童话都要为人们提供了更多的思想资源。近年来,它的主题和人物,形成了从购物中心(马萨诸塞州阿特尔伯勒市的"绿宝石城购物中心")到现代舞蹈[纽约人保罗·泰勒(Paul Taylor)创作的"奥兹芭蕾"]这一切的基础。这个故事一次又一次地被改编为其他形式,但这些改编都不如鲍姆自己的改编(1902年芝加哥舞台的音乐狂欢)更加有利可图。该节目是美国历史上迄今为止播放时间最长的音乐作品(直到1911年它仍在波士顿的城堡广场剧院演出)。维克托·赫伯特(Victor Herbert)的《玩具地的宝贝》(*Babes in Toyland*),以及其他一些类似节目,都以《绿野仙踪》为模板。鲍姆在1910年接受的一次采访中说:"《绿野仙踪》是一部非同寻常的作品。这是唯一一部连演了八年的音乐喜剧。"[94]

为什么《绿野仙踪》在美国会如此受欢迎?这个问题的答案,部分在于鲍姆对童话形式的把握。虽然故事里既没有王子和公主,也没有仙女,但它却包含了童话故事的许多经典特征:旅行主题、善恶冲突、被孤立的主人公在一片陌生的土地上追求目标、神奇的帮助者和非人类的角色、迷人的森林,以及主人公在前进路上遇到的无数障碍。《绿野仙踪》里有魔法干预和变形,还有对珠宝、鲜花和美食的大量描述。这些特点一再证明了它们讨喜的价值:孩子们希望在童话故事中找到它们,而鲍姆则巧妙地满足了孩子们的期望。[95]

不过,他在《绿野仙踪》中也有所创新:他把这个童话给美国化了。可以说,他是第一位将美国素材与童话形式有机地结合到一起的美国作家。其他美国作家,从华盛顿·欧文到马克·吐温,已经成功地将本土元素引入其他类型的儿童文学中,然而,鲍姆却是第一个将这种融合带入童话故事中的人,这一创举是《绿野仙踪》能够长久流行的最重要原因。[96]

鲍姆把这个童话故事给"美国化"了,这意味着他写下了他所知道的并且当时大多数美国人都可能与之相关并认识的事物和地方:轴油,铁皮和瓷器,堪萨斯的农田和农夫,稻草人,给马戏团招揽观众的人,以及一个离开家乡、内心单纯的乡下姑娘。书里面有很多玩笑,美国人无疑都很喜欢。故事通过人物及其行为,一次又一次地讽刺了美国对机械技术的那种痴迷。除了经典的童话旅行,书中还呼应了美国人的西进、从乡村到城市的旅行,以及那个时代大部分上升文学(uplift literature)中描绘的宗教旅行。

《绿野仙踪》以一种轻松愉快的方式展示了《天路历程》对它的影响。《天路历程》是美国中产阶级新教徒在19世纪上半叶的读物;它也是一部儿童标准读物,很多孩子都背诵过里面的段落,鲍姆自己可能就曾在他虔诚的基督徒母亲的陪伴下读过它。这两本书有着相同的原型(旅行主题)和相同的符号:银鞋子(1939年电影版中改为红宝石鞋)。在《天路历程》中,"基督徒"逃离毁灭城,遭遇可怕的噩梦和诱惑,最终到达宝石装饰的天国圣城,那里的街道上铺满了金子。在《绿野仙踪》中,多萝茜被龙卷风从阴郁的堪萨斯带到奥兹国,她克服许多困难,最终进入绿宝石城,街道上嵌满了金子和珠宝。"基督徒"在旅途中遇到了"利徒",他对宗教没有兴趣,除非宗教能让他变得富有和受人尊敬。他对"基督徒"说:"宗教穿上银鞋子时,我们总是会变得非常热诚。"而"基督徒"则答道:"哪怕宗教穿着褴褛的衣服,你也必须拥有它。"在《绿野仙踪》中,多萝茜的拯救和救赎,也是只有在她穿着"银鞋子"时才得以发生。[97]

然而,《绿野仙踪》里所包含的并不仅仅是主要新教文本的残羹剩饭,或者是美国生活的日常特征。鲍姆在他的童话故事中还引入了美国的心灵疗愈愿景,这与当时美国商业的发展非常匹配。鲍姆本可以批判美国社会,本可以利用他的童话故事吸引人们去关注经济苦难和种族不公正，关注新的工业劳动力异化形式，关注许多美国有钱人的奢侈和贪婪，关注财富和权力的集中（这是美国资本主义社会一个显著而持久的特征）。19世纪90年代，在他生活的地方，这些现象随处可见，比如，南达科他州阿伯丁的农民骚乱，芝加哥的劳工冲突。同时代其他国家童话作家的作品就反映了其所在国家里同样令人不安的情况。肯尼思·格雷厄姆（Kenneth Grahame）、查尔斯·金斯利（Charles Kingsley）、乔治·麦克唐纳（George MacDonald）和约翰·拉斯金（John Ruskin）都转向童话创作，以此作为揭穿乃至诅咒英国新工业秩序的媒介，许多美国人都读过这些故事，但是，鲍姆却并未选择追随这些作家。[98]

许多分析家认为，鲍姆在《绿野仙踪》中对美国工业社会提出了一种隐晦的批评。有些人甚至称这本书为一个民粹主义的寓言故事，它对受压迫的农民表达了一种深切的同情（直到今天仍有很多人接受这种解释）。[99]然而，鲍姆从未在他的任何作品中表达过对贫苦农民或任何受虐待者的关注。所有证据都指向另一种解释——他更倾向于认同那些"最优秀的人"，认同美国社会中那些大赢家而非失败者。他曾在《美洲印第安人》一文中写道："印第安人为什么不湮灭？他们的荣耀已经不在，精神已经崩溃，男人气概已经消失。与其悲惨地活着，还不如死去。白人根据征服法则，通过文明正义的方式，成为美洲大陆的主人。"[100]更重要的是，《绿野仙踪》中完全没有批判资本主义的痕迹。这本书讲述了一个非常乐观的美国童话故事，它不仅没有挑战新工业社会，反而还赞同其价值观和发展方向。

《绿野仙踪》中到处都是心灵疗愈的信息。从字面上看，它表现了神智学中的灵性主义元素，而且有时它还会采取讽刺这一表现形式。例如，故事中奥兹国的善良女巫，就像布拉瓦茨基所研究和崇敬的强大母亲神一样。而奥兹国的魔法师与多萝茜及其同伴的会面则很像灵性主义者的集会，会上出现了一些奇怪的声音和现象。"你在哪儿？"多萝茜在与奥兹第二次见面时问他，因为他就像是一个无形的存在。"我到处都是，"那个声音回答道，"但普通人看不见我。我现在坐在我的宝座上，你可以和我交谈。"于是,"降灵会"便继续进行(第 93 页)。[101] 巫师的许多化身反映了印度教中"变形"的概念,巫师作为主要媒介,会以很多形态出现、以多种声音说话。奥兹国也类似于布拉瓦茨基书中描述的那些通晓神智学的"行星"或"地球",每个人都必须通过它不断前行,才能实现精神健康和人格完整。[102]

在更广泛的意识形态层面上,鲍姆的童话故事通过带走人们的心痛和恐惧,来对他们进行心灵疗愈。在绿宝石城和奥兹国的大部分地方,每个人都得到了照顾。几乎没有真正的痛苦,没有重大的斗争或冲突,没有工作可言,也没有什么可内疚的,最重要的是,没有什么好害怕的(事实证明,甚至就连邪恶的女巫也不可怕)。《绿野仙踪》是威廉·詹姆斯所谓"具体疗法"的一个"无忧"文本。鲍姆本人在原版书的引言中清楚地写道:

> 现在是时候出现一系列新的"奇迹故事"了,过去那些精灵、矮人和仙女,连同过去作家们为了一个严肃的故事寓意而设计的所有可怕惊悚的事件,都要被淘汰了。……《绿野仙踪》只为取悦今天的孩子们。它渴望成为一个现代的童话故事,其中保留了惊奇和喜悦,略去了心痛和噩梦。

鲍姆用美国式的新消费主义打破了惊奇与心痛之间的联系。人们可以拥有历史上(人性上)从未有过的生活:没有悲伤的快乐,没有贫穷的丰足,没有痛苦的快乐。像其他心灵疗愈者一样,鲍姆否定了生活中痛苦的一面、成长的一面,而使另一面得到人们的尊重和肯定。

这并不是说书中就没有任何暴力和可怕的事物。在第十二章中,多萝茜的同伴们想办法杀死邪恶的西方女巫,在这个过程中他们就被撞倒在地或被撕裂,当然了,女巫本人非常吓人。在其他章节中则出现了卡利达和巨型蜘蛛等怪物;许多多萝茜的掠食者都被残暴地摧毁,其中经常都是被斩首。尽管有这些情节,但是,鲍姆的书中情节基本上都是按照他的意图来展开的,呈现了一个几乎没有"心痛和噩梦"的故事。

那么，鲍姆在书中是如何消除"真正的"恐惧和暴力的呢？首先，他给整个童话故事涂上了一层令人愉悦的色彩，以突出奥兹国和绿宝石城的物质丰足。这本书实际上是一首色彩和丰足的赞美诗（以绿宝石城本身为标志）。鲍姆像个商人一样巧妙地使用各种颜色。[103] 在《绿野仙踪》中，灰色与苦力、匮乏、贫穷和死亡联系在一起，黄色、红色和蓝色则与物品极大丰富的世界、充足的食物、珠宝和贵金属联系在一起。这些色彩联系在历史上可谓司空见惯，而鲍姆[及其插画师威廉·丹斯诺（William Denslow）]则对此进行了创新。在原版《绿野仙踪》中，丹斯诺巧妙地给几乎每一页都上了底色，以反衬出鲍姆分配给书中人物和地点的各种颜色。"丹斯诺为它制作了大量的插图，"1900年4月，在这本书问世前不久，鲍姆在给他哥哥的信中提到，"它会发出一种明亮的色彩。"关于堪萨斯的那几页是灰色的，后面是浅蓝色的芒奇金国，锈红色的罂粟田和考德林国，棕色的"瓷人国"（那里所有的"小人"都用彩瓷制成——鲍姆以此向他作玻璃陶器推销员的那些岁月致敬），而在最后一页，多萝茜回家的场景则用了玫瑰红。在每一页上，置于印刷文字的下方或周围的、丹斯诺精心着色的线条画，都增大了这本书的图像密度。他创造了彩色插页，随着故事一步步展开，它也变得越来越丰富，每个插页都以一种最悦目的方式描绘某个角色或事件。今天，所有看过这一原版书的人都会对丹斯诺的插画印象深刻，特别是关于绿宝石城的章节中的插图，那些纸上的色彩似乎都青翠欲滴，泛着光芒。《绿野仙踪》的原版书是迄今为止出版的最"多彩"的儿童书。这是一部叙事和视觉艺术作品。[104]

鲍姆在描写他的主角"骗子"魔法师本人时，把奥兹国里的恐惧和心痛都带走了。"这是我变的一个戏法，"魔法师说，"请来这边吧，我把我的故事讲给你们听。"（第121页）在魔法师身上，鲍姆着力描写了他所有的骗人把戏：广告、表演、推销、催眠、虚拟商品交易，这些都是通过制造幻觉和欺骗而得手的。从历史上看，许多美国人都害怕魔法巫术并对其抱有戒心，使得那些魔法表演者处于文化边缘。至少到18世纪，最大的巫师还是撒旦，它形状多变，有多重身份，是一个多形态的恶魔。[105] 在某种程度上，鲍姆仍然认同这一传统，正如他在一些书籍和文章中所表明的那样。但是，在《绿野仙踪》（以及许多其他故事）中，他通过肯定骗子、调解员、他人梦想的经纪人，进行了一种不同于传统的写作尝试。

魔法师出现在全书的正中间（并且位于奥兹国的中心），因为从叙事和存在的角度来看，他都是这本书的中心。为了实现他们各自的愿望，多萝茜和她的同伴各自都有一个与巫师在一起的观众，他们形态各异：站在多萝茜面前的是"大脑袋"；稻草人看到的是一位"可爱的女士"，她的肩上有一双色彩绚丽的翅膀；狮子面对的是大"火球"；铁皮伐木工看到的则是一头"最可怕的野兽"，它长着犀牛脑袋，脸上有五只眼睛，身上有五条长长的胳膊和五条细长细长的腿。巫师要求他们杀死邪恶的西方女巫，作为交换，他会满足他们的愿望。实际上，他与他们达成了协议："杀了她，我就把你们想要的东西给你们"。

然而，在多萝茜及其同伴履行了承诺之后，我们才发现，原来魔法师是个"骗子"，他承认自己根本没有任何"真正的"力量可以去满足他们的心愿。他原来只是一个扮演撒旦（以及很多其他角色并且形状多变）的"小老头"，但他是无害的（第120页）。他是一个骗子，一个招摇撞骗的哲人，一个会使障眼法的魔术师。人们对他的行为有何反应？气恼？愤怒？不，令人惊讶的是——没人真正在意，而这也正是鲍姆想要的结果。鲍姆自己非常喜欢魔法师。他在这个人物身上大费笔墨，描写活泼生动，他评价奥兹是"一个很好的人"和"一个非常糟糕的魔法师"（第96页），这表明他对这个人物很有好感。事实上，故事里的每个人似乎都很喜欢他，多萝茜也"原谅"了他，即使她完全有权谴责他不道德，毕竟他曾向她谎称他有"魔力"。

鲍姆之所以会对奥兹产生认同，是因为他也变过戏法，做过商人，玩过杂耍，当过演员。他的儿子哈里写道："我的父亲就是奥兹国的魔法师。"[106] 鲍姆是一个"运动发起人"，他喜欢新"方案"和商品推销。1904年，他开始创作音乐并打算给作品取名"标题信任"或"章鱼"，他可能想要借此嘲讽1901年他的芝加哥同乡弗兰克·诺里斯（Frank Norris）出版的小说《章鱼》(*Octopus*)。诺里斯的《章鱼》描绘了运动发起人对铁路行业产生的有害影响，这是美国人发表的最严峻的"现实主义"小说之一。鲍姆在他的音乐剧第二幕中安排了"盛会和芭蕾舞会"。他的合作者保罗·蒂金斯（Paul Tietjens）认为，"这是我见过的最有趣的事情之一"。在鲍姆为该剧谱写的所有歌曲中，他最得意的一首是"我是运动发起人"，他曾"多次亲自"为他人演唱这首歌曲。[107]

鲍姆对魔法师的描绘和整个故事本身，可以解释为是一种对创造魔法、幻想和戏剧的现代能力的致敬，对那些实际上是上帝和魔鬼所做的事情致敬——因为它们会让人们情不自禁地去相信。尽管从真正童话的意义上来说，魔法师被揭穿是一个骗子，一个没有任何魔法力量的"普通人"，但是，他的权力仍然非常强大。他在现代美国资本主义的意义上是强大的，因为他能操纵别人听令行事，让他们相信令人难以置信的事情，去做他们可能不想做的事情（或者去买他们可能不想买的东西），并且没有意识到他们正在这样做。作为一个出色的骗子，奥兹唤起了一种人们完全错位的信任，但不管怎样，"人民"都崇拜他。他第一次来到奥兹国时——他告诉多萝茜——他"命令……（这些善良的人们）建造了这座城市和我的宫殿"（第96页）。在坐着气球逃离这个国家以后，他仍然被人们当成"为我们建造了这座美丽的绿宝石城"的人进行铭记和怀念（第104页）。这种信念是一种大规模的自我欺骗。当气球带着奥兹飞走很久之后，铁皮伐木工、狮子和稻草人对奥兹又是什么看法呢？他们自欺欺人到了如此地步——他们相信是奥兹（而不是多萝茜，当然也不是他们自己）把稻草人从玉米地里解救出来，把狮子从森林的孤独中解救出来，把铁皮伐木工从"在树林里生锈"的永久性瘫痪中解救出来。

鲍姆创造了一个善良的骗子，一个像撒旦但却没有邪恶力量的人，一个可以被爱戴而不是可怕的角色。鲍姆通过魔法师告诉读者，这个世界上并没有什么可怕的事情；宇宙的核心可能存在欺诈——一个玩笑——但却肯定没有"真正的"邪恶。

在奥兹国中，鲍姆以一种更为深刻的方式消除了心痛和恐惧：他尽可能地让多萝茜的旅程变得愉快，没有忧虑和痛苦。鲍姆的"奥兹国"几乎完全没有童话故事中常有的那些严厉的评判、压制、法律和惩罚。在很大程度上，奥兹国是由一对仁慈的父母共同管理，父亲角色由大魔法师扮演（最初他似乎表现为那种传统上的大家长——"伟大而可怕"——后来则被发现他是善良的和不加评判的），母亲角色则由北方和南方的善良女巫扮演，她们慷慨、亲切又宽容。孩子们的愿望真的成真了。

在这种疗愈性的环境里，多萝茜得到了一种近乎完美的保护。作为一种典型的心灵疗愈的人格，她既没有受到长期恐吓，也没有很多担心焦虑。与《爱丽丝梦游仙境》中的爱丽丝不同，爱丽丝似乎总是不确定自己是谁和她要去哪里，而多萝茜则总是抱着一种坚定的信心前进。她之所以从未感觉自己受到威胁，很大程度上是因为善良女巫的魔法及其在她额头上留下的吻印、她那双银鞋子、她那些忠诚的同伴，以及奥兹国那种善意的氛围，使她免受伤害。当然，多萝茜并不知道她得到了多大程度的保护，但我们知道——孩子们知道——而这才是最重要的。

多萝茜本人从未做出任何故意的暴力行为。她确实杀死了那两个邪恶的女巫，但都纯属意外，所以也就不具有暴力性质（可笑的是，第二个女巫是因为挑衅多萝茜而被杀：女巫拿走了多萝茜的那双"漂亮鞋子"，这让多萝茜很生气。"快把鞋子还给我！"多萝茜大声喊道。之后她气愤地朝女巫身上泼水，后者便溶化了）。她向魔法师讲述邪恶的东方女巫的死亡，"事情就那么发生了……没办法"（第 72 页）。

但是，多萝茜的无所畏惧还有一个原因：她的性格和她的旅程都不符合大多数传统童话中那种经典的俄狄浦斯模式。在《童话的魅力》(*The Uses of Enchantment*) 一书中，布鲁诺·贝特尔海姆（Bruno Bettelheim）提出，大多数传统故事都是从父母的背叛或虐待开始，接下来就是一段主人公的旅行，在旅途中，主人公感到极度孤独并受到种种威胁。主人公往往会憎恨那些背叛他们的人。他们被迫面对种种不寻常且经常是野蛮的势力；在此过程中，他们对自己和世界有了一种新的洞察。最终，他们获得了独立，成就了自我，而这通常都是通过婚姻或与他人建立深刻的关系来实现的。贝特尔海姆进一步声称——这是他讨论的核心——孩子们正在努力从父母那里获得独立，而这些带有传统俄狄浦斯式情节的童话故事，在安全、遥远的地方描绘儿童的真实身份，这满足了孩子们的情感需求。对贝特尔海姆而言，这些故事能让孩子们放松下来——原来他们对父母所产生的那种强烈（甚至是带有暴力色彩）的感情本身并不坏，而且就像童话中的王子和公主一样，孩子们有一天也会战胜困难，不断成长，并最终离开家庭，实现自立。[108]

《绿野仙踪》里并没有这种俄狄浦斯式情节，这就大大降低了多萝茜的斗争强度和她旅程的危险性。多萝茜没有父母；她与婶婶和叔叔之间的关系，既说不上深刻，也算不上强烈；她"永远"都是一个孩子，从而免去了那种不得不长大的负担。"大多数童话都以婚礼结束，"评论家布莱恩·阿特伯里（Brian Atterbery）写道，"但在《绿野仙踪》的结局里，却是没人成双成对。"[109] 更重要的是，多萝茜从未像传统童话中的人物那样受到威胁；她从未意识到自己被"抛弃"或"孤零零地被落下"后会有什么可怕后果。[110] 事实上，当鲍姆拒绝将多萝茜放入传统家庭结构中时，他是知道自己在做什么的。正如他所声称的那样，他的目的是摆脱童话故事中那些消极、令人焦虑的东西。"他对爱情、婚姻，以及任何可能吓到孩子们的可怕事物都不感兴趣。"他的侄女这样评价他。[111]

最终，多萝茜没有经历任何改变。她始终保持不变（有着相同的目标）。她与叔叔和婶婶的关系仍然脆弱而模糊。她本质上是一种抽象的存在；她的同伴：稻草人、铁皮伐木工和狮子，也是如此。他们也没有经历任何根本性改变，尽管每个人都希望获得他们缺乏的东西——稻草人需要一个大脑，狮子需要一点勇气，铁皮伐木工需要一颗心。然而，读者一眼就可看出，他们其实已经拥有了这些东西，这一点在他们前往奥兹国的旅程中一次又一次地被证明。在压力和危机下，稻草人表现出了他的聪明才智。他两次想出逃脱灾难的方法拯救了同伴。他提出，大家可以把一个木头放在路上以"越过路上的沟壑"，这样每个人都可以"很容易走过去"。狮子评价说，"这是一个超棒的想法"（第 53 页）。狮子，在很大程度上，也拥有他认为自己缺少的东西。在遭遇袭击时,他对多萝茜说"跟紧我","只要我还活着,我就会和他们战斗到底"(第53页)。铁皮伐木工也会在小灾小难面前表现出一种精致的温柔,尽管他坚信自己没有心。即使不小心踩到了路上的甲虫,他也会流下"悲伤和后悔的泪水"(第49页)。

  多萝茜的同伴们所缺乏的是对自己的信心,他们不相信自己已经被赋予他们所渴望的东西。他们被心灵疗愈者所谓的"贫困思想"所困扰。当然,魔法师的作用就是给予他们信心,鼓励他们克服他们那些让人"痛苦的习惯"。"我确信,你已经拥有足够的勇气,"他对狮子说,"你所缺少的只是对自己的信心。"(第97页)魔法师并没有真的满足多萝茜朋友们的愿望。实际上,他所做的就是将他们三个与他们真实的自我、真实的丰足联系起来,或者是与他们"潜在的力量"(这是一个心灵疗愈术语)联系起来。结果,他们真的被赋予了力量,他们都成为各自王国的君主:森林之王狮子,绿宝石城的统治者稻草人,以及温基国君主铁皮伐木工。

  故事在这里传达出了心灵疗愈的信息:一个人只要有信心并意识到这个世界真的是一个充满神圣能量的丰足之地,他就不必担心未来,因为他必定无所匮乏。人们并不需要挣扎,受苦,经历成长之痛。实际上,一个人需要的只是积极思考,与自己的"潜在力量"或内在的"君王"发生联系,克服恐惧和担忧,去继承一个王国。(有本心灵疗愈之作的书名就叫"每个人都是君王"。)

  显然,对孩子们来说,奥兹国和绿宝石城是一个相当不错的地方。但是,我们如何解释,多萝茜似乎对绿宝石城的吸引力毫不在意?她一次又一次直白地表示,她不喜欢奥兹国,她唯一的目标就是回到堪萨斯。"我不喜欢你的国家,"她相当果断地说,"虽然它很漂亮。"(第72页)"我不想住在这里,我想回堪萨斯,与我的艾姆婶婶和亨利叔叔一起生活。"(第105页)我们是否应该认真对待这些说法?这些说法是否表明多萝茜(或鲍姆)想要标新立异?不。毕竟,在奥兹国,没人真的相信多萝茜想要离开。在与稻草人进行的一次有趣的交流中,多萝茜坚持认为"没有哪个地方能像家一样",并说"任何有血有肉的人"都渴望回家,无论他们的家有多么"沉闷和灰暗"(第39页)。稻草人对这个想法感到困惑不解,有一次,他几乎为自己没有大脑而感到高兴(或者更确切地说是鲍姆感到很高兴,因为这是一个只有成年人才能看懂的笑话)。"如果你们像我一样脑子里塞满了稻草,"他说,"你们可能都会在这个美丽的地方住下了,那样的话,堪萨斯就没有人住了。你们有脑子,这实在是堪萨斯的幸运。"(第39页)

鲍姆让多萝茜一再拒绝留在绿宝石城,可能有这样几个原因。一是文学或艺术上的原因:通过让她专注于堪萨斯,鲍姆得以增强叙事张力,使故事变得更加引人入胜。另一个可能的原因是,鲍姆试图反映(并同情)读者对自己被绿宝石城吸引而感到的那种内疚和焦虑。换句话说,多萝茜对绿宝石城的保留意见,是要与读者的感受相呼应,这样读者既可以认同多萝茜,又能享受奥兹国的富足。但是,鲍姆以这种方式创造多萝茜,最可能的原因是他希望增加奥兹国的吸引力。通过心灵疗愈的力量,他邀请读者(他让稻草人来发问)提出一个最明显的问题:为什么会有人想回到堪萨斯,哪怕那里的一切如此灰暗?

鲍姆"奥兹"系列中的其他书籍可以证实这一论点。在《奥兹国的绿宝石城》(*The Emerald City of Oz*)("奥兹"系列图书中的最后一本)中,那种道德氛围完全是宽恕性的。这也是鲍姆最彻底的以消费为写作导向的"奥兹"续书。在书中,多萝茜对于离开堪萨斯毫无内疚之感,因为她已将她的叔叔和婶婶带到了奥兹国。在奥兹国,亨利叔叔和艾姆婶婶被赐予一座华丽的房子,多萝茜拥有了"她所有渴望得到的东西"——"宫殿里有四个可爱的房间",一间"宽敞的大理石浴室",衣柜里挂着连衣裙,那些裙子的剪裁刚好适合她。"这个小女孩心中所珍爱的一切在这里都可以得到,"鲍姆写道,"哪怕在美国最大的百货商店也找不到任何如此丰富和美丽的东西……当然,多萝茜也很是喜欢这些奢侈品。"她说:"在奥兹做公主比在堪萨斯做家庭主妇可要强多啦。"她曾提醒她的一个"兔子"朋友(这位朋友正想为了追求乡村独居而放弃城市生活),"你如果离开城市而跑去森林,那你就是一个疯子。我敢肯定,城外任何一只兔子都很乐意接替你留下的位置"[112]。

鲍姆的心灵疗愈意识形态：它的色彩、骗术、"无忧"治疗，都赋予《绿野仙踪》一种非常现代的特征。鲍姆用一种似乎是美国独有的方式告诉大家，丰裕无处不在，每个人都可以获得它，这种方式标志着美国工业发展进入了一个崭新的意识形态阶段。像这样的信息一定会让那些感觉不适应社会环境、置身局外的孩子（以及成年人）感到安心。鲍姆说，在奥兹国（美国），局外人将会成为局内人，每个人都能分享生活中的那些美好事物。人们只需要许下心愿就好了。

《绿野仙踪》是一种新的消费者心态兴起的产物。它与波特的《波莉安娜》和帕滕的政治经济学一起，表达了一种新的全民心灵疗愈的观点。这种哲学反过来又被心灵疗愈宗教本身所强化，被许多既定宗教派别的妥协和精神让步所强化。总之，一种新的精神伦理氛围已经形成，它与美国新的体制生活、政府、大学和学院、博物馆和艺术学校一起成长，与商业一起创建美国新文化。它允许有种种新的神话和梦想，所有这些都预示着一种越来越丰足、舒适和愉悦的生活，"一个新的天堂和一个新的地球"。[113]

然而，多少都会有些令人不安的是，这种新的"精神"观念也加剧了人们对痛苦和苦难的漠不关心，而这些苦难则是现代消费世界与生产世界相隔离所带来的。尤其是像心灵疗愈这样一种现成的消费者心态，它更是完全否认痛苦和苦难的存在。

虽然当时也出现了一些强烈的反对声音，但是，这种资本主义富足的意识形态正在协助创造一个新的文化空间，这个空间里充满了商业图像、对商品的幻想、对橱窗和广告里呈现的消费活动的幻想，以及高耸在城市街道上的那些巨大的电子广告牌。早在 1902 年，威廉·詹姆斯就在《宗教经验之种种》里指出了它的出现："现在我们甚至已经没有能力去想象，古代对贫困的理想化意味着什么：摆脱物质依附，灵魂不受束缚。"[114]

第三部分

管理梦想文化：1922—1932

第九章
"整合时代"：商品、金钱和合并热潮

1922年11月中旬，84岁的沃纳梅克得了重感冒病倒了，此时的他依然牢牢地掌控着他的费城总店。到12月中旬，他的身体已经非常虚弱了，但他仍让人给救世军指挥官伊万杰琳·布斯（Evangeline Booth）捎去一封信，信中写道："似乎将世界和商业搅在一起的情况仍在继续，但上帝永存，他爱他的子民，美好的日子必将来临。我相信救世军……不会被乌云邪风打败……只要我的身体条件允许，我立刻就会赶赴纽约。"[1] 这是他写的最后一封信。12月12日，沃纳梅克去世。两天后，他的遗体躺在伯大尼长老会教堂，成千上万的费城人民前来表达敬意。举行葬礼当天，市议会关门，公立学校停课，费城证券交易所也停业一天。非公开的安葬仪式在圣詹姆斯小公墓举行，天空中下着绵绵细雨，人们心情沉重。发明家爱迪生和首席大法官威廉·塔夫脱（William Taft）也参加了仪式。在场者还有斯特劳斯家族成员（珀西和杰西没来，他们与参加仪式的叔叔南森不和），菲尔德百货总裁约翰·谢德（John Shed），宾夕法尼亚州和纽约州的州长和参议员们，百万富翁"汤王"霍华德·亨氏，以及政治家威廉·布莱恩（William Bryan）。罗德曼病得太重（重感冒）而无法参加，但他的家人（包括尚未被他切断父子关系的小约翰·沃纳梅克）都到场了。[2]

葬礼结束后不久，金融家们就开始想法说服沃纳梅克百货新的管理层进行合并或做类似的安排，那些巨额资本开始暗中涌动。接下来十年，菲

尔德百货两次试图收购沃纳梅克百货。"我们正处于一个整合时代，"一位银行家写信给沃纳梅克百货首席执行官威廉·内文（William Nevin）说，

> 为了贵公司所有权人的利益和公司的利益，我们特向贵公司提出融资方案。
> 我们正在与纽约银行家合作，他们在全美成就显赫，他们的证券由于这种银行业务往来而不断增值。
> 我们目前正致力于与各个城市里的商店进行强强联合，希望贵公司也能加入我们的计划。[3]

内文拒绝了这一邀请；当时还有许多律师和经纪人也都纷纷来信来电，主动提出为公司筹措资金，但都被内文拒绝了。那时，沃纳梅克百货仍是一个私有的独立实体。[4]

沃纳梅克去世的时候，很多人都认为美国正在进入一个生产和整合的新阶段。当然，一战与人们的这种印象有很大关系，因为美国前所未有地动员并集中社会资源，极大地提高了经济生产力，加快了经济力量的集中。但更重要的因素是，许多团体（文化、经济、政治及宗教团体）都倾向于开放美国市场，进一步拉动经济增长，希望商业拥有更多的自主权，加速社会变革。

可以肯定，一战结束后的美国起步艰难。1921年，美国因生产过剩和库存积压而遭遇大萧条。其间，物价暴跌，失业率飙升，经济动荡，这让联邦政府官员感到恐慌。不过，很快一切就都恢复"正常"，公司经济的增长速度超过以往任何时候。

这种增长有两个助推因素：一是劳工激进主义的消退，二是当时那种反对独立工会活动的大环境。一战期间，工会取得多项成就：罢工胜利，工时缩短，工作条件改善，工资增加。但对劳工而言，伴随这些胜利成果而来的却是一场灭顶之灾。一位经济学家写道，劳工遭受"致命打击"。[5]国家调动各种资源来抵制劳工激进主义；世界产业工人组织被解散；美

国劳工联合会（AFL）被大清洗，其激进分子被清除。工会成员的人数在 1920 年至 1923 年间持续下降，纺织工会成员的人数下降 75%，机械师工会成员的人数下降 70%。[6] 公司主管们效仿劳工组成公司工会，他们对既有工会的性质拥有决定权，那些大规模生产的重要行业（电气、汽车、卡车运输和化学制造）中的工会相继都被取缔。工会被迫捍卫自身利益，工人们则为保住饭碗而焦虑——尤其是在 20 世纪 20 年代，因为当时很多企业都被长期失业所困扰。[7] 糟糕的是，很多劳工运动都未能在消费资本主义层面上采取明确而独立的立场（就像前述世界产业工人组织的案例所示）；更糟的是，整个劳工群体似乎都被消声，消费主义经济和文化大权愈发落入公司企业及其机构伙伴手中。

本章及后续章节将会讨论这些公司企业和新的管理主义，这些管理主义改变了所有诱惑策略并影响了体制生活的所有领域（正如我们将在最后一章中看到的那样，包括联邦政府在内）。本章特别描述了被评论家塞缪尔·施特劳斯称为"消费主义"的消费者心态，这种心态高调出现，证明了过去变化的结束和新变革的开始。它着眼于新的合并浪潮、连锁店的扩张，以及投资银行家的实力和特点。20 世纪 20 年代商品和货币的流动非同寻常，它不仅被哈佛商学院这样的机构以一种前所未有的力度助推，还因法人组织的新方法、银行家、兼并及整合高手的努力，而不再受到限制。就连那些长期抵制资源集中的百货商店也开始走向合并，成立全国性的商店组织。到 20 世纪 20 年代末，美国出现了一大批全国性的商店组织，其中最有名的要数联邦百货商店（FDS）。消费者渴望的城市景观已经全面开始运转。

"消费主义"

法国人安德烈·齐格弗里德（André Siegfried）在 1928 年写道："一种新型社会已经在美国出现，美国文明的基础不同于以往了。"齐格弗里德先后四次访美，他发现这个国家的变化一次比一次大。"1901 年或 1904

年时,我还看不清楚这些变化;1914年访美时,我已开始注意到这些变化;而在1919年和1925年时,这些变化已经变得非常明显。"早年访美时,他感觉美国和法国并没有什么不同,这个国家似乎仍与欧洲和"西方"有关联。而现在,这里的一切看起来都很陌生,他把这种变化归因于大规模生产和大众文明的兴起,以及美国人眼中"道德价值"的显著转变。"从道德角度来看,"他写道,"很明显,美国人已经开始将他们的生活水平视为一种神圣的获得,他们会不惜一切代价去捍卫这一所得。这意味着他们愿意在理智乃至道德上做出许多妥协,以维护这一生活水平。"[8]

许多美国人都看到了这些变化,其中有些人则对此深感不安。记者兼政治哲学家施特劳斯也被这些变化所困扰,他几乎所有的文章都在或多或少地谈论"物品",或者他所谓的"消费主义",直到20世纪30年代中期,他才貌似与公司资本主义达成"和解"。1924年,他在《大西洋月刊》上发表文章说:"新事物正在对抗美国民主,这是建国者们不曾预见到的,他们一定会认为这不正常。"这一新事物就是"消费主义",它给美国带来一种"惊人"的巨变。首先,美国人已经停止攻击"富人",这些富人在25年前还被视为"拥有巨大财富的恶人"。其次,美国人开始关注"奢侈、安全和舒适",将其视为"美好生活"的基本要素。[9]

1870年,施特劳斯出生于爱荷华州得梅因市,他是德国犹太移民摩西的儿子。摩西是一个纺织品商人,他的女帽店(开设于1873年,到20世纪20年代仍在经营)是得梅因最古老的一家帽店,1900年时它还是西部女帽经营范围最广的商店。1872年,他成为(后来则是连任)得梅因第一国家银行行长;1907年,他与人合建得梅因大剧院,该剧院被称作"芝加哥西部最好的娱乐场所之一"。[10]他的儿子看不上女帽生意,转而投身报刊业。施特劳斯从圣母大学毕业后,依靠家族资本成为《得梅因领袖》日报(后改名《得梅因志》)的共同所有人。1902年,他前往纽约,成为《纽约环球报》的出版人,他使得这份报纸的发行量从1.7万份增至17.5万份。[11]施特劳斯并不信仰犹太教,他致力于宣扬人道主义传统和"生命"价值观,1910年左右,他开始对美国的文化命运感到忧虑。他参加了马格尼斯拉比发起的卡希拉实验，这项实验试图围绕人道主义价值观把纽约所有的犹太人都团结起来，同时也是为了抵御商业主义对犹太人生活的影响（参见第七章），但最终试验失败。[12] 1917 年，他离开曼哈顿（和《纽约环球报》），与家人移居纽约的卡托纳，那是一个北郊村庄，有铁路通往曼哈顿。他在那里编辑出版自己的周刊《村民》(The Villager)，这一周刊一直存在到 1925 年。1927 年，《大西洋月刊》评价《村民》是一种"视角新颖程度非凡的个人哲学期刊"。[13]

施特劳斯显然是把《村民》当成他进行文化反思的喉舌，《伊壁鸠鲁与美国》是他早期所写文章之一。他在文中抨击了心灵疗愈运动（以及整个美国社会），他认为这场运动与伊壁鸠鲁走上了同样的道路，搁置了"对痛苦、恐惧、愤怒、冲突，尤其是死亡的信念"。施特劳斯写道，"消除身体之痛"和"心灵之苦"是"伊壁鸠鲁主义的任务"，它是"近期美国"的一个"显著"特征。"过去半个世纪见证了一场前所未有的与人类苦难的斗争，这场斗争对血清和麻醉剂，对医院和诊所，对监狱、管教所、社会服务社、样板房，以及所有慈善事业的影响——跟我们父辈时的情况相比——是令人震惊的。有人说，这是一个救护车的时代。"[14]

1925 年，《村民》停刊，在停刊前不久，施特劳斯撰写了一篇论述消费主义的文章，进一步探究了他以往文章中的观点。他认为，消费主义是一种生活哲学，它指导人类生产出越来越多的东西——"今年的商品比去年多，明年的更比今年多"，它强调"生活水平"高于其他所有价值。"没有哪位部长会提出让国民生活水平下降的方案。""资本主义者和社会主义者争得你死我活，但他们之间的实质性问题是：谁可以确保将大部分物品分配给人民？"[15]

消费主义还有其他一些特征：购买不需要的东西的冲动，不可避免的商业压力，商业对公共生活的操纵，以及市场价值对文化的全面入侵。"过去，人们消费是为了获得想要的东西，而如今，消费则是要让人们对机器生产出来的东西有欲求……今天摆在我们面前的问题不是如何生产商品，而是如何生产消费者。消费主义是一门迫使人们使用越来越多物品的科学。消费主义带来的变化是，美国公民对他的国家的首要重要性不再是公民，而是消费者。"[16] 在"制造更多东西"的旗帜下，施特劳斯看到，整个社会都在根据消费主义的优先事项重新建构。消费主义正在鼓励美国人放弃对"智慧"和"生命延续"的尊重，转而歌颂"新生和改进"。新时代最引人注目的特征之一是，"人们普遍认为世界是年轻人的，老年人只是进步车轮前的障碍物"。[17] 美国人开始追求"奢侈品与安全感"，那些曾经丰富了人们的生活但却限制了个人消费力的价值观和传统悉数被摈弃。施特劳斯在《村民》上的一篇文章中写道，

> 在"正常时期"，市场上会有精神产品，它们会与商人提供的商品形成竞争，从而自动就会限制强加给社会的物质商品的数量。然而，我们的时代是不正常的：一个多世纪以来，物质逐渐充斥我们的生存空间，一点一点地占据了宗教、艺术和文化的位置。事实上，资本对利润的渴望，因为不加克制，已经侵蚀了我们的存在，使一切都变得混乱不堪。[18]

施特劳斯声称："今天，当年轻人想要变得像他想象的那样富有时，这已不再是一种白日梦；事实上，这是一个计划。因为它只关乎安全感和奢侈品，而不涉及辉煌、威望、地位、权力这些无形资产。"[19]

他认为，所有形式的"特殊恩宠论"（particularism）都在让步于新阶层（他在1927年称之为"制造、工程、新形式零售领域的关键人物"）的要求，这些人只关注"标准化、大规模生产和大规模分销"。他们不是把人看成人，而是把人看成"一些大众单位"或"大众消费者"。"人类再也不用有什么该死的哲学了。"他写道。[20]

施特劳斯深信，只要普通美国人有理由接受这种交换（一方面是"奢侈品与安全感"，另一方面是民主文化的衰落、"政治国家的灭绝"，以及对管理控制的接受），这一过程就会持续下去。他确信，资本主义和社会主义都在朝着同一个方向发展，尽管它们在财产所有权方面存在一

些根本性的分歧。然而，综合考虑各种因素，"工业主义才是一种更大的危险"。"社会主义需要某种革命才能建立其制度，这意味着我们对它有充分的意识。我们都知道它（革命）是什么，并会以它的名字去称呼它。而工业主义则只涉及让我们在现有的方向上走得更远，去做更多我们现在正在做的事情。"[21]

商品与金钱"淹没了这个国家"

美国的施特劳斯和法国的齐格弗里德，几乎是同时对美国资本主义发展中出现的又一巨变做出了回应。雷蒙德·洛维（Raymond Loewy）在20世纪20年代从法国移民美国，他在20世纪30年代成为一位著名的工业设计师。他在自传中回忆起这段经历时写道，这种巨变的标志是商品流通——"商品在这个国家泛滥成灾"。[22] 例如，香水和化妆品行业早在一战以前就是巨头，后来发展成为美国第十大产业（到20世纪20年代末，这一产业价值10亿美元）。大量的廉价香水和面霜，带着陌生的人造香味和颜色，涌入"美容院"，潜进新郊区居民的卧室。1914年到1926年，法林百货化妆品的年销售额从8.4万美元升至55.2万美元。在这十年间，钟表的年产量从3 400万增至8 200万，使美国成为世界领先的钟表制造国。各种电器（冰箱、吸尘器、烤面包机、风扇、炉灶和洗碗机）是这十年中最赚钱的商品。历史学家注意到，1930年，每六个美国人中就有一个拥有一辆汽车，所有人都在买留声机、会自动演奏的钢琴和收音机。波士顿的弗朗西斯·斯佩尔曼（Francis Spellman）主教（后来成为美国红衣主教领袖，他一直喜欢追求那些"上等"东西）于1926年被任命为美国首位前往梵蒂冈的总统使者，他让法林百货赠送了几台最新型的无线收音机给几位梵蒂冈主教，以确保他在罗马会受到欢迎。[23] 巨大的建筑热潮为人们提供了新的"空间"（单户住宅、学校、酒店、餐厅、剧院、办公摩天大楼），而这些空间里一定也少不了这些产品。

商业线路输送的不仅有生鲜产品，还有制成品。配有冷藏设备的轮船将异国的稀有花卉带到美国，与此同时，美国大城市附近的温室大棚也在大量生产花卉，这使得花卉供应过剩。1910年到1919年间，宠物业也开始繁荣起来；到20世纪20年代，由大型批发公司进口的各种稀有鱼类和动物在美国商店中已是极为常见。宠物店店主吹嘘自己店里有"上百万只德国金丝雀"和"稀有鸟类"：风信子金刚鹦鹉、鹦鹉雀、血色凤头鹦鹉、绿壳爱情鸟和莎玛画眉。尽管"稀有"这个标签略显夸张，但在通常情况下，这些宠物的品种确实都是很不寻常的，甚至是独特的。沃纳梅克百货纽约店曾是宠物和鸟类的小型经销商，到1927年时，它的宠物生意已经做到了国内的前几名，几乎每个星期都有关于新物种的广告，如非洲东海岸"塞舌尔岛四只罕见的绿色鹦鹉"。芝加哥的罗思柴尔德百货（Rothschild's）拥有美国最大的鱼类水族馆之一，里面有最多和最全的"稀有"热带鱼和东方鱼类。运输这些活物造成了极大的浪费，而当时的人们对此却是毫无觉察。[24]

随着商品生产和销售的增加，消费者手中的钱也在增加。到1925年，美国许多行业（运输、采矿和汽车）的工资水平都高于其他国家。当然，各个行业的工资水平是不均衡的，某些行业的失业率长期居高不下，生活费用的上涨抵消了工资的上涨。财富分配比以往任何时候都要显得更不公平：60%的社会财富掌握在2%的人手中，财富水平后50%的人只拥有5%的社会财富。工资上涨，一来要归因于之前的劳工斗争，二来则要归因于底特律像亨利·福特这样的实业家，他们敏锐地认识到高工资、高消费和高产量之间的联系。福特认为，如果没有高工资，汽车工人就不会在他大规模生产的驱动机制下继续工作，所以早在1913年他就给他的工人提高了工资。他的目的也是为了防止他的工人加入工会。但他没有给他的工人提供任何福利（没有医疗保险，没有补偿金，没有退休金，也没有任何保护）；对南方黑人来说，福特是第一个以高工资而不是分配住房引诱他们来到北方的人。（底特律很快就出现了美国条件最糟糕的贫民窟。）[25]

随着工资上涨（尽管总是不均衡），企业和银行的收益也在上涨且涨幅更高。一战结束以后，美国"现金充裕"，享有巨额贸易顺差，投资银行家对货币市场的状况无比兴奋，充满信心。"这个国家的黄金进口量惊人，"1921年，一位投资银行家在给客户的信中写道，"捆绑在商品上的资本得到释放，战争给美国带来的真实财富增长不断显现。投资银行业获得巨大的推动力。企业和个人也有了营商之外的现金盈余，他们四处寻求投资机会。"[26]

随着商品和货币的数量增加，分配方式也随之增加。1927年，美国商会报告说："分销的变化速度之快，令人眼花缭乱。""货物越来越快地流向消费者。"[27] 移运货物、货币和消费者的基础设施得到扩大，出现了运输货物的卡车和汽车，承载汽车和卡车的新桥梁、新隧道和新公路。美国包裹邮递业务增加了两倍，其服务进入了过去从未到达的城市和城镇，证明了其经济价值。1927年，纽约市的金贝尔斯百货声称，它的顾客可以搭乘27部扶梯，这是当时一家零售店里安装扶梯的最高数量。"一小时内，"金贝尔斯百货的管理层表示，"金贝尔斯百货扶梯的运移量抵得上整座城市。"一年以后，纽瓦克的班贝格百货在扶梯数量上击败了金贝尔斯百货，它的店里装有34部扶梯，在地上16层和地下4层之间来回不停地运行。[28]

此时，银行也在加快建立其分支机构，以应对和利用不断增多的货币供应。联邦储备系统（FRS）吹嘘，它可以"在规定的时间内将可用信贷转移到任何所需之地"。[29] 电影和广播不仅给人们提供娱乐，还广泛而快速地传播有关新商品的信息。现代服务经济也出现了，1929年，零售和批发行业及酒店和餐馆，雇用了将近一半的劳动力。"这是第一次，"胡佛政府的经济趋势委员会在1928年写道，我们拥有"大众服务"，"这使我们国家免遭严重的失业问题"[30]。

全国各地的连锁店

商品和金钱的大量涌现，是美国出现的新"消费主义"的一些迹象。但是，在这些迹象的背后是一些更为显著的趋势，这些趋势解释了经济的波动性和刺激性，并滋养了"消费主义"。在从1921年的经济大衰退中恢复过来之后，销售商和制造商们变得比以往任何时候都要繁忙，他们忙于组织经济和进行融资，顺应大规模生产和大规模消费。尤其是大规模销售的整合，更是决定性地标志着"现代消费社会"的到来。

造成这种经济扩张的内在因素是连锁店这一方法的普及，以及竞争公司和非竞争公司的整合。到处都是连锁店：杂货连锁店、药品连锁店、肉类连锁店、五金连锁店、纺织品连锁店等，在1920年以后，它们为打造一个真正的全国市场，比其他机构做出了更多的贡献。连锁店实施集中管理，依赖统一进货和标准化广告。连锁有助于实现更大的规模经济。连锁店在1920年以后的扩大，顺应了整个经济趋势，表明经济实力正在"集中"到越来越少的人手中。从各个方面来看，小型独立零售商都在与大公司的竞争中陷入困境。他们的销售（如男装）受到连锁店的严重威胁。1886年，美国只有两家连锁企业，它们经营着五家店铺；到1912年，已经有177家连锁公司，经营着26 235家连锁店；到1929年，更是有近1 500家连锁公司，在近7万个连锁经营网点开展业务。[31]

连锁"理念"尤其受到食品行业的青睐。大西洋＆太平洋茶叶公司和克鲁格（Kroeger's）这样的商店，繁衍出成千上万家连锁店。[32] 餐馆连锁店遍布全美，包括霍恩＆哈达特（Horn & Hardart）等。[33] 1923年，范妮·法默（Fanny Farmer）经营着61家糖果店，到1927年，她已拥有上百家分店，并打算再开更多的分店。她的125种糖果都是工厂制造的，尽管她声称那些糖果是"艺术家们"在她的"工作室"里创作出来的。她想"强调"，"真正高档糖果的生产是一门艺术，而不是一种商业过程"。到1927年时，她面临着与其他三家大型糖果店的竞争。[34]

1919年，斯塔特勒在纽约建造了拥有2 300间客房的宾夕法尼亚酒店（后来成为纽约斯塔特勒酒店），从而引发了连锁酒店增长的热潮。这家酒店一直是世界上最大的酒店，直到1927年芝加哥的史蒂文斯酒店落成。1927年，在得克萨斯州的韦科，康拉德·希尔顿（Conrad Hilton）开设了他在该州的第四家希尔顿连锁酒店。它遵循斯塔特勒模式，提供"最佳服务"，收取"最低费用"。[35] 1931年，他的儿子小希尔顿在新墨西哥州和亚拉巴马州的城镇，经营着19家连锁酒店。[36]

1928年，斯塔特勒抱怨道，那些房地产公司和投机建筑商推动连锁酒店的增长，造成"大量的过度生产"。在20世纪80年代之前，20世纪20年代是酒店建设最快的十年，增加了超过50万间客房（1947年至1955年间仅新增8.9万间客房）。1927年至1933年间，仅在纽约市就建起84家大型酒店，酒店面积增加66%，足够这座城市使用20年。斯塔特勒说："在那些事实上根本不需要新建酒店的城市里出现了几十家新建酒店，这些新建酒店是一种危害。"[37]供给远远大于需求，价格战随之爆发，经济灾难近在眼前。[38]等到大萧条最终袭来，酒店业也就遭遇了灭顶之灾。

到20世纪20年代中期，八家大型电影公司控制着全美各地连锁影院的电影发行，每家公司都拥有500～1 000家影院。主要的标准化廉价零售连锁店，在1923年至1927年间，其规模扩大了一倍：格兰特（Grant's）从45家发展到109家，彭尼（Penney's）从371家扩张至1 000家，克里斯格（Kresge's）从212家增加到435家。1917年，伍尔沃斯商店成为群雄之首，它拥有1 581家连锁店，远高于其1912年设定的600家分店这一目标。[39]各地还出现了一些高档女性成衣连锁店，如比德尔（Bedell's）等。市场上还出现了一家很大的巴特勒（Butler）家具连锁店，瓦尔登（Walden）图书连锁店，世界无线电公司连锁店，以及利格特、瑞克苏尔和沃尔格林连锁药店（它们在20世纪20年代被投资银行家加以"重组"）。到1927年，这些药品连锁店的数量达到3 000家（1900年时只有25家），它们的装修风格让欧洲人印象深刻——这些欧洲人认为自己国家药店里的味道令人窒息，里面满是令人上瘾的药物、令人恶心的气味和有毒的化学品。法国移民洛维写下了他在美国初见一家药店的情形："跟那种黑暗闷热、散发着消毒水和冬青油气味的小药店不同，这是一家绚丽的商店，里面的东西多得让人眼花缭乱，一直堆到了天花板，从阿司匹林到轮滑鞋，什么都有，还有一台吱呀作声的留声机，店里弥漫着新沏咖啡和皮瑙紫丁香的香气，盖过了碘酒和奶酪三明治的气味。"[40]

到1929年，俄亥俄州马里恩市有两家克里斯格商店，两家克勒格尔杂货店，三家连锁服装店，两家连锁鞋店，一家伍尔沃斯商店，一家蒙哥马利药店，一家彭尼商店。截至此时，连锁企业深入地侵入了国家的经济和文化，彻底完成了自19世纪90年代"零售战"开始的销售转型，以至于有些人担心那些幕后管理者（连锁店的老板）会造成不良影响，那些老板很少或根本就不关心当地社区，而只关心其全国各地的"连锁店"和高营业额。雨果·布莱克（Hugo Black）是亚拉巴马州参议员，后来成为美国最高法院法官，他在1930年表示："地方商人正在成为过去，他所在的社区不再能得到他作为独立思想者和执行官对地方事务做出的贡献。"[41]

许多连锁店都是新开的，而那些老店则通过增加分支机构或与其他公司进行合并来壮大自身。早期的合并出现在重工业和制造业（在一定程度上也包括推销行业），连锁店紧随其后，掀起了一股名副其实的"合并狂热"。到20世纪20年代后期，合并成为扩张的首选方式，近50%的连锁企业都靠这种方式来主导和控制竞争。当时的一位分析师写道："整个商界都在进行高度集中。""这种趋势席卷大公司，势不可挡。"这种趋势让约翰·克拉克等经济学家惊讶不已。克拉克接受过古典经济学训练，威望甚高。1900年时，他还相信美国人（以及市场力量）不会允许发生这种普遍的集中。[42] 而在1928年，他则写道："机器，机器带来的量化生产，以及这两者造成的资本大整合，促成了变革，这种变革使得早期经济学家的预测变得毫无价值。……今天，美国的问题似乎是，是否有哪种商业行为可以长期避开公司这种形式，尽管事实上，在'大企业'中，大多数资本的所有者都不再参与对企业的管理。"[43]

投资银行家和合并狂热

操纵这一合并活动的是那些投资银行家，他们比其他任何人都更清楚：如何组织新的货币和商品的销售渠道，为客户和他们自己的利益赚取巨额利润。投资银行家对公司索价很高，作为回报，他们也为公司提供了许多服务：使证券交易所里公司的股票上下波动，以便企业随时都能获得扩张资金；促进企业合并活动；为企业寻找收购竞争对手的资本。[44] 1912年，投资银行业协会只有277名会员；1928年，其成员数量上升到1 072个，而到1929年，它已拥有1 902名会员。[45]

投资银行业和大众消费行业的增长，过去是（现在也仍是）密切相关的。[46]资本经纪人为大公司的成功铺平了道路。"资金充足的大型组织，"一位销售专家写道，"可以利用小商人想象不到的许多机会。"[47]银行家们将人们的商业兴趣导向集中，以此破坏竞争氛围。他们协助地方垄断企业发展成为主要的全国性"参与者"。银行家引发的并购，强化了经济中已经清晰浮现的那种模式：从"制造商品"转向"生产金钱"。

最成功的投资公司是雷曼兄弟和高盛，它们一直密切合作到20世纪30年代。它们两者都始于19世纪的商品经纪公司，到了世纪之交，它们已经在美国大众市场零售商的公共融资中占据了一种战略性地位。一战的爆发更是将它们的事业推进了一大步。赫伯特·雷曼（Herbert Lehman）作为合伙人之一，特别渴望增加"合并"业务。雷曼在一战期间对大规模的合并交易产生了兴趣，当时他在陆军部负责监督对军人补给的部署。"我希望我和我的公司能够积极参与这项风险活动，我相信您也有同样的想法，"1923年，他在给一位商人的信中提到一桩合并交易，"我希望您知道……我不仅热情地赞成这项计划，而且我完全愿意为您服务，对各种细节做出详细规划。"[48]

沃迪尔·卡钦斯（Waddill Catchings）既是消费领域的兼并专家，也是高盛公司的总裁，他是第一批撰写关于金钱方面图书［他著有《金钱》（*Money*）和《通往丰足之路》（*The Road to Plenty*）］的美国经济思想家之一。他还制定了一些臭名昭著的金融计划，其中最宏大也是最不合时宜的就是高盛贸易公司，这是一个由多家投资信托公司组成的伞形公司，旨在蒙骗人们购买那些市值远超其资产价值的证券。[49]（该公司于1930年倒闭，许多无辜民众的投资都打了水漂。）卡钦斯与经济学家威廉·福斯特（William Foster）合著了很多书，他在其中一本书中写道："商业的主要动机就是利润。""对利润的渴望，可以将维持生命的血液，输送到经济体的各个方面。这一血液就是金钱。"[50]

卡钦斯和其他银行家们看到,"欲望机器"(银行家保罗·梅热之语)的扩张,是经济和利润持续增长的关键因素之一。这些经纪人认为,评判他人的欲望,并非商业关心的事情。然而,事实恰恰相反:只有当企业对欲望做出反应,操纵它并扩展其边界,企业才能成功(人们才能得到工作)。卡钦斯说,公司"响应消费者订单"而生产出的"卷烟和汽车"就证明了这一点。美国经济不得不"刺激新的和不强烈的欲望",以保持经济体系内货币和货物的流动。"经济组织的功能,不是去确定人们应该要什么,而是要让机器尽可能地生产出他们想要的东西。"[51]

当然,优质的产品和工艺对许多商人来说仍很重要,但就整体而言,经济已经变得更加资本化。虽然那些投资银行家对商品知之甚少或者毫不了解,但是,他们对交易量、金钱和利润却是了如指掌。他们帮助保证了这一点,即市场(或金钱)价值继续成为美国文化中最重要的东西。

在食品行业,投资银行家通过并购来管理公司的整合和连锁店的增长。多年来,食品产业都是美国最大的产业,但它也是最个体化的——其产品比其他行业产品的销售范围更广而且数量更少。20世纪20年代,投资银行家使这种模式发生了改变。高露洁棕榄皮特公司和通用磨坊这两家公司相继被创立出来;波顿这家鲜奶公司也被创立出来,它收购了52家奶酪和冰淇淋企业。由 J. P. 摩根控股的标准品牌公司,合并了四家在其各自领域占据主导地位的公司:皇家烘焙粉、蔡斯和桑伯恩、E. W. 吉列、弗莱施曼酵母公司。兼并弗莱施曼公司是一个特别精明的招数,因为该公司正在为生鲜货物打造最好的食品分销系统,它覆盖了其国内900家分销中心,拥有数千辆汽车,以及1 700条送货路线,服务于众多酒店、面包店、餐馆和零售店。"这些分销的静脉,"1929年,《商业周刊》上写道,"通过分散在各地的14家工厂(它们均占据战略位置)的冷藏特快车,保持着生鲜食品的供给。"通过收购弗莱施曼公司,标准品牌公司得以为其他产品调整分销系统,并在之后通过降低价格,获得了更大的利润。[52]

20世纪20年代,大多数食品公司的合并几乎都是在一夜之间就完成了，而波斯塔姆公司的合并则花了四年时间。1923年，波斯塔姆拥有5家公司；到1929年，"通用食品"（"波斯塔姆"的现用名）经营着14家公司。这一组合是华尔街金融家、雷曼兄弟公司的爱德华·赫顿（Edward Hutton）和波斯塔姆公司总经理科尔比·切斯特（Colby Chester）的手笔，他们研究了食品行业效率低下和浪费的问题，发现波斯塔姆公司的销售人员只卖"一种"产品，这纯属劳动力浪费。"为什么不是全部产品？"切斯特问道。于是"我们就通过购买拥有产品的工厂和公司，而不是购买专利或开办新工厂，获得了其他产品"。他们坚持认为，"服务消费者"是关键。"我们代表消费者买下了整个企业，我们既不像零售商那样买下一箱子商品，也不像批发商那样买下一卡车货物。我们想要卖的都是大家熟知的产品。接下来，我们将会充分利用我们的推销员。"[53]

到20世纪20年代末，雷曼兄弟和高盛还资助了几家限价连锁店，许多食品杂货连锁店、汽车、男式袜子、雪茄和葡萄酒等行业里的各种公司，以及美国最大的"娱乐组织"：雷电华影业股份有限公司（RKO）。雷电华公司将剧院、订票机构和美国无线电公司合并为一个单一的公司，"所有的娱乐内容都被集中控制"[54]。

卡钦斯为连锁电影院设想了一个美好的未来，并为实现这一愿景做了很多努力。他比电影产业中的许多人更早就确信"有声电影"的合理性，并在1925年同意为华纳提供资金支持，条件是，他要获得华纳长期业务增长的完全财务控制权，华纳答应了。凭借六家银行的总资本，卡钦斯为华纳兄弟提供了数百万美元的循环信贷额度（这是一种只要定期付款就可随意提取的长期贷款），使华纳兄弟可以实现公司偿付能力并收购美国电影的创始公司之一维塔格拉夫（Vitagraph）。这次轻松买断让华纳公司立刻获得全国范围内的分销系统。卡钦斯在关键市场（包括时代广场在内）买下十家新剧院，使得华纳公司在电影市场上所占的份额进一步扩大。1928年，他又收购了"第一国家电影公司"。华纳公司的股价开始不断上涨，华纳公司和卡钦斯迅速变得更加富有。从1925年到1930年，华纳公司的资产价值从500万美元上升到2.3亿美元。[55]

"权力尽在商业中"：连锁百货商店

乔治·爱德华兹（George Edwards）是一位金融历史学家，他写道，合并狂热无处不在，导致连锁门店数量过剩、周期性裁员、浪费、经济波动、过度竞争、"员工责任心淡漠和公司过度发行证券"等问题。[56]即使在那些相对不受这些压力影响的百货商店中，也在继续加强合作和集中。百货商店自从在19世纪90年代第一次把小零售店挤出市场竞争，就一直是各地的霸主。面对20世纪20年代来自连锁店的激烈竞争，百货商店的店主们扩大了他们的实体工厂，制定了新的合作战略，扩大了旧的合作战略，并尝试建立他们自己的联邦国家体系。

就民众而言，最明显的变化就是商店自身的建造和重建。20世纪20年代，大规模的商品销售经历了一场发展"狂潮"，其强度仅次于1896年至1912年间。1930年，菲尔德百货的批发部门占据了芝加哥商品市场，这是一个24层高的室内市场，可以展示和销售库存商品；直到20世纪60年代，它一直是世界上最大的商业体。[57]菲尔德百货也是在郊区开设连锁店的大型商店之一，它在埃文斯顿、森林湖和橡树公园有三个5层高的分店。纽约市第六大道的詹姆斯·赫恩（James Hearn），在康涅狄格州斯坦福德开设了一家分店。位于第五大道的阿尔特曼百货在纽约州白原市有一家分店。萨克斯第五大道精品百货于1930年在芝加哥开了一家分店。1930年，费城最负盛名的四家商店都有了自己的分店。克利夫兰市的"哈雷兄弟"百货（Halle Brothers）当时正在蓬勃发展，它在俄亥俄州和宾夕法尼亚州西部成功地开设了五家分店。[58]在纽约，长期怯于扩张压力的沃纳梅克百货，后来也无法逃脱连锁理念的逻辑。1928年罗德曼去世后，新任总裁在当年的商店备忘录中写道："多年前我就提出，应该在纽约各个中心区开设沃纳梅克百货新店。现在连锁商店的快速增加和成功都在告诉我们，是时候采取行动了。去人流最多的地方开店，把店开到人们的家门口，而不是让人们上门来找我们。"[59]

百货商店采取一切必要手段控制可用的地产，纵横发展。在纽瓦克，班贝格百货在 1922 年又增加了 50 个部门。四年后，金贝尔斯百货在费城市场街开了一家 12 层高的商店，以及两家地铁商店，橱窗数量翻倍。1927 年，底特律最大的百货商店哈德逊百货（Hudson's）开了一家更大的店铺，高 21 层，是当时世界上最高的商店，占地面积比其上一家店要大上一倍。[60] 1927 年，哥伦布市拉扎鲁斯百货的管理层日夜奋战，抢购了市中心他们商店门前的整块地产，用来建造新店和储藏商品。为了确保地产安全，公司董事长弗雷德·拉扎鲁斯不得不"买断"这块地上的一家大妓院，这是红灯区中心在该城的最后残存。妓院老板开玩笑说："你知道这一房产非常有价值，因为整个建筑都是用螺丝固定的。"拉扎鲁斯在付出了更多的努力后，争取到市政当局的许可，在新店和旧店之间架起了一座连接桥梁。"我们威胁市议会，如果不允许我们通过连接前店来扩大到街区，我们就放弃在哥伦布扩大店面，转去其他地方。"市议会和市长"一致"退让。最终结果就是，一家百货商店占了两个街区，这是哥伦布市最大的百货商店。[61]

纽约的梅西百货变化最大。如果说沃纳梅克是一战以前的卓越人物，那么斯特劳斯家族就是一战以后最有权势的家族。1901 年，伊西多把梅西百货开到了第三十四街，那时它毫不起眼，而到了 20 世纪 20 年代，它一天的销量就是梅西百货的原初所有者罗兰·梅西（Roland Macy）1880 年全年的销量。1922 年，斯特劳斯兄弟陷入一股扩张主义热潮，将业务投放到公共证券市场上，以获得更大的资本，建造更大的商店。他们把东侧的百货大楼加盖了几层，使梅西百货的面积翻了一番，达到 14 万平方米左右。1928 年，商场又增加了新的空间和 16 部扶梯，员工人数增至12 500 人。在接下来的三年内，斯特劳斯兄弟获得了对第七大道、百老汇、第三十四街和第三十五街所围合的整个街区的控制权（除了一小块房地产，它的所有者坚决拒绝向梅西百货出售土地）。1931 年，又一座多层结构建成，梅西百货的外形才算完成，也就是我们今天看到的它的样子。毫无疑问，斯特劳斯家族经营着"最大的百货商店"，拥有"世界上最多的商品"。[62]

梅西百货取得如此巨大的成功,以至于它开始成为美国大众消费的神话的象征,而且是美国经济力量的缩影。就连德怀特·麦克唐纳(Dwight MacDonald,耶鲁大学毕业生,后来成为美国大众文化批评家)也说,梅西百货这一"巨大组织"的"力量"让他惊叹不已。虽然麦克唐纳身上有着强烈的反犹太情绪,但他却似乎放下了对斯特劳斯兄弟及其事业的所有偏见。1928年,他得到一个机会进入梅西百货工作,在入职前,他心中怀有的"更多的是愉悦而非恐惧"。"在与人交谈的过程中,我突然对商业机器有了一些模糊的想法,"他写道,"起初这吓坏了我,让我沮丧,却也让我着迷。斯特劳斯兄弟是如此冷酷,如此敏锐,如此自信,对商业如此投入,这让我觉得在他们面前我就像是一个孩子。他们对自己的价值观坚信不疑,于是我开始怀疑起自己的价值观。后来,我的勇气又回来了,我突然意识到,他们拥有的力量正是当今美国社会的主导力量,也是我希望自己拥有的那种力量。"与许多知识分子一样,麦克唐纳也很羡慕斯特劳斯兄弟。他想,如果做"艺术和文学"工作的人也能有这种影响力就好了。他总结道:"权力尽在商业中。""他们比我认识的任何大学教授都要显得更敏锐,更高效,更自信。"[63]

这些商店的实体增长引起了公众的注意,不过,斯特劳斯兄弟还有其他一些活动,这些活动在整合和扩张方面较不明显,但却更为重要。比如,20世纪20年代早期,那些大商家打开圣诞橱窗,亮起圣诞灯,这在城市中是一件很平常的事情。费城、克利夫兰、波士顿、纽约和芝加哥等地的商店联盟在当地剧院合作举办大型时尚秀。他们组织共同的递送系统。他们刊发"合作购物新闻"(每家商店每年都会购买一定比例的版面),并通过地方商会和贸易团体,组织合作宣传和广告活动。[64]

为了应对"连锁店集中购买"的挑战,百货商店对那些"非竞争性"商店进行了"组合",这使斯特劳斯兄弟能够分享重要的销售统计数据,交换关于新风尚和新销售策略的信息,在单一合同中汇总订单、实行"团购",同时保持对商品特征的控制。首个这样的合作"组合"是零售研究协会(RRA)。这一协会是法林百货柯尔斯坦的创意,他是20世纪20年代零售合并活动中的一个重要人物，后来成为联邦百货连锁店中一个相当有影响力的人。柯尔斯坦的想法点燃了费思·奇珀菲尔德和安妮·埃文斯等时尚专家的创业热情。在他们的帮助下，零售研究协会于1917年宣告成立。柯尔斯坦联合了匹兹堡的霍姆百货（Home）、费城的斯特劳布里奇与克洛西尔百货，以及罗切斯特的福尔曼百货（Forman）这样的非竞争商店（它们不在同一个城市，所以相互之间不存在竞争关系）。1921年，美国商品公司（AMC）加入了零售研究协会。零售研究协会服务于全美16家最负盛名的商店，到1926年，它已发展成为世界上同类集团中"最大"的一个。它在会员中传播有价值的销售数据，显示"各种成本"，并保持"每月交流"以促进整个联盟的"统计标准化"，从而使货物和货币的流动变得更加快捷有效。在柏林、巴黎和伦敦购买店铺时，美国商品公司以极低的折扣买下大量女装，并在所有商店都出售带有它自己商标"Barbara Lee"的裙装，售价40美金。20世纪中期，美国商品公司在纽约设立了一个中心店，人们从它那里得到了许多"关于市场、商品资源和时尚趋势方面的建议"[65]。

许多城市都有它的模仿者：芝加哥曼德尔斯百货领导的联盟；1929年，梅西百货与班贝格百货之间的合作团购安排；新不伦瑞克的扬格百货（Young's）和艾斯拜瑞公园市的斯坦巴克百货（Steinback's）领导的东海岸中型百货商店的购买链。柯尔斯坦写信给集团成员谈论连锁店，他以美国商品公司的不可或缺性发誓，"唯一能够满足大型组合竞争的方式"，"就是提高我们的购买力，使之远超任何一个组合，这是我们应该以各种可能的方式发展团购的最重要原因。这对我们的自我保护来说是绝对必要的"[66]。

最重要的是，到处都有在投资银行家帮助下进行的合并，这与美国那种崇尚独立和家庭所有权的强大传统格格不入；当然，在这方面也有例外，例如，20世纪初的五月百货商店和联合纺织品公司。自从1922年沃纳梅克去世后，银行家、律师和零售商就在努力说服沃纳梅克百货的管理层卖掉股份，但都无功而返，沃纳梅克百货商店仍然保持独立。但是，合并大潮也席卷了其他地方，一些商人（特别是那些好胜和多疑的商人，如法林百货的柯尔斯坦）看到其潜在的竞争对手想要通过购买他们的股份来摧毁他们。1921年，柯尔斯坦问他的一位银行家朋友："据说一家巨人公司已经成立，垄断了百货商店业务，这是真的吗？""它是遍布全国还是仅在某些地方？"[67] 在某种程度上，柯尔斯坦的偏执是合理的，因为合并或直接购买越来越成为这十年的特征。

1920年左右，梅西百货的斯特劳斯兄弟试图收购全美各地的一大批中小型商店。他们成功地收购了托莱多市最大的百货商店（1923年）和亚特兰大市的戴维森－帕克森（Davison-Paxon）（1925年），在这些成功的收购中，让人印象最深的是对纽瓦克市班贝格百货的收购（1929年）。商店记录里也有1921年几次失败的收购，比如芝加哥州街的罗思柴尔德百货（菲尔德百货于1924年得到了它），以及宾夕法尼亚州和马里兰州的几家商店。20世纪20年代出现了一些大型连锁商店，如哈恩百货、联合百货和国家百货等。到1929年，金贝尔兄弟已经拥有六家连锁店：四家金贝尔斯百货，纽约的萨克斯第五大道精品百货，以及匹兹堡的考夫曼和贝尔百货（Kaufman and Baer）。同年，就在美国股市崩盘前，菲尔德百货还收购了波特兰市最大的商店并多次尝试购买沃纳梅克百货。[68]

这十年中最大的"合并"事件之一是1929年联邦百货商店的诞生，它是美国历史上最重要的百货连锁商店。两位商人在投资银行家的建议指导下推动了这次合并，他们是法林百货的柯尔斯坦和拉扎鲁斯百货的拉扎鲁斯。

柯尔斯坦于1867年出生于纽约州罗切斯特，他的父母是富有的犹太人，他在16岁时选择了离家出走。后来他在次级职业棒球联盟中打过一段时间比赛，并做了些管理工作，赚了些钱。在圣路易斯，他做过一段时间的妓院看门人，和鸨母有一定交情，并兜售一种主要成分为密西西比河水和淤泥的专利药（要不是那位待他不错的鸨母替他交了罚款，他会因此被捕入狱）。到了20世纪初，他在波士顿给法林兄弟工作。1911年，他成为法林百货的初级合伙人；后来，他出任商品推销和宣传负责人；等到

1920年，他已经是法林百货最有权力的人。[69]

柯尔斯坦身材高大，比拉扎鲁斯高很多；拉扎鲁斯出生于哥伦布市，是前者在联邦百货商店的合作者，他是一位德裔犹太商贩的儿子。拉扎鲁斯在俄亥俄州长大，那里是标准石油信托公司（SOT）的诞生地，拉扎鲁斯渴望自己也能创造一个同样庞大的百货商店帝国。[70] 他喜欢表演，希望他的事业能像"大马戏团"一样吸引顾客。[71] 他与柯尔斯坦一样都是不可知论者，并且像沃纳梅克一样凡事不予评判。拉扎鲁斯年老的时候曾解释说："我很不喜欢宗教中的那种控制权。我认为，来生比现世好的想法是荒谬的，它会让人误解活在世上的真正意义。"[72] 柯尔斯坦和拉扎鲁斯都专注于吞并他们的竞争对手。"小时候，我们都看不到我们的父亲。"柯尔斯坦的三个孩子之一林肯回忆道。拉扎鲁斯对柯尔斯坦的评价是：他"想一直扩张下去"——其实这句话完全也可以用来评价他自己。[73] 1928年，他们分别直购了一家大型百货商店：拉扎鲁斯接管的是辛辛那提的希利托百货（Shillito's），柯尔斯坦则是把波士顿的怀特百货收入囊中。[74]

柯尔斯坦的行事风格要比拉扎鲁斯更加疯狂，无论何时何地，只要有可能，他就会不停地购买其他公司的股票，如莱恩·布莱恩特公司（Lane Bryant）、罗切斯特的麦柯迪百货（McCurdy）、布鲁克林的大型进口公司库珀公司（Cooper and Company）等。[75] 柯尔斯坦（和林肯·法林一起）设想了零售研究协会，并且可能是推动联邦百货商店诞生的第一人。早在1920年或1921年，柯尔斯坦就在给他的银行业朋友梅热的信中提到，他希望能够组建一个巨大的连锁店，来对抗"庞大的百货商店"的力量，他看到后者已经控制了经济。梅热在回信中说："我明白你对连锁店项目的暗示，尽管我对项目本身并无太大把握。我非常乐意和你谈谈这件事。"[76]

保罗·梅热和哈佛大学伸出援手

像德裔犹太移民的儿子拉扎鲁斯一样，保罗·梅热也在美国大众消费部门的形成中发挥了重要作用。1914年，22岁的他从哈佛大学毕业，在他富有的爸爸的支持下，他去了法林百货。柯尔斯坦对他而言就像是他的第二位父亲。1918年，梅热加入陆军；与其他商人一样，他对集结参战的武装力量的规模感到兴奋。他随军驻守欧洲数月。其间，他曾致信柯尔斯坦："我现在才知道，美国是未来之地，是人类进步的领导者和榜样。这是我们的遗产。"他在附言中预测，战争对男装业务将会产生"两种影响。第一，军装的线条将会变得更加紧实硬朗。第二，领带的颜色将会变得更加丰富，而不再是那种千篇一律的军绿色。等那些年轻的军人战后归来，会对男装有巨大的需求。"[77]

1920年，梅热返乡回到纽约城，想要"干些大事"。他前往俄克拉荷马州进入一家石油公司，"协助重组了一家公司"[78]。据他的妻子说，他的职业偏好并不是买卖股票和债券，他的梦想是在这个国家拥有一个很大的绵羊牧场，在那里过着那种拥有地产的绅士生活（这是当时银行家们所青睐的一种生活），远离诡诈的交易和市场上粗鄙的竞争狂热。但是，他把他的个人品位放到了一边（不过，他最终还是得到了一个牧场），投入商界进行拼杀。

他在石油生意中小试身手，之后几个月，他试图在女装成衣中创建一个区域连锁店系统"贝尔蒙特商店"，但这一尝试失败了；这次冒险让柯尔斯坦一时间感到有些迷惑，他认为梅热可能正在与他展开竞争。虽然"贝尔蒙特商店"失败了，但梅热确信，"美国的零售业正在进入整合时代。对一个建在中心热门地段的组织来说，这是一个绝佳机会……可以将整个公司建成美国最杰出的零售公司"[79]。梅热在雷曼兄弟那里找到了真正的利基市场，他与卡钦斯和高盛合作，开始推动大规模营销领域的合并运动。

他是雷曼兄弟公司中负责公司合并事务的关键人物（就像卡钦斯在高盛公司所处的位置），他使"该公司以其对消费品分销的专业知识而闻名"[80]。然而，梅热在20世纪20年代所做的，远远超过安排私有公司进行合并，或者是向客户提供有关股票优劣的建议；像卡钦斯一样，他也是大众集中营销的公共倡导者，并且为了确保他人听取他的意见，他一再依靠他的母校哈佛大学来帮助他。

而哈佛大学，或者更确切地说就是哈佛商学院，也愿意为他提供帮助。20世纪20年代中期，当梅热向他的母校求助时，哈佛商学院与公司企业之间的关系已经变得非常密切而深入，这部分要归功于梅热的前任老板柯尔斯坦（学院筹款委员会主席）的努力。柯尔斯坦相信，"没有哪家机构比哈佛商学院更能使商业成为一个可敬而有价值的行业"[81]。

当然，哈佛大学并不是唯一一个伸出援手的学校。1925年，斯坦福大学成立了斯坦福商业研究生院，旨在讲授"管理的基本要素"：会计、营销、金融和运输；后来，它很快就发展成为世界上最负盛名的商学院之一。[82] 20世纪20年代中期，西北大学与密歇根州、威斯康星州、加州和俄勒冈州一起，仿照哈佛大学的商业研究局，创建了类似的商业研究局。加州大学洛杉矶分校则于1929年创立了销售学院。[83]

1922年，美国酒店协会与康奈尔大学进行合作，企业到学校讲授酒店管理方面的知识。纽约大学零售学院结合大学传统，将其教学目标从培训销售人员转向培训零售业高管。康奈尔大学的酒店学院是一家私人捐赠的创业企业，专门致力于培训管理人员，以满足酒店行业快速增长的需求；这所学院招生不限男女，到1930年已经发展得"相当成熟"，"享有极高的声誉"，按照首任院长霍华德·米克（Howard Meek）的说法，"我们的毕业生，失业率为零"[84]。纽约大学零售专业的招生也不限男女，该专业的学生人数从1920年的30名增至1928年的750名，许多人通过夜校课程，学到了从商店陈列、橱窗展示到销售技巧、连锁店销售心理学的知识；它的日间课部是一所研究生院，致力于培训"零售业高管"，为城市的大型商店输送销售经理、采购员和人事主管。[85] 康奈尔大学和纽约大学在财政上都依赖于商人，并与消费者服务领域的赞助人关系密切——康奈尔大学的赞助人是斯塔特勒，他于1928年去世，不过他在生前就已安排好继续为学校提供资助；纽约大学的赞助人是梅西百货的珀西，他把学校几乎当成自己的教育阵地。学院执行委员会在20世纪20年代继续在他的商店开会，他是它的董事会主席，他向学院和大学捐赠了大笔资金。1929年，珀西向纽约大学捐赠了100万美元，这是纽约大学从个人捐赠者那里获得的最大一笔捐款。[86]

尽管如此，在当时及日后，若论与企业之间的密切联系，没有哪所大学可与哈佛大学媲美。哈佛商学院发展迅速，部分原因在于1922年学院评估委员会制定的宗旨：创建"一个强大的专业"来"传授与财产保护和财产管理相关的知识"[87]。乔治·贝克（George Baker）是纽约市第一国家银行总裁，他是J. P. 摩根的"络腮胡子密友"，他向学院捐赠了500万美元，其中一部分用于学院基础设施建设，到1927年，学院已经拥有属于它自己的图书馆、办公楼和宿舍楼。[88] 为了适应企业的具体需求，学院还修改了它的教学法。它的案例教学系统研究的是，企业在日常运营中遇到的实际问题，或者是"企业高管在做行政决策时面临的问题"。截至20世纪20年代末，已有400个案例被"收集和整理"并出版成书，供全美数百所学校使用。[89]

哈佛大学积极争取让企业营销和推销部门对自己产生好感。20世纪20年代，哈佛商学院的成长伴随着美国新的大众商业经济的发展。1922年，哈佛大学开始正式出版《哈佛商业评论》，这份杂志很快就成为商品和市场营销领域的主要学术代言人。[90] 1925年，柯尔斯坦在给一位商人朋友的信中写道："哈佛商学院正在为零售贸易做出很大的贡献。"[91]

1921年，哈佛大学商业研究局局长梅尔文·科普兰，致信全国零售纺织品协会常务董事卢·哈恩（Lew Hahn），说哈佛大学"没有偏见"，只对商业"管理问题"有科研兴趣。[92] 助理院长唐纳德·大卫（Donald David，后来成为院长）在1921年写给珀西的一封信中，解释了哈佛大学与全国零售纺织品协会之间的关系，后者帮助学校发展了"零售业最佳预备课程"。[93] 这一切无疑都是真的，但这并不意味着商人们对哈佛大学只有智识上的兴趣。多年来，全国零售纺织品协会与许多个体商家一起承销哈佛大学商业研究局的财务，共计数十万美元。[94] 法林、宝洁、乔丹·玛什公司和电影业的商人和经理人都来学校做过演讲；银行家兼美国电影售票公司的所有者约瑟夫·肯尼迪于1927年在学校开设了电影课程。[95] 商人们"订阅"（资助）课程并向学校慷慨捐赠。哈佛大学的教师与商人之间也有交际活动（柯尔斯坦喜欢与院长一起去"打高尔夫"）。[96]

除了哈佛商学院，世界上没有一所教育机构能够满足公司业务的实际需求，并帮助建立新的大众消费经济。没有哪所大学能比哈佛大学更好地象征美国在营销研究上的投入和扩大，它把营销、广告、零售、金融、房地产、管理和消费者心理学作为一个相互关联的整体来进行研究。实际上，只有在美国才会发展出这样的学科联系。就连在规模上最接近美国的德国教育体系，也拒绝考虑商业的实际需求，它专注于研究理论，发展理论会计方面的专业知识，而忽视广告和营销。德国人认为，教人"做生意"是企业的事情，而不是大学的事情。[97]在德国和英国等欧洲国家，除了那些受过美国教育的人，没有工商管理硕士，这种情况一直到20世纪70年代才开始发生改变。1930年，哈佛商学院录取了1 070名工商管理硕士候选人，这一人数几乎是1920年的3倍。[98]

哈佛大学已经准备好回应梅热的特殊需求。1924年，梅热在《哈佛商业评论》上撰文谈论整合和合并的竞争优势。他说，合并带来了发展，它使得"密集的市场知识的可持续增长有了可能。零售业兼并必须继续下去，因为它们提高了管理效率，减少了管理费用，使大宗采购变得更加经济。大规模的运营是最有效的，这种运营不是要建立无数的新零售单位，而是要整合现有的商店和连锁店"。这种整合可以抵御由时尚和风格上不可避免的变化引起的不稳定性。[99]1925年，梅热再次为《哈佛商业评论》撰文，讨论消费者诱惑策略。"那台发展出消费者需求的机器已经完全被我们接受，以至于我们都忘记了我们对它的责任。我们容易忘记系统的好处，而挑剔它给我们带来的表面上的负担。然而，工业上层建筑的安全性取决于营销基础的坚实性，而营销基础在没有产业结构的情况下则毫无价值。"几年后，他又进一步发展了自己的观点："我们建造了一台巨大的机器以满足消费者的需求，甚至是消费者内心的兴趣。那台机器就在这里。现在，它自己的胃口也必须得到满足。"[100]

梅热的分析引起诸多关注，他的观点被广泛摘引。全国零售纺织品协会在其《机密公告》(*Confidential Bulletin*)中转载了他1924年发表的那篇文章，并向全国各地的零售商发行。[101] 这篇文章引发众多辩论，并促成1924年全国零售纺织品协会、雷曼兄弟和哈佛商学院之间的一次重要合作，当时全国零售纺织品协会委托雷曼兄弟（特别是梅热）与商学院联合研究销售中出现的新的组织趋势。一家银行公司参与大规模商品研究，这在历史上还是第一次。[102] 哈佛大学的教师都渴望能够参与这一研究。研究开始后不久，1925年6月，唐纳德·大卫教授写信给卢·哈恩说："我非常乐意尽我所能提供帮助。我真的觉得这样的调查很有价值，很高兴我能参与其中。"[103] 大卫在所有参与研究的14家商店进行实地指导考察，他挑选了三位田野工作者，并为他的第三个选择感到特别自豪，那是哈佛大学1924年的一位毕业生，名叫迈伦·西尔伯特（Myron Silbert），西尔伯特后来成为梅热最赏识的人。"他是一个犹太人，"大卫用一种可能会让梅热感到不快的语言写道，"但这一点并不妨碍他今年夏天所做的工作。"[104]

18个月后，大卫、西尔伯特和梅热共同启动了一项经典研究："现代零售业的组织原则"。梅热是研究报告的执笔人。这是后来半个世纪里关于这个主题的典范研究。它的论点涉及当时公司业务的重点：必须对"整个分销领域"和"商品方法"，而不是"大规模生产"，进行审查。"制造商们，"梅热写道，"可以从零售商那里学到很多东西：关于销售可能性的预期，关于库存计划和控制。"看得出来，梅热对零售业正在进行的整合变革非常兴奋。"外部环境上有一些非常有趣的发展，充满了不寻常的可能性，"他断言，"居民购买者、集销代理商、集中经营的租赁部门、采用统购的商店联盟，以及财务整合，它们在数量和重要性上的增长令人吃惊。"[105]

梅热从这些零售业改革中提取出他认为是最佳的大规模商品销售的金字塔结构，他特别看重专业功能和管理而非所有权。金字塔塔顶是总经理和理事会，下面是四个主要的商店组成部门（总管、商品经理、宣传经理和商店经理），最下面一层是库管员和销售人员。这是一个"最先进的"商店的结构特征，这里面的整合趋势清晰可见。梅热向那些想要在零售业中大获成功的商人大力推荐它。[106]

1927年，也就是零售业研究报告出版那年，梅热在美国已是小有名气。他在一个新机构的核心位置上工作,刚好可以借职责之便向更广泛的受众宣讲他的案例。第二年,他的著作《美国繁荣》(*American Prosperity*)出版,这让他在一段时间内在国内变得很有名气。他在书中描述了一种新的美国心态:习惯于改变和"满足欲望"。他自信地写道,美国已经从"需求"文化转向"欲望"文化。人们现在"已经学会期待改变,甚至是在旧事物被完全耗尽之前就欲求新事物"。"人的欲望已经大大超过了他的需求。"梅热丝毫没有看出这个观点中有什么不对劲的地方;事实上,正如帕滕等经济学家多年来所做的那样,梅热也在敦促那些持怀疑态度的商人将它作为生活中的事实接受下来。"当然,理论上存在消费达到极限时的一个危险点,"他承认,但是,

> 这样的危险点也有可能不存在,因为人的欲望似乎没有极限。未来,食品有可能达到喂饱人们的胃口或使之过度满足的程度,而那一天距离我们现在还很遥远,至少它不会很快到来。但是,当那一天到来时,人们还会有其他同样真实的需求和欲望——要想满足这些新的欲望,就会有新的销售机会出现。给男人和女人们金钱以满足他们的每一个需要、欲望和奇想,教育他们让他们有需求,国家的生产能力将会在巨大的需求下不堪重负。对特定产品的消费有可能存在极限。然而,一般消费的可能性在理论上则没有极限。[107]

这是资本主义意识形态的核心。对梅热来说,现代资本主义是一种积极的解放;就其本质而言,它摒弃所有传统,拥抱欲望。为了确保资本主义取得成功,商人们需要做的就是"教育"人们,让他们接受这些想法,向他们谏言、强加或塑造一种新的心态。

在新的权力职位上,梅热仍然在向他的客户(及广大公众)宣扬他所相信的集中化优势。他还帮助梅西百货、金贝尔斯百货、联合百货、洲际百货和五月百货进行融资。他最重要的合并交易:联邦百货商店,由他与柯尔斯坦和拉扎鲁斯全力促成。柯尔斯坦和拉扎鲁斯成立了零售研究协会

和美国商品公司，使其成为团购与核心商店之间基本数据传输的工具。到1925年，事情已经变得再明朗不过，零售研究协会和美国商品公司可以成为新控股公司的基础。同年，当梅热在零售研究协会的那些"战略成员"面前为合并进行辩护时，至少有一名成员（林肯·法林）反对合并，他的理由是，如果必须合并，那么动力应该来自零售研究协会本身，而不是来自某些投资银行家。但是，无论如何，梅热都会高歌猛进，他以"公正发言人"的身份提出合并的理由。"这是我的信念，"他说，"我们取得了很大的进展，并有可能在合理的时间范围内创造出局部的联合。我认为，如果零售研究协会中的某位精英人士能够支持这一事业，我们就会取得更大的进展。"[108] 又过了四年，直到1929年年中，这件事才算尘埃落定；即便如此，关于这件事该如何做，仍有许多悬念和一些激烈的争论。

夏日里，柯尔斯坦为似乎又一波并购浪潮的爆发而焦虑不安。"我在纽约待了两三天，"他在1929年7月写信给法林说，"那里谣言满天飞，每个人都在购买别人的产权。"[109] 似乎每家商店（五月百货、哈恩连锁和梅西百货）都想接手曼哈顿东五十九街和列克星敦大道的布鲁明代尔百货。与此同时，斯特劳斯兄弟也在寻觅其他猎物，他们买下了利润丰厚的班贝格百货，这让所有人都大吃一惊。班贝格百货的所有者路易斯·班贝格决定弃商，在余生捐出他的钱财（比如，他将其钱财捐给普林斯顿大学设立了高等研究院）。

在柯尔斯坦看来，班贝格百货是美国商品公司中一位值得信赖的成员，它应该为联邦百货的创立贡献一些股票。它不应该落到它的大敌梅西百货手中！[110] 柯尔斯坦对此很是恼火。"我认为这是一个人可以对他的伙伴们使用的最糟糕、最低劣的伎俩……这是我遇到的最令人费解的事情，在我的所有商业经历中，我从来没有这样失望过。"当时梅热正忙于完成联邦百货的创立（并引诱布鲁明代尔百货加入合并，后者确实也这么做了，但却是在其他公司加入后两个月才加入进来）。

1929年夏末，梅热与法林、柯尔斯坦和拉扎鲁斯一起，乘坐亚伯拉罕&斯特劳斯百货总裁沃尔特·罗思柴尔德（Walter Rothschild）的游艇，驶向加勒比海。在这个僻静而浮动的奢侈品中，他们对联邦百货商店的创建进行了最后的润色。"当时，"梅热后来说，"我是公分母。"[111]

欲望的城市景观

这个整合的新时代对美国产生了很大的影响。它有助于产生一种新的城市地理。也许纽约市最好地展示了这种影响，它被新划分的行政区加以重组，那些行政区的规模都很大，美国人认为它们是其他城市发生变化的一种空间隐喻。在纽约，那些相互关联的地区成为观察商品生产和交换的一个视角。1900 年以前，位于曼哈顿下城富尔顿街和鲍灵格林之间的华尔街，只有半平方英里大，没有高楼。三一教堂是最显赫的建筑。到 1929 年，该地区已经变成一条夹在 20 层摩天大楼群、银行总部、保险公司总部和经纪公司总部之间的"峡谷地带"。其转型的标志是"路边"场地的变化，那是一家位于宽街的露天证券交易所，它销售新发行的、更廉价的证券；多年来，它的经营场地一直都在"室外"（街边），1921 年，它开始在室内经营，办公室位于三一广场 86 号的一座纪念性建筑中（它被正式称为"纽约路边交易所"，1953 年改名"美国证券交易所"）。华尔街正在源源不断地涌出证券，转而操盘各类企业的大规模合并；事实上，企业就是资本主义背后的资本。[112]

第五大道在 1898 年时主要是一条住宅街，而此时其中大部分区域（至少是第三十四街和第五十九街之间的区域）已经向全国展示了"零售和购物"的概念，这是零售商自己促成的一种变化——他们的游说成功地使得分区立法于 1913 年起正式生效。1929 年，纽约州上诉法院维护了该市评估委员会新设立的"零售用途区"的有效性，自此这个区域就被固定下来。麦迪逊大道上第五大道的东邻街区，其建筑物数量从 200 个增加到 650 个，这里有美国那些最有实力的广告商，他们是美国工业崛起的真实写照。[113]

另一个专门区，在一定程度上是由同样的《区划法》创造出来的。一战结束前，第七大道的发展雏形刚刚形成，这是 1916 年《区划法》产生的结果，该法旨在让工厂留在闹市区，免得第五大道在午餐时间会有大量工人一涌而出。但是，"伟大的变化始于一战以后"，一位研究时尚的历史学家写道，"就像这个奇妙行业中的其他事物一样，这场变革一经开启就立即进入高潮"[114]。零售商、制造商和房地产开发商经过大量协商，最终一致同意，把女性成衣服装行业集中在曼哈顿的一个关键区域，那就是第七大道、第四十街和第三十街之间的区域。1921年至1929年间，西三十六街和西三十八街之间矗立着三座高大的防火建筑，每座楼里都有许多服装厂（仅1921年就有58家）、展示间、时尚设计师的工作室、合作采购机构（1928年有800家）。这些高楼大厦是"服装之都"的心脏。[115]

今天依然留在第七大道的只有时装设计师的工作室和展示间（尽管也有几家服装厂和"血汗工厂"搬回来，它们位于距离商业区中心更远的地段）。20世纪20年代末，整个地区都开始成为"时尚"的代表。[116]这里有大量的移民工人，他们日夜劳作，以满足这个"奇妙产业"的需求。第七大道象征着纽约市对时尚界的主宰，它是美国女装生意的中心，也是一个"定义"语——正如一位专家所说，它准确地描述了"一个行业，而不是一个地理位置"。[117]

距离这里几个街区就是时代广场，它在1912年以前几乎没有任何地位，但在之后十年，它却迅速成为大众娱乐、夜生活和消费愉悦的代表。

伴随分区出现的还有一个新的大众消费词汇表，这些词汇由于梅热、卡钦斯和科普兰等人的努力而广为传播。"消费者"（这在一战以前并不是一个常用术语）开始与"公民"和"工人"竞相出现，并与"消费者联盟"发展出的"消费者"的早期意义相竞争，表现出这个新术语的能动性而不是被动性。相关的短语或术语也开始流行，其中包括"消费者欲望和愿望""消费者诉求""消费者主权""商品流""满意流程""销售阻力"。这些词汇表述了实际发生的事情，同时在意识形态上对后者进行了解释并赋予其可信度。1928年胡佛委员会制作的关于近十年来经济特征的政府研究《近期经济变化》（*Recent Economic Change*）中就有大量这类词语，这份研究报告很可能是这些词语传播的一个重要媒介。

与此同时,"欲望""奢侈品""必需品""生活水平"这些老词也被重新定义,从而完善了自18世纪英法启蒙运动开始、但仅在1880年以后美国经济学家帕滕等人的著作中才能清楚地看到的词语演变。用梅热的话来说,欲望已被驯化并被赋予一种神奇的力量。[118]"奢侈品"概念的演变也是如此。19世纪60年代和70年代,许多美国人都认为,追求奢侈品是一种道德腐败的行为,它会使人"变得软弱,产生依赖性"。1910年到1919年间,许多婚姻法庭案件都涉及违约信用支付,这说明奢侈品和必需品仍在被人混淆。而到了20世纪20年代,对很多人来说,奢侈品已经没有什么负面意义。埃德温·塞利格曼（Edwin Seligman）是哥伦比亚大学一位很有影响力的经济学家,他在1927年写道:"奢侈品的现代定义,就其道德内涵而言是中性的。我们查阅词典就会看到,奢侈品现在被定义为任何令人感官愉悦的东西,它价格昂贵,难以获得。"[119]施特劳斯说,现今美国人认为奢侈品是健康的并且可以产生"自主感","奢侈品与数百万人的联系"导致"奢侈品被彻底重新定义"。今天,它被视为一种"力量之源",同时它还是美国对"民众"所承诺的一种权利。[120]

奢侈品的经济意义也发生了变化。用塞利格曼的话说,它已成为美国新的大众市场经济的"必需品"。他写道:"在现代经济学家中,帕滕教授最早明确地阐述了'社会进步的主要规律是社会从简单消费……发展到多元消费',现在这早已成为一种常识。进步可能是一个将多余转化为便利、将便利转化为必需品的过程。消费多样化的根源是人类社会的发展。"[121]

与之相关的"生活水平"这一重要概念也在20世纪20年代得到了修改。最初的概念已经显得相当陈旧,它在19世纪早期就在欧洲被发明出来,但却直到19世纪末才在美国流行开来。它几乎完全是经济性质的,衡量的是人们在物质上的花费;它有两个重点。第一个重点是家庭支出:衣食住和健康,这部分支出没有弹性,据一些调查人员说,它相当于合理的生存水平和"最低工资"。[122]第二个重点是有弹性的非家庭支出:消费品、家庭以外的教育、商业娱乐、奢侈品而非生活必需品。帕滕对生活水平的这个方面非常着迷,认为其扩张很可能是无限的,认为它是美国文化的主要统一者。[123]

在20世纪20年代,帕滕的这一观点脱颖而出,因为这个概念把越来越多的"欲望领域"都纳入了"满足"的范畴:冒险、体育、旅行、性渴望、"自我主张"("这是一种强大的基本欲望,它可能会在大多数商品系列中主导消费者的选择"),以及更多的个人物理空间——"除了浴室,每个人都应该有一个属于自己的独立房间"[124]。

这些增量的背后是"升级支出"理论,该理论建立在两个假设基础上。假设之一是,生活水平并非一成不变,而总是会越来越好,而且收入也总是会不断增长,以至于美国的"孩子们可以期待,哪怕他们生活的起点还未达到他们父母的终点,他们也至少可以在生活的终点远超他们的父母"[125]。一个与此相关的想法是,生活水平以欲望为导向,它并不反映人们实际的生活方式,而是反映了他们希望的生活方式,它是一种对"可能性"的暗示,一种享受更美好生活的感觉,一种对越来越多享受的期待。[126]一些批评者说,这种观点主要是受了"商业和制造业利润动机"的影响。因此,"广告试图让人们上瘾,哪怕不是对商品上瘾,至少也是对期望拥有商品上瘾。广告说服人们相信,丝绸内衣是他们理应享有的东西,为了获得它,他们可以放弃其他一切,比如,不读书,不要孩子"。该理论还假设"家庭以外的生活对民众而言要比家庭生活更好",并暗示"个人主义应该有更大的发展"[127]。

其他一些尝试则是重新定义生活水平,使其与家庭生活而非个人生活相匹配。哈佛大学社会学家卡尔·齐默尔曼(Carle Zimmerman)担心人们会对个人主义消费产生"严重"的偏见,他提出,应该将"非物质维度"纳入生活标准,强调那些"绝对价值"(宗教、家庭和社区)。他希望生活水平是一个"整体",而不是"一系列单独的机械行为":"赚钱和花钱、舍弃和奖励、安全和刺激、长期因素和短期因素"[128]。齐默尔曼认为,美国标准的"个人化"正在破坏普通社区,使人们难以建立牢固的关系,而这种个人化正是商业发展出来的。他希望通过"绝对价值"来塑造欲望,这种绝对价值不仅可以在商品中得到表达,而且也可以在强大的社会组织形式产生的秩序和纪律中得到体现。[129] 他反对帕滕和沃纳梅克的观点，他认为，"所有的价值都意味着稀缺和舍弃"。与此同时，他则悲观地认为，生活水平将会沿着这些方向发生改变，除非"商业阶层"可以被说服，与人分享对欲望的控制。[130]

在这一整合时代，被修改的概念、新的词汇和新的区域应运而生，社会结构也在进一步发生变化。美国经纪人的数量和权力大大增加，他们在纽约和芝加哥等城市大量聚集。他们当中有很多投资银行家和证券交易商（一战以前他们只有 250 人，1929 年为 6 500 人，1990 年则多达 25 万人）。[131] 新广告公司（扬雅广告公司）或者是正在合并的老牌广告公司[天高（BBDO）]，吸引了成千上万的新广告专家。1917 年，只有 17 人加入国家信用调查员协会（NCMA）；到 1923 年，协会会员发展到 650 人；而到 1928 年，协会会员已经达到 1.8 万人。[132] 财务机构也在不断扩大。商展人员、销售人员、酒店办事员、服务员，以及促销和时尚专家的人数也在不断增加。胡佛在其 1928 年的总统竞选演说中宣布："由于生产效率得到提高，已有数十万劳动力从工厂转移出来，来到加油站、车库、酒店和餐馆工作。"[133] 公共关系的"艺术"，在一战以前几乎不是一个独立领域，现在则吸引了大批曼哈顿的从业者。商业艺术家在这个他们以前从未占据主导地位的新世界中，找到了一个舒适和有利可图的位置。

这些团体的目的是从各个角度仔细调查国内市场，榨取出消费者身上的每一分钱，并创造出一种可以应对任何经济危机的弹性消费者心态。想要实现这个目标，需要采取一些新的方法，而时代也提供了这些方法。1920 年以后，市场开拓进入一个新阶段。此时出现了一种新的管理主义，而且它很快就成为美国大众销售的一个重要特征。在一战结束后的几年里，那些训练有素的专家和技术人员开始决定消费者诱惑的特征，这些诱惑的表现形式从组织时装模特到展示商业广告。与此同时，美国政府则对消费行业和企业加大了干预的力度。在胡佛（他先后担任美国商务部部长和总统）的领导下，联邦政府创立了各种各样的部门和机构，以协助企业管理这个"欲望之地"。

第十章
"把他们的梦想卖给他们"

"把他们的梦想卖给他们，"1923年，收音机里传出一个女播音员的声音，号召举办一场展示人员大会，"把他们渴望的、不顾一切想要得到的东西卖给他们。让阳光洒在他们身上，然后卖给他们帽子。卖给他们梦想——他们梦想中的乡村俱乐部和舞会，以及他们怀有的种种美好憧憬。毕竟，人们买东西不只为拥有东西。他们买东西是为了让东西为他们服务。他们购买的是希望，希望享受产品能够带给他们的服务。卖给他们这一希望，你就不用担心他们不会去购买商品。"[1]

虽然这一思想对商业来说并不新鲜，但它所表达出的那种信心和复杂性，却是把它与一战以前类似的信息区别开来；因为在销售"梦想"的背后是一种全新的诱惑管理角度，它是公司发展的需要，是合并的需要，是更大的资本投资的需要。加大对大规模生产的投资，需要提升诱惑大众的技能，减少对不专业性和偶然性的依赖，以及用那些更加确定的专业方法来保证营业额。在消费信贷领域，零售商扩大了机会，特别是到20世纪20年代末，人们越来越清楚地看到，对大多数人来说，单靠货币收入并不足以维持经济增长。（当然，结果就是，消费者所背负的债务水平，几乎和为实现合并而产生的债务水平一样高。）商用空调、商业壁画和颜色协调等，似乎都是吸引消费者的因素；诺尔曼·盖迪斯、乔治亚·欧姬芙（Georgia O'Keeffe），甚至是社会主义插画家博德曼·罗宾逊（Boardman

Robinson）等艺术家，都在通过为商业提供服务来赚钱。

管理成为所有销售领域的重点，出现了新的专家，他们创建了第一批现代主义的展示橱窗、第一批时装模特经纪公司，以及第一批时尚机构和咨询公司。这些公司和机构以美国历史上前所未有的方式和力度，推动了信息和战略的标准化。它们组织了许多大型的时尚展览，让人联想到博物馆在一战以前和战争期间举行的机器制造商品展览。百货商店里的时尚展览比以往更加大胆，更加闪亮，更加光彩夺目；展示人员技术娴熟，比如，罗德＆泰勒百货的多萝茜·谢弗（Dorothy Shaver）。约翰·达纳和理查德·巴赫（事实上，他们经常被请去给商店出主意）等策展人，对这些时尚展览羡慕不已。样板展室由博物馆和百货商店的专业装饰师合力完成。在美国公共关系领域的创业天才伯奈斯的努力下，对商业促销的管理取得了很大的进步。伯奈斯等人赋予了1922年至1932年这段时期一种特殊的基调和紧迫感——一个强行销售的时期。

消费者信贷机构

1922年以后，消费者发现到处都是轻松信贷的机会，分期付款、赊购记账和一系列小额贷款加起来的总额高达数十亿美元。[2] 最宽松的信贷政策"成为规则"，以弥补人们在收入上的那种相对不平等状况，商家"在是否要催促那些优质客户及时付款上犹豫不决，因为害怕这样做会把客户推到其竞争对手那里"。[3] 那些收购了许多独立百货商店和成熟连锁店的公司最能感受到信贷自由化的压力。个人理财公司提供了大量资金以促进分期信贷的增长，于是商店也就有了越来越多的赊购客户。[4]

20世纪20年代末，菲尔德百货的赊销业务账户上升至18万个，这一数字是其1920年时的两倍。[5] 罗德＆泰勒百货、贝斯特百货、亚伯拉罕＆斯特劳斯百货和康斯特布尔百货的纽约门店，赊销业务占其各自总业务的45%～70%。[6] 城市银行首次开设个人消费贷款部门，1913年至1929年间，受到监管的小额贷款办事处的数量从600个增至3 500个，贷款余额增加 5 倍，因为利润被拿来再投资，而且银行还挨家挨户销售证券。1928年，家庭金融公司（HFC）这家大型连锁企业，在投资银行家的帮助下，在华尔街上市成为优先股。"在那之后，"一位分析师写道，"小额贷款公司也可以在投资市场上市，银行信贷的条件也就变得更宽松了。"[7]

不断扩大的信贷，完成了从一战以前就已开始的从"以阶层为本"到"以大众为本"的转变。1915 年时，许多中产阶级人士都蔑视分期付款购买；而到了 1925 年，他们的保留意见正在迅速消失。所有阶层的消费者都"及时地"购买了汽车，然后是洗衣机、冰箱和洗碗机。[8]1920 年以后，一种新的消费者银行系统（类似于生产系统），促进了消费者信贷的增长。"信贷及其可用性支撑着整个国家的生产机器，"一位观察家在评论这个新的"服务民众的银行机构"时写道，"大家意识到，信贷支持着整个分销系统。"[9]

然而，与此同时，危险就潜伏在这些银行和准银行机构的背后。过去，想要轻松贷款的消费者不得不依赖放高利贷者和典当商，虽然后者经常哄骗顾客，但是，人们至少可以面对面地和他们讨价还价。现在，这些现金来源在一定程度上都被金融公司和银行所取代，它们和信贷协会、零售店侦探一起跟踪、监控和管理消费者的行为。消费者对信贷机构和商家多有忌惮：一方面，后者鼓励人们冲动消费、依赖信贷，哪怕收入不平等状况日益严重；另一方面，后者又会强行索取还款，强加工资留置权，并把不按时还款的消费者告上法庭。

反过来，企业对消费者也很是惧怕。随着信贷政策自由化，消费者还款违约率上升，退货数量也在增加。消费者把大量商品退回商店，这种做法刺激乃至激怒了商家。消费者表现出一种前所未有的漠视态度，毫不尊重商品，蔑视对商家的合同义务。在波士顿、芝加哥和纽约，价值数亿美元占总销量 15% 的商品都被退回。[10]大多数退货都是发生在购买后一天到一周之内，少数人则是在数周乃至数月后才退货。对波士顿九家商店进行的一项研究显示，顾客经常在购买奢侈服装后数月退货。他们退回已经穿了几周的睡衣。一位喜欢昂贵餐具的女士，先是退回一套餐具，后来又退掉几套,抱怨样式都不对。[11]商学院进行了一些相关研究,想要找出发生"退货危机"的根本原因。城市贸易团体也组织学者进行了类似的研究。甚至联邦政府也参与其中,在全市范围内调查"退货的主要原因"。[12]

　　这些研究发现,那些退回大量成衣和家具的信贷客户,通常都是抱怨说商品不合适、有瑕疵、"颜色不对"或"家人不喜欢"。对此,许多商家都减少了可退货商品清单上的物品。有人激烈地批评消费者,认为他们的退货行为不道德和"不可理喻",但却想不出阻止这一行为的办法。1929年,一位商店经理在全国零售纺织品协会的会议上宣称,这件事"需要引起人们深切的关注","从中可以看出消费者完全无视自己对商家应履行的责任,这对商家很不公平"。[13]最激烈的抨击来自最不可能的地方,那就是沃纳梅克百货的管理层,而沃纳梅克百货正是第一个实行退货自由的商店。1931年,沃纳梅克百货纽约店总经理格罗弗·惠伦(Grover Whalen)在全国零售纺织品协会主管大会上说,"退货"是一种"恶意行为",一种"慢性弊病,它正在日益恶化",并已造成"严重的经济浪费和繁重的费用负担。它对消费者的心理也有负面影响。在消费者试图利用这种自由时,它已然成为一种对商店的不利因素"[14]。

　　也有人把责任归咎于银行和商家。1928年,俄亥俄州立大学商业研究局对本州百货商店进行了一项研究,结果发现,"退货额与销售计划的慷慨程度成正比。虽然赊销在总销售额中所占的比重刚过一半,但赊销退货却占总退货量的4/5"[15]。1929年,美国商务部询问一位学术专家关于召开一个"以退货为议题的全国会议"的可行性,这位专家直言不讳地答道:"我相信这一会议将会毫无结果。因为大家都知道,消费者滥用退货特权这一做法,追根究源可以直接追溯到商家身上。它得到商家的鼓励,现在商家对它已经失去了控制。"[16]

　　商人和消费者这两个群体,都已成为大规模生产消费品这一新世界(以及与之相关的新道德)的受害者。一方面,商人们创造了源源不断的营业额,培养了人们无穷的欲望,刺激大众去购买他们很少或没有参与生产的商品(所以他们没有理由忠诚于商品)。另一方面,许多顾客也以同样的方式做出回应，以免受到"他们亏欠商家"的攻击。基于共同契约责任感和共同道德而形成的旧的企业经济处于守势，很是被动。而蓬勃发展的欲望经济则处于攻势，它支持对新事物的崇拜，对过去的忠诚漠不关心。

空调壁画和"一块白色的毛皮"

对消费者诱惑的管理，也推动了百货商店、餐馆、酒店和剧院在布局和活动方面的创新。20世纪20年代中期，斯塔特勒在他的酒店宴会厅和每个房间的无线电接收器中导入爵士乐管弦乐队的演奏，每天上午10点到午夜12点，都会在两个无线电频率上传输"最棒的节目"。[17] 1927年，派拉蒙剧院在百老汇开业，其剧场可以容纳4 000人，并配有母婴室、广播电台、玩具世界、茶室、洗手间、私人电梯通达的预留座位区域，以及剧场内部楼上的散步区。[18]

最新的便利设施之一就是空调：冬有中央供暖，夏有降温空调，酒店大堂里不再有令人讨厌的穿堂风；在寒冷的天气里，人们也可以舒适地购物。空调在商业领域首先流行起来，多年后它才被用于住宅。（迟至1937年，在商业领域，对空调仍有很大的需求。）[19] 1925年夏天，影院已经开放冷气；很快，酒店和餐馆也开始提供冷气服务。"夏季里，"一家零售杂志上写道，"室内气候的重要性不容忽视。"[20] 1929年，梅西百货安装了当时最大的零售店空气制冷系统，为其一楼和地下室商店降温，商家长期以来的梦想"将购物季延长至夏季"终于得以实现。到20世纪30年代初期，全美各地的商店都学会了这个有利可图的招数。[21]

伴随空调而来的是店内空间和橱窗方面出现的新艺术潮流。20世纪20年代有非常多的艺术家都在为商业服务，以至于胡佛在1925年（当时他是美国商务部部长）说道，"美国艺术家不需要住在阁楼或赞助人的廊底小卧室"，"他们被点石成金的广告业赋予自由和独立"。[22] 舍伍德·安德森（Sherwood Anderson）为芝加哥一家代理机构（朗-克里奇菲尔德）撰写广告副本，约翰·马昆德（John Marquand）为纽约的一家广告公司做类似的工作。斯科特·菲茨杰拉德（Scott Fitzgerald）为纽约的巴伦科利尔办事处提出了"马斯卡廷清洁，人人有责"的广告创意。[23] 查尔斯·谢勒（Charles Scheeler）成了《风尚》杂志的时尚摄影师；欧姬芙从商业艺术创作中发了一笔小财，1927 年，她为切尼丝绸公司绘制了五张色彩各异的图片，每一张都选用了一种公司的当季主打色彩。[24] 这些图片出现在阿尔特曼百货和菲尔德百货的橱窗上，"为全美各地的商店设定了基调"[25]。

在那个时代，艺术家们画了不计其数的商业壁画。纽厄尔·韦思已经习惯了接受商业委托，1924 年，他为曼哈顿的罗斯福酒店创作了一幅"伟大的壁画"（他的传记作者之语）。他在三块嵌板上描绘了 1609 年"半月号"荷兰船沿哈德逊河北上的情景，画作的背景是帕利塞兹。一年后，他又用壁画《富兰克林的典范》，装饰了第四十二街富兰克林储蓄银行的东墙。[26]

当时名气很大的厄本被人们争相邀去作画，他的名字成为奢侈品的代名词（他于 1932 年去世）。[27] 20 世纪 20 年代中期，他在百老汇舞台上设计了"漂浮在肥皂泡中的维纳斯们"和"沐浴在蓝光下的美人鱼们"。他的室内设计受到有钱的私人业主、酒店、餐馆和剧院的追捧。[28] 壁画是他的工作重心，这是他在一战以前就开始尝试的一种艺术形式。厄本会对壁画周围的整个内部空间同时进行设计，使房间尽可能地变得美妙和令人愉悦。[29] 1926 年，他设计了一张巨幅油画，上面有花卉图案和丰富的色彩，描绘了纽约齐格菲剧院的狂欢节全景。它超越了传统的建筑边界——画作延伸出了礼堂的内墙，覆盖了天花板。厄本给这幅作品取名《生命的喜悦》。"绘画没有故事可讲，"他说，"也没有连续的行动作为基础。在缀满鲜花和树叶的屋顶下，在城堡和小村庄中间，置身于癫狂欢乐之中的人们在创作音乐、唱歌、接吻、相爱，这里面既没有什么深刻的意义，也没有什么严肃的想法或感情，只有快乐、幸福和真正令人目眩的色彩。"[30]

厄本可能影响和激励了其他艺术家进行商业壁画的创作。最引人注目的也许是罗宾逊为匹兹堡的考夫曼百货商店创作的那些壁画。埃德加·考夫曼是一位现代主义的拥护者，1929 年，他委托罗宾逊进行壁画创作。这是一个令人惊讶的选择，因为罗宾逊是一位社会主义者，也是一战以前约翰·里德的追随者，还是激进主义报纸《民众》(The Masses)和《解放者》(The Liberator)的插画家。里德去世后被安葬在莫斯科时，罗宾逊还特意在《解放者》上撰文纪念他。考夫曼显然很欣赏罗宾逊的天赋，但是，罗宾逊怎么会接受他的邀请，这仍是一个谜。或许他需要钱，或许他钦佩考夫曼，或者他已经失去了他的政治信念。罗宾逊花了数月时间在布鲁克林博物馆研究他的题材，其中首要题材就是资本主义的演变。他的艺术目的是背离过去那种"理想化"和"仅具装饰性"的壁画，摆脱"想象的"题材，面对"现实世界"。在由十个嵌板组成的全景图中，他追溯了资本主义的历史，从基督教时代之前的波斯人和阿拉伯人的原始交换，到"当今纷繁复杂的结构性工商业活动"。[31] 他的传记作者说，他的这一作品是"在美国出现的第一幅有意义的壁画"。但是，也有一位评论家认为，这些"现实主义"的画作，未能体现出资本主义发展给人们带来的苦难。[32]

　　其他艺术家利用大量的玻璃，创造了新型的现代主义橱窗。到1925年，美国的抛光平板玻璃消耗量达到每年1.2亿平方英尺（这一数量几乎是十年前消费量的两倍），消耗了世界上玻璃供应量的一半。这对其他国家的人来说简直不可思议：难道美国人是在吃玻璃吗？20世纪20年代早期，玻璃制造商把不连续生产转变为连续生产平板玻璃以提高产量，这一技术壮举极大地满足了市场需求。[33] 对玻璃的需求反映了人们对有效的高密度视觉环境的需求，这种视觉环境刺激消费者迅速用新风格取代旧样式。一位零售商在谈到"返校季"的行李箱促销时说："几千个商店橱窗同时展示以'返校'为主题的行李箱，有巨大的累积价值，是传播'换新行李箱'这一想法的最合理方式。"[34]

　　新的橱窗样式也很受欢迎：有展示珠宝和帽子的小岛窗，有展示家具的深窗，有女性内衣店的浅弯前厅窗，还有旨在对路人施加"吸力效应"的"奇异形状的曲折入口"。[35] 随着窗户的多样化，橱窗里的服装模特也有了变化：有不易溶化的纸塑和金属模特，有尺寸形状各异的现代主义人体模特，有头或四肢发光的人体模型。[36] 店堂里的圆柱顶部装有聚光灯，有一些还带有自动调光器［1925年，布鲁明代尔百货的店堂就是以这种方式加以重建；1927年，密歇根州大急流城的赫波尔希默百货（Herpolsheimer）的店堂在进行改造时也采用了同样的方式］。20世纪20年代晚期，商人们经常隐藏照明，以创造窗户周围的"光环"效果，使"整个建筑物前部的光线充满了吸引力"。[37]

新一代展示人员正在将橱窗展示的"艺术"，转向更加简洁和清晰地突显待售商品。不过，也并非所有展示人员都遵循这一趋势，例如，菲尔德百货的弗雷泽就保留了橱窗上的"图画"。弗雷泽在20世纪20年代仍是这个行业的翘楚，但他已不再把风景作为背景，他正在创造"超级窗口"（复杂的图案），希望摆放商品的橱窗和三维背景形成一体化的"彩色图画，美轮美奂，令人永不厌倦"。[38]塞西莉·斯特普尔斯（Cecily Staples）是弗雷泽的崇拜者，后来她曾谈及他的创作手法："像弗雷泽这样的展示经理们意识到，没有什么是不可能的，人们期待橱窗能在某种程度上反映他们自己的经历、白日梦和童年时的幻想。"[39]

弗雷泽风格影响深远，但也有人激烈地反对它；到20世纪20年代末，一种新的现代主义展示美学开始占据优势，它反对弗雷泽的"窗口图像主义"，认为商品比其艺术形象更加重要。这种现代主义是一种源于欧美的审美现象，在此影响下，艺术家们简化了材料，着重传递商品信息，摈除商品上的金银丝装饰。这些现代主义艺术家中就包括雷蒙德·洛维。洛维是一位法国移民，初到美国时他的工作是梅西百货展示总监。1919年，斯特劳斯兄弟聘请他来改善梅西百货的展示，但他的首秀却令他们大失所望——那是一个身穿黑色晚礼服的单人模特，地上"散落着"（这是他特意为之）一块皮草和一些配件。"窗户在半明半暗中。唯一的照明来自三个强大的聚光灯，灯光打在模特身上，形成了一种光与影的强烈对比。这种效果令人印象深刻，简单，有力，引人注目。"但是，斯特劳斯兄弟并没有被说服，他们甚至感觉自己受到了冒犯。"他们误解了我，"洛维后来回忆说，"没等他们解雇我，我就选择了主动辞职。"[40]

随着时间的推移，现代主义风尚火了起来，现代主义艺术家在20世纪20年代末大获成功。[41] 受雇于萨克斯第五大道百货的基斯勒，就以其简化的"聚光灯"窗户而闻名。谈起他在萨克斯第五大道百货设计的一个橱窗时，他说："人们只能看到一把椅子，一把白色的皮毛椅子。"他想要突显一把椅子。"椅子上搭放着一件外套和一副手套，剩下的就是广阔的空间背景。背景是中性均匀的灰色，外套是黑色天鹅绒质地的，衣领是白色毛皮的，手套也是白色的，椅子的坐垫是红色的，椅木是灰色的。"[42] 20世纪20年代的舞台设计大师兼百货商店顾问西蒙森将梅西百货的展示方式变得现代化。1927年，他在一篇关于梅西百货商品展览的文章中写道，如果我们想要控制我们"巨大的物品积累"，我们"就必须打破远景，隔开物体，利用一切建筑手段来集中视线，而不是发散视线"[43]。

盖迪斯可能是新一代展示大师中最雄心勃勃的一位，他的影响并不仅限于商店橱窗，他几乎重塑了美国所有主要的商业视觉活动。盖迪斯讨厌弗雷泽风格，因为它没有把人们的全部注意力集中在商品上。

盖迪斯的父亲是一位成功的农夫和饲马员，父亲去世后，盖迪斯就在密歇根州的阿德里安长大，生活贫困。孩童时代，他喜欢阅读廉价小说，并一次次重读他最喜欢的童话故事《绿野仙踪》，躲进了幻想世界。九年级时，他发现了粉笔，惊叹于那不同的色彩。他在黑板上画了一些关于校长的讽刺画，结果被学校开除。[44] 后来，他经常去芝加哥的太平间，在那里学会了人体素描。1910年至1919年间，他先是在芝加哥艺术学院学习，后来开始为时尚杂志和海报作画，他曾写过一部名为《阿拉伯一夜》（*An Arabian Night*）的剧本，还做过一段时间的戏剧舞台设计师。他擅长使用光线。1914年，盖迪斯设计了一种"照亮舞台的新方法"：借用礼堂阳台的灯光来照亮舞台。两年后，他和建筑师弗兰克·赖特共同设计出了一种很快就成为标准的舞台灯光，那是一种可以产生任意颜色的强光系统，其明暗程度由调光装置控制，可以指向舞台上的任意位置。[45]

1926年至1927年间，在进入最让他声名显赫的行业（工业设计）之前不久，盖迪斯离开舞台，成为第五大道西蒙百货的展示经理。盖迪斯说，西蒙百货懂得，"我们正在探索窗户的未知区域"[46]。盖迪斯会拿掉橱窗中任何有碍商品展示的物品。1928年，他为西蒙百货设计了几个橱窗，其中一个里面只有三件物品：铝制半身像上的一条围巾，另有一条朱红、黄绿相间的围巾，以及一个放在圆形玻璃平台上颜色相配的手提包。大的"三角形"形成了一种柔和的背景，将观众的目光全都导向商品本身；隐藏的聚光灯投下阴影，与背景形成一种强烈的反差。"这个设计简单而出人意料，"盖迪斯在描述他的作品的影响时说道，"购物者看见它，就会停下来。大道另一边的人看到了，也走过来，却发现最大的吸引力来自差不多是一个空空如也的橱窗。"[47]

盖迪斯以剧场来打比方："橱窗之于商品，犹如舞台之于演员。商品在橱窗里得到呈现。"[48]他接受绘画，但却厌恶那些被他称为"半生不熟的艺术家"的"展窗"。他在西蒙百货的橱窗里摒弃了任何"静止"的东西：静止的玻璃背面、静止的灯光，以及所有的视觉混乱。他的关键词是"灵活性"：玻璃背面的材质可以是木头、金属和纺织品，它们可以向任意方向移动；一块"策略性地"放置在商品附近的调色板（他使用了37种色调），以吸引人们的注意；一个"引人注目的聚光灯"。他试图"激起观众的情感"，或者像鲍姆所说的那样，唤起"人们对商品的贪婪和占有欲"。[49]

那些在20世纪20年代来到美国的欧洲商人，对这种精简销售印象深刻。他们也喜欢弗雷泽的"幻想"展示，但是，盖迪斯和他的模仿者们才是"独具美国特色"的。一位德国展示人员在参观过第五大道上的百货商店后评价道，美国人学会了"如何将商品转化为玫瑰"，如何"诱发（人们的）想象力"和"激起（人们）无尽的欲望"。他对德国的"卖货窗口"评价很低（据一些观察者记录，德国和法国的零售商仍然是在店堂里摆上"便宜货"），而对美国的展陈设计赞不绝口："艺术选择、布置和装饰，影响了美国百货商店的整个体系。""美国橱窗设计者的座右铭，很快就会变成，'就算是拼了命，我也要把它布置得美丽无比'。"[50]

1926年，荷兰历史学家赫伊津哈游历了美国的几个城市，他对美国橱窗风格（现代主义或非现代主义风格）有一种截然不同的看法。他认为，"奢侈浪费"已经成为美国商品推销的标志。"晚上沿着第五大道回家的人们会经过那些商店的橱窗，那些橱窗在晚上都会亮着灯，"他写道，"这让所有那些不能给人带来欢乐的灯光都相形见绌，没有语言可以描述那种美好的景象，灯光漫射到那些永远不会有人穿的鞋子上，那些永远不会有人披的丝绸上，以及橱窗后那些已经凋萎的花朵上。"[51]

"佳丽经纪人"

时尚和风格领域的管理者也开始涉足商品推销领域，到 1930 年，几乎没有一样商品未被触及。一位时尚品的销售者写道："今天，没有一样商品能够逃脱时尚的影响。家具、汽车、洗衣机、轮胎等，全都打上了时尚元素的烙印。""时尚能让商品变得鲜活，让人们产生购买欲！"那些影响昂贵珠宝、帽子、礼服、廉价瓷器和玻璃器皿制作的设计或风格因素，正在改变其他机器制造的商品。在很多商品的制造中，颜色、线条和形状（它们被统称为"外观"）等风格特征，已经成为主要考虑因素。[52]

经纪公司和咨询公司如雨后春笋般涌现，为商家提供各种"时尚资源"和"咨询服务"，展现风尚理念。1923 年，约翰·鲍尔斯在曼哈顿第五十二街和第七大道创办了第一家成功的模特经纪公司。鲍尔斯原本想当一名演员，他甚至还在一家莎士比亚戏剧公司待了好几年。有一天，他在报上看到一位商业摄影师发布了一则招募模特的广告。"为什么不设立一家代理机构呢，"鲍尔斯跟他的妻子说，"一定有很多商业摄影师正在寻找模特。"当时，模特的市场需求正在不断增加，而且时尚摄影技术也有了许多改进，由此鲍尔斯看到了这桩生意的前景。"我创办第一家模特经纪公司时，"他写道，"相机才刚开始在广告中投入使用。我相信有吸引力的画面在销售方面要比文字更有效，于是我就开始将这一想法付诸实践。"[53]

20 世纪初以来，商家都是从剧院、马戏团、工厂乃至自家员工中招募时装模特。例如，沃纳梅克 1912 年"安拉的花园"时尚秀中的模特，可能就是从他自己店里的员工中挑选出来的，或者可能是通过戏剧媒体上的广告找来的。正是鲍尔斯将模特变成一份"职业"，一份利润丰厚的职业。

1923年，模特们平均每人每周赚35美元；到1930年，鲍尔斯公司的模特一周就可拿到100美元，那些名模通常则会要价更高，一场时尚秀或一次摄影会就能拿到这个数。[54] 鲍尔斯说，模特就是一种"必须满足某些要求的商品"。他自称"佳丽经纪人"，为大型零售商、批发展室和商业摄影师提供稳定的佳丽储备，这些佳丽"什么商品都可以卖"，她们不停地出现在一个又一个时尚"游行"和时尚秀上。1930年，鲍尔斯宣称他手上的紧俏模特就有400多位，她们最擅长刺激人们的消费欲望。例如，贝蒂·玛尔（Betty Marr）就为一位纽约皮货商增加了利润，据一位专业摄影师说，贝蒂知道"如何恰到好处地微垂眼帘"，以及如何"抚弄"身上的皮大衣。她将"右手拇指按在大衣上"，用这个动作"告诉观众这是她珍视的东西"，"她爱恋它的奢华，绝不会与它分开"[55]。

借助时尚摄影这一新领域，鲍尔斯创造了女性美的标准化概念。这一概念，比起19世纪时尚绘画中那种呆板的一维标准，给女性的心理施加了更多的影响。过去，人们往往将模特与放荡、演戏联系在一起，而鲍尔斯则将模特从人们的这种联想中解放出来；依靠经纪人惯用的骗术，他将模特与"自然"和"正宗美国风格"联系到一起，使女性（和男性）接受模特这一职业。他说，他的"女孩们"都是来自最好的家庭和最好的学校，绝不会像普通演技派模特那样迈着"矫揉造作的细碎步伐"，也不会"化着过度的妆容"。他的"女孩们"是"典型的美国女孩，漂亮、健康、活泼、自立"。[56]

其他的时装代理和咨询公司，则为那些在全国各地寻求快速周转和高利润的商家提供"不可或缺的"服务。纽约的标准公司（SC）让商家在时尚趋势的报告中露脸，推荐潜在的市场赢家，并于1924年出资创办杂志《时尚和礼仪》（*Modes and Manners*），为托莱多、辛辛那提、波士顿、圣路易斯、匹兹堡、旧金山、费城和洛杉矶的八大百货商店提供服务。就像它的主要竞争对手［分别创刊于1914年和1924年的菲尔德百货的《时下时尚》（*Fashions of the Hour*）和班贝格百货的《魅力》（*Charm*），以及独立杂志《房子和花园》（*House and Garden*）］一样，《时尚和礼仪》也是服务于郊区市场，主要涉及时尚："这种时尚并不仅限于服装，它还涉及家具、家饰、运动等。"[57] 它的许多图片都在鼓励人们做白日梦，通过购物来幻想成就和幻想逃避。《时尚和礼仪》将女权主义与奢侈品联系起来（这也是《魅力》和《时下时尚》使用的手段），刊登关于成功女性和从政女性的文章；与此同时，它也试图引导读者相信，只要她们买下合适的浴室配件或最新的餐厅瓷器，她们就将被带进一个"迷人的世界"，并达到康斯萝·范德比尔特（Consuelo Vanderbilt）或多萝茜·帕克（Dorothy Parker，或许她并不富有但却"非常聪明"）那样的社会地位，杂志文章对那种生活和各种"礼仪"做了精细的描述。

玛格丽特·梅西（Margaret Macy）是《时尚和礼仪》的杂志主编，她写道，"这本杂志反映了生活中的必要奢侈品"，它"不仅真实地反映了最新和最佳的时尚，它还让你确信自己也有机会获得你在这里发现并渴望得到的东西"。这是一本"贵族"杂志，它邀请"你成为女主人"而不是"家庭主妇"。它是"你心中的魔毯，可以带你找到快乐"。"哪怕是一座半身雕像、石膏墙上的一个帘子，或者是一个铸铁烛台，都带有魔法。这块魔毯可以帮助你想象青少年联赛的活动。但是，魔毯总是会飞回到*你的*身边——回到*你的*衣服，*你的*环境，*你的*娱乐。"[58]

20世纪20年代其他有影响力的咨询公司还有阿莫斯·帕理什公司和托比·戴维斯（Tobe Davis）的时尚咨询服务公司。帕理什是"20世纪20年代的巨头"[时装设计师伊丽莎白·霍斯（Elizabeth Hawes）之语]，他帮助制造了一台符合商品市场需求的销售机器。他出版过一份十分受欢迎的期刊《阿莫斯·帕理什杂志》（*Amos Parish Magazine*），另外，他出版的杂志《大道呼吸》（*Breath of the Avenue*）则为零售商提供了最"先进"的"科学购买"指导。他还邀请店主、营销经理、广告经理、展陈经理和买家参加"阿莫斯·帕理什时尚课程"（这门课程每年举办两次），因为"时尚就在每个人的舌尖上……在每个人的家中……在每个人都希望拥有的东西上"。[59] "学员们"交了学费，来听他讲授"如何通过时尚让一切变得新奇"——没有"新奇"，就没有流量，也就没有销售额。"没有什么能够阻挡时尚潮流。它能让事物变得老旧。为了制造更多的东西,创建更大的企业,创造更大的红利,时尚行业渴望事物都变得老旧。事物必须发展和成长。这个世界上唯有时尚能够做到这一点。没有时尚,这一切都不会发生。实际上,时尚总是在推动事物的发展。"来自全国一百多家百货商店的数百名代表,经常在纽约市上东区参加帕理什春季和秋季课程。[60]

托比·戴维斯在20世纪20年代后期创办了一家时装咨询服务公司,并于1931年创立了总部位于洛克菲勒中心的时尚集团。该集团汇聚了时尚销售领域最有能力和最成功的女性(最初几年,集团仅有75名女性;到1972年,它已有5000名女性)来建立联盟,并分享关于时尚趋势的内部数据。[61] 戴维斯聘用了很多女性就任管理职位:销售经理,餐厅和分店经理,人事主管,广告经理和店主。[62] 商业领袖金贝尔在1926年说:"在金贝尔斯百货的组织中,女性不仅拥有与男性平等的权利,还与男性同工同酬,她们中有些人的薪水甚至与国会议员和法官的薪水齐平。"[63]

20世纪20年代末和30年代初出现了第一批女性展示总监,她们从事橱窗和室内设计,其中比较知名的有纽约金贝尔斯百货的罗斯·范·桑特(Rose Van Sant)和第五大道时尚珠宝公司的波莉·佩蒂特(Polly Pettit,1929年她在纽约大都会展示人员俱乐部担任行政职务,她是第一位就任此职的女性)。[64] 到1924年,美国17 493名采购员中有41%是女性,比1914年增长了10%。纽约的女性采购员形成了一个"独特的阶层",她们是"成衣店世界的婆罗门",她们辛勤工作,拿着高薪,紧密抱团,尽可能组团去欧洲和远东购物。她们经常受到那些不习惯女性获得独立和权力的人们的嘲笑。"她笑得太多了,"一位女性评论家在批评一位"香水女王的采购员"时写道,"她太能言善辩了。她总是我行我素。她代表了成功。不过,如果她想到自己将与另一位女采购员在最好的酒店共进昂贵的圣诞晚餐就感到有些寂寞,又会如何呢?"[65]

托比·戴维斯对人们抱有的这种偏见深有体会,但她仍然从容前行。在她的房地产经纪人丈夫和敦促她继续前行的零售商父亲的支持下,她把一个被人看轻的工作领域(相对于男性主导的银行业和工业生产而言),

转变为一个对女性来说利润丰厚的领域。在纽约，她的咨询公司每天都会提供有关时尚趋势的信息，以及如何对其加以有效利用的服务，是业内同类服务公司中最受欢迎的一个。"联邦领袖，以及梅西百货和金贝尔斯百货的负责人——所有人都要依靠她的建议和商业知识……她帮他们赚了很多钱，她自己也赚得盆满钵满。"曾在1938年帮助戴维斯成立托比－科伯恩时尚学校（这所学校至今仍然存在）的朱莉娅·科伯恩（Julia Coburn）后来这样回忆道。[66]

1927年，戴维斯也成为第一位专业"时尚造型师"，她主要关注机器制造商品的表面、形状、设计，尤其是色彩。[67] 长期以来，销售商和制造商一直都在依赖商品造型和设计来增强商品的视觉吸引力；就在戴维斯成为时尚造型师的那一年，银行家梅热写道："十年前，时尚只是女装的标签，如今，从汽车到洗衣机，一切都散发着时尚不稳定的味道。"[68]

除了戴维斯，当时还出现了其他一些色彩专家，其中包括一战以前的妇女政权论者玛格丽特·罗克（Margaret Rorke），她在1918年至1919年间成为美国纺织色卡协会（TCCAA）首任常务董事，该协会宣布美国脱离法国的色彩标准体系。后来有数百家面料制造商和零售商加入该协会，意欲"培养美国公众的色彩感"；美国和欧洲每年秋季和春季都会公布一些流行色预报，而这个协会则会对这些色彩的名称进行标准化。该协会致力于确保所有人都处于同一个色彩世界。博物馆馆长库林在1925年的协会会议上发表讲话："我称你们为魔术师，因为你们已经掌控了美国人民的色彩意识。不管你们是否有意而为，你们都承担着一种重大责任。你们所做的，对人类的幸福产生了决定性的影响，并决定了人类所珍视的大部分物质财富的价值。"[69]

潮流引领者多萝茜·谢弗

罗克等色彩专家与造型师们携手合作，改变商品的外观，说服人们前来购买。他们参加了20世纪20年代的时尚博览会，这一博览会的举办地不在博物馆，而在百货商店（它已成为新潮时尚的主要传播工具）。时尚博览会始于1922年的菲尔德百货，20世纪20年代末在梅西百货达到高潮，它向购物大众介绍了机器制造的各种"日常"商品，这些商品在色彩、线条和设计上都有一些新变化。[70] 1927年5月举行的第一届梅西百货时尚博览会，主要展示了现代主义对美国设计（灯具、地毯、玻璃、陶器和家具）的影响。这次活动汇集了梅西百货和大都会艺术博物馆的资源，双方通力合作。[71] 博物馆的工业艺术助理巴赫不断提出建议，以至于《纽约客》杂志打趣道："巴赫先生把自己的灵魂都注入了梅西百货。""梅西百货与大都会艺术博物馆的合作引人注目，这说明德·美第奇的态度已经被制造商和零售商视为一种商业资产，而不再是一个人的特权功能。"[72]

参加1928年时尚博览会开幕式的有欧洲外交官、国际艺术家、美国政府官员和博物馆工作人员。博览会设有16个展窗、18个现代主义风格的陈列柜和15个展览室。根据梅西百货的统计，在为期两周的展示期间，一共展出了300件展品，接待了近25万名参观者。[73] 博览会上有众多现代主义风格的展品面世，它们由奥地利人约瑟夫·霍夫曼（Josef Hoffman）、德国人布鲁诺·保罗（Bruno Paul）和美国洛杉矶的凯姆·韦伯（Kem Weber）等知名艺术家设计。[74]

1928年的时尚博览会结束后，全美各地的百货商店中都出现了模仿者。[75] 大型城市博物馆也参与其中，巴赫在20世纪20年代后期巡访全国，与大城市零售商和制造公司就商品的风格和设计进行了商讨。"我一直有一个愿望，"1927年，他在向大都会博物馆秘书提交的一份报告中写道，"就是传播我们的影响力。"[76] 巴赫增加了博物馆里时尚商品的展示场地。到1929年，共有160家公司参与博物馆的工业艺术展（1917年时只有26家），展品超过1 600件（1917年时只有73件）。公众参与度也得到极大提升，参观者从1920年的7 943人，增加到1929年的18.5万人。"制造商、销售商和艺术博物馆，"巴赫自豪地宣称，"共同形成了一个新的有魔力的行业圈，形成了一种将艺术融入日常生活中的家具、服装，以及其他物品之中的持续而确定的方法。"[77]

这些展览还使得一些人声名鹊起,其中声望最持久的是多萝茜·谢弗,她是第一位凭借自身能力被任命领导一家大型百货商店(罗德＆泰勒百货)的女性。她对城市商品销售演变的影响"可谓巨大",同时代她的一位仰慕者曾这样赞叹道。[78]

1897年,谢弗出生在阿肯色州的梅纳,她在一个大种植园中舒适地长大。她的父亲是一位法官,她的祖父和外祖父都是当地的"传奇人物",他们一个是前南军的将军,另一个是阿肯色州最后一次合法决斗的参与者。20世纪20年代早期,谢弗前往芝加哥大学念书;她与妹妹埃尔希同住,埃尔希是一位制作布娃娃的艺术家。1923年,姐妹俩搬到纽约,在曼哈顿西四十七街三号开了一家小零售店,售卖埃尔希创作的"小谢弗"娃娃。罗德＆泰勒百货的管理层发现了这家店,在看到谢弗的工作后,就聘请她作为调查员购物者。对谢弗来说,幸运的是,她的阿肯色州的同乡、联合纺织品公司的主席、罗德＆泰勒百货的老板塞缪尔·雷伯恩认为,在市场营销领域,女性(无论是单身还是已婚)能做得和男性一样好。"那些反对者认为,职业女性的孩子无法得到母亲应有的关注,"他在1924年写道,"我的回答是,一位母亲,如果她有一个清晰和有条理的商业头脑,她会给予她的孩子们更好的关注。"[79]

谢弗上任一年后,在罗德＆泰勒百货设立了提供室内装饰服务的时尚装饰部;而且她很快就成为联合纺织品公司的董事会成员,并于1931年成为罗德＆泰勒百货的广告和促销副总裁。1946年,她被任命为罗德＆泰勒百货的总裁,她在这一位置上一直待到1962年去世。[80]"你(谢弗)为我们开辟了一条道路。"后来成为邦维特特勒百货总裁的米尔德里德·库斯廷(Mildred Custin)于1958年写道。谢弗确信,女性(显然她指的是那些受过教育的白人女性)可以在商品销售方面走得很远——抵达任何她们想要去的地方。"只有一件事情能够阻止女性在百货商店行业取得成功,"她在1931年接受的一次采访中说,"那就是她自己。机会是巨大的……女性没有理由不在组织管理和控制方面发挥重要作用。"[81]

整个20世纪20年代,谢弗都属于她自己所说的"一群优雅地适应了新潮流并使新潮流被社会接受的人"。1925 年，她指示时尚装饰部设计了罗德＆泰勒百货"第一间现代风格的房间"，努力"将纽约生活的魅力和活力引入服装设计——服装的颜色和风格都带有美国风貌"。1928 年，在访问巴黎之后，谢弗在罗德＆泰勒百货组织了一场法国现代主义装饰艺术展，当时这种艺术展在美国还是第一次。这次展出的目的不仅是为了销售这些艺术品，还旨在激发"艺术家和制造商在生产这些大众消费的美丽物品时能有更加紧密的合作"。她把这次展出办得就像是一部新剧或新电影的首映。展品上的灯光来自隐蔽的光源，或者是让光源穿过不透明的玻璃平板，这让参观者印象深刻。斯坦利·麦坎德利斯（Stanley McCandless）当时是耶鲁大学戏剧系助理教授，他致信谢弗："这绝对是一个令人惊叹的展览，最能打动我的是大房间的灯光，因为它表达了这样的想法——重要的是灯光的分布，而不是发光设备。"[82] 这次展会获得巨大的成功。一位评论家惊叹道："这个充满了毕加索、布拉克和郁特里洛风格的展出，像戏剧公会首映式一样盛大：人行道上铺着红地毯，泛光灯发出耀眼的光芒，谢弗小姐穿着一身优雅的白色晚礼服款款走来；这绝对是一场盛会。"[83]

　　谢弗卖出的是图像、印象和表象，她擅长精心设计营销语言——这种设计现已遍及美国的公共文化。20 世纪 30 年代早期，谢弗成功地让大众崇信她所谓的"美国风貌"。她知道如何将人们对过去的尊重和对传统的忠诚转变为"时尚潮流"。1937 年，她在电台广告里向人们推送时尚信息：

　　　　去年春天，我们的穿着很随意，我们惯于矫揉造作，我们感到忧虑、焦躁、不快乐——我们的衣服准确地反映了我们的心态。今年春天，我们变得更加自然、平衡和得体，我们变得更安宁和更快乐。我们在那种简单而真实的生活上倾注了更多的情感。我们的人际关系变得更加浪漫了，我们对家庭生活也变得更有兴趣了。不知不觉间，我们又回到了一战以前那种更正式、更优雅的礼仪方式。

　　谢弗的观点正是法国作家阿尔贝·加缪（Albert Camus）在《反抗者》

（*The Rebel*）一书中所描述的："没有好或坏，只有过早或过时。"[84]

对谢弗来说，商店不仅仅是商店，连衣裙不仅仅是连衣裙，桌子也不仅仅是桌子。"把他们的梦想卖给他们"可以成为她的座右铭。"真的，你的出现是一个奇迹，"1928年罗德&泰勒百货的法国装饰艺术展开幕后不久，她的一位朋友给她写信说，"幸好巴纳姆先生在不久前去世了。他若还在世，他的广告能力在你面前也会黯然失色。我这么说是认真的。在个性、推销能力、优雅品位等这些表面的品质背后，是你的超凡本能。仅仅因为你碰巧在更多的文化领域发挥你的禀赋并不能将巴纳姆先生与你拉开差距……但我相信，在某种程度上你已经在零售行业中教育了所有人，使得他们在最初的几个月不再是一分一分地数钱，而是大把大把地赚钱。所以你真的是一个伟大的广告人。你的广告不仅影响了外部世界，也影响了公司内部。我对你表示由衷的敬意。"[85]

大规模装饰

另一种吸引注意力的视觉方法是搭配（搭卖）商品，或者也可说是"制作商品图片"。如前所述，搭配是1920年以前商品销售的一部分；但在20世纪20年代，它有了一种新的形式。商店和酒店套房都做到了"色彩协调"，商家教给他们的员工如何对商品进行颜色搭配。黑兹尔·阿德勒（Hazel Adler）等专家遍访全国商店，告诉女性："色彩表达是一种重要的需求。几年前，女性在颜色上受到限制，而现在，她们完全可以按照专家的建议，将她们的头发、皮肤和衣服进行整体色彩搭配。"波士顿法林百货的销售人员，使用从蒙塞尔彩色图册演变而来的"色度显示器"，为客户提供"色彩读数"，以便他们可以将其"肤色"与店内服装"进行匹配"。全国零售纺织品协会于1930年成立了一个颜色协调特别委员会，专门为全国各地的零售商提供服务。[86]

商品装饰几乎成为所有百货商店及其类似机构的一种标准做法。"为了更好地服务我们的顾客，"1921年，华盛顿的伍德沃德与洛思罗普百货在整页广告中宣布,"我们已经系统地将商品分组分类,以期为我们的顾客提供一种方便和愉悦的购物体验。"几年后,另一家零售商宣称:"我们一直在将商品加以单元化和系列化。"[87] 20世纪20年代后期,菲尔德百货的克拉拉·威尔逊(Clara Wilson)在谈及她的作品时说:"我过去就想把一系列相关的商品放在一起。"她还声称自己"引进了配色法,这样客户就能体验到整体的色彩效果"。与菲尔德百货傲慢的弗雷泽的愿望相违的是,威尔逊在菲尔德百货的时尚部门周围,放置了第一批聚光灯下的模特模型。她说,聚光灯可以创造真正具有"戏剧性的"整合商品。[88]

展陈人员和设计师会"装饰"几乎所有东西(而不只是服装),把它们归入一个单元,其核心是主要商品,作为陪衬的是次级或相关商品。"看看鞋子可以与什么搭配,"曼哈顿金贝尔斯百货的一位采购员这样说,"如果你手头有各式各样的晚礼服,为什么不配一个便宜点的晚装包呢?金贝尔斯百货每隔几天就会通过它的'此刻此包'平台来重点推介一款包。"这样做主要是为了促进那种带有冲动性的搭配整合购买。1923年,一位零售商说:"当配饰与服装一起进行展示时,它们就会呈现出一种完全不同的含义:一种吸引力。"[89]

商家不仅进行商品搭配,他们还进行部组搭配,"将整个商店的关联商品统一分组"。因此,孩子们可以和他们的父母一起在玩具组购物,然后直接进入邻近的童鞋部;女性可以逛与女鞋组相邻的手提包组和袜子组,"这样就可以购买这些商品来搭配已经买到的鞋子,这对购物者来说非常方便和有诱惑力"[90]。现在,几乎所有大商店都有样板室,这是1924年大都会艺术博物馆美国馆开馆仪式上展示和推动的一种模式——有16个反映不同时期历史的房间,展示殖民地时期的美国古董。这些房间本身受到商业原型的启发,反过来又激发了商家的模仿复制。[91]作为其"新的展示政策的一部分",梅西百货的执行委员会决定"在一种适当的家庭氛围中展示家具和家饰"。班贝格百货建造了两栋住宅:一个是"诺丁汉之家",另一个是"理想之家",它们的地下室都配有一个完整的娱乐套房。它们吸引了来自新泽西州各地的数千名游客。[92]

最早的现代主义样板室出现在20世纪20年代，主要是在那些大型百货商店。在那里，美国人看到了镀铬厨房和下沉的玻璃衬里客厅，铺有地毯的小房间和游戏室，最诱人的是镜子化妆室和卧室。在1928年梅西百货时尚博览会的展览中，美国设计师凯姆·韦伯设计的两个房间成为焦点——特别是浴室，里面配有嵌入式绿色玉石浴缸，靠墙的淋浴房配有玻璃门，梳妆台两侧是玻璃搁板。在这次展览会上，约瑟夫·霍夫曼（Josef Hoffman）为"现代女性"设计的"全玻璃"闺房，引起参观者们的极大兴趣，险些造成混乱。房间里的地板上、墙壁上、天花板上全都是镜子，参观者可以看到十个自己的影像。唯一的配件是一张桌子和一个黄铜凳子，用来反射隐藏在房间里的灯光。"昨天下午，"《纽约时报》上这样写道，"这个房间门口挤满了想要进去的参观者，商场工作人员不得不把他们拦下来。"[93]

商家邀请专家来实施促销合作，传递单一的销售消息——在"安拉的花园"时尚秀那个时代，这种合作往往是非正式的。梅西百货在1924年招聘了第一批室内装饰工人，后来又于1927年聘请了一位"室内展示经理"，以协调店内展示与橱窗和广告的风格，考量整体的商店风格和销售工作，旨在一次性尽可能多地激活商店"宣传结构"的组成部分。梅西百货还从外面聘请专家，确保各种策略起到互相加强的作用。"在与每一期《时尚和礼仪》的主题保持一致的同时，"拥有该杂志的标准公司的经理写道，"也会与每家商店的广告、橱窗装饰和商店展示部门有密切联系。"[94]

伯奈斯的"伪事件"

然而，所有促销中最令人印象深刻的还要数跨机构促销，这种方法将百货商店、剧院、酒店和其他消费者机构捆绑到了一起。商家再次向经理人寻求帮助。伯奈斯拥有最出色的促销技术，他可能是20世纪20年代最重要的公关人员。他的方法很有远见。他像奥兹国的大魔法师一样，终身都在幕后工作，用滑轮和杠杆操纵其他人。伯奈斯是（1992年他102岁时仍是）一个精明的促销员，他知道如何将亵渎变成对神圣的模仿，如何赋予商品和公司新的含义，以及他所谓的"真实"。

伯奈斯是一位维也纳犹太移民的儿子，是精神分析学家弗洛伊德的外甥。他的职业生涯始于剧院——1913 年，23 岁的他成为克劳与厄兰格（Klaw and Erlanger）的新闻代理人，这是百老汇的一个戏剧辛迪加，它垄断了订票业务并"鼓励制作那些必定会成功的作品"。他以一种全新的方式重新设计了这份工作，将其从报纸上的"空间抓取"转移到制造"公共活动"，以激发大众的兴趣。"我的作用，"他在 1962 年的自传中写道，"不是在报纸上'开凿'空间，而是与其他新闻竞争，使我推出的戏剧和演员具有新闻价值，这样报纸就必定会在专栏中关注他们。"[95]

伯奈斯在克劳与厄兰格的工作仅仅持续了一年，但是，那段经历对他的影响却是非常久远。他喜欢百老汇。"我与银幕上那些光彩照人的演员过从甚密，"他后来说道，"我可以随意进出后台，进入大多数剧院观看演出……生活是一次又一次的刺激。"[96] 后来他成为旅行艺术家和各种演出的广告宣传人员，"几乎凭其一己之力"帮助在美国聚起了一批古典音乐和歌剧的多阶层观众。[97]

早在 1917 年，伯奈斯就学会了如何将事物放在一起并建立富有想象力的联系。一战期间，他曾在乔治·克里尔（George Creel）手下为美国公共信息委员会工作，他注意到，该委员会在制定合作战略方面"表现出色"，能"让各个行业中的少数聪明人看到凝聚人心的可能性"。正是在一战期间，他开始意识到"联想过程"在形成品位和决定选择中所具有的全部价值。[98]

一战结束以后，伯奈斯在时代广场中心附近的东四十八街 19 号（后来他把那里叫做"宇宙的中心"）发展事业，并迅速站稳脚跟。像凯利等一战以前的改革者一样，伯奈斯也发现在消费者和生产者之间有一个新的空白；不过，与凯利不同的是，伯奈斯把这一空白视为管理销售的机会，而不是需要后悔和补救的事情。他认为必须做些什么来向消费者解释，为什么他们应该购买新的制成品。必须要有像他一样训练有素的"中间人"

去进行干预，为公众解释现实。他们必须提供"真实"信息，并将各种"公众"重新组合成一个"有凝聚力"的整体。在伯奈斯看来，哈伯德大力促销的那种热情，已经变成一个精心设计的操纵系统。[99]

伯奈斯将公共关系视为一种类似于精神分析的非评判性技术，适用于需要在公共场所翻新"自我形象"的任何机构、个人或商品。在具体操作过程中，他首先会深入研究他的客户，不过，就像许多精神分析师一样，他也拒绝"治疗"那些病态的"反社会"群体或个人。接下来，他会细心观察其赞助人所设定目标人群的"心理禀赋"，希望找到可被加以"挖掘"和利用的"刻板印象"。然后，他就会开始详细阐释客户的产品，设计产品与想法之间的"联系"，并充分利用他了解到的那些"刻板印象"。最后，他会通过积极协调动员大部分视觉媒体，为公众把这些联系"具体化"。[100]

1924年春天，伯奈斯为"透明的天鹅绒"发起了一场"轰炸式广告宣传"，以"激发350万名女性及所有潜在消费者的消费热情"。那些商品看起来很是诱人，但是，伯奈斯认为，那些商品的制造商西德尼·布卢门撒尔（Sidney Blumenthal）并没有给予消费者足够的购买信心。所以伯奈斯就说服布卢门撒尔"改变他对待公众的态度"。在研究市场时，他发现许多女性"头脑"中都有关于"风格与美感"的"刻板印象"，于是他就开始着手建立刻板印象与产品之间的联系。他将天鹅绒与"性感和魅力"及纽约和巴黎的"精致"捆绑在一起。他将几家媒体召集到一起，设计出一组图像。他向戏剧经纪人和电影制片人发出信函，为女明星提供透明的天鹅绒连衣裙；在伯奈斯的邀请下，这些明星穿着天鹅绒连衣裙出现在公共场合、舞台和屏幕上。与此同时，他还在时尚杂志和报纸的图片版上刊登天鹅绒礼服的照片。伯奈斯和布卢门撒尔与"24个主要城市的几家连锁电影院"合作，完成了"一笔交易"，他们在电影票上附上了一场音乐喜剧的广告，当然了，在这个微型广告中，所有的女演员都穿着透明的天鹅绒连衣裙。[101]

伯奈斯寻求简单化，他将"公共关系"简化为"通过高光照射（high-spotting）来进行持续解读（continuous interpretation）和戏剧化"（这是他从百老汇舞台上学到的一些术语)。他解释说:"持续解读是通过尽力控制公众心灵的方法来实现的,这种方式使公众在不知不觉间就得到了那种预期的印象。另一方面,高光照射则能紧紧地抓住公众的注意力,将其与一些经典细节固定在一起。"他是历史学家丹尼尔·布尔斯廷(Daniel Boorstin)所说"伪事件"的第一位著名建构大师。伯奈斯的骗术就是,把信息打包放在发生的事件里,让大众即时消费。事件的有效性取决于从百货商店到电影院等许多不同类型的机构和媒体的集合编排,有效的事件可以使更重要和"真实"的时事黯然失色。他的事业属于那些新的机构和团体(专业咨询公司和代理商),这些机构和团体出售梦想并在幕后支持美国此时正在蓬勃发展的消费社会。[102]

第十一章
盛　会

在写于1924年的短篇小说《赦罪》（*Absolution*）中，小说家菲茨杰拉德描述了一个孤独的11岁男孩鲁道夫和一位饱受折磨、半疯癫的天主教神父阿道弗斯的一次相遇。故事发生在达科他镇一个炎热干燥的夏天。鲁道夫做了好几件错事，其中大都是小错，但有一个大错——他忤逆了父亲。为了得到赦免，他在三个不同场合向神父坦白了自己的罪过。在最后一次会面中，神父的行为显得非常奇怪，甚至有些疯狂；事实上，他已失去信仰，渴望去过一种新生活。他对鲁道夫的罪过无动于衷，脱口而出："当很多人聚集在最好的地方时，所有的东西都在闪着光。"男孩一脸困惑，但神父只是重复道："最重要的是，要在世界的中心找到很多人，无论它在哪里。然后，你就会看见，所有的东西都在闪着光。""他们有星星一样大的灯——你知道吗？我听说，他们在巴黎还是哪里有一盏灯，像星星一样大。很多人都拥有它——那是一些快乐的人。他们拥有你从未梦想过的各种各样的东西。"鲁道夫感觉受到了惊吓，尽管神父的行为也是一种启示，唤醒了他对城镇以外和自己宗教之外某些东西的渴望。鲁道夫"坐在那里，有些害怕，他那双美丽的眼睛睁得大大的，盯着神父。但在恐惧之下，他感到自己内心的信念得到了证实。在某个地方，有一些难以言喻的美好，它们与上帝毫无关系"。[1]

20世纪20年代，这个世界到处都闪着光。费城和芝加哥等城市有时会举办闪亮的时尚盛会，还有色彩和灯光盛会，以及成年人和儿童的大型游行，包括人们广泛参与的圣诞节前游行。时代广场（美国"色与光"的圣地）成为全美最著名的"闪着光"的地区。这些盛会实际上是按照当时的促销策略被理性地加以管理的，它们正是菲茨杰拉德在《伟大的盖茨比》中描写的那种场面，小说里美丽的戴西的"声音里充满了金钱的味道"。[2]

"彩虹之家"和"时尚宫殿"

1925年，馆长库林采取了一种不同寻常的做法，将资本主义的梦想生活带入布鲁克林博物馆——他在博物馆新配楼的中心创建了一个名为"彩虹之家"的新画廊。"彩虹之家"让人们想到鲍姆的童话世界，而库林自己也很像鲍姆。"彩虹之家"为原始社会的物品和服装划出了展览空间，呼应了库林版本的祖尼创世神话（这是库林最喜欢的神话，他曾在20世纪初与新墨西哥州西部的普韦布洛印第安人居住在一起）——那是一个"永恒的地方"，所有美好的事情都发生在那里，夏日"永远持续"。库林用鲜艳的色彩将画廊进行分区，分别展示不同民族或部落的文物和服装。在黄色的背景中，祖尼人站在画廊的中心。非洲展区是柔和的绿色，印度展区是粉红色，深红色是南太平洋岛屿展区。[3]

库林试图赋予他的展品以生命："它们曾经是无生命的和呆滞的，现今却在其周边光彩的衬托下绽放生机。赋予它们生命，让它们与活的事物相协调，一直是我的目标，而我也从未像今天这样如此接近目标。"一位《纽约时报》记者写道，这个美术馆"标志着种族收藏品的一种全新展示方式。……展室装饰得像复活节彩蛋一样明亮而欢快"[4]。

1925年，除了"彩虹之家"的工作，库林还担任了费城"时尚宫殿"展览的艺术顾问，这一展览是即将举行的纪念美国独立150周年博览会的一部分。这是美国第一个主要由商业公司资助的博览会，它有一个为纪念波特的《波莉安娜》而命名的"快乐之路"，一座60米高的"光之塔"，以及泰姬陵的部分复制品。[5] "时尚宫殿"是一个八角形建筑物，它比其周边建筑物都要高，里面展示了由知名商人和制造商捐赠的纺织品和服装。

从那些贸易学校的教育工作者和剧场工作人员,到政府官员和民族学家,许多团体联合起来设计和建造了这个大展台。

东方主题出现在"时尚宫殿"和博览会上。"时尚宫殿"的建筑风格是"亚述和巴比伦式",每个楼层的色彩都很协调。展会的一位推动者热情洋溢地说道:

> 参观者一进大门(连大门都是流光溢彩的)立刻就会陶醉其中,放眼望去,尽是光和生命气息。展会的主打特色是色调——各种色彩和谐交融,形成一种明亮的彩虹色光圈。[6]

宫殿的正面都是平板玻璃窗,里面有一个圆形剧场,可以容纳一万名观众,还有一个圆形舞台,供平日里举行时尚秀使用。库林在"时尚宫殿"中的作用是"为美国成衣行业增辉"[7]。到 20 世纪 20 年代中期,他的影响力达到巅峰,他是"美国时尚的终极独裁者、时装设计师的沙皇"。[8]他给朋友写信说,他抓住机会参加博览会,部分原因是"这是行业自己负责的第一次展览会,展览的结果就掌握在行业自己手中"。[9]但是,展览会本身也很有吸引力,因为活动的推动者选择把"色彩"作为主题。库林要求增加更多的色彩,甚至提议将"时尚宫殿"改名"彩虹之家"。他认为,"时尚宫殿"是一个"乏味的、无生命力的和可预测的"名字,而"彩虹之家"这个名字则暗示人们,这里有"鲜活的、如夏花般绚烂的事物",这里"充满了绚丽的色彩"。

尽管库林的建议最终并未被采纳,但是,这一建议表明,在他心目中,布鲁克林博物馆的"彩虹之家"与"时尚宫殿"的现成世界之间仅仅存在一些微小的区别。[10]这两者都是装饰空间,都展现了库林最喜欢的一些主题——他想让美国人接触"原始童真"的"活力",并从前工业幻梦"致命的碾压"中解脱出来。这两个空间都揭示了商业世界的文化力量:"彩虹之家"采用商业方法来展示原始生活,而"时尚宫殿"展示原始社会则是为了增强商业的吸引力。

商业游行

"彩虹之家"和"时尚宫殿"都属于一种新的大型活动,这种活动模式正在全美各地铺展开来。商家在各个城市组织各种色彩和灯光盛会,将街道照明系统引入零售区,而这样做一个更重要的目的就是,邀请人们在白天和夜晚都来购物。这些活动由商人团体与市政官员和警察合作进行管理。在1926年10月的芝加哥市州街照明节上,许多公司,包括爱迪生公司、联邦爱迪生公司、芝加哥快速公交线路、欧菲姆环线(一家剧院预订机构)、几家当地剧院和酒店、沃尔格林、比德尔、克罗格等连锁商店、舒尔特光电公司,以及附近最重要的百货商店在内,共同庆祝州街上新的通用电气照明标准的使用。[11]

根据这项活动的主要推动者、咄咄逼人的广告经理罗伊·谢弗(Roy Schaeffer)的说法,由商家付费的高灯柱或标准照明系统照亮了街道,其亮度是世界上任何其他路灯亮度的三倍半。谢弗说,它不是那种会让人目眩的灯光,而是散射着柔光,它"令人愉悦,有吸引力,接近自然光"。谢弗回忆说,那是芝加哥有史以来最大的公共销售"聚会",州街上连续三晚封路,以便人们举行庆祝活动。商人们用彩色探照灯照射街道和建筑物;他们搭起带有"水晶珠宝"的拱门和塔楼,聘请爵士乐队和穿着华服的女士参加大型夜间游行,来展现人造光的历史进程。柯立芝总统在华盛顿特区启动开关,顿时,所有的灯都亮了起来,游行正式开始。在第一个晚上,参加游行的人实在是太多了,那些负责维持秩序的警察不得不中断游行;展窗也不得不被保护起来,以免受到破坏。[12]

在这十年中,类似这种规模的商业游行并不罕见。实际上,这种盛大场面形成了一种新的美国游行类型。这十年本身就是从盛会游行("欢迎士兵从欧洲战场回家")开始的,这些游行都具有以消费者为导向的商业促销的所有特征。最大规模的欢迎士兵回家的游行,发生在1919年5月的纽约市,它由沃纳梅克百货纽约店的总裁罗德曼和总经理格罗弗·惠伦这两位商人主办,他们是官方"欢迎委员会"的主席。惠伦是纽约市从20

世纪 20 年代中期到 20 世纪 60 年代的首席"官方接待员",他被安排在这个位置上可谓再合适不过,他将这座城市变成一座消费者的梦想之城。虽然他作为沃纳梅克百货总经理严厉谴责客户退货这一行为,但他本人却也是"一个挥金如土的人"。"啊,他花起钱来像流水一样!"纽约市政治家乔治·麦克内里(George McAnery)回忆道。[13] 惠伦和罗德曼做出了一个鲁莽的举动,他们允许士兵们免费玩游戏,免费看比赛,免费看电影,免费坐地铁,免费住酒店,免费享用餐馆和夜店的食物和饮料。在第五大道上,他们建造了一座巨大的看台,看台两侧安装着一些琥珀色的灯,还有两个镶嵌着人造珠宝和彩色泛光灯的凯旋门,士兵们会穿过这两个拱门。1919 年,为了向这次回归庆典致敬,菲茨杰拉德创作了短篇小说《五一》(*May Day*)。他在小说中写道:"这座伟大的城市从未有过这样辉煌的场面。"这座城市见证了"一场盛大的狂欢","已经消失的娱乐活动又回来了。和平与繁荣来得如此喧闹……越来越多的消费者从全国各地赶到这里,他们聚到一起,喝着让人兴奋的烈酒"[14]。

20 世纪 20 年代后期,纽约宾朋欢迎常委会主席惠伦还组织了其他一些壮观的游行。据说是他在纽约尝试了从窗户往下扔彩带这一游行环节,他以一种反映他个人奢侈品位的方式组织游行。游行展示了美国人的运动能力、技术进步、爱国情感;也有的游行是欢迎欧洲皇室来访,而给人印象最深刻的游行则是 1927 年的查尔斯·林德伯格游行。"参加游行的人太多了!"一名警官回忆道,"车队开进了百老汇,我从未见过这样狂欢的人群!空中飞舞着彩色碎纸片、纸带和各种宣传单。"[15]

玩具、盛会和儿童专家

然而,在所有的游行中,给城市生活留下最深烙印的却是儿童的节日狂欢。一战以前,人们就趋向于把儿童作为一个有着特殊需要的特殊群体给予关注。20 世纪 20 年代出现了很多儿童的代言者。库林等人认为,每个人都应该在孩童活动中寻求疗愈乐趣(库林收集了很多儿童游戏,而且他还是一位木偶专家）。此外，各种社会改革者也一起发声，合力支持促进儿童的健康和幸福。"他是否需要运动玩具来发展他的肌肉？"这是儿童福利文献中的一个典型问题。"他是否太活跃了，是否需要一些安静的游戏来安抚他的神经？他是否渴望某种特别的玩具或者对某种玩具特别感兴趣，是否应该给他提供这样的玩具？"艾玛·胡尔布特（Emma Hulburt）在她的文章《每个孩子都需要一个游戏室》中写道："孩子们需要有这样一个地方，在那里，他们可以藏起自己所有奇怪的宝贝，可以自由地画画，使用锤子和锯子，过家家，洗娃娃的衣服，或者是做任何他们想象出来的好玩的事情。如果孩子们缺少这样的地方，那将是一件很可悲的事情。"[16]

  商人们陷入了这一不断扩大的机会旋涡。实际上，到20世纪20年代中期，几乎所有与儿童有关的物品都是机器制造的。如果说在欧洲，大多数童装和儿童玩具仍是家庭制作，那么在美国，这些东西则都是从商店里买来的。到1926年，美国已经成为世界上最大的玩具生产国：庭院玩具、海滩玩具、露营玩具、"私人小房间的玩具，每个孩子都迫切需要这些玩具来发展自己的个性"。"游戏就是孩子们的工作，玩具则是他们用来工作的材料。"[17]商家对儿童的示好，构成许多商店促销的核心。"通常都是父母决定是否购买，"联邦政府1924年发布的一份报告中写道，"但在美国，儿童在购买上的影响力却是越来越大。"这种情况产生的一个结果便是，"一种意图只要打动了儿童，就会影响购买力"[18]。

  1928年，梅西百货的斯特劳斯兄弟敏锐地意识到这种趋势，就组织了一场大规模的"玩具博览会"（这本身就是一个小小的盛会），来展示几千种不同的玩具，并向父母表明给孩子更多的游戏时间会给孩子带来好处。为了说明玩具的教育价值，斯特劳斯兄弟还特意邀请了一些知名儿童专家来做讲座，向与会者讲解"为什么要让孩子玩玩具"。这些专家为梅西百货（以及其他百货商店）提供服务，这成为社会工作者、儿童福利倡导者和大众消费机构之间合作的一个缩影，而像这样的合作早在一战以前就开始了，其总目标是"教育"中产阶级父母和孩子接受消费者价值观。[19]

  在梅西百货玩具博览会邀请的演讲者中，包括纽约社会研究新学院著名心理学讲师约瑟夫·贾斯特罗（Joseph Jastrow），以及美国儿童研究协会主席西多尼·格伦伯格（Sidonie Gruenberg）。贾斯特罗在1915年出版了《性格和气质》（*Character and Temperament*）一书，这本关于进步心理学的图书确立了他的声望。20世纪20年代，他转向普及心理学思想，撰写了早期关于"日常心理学"的大众市场图书《保持精神健康》（*Keeping Fit Mentally*），并于梅西百货举行博览会那年出版。这本书以"保持快乐"的心灵疗愈建议开篇，以"美丽崇拜"和"日常运动心理学"结束。书中第二章涉及儿童，对育儿表现出一种乐观、较为平衡、总体宽容的态度倾向。贾斯特罗在梅西百货的演讲中就引用了这一章里的观点。他赞扬了斯特劳斯兄弟的"玩具分级"系统："失败，是最容易干扰儿童的事情之一，所以对玩具进行分级是一种非常棒的做法。在给孩子双轮自行车之前，你得先给孩子买一辆三轮自行车。"贾斯特罗还坚信，游戏和玩具可以培养孩子的想象力，进而为孩子的发展做出"至关重要的"贡献。[20]

就实现梅西百货的商业目标而论，格伦伯格是一个比贾斯特罗更理想的人物。长期以来，她一直被认为是对儿童进行灵活及宽容养育的权威。她比贾斯特罗享有更高的社会知名度。格伦伯格是一位奥地利犹太移民，其心理学思想吸收了斯坦利·霍尔（Stanley Hall）、爱德华·桑代克（Edward Thorndike）、杜威和弗洛伊德等著名教育家的思想。格伦伯格于1904年被任命为儿童天性研究协会（1924年更名为美国儿童研究协会）的负责人。像贾斯特罗一样，格伦伯格也是一位普及教育者，但与贾斯特罗不同的是，她自写作生涯之初就开始关注大众。[21]

1912年，她出版了《你今天的孩子与你明天的孩子》（*Your Child Today and Tomorrow*），这是同类书籍中的第一本——据格伦伯格本人说，这本书的目标读者就是大众消费者；她在书中阐述了其他心理学家广泛持有的观点，这些观点都支持新兴的消费资本主义文化。这些观点也解释了她出现在梅西百货的原因。格伦伯格谈到了儿童世界与成人世界的分离。她在这本书和在梅西百货的演讲中都提到，孩子与成年人不同，他们不会去做任何"有道德意义"的事情，他们做的事情既不好也不坏，他们受天性支配，而他们的天性则必须得到引导。格伦伯格声称，儿童享有特权，可以进行富有想象力的游戏和"个人表达"，他们不应受到"那种专制清教主义所施加的惩罚，这种清教主义暗示生命里的每一种欲望和冲动都是邪恶的"。此外，他们还应该获得一些零花钱，通过"花钱"来更好地理解金钱。[22]

斯特劳斯兄弟等商人除了与改革者进行合作，还出版儿童杂志，开设儿童电台，并在店里为孩子们进行精心设计的表演。20世纪20年代，美国各地的百货商店都在玩具组或商店礼堂的临时剧院为孩子们排演小童话剧。其中最受欢迎的节目就是《绿野仙踪》的百货商店版本。孩子们似乎很难抵挡这部儿童剧的魅力。在菲尔德百货，城市青少年联盟可能是第一个上演鲍姆故事的演出团队，孩子们戴着绿色眼镜观看表演，还能观看菲尔德百货店内的绿宝石城。[23] 根据一份报告显示，到1925年，在圣诞节期间，美国几乎每个城市都有自己的百货商店"圣诞老人广播"。早在1925年11月，纽约的金贝尔斯百货每周都会收到数千封孩子们的信件，所有这些信件都由负责签署"圣诞老人"名字的工作人员一一进行回复。沃纳梅克百货和布鲁明代尔百货还花大价钱制作了关于这些节日活动的电影，在城市剧院作为广告短片上映。[24]

变装游行和梅西百货的感恩节游行

在全年的儿童促销活动中，最令人期待的就是圣诞节前的游行。一战以前约有20年，商人们一直都在小规模地举行假日游行，但在一战结束之后，先前那种以贫困为主题的老式感恩节游行开始被取代。新式感恩节游行常被称为"变装游行"（它可能源于欧洲的狂欢节传统），至少从19世纪中期开始就深受欢迎，特别是在纽约市，孩子们和大人们穿着自制的五颜六色的服装，吹着号角，摇着铃铛，举着旗帜和标语，涌上街头。1907年，小说家威廉·豪威尔斯（William Howells）在提及纽约传统时写道："穷人把感恩节视为一种狂欢节。他们在东部大道上举行假面舞会，外族的孩子涌入那些更繁华的街道，吹着号角，向路人讨钱。"1947年，一位德裔纽约客讲述道："在我的记忆中，感恩节那天，有一队骑马的人哒哒哒走上了A大道，他们穿着一身怪诞的服装"；"这似乎是狂欢精神一种并不明显的反映"，"一群小孩子到处跑着……向路人乞讨"[25]。

变装游行有时在不同的社区也会有不同的表现形式。艾尔·史密斯是纽约20世纪20年代的州长，他在曼哈顿下东区长大，小时候也曾参加过这种狂欢活动。他在1929年出版的自传中回忆说："下东区和西区的感恩节，通过变装游行为人们提供了一些娱乐。"

> 在那些日子里，孩子们会随意地把自己装扮起来，男人们则会装扮成流浪者参与游行。我们街区有詹姆斯·斯莱普流浪者，这些人通常会装扮成詹姆斯·斯莱普，组建起一支游行队伍；罗格斯流浪者的总部设在麦迪逊街；哈德逊流浪者则来自西区的哈德逊街。他们穿着各种奇特的服装。有些人会装扮成山姆大叔，有些人会穿着王子的服装，在那里可以看到化妆舞会上会看到的各种各样的服装。

另有人报道称，女人们，以及一些装扮奇特的孩子们（他们会在感恩节当天"早起"向大人讨钱，或者是讨要他们可能得到的任何东西），也平等地参与了感恩节化装舞会。进入19世纪90年代，在曼哈顿东西两侧的高架列车下，"变装游行的精神表现得最强烈，其色彩也最奇特和最明显"[26]。

到20世纪20年代中期，变装游行几乎从曼哈顿消失了，尽管人们仍能在布朗克斯的地铁线末端或布鲁克林的弗拉特布什看到它的痕迹。"旧的变装狂欢传统，"一位资深警察在接受《纽约时报》的采访时回忆说，"确已消亡。"取而代之的是新的和更专业的"喧闹"——圣诞节前百货商店组织的马戏团游行，其中有花车、小丑、步行的乐队、驯鹿和圣诞老人；梅西百货举行的游行是这方面最好的例证，游行队伍沿着百老汇从第一百四十五街一直延伸到西三十四街。盛大的感恩节游行并非梅西百货斯特劳斯兄弟首创；费城的金贝尔斯百货和多伦多的伊顿百货（加拿大最大的商店）多年来一直想要组织这样的游行。那种标准化的狂欢节怪诞风格（这很快就成为游行高潮的特点）也非斯特劳斯兄弟首创。至少从世纪之交开始，美国的制造商和表演者就在流水线上制作出这些怪诞形象，用于主要城市的博览会展示和商品推销。在1915年旧金山举行的巴拿马－太平洋国际博览会上，弗雷德里克·汤普森（Frederic Thompson）展出了一个"成年人玩具岛"项目，在这个项目里，他设计了许多27米高的巨型玩具，其中包括一个"世界上最大的妇女参政论者"玩具。[27]

虽然斯特劳斯兄弟并不是盛大游行传统的开创者，但是，他们在20世纪20年代中期却是充分地利用了这些游行。到1924年，也就是他们举行首次游行的那一年，他们刚刚完成大规模的商店重建工作，店面扩大了一倍。他们控购了托莱多最大的百货商店拉塞尔斯百货（LaSalle's），并急切地寻求进行其他收购。1928年，他们与儿童福利改革者的合作充分说明，他们是狂热的玩具商人。梅西百货拥有当时世界上最大的玩具店。事实上，"正是玩具店创造了梅西百货"，1930年时梅西百货的一位顾客这样说道。[28]

用德怀特·麦克唐纳的话来说，20世纪20年代的梅西百货是一个"巨大的组织"，它的经营者痴迷于商业利润和营业额。在总裁杰西和副总裁珀西的领导下，梅西百货已经成为一家成熟的企业，实行从上到下的系统控制，依照最"先进"的成本核算原则，致力于科学管理和非工会化。[29]梅西百货的采购员普莱舍特回忆说："公司的大老板都是男人，他们会极尽所能地利用你。"[30]目标是管理培训和"专业销售"培训。[31]斯特劳斯兄弟追求"卓越"，忽视自己的员工，他们让其派驻全国各地的业务代表从最好的学校招聘有潜力的主管。另一位梅西百货的采购员桑德斯（她毕业于史密斯学院）回忆道："梅西百货拥有最优秀的人才。"[32]

1925年，梅西百货成为全美第一家对员工进行智商测试的百货商店。两年后，它又聘请了一名全职精神病学家和一些社会工作者对员工进行心理测试，并为店内的精神诊所配备了工作人员。桑德斯在其三十出头时曾接受过这样的测试，感觉那段经历——随着大萧条加剧——"既美妙又悲伤"。她记得，那些年轻人习惯于接受这样的测试，并且经常都做得很好，不过，那些年长的申请人（失业的律师和工程师）"通常都不合格"。"但我们还是会经常雇用他们，"她回忆说，"因为我们非常理解他们正在遭遇的困境。"直到 20 世纪 30 年代中期，当用于这些测试的钱都花完时，梅西百货已经对其所有员工，甚至是其管理人员都进行了测试，这样就不会有"不合规"的人（这是公司的说法）被雇用或晋升，不会让那些有任何情绪障碍的人妨碍商店的顺利经营。公司聘请的那些社会工作者在店里走来走去，观察着工人们和经理们；根据就业经理安德森（V. V. Anderson）的说法，到 1927 年秋天，"他们的工作表明，工作失败、纪律问题、下岗和辞职最突出的原因就是员工本人的心理态度"。安德森在 1930 年的报告里写道，最初，一些等待晋升的高管"对这种监督表现出一种很不情愿和恐惧的态度"；"但是，现在，所有的聪明人都渴望接受这种监督"[33]。

1924 年，斯特劳斯兄弟在业务上的投资，导致他们做出了扩大公司促销设施的决定。公司竖起一个新的电子标牌，"客户在很远的地方就能看到"，上面写着纽约最大的字母标识。[34] 梅西百货延长了"购物时间"，突显了商店的"舒适度"，增加了商场内的空调数量，并于 1930 年左右率先开启了周四和周六晚上开放至 9 点的做法，这使得纽约其他所有商店都只好跟随而行。（为了应对郊区购物的兴起，芝加哥的商店也在同时进行这项改革，这一做法直到 20 世纪 60 年代才有所改变。）[35] 就像商店举行的工业艺术展览一样，新的感恩节游行也是这项新政策的一部分。它证明了斯特劳斯兄弟对展陈和盛会的热情，以及在所谓"机构宣传"上付出的巨大努力——因为没有什么事物能像这个游行一样，将商店带入纽约社区生活富有想象力的中心。[36]

到 1924 年，斯特劳斯兄弟完全转向儿童用品的销售和圣诞节游行。他们保留了旧的变装传统的狂欢一面，但对游行的人、事、物则采取了完全的管控，以防游行变成一场自发运动或民主活动。这次游行支持了记者施特劳斯在 1924 年所说的"消费主义"，摈弃了旧有的传统。可以肯定，商店里的移民员工参与了游行,并且在第一年的游行中,他们中的许多人都穿着他们可能在变装游行中穿过的五颜六色的服装;游行的想法并不是来自员工,而是来自商店主管,1924年执行委员会的"会议记录"清楚地说明了这一点,尽管今天的梅西百货管理层则对此予以否认。

当年6月,商店秘书得到明确指示:"将圣诞节游行放进日历上的日程安排"。两个月后,商店就"举办圣诞节游行的方法"咨询了多伦多伊顿百货,并希望后者"能够一起准备合适的花车"。9月,与伊顿百货合作的计划宣告失败,但是,斯特劳斯兄弟并未放弃。9月25日至11月16日,管理层定下了游行时间(上午9:30至中午12点)及路线,决定让"圣诞节游行在没有评论台和获奖论文等的情况下进行"。梅西百货获得了"市政当局的特许",可以在感恩节当天举行游行,并得到一众警力协助。[37]

为了确保游行成功举行,斯特劳斯兄弟请来了托尼·萨格(Tony Sarg),萨格是酒吧和夜店的彩色壁画设计师,最重要的是,他还是一位著名的木偶戏表演者和木偶剧院的支持者。萨格在德国出生并接受教育,他"对微型事物如小玩具、小娃娃和小船有很大的热情"。[38] 为了追求戏剧生涯,他于1915年先后移居英国和美国。[39] 1924年夏天,斯特劳斯兄弟请他画出"游行花车"的样图。他还有一个额外任务,就是在第三十四街的巨大窗户上创作"木偶奇观",用一系列复杂的静态画面来呈现几个童话故事。这些橱窗绘画取得成功后,他又接手了新的游行花车的设计和建造,准备视觉广告,尤其是大型彩色海报,并在游行开始前很久就将它们投放在地铁和郊区的通勤列车上。1926年,萨格被舞台设计师盖迪斯顶替(为时一年),后者构思了狂欢节从主题到服装的所有内容。[40]

在所有这些决定中,梅西百货的普通员工都没有发言权。执行委员会的会议记录中没有关于员工的任何信息。似乎从第一年起,梅西百货就在花钱请其员工参加游行,所以志愿参与者的人数大大减少。"那些渴望获得额外一日薪水和获得极大乐趣的员工,"1928年商店员工杂志《火花》(*Sparks*)上的一篇文章中评论道,"会看到一位商业巨头进入了游行队伍。"[41]

几千人观看了梅西百货第一年的游行,游行队伍从第一百四十五街和修道院大道，一直延伸到西三十四街和百老汇，"一大群警察全力维持秩序"。有报道称，游行"超越了昔日人们熟悉的马戏团游行的魅力和辉煌"[42]。全线共有五个乐队：一支75人组成的军乐队，一支横笛和鼓乐队，一支号角军团，一支由梅西百货黑人员工组成的爵士乐队，还有一支由梅西百货员工组成的小丑乐队。其他员工则扮成酋长、杂技演员、踩高跷者、"红星"（这是梅西百货的标签）王子和公主。数百名员工的孩子在游行队伍中跑来跑去，扮成漫画人物的样子。还有大量的专业演艺人员、小丑和无鞍骑手。另外，还有一些关在笼子里的野生动物：狮子、大象和熊。萨格设计的五个花车上，描绘了人们熟悉的童话场景。但是，游行中最"令人印象深刻"的是圣诞老人，他坐在一堆巨大的"冰堆"上，扬起手中的鞭子，轻轻地抽打在"驯鹿"身上，朝着梅西百货的方向前进。当游行队伍到达目的地西三十四街和百老汇时，大约两万名成年人和孩子目睹了圣诞老人爬上商店的天幕。与此同时，在萨格的童话场景橱窗里，数百个木偶在一个不断移动的舞台上开始表演。[43] 1926年11月和12月，平均每天都有5000名儿童被游行和其他圣诞促销活动吸引来店，参观梅西百货的圣诞石窟；由于人员众多，圣诞老人被移出四楼的玩具组，放在另一层一个"更安全"的地方。[44]

公众对第一次游行（以及下一次游行）的初步反应非常不错，斯特劳斯兄弟遂决定将其作为梅西百货"节日活动"的一个永久保留项目。[45] 但是，当时也有一些爱国团体对游行提出抗议——梅西百货的一名员工说，他们认为这一游行冒犯了民族节日和宗教节日，因为它是在感恩节那天早上举行。斯特劳斯兄弟聘请公关人威廉·鲍德温（William Baldwin）来处理这些反对意见，想法"将游行植入纽约的传统中"。鲍德温力劝将游行时间改为下午，虽然这"与橄榄球比赛时间冲突"，但却至少是在"礼拜活动"之后。珀西对此犹豫不决，于是鲍德温就请支持自己建议的珀西的朋友也是当时的警察局长来帮忙劝说。"这一次，"鲍德温回忆说，"我正式地向'杰西先生'汇报意见，他同意了。时间上的变化被公之于众后，也就再也没有人抗议游行了。"[46]

1927 年 11 月的游行，在某种程度上呈现出了我们今天每每提到"梅西游行"时所想到的那些特征。萨格的巨型怪诞"动物和人类"最初出现于 1927 年，那时还没有用氦来给其充气，因此它们也就没有笨拙地飘浮在游行队伍的上方。400 名梅西百货员工在最前面开路，他们每个人都戴着萨格设计的"异常巨大的面具"。他们身后有一个 18 米高的"喷烟恐龙"，旁边还有几个"史前穴居人"。一只 7.5 米高的腊肠犬走了过来，后面是"一片行走的树林"，呈现《鲁宾逊漂流记》中荒岛的巨型花车跟在后面。带领"滑稽面孔"队伍的是一个 6.3 米高的"人形巨兽"。高大的老虎、狮子、猴子和长颈鹿等野兽都用混凝纸做成，游行队伍里还有数百个童话人物、一群乐队和许多专业小丑。游行结束时，圣诞老人走出飞机驾驶舱。在现今已经成为"城市仪式"的地方，圣诞老人沿着红地毯铺就的台阶，登上商店天幕上的宝座，为萨格全景木偶景观窗的展示正式揭幕。[47]

到 20 世纪 20 年代后期，人们对圣诞老人的崇敬几乎达到一种荒谬的地步，全国各地都有大量的游行活动。曼哈顿的梅斯莫尔 & 戴蒙（Messmore and Damon）等供应商，为大型百货商店提供了源源不断的巨型标准化狂欢节道具（这些道具都来自童话和卡通人物），不过，只是供给那些能买得起或租得起它们的有钱的大商家。许多百货商店的圣诞老人都有他们自己的电台节目，以至于一些商家担心"圣诞老人正在变得过时"。焦虑的成年人开始认为圣诞老人已被过度"商业化"，因为在每条街上的每家店里都能看到他的形象。得克萨斯州一位有改革思想的女士致信美国儿童局："商店里，街角处，人们到处都在使用圣诞老人作为广告媒介，你们能告诉我该怎么办吗？休斯敦一些关注此事的妇女组织来询问我，我只能来问你们了。"她从局长助理那里得到的答复是："我不知道是否有组织对废除圣诞老人商业化感兴趣。很遗憾，我无法给你提供任何建议。"[48]

类似这种批评被置若罔闻，对圣诞老人的商业崇拜仍在不断增长。1929 年，洛杉矶的商人和产权人承诺，洛杉矶市中心将会举办"1929 年奇迹圣诞节，人们将会体验到所有已经过去或即将过去的圣诞节的欢乐与喜悦"。他们组织了一系列规模宏大的"戏剧性事件",以期"重新唤起圣诞精神",并为孩子们的所有"社区庆祝活动"制定标准。10月,他们发布了"圣诞老人宣言",用四色照片加以说明。11月2日,商家从好莱坞演播室借来数百个"小矮人"并将其派往市中心的商店,同时开放所有的圣诞节部门。五天后,所有城市的橱窗都在同一时间亮相,随后在灯柱顶部同步出现"白雪城堡",绿植和金箔做的花彩和饰有彩灯的拱门隔开大道,通往商店。11月28日游行开始,队伍里有一些巨大的童话故事中的"怪诞人物"、乐队、"闪闪发光的"圣诞老人和驯鹿。[49]

1927年,沃纳梅克百货费城店在它的玩具店中建造了一个无与伦比的完整的游乐园"魔法森林",多年来,它一直都是费城的一个景点。沃纳梅克百货在1929年的最后一天也是以一个廉价的"骗局"收场。在沃纳梅克百货纽约店,圣诞老人坐在一个"巨大的冰屋"中,他知晓每个孩子的"心底愿望",这让孩子们惊讶不已。其实,圣诞老人是从他的"助手"之一那里得到的这些信息;那些"助手"坐在斜坡的底部(孩子们需要爬上斜坡才能到达圣诞老人那里),他们先是打探到孩子们的愿望,然后,他们再通过一部无形的录音机,将孩子们的愿望报送给圣诞老人。[50]

1928年,格伦伯格在梅西百货为玩具和游戏进行辩护,宣传它们的好处;同年,萨格在商店的游行中用第一个氦气球实现了轰动性的效果。两年后,虽然经济愈发萧条,梅西百货却是依然取得了其历史上最高的营业额,由它举办的游行已经成为国人瞩目的焦点。1930年的游行有十个乐队,那天天气十分寒冷,随时都可能有暴风雪袭来。圣诞老人乘坐着一艘齐柏林飞艇,飞艇靠一些打扮成精灵的人在地面上用力拖拽着。有15个巨大的漫画人物气球,其中包括一个"捣蛋鬼"(那天它有一个奇特的命运)。游行队伍的终点是第三十四街,届时所有气球都会被放飞。梅西百货向人们承诺,每回收一个气球可以得到25美元的奖励。当圣诞老人到达商店并从他的齐柏林飞艇爬上商店天幕时,几千只彩色小气球在商店周围的空中升起。萨格的橱窗前围有2.5万名观众,旁边有10名骑警、50名步警和2名摩托车警员,全力保障活动安全。然后,仪式小号响起,巨大的人物气球被放飞空中。其中一个气球，也就是那个"捣蛋鬼"，引起了人们的注意。据一位《纽约时报》记者说，"捣蛋鬼"并没有直着上升，而是"直奔新竣工的帝国大厦而去，撞到了大约第70层楼"。接着，它"俯下身，像是在看着下面的人群！……它慢慢地移动到角落里，似乎在凝视着那个角落。突然，它被一阵大风抓住，开始在东河上不停地跳舞和旋转，然后它就在茫茫的白雪中，逐渐模糊远去"。[51]

光与色的美国圣地

时代广场并不是一个短暂存在的奇观。可以肯定，梅西百货的感恩节游行、库林的"彩虹之家"、费城的"时尚宫殿"、芝加哥的色彩和灯光秀，也都不是短暂存在的奇观。时代广场是所有这些事物的组合，它是一个永久性的盛会场地，一个静止不动却又永远活跃的地方。这是美国最为壮观的商业审美表达，一个充满巨大图像和标记的图片环境，旨在大规模地移动货物、金钱和人。它已成为伯奈斯所说的商业"宇宙"的引力中心，它通过光与色来吸引人们。

一战以前，时代广场就开始在经济上占据重要地位，尽管它尚未在大众的想象中赢得一个安全的地位。房地产投资者仍然不确定如何才能有利可图地投资这里的地产。[52] 1918年以后，越来越多的人来到这里，这里很快就变成一个娱乐中心。20世纪20年代初，"成千上万的人，"一本旅游指南的作者观察到，"正在把纽约视为一个'白光'区……它以时代广场为中心。对他们来说，这就是纽约的精神。"警方报告显示，截至20世纪20年代末，时代广场每晚有近50万人进出，创造了"世界上最大的夜间街道交通"。这里的交通拥堵状况直到1929年才正式宣告结束，那一年，这里设置了交通灯和单行道。[53]

时代广场为什么会发生这样的变化？为什么会有这么多人来参观时代广场？这是因为新的交通系统使得人们到达这里变得更加容易，接送人也更加高效便捷，不管是在地上还是地下。这里还因为聚集了许多电影院、剧院、餐馆、酒店和零售店而变得很有吸引力。那些"对这里的地产价值充满信心"的全国性企业、银行家和房地产开发商的资本投入，将这个广场变成一个有吸引力的、令人兴奋的地方——一个一切皆有可能、几乎什么都有卖、什么都可以买到的金钱世界。[54] 到 1925 年，金钱在时代广场周围竖起了一堵无形的墙壁，保护它不受"道德十字军"的征讨，并确保它作为国家消费市场的理想场所继续存在下去。

1916 年通过的《区划法》，全面放开了对建造巨型广告牌的限制，使得这个纸醉金迷之都到处都林立着这种巨大的电子广告牌。1920 年以后，标示牌广告在美国各地蓬勃发展，这主要应该归功于汽车的出现。汽车使得广告商可以在每一个谷仓、每一条新道路和高速公路上，以及尽可能多的十字路口都竖起广告。20 世纪 20 年代中期，洛杉矶的布洛克百货在城市的战略位置竖起一系列臭名昭著的标示牌，每块标示牌上都有一个巨大的词语（"幸福""想象力""热情好客"）写在漂亮的图片下面，那些词语代表着人们在布洛克百货可能会得到的东西。从 1920 年到 1930 年，户外广告的投入从 2 500 万美元增至 8 500 万美元。[55]

这些钱大都投资于时代广场的标示牌，从而赋予这个地方一种狂欢的身份。到 1922 年，户外广告蓬勃发展，广告支出比前三年增加了 6 倍。[56] 当年 2 月的白天或晚上，路人都能在电子广告牌上看到《被埋葬的财宝》(*Buried Treasure*) 中的女演员玛丽昂·戴维斯（Marion Davies）、梅西百货、菲斯克轮胎公司、派拉蒙剧院、查尔莫斯内衣或象牙牌肥皂（"浮于水上"）。那些全国性公司的身影在这里随处可见，尤其是汽车公司、连锁影院、汽油公司，以及卷烟和汽水企业，它们抢先签下许多小企业无法竞争的广告租约。户外广告公司（它们现在已经成为垄断巨头）通过收取高价排除了那些小经销商。时代广场成为世界上最密集和最昂贵的广告空间。[57] 在这样的商业战区，只有最肆无忌惮、得到银行资助最多的投机者才能幸存下来。"这些广告巨头像维京人一样争夺战略位置，"1923 年，一位评论员说，"它们有时买下一个地段，不为使用，只为让其他竞争者离开。"[58]

时代广场上的广告牌有两个重要特征：一是它们都很"壮观"，二是它们日益依赖彩色灯光。那些广告会跳动，扭摆，闪烁，建筑物或它们上方的空间似乎也都随之抖动起来。到20世纪20年代中期，消费者已经开始期待看到这些对感官有冲击力的广告，视之为"看电影"整体体验的一部分。1925年2月，位于百老汇和第四十四街的"标准剧院"（CT），在一个12米高的广告上，宣传了塞西尔·德米尔（Cecil DeMille）的电影《十诫》（*The Ten Commandments*），那幅广告覆盖了建筑的整个外立面。它描绘了由法老率领的600辆战车，黑马在狂野地奔驰，它们似乎在"疯狂地朝着观众冲过去"。一个巨大的摩西，手里握着来自上帝的十诫，冷酷地看着下面繁忙的街道。每隔几分钟，10万伏特的能量就会在一片蓝色的火焰中闪过天空，就像一道"闪电"———一位观察者说———那道闪电击中了诫板。一到晚上，广告的多色灯光就会朝四下里漫泄开来。[59]

　　箭牌留兰香口香糖广告牌从1917年开始在那里竖立了近七年，它被称为"世界上最大的电子广告牌"。它高24米，长60米，装有17 500盏灯，占据了广场中心的一个空间，月租金9 000美元。在闪烁的灯光中，人们可以看到一支精力充沛的精灵军队用长枪猛击黑夜，指向"箭牌留兰香口香糖"这几个字。1923年，O. J. 古德公司在时代广场外缘的第五十四街和第八大道，建造了一个闪光的标示牌，宣传P&T公司的天然气和石油产品。闪光灯显出一个巨大的靶心被一道闪电刺穿，随后闪出"能源双胞胎"的标题，接着依次现出"P&T""汽油""纯油公司"，就这样一次又一次地滚动播出。[60]1924年夏天，时代广场上耸立着一个三层楼高的香槟生姜麦芽酒瓶子。瓶子立在一个巨大的雪橇上，一个穿着白色毛皮大衣的微笑的因纽特男孩赶着雪橇。在不停地闪烁的灯光中，可以看到他挥起一根1.8米长的鞭子，催促其他三个因纽特男孩拉起雪橇。另一道鞭影闪过之后，"香槟"这个名字照亮天空，然后男孩子们"在黑夜里勇敢地奔跑，将那瓶珍贵的生姜麦芽酒送到营地"，"生姜麦芽酒"这五个字闪耀出现。接下来的春天，面向时代广场第五十七街通用汽车公司大厦的顶部，立起了一个30米宽、24.6米高、装有5 000盏灯的通用汽车广告。"通用汽车"四个字和那句广告词"为各种钱包和用途都准备一辆汽车"整晚都在亮着。交替闪烁的是通用汽车产品的名称：雪佛兰、奥兹莫比尔、别克、凯迪拉克、奥克兰和通用卡车，以及"每辆车的车身都由费雪公司打造"的保证。[61]

英国评论家吉尔伯特·切斯特顿（Gilbert Chesterton）在第一次看到百老汇的广告牌后写道："对一个没有阅读能力的人来说……这将会是一幅无比壮观的景象。"[62]

广告标示牌占据了越来越多的空间。1928年，汽车制造商道奇兄弟（Dodge Brothers）在第四十八街斯特兰德剧院的顶部竖起了"百老汇体积最大的电子标示牌"。标示牌顶部写着道奇兄弟的名字，底部的电动标识宣传的则是"道奇Variety Six及其他车型"。"这个移动的标示有半个街区那么长，"伯奈斯说，他可以从位于东四十八街十九号的顶层办公室窗口看到它，"每天经过时代广场的人有100万，他们都可以看到它。"[63] 一年后，华纳兄弟在时代广场北部的百老汇和第五十二街竖起了"世界上最大的标示牌"，这个标示牌高24米，重115吨。[64]

色彩大大增强了广告的宣传效果。20世纪20年代初，大多数标示牌里装的都是白灯，尽管也有一些广告使用彩色泛光灯（如《十诫》中的标示牌）或彩色涂层白炽灯（这种灯不太好用）来吸引人群。1915年左右，法国人乔治·克劳德（Georges Claude）发明的霓虹灯改变了这一切；20世纪20年代末，《纽约时报》上评论说，"歌曲和传说中赞颂的白灯，几乎全被红灯、绿灯和橙灯所取代"（应该还有"蓝灯"），正是发光气体的应用使得这些彩灯的出现成为可能。[65] 霓虹灯被当代人评价为是自爱迪生发明白炽灯以来广告业取得的最大进步。冷光霓虹灯价格低廉，耗能少，仅需最小的电流。然而，它亮度高，并且由于其光线的特殊性质，不会被阳光吸收。这种灯光似乎愈远愈发明亮，最重要的是，人们在白天、夜晚、雾天和雨中都可以看到它。它使得商场可以"一直在明亮的光线下"售卖东西。[66]

除了霓虹灯，发光气体还被应用在标示牌上，20世纪20年代中期，整个时代广场都被这种标示牌点亮,在那之前不久,阿姆斯特丹大道西一百三十二街新建了一家电子标示牌工厂,由房地产开发商和城市批发商提供资助,给时代广场供货。据《时代周刊》报道,在几年时间内,时代广场的各个方向都可以看到明亮的颜色。"东边,"《时代周刊》上写道,

> 深红色很容易就得到大众的青睐。时代广场北端是不夜街上最著名的广告位,仅仅这个广告位就足以说明百老汇户外装饰者制造的色彩骚乱。最上面是一个咖啡品牌的深黄色电子广告牌。在这下面是一个蓝色背景上的白色标志,上面点缀着黄色的灯光,引起人们对某个汽车品牌的注意。再往下,给我们造成视觉冲击的是一块很大的方形的牙膏广告牌,上面先是闪烁着一些橙黄色的信息,然后切换为红色,最后变为绿色。再下面是一个香烟广告,很大的红色背景上有一些白色的字母。[67]

到20世纪20年代末,世界上没有哪个地方像这里一样,集中了如此多的商业色彩和灯光。

诚然,巴黎和柏林在当时和更早的时候也被称为"光之城"。早在17世纪,路易十四便在巴黎的许多街道上安装了燃脂油的灯笼。在世纪之交,香榭丽舍大街和周围的林荫大道是世界上照明最好的干道,街道两侧是几千个汽灯和电灯,昼夜通明。到1912年,法国人开始对他们的公共建筑和纪念碑进行泛光照射,这让小说家华顿感到懊恼,她认为巴黎正在模仿美国那种最恶劣的商业行为。20世纪20年代中期,在巴黎夜晚的地平线上,鳞次栉比的是近6 000个霓虹灯广告牌。1929年,一位德国访客写道,这些"被千烛之光写在暗夜中的诱人广告,正在伸向高远、渐退的天空。一个很大的绿色水滴,滴入一个巨大的香槟酒杯"。柏林也出现了商业霓虹灯。20世纪20年代中期,小说家克里斯托弗·伊舍伍德(Christopher Isherwood)来到这里,"首先映入眼帘的就是两座巨大的电影院——霓虹灯下的电影院——Ufa Palast和Gloria Palast"。在柏林,"广告

灯反射出的光芒，让林荫大道有了一种亲切感"[68]。

然而，德国和法国政府都对这种"壮观的"广告进行了限制，巴黎的法律尤为严厉。1929 年 6 月，塞纳河的长官下令拆除"所有未在当地销售的商品的电子标示牌"。这一规定冲击了大西洋彼岸的美国烟草和汽车公司，但是，它让法国人民感到高兴，有人说道："巴黎很荣幸地被称为'光之城'，但她希望那是智识之光，而非电光。"[69]

纽约也曾尝试控制电子广告（实则是控制整个商业美学），但却不是像法国那样一刀切。美国人将这种广告活动限制在有限的空间，但同时又解放了它。在这十年间，那些有着竞争关系的行业协会因为广告限制而争吵不休，百老汇协会不想限制标示牌上的内容，第五大道协会则坚持要求禁止第五大道上从第八街华盛顿广场至第十一街上出现"投射和亮灯标示牌"。1922 年，第五大道集团说服该市的参议员委员会通过了一项标示条例，将禁令合法化，并将禁令扩展至麦迪逊大街和第三十四街的部分地区。百老汇和第四十二街协会发起反击，但实际上它们并没有什么可担心的，因为第五大道协会并不打算提议禁止时代广场上的标示牌。著名的标示牌广告公司 O. J. 古德——更不用说梅西百货和金贝尔斯百货这两个时代广场的广告商——实际上都是该协会的成员。很多游客为了一睹时代广场上的灯光而特意来到纽约，第五大道上的商人也希望能够得到这些游客的惠顾，他们并不反对商业灯光和色彩，他们那数百个橱窗已经很清楚地说明了这一点。但是，他们却不想要那些"狂欢奇观"，因为那可能会把一些"错误的人"引到第五大道，危害那里的地产价值，破坏商人们对其财产的控制。[70]

该条例陷入困境，这给这两个商业团体都带来了丰厚的回报。第五大道和麦迪逊大道以及第三十四街上被禁止使用标示牌，但是，嘉年华在时代广场上则赢得了胜利。事实上，这一条例刺激了更集中空间的增长，在那里，商人们大体上都做了他们喜欢做的事情。

"彩虹的所有颜色都属于胡说先生"

整体上的视觉效果是一种带有挑衅意味的、惊人的、明亮的、时而又会让人感到窒息的色彩、玻璃和光线的混合，它从不会显得微妙清浅，而总是会显得有几分狂欢怪诞；色彩是被规定好的，旨在最大限度地促进货币和商品的流通。许多人都在纽约的夜空中看到了希望，一种"新艺术"的希望，一种所有人都可以享有的新丰足的希望。诗人埃兹拉·庞德（Ezra Pound）在访问纽约期间问道："纽约难道不是世界上最美丽的城市吗？差不多吧。……一个广场又一个广场的灯火，交相辉映。这是我们的诗歌，因为我们已经按照我们的意愿把星星拉了下来。"库林将时代广场的高空广告牌视为"最新、最神奇的艺术表现媒介中的伟大成就"。应伯奈斯之邀，库林记述了道奇兄弟在第四十八街的标示牌（作为1928年宣传活动的一部分）："它是一个预言，人类将会驱除黑夜，永动不息；大师即将来临，他们会用灯光进行创造，就像过去的画家用颜料进行创造一样。"[71]

其他美国人则对此既没有这么确定，也没有这么乐观。凡勃伦在20世纪20年代居住在纽约，他就对这些景观深恶痛绝。他在《不在所有权》一书中抨击了美国的"销售宣传"，后者把宗教作为商品营销的工具。凡勃伦并不关心宗教，但他却很是鄙视广告商对经典基督教策略（承诺人们可以"生往天国"）的亵渎。他写道，"壮观的展示"聚集在"朦胧的宗教光芒"中，向美国人做出种种欺诈性的承诺。广告商用符号、标志、色彩、灯光，以及"手势"，赋予商品"神圣"的含义，而这些含义终究了无意义，毫无用处。"一些尖脑袋的小人用扭动的手势刺穿了时代广场上的夜空，"凡勃伦在谈到箭牌留兰香口香糖的广告牌时这样写道，"那些手势可能是雄辩的和优雅的，但它们却并不是教义声明中列出的商品。"因为它们不提供口香糖。"真正的拯救……必须是另一种有形的表现：地狱之火和天国。"[72]

德国电影导演弗里茨·朗（Fritz Lang）在1923年第一次看到时代广场，感受非常强烈，以至于他想要去拍摄一部关于他的"感受"的电影：

那是一个"被霓虹灯照得亮如白昼的地方，巨大的霓虹灯跳动着，滚动着，闪烁着……对欧洲人来说，这是一种全新的、近乎童话般的东西……一块悬挂在黑暗天空中的奢华布料，令人魅惑，令人目眩，令人着迷。"这部电影就是《大都会》(The Metropolis)，它表现了现代工业城市的黑暗面。[73]

1923年，刘易斯·芒福德（Lewis Mumford）在一份更为矛盾的分析中写道，该地区对那些受到工业碾压的美国人来说是不可或缺的，他们正在为"他们的压抑"寻找"出路"。"百老汇是……美国城市的一个重要补偿手段。""白灯的眩目、电子广告牌的色彩、电影宫殿的雪花石膏建筑、橱窗的审美吸引力——这些代表了工业城市单调的前景中被忽略的元素。那些不知道如何利用时间的人必须从花钱方面得到满足。"另外，芒福德还将时代广场和百老汇视为"精神失败"的征状。他总结道："美国城市的主要机构，只是一些分散我们注意力的东西，它们让我们的目光离开环境，而不是帮助我们去塑造环境……让我们更接近人道的希望和欲望。"[74]

英国作家切斯特顿于1922年访问了百老汇和时代广场。一年后，他的《百老汇冥想》一文刊登在《美国见闻》专栏上；相较于其同时代人的文章，这是对时代广场一种更具洞察力和更为复杂的评价。切斯特顿既是一位虔诚的罗马天主教徒，也是一位坚定的民主人士。他在自己的分析中加入了对宗教传统的尊重，以及对西方历史中色彩、玻璃和灯光作用的认识。时代广场的艺术性让他感到高兴。他说，

> 人们从审美角度去谴责有着摩天大楼和高空广告牌的现代城市，对此我并不认同。我的意思是，有人哀叹城市为了功用性而牺牲了美丽；而在我看来，事实则恰恰相反。从艺术至上的角度来说，它们在我看来颇具艺术性。孩子们看到这些彩色灯光，会像看到彩色玩具一样，快乐地跳起舞来；每个诗人，甚至每个评论家，都有责任谦恭地向孩子们学习。事实上，我对这个哑剧城童话般的夜晚充满了同情，看到社会理智和比例感回归想要消灭这样的夜晚，我深感遗憾。

此外，切斯特顿认为，没有哪个受过教育的人——无论是牛津大学的教授还是有文化的农民——会受到广告标示的影响。那些独立、睿智、有思想的人，永远都"不会被卖天堂牙膏或第七天堂雪茄的标示牌所打动"。"其他年龄的其他人几乎都能听懂这个笑话。""只有当人们的心智能力被某种骗术削弱时，像广告这样透明的骗术才会对他们产生影响。"[75]

但是，切斯特顿以"社会和科学的理由"反对时代广场上的"色彩和火焰"，他后来称它们为"符号庸俗化"的代表。过去，色彩和灯光与"神圣"，以及民族主义和民众抵抗运动密切相关［切斯特顿在此以"盖伊·福克斯日（Guy Fawkes Day）的篝火"为例来予以说明］；现在，它们则"被与我们这个时代的商业联系弄得毫无新意"。过去，它们曾被赋予一些强大的意义；但在今天，"这种色彩和这种灯光的重要性已被完全抹杀。""新的光照永远都在宣扬一些琐碎小事，使人们厌倦了用它去颂扬那些伟大的事物。"[76]

时代广场上的色彩和灯光，并不仅仅意味着宗教或伟大承诺的丧失；它们也标志着，切斯特顿所认为的反民主的商业公司的崛起。切斯特顿非常钦羡美国的平等传统和公民传统，正是这两个传统使得美国成为世界上独一无二的国家。"公民权在美国仍是一种理想，"他说，"平等是一种绝对的道德，所有人都具有不变和坚不可摧的价值，拥有像死亡一样无形的尊严。"[77] 但是，工业资本主义也在威胁着这些理想。"工业资本主义和民主理想总是有争议的，但也许只有在美国，它们之间才是相互冲突的。"到目前为止，只有在美国才有民主进步；但也只有在美国，"工业进步才是……最不民主的。""现代资本主义的现实，"切斯特顿声称，"正在通过制造恐惧，甚至是用显赫的成就来威胁民主理想，这可能会使摇摆不定和易受影响的现代精神变得更不稳固。这场斗争，决定了这一伟大文明是否会继续存在，或者是否有人关心它是否会继续存在。"[78]

对切斯特顿来说，曼哈顿夜空中的色彩、玻璃和灯光，在视觉上展现了资本主义的力量，它们形成了资本主义美学和在这种美学之下出现的"新的不平等"。它们比其他任何一种美学都要更有竞争优势。任何习惯于用宗教术语去思考色彩和灯光的有文化的农民，在第一次看到时代广场时，都会得出这样一个结论："彩虹的所有颜色都属于胡说先生。""这是反对现代社会的真实案例，而现代社会的象征就是这种艺术和建筑。它并不粗俗，但却不受欢迎。"切斯特顿说，没有人像英国共和党人反对罗马天主教一样排斥百老汇的色彩和灯光。没有人在商业色彩和灯光中看到上帝的荣耀。也没有人投票支持它们。"这些现代商业传说是由少数商人强加给我们的，我们只是被动地接受了这个建议。高级金融或大企业的催眠师，只是用带火的手指在天堂里写下他的命令。我们只是他（出色地向我们释放烟雾）这一暴力行为的受害者，是他迷惑了我们的眼睛。"[79]

第十二章

胡佛的绿宝石城和政府管理

从华盛顿特区的上空来看,这座建筑就像一座巨大的白色地中海庄园,在阳光的照耀下,红色的屋顶变成深赭色。它占据了三个完整的城市街区,从华盛顿购物中心一直延伸到宾夕法尼亚大道和第十四街,矗立在华盛顿纪念碑的影子里。它并不是一座庄园,而是一座新的商业大厦,是华盛顿首座这样的建筑体。1932年,这座商业大厦正式启用。同年,记者达弗斯(R. L. Duffus)写道,"它的规模令人叹为观止",是"象征美国经济发展的一个壮观地标"。胡佛总统于1929年春天为大厦安放基石,用的就是1793年华盛顿为国会大厦安放基石时使用的铲刀和木槌。"汉密尔顿若是看到它,定会意识到他的政府理论取得了胜利,"达弗斯写道,"没有哪个中央政府软弱无力或没有效率的国家,会需要这样一座里程碑。"[1]

这座至今仍在以同样方式为国家服务的建筑,是一个长方形的庞然大物;它所在的地方曾是一片沼泽,蚊虫肆虐,豺狼出没,所以早期城市居民都避开了那里。梅尔维尔在《欺诈者》(*The Confidence Man*)中写道:"狼被杀光了,狐狸的数量则增加了。"1932年,许多深陷大萧条的华盛顿人可能都会对此深有同感,无论他们是否知晓这座建筑的历史。[2] 它是一个新的政府机构综合体,仿照帝国新古典主义风格,这种风格符合美国在世界舞台上自许的新地位。"进入大厦,站在华丽走廊的一头,"达弗斯惊叹道,"远远的另一头的人看起来只有娃娃那么大。"这座建筑的三个独立矩形单元，通过手风琴式伸缩缝连接在一起，稳定住了建筑物（毕竟它是矗立在沼泽地上）。夏天时它可以延展7.6厘米，冬天它则会收缩回来，从而避免了整体结构受损。宽敞的庭院将这些单元分开；各个办公室都用玻璃做了隔断，以便于相互沟通和联系。[3]过去，美国商务部的组成机构散布城市四周，现在它们都被集中到了大厦里：国内外商业局、专利局、普查局、灯塔管理局、矿务局、渔业办公室、海岸和大地测量局、汽船检查所、航空部门等。只有标准局仍留在原处，因为有一些精密的科研工作需要在那里展开，而且在开展这些工作的过程中有出现爆炸的可能。[4]

商业大厦是世界上最大的办公建筑，它甚至比纽约帝国大厦或芝加哥商品市场（两者约建于同一时间）都要大。达弗斯指出，伍尔沃斯大厦、恒生大楼和麦迪逊广场花园可以舒服地重新组合在一起，放入商业大厦的地下楼层。"商业大厦给人的第一印象是华丽，无边无际，如大地般坚固不移。似乎没有风、没有什么自然力量可以撼动它，或者扰乱它的平静。"它在规模上无楼可比，直到十年后五角大楼的出现。[5]

达弗斯在一战以前是斯坦福大学凡勃伦的学生（有段时间，他与凡勃伦及其他学生租住在一起），后来他写出了最感人的纪念凡勃伦的文章。达弗斯对商业大厦象征意义的理解是正确的：它不仅代表着政府的新力量，也代表着一战以前就形成的为"大企业"利益服务的新机构系统。城市博物馆和大学都属于这个系统，到20世纪20年代，政府成为这个系统的中心，而胡佛政府的商务部则堪称"皇冠上的明珠"。

联邦政府在普通美国人生活中的存在感，在1895年至1920年间就已显现出来；1920年以后，这种存在感变得更加令人印象深刻。联邦政府，与大型金融中介机构和公司一道，在创造新的美国大众消费经济及文化中，起到了一种决定性的作用；它对变化做出了反应（博物馆和学校也是如此），但是，它也是一种经济催化剂。它提供了引导，并进行了干预。

如今，人们普遍认为，联邦政府仅在满足军事需求或满足穷人、病人、老人和失业者的需求方面有所进步。但是，这只是事实的一部分；完整的事实是：在1920年以后、权利保障计划出现之前很长一段时间，联邦政府在每个领域都变得更加强大，包括联邦调查局、禁毒处和禁酒局等执法机构。1934年，一份得到高度重视的报告中写道，一战以后"最重要的变化"，是那些"旨在控制或促进工商业及海陆运输的巨大扩张活动"。换句话说，为了满足商业需求，政府发展壮大了。政府通过邮政局增加了对美国海运和航运的补贴。它还花钱修建了第一条联邦高速公路以方便货物运输，并设立了一些专门机构来提供市场服务。"这一领域的突出发展，"报告中继续写道，"包括国内外商务局对商业的服务、农业经济局对农业的服务，以及航运委员会对航运的服务，这些服务都得到了一种前所未有的扩展。"这种"商业援助"说明了"这一时期出现的一种最重要的趋势：从控制转向服务，这是这些年来流行的政府哲学的一个恰当例证"。[6]

胡佛对知识的追求

可是，为什么政府会明显增加对企业的"服务"呢？胡佛是这一变革的主要设计者。胡佛在1921年至1928年间任商务部部长，1929年至1933年间任美国总统，1932年竞选连任总统时被富兰克林·罗斯福击败。[7]胡佛于1874年出生于爱荷华州西布兰奇市一个农业小镇（小镇上约有7 000人），19世纪70年代末首批到达这里的拓荒农民和修到这里的铁路使得这个小镇非常富裕。胡佛是家里第三个孩子，他有一个自己的铁匠铺，经常一个人在里面捣鼓一些小发明。他的父亲是镇上的政治人物，他的母亲是一位虔诚的贵格会教徒，她的简朴和节制原则给他留下了很深的印象。事实上，在胡佛的一生中，即使在推动建立新消费世界的过程中，他也遵循了牧师瓦格纳和沃纳梅克倡导的"简朴生活"理念。而且他还像他们一样，经常从圣经中寻找简朴的真理。他写道："圣经是最丰富的人类经验宝库中的高级研修课程。"[8]

胡佛在10岁时成为孤儿，后来他成长为一个非常独立的年轻人，以自己的个人主义为荣。1891年，他就读于斯坦福大学，主修地质和采矿。接下来20年，他做过采矿工程师和商人，跑遍了世界各地，从墨尔本到彼得格勒，再到约翰内斯堡。他参与到了全球资本主义的第一次大浪潮中——新工业和新市场打开了国家之间的边界（1900 年时只有去俄罗斯和土耳其这两个国家需要护照）。19 世纪 90 年代后期，他成为澳大利亚几家金矿的首席运营工程师，高效地管理着人员、矿产和金钱，拥有很高的声望。进入 20 世纪以后，他管理着中国的开滦煤矿，还在澳大利亚创建了一家锌业公司——这家公司后来成为世界领先的跨国矿业公司。1908 年，他离开工程师岗位，成为采矿"金融家"和推动者——他凭借自己对矿山的广博知识，指导商人何时购买或出售矿山，以及什么样的企业需要风险资本或开发资本，以此换得免费股票或部分利润。胡佛称自己为"职业投机者"。他在金融之都伦敦住了 16 年，担任许多股票上市的承保人，并帮助组织和重组了一些"大公司"，相对于 1929 年他和美国的命运，这可以说是一个巨大的讽刺。到 1912 年他已是一位千万富翁，他跟他的一位朋友说："一个人如果到了 40 岁还没赚到 100 万美元，那他就是一个无用之人。"[9]

1913 年，胡佛厌倦了"赚钱"；他彻底离开采矿场，转而参与更广泛的公共服务。1915 年，旧金山举行巴拿马–太平洋国际博览会，他作为美国的推广人在伦敦短暂地工作了一段时间（作为一种宣传的噱头，他试图邀请英王乔治五世访美）。[10] 随着一战的进行，时局不断恶化，他成为比利时救济的主要管理人员，由于他之前做过很多商品的运输和分销经理，经验丰富，所以这项工作非常适合他。鉴于他在这项工作中的出色表现，威尔逊总统于 1917 年任命他为食品管理局局长，由他负责监督国内外食品的分销，一战结束以后，他成为美国救济管理局局长。这两项工作都为他的公众形象增添了不少光彩，而且对许多美国人来说，这也是他们对胡佛就任总统之前的全部印象。他名声日盛，公众相信他是一个能够管理和组织任何事业的人，只要给予他足够的权威。

1920 年和 1921 年，胡佛担任哈定总统任命的商务部秘书长，这是对其管理能力的一个巨大挑战。当时，美国经济陷入战后混乱。1921 年至 1922 年间，美国经历了截至此时 30 年来最严重的大萧条。商品价格跌至美国历史上最短时间内的最低水平，企业无法消化战争期间积累下来的大量库存，失业人数占到劳动力总数的近 12%。狂热地轰鸣了四年的生产设备全都停了下来。人们开始谈论俄国发生的布尔什维克革命。[11]

随着形势日益恶化，胡佛和他的顾问们看到了生产与消费之间存在的那道鸿沟。胡佛认为，营销和分销系统问题尤为突出。他认同商务部主要负责人尤利乌斯·克莱因（Julius Klein）的观点，认为在战争期间受到需求影响的大规模生产，正在造成过度的工业产能扩张和商品供给——这些商品并未到达消费者手中，或是因为价格太高，或是因为人们收入太低，或是因为市场供应过多。一个旨在加速货物"流动"的复杂的运输新系统，实际上阻碍了这一流动。人口从城市中心向郊区中心快速转移，让原本就不明朗的市场前景变得更加黯淡。胡佛认为，这些变化如此迅速，以至于商家经常不得不在"盲目的市场"中出售商品，难以规划未来。市场在哪里？胡佛问道。商品如何从一个地方到达另一个地方？令人惊讶的是，没有人确切知道。没有人认真地追踪单一商品从制造商到消费者的流动。胡佛后来告诉克莱因："我们几乎完全缺乏商品分销的基本数据。"[12]

正是在这种"危机"背景下，胡佛开始考虑利用政府力量和专业知识来协助商业发展的新方法。可以肯定，他已经在朝着这个方向思考了——一战期间，他曾广泛地调动政府权力，再加上他在食品管理局的工作，这让他有机会体验日后可能发生的事情。他已经倾向于从一种积极的角度去看待政府，而不是把政府视为一种对个体企业的自动威胁。

胡佛被历史学家描述为一位"企业自由主义者"，这意味着他认可大公司的存在是生活中一个无可争辩的事实。他认为，19 世纪那种自由放任的竞争世界已经成为过去，经济和社会结构应该主要留给私人领域的商人来合作安排（也就是说，政府或国家应该放手）。与此同时，他又偏离了这一立场，接受了管理国家主义的一个"温和"版本，声称政府应该尽其所能地确保资本主义走上正轨。[13]

如今，人们并不认为胡佛是一位管理国家主义者（管理国家主义者相信，市场力量必须受到监督和指导才能有效发挥作用），相反，许多历史学家都认为他是一个反国家主义者，他对干预经济持谨慎态度，并倾向于允许公司在仍然是基本放任自流的情况下自我操控。但是，这种看法是错误的，它并没有认识到胡佛作为商务部秘书长和总统的创新能力。

许多影响因素汇集到一起形成了胡佛的立场，比如，他认为企业资本主义对人类的福祉和进步来说不可或缺，不能任由其自行发展。胡佛在1920年写道，资本主义并不是一种基于"利用他人"或"自私抢夺"的制度，而是一种基于"生产总类的扩张以及确保它在消费中进行扩散"的制度。他与帕滕的看法一致，认为资本主义可能是世界上最有道德的制度，而国际资本主义者（那些总是与他人"合作"并从"社会和谐"角度去思考问题、见识广博的人）则是最有道德的人。[14]商业活动将会创造出一种更好的人性，所以协助商业活动也就符合政府利益。

胡佛管理方法的另一个来源是他所抱有的一种信念（这一信念源于"新经济学"），即商业周期的波动可以通过技术手段得到控制和纠正，进而就可阻止经济悲剧发生。[15]胡佛还信奉新经济学的另一个原则：美国人注定会拥有"全面增长的经济"（不再有贫困，不再有稀缺），政府应该在创造"永久繁荣"方面发挥作用。作为这一原则的一个推论，他坚称，在经济不断发展的同时，人的欲望也会增长；事实上，这两者互相激发，相互需要。他在其最著名的报告《近期经济变化》中写道，美国经济的发展情况，"最终证明了一个长久以来人们持有的从理论上来说是正确的结论，即欲望是无法得到满足的，满足一种欲望，另一种欲望马上就会出现。结论就是，从经济角度来看，我们面前有一个无限的领域：新的需求，只要得到满足，立刻就会为更新的需求让路，永无休止"。胡佛和他的经济学家们认为，唯一的困难就是学会如何平衡欲望和生产。"经济学家们早就宣称，如果我们能够调整我们的经济过程以使那些休眠需求变成有效需求，那么消费和对需求的满足就会永远扩大，没有停歇。"胡佛说，确立这种调整的特征，就是政府的目标和功能所在。

胡佛持有的是一种更为"现代"的经济观。他既是以消费者为导向，也是以生产者为导向。尽管一些历史学家认为他主要对生产感兴趣、他更关心工厂的产出而非百货商店的销售，但他确实是美国政府里职位最高的最关注消费的人。首先,他并没有像传统经济学家那样将消费视为理所当然;他意识到,必须在新的企业经济中创造和管理消费,就像创造和管理生产一样。他刚任商务部秘书长与他初任总统时一样,都为国家将"奢侈品"转变为"普通商品"的能力感到自豪。[16]"美国的高生活水平"是国家给予"文明"的最珍贵礼物。"我们的祖先来到这片海岸,白手起家,与自然抗争,得以谋生。他们的子孙后代发展出一种新颖而独特的美国文明。"大众服务和大众消费,已经变得"与其他生产形式一样,成为一种主要经济因素"。[17]胡佛说,必须"消除商品与人之间的一切障碍"。[18]

1921年至1922年间出现的"危机",增强了胡佛对这些想法的信心,并促使他反思自己的选择。[19]作为一个企业自由主义者,他反对政府对经济进行任何直接干预;任何公然控制资本积累(追求利润)或迫使企业采取对策的企图,都会对个人的主动性和自由产生不利影响。然而,市场力量和整个商业周期都需要加以管理,以免社会一次又一次地陷入恐慌和混乱。胡佛认为,经济体系过于相互依赖,不能让它任由市场力量摆布。胡佛终于将他的两个相互对立的立场(企业资本主义和管理国家主义)结合到了一起,既强调控制和管理,又主张企业与政府开展非强制性合作。他的解决方案是在公用事业,以及儿童健康和福利领域,进行一定程度的监管;他还支持在某些行业实施保护性关税;他认为,国家应该限制移民数量,以防本土美国人的工资进一步下降。他的解决方案中更重要的是以下两点:在政府与企业之间建立紧密联盟,以及政府向企业提供大量的"客观知识"。

胡佛的构想要求政府建立一个体系,在这个体系中,政府会与商界精英定期联系,并会与大学和基金会里那些致力于改善经济管理的精英定期联系。他的目的是使商业活动变得更加合理,将浪费降至最低。他希望这些接触和联系能够鼓励商界自愿"治愈自身的弊病",并将商业领袖转变为愿意进行合作的人民公仆。[20]他选择了贸易协会(美国公司企业和专业人士中的精英)作为他在这个新的合作事业中的主要合作者。他没有直接与他经常称赞但又知其力量弱小的企业打交道,而是专注于那些"代表特定行业的经理人协会",他希望这能让他接触到这个国家那些最优秀的公司经理。[21]

许多商人都对这一政策感到高兴,认为这会让他们有机会获得更大的利润和制度合法性。1921年,胡佛在于大西洋城召开的美国商会会议上发表讲话,与会的林肯·法林写信给法林百货的柯尔斯坦:"胡佛正在转向这个组织所代表的商人寻求真正的帮助……我相信,我们真的会通过胡佛的部门,在商人与政府的联系方面取得很好的进展。"[22]

然而,也有人对胡佛的政策提出了反对意见,理由是,不能信任贸易集团会为了"公共利益"行事,因为它们都在以共谋方式分享数据并促进经济权力集中。事实上,美国司法部和联邦贸易委员会都对胡佛的政策持反对意见。胡佛对反对派那种傲慢和坚决的姿态感到震惊,但他拒绝退让。1925年,他得到美国最高法院一个保守的确认,后者驳回了司法部的决定,允许行业间的贸易团体交换数据。胡佛说,这"打开了在公共利益问题上进行合理合作的大门"。"我们将贸易团体有效地纳入了我们的计划,"他吹嘘道,"我们在公共机构面前捍卫了它们的代表权。"[23]

在制定这一合作计划时,胡佛明确了几种趋势,从而对美国政府做出了一种持久也是令人不安的贡献。首先,他是美国第一个与新经理人进行密切协商的主要领导人——政府必须与之谈判的群体不是那些建立或拥有工厂和企业的人,而是他们的经理人。胡佛认为,"大公司的主管和经理"提供了真正的希望,因为与那些只顾追求财富的巨头不同,这些人是利他主义者,他们只寻求对社会最有利的事物。[24]

胡佛还把一个非正式的制度系统(一个一战以前在企业、大学和政府之间松散运作的系统),变为一个永久性和确定性的网络,由此强化了美国政治和经济生活中的那种反民主化趋势。与此前的帕滕和威尔等人一样,胡佛也认为,通过提高工资来实现消费民主化符合商业利益,因为这样做可以确保有更高的生产水平和利润水平。但是,他选择了用反民主的方式来实现这一目标:与管理精英紧密合作,坚持认为问题的所有"解决方案"都是技术性和管理性的,而不是政治性的,并声称专家(或者是那些了解经济"真正"如何运作及应该做些什么的人)应该行使真正的权力。

胡佛做出的妥协甚至比这还要更进一步,包括了一项重要的政府服务:为企业界提供各种前所未有的大量技术数据。如果说,就像一些历史学家所说的那样,现代国家的发展是国家为私人利益提供客观知识的能力的结果,那么胡佛就是20世纪一位成功的国家建设者,因为他的目标不仅是与企业合作,为经济发展创造有利环境,他还要创建一个中央数据库,为企业提供有关经济各个方面的"可靠"信息。用胡佛一个助手的话来说就是,知识——"事实,事实,事实"——是关键。根据胡佛的说法,获取"事实"将会导致理性的变革,将会说服商人们为了"整个系统"的利益(而不仅仅是为了利润),去管理他们的工厂和商店。[25]

商业数据库和经纪大师尤利乌斯·克莱因

胡佛在20世纪20年代重组了商务部,定期甚至每天都为企业提供服务。胡佛主要是按照哈佛商学院首任院长盖伊和经济学家米切尔的建议,将商务部改变成一个经纪机构,为美国企业提供持续不断的数据流,以便它们可以"更好地控制经济力量","平衡"消费和生产并将其"合理化"。[26] 米切尔和盖伊都渴望建立一个权力集中的机构来协调政府所有现有的统计机构,并把政府确立为"客观"知识的理想来源。[27] 胡佛采纳了这一建议。1921年至1922年,即他做商务部秘书长的第一年,商务部吸收了许多机构,这些机构多年来一直都是分散在其他部门。他还创建了一些新的部门,比如,简化实践司,该部门的主要职责是,指导商业通过标准化生产来杜绝浪费;在整个20世纪20年代,这个部门都被嘲笑为是一个促进产品线同质化和巴比特作风(一种庸俗中产阶级价值观)的机构。但是,工程师出身的胡佛却是高度赞扬了它的工作。

胡佛强调,标准局、普查局和国内外商务局是商务部的核心单位。标准局最初负责测试政府采购的材料,后被胡佛派去帮助企业解决其遇到的最困难的科学问题。到20世纪20年代末,它已拥有世界上最大的研究实验室。根据胡佛的指示，普查局于 1921 年开始发布《现有商业调查》（Surveys of Current Business），里面列出了当前的生产和库存水平。它作为商界的一个坚定盟友，一直持续存在到今天。[28]

然而，商务部三大结构支柱中最重要的显然还是国内外商务局，它经历了联邦政府最全面的部门改革。1921 年至 1930 年间，国会对其拨款从 10 万美元增加到超过 800 万美元，增长近 80 倍，员工数则从 100 人增加到 250 人。其他政府机构都没能享有这种高级待遇。整个劳工部只得到少许补贴，儿童局、劳工统计局和妇女事务局则是在拮据的预算中生存维艰。相比之下，国内外商务局就完全不是这样。它的扩张违背了胡佛的说法——他反对任何政府官僚机构和哪怕最小限度的集中控制。由于这个机构拥有无可争辩的权力和管辖范围，它比任何其他机构都更能促进联邦政府的发展。

从 1921 年到 1928 年胡佛竞选总统时，国内外商务局已经花了七年时间进行重建。在第一个阶段，即 1921 年至 1922 年，它大力拓展其国外事务，帮助企业定位和开拓国外市场。它创建了 17 个新的商品组，每个组都由一个代表汽车、钢铁、电气设备、燃料、鞋子和皮革、纺织品等行业的经验丰富的业务经理领导。在竞选总统期间，胡佛在全美各地的演讲中反复夸口："我们重组了商务部以促进美国的对外贸易，其成就规模超过世界上其他任何政府。"[29] 在下一个阶段，即从 1923 年开始，胡佛将该局的工作重心转向国内，寻求瞄准并深化美国市场。他聘请了一些代理人来"调查国内工商业问题，特别是营销问题"。他指示他们研究"消费者的愿望和欲望"，以及"如何发现消费者真正想要的东西"。[30] 他创建了一个商品研究部门、一个国内区域部门和一个营销服务部门，"为商家提供专业指导，以解决连锁店运动、大量合并、大规模生产所带来的新销路压力，应对分期付款销售的趋势"。他出版了一本单独发行的《国内商业》（Domestic Commerce）周刊，国内外商务局的局长告诉伯奈斯，这本周刊可以"告知读者有关产品分销的重大进展"。[31] 20 世纪 20 年代末，新商务部唯一的任务就是，"研究人们对各种商品的消费习惯和偏好"[32]。

胡佛任命哈佛大学培养的经济学家和历史学家克莱因来领导国内外商务局，帮助开发和管理他提出的计划。胡佛请到的学者还包括经济学家米切尔，后者在1921年协助建立了国家经济研究局。米切尔在20世纪初崭露头角，成为经济学领域的重要人物，他对美国经济生活持批评态度，担心商业标准（即把金钱价值作为衡量一切的标准）会压倒其他所有价值标准。商业周期的上行和下降及其所有相关的痛苦，并不像古典经济学家所说的那样是正常现象，而是资本主义制度下的经济活动的结果。他知道，商业是要对经济上的困难负责任的——并且必须被追责。在1913年出版的具有里程碑意义的《商业周期》(Business Cycles) 一书中，米切尔写道："金钱把人的需要变得标准化，深刻地影响了人们对善的愿景……它在人类活动和人类理想上都刻下了金钱模式。"不久之后，在一篇关于价格经济学的论文中，他满怀忧虑地写道："（资金）的技术需求导致了可怕的周期性萧条。它的成功标准与浪费我们的时间有很大关系。"[33]

然而，到1927年，当米切尔开始撰写《商业周期》的新版时，这种早期的担忧或保留态度已经消失。事实上，米切尔一直在思考一个更为重要的事情：为他的职业（经济学）和他的专长（统计学）争取新的合法性。而实现这一目标的方法之一就是让他的技能为胡佛所用。胡佛非常钦佩米切尔，不断听取他的建议，并请他领导许多调查委员会。米切尔这一重新定位的成本（不仅对他自身和专业来说，而且对文化来说）一定是相当高的。随着他在这方面变得更加投入，他不再以同样开放的眼界去看待文化和经济，而此时，金钱价值（成为衡量一切事物价值的标准）的传播，则似乎证实了他早先的恐惧。他"妥协"了，不再提起自己过去那些批判性见解，而这也影响到了其他那些追求尊重和权力的"专家"。

克莱因则对自己在胡佛手下的工作没有任何抵触，而且他也从未被拉拢过。与米切尔相比，他要显得更加保守和商业化，他更多意义上是一个经纪人，一个不关心是非的官僚机构职员。他是一位卓越的调解人，为了促进团体与人民之间那种有利可图的关系，他可以压抑他自己的信念和感情。他属于开始对美国生活产生巨大影响的新一代经纪人。他确认自己的身份角色是政府里的广告人、橱窗展示经理、新公关专家、证券交易商和投资银行家。他在合作团体之间创建了联系。他还经常关注消费者和消费，从而证实了胡佛自己对这些主题的兴趣。

克莱因 1886 年出生于加州圣何塞，他在旧金山湾附近长大，他从未忘记那里的勃勃生机，港口上的人们总是在不停地装卸来自异域的货物。1915 年，他带着妻子驾车穿行美国，从波士顿一路开到伯克利。他说，这是一次"令人愉快的旅行"。所有的交通工具——铁路、巴拿马运河、泛美公路——都激发了他的想象力。在他的职业生涯里，他花费大量时间去解决商品运输和流通问题；像胡佛一样，他也梦想创造一个没有边界、没有冲突的无缝经济体系，一个完美的流动性体系，允许"思想、资本和商品进行有效的流动"[34]。

克莱因年轻时的梦想是成为一位艺术家，但他的大学老师最终却是说服他去攻读经济史。青年时期，他在哈佛大学与商学院院长盖伊共事，后者把经济学研究的重点从生产转向分配和消费。[35] 克莱因协助盖伊进行课堂教学，努力效仿他对"分销过程"的看法，盖伊认为分销比生产更重要。1915 年，为了准备第二年要教授的课程，克莱因拿着哈佛大学的奖学金和盖伊的介绍信前往拉美。这位勇敢的旅行者穿越山脉，乘船漂流，看到了哥斯达黎加的香蕉种植园、哈瓦那的蔗糖加工厂、智利的港口作业和巴西的咖啡种植园。他在给盖伊的信中写道："看起来，我来得恰是时候，我看到了多种多样的经济过程。"[36]

在盖伊的指导下，克莱因完成了一篇关于梅斯塔的论文；梅斯塔是一个强大的西班牙牧羊和营销组织，它曾为西班牙在中世纪晚期的经济和政治统一做出贡献。这项研究的成果被西班牙档案馆收藏，后被哈佛大学出版社出版，书名就叫《梅斯塔》(*The Mesta*)。他在书中呈现了，这个 15 世纪的组织，如何成为整个西班牙货物运输和分配的主要系统，如何为西班牙国家市场的短暂出现铺平了道路。这本书展示了克莱因受到盖伊思想的明显影响。[37]

眼见一种稳定的学术生涯和教学工作正在等待着克莱因，他却转身进入商务部（他现实生活中的"梅斯塔"），他在那里进步很快，深得众人喜爱。他雄心勃勃，努力工作。他的一位崇拜者写道："看到您凭一己之力做出的大量工作，我经常为之惊叹不已。"[38] 由于认识到"从战略上来讲，新知识是竞争中一个非常重要的因素"，克莱因将国内外商务局变成一个服务于商人的不断壮大的数据库。获得"可靠的统计和经济数据"，胡佛认为，"是控制经济周期和使消费与生产保持平衡的第一步"[39]。就像克莱因自己所写："在当今高度敏感的商业有机体里，在紧密相连堪称神奇的通讯系统中，在高度敏感的全球经济体中，信息的准确性对每个销售商、生产商、银行家和托运人来说都是至关重要。"[40]

克莱因作为国内外商务局局长的主要任务就是促进对外贸易。他的部门制作了两部工业电影（《手表的故事》和《汽车的故事》），以激发外国人对美国商品的兴趣。[41] 他依靠商品部门的"专家"，以及该局在不同地区（拉美、欧洲和远东）开设的分支机构的商业代理人，来为美国商人寻找投资机会。每个部门都把自己的发现，发布在贸易信息公告中的"保密通告"或《商业报告》（这是一份面向全国公司发布的周刊）中。这些代理人与国家贸易协会保持联系，尽职尽责地回应企业对世界市场的数千次询问；他们提供有关货物质量和数量、平均价格、经销商和进口商名单、公司评级和全球商业情况的数据。该局的对外工作在早期取得的具体成果包括：在阿根廷发现石油储备，随后一些美国公司便进入了该领域；第一次成功地将阿根廷的水果运入美国；通过一项法案，降低了对秘鲁商品所征收的进口关税。[42]

到 20 世纪 20 年代末，国内外商务局国内部门的工作量有可能超过了国外部门。根据克莱因的指令，并应贸易团体（这些团体共同出资来支持克莱因的指令）的要求，在全市范围内进行的首批市场调查开始了。很快，该局的工作范围就扩大到"美国主要分销区域的分销设施和方法、人口和购买力，以及经济背景"。克莱因对这一工作突破很是自豪，"过去我们从未做过消费者需求统计计量"[43]。20 世纪 20 年代末期，该局调查了退货的"弊病"和"送货问题"。在全国零售信贷人协会的要求下，鉴于（对过度依赖信贷的）不安情绪日益上涨，国内外商务局组织了一项关于零售信贷条件（包括分期付款销售、开放式账面信贷、可现金支付的商品）的大规模研究。[44]

许多美国企业，从糖果企业到玩具企业，都欢迎该局在分销和营销方面所做的工作。维克托·卡特（Victor Cutter）是联合果品公司总裁兼大型零售贸易团体新英格兰理事会成员，他写信给克莱因，谈及新英格兰内贸市场调查，"它在这里很受欢迎"。"当然，我非常希望新英格兰的外贸调查问题会引起您的个人兴趣。"[45] 1927 年，全国广告商协会在全国会议上专门拿出时间"建议该局扩大工作范围"，敦促它"为美国企业提供有关合理交易领域的基本信息"。[46] 底特律哈德逊百货的高管写信给商务部的内贸负责人："你们部门给那些从事国内商业活动的人们提供了许多很好的机会，他们可以通过你们这个可靠和负责任的渠道向美国人民发出声音。"[47]

在他的国内政策发展的每一个节点上，胡佛都会敦促克莱因确保该局只对商业提案做出回应，而不要主动提出任何倡议。当商人们未能就胡佛认为至关重要的事情提出这样的要求时，他就会努力造成一种印象："他们已经提出要求了。"换句话说，胡佛做了所有事情，却使他的部门看起来只是在"予以回应"而非在主动行事，哪怕事情明摆着那就是他的提案。

例如，1924 年，胡佛和他的工作人员认为，按照全国人口普查方式进行大规模的分销普查，已经成为美国企业的必需品。但是，由于没有一家贸易集团主动提出这一要求，所以在那年春末，胡佛就邀请了一小群人（包括林肯·法林在内）到他的办公室，讨论普查事宜并鼓动与会者支持一项贸易倡议。可是，讨论结束后，依然没有结果。一年后，在盖伊和弗雷德里克·菲克（Frederick Feiker）的建议下，胡佛在美国商会组织的华盛顿分销会议上再次提出这个方案。盖伊和菲克想出了一个计划，他们建议胡佛在本次会议上做开幕致辞，并在会议期间组成一个商人"委员会"来代表商会，这样就能获得权力要求进行普查。菲克向胡佛解释说："盖伊和我意识到，您不想成立一个商务部委员会去宣传您的计划，将人们的注意力引向商务部。盖伊先生和我觉得，这项活动应该由商人主动提出，并与您的意愿相一致。"盖伊和菲克认为，如果胡佛在商会大会上就分销问题发表讲话，"将这种调查的广泛事实放在大家面前，分销大会就会提出一个代表商人意见的请求，而这些商人也就可以被任命为委员会成员。"[48] 当时机成熟后，胡佛就选择了他的委员会，其成员包括爱德华·法林和赫伯特·蒂利，他们被赋予权力为商会准备一份决议，要求进行分销普查。

这次普查由国内外商务局和人口普查局指导，是一次具有历史意义的普查。1926年和1928年，克莱因手下的工作人员在11个城市进行了样本普查，并由美国商会提供资金支持。1929年，国会通过法案，每十年进行一次分销普查。这一普查有时也被称为"消费普查"，它在欧洲被广泛称赞为商业与政府合作中一种值得注意的进步（英国直到1950年后才开始进行这种普查，其他欧洲国家进行这种普查的时间就更晚了），而且这是由政府提出的、对商业最有价值的方案之一。销售人员和公关人员非常重视这次普查，因为它指出了"什么样的商品最不受促销的影响"。它报告了货物在当地的每个分销和营销阶段，并明确指出哪里的商品"被过度开发了"，以及不同类型的商品应该由什么商店去销售。商务部的一份总结说，它指明了"消费者在哪里"，以及"他们会消费的商品数量"。胡佛手下新任商务部秘书长罗伯特·拉蒙特（Robert Lamont）在1929年表示，"这是对我们的分销系统做出的一流分析"，它是最全面、最权威、由国家或公共机构承担的市场研究。[49]

在克莱因的领导下，国内外商务局向商人们提供了大量有用的统计数据。它不断思考能够打破"消费者与商品之间所有障碍"的方法。[50] 国内外商务局的研究，并没有对买家或其购买行为做出判断，而是大力宣传全国零售广告、合作广告、服务设施、时尚、风格和各种展示方法，并为它们背书。商务部发布的信息包括，如何最好地配送货物、拓宽街道、建造停车场和地下交通、使用彩灯、促进货物流通，以及以"诱人的方式"展示商品。[51]

克莱因先是就任该局局长，后来他在1927年至1932年间担任商务部助理秘书长,在国会向美国人民做报告,他用各种方法赞扬和维护公司事业。他称赞好莱坞是一个"奇迹般的梦影"之地,它会"定期为美国特色点燃燎原之火般的热情"。[52] 他在 1929 年发表了一篇文章,解释"美国繁荣"的原因。美国是"繁荣的",因为它"致力于满足人们各种各样的欲望"。"大公司"、劳动力输出和没有劳动力异议、具有"超强消费能力"的庞大国内市场,以及"政府与企业之间的合作精神",这些都促进了"繁荣"。人们知道,"明天会比今天更好——不仅仅是在物质上更好,而且是在文化上更好,甚至是在心灵上更好"。[53]

克莱因向公司提供知识,不仅如此,他甚至还成为那些公司的推手。而他则只是在完成胡佛交代他的工作:在国家和企业之间建立最密切的"联系"。"合作,"克莱因在一次电台谈话中说,"为我们的企业建立了一个保护性的堡垒。它创造了一道坚定的'意志之墙'。"不过,一些前商务部官员对他的风格则持保留态度。"他让我感到愤怒,"有人这样写道,"他是一个坚定不移地致力于不断进行扩张的人……他也很聪明,但他像一个十字军斗士,我觉得这很可怕。"而在胡佛看来,他则认为克莱因是一位"完美的人民公仆"。[54]

胡佛是第一位通过无线电台对美国人民讲话的总统,在其任期内,总统办公室才开始安装电话。克莱因也是一个善于与民众进行交流沟通的人,他可能是华盛顿第一位定期上电台的官员。从 1928 年到 20 世纪 30 年代初,他每周都要在华盛顿做一次全国广播讲话,大力宣传美国商业及其经营方法。在其中一期节目中,他既称赞了那些"独立商人",也褒奖了那些真正形成美国新经济基石的"财力雄厚的大公司",那些大公司"越来越多地转向满足人们的消遣和娱乐需求,让人们精神富足"。[55]

在一次次的广播节目中,作为胡佛的台前人物,克莱因热情洋溢地谈论旨在满足消费者需求的美国广告、商品营销、工业设计,以及所有其他诱惑策略。1929 年 10 月,他从柏林回国后,在参加一次广告会议时受到启发,就在广播中说:"广告是世界繁荣的关键。"1930 年 3 月,他在谈到曼哈顿第五大道的橱窗时说:"美国企业正在证明,一个本质上属于机械化的文明也可以是雄伟的、生动的、令人满意的、耀眼的。"一年后，他滔滔不绝地谈论美国在工业设计和风格上取得的"进步"，那些设计和风格已经渗入大规模生产方法中。"艺术行业，"他说，"已经产生了700%的利润。"商业正在将美国人从"功利主义"和"清教徒"的过去中"解放出来"。有了商业，美国人得以"生活在美妙的日常世界中"；他们享用着"浴室交响乐"、彩色的管道、"色彩和谐"的鞋子、漂亮的平底锅和自助式十字转门。"我们中有谁，"他问道，"会说奢侈品不令人愉悦？"[56]

克莱因在另一次广播中断言："每个企业都要向其潜在顾客生动地传达产品的独特品质和优点，这是必要的。""企业的产品要能吸人眼球，"他在广播中告诉美国人民，"通过鲜亮的三原色、不寻常的构图和对线条的把握，去激发人们的想象力。"[57]

1929年10月21日，克莱因在时代广场主持纪念电灯发明者爱迪生的国家性活动，这并不让人感到意外，因为他就是一位忠诚的政府福音布道者，一有机会就会为商业大唱赞歌。与此同时，密歇根州的迪尔伯恩举行了一场更为宏大的致敬活动，胡佛和亨利·福特对年迈的爱迪生大加褒奖。克莱因向百老汇协会介绍了有效商业照明的重要性："灯光增加了室内和室外广告的价值。"当然，该区在灯光使用上的表现异常出色。这里"无限复杂和耀眼旋转"的电子广告牌委实"壮观"，显示了广告从"罗马时代的简单起点"向前走了多远。克莱因用一种近乎虔诚的语气，讲述了"百老汇长达数公里的灯光，及其在时代广场上所占有的中心地位"。[58]

20世纪20年代时，灯光已经使许多美国人的生活变得丰富起来；它是商业审美之神，是消费革命的耀眼核心。如果没有窗户上的聚光灯和外墙上的泛光灯，没有内部新装的磨砂灯、凹陷灯和漫射灯，没有零售大道上的彩灯，没有美国家用灯和节日灯，我们的商业会是什么样子呢？灯光创造了一个价值数十亿美元的公用行业，该行业由英萨尔等巨头经营；20世纪初，英萨尔在芝加哥率先以低成本生产电灯，从而反驳了人们普遍持有的那种观点"电灯仍是奢侈品"，不过，后来在20世纪30年代初，他因背叛公众的信任而名誉扫地。光中自有黄金屋。[59]

"家，甜蜜的家"

胡佛并不像克莱因那样直接助推商业，他有自己的方法来让人们明白相同的信息。他通过召开公开会议对信息进行过滤，这些会议把商界和政府的领袖聚到了一起。1921 年至 1932 年间，胡佛先是以商务部秘书长、后来则是以总统的身份召集了数百次此类会议，几乎所有的会议都旨在将国家塑造成为一个高效的经济机器。每次会议都收集了关于一些特定问题的数据，制定了一些标准和指导方针。其中有些会议在战略和意识形态上都很突出。

其中最有趣的是 1921 年至 1922 年召集的第一次失业会议。那次会议在一种沮丧的气氛中开幕，当时胡佛还是商务部秘书长，会议由通用电气公司的欧文·杨（Owen Young）主持，由卡内基基金会资助，由商务部和国家经济研究局联合组织。会议旨在找到办法来结束商业周期动荡造成的贫困、失业和痛苦。随着经济逐步摆脱 1921 年的衰退，会议逐渐转向其主题，寻求管理经济波动的方法。会议报告中提出，商界应该"采取主动的反周期措施"，企业应该减少库存，提高工资，为工人设立失业保险。报告中还指出，联邦政府可以为那些受季节影响的行业里的下岗工人提供公共事务计划资金，以此对抗商业周期。[60]

1925 年召开的街道和公路安全会议，敦促城市和企业采用"模范市政交通条例"，以推动城市和郊区之间的人货流动。其他会议则展示了在郊区拥有房屋的优势。所有美国人都能拥有属于自己的家园，这是胡佛所珍视的一个梦想。他不喜欢城市，他认为多户住宅（如公寓）是"不正常的"，对成年人来说显得冰冷乏味，对儿童而言更是如此。然而，他又被"新事物"所吸引。毕竟，1928 年时，他难道不是在"新时日"和"新时代"的旗号下竞选总统的吗？像帕滕一样，他希望人们能够消费所有的"新"商品，并在不断上升的消费曲线上这样去做。他希望美国人既稳定又不稳定，居有常，却又总是像"幸福机器"一样到处移动。住房周围应该有传统的配套环境，人们可以在附近的购物中心买到"电器、收音机、后院秋千、地毯、书籍和书柜等"。胡佛后来在回忆录中写道:"每个美国家庭的首要权利是,至少有一次机会建造一座心仪的新房子。此外,人本能地会想要去安排自己屋子里的器具和环境。"[61]

1922 年,胡佛创建了住房司,以此作为建筑商、地产开发商、社会工作者和家庭主妇的联络中心。住房司进行了经济研究,并出版了有关《区划法》和购房融资方法的资料。它帮助促进了建筑业的发展,向人们推荐"合理的房屋信贷",并推进房屋所有权运动。胡佛是借助私人手段制定公共政策的大师,他通过与私人组织"改善房屋运动"(BHM)达成的协议,大力宣传住房司。1923 年,他协助重组了这一组织并成功当选主席,后来他让这一组织成为商务部住房司的一个帮手。[62] 1925 年至 1926 年,在斯佩尔曼基金会 25 万美元的资助下,他协调了一项公共关系活动,1 800 多个"改善房屋"地方委员会努力让"购房想法"席卷全国。这些地方委员会举办讲座、分发海报、传单和小册子(包括商务部制作的《拥有自己的家》);他们在全国大气环流办事处制作了一部电影《家,甜蜜的家》(Home, Sweet Home);他们在一个又一个城市中建造了"示范房屋"。[63] 这些"示范房屋",为样板间、城市百货商店和博物馆的时代展室,增添了另一重吸引力。

总统召开的 1931 年住房建设和住房所有权会议,解决了"与住房有关的所有问题"(这是其最终报告里的说法);总的来说,这是一次非凡的会议,其议程屡经修改,反映出不断恶化的大萧条时期的当务之急。建筑业内的很多委员会(建筑师委员会、工程师委员会和城市规划者委员会),评估了从"贫民窟和分权"到"黑人住房"再到"家庭财务和缴税"的所有内容。但是,它提出的很多指导意见(后来以《住房目标和计划》为名出版),只是重新阐述了前十年的一些想法和标准。其中最重要的想法包括:倡导单户"私人住宅"而非"多户住宅";提倡郊区住房而非城市住房;每个房子都设有多个房间,每个房间都有独立的功能,包括有一个完全电气化的厨房,每个家庭成员都有一间卧室。报告中写道:"两个孩子睡一张床是一种不可取的做法,不管他们年龄有多大。""住宅区方圆

400～800米以内应该有购物中心,而且购物中心应该集中在住宅区的街道边上。"[64]

对胡佛个人来说非常重要的另一次会议是1929年召开的儿童健康与保护会议,它几乎完全反映了他作为商务部秘书长在住房建设和房屋所有权方面所做的工作,以及他对儿童健康的长期关注。20世纪20年代早期,他当选美国儿童健康协会主席;20世纪20年代中期,他指导这家私人协会进行宣传活动,将五一节改名为"儿童健康日"。他后来说:"工会主义者曾挪用五一这个古老的节日进行示威游行,我很高兴我能给予他们这个特别的竞争机会。"后来,他要求国会将五一确定为特别国庆日,并为此次活动起草了广为流传的《儿童权利法案》。1924年,也就是梅西百货推出第一次感恩节游行那一年,他参加了自己倡议的五一儿童游行。"孩子们拉着横幅,要求保护他们的健康。"[65] 1929年,在执政几个月后,胡佛召开了"儿童健康与保护"白宫会议。会议重申了儿童福利运动的许多改革思想:取消童工,学校招收更多儿童,降低相对较高的儿童死亡率。会议制定的指导方针和标准,预示着日后住房会议所概述的内容。儿童应该住在"主要居住区,房屋不应建于工业区。房屋的首选地点是小街上,这样就不会有交通拥堵问题,而且人们去教堂、学校、市民文化中心和购物中心也都相对比较容易"。"社区应该尽可能地具有魅力和特色,没有丑陋和单调的事物,不会让住户感到压抑或羞辱。""社区应该免受'道德滋扰',比如,私搭乱建的房屋、酒类贩卖中心和赌场。"[66]

会议报告《家庭与儿童》有助于对美国截至当时近30年来一直在推动的"儿童世界"进行重新定义。报告中说,儿童是独立的"个人",他们对自己的日用品和空间有着与成年人一样的愿望。报告中的"家具和设备"一章是这样开始的:孩子,尽管他是我们亲爱的人,

> 但当我们考虑他在家居用品上的特殊需求时,他往往就像是一个外星人。他不属于任何地方。他必须适应成年人的环境:桌椅又高又大,没有合适的地方放他的书和玩具。他生活在一个不合适的世界

中，被给予的东西都不合乎他的需求。这通常会导致他的身心和社交发育迟缓。

报告中提出了几种解决方案：提供适合每个孩子年龄和体型的"家具和饮食设备"；提供家庭游戏室，后院备有"玩具、摩托车、锯木架、货车、手推车、滑梯和养宠物的地方"。"通常情况下，每个人都应该有一间属于自己的卧室。"随着孩子"长大并开始进行社交，他开始想要能与朋友一起做游戏和分享玩具"。当家人决定"添置一件公共的家具或乐器"时，务必咨询孩子的意见。在带他们去购买他们的"东西"时，务必让他们自己挑选。"人格正是通过这种经历才得到健康发展。"这种"体验还有一个好处，就是它会激发孩子的个体感和关于物权的家庭自豪感，并最终教会他，他的个性可以通过他购买的物品来进行表达。"[67]

两种态度——一种是改革派，另一种是商业派或消费主义者——似乎在胡佛的头脑里打架，这对矛盾似乎也在其他儿童福利改革者和进步主义者（如拉斯罗普和凯利）的头脑里打架。我说"似乎"，是因为这些观点不可避免地混杂在一起。胡佛无疑是儿童福利的真诚倡导者，他赞赏美国儿童局的工作（儿童局在 20 世纪 20 年代仍是一个忙碌不已但资金不足的机构），并支持其住房、养育和医疗保健的改善计划。但就像改革者自己一样，胡佛也强调商品消费以及儿童在这里面所起的特殊作用，并将其纳入他的愿景（他的"生活水平"概念）之中。商业是他的愿景的最主要方面。白宫会议，就像他以商务部秘书长身份和后来以总统身份召集的所有其他会议一样，都旨在"提高"生活水平，推进和"平衡"生产及消费水平。他所做的一切（也即政府主要做的一切），都符合大众消费秩序的目标和"新时日"的目标。

异议和"欲望的折磨"

胡佛帮助创造了一种新的官僚机构消费语言。借助总统身份，他将这种语言给合法化了；大学里的社会科学家和经济学家发明的"大众休闲""大众消费""大众服务"等术语，都已进入流行语和理论讨论中，用来理解美国社会。这些术语塑造了美国人对消费的看法，而时代广场的色彩则有助于人们去想象它。在胡佛看来，政府承担了新的事务：它不仅要保护个人的政治权利和利益，还要进一步满足他们的"需要"和"欲望"。对胡佛和越来越多的美国人来说，权利、欲望和需求是等值的。

胡佛的制度结构为欧洲国家所艳羡。"过去十年，"1933年，一家欧洲经济期刊的编辑写道，"美国商务部在很大程度上受到胡佛总统的启发，与商人和企业组织进行合作，其紧密程度是世界上其他任何政府都无法比拟的。"一位商务部官员也表达了同样的看法，他跟一位同事说："国内外商务局应该得到所有商人的认可，认可它是政府的优秀臂膀，它已经做了并且正在做更多事情来帮助企业，在这方面它做出了比政府其他部门更加突出的贡献。"[68]

许多商人都欢迎来自政府的帮助，不过，也有一些人反对政府过于偏向消费品。1928年，一位机械工业的发言人给商务部去信说："你们太过关注消费品和需求了。这让我感到震惊。有没有人真正知道生产资料和消费品在总量中的相对重要性？"[69] 还有人批评商务部内部那种严重的官僚主义。几乎从其成立之日起，其下属机构（特别是国内外商务局）就遭到"一系列的批评"，一位政客攻击国内外商务局是"家长作风的最佳例证"，还有一些持反对意见的销售商和制造商认为它"削弱"和"干扰了个人主动性"，乱花钱。这些攻击刺痛了克莱因，他指示其手下工作人员告诉那些"批评者"，"我们已经做出了真诚的努力，不去做那些商人们自己就可以做成的工作"，并且"没有私人机构可以动用与政府相同的手段去获得商业信息"。[70]

一些前商务部官员带着一种苦涩和有敌意的态度离开了他们的工作岗位，他们表达了类似于早期民粹主义者关于铁路、百货商店和公司的观点。"我一直认为，"来自中西部的前政府官员、后来成为记者的唐纳德·布里德（Donald Breed）写道，"商务部及其下属部门的成长是有害的。"他说，胡佛制造了一只"章鱼"，它伸长了"章鱼脚"，穿过众多

"庞大的下属部门"。[71]

多年来,在联邦政府与企业之间关系的界限和特征上,不同秩序之间的冲突早已渗透到政府内部。儿童局的许多进步主义改革者和克莱因等人都在争论,商业主题应该在多大限度上影响儿童问题。一些改革者试图淡化"商业"主题,但却徒劳无功。就克莱因而言,他显然没有看出这些主题有任何问题。联邦贸易委员会和司法部与商务部之间,就政府应该规范还是服务商业利益这一问题爆发了冲突。联邦贸易委员会和司法部的许多人都支持对商业利益进行某种监管,他们担心公司的力量和行业协会的力量,担心它们会对竞争构成威胁。然而,美国商务部则认为,无论存在什么危险(胡佛认为极少会有什么危险),这些危险都会被政府与企业之间的合作所产生的经济利益所抵消。

联邦执法机构与商务部之间在其他事务上也存在混淆。20世纪20年代,禁酒局扩展成为一个庞大的机构,它由一群热心的清教徒和自私的官僚组成,并得到警局的大力支持。它夜以继日地努力控制人们饮酒。商务部的工作人员也是一些狂热者,他们敦促人们购买新商品并搬进那些使这类商品消费成为必需的社区。一边是纪律、控制和镇压,另一边则是欲望和放纵。

20世纪20年代后期,商务部的时尚和商业色彩部门,与简化实践司的反时尚、反色彩、反浪费组织之间也出现了争论。许是受到那些凡勃伦式"为了使用而生产"的改革者的影响,简化者希望摆脱"过度多样化"。"如果说简化实践意味着什么的话,"一位工程师说,"它意味着减少尺寸种类和那些非实质性差异,这样做可以消除浪费,降低成本,增加生产、分配和消费中的利润和价值。"他反问道:"难道我们不能阻止或者是至少控制一下那种把色彩应用于所有事物的倾向吗?""那些实用的物品……在简化的颜色范围内,一样能够发挥其预定功能。"克莱因认为这种立场大错特错。但他也受到某种形式的理性(计划报废)的指引,这种理性将非理性欲望用于为"理性"市场服务。他是一位经济学家,而不是一位工程师,他欢迎色彩,特别是如果它能促进货物的快速流通和周转的话。[72]

工程师和贵格会教徒出身的胡佛内心也存在矛盾。1925年夏天，他在得克萨斯州休斯敦世界联合广告俱乐部发表了一篇题为"广告是我们国家生活中的一种重要力量"的演讲。他一次又一次地绕回到"欲望"主题：欲望与广告的关系、欲望在经济理论中的作用，以及欲望在文化中的地位。他首先赞赏了广告商在"提高我们的生活水平"和"扩展我们更高层次的欲望"方面做出的贡献。广告"铺下了一个不安分的枕头，推动他人超前一步以保持速度"，从而加剧了竞争。"你们精明地设计了广告这样巧妙的艺术形式和媒介。你们找到了广告的秘诀，景观和媒体都成为你们的工具。过去，心愿、需求和欲望是经济进步的推动力。现在，你们已经接管了创造欲望的工作。在经济学中，欲望的折磨反过来创造了需求，有了需求，我们就开始了生产，在周而复始的循环中，我们获得了更高的生活水平。"[73] 这是一幅充满希望的图景，那种帕滕构想出的图景。

　　然而，胡佛使用的那些词语：不安分的枕头、广告的秘诀、精明地设计、欲望的折磨，尽管可能大都出自新古典经济学教科书，但却也似乎暴露了广告商那种半遮半掩的焦虑。此外，在这次演讲中，他还向听众讲述了玩弄人类欲望的危险。他说，广告商不应该"解开欲望的绳套"，而应该"确保他们所创造的愿望能被他们所呈现的物品满足"。他辩称，广告必须以一种合理有效的方式行事，以不会歪曲其含义、不会激发消费者对商品产生错误希望的方式展示商品。胡佛可能会说，唤起欲望却又不满足它是一种浪费，是一种不道德的做法。

　　1928年，胡佛在竞选总统期间再次访问了他的出生地西布兰奇市，一种类似的不安感也再次浮现。在一次演讲中，他描述了自他童年开始西布兰奇市发生的巨变。旧会议厅现在变成一家电影院。他还记得虔诚的汉娜姨妈谴责"现代方式的崛起"，她曾预言教堂和会议厅终有一天会"变成一个令人憎恶的地方"。在19世纪80年代，每个人都享有共同的乐趣，这个城镇是独立的和自给自足的。"我们去磨坊磨小麦和玉米；"

　　　　人们自己养猪，杀猪吃肉；至少有部分衣服是人们自己编织的；

我们自己修理机器；我们从树林里获取燃料；我们自己建造房屋；我们自己制作肥皂；我们自制蜜饯，自种蔬菜。只有一小部分生活必需品得从外面购买。我们需要在市场上卖掉大约20%的产品，去购买自己无法生产的少量必需品，并支付抵押贷款利息。

在他的童年时期，西布兰奇市没有贫困，并且几乎没有受到芝加哥市场下滑的影响。而现在（1928 年），芝加哥市场已经影响到了该镇的整体经济，当地人"家庭净收入的25% ～ 50%"由此蒸发，人们体会到了舒适和无忧，与负债和沮丧之间的差别。[74]

胡佛很快又提醒他的听众注意美国取得的进展，以及经济变革带来的许多"好处"。"我并不建议人们回到早期农业社会的那种安全中，因为这种安全感基于较低的生活水平、更大的劳动强度、更少的休闲娱乐机会、较低的家庭舒适度和较少的生活快乐。"然而，说到这里，他又回到了他苦乐参半的主题，强调自己对逝去往昔的"感伤遗憾"。他承认，一个人无法真正回家、回到从前，这种变化是"不可避免的"。"我有时也会想家，想念40年前那些自给自足的农场生活，想念农场里那些善良的人们。但我知道，恢复这些过去的生活是不可能的，就像我们不可能召唤回故去的亲朋一样……我们必须接受已经发生的变化中那些不可避免的事情。幸运的是，我们无需改变我们建立政府所依据的原则去应对这些变化。"[75]

在胡佛的政治世界里，尽管也有紧张、矛盾和模棱两可，但在我看来，更引人注目的却是机构共识的程度。胡佛在西布兰奇市的演讲令人心酸，但他最终还是以一种乐观主义态度结束了演讲；其演讲核心是对"进步"的狂热信念，对美国健康发展的信心。看来，胡佛并不赞同那些20世纪20年代的作家，后者相信美国的文化生活体现在西布兰奇市这样的小城：人与人之间有着面对面的亲密关系、共同的忠诚，以及对命运的常识，这些作家担心社会进步的速度和性质。约瑟夫·克鲁奇（Joseph Krutch）、哈洛德·斯特恩（Harold Stearn）和斯图尔特·蔡斯（Stuart Chase）等北方作家，以及约翰·兰塞姆（John Ransom）和年轻的罗伯特·沃伦（Robert Warren）等南方作家，越来越相信，他们曾大加赞美的美国是注定失败的美国，它正在被压垮，压垮它的有"文明"、工业增长、过度依赖技术作为解决所有问题的万能药、无休止地追求新奇，以及那些仅以商品和金钱数量来估量的"进步"。[76]

对胡佛而言，选择似乎很明确：文明优于文化，国际和国内市场优于本地和区域市场，不断扩大的生活水平胜于相对不变而自给自足的简单生活，大众生产和大众消费优于西布兰奇市。唉，失去的就让它失去吧。

在这十年中，联邦政府将重点放在了"欲望之地"背后的机构联盟上。知名大学与新经济和文化之间建立起了一种更为强大的联盟；博物馆也是如此，它们与非常多的机构（从艺术学校到投资银行集团）建立起联系。它们共同打通了连锁店、百货商店、酒店、餐馆、电影院的经济环路，激活了公关公司、模特经纪公司、时尚集团和广告公司的经济环路，更不用说那些从底层支持这一经济环路的巨大的工业企业基础设施。

这个时代，是一个从布鲁克林博物馆库林的"彩虹之家"到胡佛的郊区梦想的时代。约翰·沃纳梅克及其他人的宗教妥协，以及精通获取和消费的疗愈心态的出现，都塑造了那种鼓励人们顺从的文化氛围，这种氛围显然在这个时代中占据了上风。尽管有几种人被拒之门外，有一些人抵制它，但对其他人（我们永远都不会知道他们有多少人）来说，新的美国文化似乎和鲍姆的社会愿景相一致，在那个社会里，有种种"奇迹"而没有"心痛"，每个孩子和成年人都能找到那条通往绿宝石城的道路。

一种新的商业审美已经发展起来，一个强大的文化和经济中介团体已经出现，一个精心设计的机构环路正在发展，它们共同创造了第一种完全符合资本主义制度目的的文化，这种文化似乎确立了商业的主导地位并将其合法化。商业企业现在编织了美国的神话，正是通过商业，通过联邦政府和其他机构多种形式的护持，"美国梦"才找到了它最可靠的盟友。"这个世界对所有人开放，"1892年，广告商阿蒂马斯·沃德说，"每个人都有机会。"1929年，经过近半个世纪的成长和奋斗，现代美国资本主义消费文化终于在这片土地上扎下了根。

结论
遗 产

当1929年的大崩溃来临时，作家埃德蒙·威尔逊几乎是长舒了一口气，对它的到来表示欢迎。他认为，这似乎打破了企业资本主义对经济和文化的控制。他写道："对我们这一代作家和艺术家来说（我们在大企业时代长大并一直对其野蛮行径感到愤慨，因为它把我们关心的一切都排挤了出去），这些年发生的一切并不是令人沮丧，而是令人振奋。那个愚蠢的巨大骗局突然意外崩溃，人们不禁为此兴奋不已。"[1]

威尔逊甚至溯及共和政体初期去寻找"骗局"的源头，当时个人自由的捍卫者杰斐逊与"中央集权"的捍卫者汉密尔顿联手"建立对有产阶级的保护"。[2] 威尔逊认为，19世纪最初十年，这种妥协的文化含义尚未完全显现出来；整个国家都在"为这块大陆的野性和规模而感到兴奋——想要修建铁路将国家打通，获得暴富"。然而，"最近这几年"（或者也可说是从一战以来），"我们的希望和信仰都被弃置于大规模生产的速度之后、浩大的广告活动之后、销售技巧的风行之后"。"赚钱和赚钱社会提供的那种优势还不足以让人类满足。在我们现今的社会制度里，每个人都在为自己奋斗，落后者直接被淘汰，几乎没有共同的文化让生活变得有稳定感和有意义。"抱有这种观点，难怪威尔逊在股票市场崩溃时会为之欢欣鼓舞，而伴随股票市场崩溃而来的则是，公司企业在此前十年的鼎盛局面骤然坍塌。

其他知识分子和改革者则对大萧条造成的冲击感到不安，他们放弃或大大改变了此前抱有的信念。儿童福利倡导者格伦伯格改变了她早先的观点，即儿童会从放纵的消费新世界中受益。格伦伯格在20世纪20年代到处演讲（包括在梅西百货），宣讲人们需要给孩子们提供"大量的游戏时间"和许多玩具，甚至是一个完全属于他们自己的独立世界，这样他们的"个性"才有可能自发而自由地发展。但是，在1933年她与她丈夫合写的《父母、孩子和金钱》（Parents, Children, and Money）一书中，她已不再强调这一点。她承认，自己早期所持有的那种态度，并未帮助孩子们做好准备，去应对"工作"和"现实世界"的要求。她甚至质疑她曾强烈捍卫的儿童福利立法的目标。"因而，保护童年免受商业雇佣中严重伤害的后果之一，"她写道，"就是使得人们对通常的工作失去信任。""我们赞美了所有逃避工作的人……几乎每个人现在都知道：'只有结构调整方案才会起效。'"通过这样做，我们让消费和花钱看起来好像比工作更重要。但是，"年轻人想要做成一些事情，一些他们可以引以为豪的事情：做寄生虫是无法拿来吹嘘的"。此外，通过把孩子们关在他们自己的小社区里，我们也隔离了他们"与成年人之间的日常接触，而这些接触则是他们成长过程中必不可少的"。[3]

芒福德、杜威、詹姆斯·罗蒂（James Rorty）和蔡斯等批评家，都对商业文化表达了某种程度的愤怒和悲伤，这种商业文化使个人与社区组织相脱离，每个人都变得"有自己的个性但缺乏社会责任感，也不与周围环境相联系"。[4]与此同时，这些批评者认为，从旋涡中出现的可能并不仅仅是商业化的另一个阶段，也不仅仅是对"舒适生存"（罗蒂之语）或者"金钱、规模和效率"（芒福德之语）的追求。[5]芒福德敦促人们反对"无限进步"和"持续增长"（一年更比一年好）的神话，接受一种极限感。他和其他人一起看到了稳定社区出现的可能性，在这些社区中，个人可能会发展出一种"整合人性"。正如杜威在1930年一本关于个人主义的书中所写，"原创性和独特性"只会在情感安全和经济安全的社区中蓬勃发展，竞争催生不出"原创性和独创性"，如果公司成长不受管控、消费市场不断扩张，大环境就会变得动荡不定，也就无法产生"原创性和独创性"。[6]

必须要说明的一点是,这些人都没有要求美国人"放弃"消费(这绝对是一种荒谬的想法),退回到一种自愿的贫困状态,拒绝饮酒和穿衣的乐趣,停止娱乐或拒绝享受生活。他们拒绝的、也是让他们感到害怕和不安的,是企业塑造经济的方式,它组织"新事物"的方式,它影响奢侈品和必需品的特性的方式,以及它渗入每个人的品位和欲望的方式。大多数批评者都希望美国人能够重获"往昔的美好",这是在企业资本主义完全出现之前就存在的共同民主历史。[7]他们开启了关于那些重要的文化和政治问题,以及谁该对深重的苦难负责的辩论。

尽管有很多批评,尽管有复兴的希望,但在1880年至1930年间引入的这种深刻的文化变革太过根深蒂固,很难被推翻或逆转。可以肯定,大萧条和二战,以及某种程度上乃至在冷战初期,都可能通过呼吁美国人提高标准来推迟消费资本主义文化的扩张。尤其是二战,它利用了所有人民的力量和牺牲,激发出了英雄主义,有时甚至是贵族精神。但很显然,这些历史事件既未阻止也未扭转事态的发展。

即使在20世纪30年代,尤其是在"新政"落实之后,企业资本主义也没有遇到多大危险,许多批评者很快就观察到了这一点。对施特劳斯来说,那些"管理人员和指挥人员",以及"胃口和欲望的钳子",变得比以往任何时候都要更有控制力。[8]《国家》(The National)和《新共和》(The New Republic)最初支持"新政",认为它从过去的错误中朝正确的方向迈出了一步,但在20世纪30年代中期,它们又将其斥责为是"对银行家和制造商的一种间接补贴",谴责它"加速了垄断趋势,刺激了对私人产品的需求"。事实上,在1935年以后,政府增加了对商业的援助,其中包括为"分销职业"的职业教育提供资金,根据1936年《联邦住房法案》为商业提供价值数百万美元的贷款——这项法案促进了商业的"现代化"和房屋所有权,导致百货商店、酒店和剧院安装了更多的空调。[9]

20世纪30年代中期,记者罗蒂穿行全美各地,发现大萧条并未挫伤他所谓的"梦想文化"。他写道,无论如何,经济苦难和利润动机都"增加了对梦想的需求"。一个"毫无价值的过程"仍然占据主导地位,即

"钱买机器，机器生钱，钱再生钱"。从东海岸到西海岸，罗蒂看到的是一幅已经完全实现的消费者图景，这一图景划分出不同的区域，以迎合消费者天堂不同部分的需求：底特律"制造这片大陆上的移动工具"，好莱坞"制造温情舒缓、麻醉人心的爱情梦想、财富梦想、强大的本我梦想"，纽约"制造无线电乐观精神……油腔滑调的播音员吟咏着商品拜物教"。罗蒂承认，美国有很多"新教教会和天主教教会，它们是文化的制造者和承载者"，但它们却"没有产生影响"。他声称，无论人们是否喜欢，有效的、占支配地位的都是"专门的、高度资本化的、高度投机的和技术先进的梦想制造系统"。似乎没有"反装置"在侧翼对新文化发起挑战。"大众文化的大规模生产"变得比以往任何时候都要更加强大。事实上，美国"没有其他团结的纽带"。[10] 1930 年以后，时代的显著特征不是不连续性，不是制造新社区，而是连续性——消费资本主义的持续高涨。

一份巨大的遗产被传承了下来：公司、投资银行和商业银行、商学院、商业艺术学校、博物馆、大学、联邦政府等机构。这些机构及其为企业提供的服务大幅增加，尤其是在 1950 年以后。在当下我们这个时代，商学院的数量和服务范围要远远超出 1925 年时我们可以想象的程度，每年都会毕业数千名一年制、两年制或三年制 MBA 学生。美国政府也在为企业服务，其方式也是胡佛所无法想象的。政治经济学家海尔布罗纳对现今时局的观察是："如果取消资本制度，国家将继续存在，尽管它可能会发生巨变；如果取消国家，资本制度将立刻消亡。"[11]

国家和企业深深地交织在一起，企业依赖于政府对银行存款和农业贷款的担保来保护自己，将其从那些鲁莽之举和腐败行为中解救出来。华尔街分析师迈克尔·格兰特（Michael Grant）写道，在 20 世纪 80 年代，"政府进行了比以往更为积极的干预，以化解商业银行总贷款业务造成的损失"。[12] 企业依赖邮政局运送商业材料，依赖政府建造或修复的道路、高速公路和航空站运送货物，依赖联邦资助对员工进行职业教育。修订后的移民政策，使得政府（特别是里根总统以来的政府）成为小企业中（有技能或无技能）廉价劳动力的主要提供者。政府机构每天都会生成大量数据，向商家介绍经济形势及其潜在机会所在，以及国际经济形势的特征。数据从一系列政府连续出版物中不间断地流出——有些可以免费获得，有些则需付费，例如，始于1915年的《联邦储备公报》(Federal Reserve Bulletin)，始于1921年的《当前商业调查》(Survey of Current Business)，始于1931年的《商业统计：当前商业调查增补》(Business Statistics: A Supplement to the Surveys of Current Business)，始于1948年的《经济指标》(Economic Indicators)，始于1960年的《美国工业展望》(U. S. Industrial Outlook)，始于1961年的《商业情况摘要》(Business Conditions Digest)，始于1979年的《商业新闻和近期商业》(Commerce News and Recent Commerce)，始于1980年的《商业出版物更新》(Commerce Publications Update)。[13]

今天，商务部只是众多为商界服务的政府机构之一。尽管如此，它仍然每隔五年就会对美国制造商、零售和批发贸易、服务业、运输和矿业进行单独的经济普查，分析商业趋势（包括构建经济计量模型和详细阐述商业周期指标体系），并定期提供国内和国际账户报告——报告中介绍了关于消费者、生产者、投资者、政府和外国顾客的最新详细情况。技术管理局成立于1990年，它存在于商务部内部，旨在创造一种能够促进私营部门创新的有利氛围，改进对技术的使用，并不断扩大生产力。商务部下设国际贸易管理局，以提高美国公司的出口潜力，它不断地对美国公司的竞争力进行评估，并直接向外贸服务部门提供营销服务。这项服务有助于美国企业扩大出口，确定长期贸易，寻找投资机会，制定"补救策略"。[14] 海湾战争结束以后，商务部成为获取有关科威特投资机会免费信息的现成来源；商人们需要做的就是拿起电话，拨通商务部"热线"，获取有关在波斯湾投资的建议。[15]

至于商业美学（商业色彩、玻璃和灯光），花在这些视觉诱惑手段上的金钱达到了数十亿美元。新媒体更是强化了这些策略——首先是通过电视卫星，它可以将消费者的欲望传递到世界各地的每个村庄。销售商和广告商通过远程通信吹嘘他们有能力使全世界人民的口味保持"一致"，有能力让每个人都渴望获得相同的商品和服务。[16] 在国内，视觉诱惑继续蓬勃发展，但却正如迈克尔·舒德森（Michael Schudson）在谈及广告时所说的那样，这更多的是一种关于公司权力的表达。可以肯定，诱惑策略塑造了某些新移民社区的品位，塑造了青年和儿童市场许多部门的品位，塑造了贫困和未受过教育的消费者社区的品位，甚至也塑造了那些受过教育的消费者（他们宣称自己不会受诱惑）的高端市场的品位。但在所有这些群体中，正如舒德森的研究所表明的那样（尽管他主要关注受过教育的专业人士），有些人对广告漠不关心，不屑一顾，他们主要依靠家人、朋友和消费者群体来获取有关商品的信息。广告投资费用的增长并不是仅仅（也没有）基于广告对消费者选择所产生的直接或明显影响；更确切地说，这是基于商业对那种不受反对的文化影响力的需求。[17]

今天，在美国，平均每个成年人都有 3～4 张信用卡，这是银行和企业日夜不停地打电话、发邮件和通过大众媒体向民众进行轰炸的结果。美国人（包括青少年和儿童在内）使用了超过 10 亿张信用卡（德国和法国的人口加起来约为美国的一半，但却只使用了 2 400 万张信用卡，尽管德国是一个以强烈消费为导向的社会）；美国人承担的消费债务，比世界上其他所有国家人口的债务总和都多。[18] 美国时尚产业跨越全球，与日本人和欧洲人展开激烈的竞争，并且仍在汲取传统农民和民间文化的设计和色彩。关于它的这种寄生状态，有一个例子就是印度新德里国家时装技术研究所（NIFT）的活动，该研究所是纽约市时装技术学院（它在墨西哥、以色列、巴巴多斯和日本都设有类似分支机构）新近成立的一个分支机构，研究所里那些年轻的设计师，不断寻求印度农村地区和城市贫民窟的时尚创意。希尔达·弗里德曼（Hilda Friedman）是该研究所客座教授，他向《纽约时报》解释说："我们希望他们拥有这种印度传统，这种印度的感觉。但是，我们希望服装则是国际化的。"[19]

1930 年以前美国传承的另一份公司遗产是一种观念，即人类是一种永不满足的欲望机器，或者是一种受到无限多欲望支配的动物。这种观念认为，人类身上最"人性化"的一点就是他们对新事物的追求，他们愿意突破界限，他们仇视旧事物和惯常事物（除非是为了时尚和风格等新事物而要借助旧事物，或者是以某种方式促进消费，比如，鼓励品牌忠诚度或销售老式桂格燕麦片等），他们需要将"越来越多的"事物如商品、金钱、经验等这一切都融入其中。这种观念似乎很有道理，正如爱默生、惠特曼和威廉·詹姆斯等伟大作家在很久以前所解释的那样。似乎许多人不仅寻求而且**需要**寻求新的商品、新的冒险和经历，以及新的见解，来感受生机和成就感。至于人们能够或可能想要的东西、他们能够或可能被邀请和引诱去做什么，在经济、性、政治和道德上可能都没有固有的限制。人类具有无限的灵活性，被赋予相当大的想象力。艺术史学家安妮·霍兰德（Anne Hollander）最近认为，对"流动性"和"置换"的渴望，"对戴上和摘下面具的热衷"，以及"对实验的热情"，在我们的文明中可谓根深蒂固。[20]

与此同时，用资本主义术语所表达并被资本主义所利用的"欲望"，则提供了一个片面的、有缺陷的关于作为人类意味着什么的概念。它反对人类身上那些同属"人性"的东西：他们做出承诺的能力，建立约束关系的能力，扎根的能力，与前几代人保持连续性的能力，铭记过往的能力，做出道德判断的能力，在工作中寻求快乐的能力，坚持原则和忠于社区或国家的能力（使得社区或国家努力保持公正和公平），寻求超越自我的精神超越的能力，为事业奋斗到底的能力。

但是，无论有多少缺陷，资本主义的"自我"概念，即消费者的自我概念，都是一个占据主导地位的美国概念。这是经纪人对人的看法（例如，除了未来发生的事情，人们对什么都没有那种永世不变的承诺，人们可以被鼓励和诱惑，他们的思想和习惯可以不费力地被改变）。这一概念也是以年轻人为导向的，它基于这样一种想法，即变老是不幸的，也是反人类的。它也是以儿童为导向的，因为它所呈现的自我愿景是一个苛求的孩子，容易受到原始愤怒和原始渴望爆发的影响。它也是一种宽容的心灵疗愈观念，人们更愿意对宇宙的"丰足"完全开放，让自我与外部世界之间没有界限。

另外两份遗产都与"有欲求的自我"相关，它们从人类早期就传给了我们：第一，消费是一个关乎自由、自我表达和自我实现的独立世界的神话；第二，"市场"概念始终在不断扩大，并且始终没有边界。今天，消费是一个自由的理想世界这一神话，在商业媒体的助推下不断被放大，商业媒体将每一个消费时刻都描绘成一个解放的时刻，将每一次购买都描绘成一种性兴奋，或者是获得了进入幸福之门的门票。文化成果更是加剧了旧有的危险：尽管有进步的法律来保护成年工人和童工，并使消费者了解到工作场所的剥削本质，但是，那种疏离、漠不关心和自恋的趋势却是有增无减。消费者与工人之间的距离变得越来越大，这是政府和媒体通过否认工作的真实本质共同创造出来的。米切尔在1912年所说的"由陌生人之手制造"的工厂商品，现今变得更加陌生，其中大都是由第三世界国家（或者是美国本土的"第三世界城市"）中那些默默无闻的人制作的。1991年盈利30亿美元的耐克公司（其媒体宣传被誉为"顶级美国广告"），向印度尼西亚的工人（"主要是女人、穷人和营养不良的人"）支付的日工资仅为1.03美元，这根本无法满足他们的吃住所需。[21]但是，这些工人距离美国太远，很少有人为他们谋利益，所以人们也就几乎没有理由去关心他们的待遇、他们的工资，以及谁应该为他们受到的这种待遇负责。

在1930年以前，"市场不存在边界"和"市场对所有的销售形式都开放"这种观念，是许多商业实践的核心。1923年，施特劳斯对"消费主义"的崛起深感不安，他注意到资本主义势力已经超越了国界。美国企业创造出了美国历史上最大的国内市场；但是，现在，施特劳斯观察到，这场消费主义运动也在波及其他国家。他对这一趋势深感忧虑并警告说，更深层次的市场入侵会破坏当地社区和当地文化，他所谓的那种"特殊主义"将会被摧毁。"完全可以肯定，"他写道，"实业家们相信，边界线不再存在……只有人还存在……全世界都是一样的；世界是同一的。"施特劳斯担心，整个世界正在被逐步缩减为一种标准模式，这种模式曾被帕滕认为是道德进步的先决条件。施特劳斯写道，一战"并不是为民主或民族主义而战"，而是为"工业主义"而战。发动一战是为了确保"生产能力再也不会受到威胁"，确保"明年更比今年多"的生产将会继续畅通无阻。[22]

尽管国家遭遇了一场灾难性的挫折，但总的来说，他的看法是对的。今天，一个没有边界的世界，一个真正的"全球"世界，某种程度上已经与我们同在，但是，它在意识形态上要更加重要，因为公司企业和有商业头脑的政府每天都在提醒我们，国界正在消失，国界仅仅是人们获取更多市场份额的一道障碍，美国人若想生存下去就必须放弃那种以特殊文化、信仰或传统为特征的狭隘特殊主义。美国企业研究所（AEI）和传统基金会（HF）都是布什总统和里根总统的顾问，也是无边界世界、全球资本主义和心灵疗愈消费文化的拥护者，"全球市场"概念正是这样的正统共和党智库的愿景。全球流行的美国文化（特别是该文化的核心：消费者娱乐、商品和服务）是"历史上最重要的民主工具之一"，这一观点的热情推动者本·瓦滕伯格（Ben Wattenberg）说，它"对美国有利并对世界有益"[23]。

美国电话电报公司（AT&T）、国际电话电报公司（ITT）、纳贝斯克（Nabisco）、可口可乐、通用汽车和麦当劳等众多美国企业，是不断扩大的市场前景或"新的"全球竞争秩序最热心的支持者（我之所以给"新的"加上引号，是因为"全球竞争秩序"其实是一个古老的想法，1910年时胡佛等人就对它进行了阐述）。这些公司首先效忠的并不是美国，它们越来越热衷于在其他国家建立工厂和"渠道"，在中国销售甜麦片，在耶路撒冷销售吉普车，在莫斯科销售汉堡，在世界各地销售卷烟。1989年，菲利普·莫里斯集团举行了一场纪念《人权法案》的活动（这是近年来那些最低俗的促销活动之一），当时它的主要产品（啤酒、合成奶酪和香烟）已经在世界市场上达到饱和。十年前，在危地马拉，当军方试图摧毁工会时（工会是该国商业的一个重要阻力来源），菲利普·莫里斯集团举办了一场同样低俗的商业活动，推销一种名叫"指挥官"的新卷烟。菲利普·莫里斯集团创造了这种香烟以吸引军人顾客。工会之所以反对这种香烟，是因为它美化了军队，而且大多数人都认为，它阻止了其他人引入其他新品牌。[24] 罗伯特·赖希（Robert Reich）是一位自由派政治经济学家，并且是克林顿总统领导下的工党秘书长，他在《哈佛商业评论》上赞叹道：

"IBM、壳牌、宝洁、麦当劳等成功的全球竞争者，已经心甘情愿地放下它们的民族身份，无论它们在哪个国家或地区做生意，它们都已成为忠诚的企业公民。"[25]

由此看来，在1930年以前，美国消费资本主义的力量和影响力就已经达到了一个新的水平。它似乎在各个地方都取得了进步，特别是在1991年以后。消费资本主义几乎对美国生活的各个方面（从政治到文化）都有着未受挑战的控制，以至于对世界上其他大部分地区来说，美国就像是一个神话般的集市。在一些美国人看来，消费主义持续增强的力量，导致何为美国人或美国的含义进一步退化。而对其他人来说，这种演变只会增强这个国家的吸引力，使它看起来比以往任何时候都更像是一个绿宝石城，一场盛宴，一家百货商店，每个人都受邀前往并有权享受。就像美国的城市曾是国内市场上激发消费者渴望的生产者一样，今天，美国在全球范围内的运作同样如此——它激发了全球人民的消费欲望。

然而，就在这一明显的胜利中，消费资本主义却似乎在创造它的国家——在美国这个"欲望之地"——处境堪忧。今天，正如1929年大崩溃后的时期一样，经济和文化再次陷入困境。因此，巨大的过度建设和过度投机，推动无数公司解雇数千名工人并强化它们的管理——这些都是保持经济"健康"所必需的，但也是由管理者自己不顾一切地追求利润和无视他人所致。[26]此外，今日美国财富上的差距也要比以往任何时候都大。一种深藏的不安全感席卷美国社会的各个方面。胡佛和其他人曾把美国的生活水平称为美国送给这个世界最珍贵的礼物并将其确立为美国的核心，而如今，美国人的生活水平正在下降。"一代比一代更好"的基本信念正处于破灭的边缘。[27]

但是，对那些要求变革、想要寻求新方向的人来说，这其中却是存在很多机会。美国人面临的新困境可能会导致旧的叛乱政治的复兴，这个问题是由1912年工业关系委员会成员弗兰克·沃尔什（Frank Walsh）这样的进步主义者提出的——他揭露了约翰·洛克菲勒二世的贪婪；或者是由改革者凯利提出的——她要求消费者对他们所生活的世界负责、正面看待资本主义、认可制造商品的工人并正视他们的工作条件。新的情况可能会激起人们的愤怒，新的情况也会要求公司及其合作机构必须对它们已经完成的工作负责。米切尔坚称，企业必须对经济中的苦难（和混乱）负责，因为它们的存在打击了经济，"浪费了我们的时间"。考虑到政府这么多年来给企业提供了那么多的援助，人们希望企业可以被说服（至少）支付其应付款项。

这些挑战可能会鼓励美国人重新思考其他一些观点，例如，20世纪30年代早期詹姆斯·罗蒂、埃德蒙·威尔逊和彼得·莫林等评论家的呼声，或者是距今更远的，像索尔斯坦·凡勃伦、查尔斯·库利、沃尔特·劳森布什、约翰·瑞恩、威廉·詹姆斯和伊丽莎白·弗林这样的思想家的呼声。这些思想家反对商业价值观，反对人们崇拜新事物和不断追求舒适，反对欲望文化。他们主张拥有更广阔的视野，这意味着一种更加人性化和更完整的存在，这样的视野反对把拥有和索取作为存在的关键，或者是存在的对等物。宗教历史学家约瑟夫·哈洛图尼亚曾说："善不在于'商品'。善在于正义、悲悯与和平。善在于一致性和完整性，在于按照真理去生活。它存在于人而非物中。它不同于商品的好处，没有它，商品便不是善品。"

注 释

注释中的缩写

AMNH	American Museum of Natural History
BFDC	Bureau of Foreign and Domestic Commerce
CW	*Credit World*
CUOHP	Columbia University Oral History Project
DC	*Domestic Commerce*
DGE	*Dry Goods Economist*
DW	*Display World*
HBR	*Harvard Business Review*
HBS	Harvard Business School
HH	Herbert Hoover
JK	Julius Klein
JW	John Wanamaker
JWA	John Wanamaker Archives
LFB	L. Frank Baum
LC	Library of Congress
LK	Louis Kirstein
LKP	Louis Kirstein Papers
MA	Macy Archives
MFA	Marshall Field Archives
MRSW	*Merchants' Record and Show Window*
NA	National Archives
NRDGA	National Retail Dry Goods Association
NYHR	*New York Hotel Review*
NYHS	New York Historical Society
NYPL	New York Public Library
NYT	*New York Times*
NYUA	New York University Archives

PM	Paul Mazur
PRL	Philadelphia Retail Ledger
PT	Playthings
PS	Percy Straus
RW	Rodman Wanamaker
SC	Stewart Culin
SCP	Stewart Culin Papers
ST	Signs of the Times
TN	Toys and Novelties
WWD	Women's Wear Daily

导言

[1] Herbert Duce, *Poster Advertising* (New York, 1912), p. 96; for the Wanamaker quote, see Wanamaker's advertising editorial, *North American* (April 5, 1906), clipping in advertising scrapbook, WA, Philadelphia, Pennsylvania (the Wanamaker collection is now housed in the Pennsylvania Historical Society, Philadelphia).

[2] On these beliefs, see Charles L. Sanford, *The Quest for Paradise: Europe and the American Moral Imagination* (Urbana, Ill., 1961, pp. 10–11, 74–93. See also David Potter, *People of Plenty: Economic Abundance and the American Character* (Chicago, 1954) and Henry Nash Smith, *Virgin Land: The American Myth as Symbol and Myth* (New York, 1950).

[3] Artemas Ward, "Stray Shots," Fame I (December 1892): 323; Lewis Hyde, *The Gift: Imagination and the Erotic Life of Property* (New York, 1983), pp. 67–68.

[4] Twain, quoted in Sanford, *The Quest for Paradise*, p. 113; Channing, quoted in Rush Welter, *The Mind of America, 1820–1860* (New York, 1975), pp. 7–8.

[5] These phrases from Emerson are quoted by Christopher Lasch in *The True and Only Heaven* (New York, 1991), pp. 261–79.

[6] For this early-nineteenth-century phrase, see Joyce Appleby, *Capitalism and the New Social Order* (New York, 1984), p. 44.

[7] On Clark and Croly, see Dorothy Ross, *The Origins of American Social Science* (Cambridge, Eng., 1991), pp. 121, 152.

[8] Quoted in Ross, *Origins of American Social Science*, pp. 100–101. On the populist movement, see Lawrence Goodwyn, *The Populist Moment* (New York, 1978) and Christopher Lasch, *The True and Only Heaven*, esp. Chap. 5; and on the perspective of one facet of the labor movement, see Nick Salvatore, *Eugene V. Debs: Citizen and Socialist* (Urbana, Ill., 1982), pp. 23–177.

[9] Quoted in Thomas Cochran, *200 Years of American Business* (New York, 1977), p. 8.

[10] Wesley Clair Mitchell, *Business Cycles* (Berkeley, Calif., 1913), p. 21.

[11] Ibid., p. 599.

[12] Charles Cooley, *Social Process* (Carbondale, Ill., 1966), pp. 301, 303, 332–33. See also Cooley, "The Sphere of Pecuniary Valuation," *American Journal of Sociology* 19 (September 1913): 188–89; "The Institutional Character of Pecuniary Valuation,"

American Journal of Sociology 18 (January 1913): 549; and "The Progress of Pecuniary Valuation," *The Quarterly Journal of Economics* 30 (November 1915): 1–21. See also Hugh Duncan, *Culture and Democracy* (New York, 1965), esp. Chap. 13, "The Glamorization of Money in Art," pp. 142–52.

[13] Robert Heilbroner, *The Nature and Logic of Capitalism* (New York, 1985), p. 156.

[14] This prejudice is currently being overturned in the field of business history, with the publication of such books as Susan Strasser's *Satisfaction Guaranteed: The Making of the American Mass Market* (New York, 1989), and Richard Tedlow's *New and Improved: The Story of Mass Marketing in America* (New York, 1990), two very different books offering nearly opposing arguments about the character and benefits of the marketing revolution. Strasser is critical and sometimes biting, Tedlow upbeat and almost always glib.

[15] See, on this historical pattern, Michael Schudson, *Advertising, the Uneasy Persuasion: Its Dubious Impact on American Society* (New York, 1984), pp. 222–33. Schudson, in turn, draws on the anthropological work of Clifford Geertz.

[16] Paul Scheerbart, *Glass Architecture*, ed. Dennis Sharp and trans. James Palmes (New York, 1972; orig. pub. 1914), pp. 8–9. For the American "utopian" approach to color, glass, and light that supported commercial aims and emerged simultaneously with commercial developments, see Faber Birren, *Color and Human Response* (New York, 1978) and Edwin D. Babbitt, *The Principles of Light and Color: The Classic Study of the Healing Power of Color*, ed. And annot. Faber Birren (New York, 1967; orig. pub. 1878). A pencil and pen manufacturer and father of Irving Babbitt, Babbitt embraced spiritualism and color therapy in the 1870s in New York City and became the guiding light of colorists for many years thereafter.

[17] Quoted in *MRSW* 69 (August 1931): 40.

[18] Samuel Strauss, "Rich Men and Key Men," *The Atlantic Monthly* (December 1927): 726.

[19] For a recent discussion of this evolution, see Ann Fabian, *Card Sharps, Dream Books, and Bucket Shops: Gambling in 19th Century America* (Ithaca, N. Y., 1990).

[20] Emily Fogg Mead, "The Place of Advertising in Modern Business." *Fame* 10 (April 1901): 165 (repr. *The Journal of Political Economy* [March 1901] and ed. Thorstein Veblen). On Emily Fogg Mead, see Margaret Mead, *Blackberry Winter: My Early Years* (New York, 1975), pp. 1–72; and obituary, *The New York Times* (February 23, 1950), p. 27.

第一章

[1] Edward Sherwood Mead, *Corporation Finance*, 6th ed. (New York, 1931; orig. pub. 1910), pp. 361–62. On the rise and evolution of the corporation, see Morton Horwitz, *The Transformation of American Law* (Cambridge, Mass., 1977); William E. Nelson, *The Americanization of the Common Law* (Cambridge, Mass., 1985); Harold Underwood Faulkner, *American Economic History* (New York, 1958), esp. chap. 21, "Consolidation of Business," pp. 420–48; and R. Jeffrey Lustig, *Corporate*

Liberalism: The Origins of Modern American Political Theory, 1890–1920 (Berkeley, Calif., 1982).

[2] On rugs and carpets, see *DGE* (June 18, 1904); on glassware and crockery, see *The Crockery and Glass Journal* (July 28, 1904); on jewelry, see *DGE* (August I, 1903); and on food, see *The American Grocer* (November 29, 1905): 7. All these journals drew directly from the reports of the U. S. Census. See also U. S. Department of Commerce, Bureau of the Census, *Historical Statistics of the United States: Colonial Times to 1957* (Washington, D. C., 1960).

[3] Emily Fogg Mead, "The Place of Advertising in Modern Business," *Fame* 10 (April 1901): 165 (repr. *The Journal of Political Economy* [March 1901] and ed. Thorstein Veblen).

[4] Cyril Ehrlich, *The Piano: A History* (London, 1976), pp. 132, 139. See also on the growth of the American piano business, Arthur Loesser, *Men, Women, and Pianos* (New York, 1954), pp. 569–73; Craig H. Roell, *The Piano in America, 1890–1940* (Chapel Hill, N. C., 1989), pp. 69–107.

[5] Fogg Mead, "The Place of Advertising" 10: 165; on the new energies and technologies, see Douglas C. North, *Structure and Change in Economic History* (New York, 1981), pp. 162–71; Alfred D. Chandler, Jr., *The Visible Hand: The Managerial Revolution in American Business* (Cambridge, Mass., 1977), pp. 224–83; David Hounshell, *From American System to Mass Production, 1800–1932* (Baltimore, 1984).

[6] Thomas Cochran, *200 Years of American Business* (New York, 1977), pp. 70–90; George W. Edwards, *The Evolution of Finance Capitalism* (London, 1938), p. 154.

[7] On capital pooling, see Marshall Sahlins, *Stone Age Economics* (Chicago, 1972); Douglas North, "Capital Accumulation in Life Insurance Between the Civil War and the Investigation of 1905," in *Men in Business: Essays on the Historical Role of the Entrepreneur* (New York, 1962), pp. 238–54; and Marquis James, *The Metropolitan Life: A Study in Business Growth* (New York, 1947), pp. 131–50.

[8] Edward Sherwood Mead, *Trust Finance: A Study of the Genesis, Organization, and Management of Industrial Combinations* (New York, 1903), pp. 65–66, 76–80. For an excellent study of the rise of corporations with an analysis similar to Mead's, see Naomi Lamoreaux, *The Great Merger Movement in American Business, 1895–1904* (Cambridge, Eng., 1985), pp. 1–45.

[9] Arthur Hadley, *Standards of Public Morality* (New York, 1907), pp. 69–70. On the corporation as an "organization to produce dividends for its owners," see Mead, *Trust Finance*, pp. 153–54; and on mergers and industrial securities, see Ralph Nelson, *Merger Movements in American Industry, 1895–1956* (Princeton, 1959), and Thomas Nevin and Marion Sears, "The Rise in the Market in Securities," *The Business History Review* 29 (June 1955): 105–39.

[10] Veblen, quoted in Joseph Dorfman, *Thorstein Veblen and His America* (New York, 1934), pp. 160, 326; and Thorstein Veblen, *The Theory of Business Enterprise* (New York, 1904), pp. 45–85.

[11] Mead, *Corporation Finance*, pp. 218, 362; and Robert Heilbroner, *The Nature and Logic of Capitalism* (New York, 1985), pp. 36–38.

[12] Heilbroner, ibid., p. 36.
[13] Veblen, quoted in George W. Edwards, *The Evolution of Finance Capitalism* (London, 1938), p. 162.
[14] Philip Scranton, *Proprietary Capitalism: The Textile Manufacturers at Philadelphia, 1800–1885* (Cambridge, Eng., 1983).
[15] Alfred D. Chandler, Jr., "The Beginnings of 'Big Business' in American Industry," in *Managing Big Business*, ed. Richard S. Tedlow and Richard R. John, Jr. (Boston, 1990), pp. 2–31; and Faulkner, *American Economic History*, pp. 420–48.
[16] Matthew Josephson, *The History of the Hotel and Restaurant Employees and Bartenders International Union, AFL-CIO* (New York, 1955), pp. 4–9, 84–86; Russell Lynes, *The Tastemakers* (New York, 1954); Rufus Jarman, *A Bed for the Night, the Story of the Wheeling Bellboy, E. M. Statler and His Remarkable Hotel* (New York, 1952), pp. 3–16, 99–105; and Neil Harris, "Urban Tourism and the Commercial City," in *Inventing Times Square, Commerce and Culture at the Crossroads of the World*, ed. William R. Taylor (New York: 1991), pp. 66–82.
[17] On Chandler's argument, see Chandler, *The Visible Hand*, pp. 237–38.
[18] For a good general history, see H. Pasdermadjian, *The Department Store, Its Origins, Evolution, and Economics* (London, 1954). See also James B. Jefferys and Derek Knee, *Retailing in Europe, Present Structure and Future Trends* (London, 1962), pp. 1–64, which contains some useful historical material.
[19] On these stores, see "Paris Big Stores Seek Popular Trade," *DGE* (May 13, 1911), p. 37; and "New Features in Big Paris Stores," *DGE* (December 14, 1912), pp. 31–33. For histories of French merchandising and consumer culture, see Michael Miller, *The Bon Marché* (Princeton, N. J., 1982); Rosalind Williams, *Dream Worlds: Mass Consumption in Late-Nineteenth-Century France* (Berkeley, Calif., 1982); Richard Sennett, *The Fall of Public Man* (New York, 1978), pp. 140–49; Walter Benjamin, *Illuminations* (New York, 1967); and Emile Zola, *The Ladies' Paradise*, with introduction by Kristin Ross (Berkeley, Calif., 1992).
[20] On Japan, see "Japan's Big Department Store," *DGE* (October 31, 1908), pp., 38–39, p. 73; Edith Wells, "When Milady Shops in Tokyo," *World Outlook* 9(May 1915); pp. 26–27; "Did Japan Start 'One Price' Policy?" *DGE*(September 23, 1922), p. 13; and Miriam Silverberg, "Problematizing Commodity Culture in Inter-War Japan: The Reconstruction of Modernity," paper presented at "Global Americanization" workshop, Rutgers University(May 8–9, 1987).
[21] On Selfridges, see Jeanne Catherine Lawrence, "Steel Frame Architecture versus the London Building Regulations, the Ritz, and American Technology," *Construction History*, Vol. 6, 1990, pp. 23–45. On English merchandising generally, see Neil McKendrik and J. H. Plumb, *The Birth of Consumer Society: The Commercialization of Eighteenth-Century England* (Bloomington, Ind., 1982); Christina Fulop, *Competition for Consumers* (London, 1964), pp. 43–155; W. Hamish Fraser. *The Coming of the Mass Market, 1850–1914* (London, 1981), pp. 110–33; and Alison Adburgham, *Shopping in Style: London From the Restoration to Edwardian Elegance* (London, 1979), pp. 138–154.

[22] On the German stores, see Karl Gerstenberg, "Observations on American and German Department Stores," unpublished manuscript (May I, 1941), Bobst Library, NYUA; "German Retail Methods," *DGE* (May 11, 1907), p. 29; and Jefferys and Knee, *Retailing in Europe*, p. 60.

[23] M. Auguste Guembe, "Les Grands Magasins des État-Unis," *DGE* (April 3, 1915), p. 191 (my translation).

[24] Theodore Delemos, of the firm Delemos and Cordes, architects for Siegel-Cooper's and Macy's quoted in "Third Largest Retail Establishment in the World," *The Dry Goods Chronicle* (July 22, 1896), in the Delemos and Cordes scrapbook, "Newspaper Clippings," NYHS.

[25] Herbert Adams Gibbons, *John Wanamaker* (New York, 1926), vol. 2, p. 9.

[26] "A Scene at Stewart's," *U. S. Economist and Dry Goods Reporter* (June 22, 1869), p. 2; and Gail Hamilton, *Harper's Bazaar* (June 10, 1876). For descriptions of Stewart's and accounts of the development of his business, see "The Yankee Style," *The American Builder* (August 1872); William Leach, *True Love and Perfect Union* (Middletown, Conn., 1989), pp. 222—27; Harry E. Resseguie, "Alexander Turney Stewart and the Development of the Department Store, 1823—1876," *Business History Review* 39 (1965): 301—22; Resseguie, "A. T. Stewart's Marble Palace: The Cradle of the Department Store," *New-York Historical Society Quarterly* 48 (April 1964): 131—62; Roger A. Wines, "A. T. Stewart and Garden City," *The Nassau County Historical Journal* 19 (Winter 1958): 1—15; and Mary Ann Smith, "John Smook and the Design for A. T. Stewart's Store," *The New-York Historical Society Quarterly* 55 (January 1974): 18—33.

[27] Hattie Newal of Atlanta, Georgia, to A. T. Stewart (January 24, 1871), and L. Simms of Culpeper, Conn., to Stewart (October 17, 1871), A. T. Stewart Papers, NYPL. This collection consists of hundreds of letters, mostly requesting, many pleading for aid of all kinds.

[28] Eddie Comstock to Stewart (August 20, 1871); Lou Cameron, Brooklyn, to Stewart (September 28, 1871); A. Kappel of Washington County, Ohio, to Stewart (November 14. 1870): and J. E. Allen of Fernandina, Florida, to Stewart (May 8, 1871), Stewart Papers.

[29] Parker Pillsbury, "The Largest Store," *Revolution*, September 3, 1868.

[30] Gail Hamilton, "The Blameworthiness of Wealth," *Harper's Bazaar* (June 10, 1876). On Stewart's funeral, see *NYT* (April 11, 1876), p. 1; *NYT* (April 12, 1876), p. 8; and *NYT* (April 14, 1876), p. 10; "The Deceased Millionaire," *Frank Leslie's Illustrated Newspaper* 42 (April 22, 1876): 105, 111; and James Grant Wilson, "Alexander T. Stewart," *Harper's Weekly* 20 (April 29, 1876): 345—46.

[31] JW to Powell Day (February 8, 1908), Wanamaker Letterbook, "December 14, 1906 to February 20, 1908," p. 941, WA. Wanamaker wrote in the same letter that "R. H, Macy and Co……in its early days was not a store that included a full assortment of goods. Such as were then sold in it was of a class much lower than any of the 6th Avenue stores [in New York] carry today." On the absence of window display and advertising, Gibbons, *John Wanamaker*, vol. I. pp. 124—25, and Bessie Louise Pierce,

A History of Chicago: The Rise of the Modern City, 1871–1893 (New York, 1967), vol. 3, pp. 177–78.

[32] "The Third Largest Retail Establishment in the World," Delemos and Cordes scrapbook, Manuscripts Collections, NYHS. On Siegel's deal with Goldman, Sachs, see *DGE* (May 11, 1895). And for more on the store, see Siegel-Cooper and Co., *New York—a Bird's-Eye View of Greater New York and Its Most Magnificent Store* (New York, 1898), p. 96, NYPL; *The Dry Goods Chronicle* 22 (September 26, 1896): 27; and *The American Grocer* 56 (September 16, 1896): 6. For biographical sketches of Siegel and of Cooper, see *DGE* (August 22, 1896); and on growth of the Chicago store, Harry Resseguie, "The Men Who Wrecked Sixth Avenue," unpublished manuscript in the possession of Baker Library, HBS, Cambridge, Mass., p. 15.

[33] JW, quoted in *PT* 13 (February 1915): 116.

[34] Interview with Fred Lazarus, 1965, Oral History Project, Records of the Federated Department Stores, Butler Library, Columbia University, pp. 30–39; Bessie Louise Pierce, *History of Chicago*, vol. 3, pp. 47–59, 268–88.

[35] On Wanamaker's, see interview with Charles Butler, treasurer of Brentano's (February 13, 1914), Resale Price Investigation (RPI), Record Group 122, file 7224–6–1, Records of the Bureau of Coorporations, NA, p. 1; on Macy's, see interview with Macy's rug buyer (November 1914), file 7224–64–1. RPI. RG 101, NA, p. 1; and on Field's, see Emily Kimbrough, *Through Charley's Door* (New York, 1952), p. 51, and interview with Alfred Harcourt by Lloyd Lewis, transcript of "Lloyd Lewis Interviews" (1946), MFA.

[36] On Siegel-Cooper's, see *The American Grocer* 83 (March 2, 1910): 12; and on Simpson, Crawford, Simpson, see *The American Grocer* 74 (December 13, 1905): 19.

[37] Interview with Macy's food buyer, William Titon, by Arthur Johnson (September 30, 1965), Record Group 10, Harvard History Project, Box 4 of 4, "Harvard Interviews," MA.

[38] *Quarterly Catalog and Price List Winter 1914–15*, submitted as part of store interview (November 10, 1914), Resale Price Investigation. RG 122. Pp. 25–30, NA. Macy's did not mail its alcoholic beverages indiscriminately:" As some towns and states have prohibition laws, and the delivery of wines and liquors C. O. D. has recently been interpreted by the courts as a sale on the spot where the goods are paid for, we cannot in the future ship wines and liquors C. O. D. to any point outside of our wagon deliveries" (p.68).

[39] JW to George V. Wendel (December 13, 1899), vol. 24, p. 154, WA. Wanamaker experimented with groceries sometime in 1895 but discontinued the business in 1896; see *The American Grocer* 55 (January 1, 1896): 7.

[40] On Macy's, see R. H. Macy and Co., "R. H. Macy and Co. Importers, Manufacturers, and Retailers" (New York, 1890), in the Bella Landauer Collection of Advertising Art, NYHS. On Field's, see "Department Stores Cash In," *Business Week* (May 12, 1934), p. 14; on Stewart's, see Harry Resseguie, "Alexander Turney Stewart and the Development of the Department Store"; and on Wanamaker's, interview by author with Richard Bond, president of Wanamaker's in the 1950s and 1960s (June 20, 1985), and John Wanamaker and Co., "Souvenir Guide Book of the Wanamaker Store in New

York City" (New York, 1907). On vertical integration in department stores, see "Case Studies in Department Store Expansion," *HBR* 6 (October 1927), and Susan Benson Porter, "The Clerking Sisterhood," *Radical America* 12 (March-April 1978): 41–55.

[41] Interview with the Mandels management (December 5, 1913, and January 7, 12, and 15, 1914), Resale Price Investigation, RG 122, file 7224–26–1, NA, p. 3; and on Bloomingdale's, see Bloomingdale and Co., "Bloomingdale's Diary 1909 and Souvenir" (New York, 1909), Bella Landauer Collection of Advertising Art, NYHS.

[42] James C. Worthy, *Shaping an American Institution: Robert E. Wood and the Sears, Roebuck* (Chicago, 1984), p. 31. See also Boris Emmet and John E. Jeuck, *Catalogues and Counters: A History of Sears, Co.* (Chicago, 1950), pp. 132–33, 170–72; and Tom Mahoney and Leonard Sloan, *The Great Merchants* (New York, 1966), pp. 221–43.

[43] Allan Nevins, *Herbert Lehman and His Era* (New York, 1963), p. 49.

[44] John Winkler, *Five and Ten: The Fabulous Life of F. W. Woolworth* (New York, 1940), pp. 175–76.

[45] T. J. Carlson, "A Corporate History of Associated Dry Goods Corporation" (New York, August 1977), Associated Dry Goods Corporation Archive, New York, pp. 3–24; "Costs of Doing Business" and "Memoranda—Miscellaneous Excerpts from Statements of Firms Having Experience with Price Maintenance," Resale Price Investigation (RPI), Bureau of Corporations, RG 122 (1913), file 1371–8, NA, pp. 4–8; and William Ingersoll, "Remedies Needed for Unfair Practices Leading in the Retail Market," pamphlet (December 12, 1913), file 7222–106–1, RPI, NA; and *DGE* (April 1 and 11, 1903). On the change of Claflin's into a corporation in 1890, see Thomas V. Nevin and Marian V. Sears, "The Rise of a Market for Industrial Securities, 1887–1902," *The Business History Review* 29 (June 1955): 123.

[46] "Miscellaneous Information......on the Famous and Barr Department Store," gathered for the RPI, Bureau of Corporations, RG 122, file 7224–36–1, NA.

[47] "Henry Siegel Has Chicago Store," *DGE* (January 11, 1902). "Siegel," this journal reported, "has purchased the interest of partner Frank H. Cooper."

[48] Siegel-Cooper and Co., *A Bird's-Eye View of Greater New York*; and *DGE* (August 22, 1896, October 19, 1901, January 6, 1903, May 2, 1903, April 30, 1904, and September 16, 1905). On Siegel's purchase of the old Macy's store, see "Another Big Store," *DGE* (January 31, 1903).

[49] Henry Morgenthau III, *Mostly Morgenthau: A Family History* (New York, 1991), pp. 109–209.

[50] Henry Morgenthau, Sr., *All in a Life-Time* (New York, 1902), pp. 34–38.

[51] Henry Morgenthau to Lincoln Filene, recorded in Lincoln Filene, "Notes on Meeting on Basis of Capitalization" (October 1909), accompanied by cover note to LK (November 1, 1909), folder "New Stores," no 62, LKP, Baker Library, HBS. For Morgenthau's role at Siegel-Cooper's, see "Siegel-Cooper and Co. in Combine," *MRSW* (December 1910) (Morgenthau's name appears as the only banker vice president on the board of officers). Morgenthau does not mention either one of these clients in his autobiography.

[52] "Causes of the H. B. Claflin's Co.'s Failure," *DGE* (June 27, 1914), pp. 31–33; and

Carlson, "A Corporate History of Associated Dry Goods Corporation," p. 14.
[53] *DGE* (January 10, 1914, February 7, 1914, March 28, 1914, November 14, 1914, November 28, 1914, June 26, 1915); and "Henry Siegel Dead at 78; One Time Merchant Prince," *New York World*, August 27, 1930, Delemos and Cordes, "Newspaper Clippings."
[54] Alan Trachtenberg, *The Incorporation of America* (New York, 1982).
[55] W. J. Lampton, "Department Stores and Advertising," *Fame* 1 (June 1897): 143.
[56] W. Hamish Fraser, *The Coming of the Mass Market, 1850–1914* (London, 1981), p. 101. On France, see Michael Miller, *The Bon Marché* (Princeton, 1982).
[57] Quoted in *DGE* (February 7, 1891), pp. 1–3.
[58] Quoted in *DGE* (November 17, 1894).
[59] "Fighting That Octopus," *DGE* (May 15, 1897). For California, see "Fighting That Octopus"; for Illinois and Minnesota, see "The Big Store War," *DGE* (April 3, 1897), p. 8; for Maryland, "Among the Trade," *DGE* (April 2, 1898); for New York and Massachusetts, see "Oppose Department Stores," *DGE* (April 16, 1897).
[60] For the volatile character of the political climate in Chicago during this time. See the mayor's record, 1897–1902, in Carter H. Harrison, *Stormy Years: The Autobiography of Carter Harrison, Five-Time Mayor of Chicago* (New York, 1935).
[61] Interview with John W. Hughes, retired head of delivery and operations, "Lloyd Lewis Interviews," transcript (1946), p. 12, MFA.
[62] Marshall Field's ledger books record even children—cash boys especially—being fired "for being a "striker," for "getting mixed up with strikes," or for "striking." See Personnel Record, 1882–1901," p. 421, and "Records of Cash Boys, II, 1903–1906, Ledger," pp. 20, 29, 130, MFA. See also Robert Twyman, *History of Marshall Field and Company, 1852–1906* (Chicago, 1954), pp. 164–66; John Hughes, "Lloyd Lewis Interviews," pp. 14–18; and Herbert Harris (Field's buyer in early 1900s), "Marshall Field—A Great Mercantile Genius," unpublished manuscript, pp. 6–7, MFA. Field "ordered" out of his stores anyone associated with unions, Harris writes. See also, for descriptions of Field's antilabor policies, Pierce, *History of Chicago*, vol. 3, p. 252, and Ray Ginger, *Altgeld's America* (New York, 1958), pp. 41–42, 101–104.
[63] Marshall Field to Victor Lawson (December 22, 1903), Victor Lawson Papers, Newberry Library, Chicago, Ill.; and "Big Clash Pending," *Hearst's Chicago American* (June 1, 1903), clipping in Lawson collection.
[64] Joel A. Tarr, "The Chicago Anti-Department Store Crusade of 1897," *Journal of the Illinois State Historical Society* 64 (Summer 1971): 166; Twyman, *Marshall Field and Company*, p. 120; and Samuel P. Hays, "City Fathers and Reform: The Politics of Reform in Municipal Government," *The Pacific Northwest Quarterly* 55 (October 1964): 157–69.
[65] Hays, "City Fathers and Reform"; and Lewis interview with John W. Hughes, p. 11.
[66] Edward Bellamy, *Looking Backward* (New York, 1888), pp. 49–58; Tarr, "The Chicago Anti-Department Store Crusade of 1897."
[67] "Assailing Department Stores," editorial, *DGE* (March 6, 1897): "In Chicago, the women, or at least some of them, have taken up the fight and will endeavor to create a

sentiment against patronizing the department stores."
[68] *DGE* (August 7, 1897).
[69] *DGE* (February 20, 1897); *DGE* (March 6, 1897), p. 2; and *DGE* (November 6, 1897), p. 2. On Mayor Harrison's attempt to compel the stores to abide by the new provisions, see *DGE* (October 30, 1897), p. 66. To meet the challenge of department stores, small Chicago merchants also organized a "cooperative experiment" similar to the ones being attempted throughout the United States at the time. This effort attempted to consolidate the strength of the merchants while at the same time allowing each merchant to retain his individual autonomy—his own business and market territory—"with exclusive right to sell his particular line of goods under the protection of the organization." The organization was called the "Merchants' Cooperative Mart" and was designed to "resemble a department store but to be run strictly on a cooperative basis." The deal was this: "Any trade the smaller merchant cannot handle he is to divert, so far as is in his power, to the central mart." "Inasmuch as one third of the profits of the mart are to be divided among such merchants as stockholders, every time one of them sends a dollars' worth of business to the mart he not only diverts trade from the department stores but increases his own profits."

I do not know the outcome of this experiment, but the position of the trade press suggests what happened. The scheme will fail, the *Dry Goods Economist* editor argued, because it "lacks the exceptionally able management which is so signal a cause of the financial success of the great department stores, and, secondly, the cohesion which can only be obtained by bringing the final management of a business into a very few hands." This plan does not call for a "president or board of directors" but will "let the merchants try to manage a common business by holding meetings and passing resolutions." "We hardly think that the department stores will lose much sleep over this new form of competition." See editorial, "New Form of Cooperation," *DGE* (April 9, 1898).
[70] Robert C. Ogden, "Ethics of Modern Retailing" (c.1898). pp. 7–8, Box 22, the Papers of Robert C. Ogden, LC, Washington, D. C. On the Downtown Business Men's Association, see "Oppose Department Stores," *DGE* (January 16, 1897).
[71] "After the Department Stores," *DGE* (January 20, 1900).
[72] *DGE* (March 3, 1900), pp. 1–2; and *DGE* (July 20, 1901).
[73] *The Outlook* 65 (July 28, 1900): 711–12.
[74] "Department Store Indorsed [sic]," editorial, *DGE* (July 13, 1901); and *DGE*, "Big Stores Upheld" (February 8, 1902).
[75] Quoted in "Marshall Field and Company, Retail," *Chicago Dry Goods Reporter* (October 22, 1902), "Advertising III," p. 1, copy in MFA. The terms "fine silk" and "swagger rich" were popular terms to describe Chicago's upper class. See "Rogan" to Victor Lawson (April 1, 1903), Lawson Papers.
[76] Memorandum of Thomas Clement of Wanamaker's to the store management (April 23, 1903), in Wanamaker "Scrapbook, Business ephemera, store policy, 1880s to 1900s," WA. Clement does not identify his source by name except to say that she is "a very clever girl." See also, for description of this opening, "Marshall Field and Company, Retail,"

Chicago Dry Goods Reporter, and "Chicago's Giant Store," *DGE* (October 4, 1902).

[77] JW to H. Gordon Selfridge (October 18, 1902), "Mr. Wanamaker Personal—June 21, 1902 to November 22, 1902," p. 669, WA.

[78] Memorandum, Thomas Clement, p. 1. The Clement memo also mentions Harrison's invitation to Field's to remain open.

[79] JW speech, "At the Laying of the Corner Store of the New Building" (June 12, 1909), in "Miscellaneous Addresses, May 12, 1902—July 1, 1915," privately bound volume, p. 89, WA.

[80] Gibbons, *John Wanamaker*; vol. I. pp. 8, 57.

[81] JW, "The Evolution of Mercantile Business," *Annals of the American Academy of Political and Social Science*, vol. 15, supplement, "Corporations and the Public Welfare" (Philadelphia, 1900), pp. 123–35; *United States and Dry Goods Reporter* (November 18, 1876), p. 4; and *The American Builder* (November 1876), p. 13.

[82] JW to Dwight L. Moody (November 27, 1876), Wanamaker letters, WA; and Gibbons, *John Wanamaker*, vol. 1, pp. 137–39.

[83] See, in particular, Dwight Moody to JW (October 7 and November 5, 1877), WA. These letters were among the many I found in a file cabinet in the Wanamaker Archive in Philadelphia (they are now in the hands of the Pennsylvania Historical Society). Wanamaker's official biographer, Herbert Adams Gibbons, made no use of them; indeed, there was much Wanamaker material that Gibbons failed—or refused—to use.

[84] By 1895, Wanamaker's was furnishing and supplying many hospitals, homes, churches, schools, hotels, and restaurants in Philadelphia and its environs. See Thomas Clement (Wanamaker executive), "Comparison of Schedules and Collections for November and December 1894 and 1895"; and "Comparisons of Schedules and Collections for September and October 1896 and 1897," WA. In both documents, Clement lists such institutions as the Hotel Bellevue, the Stratford Hotel, the city of Philadelphia (Board of Education), the Brotherhood of St. Andrews Home, the Continental Hotel, the Episcopal Hospital, the Aldine Hotel, the Bourse Restaurant Co., Presbyterian Hospital, the Hotel Stenton, the University Club, the Custodians of the Church Home, the Bureau of Charities and Correction, Cottage State Hospital, Hahnemann Hospital, the Board of Health, the U. S. Marine Corps, Villa Nova College, Ursinus College, Temple College of Philadelphia, St. Elizabeth's Church, Hotel Walton, and so on.

[85] On Wanamaker's as a "sight," see the guidebook by Clara E. Laughlin, *So You're Visiting New York* (Boston, 1939), p. 21.

[86] JW to Alexander Orr (March 11, 1903), Letterbook (November 22, 1902—August 11, 1903), WA; and Gibbons, *John Wanamaker*, vol. 1, p. 145.

[87] Quoted in Gibbons, *John Wanamaker*, vol. 2, pp. 4–5.

[88] JW, speech, "At the Luncheon by the Merchants of the United States at Sherry's in New York" (November 16, 1911), in "Miscellaneous Addresses," p. 182, WA.

[89] Daniel Burnham, quoted in Thomas Hines, *Burnham of Chicago* (Chicago, 1982), p. 303; and Gibbons, *John Wanamaker*, vol. 2, pp. 199–201.

[90] JW diary entry (January and November 1907), quoted in Gibbons, *John Wanamaker*,

vol. 1, pp. 126, 130.

[91] JW to Rev. Edwin Nobbs (October 7, 1901), Wanamaker letters (August 20, 1901, to June 21, 1902), WA, p. 194. The full citation is: "I beg to say I am not a capitalist; I am only a merchant." See also JW to Mr. Walker (January 5, 1900): "You are writing me as though I were a banker or a capitalist, whereas I am only a merchant." (Wanamaker letters, vol. 24, p. 333). Wanamaker incorporated his stores in 1906–7 to establish permanent continuity in ownership and formally end the status of Wanamaker's as a family-owned business and partnership; see "John Wanamaker, New York, Organization Records," Frederick Garvin, Solicitor (May 1907), WA. Both Gimbel Brothers and Marshall Field incorporated in 1903, creating stock companies and giving their executives the chance to buy stock. "The shares are to be held by the incorporators," declared Gimbels, and "none will be sold" (*DGE* [July 4, 1903], pp. 24–25). As retired Field's executive John Hughes observed in a 1946 interview, Field's "formed a company which bought the stock and let you subscribe and pay out of salary and dividends. This was done to quiet the man and keep the machine together." ("Lloyd Lewis Interviews," p. 27, MFA). On the shift, generally, from partnerships to corporations after the 1880s, see Thomas A. Navin and Marian V. Sears, "The Rise in the Market for Industrial Securities," *The Business History Review* 29 (June 1955): 105–38.

[92] JW to General William Booth (January 23, 1907), Wanamaker letters (December 14, 1906, to February 20, 1908), pp. 867–69, WA.

[93] "Production and Consumption," *U. S. Economist and Dry Goods Reporter* (May 6, 1876), p. 7. See also "Causes of Depression," *DGE* (June 13, 1896), p. 18.

[94] Archie Shaw, "Some Problems in Market Distribution," *Quarterly Journal of Economics* (August 1912): 703–65; and Herbert Duce, *Poster Advertising* (New York, 1912), p. 5. On the debate over overproduction or underconsumption as a problem, see Paul Sweezy, *The Theory of Capitalist Development* (New York, 1964), pp. 214–39; and James O'Connor, *Accumulation Crisis* (London, 1986).

[95] Thomas Riggio mentions this essay in his edition of Dreiser's diaries, *Theodore Dreiser, American Diaries 1902–1926* (Philadelphia, 1982), footnote 43, p. 105.

[96] Dorothy Ross, *The Origins of Social Science* (Cambridge, Mass., 1991). pp . 113–22.)

[97] Katherine Rolston Fisher, " Ad-Writing and Psychology," *Fame* 8 (September 1899); and Fogg Mead, "The Place of Advertising" 10: 163, 166. Fisher also wrote that "the advertiser's problem……may be considered the controlling of other people's imaginations for his own advantage. It is a certain state of mind, and *not the real condition of things which is essential to the advertiser's success*."

第二章

[1] JW, "Editorials of John Wanamaker" (October 1, 1912 to December 31, 1917), editorials dated October 10, 1912 and November, 9, 1916, bound collection in WA.

[2] Henry James, *The American Scene* (Bloomington, Ind., 1969), pp. 94–96.

[3] Edna Ferber, "Maymeys from Cuba," *The American Magazine* 72 (September 1911):

[4] 705—11; Willa Cather, quoted in Ellen Moers, *Two Dreisers* (New York, 1969), p. xiv.
[4] Theodore Dreiser, *Color of a Great City* (New York, 1923), p. 4.
[5] Milton Fuessle, "Elbert Hubbard, Master of Advertising and Retailing," *The Advertising World* 20 (August-September 1915): 139—44. For an excellent biography of Hubbard, see Freeman Champney, *Art and Glory: The Story of Elbert Hubbard* (New York, 1968).
[6] Fuessle, "Elbert Hubbard," pp. 139—41; and Hubbard, *The Advertising World* (July 1911).
[7] Hubbard, quoted in Champney, *Art and Glory*, p. 16.
[8] Quoted in Champney, *Art and Glory*, p. 188.
[9] *The Advertising World* (July 1911).
[10] This material on advertising is taken from the following useful historical studies: Frank Presbrey, *The History and Development of Advertising* (New York, 1929); Otis Pease, *The Responsibilities of American Advertising, Private Control and Public Influence, 1920—1940* (New Haven, Conn., 1958); Stuart Ewen, *Captains of Consciousness: Advertising and the Social Roots of the Consumer Culture* (New York, 1976); Sarah Stage, *Female Complaints: Lydia Pinkham and the Business of Women's Medicine* (New York, 1979); Daniel Pope, *The Making of Modern Advertising* (New York, 1983); Stephen Fox, *The Mirror Makers: A History of American Advertising and Its Creators* (New York, 1984); Michael Schudson, *Advertising, the Uneasy Persuasion: Its Dubious Impact on American Society* (New York, 1984); Roland Marchand, *Advertising the American Dream, Making Way for Modernity, 1920—1940* (Berkeley, Calif., 1985); William Leiss, Stephen Kline, and Sut Jhally, *Social Communication in Advertising* (New York, 1986); and Susan Strasser, *Satisfaction Guarantee: The Making of the American Mass Market* (New York, 1989).
[11] On spread of advertising and percentage of national income, see Thomas Cochran, "Business in Veblen's America," in *Thorstein Veblen: The Carleton College Veblen Seminar Essays*, ed. Carlton C. Qualey (New York, 1968), pp. 47—71; Fox, *Mirror Makers*, pp. 1—40; Strasser, *Satisfaction Guaranteed*, pp. 89—123. On crucial early reliance on magazines, see Presbrey, *The History and Development of Advertising*, pp. 446—85.
[12] JW, quoted in *The Advertising World* 22 (November 1917): on the "everyday advertisement," see *DGE* (March 23, 1895); on "continuous advertising," *Printer's Ink, Fifty Years: 1888 to 1938* (New York, 1938), p. 131; and on "the newspaper of today," see *DGE* (July 16, 1904). See also, on Wanamaker's importance, *DGE* (July 16, 1904); *Printer's Ink, Fifty Years*, p. 131; and Presbrey, *The History and Development of Advertising*, pp. 324—39.
[13] *Printers' Ink, Fifty Years*, p. 146. On the emergence of the powerful agencies, see Presbrey, *The History and Development of Advertising*, pp. 522—31; Fox, *The Mirror Makers*, pp. 35—77, and Pope, *The Making of Modern Advertising*, pp. 112—83.
[14] Strasser, *Satisfaction Guaranteed*, pp. 9—11, 163—202.
[15] Fox, *The Mirror Makers*, pp. 41—43.
[16] Macy management, "A Typed Statement About Advertising, Pasted into the

Advertising File for 2/12−3/14," Harvard History Project, 1934, Record Group 10 (13−14), MA; *DGE* (February 2, 1901); *The Advertising World* 21 (November 1916): 210; *DGE* (September 2, 1905 and September 9, 1905).

[17] *The Poster* (April 1913); 13. See also *DGE* (December 5, 1896): "Display advertising ......is the wave of the future"; *DGE* (January 27, 1900): "Our advice to advertisers is to use cuts. The picture in the ad is the chief 'eye-catcher' of all"; *DGE* (January 4, 1901), p. 7: "The adman so transposes and transfigures......the qualities of merchandise into the picture that will impress fully the man or woman whom he addresses"; and *Fame* (September 1899): "The pretty picture makes a pleasant impression forever to be associated with the articles advertised." Similar quotations from this period (1895 to 1920) could be readily cited in the hundreds.

[18] JW to Charles Simonet (May 13, 1913), Wanamaker Letterbook, "April 5, 1913 to October 25, 1913," p. 346, WA; JW, personal memorandum book, "Things to Remember" (1911). Pp. 1−2; and Manly Gillam, interview, *DGE* (September 17, 1904).

[19] David Anderson, "Washington Shopper, A. D. 1880," *The Washington Post*, POTOMAC (November 2, 1969), pp. 24−25, District of Columbia Historical Society; and, on advertising cards in general, see the rich collections in the Warshow Collection of Business Americana, Archive Center, NMAH, Smithsonian Institution, Washington, D. C.; and in the Bella Landauer Collection of Advertising Art, NYHS, New York City.

[20] My description of the early catalogs is based on a reading of the hundreds of catalogs in the Warshow Collection of Business Americana and the Bella Landauer Collection of Advertising Art, and in the John Wanamaker Archives in Philadelphia. Mail-order magazines were also popular in this period, especially *Comfort*, which advertised the mail-order catalog business to millions of readers after 1890. On the birth of the mail-order magazines (especially of *Comfort*), see Dorothy Steward Sayward, "*Comfort* Magazine, 1888−1942: A History and Critical Study," *University of Maine Bulletin 62* (January 20, 1960): 1−108. *Comfort* magazine was the biggest mail-order magazine in history.

[21] Paul Nystrom, "Notes on The Mail Order Houses," testimony before the Bureau of Corporations, Resale Price Investigation (1913), 7222−108−1, Record Group 151, NA; and "Recent Trade Catalogues," *DGE* (November 2, 1902).

[22] On Siegel-Cooper's, see *The American Grocer* 83 (March 2, 1910): 12; on Simpson, Crawford, Simpson, see *The American Grocer* 74 (December 13, 1905): 19. For Wanamaker's see *Baby Coaches* (Spring 1891) and *Bicycles* (1897), WA.

[23] *DGE* (April 6, 1907); *The Advertising World* 22 (May 1918): 12, 396.

[24] John Wanamaker and Co., *Fall and Winter Catalogue, 1899−1900*, no. 4, Warshow Collection of Business Americana; and H. O'Neill and Co., *Holiday Gifts Catalogue* (New York, 1898), Bella Landauer Collection of Advertising Art.

[25] Artemas Ward, copy of the contract with the Interborough Rapid Transit Company (December 27, 1913), p. 5; and Artemas Ward, "A Pictorial Presentation of Interborough Medium" (New York, 1925), pp. 5, 18−21. Both these documents are in the possession of the NYPL.

[26] On visual change generally, see Presbrey, The *History and Development of*

Advertising, pp. 244–359; Fox, *Mirror Makers*, pp. 40–44; and C. J. Shearer, advertising manager at Bloomingdale's, for "great change" in advertising between 1889 and 1897, *MRSW* (June 1908).

[27] Strasser, *Satisfaction Guaranteed*, pp. 43–46.
[28] Rupert Brooke, "extracts from an article in the *Westminster Gazette*" (October 18, 1913), p. 2, WA. On poster art generally in this period, see Herbert Cecil Duce, *Poster Advertising* (Chicago, 1912), pp. 107–13; and Presbrey, *The History and Development of Advertising*, pp. 490–97.
[29] Joseph Huneker, *New Cosmopolis: A Book of Images* (New York, 1915), p. 149; *Fame* (December 1896); *The Poster* I (January 1896): 1; *The Poster* (February 1896): 14–17; Presbrey, *The History and Development of Advertising*, pp. 512–21.
[30] Quoted in Quentin J. Schultze, "Legislating Morality: The Progressive Response to American Outdoor Advertising, 1900–1917," *The Journal of Popular Culture* 17 (Spring 1983): 38.
[31] On the evangelical "premillennial" preaching in New York and elsewhere in about 1912, and on Isaac Haldeman's *Signs of the Times*, see George M. Marsden, *Fundamentalism and American Culture: The Shaping of Twentieth-Century Evangelicalism: 1870–1925* (New York, 1980), esp. subsection "This Age Condemned: The Premillennial Extreme," pp. 125–26.
[32] "Be It So, Electrical Advertising Has Only Begun," *ST* (December 1912).
[33] Presbrey, *The History and Development of Advertising*, pp. 507–11; *ST* (August 1912): 9; Leonard G. Shepard, "Sign Lighting," in *Illuminating Engineering Practice: Lectures on Illuminating Engineering*, ed. Charles Steinmetz (New York, 1917), pp. 535–46; and David E. Nye, *Electrifying America: Social Meanings of a New Technology, 1880–1940* (Cambridge, Eng., 1990), pp. 51–55.
[34] O. J. Gude, "Art and Advertising Joined by Electricity," *ST* (November 1912): 3; for short sketches of Gude and his business, see Robert Grau, *The Business Man in the Amusement World* (New York, 1910), pp. 247–48, and Presbrey, *The History and Development of Advertising*, pp. 505–6.
[35] Fogg Mead, "The Place of Advertising in Modern Business," *Fame* 10 (April 1901): 163.
[36] Gude, "10 Minutes' Talk on Outdoor Advertising," *ST* (June 1912).
[37] Gude, "Art and Advertising Joined by Electricity": 3; *ST* (August 1912): 9; *ST* (October 1912): 246–47.
[38] Fogg Mead, "The Place of Advertising," 10: 168.
[39] Edward Ross, *Changing America: Studies in Contemporary Society* (New York, 1912), p. 100.
[40] See John J. Costanis, "Law and Aesthetics: A Critique and a Reformulation of the Dilemmas," *Michigan Law Review* 80, I (January 1982): 400–415.
[41] Philip Tocker, "Standardized Outdoor Advertising: History, Economics and Self-Regulation," in *Outdoor Advertising: History and Regulation*, ed. John W. Houck (Notre Dame, Ind., 1969), pp. 32–33.
[42] Faber Birren, *Color and Human Response* (New York, 1972), pp. 63–65; K.

Venkataramen, *The Chemistry of Synthetic Dyes* (New York, 1952); David Paterson, *The Science of Color* (New York, 1900). On the Munsell standards, see Birren, p. 63.

[43] Reyner Baynam, *The Architecture of the Well-Tempered Environment* (Chicago, 1969), p. 70; Matthew Luckiesh, *Torch of Civilization* (New York, 1940) and *Artificial Light* (London, 1920).

[44] *DGE* (October 18, 1902), p. 13; *Printers' Ink, Fifty Years*, p. 118; Presbrey, *The History and Development of Advertising*, esp. chap. 41, "The Tremendous Effect of the Half-Tone," pp. 356–60; Estelle Jussim, *Visual Communication and the Graphic Arts: Photographic Technologies in the 19th Century* (New York, 1974), pp. 1–73, 111–19; Peter Marzio, *The Democratic Art: Chromolithography, 1840–1900: Pictures for a 19th–Century America* (Boston, 1979); Neil Harris, "Iconography and Intellectual History: The Half-Tone Effect," in *New Directions in American Intellectual History*, ed. John Higham and Paul Conkin (Baltimore, 1979), pp. 198–201; and "The Making of Cuts," *DGE* (May 19, 1906): "Any article can be photographed and made into a cut."

[45] Manly Gillam, *DGE* (September 17, 1904); *DGE* (Gillam) (November 11, 1897); and *DGE* (Gillam) (February 2, 1901).

[46] Robert Ogden to W. H. Baldwin (February 12, 1903), "Letters," Ogden Papers, Box 3, LC; and Philip W. Wilson, *An Unofficial Statesman—Robert Ogden* (New York, 1924).

[47] JW, speech at a "Meeting Held in the Board Room, regarding the death of Robert Curtin Ogden" (August 7, 1913) in unpublished "Miscellaneous Speeches," p. 274; and JW to RW (August 7, 1913), WA.

[48] Robert Ogden to H. P. Ford (August 9, 1893), Box 3, Ogden Papers.

[49] Robert Ogden, quoted by S. C. Mitchell in his unpublished biography of Ogden, pp. 60–61, Box 27, Ogden Papers; Wilson, *An Unofficial Statesman*, p. 6, and Diary of Robert Ogden (June 9, 1879), Box, 1, Ogden Papers.

[50] Robert Ogden to JW (April 14, 1890, and February 9, 1891), Ogden Papers; Robert Ogden, "Ethics of Modern Retailing," undated speech, Box 22, Ogden Papers; Robert Ogden to RW (July 24, 1898), WA.

[51] Robert Ogden, "Advertising Art," *DGE* (May 15, 1898); for Ogden's own copy, see Ogden Papers (April 13, 1898).

[52] Coy Ludwig, *Maxfield Parrish* (Oswego, N. Y., 1973), pp. 106, 141–45.

[53] Adeline Adams, "The Art of Maxfield Parrish," *The Magazine of Art* 9 (January 1918): 85–101; and Ludwig, *Maxfield Parrish*, pp. 1–13.

[54] Ludwig, *Maxfield Parrish*, p. 143.

[55] Robert Koch, *Louis Tiffany: Rebel in Glass* (New York, 1964), pp. 84–85; and Alma Gilbert, *Maxfield Parrish: The Masterworks* (Berkeley, Calif., 1992), pp. 127–128.

[56] Samuel Strauss, editorial, *The Villager* 3 (March 20, 1920): 182–83.

[57] Ludwig, *Maxfield Parrish*, p. 134.

[58] G. Schonfarber, "What the Advertiser Wants," *The Advertising World* 21 (November 1916): 210.

[59] John Crawford Brown, "Early Days of Department Stores," in *Valentine's Manual of Old New York*, ed. Henry Collins (New York, 1921), pp. 134–35. On older practices,

see *DGE* (October 12, 1889, December 2, 1889, July 21, 1892, and esp. "Piling Goods Outside," June 27, 1896).

[60] *DGE* (October 12, 1889).

[61] On the proliferation of merchandising manuals of this kind, see Leigh Eric Schmidt, "The Commercialization of the Calendar: American Holidays and the Culture of Consumption, 1870–1930," *The Journal of American History* (December 1991): 887–916.

[62] For description of Rose Lawn, see Frank Baum and Russell MacFall, *To Please a Child: A Biography of L. Frank Baum, Royal Historian of Oz* (Chicago, 1951), p. 150.

[63] Allan Nevins, *John D. Rockefeller*, vol. 1 (New York, 1940), chap. 8. Maud Baum, Baum's wife, claimed in her biographical notes for *The Cyclopedia of American Biography* (1922) that "John D. Rockefeller worked for him" (Benjamin Baum). See "Biographical Notes," Papers of Lyman Frank Baum, Arendts Library, Syracuse University.

[64] On Benjamin Baum's oil activity, see Russell MacFall to Dr. Justin Call (July 29, 1974), LFB Papers, Arendts Collection, Syracuse University; and MacFall and Baum, *To Please a Child*, p. 17.

[65] LFB, *The Aberdeen Saturday Pioneer* (hereafter *Pioneer*) (May 10, 1890); and quoted by Matilda Gage, "The Dakota Days of L. Frank Baum," pt, II, *The Baum Bugle* (Autumn 1966).

[66] *Pioneer* (February 1, 1890, February 8, 1890, February 15, 1890, and March 1, 1890).

[67] MacFall and Baum, *To Please a Child*, pp. 32–33; Robert Stanton Baum, "The Autobiography of Robert Stanton Baum," pt. I, *The Baum Bugle* (Christmas 1970); Alla T. Ford and Dick Martin, *The Musical Fantasies of L. Frank Baum* (Chicago, 1958), p. 14; and *The Syracuse Herald* (November 19, 1899), LFB Papers.

[68] MacFall and Baum, *To Please a Child*, pp. 66–61; Matilda J. Gage, "The Dakota Days of L. Frank Baum," *The Baum Bugle* (Spring 1966); *Pioneer* (April 19, 1889).

[69] *Pioneer* (December 22, 1890).

[70] *Pioneer* (May 17, 1890); *Pioneer* (February 8, 1890).

[71] *Pioneer* (March 8, 1890).

[72] *Pioneer* (June 28, 1890).

[73] Max Weber, quoted in Marianne Weber, *Max Weber: A Biography*, trans. And ed. Harry Zohn (New York, 1975, orig. pub. 1920), p. 286. See also, on the spectacular growth of Chicago in this era, Bessie Pierce, *A History of Chicago: The Rise of the Modern City, 1871–1893*, vol, 3 (New York, 1957), pp. 64–277; Christine Rosen, *The Limits of Power: Great Fires and the Process of City Growth* (Cambridge, Mass., 1986), esp. chap. 6, "The Rebuilding of Chicago," pp. 92–176; Vincent Carosso, *Investment Banking in America* (Cambridge, Mass., 1970), pp. 105–9; U. S. Works Project Administration for the State of Illinois, *A Descriptive and Historical Guide* (Chicago, 1939), pp. 195–223; Cyril Ehrlich, *The Piano: A History* (London, 1976); and U. S. Works Project Administration for the State of Illinois, *Chicago's Candy Kettle* (Chicago, 1941), pp. 1–21.

[74] Harry Neal Baum, "Santa Claus at the Baums," *The Baum Bugle* (Christmas 1965).

[75] LFB, *The Art of Decorating Dry Goods Windows and Interiors* (Chicago, 1900), p. 7; and LFB, *The Show Window* (December 1899): 255—57.
[76] *MRSW* 21 (January 1908): 58.
[77] MacFall and Baum, *To Please a Child*, pp. 75—78, 93—95; "The Autobiography of Robert Neal Baum," *The Baum Bugle* (Christmas 1970), p. 2; and LFB to "My Darling Sister" (October 3, 1897), LFB Papers.
[78] LFB, *The Art of Decorating*, pp. 87, 109, 128.
[79] LFB, *The Art of Decorating*, p. 15.
[80] LFB, *The Art of Decorating*, pp. 7—8, 82—86.
[81] LFB, *The Show Window* (April 1899): 66; (May 1899): 243; (October 1900): 33; and LFB, *The Art of Decorating*, pp. 7—9, 14—15, 22, 82, 140, 213—44.
[82] *DGE* (November 23, 1907); and "The New Wanamaker Store," *Architects' and Builders' Magazine* 38 (June 1906): 365—72.
[83] On "all glass fronts" and "splintering maze," see *DGE* (January 29, 1910); and on the domestic production and consumption of plate glass, see U. S. Department of Labor, Bureau of Labor Statistics, " Productivity of Labor in the Glass Industry," no. 441 (Washington, D. C., 1927), p. 170.
[84] W. Hamish Frazer, *The Coming of the Mass Market, 1850—1914* (London, 1981), pp. 94—109.
[85] Frederick Kiesler, *Contemporary Art Applied to the Store and Its Display* (New York, 1930), p. 70; on Philadelphia in the 1850s, see Marion Bell, *Crusade in the City: Revivalism in Nineteenth-Century Philadelphia* (Lewisburg, Pa., 1977), p. 171.
[86] Lizabeth Cohen, *Making a New Deal: Industrial Workers, 1919—1939* (New York, 1990), pp. 114—15.
[87] Ralph Waldo Emerson, " Nature," in *Selected Writings of Ralph Waldo Emerson*, ed. William H. Gilman (New York, 1965), p. 189.
[88] On the earlier precapitalist tradition of interdependency that included the poor's entitlement to help from the rich, see Robert L. Heilbroner, *The Nature and Logic of Capitalism* (New York, 1985), pp. 38—42.
[89] Artemas Ward, Inc. *A Pictorial Presentation of Interborough Medium* (New York, 1925), pp. 5—12; "Illinois Tunnel Company......Chicago Subway System" (Chicago, c. 1910), NYPL; Edward Eldredge to LK, superintendent of Filene's department stores (September 12, 1909), LKP, Baker Library, HBS; *MRSW* (April 1908, May 1908, July 1908, January 1908, and March 1908). On Philadelphia's Wanamaker's, see Herbert Adams Gibbons, *John Wanamaker*, vol. 2 (New York, 1926), p. 211.
[90] "The Art of Paneling," *DGE* (August 28, 1897). This article notes that "quite a few stores" are beginning to "panel back and ceiling alike."
[91] *DGE* (January 25, 1908), p. 81; *DGE* (July 7, 1917); *DGE* (July 21, 1921), pp. 59, 79; and Matthew Luckiesh, *Light and Color in Advertising and Merchandising* (New York, 1922), pp. 146—70, 207—17.
[92] On grouped figures in anthropological exhibits, see Ira Jackins, "Franz Boas and Exhibits; On the Limitations of the Museum Method of Anthropology," in *Objects and Others: Essays on Museums and Material Culture*, ed. George W. Stocking (Chicago,

1985), pp. 75–111.
[93] Interview with Field's displayman, Arthur Fraser, "Lloyd Lewis Interviews" (1946), MFA; *MRSW* 33 (November 1913): 20–21, 40–41; *MRSW* 34 (June 1914): 20–21, 36–39; and *MRSW* (April 1908): 16–19. On evolution of the mannequin industry, see "The Evolution of Expression," *Visual Merchandising* 5 (February 1978): 49–51 and "Mannequins from the Beginning" 4 (May 1980): 42; *The Department Store* 3 (April 1914): 61–63; *Show Window* 3 (January 1, 1899): 12; *DGE* (October 12, 1889), p. 15; *DGE* (December 10, 1898), p. 12.
[94] Leonard Marcus, *American Store Window* (New York, 1978), pp. 34–35; *DGE* (August 18, 1908), p. 3; *DGE* (July 26, 1913), p. 8; *DGE* (February 21 and April 12, 1914), pp. 3, 17; *DGE*(October 27, 1917), p. 14; and *DGE*(July 12, 1919), p. 23.
[95] Hundreds of "many small dealers," reported one trade journal, "work hard to imitate the big store displays," even if the costs "seem too high." See *The American Grocer* 74 (December 13, 1905): 19.
[96] On the Altman window, see *DGE* (March 5, 1910); and on the Gimbels window, see *MRSW* (February 1916).
[97] John Dos Passos, *1919* (New York, 1932), p. 99.
[98] *The Dry Goods Reporter* (August 15, 1908).
[99] *MRSW* 44 (June 1919): 12–13; *Fame* 7 (May 1899): 217; *The Department Store* 2 (August 1914): 3; *The Dry Goods Reporter* (August 15, 1908), p. 13; and Emily Kimbrough, *Through Charley's Door* (New York, 1952), pp. 101–3.
[100] *MRSW* 47 (October 1920): 29–30.
[101] *DGE* (April 3, 1920 and October 9, 1920).
[102] On Macy's, see *The Department Store* 3 (April 1914): 61–63; *MRSW* 47 (October 1920). On Wanamaker's and Greenhut's, see, respectively, Wanamaker's show window photographs (1911), WA; and *Signs of the Times* 3 (December 1912): See, on similar displays in windows, *DGE* (December 6, 1917), p. 10; and *MRSW* 47 (October 1920): 29–39.
[103] "A Window Without Reflection," *PT* 11 (January 1914): 103. On Allert's interior displays, see "A Notable Series of Displays," *MRSW* (November 1913); and on his center-floor display fixtures, see Macy's Council Minutes (May 25, 1914), Record Group I, MA.
[104] *DGE* (April 22, 1916); and quoted by Joseph Purdy, "Notes on New York," *MRSW* (April 1916 and May 1912).
[105] On Allert's conversion to Christian Science, see *MRSW* (October 1916), 40; and on his resignation from Macy's, see *MRSW* (September 1916).
[106] Herman Frankenthal, quoted in *MRSW* (December 1916, May 1912, September 1916, January 1917, and "Draping Deluxe," April 1908).
[107] Selfridge, "Selfridge, Harry, Notes Concerning Subjects of Talks......to Department Heads," compiled by Waldo Warren (1901–4, April 14, 1902), MFA.
[108] "Chicago's Rapid Growth," *DGE* (March 30, 1901), p. 3. Lloyd Lewis interviews with John W. Hughes and David Yates, "Lloyd Lewis Interviews" (1946), MFA.
[109] *MRSW* 79 (November 1936): 4–5; *MRSW* 30 (November 1913): 20; interview with

Fraser, "Lloyd Lewis Interviews"; S. H. Ditchett, *Marshall Field and Co.: The Life Story of a Great Concern* (New York, 1922), pp. 87–91; Robert Twyman, dissertation on Field's, University of Chicago, 1950, copy in MFA, p. 386; *MRSW* 61 (October 1927): 7; and Earl Dash, "Fraser Was the Greatest Displayman of Them All," *WWD* (July 8, 1947), p. 71.

[110] Fraser, "Lloyd Lewis Interviews," MFA.
[111] Frank Robertson, "Window Displays Deluxe," *MRSW* 30 (February 1913): 12.
[112] *MRSW* 53 (October 1923): 4; interview with Fraser, "Lloyd Lewis Interviews"; Ditchett, *Marshall Field*, p. 88; and Robertson, "Window Displays Deluxe."
[113] *MRSW* 56 (February 1925): 31; and Fraser interview, "Lloyd Lewis Interviews."
[114] "Questionnaire for Guides," Training Division (June 21, 1933), "Employment Development Box," MFA.
[115] Theodore Dreiser Diary (November 10 and 26, 1917), in *Theodore Dreiser: American Diaries, 1902–1926*, ed. Thomas Riggio (Philadelphia, 1982), pp. 204, 222.

第三章

[1] Sophie C. Hall Diary (February 1879 and January 31, 1879), Manuscript Division, NYPL.
[2] Louis Ferkin, counselor at law, to PS (January 12, 1921), Shoplifting File, MA.
[3] For a description of such decorations, see, on Wanamaker's. *The Public Ledger* (December 19, 1887): 182: "The walls and pillars are gaily decorated with the goods in the store wrought into fanciful designs......Hanging from the second floor of the transept dome are specimens of the upholsterer's work. A plush embroidered piano cover hangs from the railing, attracting the eye from below" (Wanamaker scrapbook, "Notices, Invoices," WA).
[4] *The Show Window* (June 1899): 297–98; and *DGE* (December 8, 1894), p. 3.
[5] "A Model Store Front," *DGE* (February 5, 1898), p. 9.
[6] "Revolving Doors," *DGE* (April 13, 1907): and "Revolving Doors Best," *DGE* (August 20, 1904).
[7] JW to A. I. English (December 20, 1899), Wanamaker Letterbook, vol. 24, p. 215, WA.
[8] Theodore Delemos, *The Dry Goods Chronicle* (July 23, 1895), Siegel-Cooper Scrapbook, NYHS.
[9] *DGE* (March 25, 1916), p. 25; and *MRSW* 32 (June 1913): 12–13.
[10] See JW to Thomas Wanamaker (February 22, 1898), WA, and "Escalator a Success," *DGE* (November 24, 1900), p. 37.
[11] R. F. Starr, "Lloyd Lewis Interviews," MFA; "Through English Eyes," *Store Life* (October 1904): 8–9; *DGE* (November 24, 1900), p. 14; *DGE* (January 25, 1908), p. 83; *DGE* (February 6, 1915), p. 60; *DGE* (May 22, 1915), p. 67; and *DGE* (January 25, 1913), p. 61.
[12] "How Escalators Contributed to the Development of a Great Store," *DGE* (January 25, 1913), p. 61.
[13] On the variety of display cases, see *DGE* (Septmber 24, 1898), p. 9; *DGE* (April

14, 1900), p. 14; *DGE* (January 21, 1905), p. 55; Warren C. Scoville, *Revolution in Glassmaking: Entrepreneurship and Technological Change* (Cambridge, Mass., 1948), pp. 78–83, 103–4, 253–59; and Freda Diamond, *The Story of Glass* (New York, 1953), pp. 79–128.

[14] Harry Morrison, "Modern Store Designing," *MRSW* 1 (January 1922): 1; *DGE* (January 21, 1905), p. 55; *DGE* (April 14, 1900), p. 14; *DGE* (September 24, 1898), p. 9; and *The Advertising World* 22 (November 1917): 206–8.

[15] JW to RW (January 2, 1891, August 10, 1890, and October 24, 1890), WA.

[16] JW, "Memorandum Book: Trip Abroad, 1886," in metal tin box, WA.

[17] Morrison, "Modern Store Designing," *The Show Window* (June 1899); *MRSW* 30 (March 1913): 20; and *DGE* (August 7, 1897).

[18] "Mirrors in Stores," *DGE* (September 24, 1898), p. 9.

[19] *DGE* (February 20, 1904), p. 32; and "Mirrors in Stores," 9.

[20] Macy's, "Minutes of the Board of Operations" (February 19, 1920), MA; *DGE* (August 23, 1902), 21.

[21] Interview with Reynard F. Starr, head of maintenance and construction at Marshall Field's, 1923–40, "Lloyd Lewis Interviews" (1946), transcript, MFA.

[22] W. J. McC., "Report" (July 24, 1902), beginning "I first visited Gimbels," WA. On the "dull season" blight, see JW to Reverend Eckels (December 6, 1895), JW Letterbook, vol. 15, p. 930; and JW to William Nesbitt (January 9, 1897), vol. 17, p. 987, WA.

[23] JW, memorandum book, "1900" (September 7, 1900); and memorandum book, "1894," p. 10, WA.

[24] *MRSW* (March 1913); *DGE* (May 20, 1905).

[25] Mary C. Henderson, "Theater Architecture as Corporate Symbol: Syndicate and Shubert Theaters" (1988), unpublished manuscript in author's possession; Harriet Monroe, *John Wellborn Root: A Study of His Life and Work* (Park Forest, Ill., 1966; orig. pub. 1896), pp. 207–46; Robert Twombly, *Louis Sullivan: His Life and Work* (New York, 1986), pp. 163–96, 247–79, 337–47; Lauren S. Wingarden, "The Colors of Nature: Louis Sullivan's Polychromy and Nineteenth-Century Color Theory," *Winterthur Portfolio* 29 (Winter 1985): 243–60; and on Sullivan, William Gray Purcell, "Creating Background and Atmosphere Which Sell Merchandise," *MRSW* (January 1930).

[26] Unsigned, "The Educational Value of a Great Shop", *House and Garden* 13 (May 1904): 21–25; and Samuel Howe, "One Source of Color Values," *House and Garden* 10 (September 1906): 105–13. The May 1904 *House and Garden* article gives the only evidence I know of that Tiffany himself designed the dome. For a discussion of the symbolic significance of green and blue, see Oswald Spengler, *The Decline of the West* (New York, 1991; orig. pub. 1932), pp. 128–29.

[27] Jules Guerin, "The Magic City of the Pacific's Architects, Painters, and Sculptors Offer Their Best to the Panama-Pacific Exposition," *The Craftsman* 26 (August 1914): 465–80.

[28] Ann Halpenny Kantor, "The Hotel Del Coronado and Tent City," in *Victorian Resorts and Hotels: Essays from a Victorian Society Autumn Symposium*, ed. Richard Guy

Wilson (New York, 1982); and on L. Frank Baum's output of stories at the hotel, see Scott Olsen, "The Coronado Fairyland," *The Baum Bugle* (Winter 1976).

[29] Anna Alice Chapin, *Greenwich Village* (New York, 1925; orig. pub. 1917), pp. 209–40; and Lewis Erenberg, "Village Nights: Episodes in the Nightlife of Greenwich Village, 1910–1950," unpublished manuscript in possession of author, pp. 1–3.

[30] *DGE* (September 21, 1907), p. 36; *DGE* (February 2, 1904), p. 58; *DGE* (April 6, 1901), p. 12; *MRSW* 50 (December 1923): 6.

[31] "Store's Bargain Mart," *DGE* (May 19, 1901). On the evolution of the bargain basement, see *DGE* (December 14, 1889, August 29, 1891, November 7, 1894, November 17, 1900, May 18, 1901, October 18, 1902, and October 2, 1912).

[32] Quoted in "Store's Bargain Mart," p. 11.

[33] *DGE* (April 12, 1912); *DGE* (October 25, 1902).

[34] On these interior display strategies, see "Marshall Field and Company, Retail," *Chicago Dry Goods Reporter* (October 11, 1902), an extensive article written soon after the opening of the new store, copy, MFA; and interview of Michael Cary, Field's sales manager in wholesale in the early 1920s and a cash boy in the 1890s, "Lloyd Lewis Interviews," MFA.

[35] JW to G. Harry Davis (May 2, 1883), Wanamaker Letterbook, "J. W. Private, 1883–1884," p. 33; and JW to George Burgurn (February 24, 1886) in Wanamaker Letterbook, "J. W. Personal—December 22, 1885 to December 2, 1886," p. 154, WA. For a "lenient" judge, see Frederic Kernochan, chief justice of Special Sessions, to Jesse Straus (April 24, 1919), Shoplifting File, MA.

[36] Michael Cary, interview, "Lloyd Lewis Interviews," MFA. For a recent book on kleptomania, see Elaine Abelson, *Ladies Go A-thieving* (New York, 1988). And for an analysis of the "syndrome" in France, see Michael Miller, *The Bon Marche* (Princeton, N. J., 1982).

[37] Quoted in *WWD* (January 2, 1912), pp. 6–7.

[38] A. Nicholas Vardac, *Stage to Screen: Theatrical Method from Garrick to Griffith* (New York, 1949), pp. 139–51, 89–135; Elizabeth Kendall, *Where She Danced* (New York, 1979); and Dolf Sternberger, *Panorama of the 19th Century*. The Vardac book is especially useful in demonstrating the relationship between the theater and other forms of visual representation.

[39] JW and Co., *New York: Metropolis of the World* (New York, 1916), p. 53; JW and Co., *The Guide Book and Information Concerning the Wanamaker's Mail Order Service* (New York, 1910), p. 32; *Betty Comes to Town* (New York, 1920), pp. 11–65; *The Wanamaker Originator* 2 (November 1908): 2, WA; *DGE* (October 17, 1908); and *The Dry Goods Reporter* (October 17, 1908).

[40] Jerome Koerber, "Store Decoration," *MRSW* 23 (April 1912): 54.

[41] Herbert Croly, "Some Novel Features of the Pan-American Exposition," *The Architectural Record* 11 (October 1901): 591–614.

[42] Bernard Sobel, "Pageantry Possibilities," *Proceedings of the Mississippi Valley Historical Association* 9, I (Cedar Rapids, Ia., 1917): 301–6. For a recent discussion on

the pageant movement but from a different perspective, see David Glassberg, "History and the Public: Legacies of the Progressive Era," *The Journal of American History* 73 (March 1987): 957–80.

[43] Margaret Knapp, "A Historical Study of the Legitimate Playhouses on West Forty-second Street Between Seventh and Eighth Avenues in New York City," ph. D. diss., City College of New York (1982), pp. 56, 80–81; and Stephen Burge Johnson, *The Roof Gardens of Broadway Theaters, 1883–1942* (Ann Arbor, Mich., 1985).

[44] Quoted in Erenberg, "Village Nights," p. 9; on the other Village places mentioned here, see Erenberg, pp. 3–4.

[45] "Store Decoration," *MRSW* 2 (April 1912): 54.

[46] *DGE* (December 5, 1895); *DGE* (July 8, 1905); "The Power of Store Decoration," *Store Life* (October 1904); *MRSW* (June 1918).

[47] On these various fantasy interiors, see *DGE* (March 20, 1897), p. 97; (October 6, 1900), p. 20; and (May 24, 1902), p. 73.

[48] "Oriental Display," *DGE* (March 17, 1900), p. 62.

[49] "Special Interior Displays," *MRSW* (January 1911); "Elaborate Easter Displays," *DGE* (April 21, 1900).

[50] Robert Ogden to JW (December 31, 1895), Box 5, "Letters to John Wanamaker," Robert C. Ogden Papers, Library of Congress.

[51] On these facades and rose windows, see the Christmas photographic display albums of Howard Kratz, display manager in Philadelphia (1921, 1924, and 1928), WA; on the New York store displays, see *WWD* (February 4, 1928), p. 3. To get the details of the facades "just right," the New York displayman, Kratz and William Larkin, relied on the handbook of the American Wing of the Metropolitan Museum of Art.

[52] *DGE* (December 3, 1898).

[53] *MRSW* 23 (February 1908; April 1908).

[54] "Wonderful Industry for American Baby Built Up in Last 60 Years," *DGE* (November 19, 1921), p. 225; and *PT* (March 19, 1920), p. 144.

[55] "To the Members of the Toy Section," in "Addresses to Store Chiefs," privately printed (October 30, 1916), p. 203, WA. On percentage of increase in the American toy business, see U. S. Department of Commerce, "International Trade in Toys," Trade Information Bulletin no. 445 (Washington, D. C., December 1926).

[56] *DGE* (September 21, 1893; November 25, 1893).

[57] On Siegel-Cooper's see *The Dry Goods Reporter* (December 12, 1908) and *DGE* (December 19, 1908), p. 19; on Namm's and The Fair, see *DGE* (November 10, 1910).

[58] *PT* 10 (March 1912): 75.

[59] "Report on Value of Toy Manufacturers Based on Summary of Questionnaires Issued by War Industries Board," Toys—General–1918–25, file 205. 6, Record Group 151, BFDC, NA; Fletcher Dodge, secretary of Toy Manufacturers of U. S. A., to the Bureau of Foreign and Domestic Commerce (March 5, 1921), 205. 6, RG 151, BFDC, NA; *DGE* (August 29, 1896), p. 49; and *DGE* (February 9, 1918), p. 80.

[60] *PT* 15 (September 1917): 19; and *Toy World* 2 (March 1929): 48.

[61] JW to RW (November 30, 1915), Wanamaker Letterbook, p. 851, WA. In this letter,

Wanamaker asks his son in New York to send him some toy "jiggers" from the Manhattan store, since "you seem to have an abundance of them."
[62] U. S. Department of Commerce, "International Trade in Toys." See also, on cuddle toys, *DGE* (September 13, 1919); and on dolls, *DGE* (March 28, 1918).
[63] "Important Dates Marshall Field and Co., 6/25/1887—Sept. 7, 1933, Inclusive," compiled by F. L. Morgan, MFA; and Harry Selfridge," Children's Day" (September 25, 1905), from "Notes Concerning Subjects of Talks Made by H. G. S. to Department Heads......ad Compiled by Waldo Warren, 1901—1906," MFA; and *Toys and Novelties* 4 (April 1911): 10.
[64] *TN* 4 (April 1911): 10; and, for Marshall Field editorial, see *The Advertising World* (March 1912).
[65] Hughston McBain, "Lloyd Lewis Interviews" (1946), MFA.
[66] *PT* 10 (December 1912): 44.
[67] *PT* 15 (June 1917): 5; and *DGE* (November 11, 1922), p. 17.
[68] Siegel-Cooper and Co., *New York—a Bird's-Eye View of Greater New York and Its Most Magnificent Store* (New York, 1898), p. 136, NYPL; *The Show Window* (November 1899): 209; *Fame* 5 (January 1897): 419; *DGE* (December 22, 1894); *DGE* (October 30, 1920), p. 43; and *The Washington Star* (December 18, 1899), p. 13.
[69] *ST* (December 1912); *DGE* (December 4, 1913), p. 107; and *PT* 18 (December 1920): 174.
[70] JW to Reverend S. W. Steckel (December 11, 1907), in Wanamaker Letter-book, "Personal Letters of John Wanamaker, December 14, 1906 to February 20, 1908," p. 763, WA.
[71] JW, speech "To the Members of the Toy Section" (October 30, 1916), in "Addresses to the Store Chiefs," privately printed for store staff, p. 202, WA.
[72] *PT* 10 (December 1912): 34; *PT* 11 (December 1915): 52—54; *DGE* (December 22, 1894), p. 15; and John Wanamaker and Co., Wanamaker advertising card, "Visit Santa Claus and See the Toys in the Basement," c. 1900, Dry Goods Collection, Warshow Collection of Business Americana, Archive Center, NMAH, Smithsonian Institution.
[73] *PT* 12 (December 1914): 64. On the 1914 transfer of the toy department to the fourth floor, see JW to RW (August 10, 1914), Wanamaker Letterbook, WA.
[74] *PT* 12 (December 1914): 64.

第四章

[1] Jerome Koerber, quoted in *MRSW* (February 1912).
[2] *DGE* (September 14, 1901); and *The Advertising World* 21 (October 1916): 172. "Style" affects the "value" of a commodity and is "highly changeable. A style value commands and extra cost to the purchaser. Just as soon as a style begins to pass, their value begins correspondingly to decrease."
[3] *DGE* (August 15, 1903); and Veblen, quoted in Dorfman, *Thorstein Veblen* (New York, 1934), p. 113.
[4] On the increased use of raw silk, see *DGE* (June 18, 1904).

[5] William D. Haywood, "The Rip in the Silk Industry," the *International Socialist Review* (May 1913), repub. in Joyce L. Kornblun, ed., with introductions, *Rebel Voices: An I. W. W. Anthology* (Ann Arbor, Mich., 1964), pp. 205–6. As Kornbluh points out, Haywood later used the material in this article, based on his own research, as data testimony before the U. S. Industrial Relations Commissions on employer use of "sabotage" in industry, to the great embarrassment of the Paterson silk manufacturers. On the evolution of silk production methods, see Philip Scranton, ed., *Silk City: Studies on the Paterson Silk Industry, 1860–1940* (Newark, N. J., 1985); Melvyn Dubovsky, *We Shall Be All: A History of the Industrial Workers of the World* (Chicago, 1969), pp. 229–69; and James D. Osborne, "Paterson: Immigrant Strikers and the War of 1913," in *At the Point of Production, The Local History of the I. W. W.*, ed. James R. Conlin (Westport, Conn., 1981), pp. 61–78.

[6] Elizabeth Gurley Flynn, "The Truth About the Paterson Strike" (January 31, 1914), repub. in Kornbluh, ed., *Rebel Voices*, pp. 215–26.

[7] On the garment industry, see Irving Howe, *World of Our Fathers* (New York, 1976), pp. 154–56; and Graham Adams, Jr., *Age of Industrial Violence, 1910–1915* (New York, 1966), pp. 103–13. For the Crawford citation, see Morris d'Camp Crawford "Address Delivered Before the National Silk Convention," November 23, 1916, Box 10, 1913–1916, Central Archives, AMNH, New York City.

[8] Dubovsky, *We Shall Be All*, pp. 267–68.

[9] *DGE* (August 15, 1903); and *DGE*, editorial (November 12, 1898).

[10] *DGE* (August 15, 1909), p. 3.

[11] M. D. Crawford, *The Ways of Fashion* (New York, 1941), p. 114; Alexander Deutsch, "The Trend in Fashion," *The Department Store* (April 1914): 7–11.

[12] The figure on the buyers is from *Sheldon's Retail Trade in the United States* (New York, 1916). This directory furnished the retail business with a list of all buyers in the country and is still published today. I would like to thank Jerome Bompard for helping me count the buyers.

[13] On Mollie Netcher, see "Boston Store to Build," *MRSW* (January 1910); on Rebecca Ehrich, see *DGE* (March 17, 1900); and on Lena Himmelstein, see Robert Hendrikson, *The Grand Emporiums: The Illustrated History of America's Great Department Stores* (New York, 1979), pp. 178–79, and Tom Mahoney and Leonard Sloane, *The Great Merchants* (New York, 1966), pp. 244–57.

[14] Interview with Lloyd Lewis (1946), transcript, MFA.

[15] JW advertising editorials (January 8, 1914, and January 26, 1916), in *Editorials of John Wanamaker*, vol. I (October 1, 1912–December 31, 1917), WA. On Wanamaker's almost lifetime support of suffrage, see JW to Naomi Pennock (January 23, 1912), in letterbook (August 10, 1911, to March 22, 1912), p. 721. See also Wanamaker's speech "To the Members of the Toy Section" (October 30, 1916): "When this store began, women did not work in stores. All they were interested in then was in sewing and scrubbing, and housekeeping. Now it comes to pass that women are in competition with men. I could take you to the place where they are making as much as $10,000 a year. 'You say where are they?' Some of them are in architects' offices, where they are

making plans. Women are great planners, and when a woman starts out and says, 'I am going to be an architect' and if she is a woman of the right sort, she will do it. There is no reason why she cannot do it as well as a man." "Addresses to Store Chiefs," privately printed, p. 204, WA.

[16] JW to Nancy McClellan (January 9, 1922), and JW to Elizabeth Kaufman (November 29, 1921), Wanamaker Letterbook, "August 24, 1921 to June 15, 1922," WA. For biographical material on McClellan, see her obituary, *NYT* (October 2, 1959), p. 29.

[17] Interview with Macy's buyer, Lena Robenau, Harvard History Project, Box 4 of 4, Record Group 10, MA.

[18] Mae De Mon Sutton, *I Reminisce* (Fort Lauderdale, Fla., 1942), pp. 29–39, 59–67; and "Style Show in Theater," *DGE* (September 4, 1915), p. 36.

[19] JW to RW, April 19, 1911, letters to RW, WA.

[20] Faith Chipperfield, *In Quest of Love* (New York, 1957), p. 19; and Faith Chipperfield, letter to *The New York Times* (July 7, 1957), for New York City reference.

[21] Anne Evans to LK (June 6, 1919), Box 22, LKP, "Business Methods"; and Lincoln Filene to LK (July 28, 1914), Box 22, LKP, Baker Library, HBS.

[22] RW to JW (March 8, 1912), Wanamaker Letterbook (August 10, 1911 to March 22, 1912), p. 894, WA.

[23] Evans and Chipperfield to LK (April 28, 1919, February 19, 1919, and June 6, 1919), Box 22; LK to Chipperfield and Evans (July 2, 1919), Box 22; A. Lincoln Filene to LK (February 11, 1919), Box 65, "Filene, A. Lincoln," LKP, Baker Library, HBS.

[24] Wanamaker advertisements, *MRSW* (February 1914).

[25] Obituary of RW, *New York Telegram* (March 9, 1928), p. 2, and *Evening Journal* (March 9, 1928), p. 1, "In Memoriam, Rodman Wanamaker, 1863–1928," scrapbook, WA; *DGE* (April 3, 1897); JW to Emily Sartrain (May 16, 1908), WA; Joseph Appel, *The Business Biography of John Wanamaker* (New York, 1930), p. 402; and "Sam" to Rodman Wanamaker (October 20, 1894), WA.

[26] *DGE* (January 16, 1897), pp. 42–43; *DGE* (November 20, 1897), p. 97; JW, quoted in Appel, *The Business Biography of John Wanamaker*, p. 402.

[27] R. H. Helmer to JW (c. 1911), Wanamaker Letterbook, vol. 48, p. 45, JW.

[28] Quoted from *DGE* (October 29, 1900); *DGE* (March 8, 1902), pp. 53, 77–86; *MRSW* (June 1913).

[29] *DGE* (October 19, 1908).

[30] *DGE* (March 8, 1902), pp. 53, 77–86.

[31] W. H. Coade to Macy's (c. 1902), Harvard History Project, RG 10, pp. 1501–1700, MA; and John Wanamaker, Scrapbook, "The 30th Anniversary of a New Kind of Store" (Philadelphia, 1906), pp. 2–3, WA.

[32] *MRSW* (February and April 1912). On Ehrich's, see *DGE* (October 10, 1903), p. 14. See also "Showing Gowns on Living Models," *MRSW* 25 (November 1909): 39; "Living Models," *MRSW* 22 (May 1908): 45; and *DGE* (August 19, 1911), p. 49; *DGE* (April 12, 1913), p. 55; *DGE* (October 3, 1914), pp. 45–46; Lillian Drain, "Many Artists in Fashion Show Poster Contest," *Poster* 3 (October 1912): 23–24; Albert Morenson, "Fashion Show Posters in Los Angeles," *Poster* 3 (October 1912): 43–44.

[33] *MRSW* (September and November 1915); *DGE* (March 31, 1917); *MRSW* (November 1911).
[34] *The Wanamaker Originator* 2 (November 1908): 2, copy in WA.
[35] *The Wanamaker Originator* 1.
[36] *DGE* (October 5, 1912), p. 117; *DGE* (October 2, 1909), p. 12; *DGE* (October 8, 1910), p. 23.
[37] *MRSW* (March 1917).
[38] *WWD* (April 26, 1912), p. 5.
[39] Vernie Connelly, "The Oasis of Madison Street," *The American Restaurant* 3 (July 1920): 13–15, 48.
[40] *DGE* (March 3, 1917), p. 15; *DGE* (August 25, 1917), pp. 77, 95; *DGE* (July 12, 1919), 24; *DGE* (August 27, 1921), pp. 16–17.
[41] Edward Said, *Orientalism* (New York, 1982); Robert Rydell, *All the World's a Fair* (Chicago, 1984).
[42] See, e. g., Bayard Taylor, *The Land of the Saracens* (New York, 1855), pp. 133–48; George Curtis, *Nile Notes* (New York, 1851), pp. 128–32; and Nathaniel Willis, *Health Trip to the Tropics* (New York, 1853), pp. 63. 88–89.
[43] On this ball, see *Town and Country* 66 (September 6, 1913): 33; and for the Alma Mahler quote, see Robert Koch, *Rebel in Glass* (New York, 1967), p. 69. On Tiffany's orientalism, see Samuel Howe, "The Long Island Home of Mr. Tiffany," *Town and Country* 68 (September 6, 1913): 24–36; Howe, "One Source of Color Values," *House and Garden* 10 (September 1906): 105–13; and Koch, pp. 142–45. On college student and upper-class interest in orientalism, see Virginia Spencer Carr, *Dos Passos: A Life* (New York, 1981), p. 89, and Jackson Lears, *No Place of Grace* (New York, 1981), pp. 142–43, 175–77, 225–41.
[44] *NYT* (October 10, 1919), p. 18; Loren Ruff, *Edward Sheldon* (Boston, 1982), pp. 101–3. On Cleopatra, Egypt, and commercial orientalism generally, see Terry Ramsaye, *A Million and One Nights: A History of the Motion Picture Through 1925* (New York, 1926), pp. 700–704; Miriam Hansen, *Babel and Babylon* (Cambridge, Mass., 1991), pp. 172–87, 237–41; and Antonia Lant, "Egypt and the Cinema," project description, New York University, in possession of author, part 3, p. 4.
[45] *NYT* (October 10, 1919), p. 18; *Theater Arts Magazine* (hereafter *TAM*) 3 (April 1919): 90–92; *TAM* 3 (July 1919): 181; *TAM* 2 (December 1917): 8–9; and *TAM* 2 (December 1917): 12–17. See also Ramsaye, *A Million and One Nights*, pp. 702–6.
[46] Harold Frederic, *The Damnation of Theron Ware, or Illumination*, ed. Charlyne Dodge (Lincoln, Neb. 1989; orig. pub. 1899), pp. 191–203.
[47] Inez Haynes Irwin, *The Lady of Kingdoms* (New York, 1917), pp. 24, 99–103, 472, 475.
[48] LFB, *Daughters of Destiny* (Chicago, 1906), pp. 57–58, 173, 197, 202–3, 305.
[49] Kalem Agency to Jesse Straus (November 30, 1914), Harvard History Project (1934), RG 10, p. 1837, MA.
[50] "Store Decorations on Big Scale," *DGE* (July 20, 1907), p. 29.
[51] Jerome Sterne, "Merchants Cooperate in Holding a Fashion Week," *DGE* (April 1,

1916), p. 73.
- [52] Robert Hichens, *Yesterday: The Autobiography of Robert Hichens* (London, 1947), pp. 67, 180–81, 244–45.
- [53] Robert Hichens, *The Garden of Allah* (New York, 1904), pp. 6. 27, 106.
- [54] Ethan Mordden, *The Hollywood Studios: House Style in the Golden Age of the Movies* (New York, 1988), p. 207.
- [55] Hichens, *Yesterday*, pp. 140, 168–69, 244–45.
- [56] On Nazimova, see Amy Porter, "Garden of Allah, I Love You," in *Hello, Hollywood!: A Book About Hollywood by the People Who Make Them*, ed. Allen Rivkin (New York, 1962), pp. 352–59. See also on the Garden of Allah hotel, Sheila Graham, *The Garden of Allah* (New York, 1970).
- [57] *MRSW* (June 1912 and October 1912).

第五章

- [1] JW 1918 memorandum book, pp. 3–4, tin box, WA.
- [2] Peter Maurin, "To the U. S., a Plea for Houses of Hospitality," *Catholic Worker* (October 1933); repub. in Peter Maurin, *Catholic Radicalism: Phrased Essays for the Green Revolution* (New York, 1949), pp. 7–8; and "Communist Action in Schools: A Challenge to Catholics," p. 39.
- [3] JW to William Mason (May 18, 1886) in Wanamaker Letterbook, "J. W. Personal—December 22, 1885—December 2, 1886," WA. For a description of Wanamaker as "a peer among merchants," see Alfred B. Koch (himself owner of a department store), "The Stevens Bill and Manufacturing Monopolies," *Industrial Outlook: A Business Review* 12 (December 1915): 7: "Long before the manufacturers of branded articles announced to the world that they stood behind [their] articles, John Wanamaker proclaimed that he would give money back to any customer who was dissatisfied with any purchase made in his store, branded or unbranded."
- [4] JW, quoted in *DGE* (October 4, 1902); and JW to Mrs. Jane Wright (January 18, 1897), Letterbook vol. 18, p. 719, WA.
- [5] JW, speech "at the opening of the Market St. Section of the Philadelphia Store" (March 12, 1906), in "Miscellaneous Addresses," pp. 80–81, bound collection, WA.
- [6] JW to RW (December 3, 1897 and July 25, 1902), "letters to Rodman Wanamaker," WA.
- [7] *Thought and Work* (July 15, 1904); for Gimbels citation, see *MRSW* (May 1911).
- [8] Edward L. Bernays, *Biography of an Idea* (New York, 1962), p. 236.
- [9] Rufus Jarman, *A Bed for the Night: The Story of the Wheeling Bellboy, E. M. Statler and His Remarkable Hotel* (New York, 1952), pp. 3–16, 98–105; Statler obituary, *NYT* (April 17, 1928), p. 29.
- [10] Jarman, *A Bed for the Night*, p. 99.
- [11] Ellsworth Statler, *NYHR* 14 (March 24, 1919): 13; Jarman, *A Bed for the Night*, pp. 132–70; *The Hotel Gazette* 40 (April 22, 1916): 4; *NYHR* 8 (June 14, 1913): 25; *NYHR* 11 (December 23, 1916): 1.

[12] Bernays, *Biography*, p. 238; Horace Sutton, *Confessions of a Grand Hotel* (New York, 1951), p. 18; Lucius Boomer, "The Greatest Household," in Frank Crowinshield, *The Unofficial Palace of New York* (New York, 1939), p. 11; Henry Lent, *The Waldorf-Astoria: A Brief Chronicle of a Unique Institution Now Entering Its Fifth Decade* (New York, 1934), p. 32. On the Hotel McAlpin and Boomer, see *NYT* (December 30, 1912), p. 18; *The Hotel Gazette* 40 (October 23, 1915): 9 and *NYHR* 12 (January 20, 1917): 27–28.

[13] Lucius Boomer, quoted by Kurt Heppe, "Attracting Hotel Patrons with Your Cuisine," *The American Restaurant* 4 (January 1921): 1.

[14] On A. T. &T. and the railroads, see Alan R. Raucher, *Public Relations and Business, 1900–1929* (Baltimore, 1968), pp. 35–52.

[15] On Insull, see Forrest McDonald, *Insull* (Chicago, 1962), p. 114.

[16] Johan Huizinga, *America*, ed. And trans. Herbert Rowan (New York, 1972; orig. pub. 1926), pp. 310–11.

[17] George Marsden, *Fundamentalism and American Culture: The Shaping of Twentieth-Century Evangelicalism; 1870–1925* (New York, 1980), pp. 72–73. My argument here draws in part on Marsden's analysis of Moody.

[18] Marsden, *Fundamentalism*, p. 79. On the Puritan-evangelical stewardship tradition after 1870, see James F. Findlay, Jr., *Dwight L. Moody, American Evangelist, 1837–1899* (Chicago, 1969), p. 85.

[19] On the responses of farmers and industrial workers, see, e. g., Norman Ware, *The Labor Movement in the United States, 1860–1895: A Study in Democracy* (New York, 1929) and Lawrence Goodwyn, *The Populist Moment* (New York, 1978).

[20] Straus started his "career" in investigating "vice" between 1908 and 1909, if not earlier. In February 1909, *The Dry Goods Economist* reports him as being a member—along with Samuel Bloomingdale—of a committee of the National Retail Dry Goods Association to investigate "certain picnic places, amusement resorts, dancing halls, etc." *DGE* (February 13, 1909), p. 4. On department stores as possible sources for prostitution, see Mark Connelly, *The Response to Prostitution in the Progressive Era* (Chapel Hill, N. C., 1980); and Rheta Childe Dorr, *What 8,000,000 Women Want* (New York, 1910), p. 196.

[21] "Report of Miss Faith Habberton" (October 16–October 31, 1913), p. 17, "Special Investigation, Committee of 14," Folder 2, Box 39, Committee of Fourteen Records, Manuscripts Division, NYPL.

[22] On this view of Jewish immigrant women see Arthur Goren, *New York Jews and the Quest for Community* (New York, 1970), pp. 134–58.

[23] Natalie D. Sonnichen, written report, entries (November 27, 1913, and December 1, 1913), Folder 2, Box 39, "Special Investigation, Committee of 14"; "Report of M. Sidney," entries (October 7, 1913), pp. 11–12 (December 10–16, 1913), p. 2, NYPL; "New York Store Workers' Morality O. K'd," *DGE* (February 20, 1915), p. 49.

[24] Katherine Bennett Davis, "Report of Meeting of April 18, 1913," investigation of the National Civic Association, "Department Stores—Wage Survey (4 of 6)," p. 13; same report, James Bronson Reynolds, p. 2. National Civic Association Papers, Manuscripts

Division, NYPL.
[25] "Commissary for Employees," *MRSW* (March 1913).
[26] Robert C. Ogden to JW (May 1, 1890), "Letters," Box 5, Robert C. Ogden Papers, LC. On these profit-sharing schemes see Daniel T. Rodgers, *The Work Ethic in Industrial America, 1850 to 1920* (Chicago, 1978), pp. 45—62.
[27] *NYHR* 11 (December 9, 1906): 36.
[28] McDonald, *Insull*, pp. 114—25.
[29] "Store Family," *DGE* (October 23, 1915).
[30] Macy's, "Minutes of the Managers' Association, 1911—1916," Record Group 1 (May 18, 1916), MA; and "Interviews, R. H. Macy Department Store, Herald Square" (November 6—12, 1914), pp. 2—4, Resale Price Investigation, RG 122, Bureau of Corporations, File No. 7224—64—1, NA.
[31] For a detailed discussion of this kind of "welfare work" in department stores, see unpublished survey of the National Civic Federation, "NCF—Welfare Department—Department Stores—Wage Survey (5 of 6)," pp. 6—30; Gertrude Beeks, "Survey of the Department Stores," Box 83, Papers of National Civic Federation, Manuscripts Division, NYPL.
[32] "Wage Survey, 5, of 6," Survey of the Department Stores (April 29, 1913), National Civic Federation, Box 83, Manuscripts Division, NYPL; and "Estate for Employees' Use," *DGE* (June 23, 1917).
[33] Boris Emmet and John E. Jeuck, *Catalogues and Counters: A History of Sears, Roebuck and Co.* (Chicago, 1950), pp. 137—49.
[34] On Filene's, see *PRL* (May 7, 1924), p. 4; on Saks, *DGE* (May 22, 1915); on Bamberger's *DGE* (October 23, 1915). On Plaut's, "Papers for Employees," *MRSW* (July 1913). On Siegel-Cooper's see *Thought and Work* (hereafter *TW*) (June 15, 1904). On "personals," see *TW* (November 15, 1904); *TW* (December 15, 1904); and *TW* (September 15, 1905). By 1921 the number of employee magazines in all industries had reached 334 (Emmet and Jeuck, *Catalogues and Counters*, pp. 137—49, and fn. 8, p. 733).
[35] On Statler, see *NYHR* 12 (January 20, 1917): 62; on Boomer, see *NYHR* 12 (January 29, 1917).
[36] Interview with Macy's executive, A. S. Donaldson, Harvard History Project interviews (1934), RG 10, Box 1, MA.
[37] Faith Habberton, private report (entry July 26, 1913), p. 14; Committee of Fourteen, "Department Store Investigation Report of the Sub-Committee" (1915), p. 12, Committee of Fourteen Records, Manuscripts Division, NYPL.
[38] Wanamaker investigation notes, Committee of Fourteen Records, Folder 1, Box 39 (April 1913).
[39] JW to Hannah Jones (October 31, 1902), in "Mr. Wanamaker Personal, June 21, 1902 to November 22, 1902," p. 755, WA; and Henry Adams Gibbons, *John Wanamaker* (New York, 1926), vol. 2, p. 262.
[40] JW, address, "At the Laying of the Corner Stone of the New Building" (June 12, 1909), p. 95, in "Miscellaneous Addresses," WA.

[41] Robert C. Ogden to JW (February 9, 1891 and May 1, 1890), Ogden Papers.
[42] Qgden to JW (June 2, 1891), Ogden Papers.
[43] JW to Powderly (August 6, 1896)in Wanamaker Letterbook, vol. 16, p. 717, JA.
[44] Marshall Field's even assembled an employee choral society as good, apparently, as any professional group in the country, that performed such works with the Chicago Symphony as Rossini's *Stabat Mater*, Elgar's oratorio *King Olaf*, and Haydn's *The Creation*. See "Store's Choral Society," *DGE* (April 23, 1910), p. 5; and "A Treat for Lovers of Good Music" (November 15, 1904).
[45] JW to RW (August 8, 1911), "letters to Rodman," WA.
[46] JW, address, "Upon the Occasion of Vacating the Chestnut Street End of the Store" (September 14, 1908), in "Miscellaneous Addresses, May 12, 1902—July 1, 1915," WA; and "Morning Songs" (John Wanamaker, N. Y., 1917), WA. On the JW Cadet Choir and other musical groups, see Wanamaker Guidebook, *New York City and the Wanamaker Store* (New York, 1924), p. 34, and JW and Co., "The John Wanamaker Store Army" (Philadelphia: John Wanamaker, 1918), p. 26, WA. On the number of employees in 1915, see Gibbons, *John Wanamaker*, vol. 2, pp. 199—201.
[47] See Gibbons, *John Wanamaker*, vol. 2, pp. 218—35, 259—303; Wanamaker Medical Department, "Safeguards and Aids to the Health and Well-Being of Employees" (Philadelphia and New York: Wanamaker's, April 1917), WA; Meadow-brook Club, *Yearbook 1929* (Philadelphia, 1929), p. 3, WA; JW to J. B. Learned (on "own expense") (February 15, 1908), Wanamaker Letterbook, "December 14, 1906 to February 20, 1908," p. 965; "Wanamaker 'Firsts,'" list compiled by the store, WA.
[48] Paul Mazur, *American Prosperity* (New York, 1928), p. 20.
[49] Gibbons, *John Wanamaker*, vol. 2, p. 259. These words are a Gibbons paraphrase of Wanamaker.
[50] JW to RW (November 13, 1910), "Letters 1910, JW to RW," WA.
[51] PS, "Minutes of Operations" (August 15, 1918), MA; and Louis Bamberger, quoted by Christine Bennett in "Do the Wise Thing if You Know What It Is……but Anyway Do Something!," *The American Magazine* 95 (June 23, 1923): 73; and *DGE* (April 12, 1913), p. 31. Also, on decline of face-to-face relationships and rise of returned goods, see Susan Porter Benson, *Counter Cultures: Sales-women, Managers, and Customers in American Department Stores, 1890—1940* (Chicago, 1986), pp. 97—100; and Susan Strasser, *Satisfaction Guaranteed: The Making of the American Mass Market* (New York, 1989), pp. 29—57.
[52] On JW, see *DGE* (February 5, 1910), p. 12, and *RSW* March 1910; on retailers in thirty states, see *DGE* (December 27, 1913), p. 61; and on Macy's see "Advertising," 1906, store folder, in RG 10, Harvard History Project, p. 2606, MA. And, generally, on rise of this form of service, see Harold Berger, *Distribution's Place in the Economy Since 1869* (Princeton, N. J., 1955), pp. 35—36.
[53] On these early practices see Rolf Nugent, *Consumer Credit and Economic Stability* (New York, 1939), pp. 43—65; Edwin R. Seligman, *The Economics of Instalment Selling*, vol. 1 (New York, 1927), pp. 19—22; and James Grant, *Money of the Mind. Borrowing and Lending in America From the Civil War to Michael Milken* (New York,

1992), pp. 77—95.
[54] *DGE* (April 26, 1902), p. 18; and Grant, *Money of the Mind*, p. 83.
[55] *The Department Store* (May 1914); *DGE* (April 26, 1902); and *DGE* (February 2, 1901).
[56] Lit Brothers to Mrs. S. Oppenheimer (May 10, 1915); and Lit Brothers to its charge customers (April 1904) in JW Scrapbook, "Business ephemera, store credit policies, 1880s to 1910s: discounts, charges.," WA.
[57] Wanamaker credit manager to L. W. Ayer and Co., Indianapolis (April 8, 1908), JW, "Business ephemera, store credit policies, 1880s to 1910s: discounts, charges, etc.," WA.
[58] *CW* 7 (July 6, 1919): 15.
[59] Nugent, *Consumer Credit*, pp. 68—70.
[60] Dorothy Day, *The Long Loneliness: An Autobiography of Dorothy Day* (New York, 1981), p. 57; Leon Trotsky, *My Life* (New York, 1970), p. 217.
[61] Nugent, *Consumer Credit*, pp. 70—76.
[62] Nugent, *Consumer Credit*, p. 8; Irving Howe, *World of Our Fathers: The Journey of East European Jews to America and the Life They Found and Made* (New York, 1976), pp. 76—87; Elizabeth Ewen, *Immigrant Women and the Land of the Dollars: Life and Culture on the Lower East Side, 1890—1925* (New York, 1985), pp. 168—71.
[63] On the early peddling activities of these merchants, see Leon Harris, *Merchant Princes* (New York, 1979), pp. 18, 36—37, 71.
[64] Abraham Cahan, *The Rise of David Levinsky* (New York, 1917), pp. 105, 116, 223—51.
[65] Barger, *Distribution's Place*, pp. 33—36; Gordon Dakins, *Retail Credit Manual: A Handbook of Retail Credit* (New York, 1950), pp. 9—10.
[66] JW editorial repr. in *DGE* (April 14, 1903); JW to customer (March 16, 1885), ibid.
[67] *MRSW* (January 1913).
[68] JW, "Conference in the Merchandise Room" (October 6, 1916), in "Addresses to Store Chiefs" (July 1, 1915 to December 31, 1921), privately printed, pp. 163—64, 172, WA; *DGE* (February 12, 1916), pp. 35—36; and "Interview with R. H. Macy and Co." (November 6—12, 1914), Resale Price Investigation, Bureau of Corporations, Record Group 122, File 7224—64—1, NA, Washington, D. C. Susan Porter Benson describes the emergence of the "returned goods evil" in *Counter Cultures: Saleswomen, Managers, and Customers in American Department Stores, 1890—1940* (Urbana, Ill., 1986), pp. 95—101.
[69] "The exchange system is out of date, antiquated," a buyer told John Wanamaker to his face in 1916, at a general meeting in the "merchandise room" in the store. "When the store was started by you, the line of merchandise was not large." Wanamaker rejected his argument, however, arguing that "I have spent all of my life exploiting an idea, rather than making money, and the store expresses that idea as near as I can. We introduced this principle" and "it is very difficult to take away a privilege from people that they have had." "Conferences in the Merchandise Room" (October 6, 1916), pp. 162—63, 169, privately printed, WA.
[70] Elliott, LJ (legal judgment) 1908 E 183 (April 7, 1908); Daly, LJ 1900 D 23 (December 6, 1900); Brunnell, LJ 1906 B 347 (June 8, 1906); Glynn, LJ 1907 G 157 (March 16,

1907); *Oscar Hammerstein v. Gimbels*, money judgment 26569–1915 (January 28, 1921); Topakyan, money judgment 15747 (May 21, 1913); and Hebblethwaite, LJ 1903–H–76 (April 28, 1903); Municipal Archives, Manhattan, New York City. These legal judgments, very useful as a measure of consumer spending in this period, were among the hundreds I looked at in the Municipal Archives and Record Center of New York.

[71] For the attention given such cases, see *DGE* (July 12, 1902), p.62; *DGE* (October 24, 1903), p.49; and *DGE* (July 5, 1905), p.61. Among the most important of these cases had to do with the "liability of the husband for the wife's necessaries when he has furnished her with money." According to the *Harvard Law Review* 43 (1930): 961–62, these cases appeared most frequently between 1902 and 1915.

[72] The *Wanamaker v. Weaver* case is described as "leading" in Albert Jacobs and Julius Goebel, Jr., *Cases and Other Materials on Domestic Relations*, 3d ed. (Brooklyn, N. Y., 1952), p. 752.

[73] For this background see "*Wanamaker v. Weaver*," Supreme Court, Appellate Division, Fourth Department (May 20, 1902), *New York Supplement*, vol. 76, pp. 392–94.

[74] *New York Supplement*, vol. 76, pp. 393–94.

[75] Judge Haight, "*Wanamaker v. Weaver*," *New York Reporter*, vol. 176, p. 78.

[76] *New York Supplement*, vol. 76, p.392.

[77] "*Wanamaker v. Weaver*," *Northeastern Reporter*, vol. 68, pp. 135–38; "*Wanamaker v. Weaver*," *New York Reporter* (October 1903), vol. 176, pp. 75, 83.

[78] James Schouler, *A Treatise on the Law of Marriage, Divorce, and Separation and Domestic Relations*, 6th ed., vol. 1 (New York, 1921), p. 110. Still, *Wanamaker v. Weaver* remained on the books ad a guide to later decisions in similar cases. The most notorious of such cases in the 1920s was *Saks v. Huddleston*, which hit the front page of *The New York Times* and involved the wife of Congressman George Huddleston of Alabama, later a leading New Dealer. In 1925 Mrs. Huddleston bought a broadtail fur coat and fox scarf from Saks Fur Company in Washington, D. C. Huddleston had forbidden her use of his credit, which resulted, of course, in her failure to pay. Saks phoned Huddleston repeatedly at his congressional office and finally forced him to testify against his wife before the Municipal Court. Citing *Wanamaker v. Weaver*, the judge supported Huddleston, adding that this decision will "tend to check extravagance and protect husbands." *Federal Reporter*, vol. 36 (January-March 1930), pp. 537–38; *Harvard Law Review*, vol. 43 (1930), p.961; *Washington Star* (December 2, 1929), p. 1; *NYT* (December 3, 1929), p. 1.

[79] *CW* 6 (June 1915): 64; *CW* 7 (December 9, 1918): 12; *CW* 3 (March 1, 1918): 22.

[80] *CW* 5 (December 1914): 6–10; *CW* 5 (May 1915): 12; *CW* 6 (June 1915): 52; *CW* 7 (September 1918): 11; *CW* 7 (July 6, 1919): 8; *DGE* (May 15, 1920).

[81] George Fitch, "Charge It," *CW* 5 (April 1915): 30; *CW* 7 (August 30, 1919): 12; JW, interview, *DGE* (January 5, 1918).

[82] "For Discussion of Delivery problems," *DGE* (October 28, 1916); *DGE* (August 30, 1919, and April 3, 1915), p. 143; Karl Gerstenberg, "Observations on American and German Department Stores" (May 1, 1940), Manuscripts Division, NYUA, p. 3; and

　　　　Store Life (October 1904), p. 9.
[83]　Matthew Josephson, *The History of the Hotel and Restaurant Employees and Bartenders International Union, AFL-CIO* (New York, 1955), pp. 4–5, 84–95.
[84]　Barger, *Distribution's Place*, pp. 4, 92–93. Also, on the earlier "American plan," see Josephson, pp. 4–5.
[85]　Quoted in Josephson, p. 90.
[86]　W. L. Dodd, "Service, Sanitation, and Quality," *The American Restaurant* (August 1920): 37.
[87]　*The American Restaurant* 4 (January 1921): 23.
[88]　*NYHR* 9 (December 12, 1914): 31; *NYHR* 8 (August 25, 1913): 35; Jarman, *A Bed for the Night*, pp. 2–4, 130–32.
[89]　Vincent Sheean, *Oscar Hammerstein: The Life and Exploits of an Impresario* (New York, 1956), p. 21; *The Hotel Gazette* 40 (September 25, 1915): 11; Horace Sutton, *Confessions of a Grand Hotel*, p. 30. Also, on theater ushers, see Lary May, *Screening Out the Past* (Berkeley, Calif., 1980), pp. 157–58; and on department store hostesses, see "Special Care of Customers," *DGE* (January 16, 1904), p. 21.
[90]　JW to Mrs. S. W. Anderson (October 18, 1901) in "Letters: August 20, 1901 to June 21, 1902," WA. For the Strawbridge and Clothier quote, see "Saleswomen and Salesmen," *MRSW* (July 1911).
[91]　These questions and phrases are taken from an employment training department statement of Marshall Field's, Let Us Agree," in "Employment Development Box," MFA.
[92]　*DGE* (February 20, 1909); *DGE* (May 15, 1909).
[93]　Macy's "Minutes of the Board of Operations" (July 22, 1920), MA; on Wanamaker's phone service, *DGE* (July 30, 1910), p. 101; and on translators, "Abraham & Straus Centennial Celebration, 1865–1965", Records, 1965, Brooklyn Historical Society, p. 15. See also on Wanamaker's "tel-call system," Macy's report, "Minutes of the Board of Operations" (April 27, 1917), and on Bamberger's "red phones," "Minutes of the Board of Operations" (September 14 and 21, 1917), MA.
[94]　JW and Co., *Betty Comes to Town: A Letter Home* (New York, 1909); and JW to Mrs. H. P. Hill (December 15, 1898), Wanamaker Letterbook, 428, WA.
[95]　John Dos Passos, *1919* (New York, 1969), pp. 123–45; Virginia Spencer Carr, *Dos Passos: A Life* (New York, 1984), p. 53. On decorating the Ritz Carlton, see JW to RW (December 12, 1910), "1910 Letters from JW to RW," WA.
[96]　Anne Morgan, quoted in *NYT* (June 7, 1912), p. 1; *NYT* (December 30, 1912), p. 18.
[97]　*NYHR* 5 (July 5, 1913): 10; Richard S. Kennedy, *Dreams in the Mirror: A Biography of e. e. cummings* (New York, 1980), p. 249.
[98]　On the relationship between an emergent tourism at about this time and the hotel industry, see Neil Harris, "Urban Tourism and the Commercial City," in *Inventing Times Square: Commerce and Culture at the Crossroads of the World*, ed. William R. Taylor (New York, 1991), pp. 66–98.
[99]　*DGE* (January 20, 1900); *DGE* (December 26, 1910); *DGE* (June 11, 1919); *The American Restaurant* 40 (December 25, 1916): 11.

[100] *DGE* (July 8, 1922); *DGE* (November 12, 1904); *DGE* (December 16, 1911); *MRSW* 21 (December 1907): 23; *MRSW* 11 (January and February 1905): 1.
[101] Shirley Ware, "Lots of People Are Tired of Hearing 'Service,' but They Surely Appreciate Getting It," *DGE* (May 6, 1922). This article traces the history of Wolf and Dessauer from its rise in 1895 to its dominance in city retailing by 1910.
[102] *DGE* (November 12, 1904 and December 16, 1911); *MRSW* 21 (December 1907): 23; *MRSW* 11 (January and February 1905): 1.
[103] *DGE* (September 14, 1912); *DGE* (June 8, 1897); *DGE* (August 20, 1910), p. 11; *DGE* (February 8, 1908).
[104] On the Field gallery, see C. Balliet, *Apples and Oranges: Emotional Expression in Modern Art* (Chicago, 1927), p. 197; on the La Farge showings, see "Catalogue of an Exhibition of the Work of John La Farge" (December 1–21, 1902), in scrapbook, "Marshall Field and Co., Ads," Adv-XB1, MFA.
[105] See Theodore Dreiser, *Gallery of Women*, vol. 1 (New York, 1929), pp. 143–66; and Rodman Wanamaker's list of paintings, "Among the works of art in the 'Lindenhurst' collection and at the Store," WA. Anne Estelle Rice appears in the Dreiser work under the pseudonym Ellen Adams Wrynn. The Wanamaker list declares that "Anne Estelle Rice (now Mrs. Drey) was educated by Mr. Rodman Wanamaker. Large murals hanging above the Market Street Elevators, Main Floor, by A. E. Rice."
[106] On the Gimbels showings, see Martin Green, *New York 1913: The Armory Show and the Paterson Strike Pageant* (New York, 1988), pp. 186–87.
[107] Advertisement of Carson, Pirie, Scott in *Fine Arts Journal* (January 1918): 61.
[108] On the Wanamaker stores as "public institutions," see editors, "Wanamaker Advertising," *MRSW* (May 1911): 1: "His stores have been advertised, not only on account of the merchandise sold, but as public institutions. This has been done so cleverly and persistently that Wanamaker is one of the best-known names in America and most people know just what the name stands for."
[109] See Folder, "Mr. Wanamaker's Private Collection of Paintings. General Inventory...... Listed by P. Farine, 1908," WA. Included as well were works by Van der Velde, Hogarth, Rubens, Watteau, Holbein, Tintoretto, Van Dyck, and Gainsborough (many Gainsboroughs).
[110] JW, quoted in Gibbons, *John Wanamaker*, vol. 2, p. 81; *MRSW* (May 1913). Art was also shown in picture galleries in major hotels. See, on the Waldorf-Astoria roof-garden art gallery, Kennedy, *Dreams in the Mirror*, p. 240.
[111] *DGE* (February 28, 1903), p. 68; *DGE* (January 16, 1904), p. 21; *DGE* (August 22, 1908); *DGE* (November 12, 1910); *PT* 17 (June 1919): 97; "A Branch of the New York Public Library to Be Opened Shortly in the Big Store," *Thought and Work* 1 (January 15, 1905); *DGE* (January 27, 1912); *DGE* (February 15, 1919); *DGE* (December 4, 1920), 73; and "The History of Growth of the Woodward and Lothrop Store," Folder 1, Manuscript 4, Woodward and Lothrop Archives, Washington, D. C. (1913). p. 2.
[112] *NYT* (December 30, 1912), p. 18; on the range of hotel facilities, see Kurt Heppe, "Attracting Hotel Patrons," *American Restaurant* (January 1921), pp. 19–23; *The Hotel (Gazette* (*HG*) 40 (December 25, 1916): 11; *HG* 40 (March 18, 1916): 1; *HG* 8 (June 21,

1913): 28−29; *NYHR* 12 (February 3, 1917): 12.
[113] Interview of Anna Nelson by Lloyd Lewis, "Lloyd Lewis Interviews" (1948), MFA.
[114] Macy's "À la Carte Menu" (c. 1914), presented as a document by Macy's to the U. S. Government, Bureau of Corporations, as part of the 1914 Resale Price Investigation (interview dated November 10, 1914), RG 122, file 7224−64−1, NA; and Wanamaker menu, "Afternoon Tea" (John Wanamaker, Phil., c. 1915), WA. On restaurants as liabilities but as necessary "services," see Ina Hamlin and Arthur Winakor, "Department Store Food Service," Bulletin, Illinois University Bureau of Business Research 46 (Urbana, Ill., 1933): 7. On Marshall Field's tearooms and restaurants, see employment training department, "Questions on the History of and Physical Facts about Marshall Field and Company" (1933), "Employment Development Box," MFA.
[115] *DGE* (November 12, 1904); *DGE* (December 16, 1911); *MRSW* 21 (December 1907): 23; *MRSW* 11 (January and February 1905): 1.
[116] *The Hotel Gazette* 40 (March 18, 1916): 1; Kurt Heppe, "Attracting Hotel Patrons with Your Cuisine"; *Bulletin of the Metropolitan Museum of Art* 12 (March 1917): 72.
[117] *TN* 4 (April 1911): 3; Wanamaker and Co., *The Guide Book and Information Concerning the Wanamaker Mail Order Service* (New York 1910), pp. 17−18.
[118] *The Advertising World* 24 (January 1914): 245; *DGE* (November 12, 1910); *MRSW* (March 19, 1913); *PT* 17 (June 1919): 97; *PT* 18 (May 1920): 85; *PRL* Second Issue (October 1924): 8.
[119] JW, "Sonata Recital," Wanamaker Program (April 15, 1914), WA; *DGE* (April 11, 1903); *Outlook* 64 (January 13, 1900): 94−95; "30th Anniversary of a New kind of Store" (March 1906), Wanamaker Scrapbook, p. 19, WA.
[120] Leach, "Transformations in the Culture of Consumption," *Journal of American History* 71 (September 1984): 329−30.
[121] Michael Gold, *Jews Without Money* (New York, 1930), p. 247.
[122] Richard Lingeman, *Theodore Dreiser: An American Journey, 1908−1945* (New York, 1990), p. 30.
[123] Henry Morgenthau, *All in a Life-Time* (New York, 1922), p. 1.
[124] On the numbers and the diversity, see Frederick C. Leubke, *Germans in the New World: Essays in the History of Immigration* (Urbana, Ill., 1990), pp. 14−15, 163−69; and Kathleen Neils Conzen, "Ethnicity as Festive Culture: Nineteenth-Century German America on Parade," in *The Invention of Ethnicity*, ed. Werner Sollars (New York, 1989), p. 48.
[125] Quoted in Conzen, "Ethnicity as Festive Culture," pp. 51−52. The argument made here regarding *gemütlichkeit* and German festival culture is based partly on this essay.
[126] Conzen, "Ethnicity as Festive Culture," pp. 56−60.
[127] Joseph Wandel, *The German Dimension of American History* (Chicago, 1979), pp. 114−21, 126−29; Cyril Ehrlich, *The Piano: A History* (London, 1976); and Loren Baritz, *The Good Life* (New York, 1989), pp. 9−14.
[128] The industry was so German that the proceedings of the new national society—the U. S. Brewers' Association (1862)—were conducted in German for many years. By the 1890s, the biggest companies were all owned by German Americans. On German

dominance in the beer industry, see Thomas C. Cochran, *The Pabst Brewing Company* (New York, 1948), pp. 72–74; and on rise and organization, see Stanley Baron, *Brewed in America: A History of Beer and Ale in the United States* (Boston, 1962), pp. 175–80, 214–16. On "German" cities generally, see Baron; on Milwaukee, see Cochran; and on Cincinnati, see William L. Downward, *The Cincinnati Brewing Industry* (Cincinnati, 1973), pp. 65–71.

[129] Baron, *Brewed in America*, pp. 180–81; Cochran, *The Pabst Brewing Company*, pp. 37–41; on eating out as families, see Downward, *The Cincinnati Brewing Industry*, p. 68.

[130] Al Smith, *Up to Now: An Autobiography* (New York, 1929), pp. 6–7.

[131] In her essay "Ethnicity as Festive Culture," Kathleen Conzen seems to argue that the historical trajectories of American commercial culture and German festival culture were developing, largely, on different tracks (see pp. 73–74). There is another (and quite obvious) argument to make, however, especially given the number of Germans in merchandising: The two traditions were interactive, but to the detriment of the German festival tradition.

[132] On this process of commodification as intrinsic to capitalism, see Robert Heilbroner, *The Nature and Logic of Capitalism* (New York, 1985), pp. 60–61.

[133] For a general biography of many of the leading American merchants, see Robert Hendrickson, *The Grand Emporiums: The Illustrated History of America's Great Department Stores* (New York, 1979); and Leon Harris, *Merchant Princes: An Intimate History of Jewish Families Who Built Great Department Stores* (New York, 1979).

[134] "Annual Volksfest" (March 22, 1907), in Wanamaker scrapbook, "The Thirty-First Anniversary of the New Kind of Store," pp. 47–50; "The Fourth Annual Volksfest," *Anniversary Herald* (March 12, 1906), p. 4, WA.

[135] Emily Frankenstein Diary (June 9, 1918, and December 24, 1918), The Chicago Historical Society, Chicago.

[136] *NYHR* 8 (July 5, 1913): 10; *NYHR* 8 (June 7, 1913): 15; Jarman, *A Bed for the Night*, pp. 127–28.

[137] *DGE* (June 20, 1914), p. 273.

[138] Linda L. Tyler, "'Commerce and Poetry Hand in Hand': Music in American Department Stores, 1880–1930," *Journal of the American Musicological Society* 45 (1992): 75–120.

[139] *DGE* (November 17, 1900), p. 15; *DGE* (March 16, 1895), p. 32; *DGE* (July 16, 1898), p. 79; *DGE* (August 22, 1896), p. 16; *DGE* (March 27, 1897), pp. 39–41; *DGE* (April 21, 1906), p. 87; Strawbridge and Clothier, *Store Chat* (store magazine) 1 (April 1907): 1; John Winkler, *Five and Ten: The Fabulous Life of F. W. Woolworth* (New York, 1940), p. 128.

[140] Lee Simonson, "The painter and the Stage," *Theatre Arts Magazine* 1 (December 1917): 5–16.

[141] *MRSW* 59 (August 1926): 29; *MRSW* (March 1, 1922): 28–29; Joseph Cummings Chase, *Face Value: Autobiography of the Portrait Painter* (New York, 1962), p. 57; and Joseph Cummings Chase, *An Artist Talks About Color* (London, 1933), pp. 12–13.

[142] Otto Teegan, "Joseph Urban's Philosophy of Color," *Architecture* 69 (May 1934): 258.
[143] On Urban's significant role in forming the modern commercial aesthetic, see Robert A. Stern, Gregory Gilmartin, and Thomas Mellins, ed., *New York, 1930: Architecture and Urbanism Between the Two World Wars* (New York, 1987), esp. pp. 235–40 but throughout the volume; and William Leach, "Strategists of Display and the Production of Desire," in *Consuming Visions: Accumulation and Display of Goods in America, 1880–1920*, ed. Simon Bronner (New York, 1989), pp. 99–132.
[144] Teegan, "Joseph Urban's Philosophy of Color" 69: 257–71.
[145] Ralph Walker, *Architecture* 69 (May 1934): 271; Joseph Urban, "The Stage," *Theatre Arts Magazine* (1919), quoted in *Theater Arts Anthology*, ed. Rosamund Gilde (New York, 1950), pp. 399–400.
[146] Gregory Gilmartin, "Joseph Urban," in *Inventing Times Square*, ed. William R. Taylor (Now York, 1991), p. 276.
[147] Deems Taylor, "The Scenic Art of Joseph Urban," *Boston Advertiser* (May 23, 1920), pp. 286–90; *The Architectural Review* (July 1921), p. 31, clippings scrapbook, Urban portfolio, part 1, p. 38, Joseph Urban Papers, Butler Library, Columbia University.
[148] Taylor, "The Scenic Art of Joseph Urban," p. 35.
[149] *MRSW* (September and November 1915); *DGE* (March 31, 1917); *MRSW* (November 1911).
[150] *NYHR* 35 (February 3, 1917): 34; *NYHE* 11 (December 30, 1916): 40.
[151] *NYHR* 35 (February 3, 1917): 34.
[152] Maurin, *Catholic Radicalism*, p. 8.
[153] Quoted in Robert R. Locke, *The End of the Practical Man: Entrepreneurship and Higher Education in Germany, France, and Great Britain, 1880–1940* (London, 1984), p. 111.
[154] Wesley Clair Mitchell, "The Backward Art of Spending Money," *American Economic Review* 2 (June 1912): 269–81, repub. in Wesley Clair Mitchell, *The Backward Art of Spending Money* (New York, 1950), p. 4.
[155] Mitchell, *The Backward Art*, p. 4.
[156] Mitchell, *The Backward Art*, p. 19.
[157] Artemas Ward, "Stray Shots," *Fame* 1 (December 1892): 323; Lewis Hyde, *The Gift: Imagination and the Erotic Life of Property* (New York, 1983), pp. 67–68.
[158] Joseph Haroutunian, *Lust for Power* (New York, 1949), pp. 55–60.
[159] Ibid., pp. 59–60.
[160] Edmund Wilson, "An Appeal to Progressives," orig. pub. In 1930 and repub. in Edmund Wilson, *The Shores of Light* (New York, 1961), p. 522; and Wilson, quoted in Richard Pells, *Radical Visions and American Dreams* (Middletown, Conn., 1984), p. 281.

第六章

[1] *NYT* (September 5, 1989), p. D4.
[2] On early business education see L. C. Marshall, "The American Collegiate School of

Business," in *The Collegiate School of Business: Its Status at the Close of the First Quarter of the Twentieth Century*, ed. L. C. Marshall (Chicago, 1928), pp. 4–44; Stephen A. Sass, *The Pragmatic Imagination: A History of the Wharton School, 1881–1981* (Philadelphia, 1982), pp. 19–20; Melvin Copeland, *And Mark an Era: The Story of the Harvard Business School* (Cambridge, Mass., 1958), p. 210; Edward Hurley, *Awakening of Business* (New York, 1917), pp. 4–5.

[3] Sass, *The Pragmatic Imagination*, p. 140.

[4] On the absence of industrial art schools in America, see Jacob Schoenhof, "The Example of French Industrial Art Schools," *The Forum* 33 (May 1902): 257–303; *DGE* (November 6, 1897); and Marshall, "The American Collegiate School," pp. 4–44. On American art education in the nineteenth century, see Diana Korzenik, *Drawn to Art* (Hanover, 1985) and "Why Government Cared," *Art Education Here* (Massachusetts College of Art, 1987), pp. 59–74. On the design movement here and abroad, see Adrian Rorty, *Objects of Desire* (New York, 1986); Russell Lynes, *The Tastemakers* (New York, 1954); Doreen Burke et al., eds., *In Pursuit of Beauty, Americans and the Aesthetic Movement, the Metropolitan Museum of Art* (New York, 1986).

[5] Diana Korzenik, "Why Government Cared," in *Art Education Here* (Boston, 1987), published by the Massachusetts College of Art, pp. 61–73.

[6] "Proceedings of the Joint Convention of the Western Art Teachers' Association and the Eastern Manual Training Association" (New York and Brooklyn, June 1 and 2, 1906).

[7] "Reports of the Art School, 1916–21"; "Reports of the Art School, 1901–06," vol. 3, pp. 7–8; and "Reports of the Art School, 1911–16," vol. 5, p. 10, Pratt Institute Archives, Brooklyn, New York.

[8] Frank Parsons, *The Art Appeal in Display Advertising* (New York, 1921), pp. 6–13, 52–65; Parsons, "Art in Advertising," *Playthings* 13 (April 1915): 3, 92. There is no adequate history of the New York School of Fine and Applied Art (the Parsons School of Design), but see Marjorie F. Jones, "A History of the Parsons School of Design, 1896–1966," Ph. D. diss., School of Education, New York University (1968), pp. 6–61, 83–90.

[9] Parsons, *The Art Appeal in Display Advertising*, pp. 6–65.

[10] Carl Liebowitz, "An Historical Study of the School of Retailing, NYU, 1919–1963," Ph. D. diss. (School of Education, New York University, 1966), pp. 12–29. On the growth of business education, see Frank Presbrey, *The History and Development of Advertising* (New York, 1929), especially chapter 62; James A. Bowie, *Education for Business Management* (London, 1930), pp. 98–99; Paul Nystrom, *Economics of Consumption* (New York, 1929), pp. 21–50; and Joseph Dorfman, *The Economic Mind in American Civilization*, vol. 3, 1865–1918 (New York, 1949), pp. 238–9.

[11] On the Strand roof garden, see "Strand Roof Garden," *The Hotel Gazette* (October 16, 1915); on the McAlpin, see *NYT* (June 7, 1912), p. 1 and *NYT* (December 30, 1912), p. 18. See also Jane S. Smith, *Elsie de Wolfe* (New York, 1982), pp. 125–33; Ron Chernow, *The House of Morgan* (New York, 1990), pp. 140–1; and Charles Schwartz, *Cole Porter, A Biography* (New York, 1979), p. 42, 52.

[12] Anne Morgan to Elmer Brown (December 15, 1915), Elmer Brown Papers, Box 21, Folder 1, "Department Store Education Association, 1915—18," NYUA.
[13] Nathan Straus to Elmer Brown (May 26, 1924), Box 67, Folder 15, Brown Papers, NYUA; Margaret Case Harriman, *And the Price Is Right* (New York, 1958), pp. 53—87.
[14] Ralph Hower, *History of Macy's of New York, 1858—1919* (Cambridge, Mass., 1943, repr. 1967), pp. 312—334, 366—372.
[15] "Training School for Teachers of Retail Selling of NYU" (February 18, 1919), Brown Papers, NYUA.
[16] "Commerce School and Retailing," *NYT* (June 15, 1929), Box 18, Folder 6, Brown Papers, NYUA.
[17] Sass, *The Pragmatic Imagination*, pp. 131—158.
[18] Sass, *The Pragmatic Imagination*, pp. 140—151; and Margaret Mead, *Blackberry Winter* (New York, 1975), pp. 33—35.
[19] Emily Fogg Mead, "The Place of Advertising in Modern Business," *Fame* 10 (April 1901): 160—65; Fogg Mead, obituary, *NYT* (February 23, 1950) p. 27; and Mead, *Blackberry Winter*, pp. 1—72.
[20] Quoted in Copeland, *And Mark an Era*, p. 7.
[21] Copeland, *And Mark an Era*, pp. 16—18.
[22] Quoted in Herbert Heaton, *A Scholar in Action, Edwin P. Gay* (Cambridge, Mass., 1952), pp. 18, 39—40, 62—70, 80, 98—99.
[23] Copeland, *And Mark an Era*, pp. 205, 431. On the Cherington book on advertising, see Quentin J. Schultze, "'An Honorable Place': The Quest for Professional Advertising Education, 1900—1907," *Business History Review* 56 (Spring 1982): 27.
[24] Harvard Business School, "Object and History of the Bureau in Brief, with Some Preliminary Figures on the Retailing of Shoes," *Bulletin of the Bureau of Business Research*, Harvard University, 1 (May 1913): 4.
[25] Archie Shaw, "Some Problems in Market Distribution," *Quarterly Journal of Economics* (August 1912): 703—65.
[26] Shaw, "Some Problems," 2.
[27] Quoted in Heaton, *A Scholar in Action*, 55; Harvard Business School "Object and History of the Bureau," p. 3; Copeland, *And Mark an Era*, p. 209; and Shelby D. Hunt and Jerry Goolsby, "The Rise and Fall of the Functional Approach to Marketing: A Paradigm Displacement Perspective," in *Historical Perspectives in Marketing, Essays in Honor of Stanley C. Hollander*, ed. Terrence Nevett and Ronald A. Fullerton (Toronto, 1988), pp. 36—51.
[28] Copeland, *And Mark an Era*, p. 220.
[29] Copeland, *And Mark An Era*, pp. 214—16.
[30] Frank Crawford, *Morris D'Camp Crawford and His Wife, Charlotte Holmes Crawford: Their Lives, Ancestors, and Descendants* (privately printed by Frank Crawford, Ithaca, N. Y. 1939), pp xi-xii, 52—83, 137—47; on the new 1907 store, see "St. Louis' New Store," *DGE* (November 23, 1907), p. 13; on Hanford's reflections, see Hanford Crawford, "Ethics of a Big Store," *The Independent*, August 12, 1909, p. 359.

[31] Henry Fairchild Osborn to Clark Wissler, October 21, 1915, Box 10, 1913–1916, Central Archives, AMNH; Morris D'Camp Crawford, *The Ways of Fashion* (New York, 1941), pp. 269–74; author's phone interview with Morris D'Camp Crawford III (December 19, 1989).
[32] Clark Wissler to Mr. Sherwood, April 15, 1916, Box 10, 1913–1916, Central Archives, AMNH; and "Exhibitions of Designs," December 1917, Box 130, Central Archives, AMNH.
[33] Morris D'Camp Crawford, "Address delivered before the National Silk Manufacturers' Convention," November 23, 1916, p. 8., Box 10, Central Archives, AMNH.
[34] Ibid, p. 7.
[35] Henry Fairfield Osborn to Mrs. John F. Hylan, November 14, 1910, Box 130, Central Archives, AMNH.
[36] Henry Fairfield Osborn, excerpt from letter, November 1919, Box 130, Central Archives, AMNH.
[37] Director Frederick A. Lucas to Herbert Spinden (and Morris D'Camp Crawford), November 13, 1919, Box 130, Central Archives, AMNH.
[38] *Women's Wear Daily*, August 4, 1919, Folder A/8, textiles collection, SCP, Brooklyn Museum, Brooklyn, New York.
[39] Morris D'Camp Crawford, "Address delivered before the National Silk Manufacturers' Convention," p. 10; and Crawford to Dr. Fred A. Lucas, August 9, 1916, Box 10, Central Archives, AMNH.
[40] William Leach, "Strategies of Display and the Production of Desire," in *Consuming Visions*, ed. Simon Bronner (New York, 1989); Ira Jackins, "Biographical Sketch of Stewart Culin," transcript, SCP, Brooklyn Museum; Crawford, *The Ways of Fashion*, p. 272.
[41] Frank Kingdon, *John Cotton Dana: A Life* (Newark, N. J., 1940), p. 12.
[42] Oral interview with Holger Cahill, 1966, Columbia Oral History Project, Butler Library, Columbia University, pp. 159–60, 167, 175–76; and Kingdon, *John Cotton Dana*, p. 38.
[43] Kingdon, *John Cotton Dana*, pp. 12–97; Charles Hadley, *John Cotton Dana: A Sketch* (Chicago, 1943), pp. 9–63.
[44] SC to Booth of A & S (January 27, 1928), SCP; *TN* (January 1927): 349.
[45] John Cotton Dana, *The Gloom of the Museum* (Woodstock, Vt., 1917), pp. 5–6, 14–23; Dana, "A Plan for New Museum, the Kind of Museum It Will Profit a City to Maintain" (Woodstock, Vt., 1920), Rare Book Room, NYPL.
[46] Quoted in Hadley, *John Cotton Dana*, pp. 56–57.
[47] Dana, *The Gloom of the Museum*, pp. 6–8.
[48] Oral interview with Holger Cahill, pp. 108, 166–68; oral interview with Dorothy Canning Miller (Dana coworker) (June 24. 1957), p. 595, CUOHP; *The American Magazine of Art* 9 (March 1918): 202–3. In the belief that machine-made goods were artistically sound, Dana even enjoyed duping museumgoers with his displays. Without telling anyone, he once exhibited cheap pottery in display cases and against satin draperies purchased from Bamberger's department store in Newark. According to

Dana, everybody thought the pottery was ancient and handcrafted. This was enough proof for Dana; it reinforced his mission to improve "popular taste" through the medium of affordable machine-made goods. Hadley, *John Cotton Dana*, pp. 66—68.

[49] SG, *PT*, vol. 18 (May 1920) (5), pp. 105—6; SC, "The Magic of Color," *The Brooklyn Quarterly* (April 1925), SCP; Culin, "Precious Color," unpublished speech, SCP; SC, "The Magic of Color," *MRSW* 56 (March 1925): 9.

[50] Quoted in *The Brooklyn Citizen* (March 6, 1923), p. 2; SC to Franz Boas (January 28, 1919), SCP; *WWD* (January 3, 1919), Culin Scrapbook, textiles, SCP; *WWD* (October 8, 1919); Culin Scrapbook; and Charles R. Richards, *Art in Industry* (New York, 1922), pp. 5—45, 253—57.

[51] SC to Mr. Brown (MARCH 19, 1919), Textile Collection, SCP; SC to Lockwood de Forest (January 12, 1919), Textile Collection, SCP.

[52] Unsigned, "Manufacturers, Designers, and Museums," *Bulletin of the Metropolitan Museum of Art* 13 (January 1918): 26.

[53] Richard Bach, "Mobilizing the Art Industries," *American Magazine of Art* 9 (August 1918): 412—18; Jay Cantor, "Art and Industry: Reflections on the Role of the American Museum in Encouraging Innovation in the Decorative Arts," in *Technological Innovation and the Decorative Arts*, ed. Ian M. G. Quinby and Polly Ann Earl, 1973 Winterthur Conference Report, pp. 332—54; Neil Harris, "Museums, Merchandising and Popular Taste: The Struggle For Influence," in *Material Culture and the Study of American Life*, ed. Ian M. G. Quinby (New York, 1978), pp. 140—74.

[54] Richard Bach, "Fifth Exhibition of Industrial Art," *The Bulletin of the Metropolitan Museum of Art* 15 (December 1920): 264.

[55] Crawford, *The Ways of Fashion*, p. 273; *DGE* (April 24, 1915), p. 21.

[56] Louis Weinberg, *Color in Everyday Life: A Manual for Lay Students, Artisans, and Artists* (New York, 1918), pp. xi-xii; *Bulletin of the Metropolitan Museum of Art* (hereafter *Bull.*)11(May 1916): 111; *Bull.* 12 (March 3, 1917): 72; *Bull.* 12(April 1917): 98; *Bull.* 12 (October 1917): 87; *Bull.* 14 (February 1919): 41; *DGE* (February 21, 1920), pp. 275—76; *MRSW* 41 (May 1920): 42; interview with A. S. Donaldson, a Macy's executive and founder of Macy's "Executive Training Course," Harvard interview (1934), Box 1, p. 91, MA; and Cantor, "Art and industry."

[57] Weinberg, *Color in Everyday Life*, pp. 16, 145—56.

[58] Richard Bach, "The Museum as a Laboratory," *Bull.* 14(January 1919): 2—3; "Fifth Exhibition of Industrial Art," *Bull.* 15(December 1920): 204; Bach, "Mobilizing the Art Industries," pp. 412—23; Bach, "Museum and Industrial Arts," *Industrial Arts Monographs*, no. 1, (Metropolitan Museum of Art, 1926), pp. 1—8; and Bach, "Museum Service to the Art Industries," *Museum Work* 4 (1921): 55.

[59] *Perfumery Art: A Monthly Trade Paper Devoted to the Industries of Essential Oils, Perfumery, and Perfumed Toilet Articles* 3 (August 1920): 10; and Bach, "The Museum as a Laboratory" : 2—3.

[60] Oral interview with David Yates (1946), "Lloyd Lewis Interviews," MFA; and JW to Mrs. Doty (November 21, 1921) in "November 10, 1916 to November 28, 1921," p. 341, WA. On "Bath House" John Coughlin, see Carter H. Harrison, *Stormy Years:*

The Autobiography of Carter H. Harrison (New York, 1935), pp. 227—30; and Lloyd Wendt and Herman Kogan, *Bosses in Lusty Chicago: The Story of Bathhouse John and Hinky Dink* (Bloomington, Ind., 1967).

[61] "The first century of Abraham & Straus, February 14, 1865 to February 14, 1965," p. 12, Abraham & Straus Collection, "The Centennial Celebration, 1865—1965," Records, 1965, Brooklyn Historical Society, Brooklyn, N. Y.; on rerouting, see *Minutes of the Board of Estimate and Apportionment of the City of New York, Financial and Franchise Matters* (hereafter *Minutes*) (January 1—February 29, 1910): 118—19; *Minutes* (January 12, 1906): 259; *Minutes* 124 (June 22, 1911): 2656, 2670; *Minutes* 125 (July 27, 1911): 2824; *Minutes* 149 (January 1913): 385, 1049, 1347; *Minutes* 175 (July 27, 1910): 4771; *Merchants' Association Review* (San Francisco, April 1903): 27.

[62] *Minutes* 123 (June 8, 1911): 2261—63; *Minutes* 124 (June 22, 1911): 2656, 2670.

[63] Herbert Parson to Macy's (June 4, 1901) and PS to Alderman Parsons (June 7, 1901), Record Group 10, Harvard History Project, pp. 836—37, MA; *DGE* (October 12, 1918), p. 4; *DGE* (December 11, 1909), p. 13; *Nammson News* (June 1920), pp. 4—6, store paper, Namm's Department Store, Brooklyn Historical Society Archives.

[64] *Annual Report of the Fifth Avenue Association*, 1912—13 (New York, 1913), pp. 5—8; *Annual Report for the Year 1914* (New York, 1915), pp. 5—6, 17—18; *Annual Report* (1917), pp. 14—15; *Minutes* 175 (July 27, 1916): 4772.

[65] *Annual Report of the Commissioner of Parks* (Borough of Manhattan, New York, 1912), pp. 46—48. I would like to thank Elizabeth Blackmar for directing me to this source.

[66] *Annual Report of the Commissioner of Parks*, pp. 49—52.

[67] Caroline Loughlin and Catherine Anderson, *Forest Park* (St. Louis, 1986), pp. 116—19; *DGE* (June 16, 1917), p. 69.

[68] *DGE* (August 25, 1917), p. 77; *DGE* (March 3, 1917), p. 15; *DGE* (January 13, 1917), p. 81; *DGE* (January 26, 1918), p. 60; *DGE* (August 25, 1917), p. 95; *DGE* (July 20, 1918), p. 31; *DGE* (August 16, 1919), p. 31.

[69] *DGE* (June 16, 1917), p. 69.

[70] Lloyd Short, *The Development of National Administrative Organization in the United States* (Baltimore, 1923), p. 26. "A fundamental change has taken place," wrote Short, "in the attitude of the American people toward their government, since the adoption of the Constitution. There has been a great increase in administration in recent years, while prior to the 20th century, the administrative organization and activities of the government were scarcely mentioned."

[71] Donald R. Whitnah, "Department of Commerce," in *Government Agencies: The Greenwood Encyclopedia of American Institutions*, ed. Donald R. Whitnah (Westport, Conn., 1983). pp. 91—97; Henry Barrett Learned, *The President's Cabinet* (New York, 1912), pp. 355—67; Short, *The Development of National Administrative Organization in the United States*, pp. 397—407; and Robert Higgs, *Crisis and Leviathan: Critical Episodes in the Growth of American Government* (New York, 1987), pp. 105—16.

[72] For this new shift in state policy, see Louis Galambos and Joseph Pratt, *The Rise of*

the Corporate Commonwealth: U. S. Business Policy in the Twentieth Century (New York, 1988), pp. 39–40; Stephen Skowronek, *Building a New American State: The Expansion of National Administrative Capacities, 1877–1920* (Cambridge, Eng., 1982), pp. 1–30; and Mary O. Furner and Barry Supple, *The State and Economic Knowledge: The American and British Experiences* (Cambridge, Eng., 1990), pp. 3–39. For a discussion of the renewed interest in the state as a crucial factor in historical change, see Theda Skocpol, "Bringing the State Back in: Strategies of Analysis in Current Research," in *Bringing the State Back in*, ed. Peter Evans et al. (Cambridge, Eng., 1985), pp. 1–26.

[73] Furner and Supple, *The State and Economic Knowledge*, p. 10.

[74] Mary Furner, "Knowing Capitalism: Public Investigation and the Labor Question in the Long Progressive Era," in Furner and Supple, *The State and Economic Knowledge*, pp. 241–86.

[75] Furner, "Knowing Capitalism," pp. 274–282; and Graham Adams, *Age of Industrial Violence, 1910–1915. Activities and Findings of the United States Commission on Industrial Relations* (New York, 1966), pp. 64–69, 168, 171.

[76] Quoted in Galambos and Pratt, *The Rise of the Corporate Commonwealth*, p. 677; and Vincent P. Carosso, *Investment Banking in America: A History* (Cambridge, Mass., 1970), pp. 138–53.

[77] David P. Thelen, "Patterns of Consumer Consciousness in the Progressive Movement: Robert M. LaFollette, the Antitrust Persuasion, and Labor Legislation," in *Quest for Social Justice*, ed. Ralph M. Aderman (Madison, Wis., 1983), pp. 19–43.

[78] Galambos and Pratt, *The Rise of the Corporate Commonwealth*, pp. 60–65. See also, on the Federal government's failure to develop a clear pattern of regulatory law for corporate business, Naomi Lamoreaux, *The Great Merger Movement* (Cambridge, Eng., 1985), pp. 159–186.

[79] Walter Lippmann, *The Good Society* (New York, 1937), p. 14.

[80] On the BFDC, see Whitnah, "Department of Commerce," pp. 90–97; on the BFDC, the Tariff Commission, and the Federal Reserve, see Emily Rosenberg, *Spreading the American Dream: American Economic and Cultural Expansion, 1890–1945* (New York, 1982), pp. 40–68, 140–45); and James Livingston, *Origins of the Federal Reserve System* (Ithaca, N. Y., 1986), pp. 129–88.

[81] See, on ETC recommendations on cost accounting and market assistance, *PT* 17 (January 1919): 211–12; and *PT* 13 (December 1915): 67. On the FTC's overall positive approach to the advertising business, see Daniel Pope, *The Making of Modern Advertising* (New York, 1984), pp. 207–8.

[82] Pope, *The Making of Modern Advertising*, pp. 94–110.

[83] Quoted in Richard Tedlow, "Competitor or Consumer," in *Managing Big Business*, ed. Richard Tedlow (Cambridge, Mass., 1990), p. 288. Both Tedlow and Pope provide good discussions of these relationships.

[84] National Consumers League, "Fourth Annual Report, Year Ending March 4, 1903"; and "Highlights in the History of National Consumers League, 1938," film 113, Papers of the National Consumers League, LC.

[85] U. S. Department of Labor, Children's Bureau, *First Annual Report of the Chief of the Children's Bureau to the Secretary of Labor for the Fiscal Year Ending June 30, 1913* (Washington, D. C., 1913), pp. 5–15; *Third Annual Report* (1915), pp. 11–12; *Fifth Annual Report* (1917), pp. 22–24; *Ninth Annual Report* (1921), pp. 5–6; U. S. Department of Labor, "Fair Labor Standards for Children," Folder 6 (1939), Papers of the National Consumers League, LC.

[86] *DGE* (October 12, 1910), p. 49.

[87] U. S. Department of Labor, Children's Bureau, *First Annual Report*, pp. 5–15; *Third Annual Report*, pp. 11–12; *Fifth Annual Report*, pp. 22–24; *Ninth Annual Report*, pp. 5–6; *Thirteenth Annual Report* (1925), pp. 1–6; U. S. Department of Labor, "Fair Labor Standards for Children."

[88] *DGE* (June 14, 1919), p. 167.

[89] U. S. Department Labor, Children's Bureau, *Baby Week Campaigns*, miscellaneous series no. 5 (Washington, D. C., 1917), pp. 23, 63–64; "Pittsburgh Baby and Child Welfare," Record Group 102 (1914–20), file 8–1–4–2–1, Papers of the Children's Bureau, NA.

[90] *DGE* (November 1, 1913), p. 47; *DGE* (June 28, 1919), p. 35; John Wanamaker and Co. "The Baby: His Care and Needs" (Philadelphia, 1913), WA; Mary Rontahn, director of the Pittsburgh Baby and Welfare Week, to Anne Louise Strong of the Children's Bureau (June 7, 1915), file 8–1–4–2–1, "Exhibits," RG 102, Children's Bureau Records, NA; and "Child Welfare Exhibit Number," *The Dallas Survey: A Journal of Social Work* 2 (May 1, 1918): 12, file 8–1–4–1, "Exhibits," Children's Bureau Papers, NA.

[91] Cerald Cullinan, *The United States Postal Service* (New York, 1973), p. 187; Wayne E. Fuller, *RFD: The Changing Face of Rural America* (Bloomington, Ind., 1964), p. 203.

[92] Herbert Adams Gibbons, *John Wanamaker*, vol. 1 (New York, 1926), pp. 303–5; Cullinan, *The United States Postal Service*, p. 108.

[93] Cullinan, *The United States Postal Service*, pp. 108–9; Fuller, RFD, p. 24.

[94] Quoted in "Chicago Rejects Parcels Post," *MRSW* 22 (January 1908): 29.

[95] Jesse Straus to Frederick Ingram (May 24, 1910); George Twitmayer to Straus (October 1, 1906), Harvard History Project, RG 10, pp. 2618–19, 2635, MA. See also Boris Emmet and John E. Jeuck, *Catalogues and Counters: A History of Sears, Roebuck and Co.* (Chicago, 1950), p. 22; and Fuller, *RFD*, pp. 211–17.

[96] Fuller, *RFD*, pp. 219–22; Clyde Kelly, *United States Postal Policy* (New York, 1931), p. 111.

[97] Quoted in Gibbons, *John Wanamaker*, vol. 1, pp. 282–83; Kelly, *United States Postal Policy*, p. 111; Fuller, *RFD*, pp. 219–20.

[98] "Wanamaker 'Firsts,'" p. 16, WA.

[99] Kelly, *United States Postal Policy*, pp. 182–87; Fuller, *RFD*, p. 230.

[100] Fuller, *RFD*, pp. 197–98; Emmet and Jeuck, *Catalogues and Counters*, pp. 898–90.

[101] Caroline F. Ware, *Greenwich Village, 1920–1930* (New York, 1977), pp. 4–7.

[102] Elizabeth Gurley Flynn, *The Rebel Girl* (New York, 1955), pp. 152–55; and Matthew Josephson, *The History of the Hotel and Restaurant Employees and Bartenders*

[103] *International Union, AFL-CIO* (New York, 1955), pp. 94–97.
[103] On the Paterson silk industry and conditions leading up to the strike, see Howard Levin, "The Paterson Silkworkers' Strike of 1913," *King's Crown Essays* IX (Winter 1961): 44–64; Melvyn Dubovsky, *We Shall Be All: A History of the Industrial Workers of the World* (Chicago, 1969), pp. 264–90; Joyce L. Kornbluh, ed., with introductions, *Rebel Voices: An IWW Anthology* (Ann Arbor, Mich., 1964), pp. 196–201; James D. Osborne, "Paterson: Immigrant Strikers and the War of 1913," in Joseph R. Conlin, ed., *At the Point of Production: The Local History of the IWW* (Westport, Conn., 1981), pp. 61–89; and Steve Golin, "The Unity and Strategy of the Paterson Silk Manufacturers During the 1913 Strike," in Philip B. Scranton, ed., *Silk City: Studies on the Paterson Silk Industry, 1860–1940* (Newark, N. J., 1985), pp. 73–97.
[104] Ewald Koettgen, letter to fellow workers in Industrial Workers of the World, "Stenographic Report of the Eighth Annual Convention of the Industrial Workers of the World, Chicago, Illinois, 9/15–9/29/1913" (Cleveland, 1913), pp. 38–39, Tamiment Institute Library, New York University.
[105] For accounts of this meeting and exchange and events leading up to them, see Adams, *Age of Industrial Violence*, pp. 77–100; Richard O'Connor and Dale L. Walker, *The Lost Revolutionary: A Biography of John Reed* (New York, 1967), pp. 74–75; Dubovsky, *We Shall Be All*, pp. 272–73; and Mabel Dodge Luhan, *Movers and Shakers* (Albuquerque, New Mexico, 1936, 1985), pp. 186–89.
[106] Robert Edmond Jones, *The Dramatic Imagination: Reflections and Speculations on the Art of the Theater* (New York, 1941), p. 24.
[107] Golin, "The Unity and Strategy of the Paterson Silk Manufacturers," pp. 88–89.
[108] Kornbluh, ed., *Rebel Voices*, p. 201; Dodge Luhan, *Movers and Shakers*, p. 203; and, for a recent discussion of the pageant, see Martin Green, *New York 1913: The Armory Show and the Paterson Strike Pageant* (New York, 1988), pp. 98–202.
[109] O'Connor and Walker, *The Lost Revolutionary*, p. 84.
[110] Mabel Dodge and Hutchins Hapgood, quoted in Kornbluh, ed., *Rebel Voices*, p. 202.
[111] Elizabeth Gurley Flynn, "The Truth About the Paterson Strike" (January 31, 1914), republished in Kornbluh, *Rebel Voices*, p. 221.
[112] Ibid.
[113] Ibid.; and quoted in Green, *New York 1913*, pp. 201–12.
[114] William Haywood, quoted in Kornbluh, ed., p. 197; on the ideological roots of the IWW in Edward Bellamy, see Dubovsky, *We Shall Be All*, p. 156.
[115] Elizabeth Gurley Flynn, *The Rebel Girl: An Autobiography, My First Life (1906–1926)* (New York, 1955), p. 48.
[116] Flynn, "The Truth About the Paterson Strike," pp. 215–16.
[117] Cochran, *Two Hundred Years of American Business*, p. 63.

第七章

[1] JW to Rev. T. Harry Sprague (September 9, 1901), Wanamaker Letterbook, "August 20, 1901 to February 20, 1908," p. 109, WA.

[2] Walter Rauschenbusch, *Christianity and the Social Crisis* (New York, 1964; orig. pub. 1907), p. 338.

[3] Quoted in Patrick W. Gearty, *The Economic Thought of Monsignor John M. Ryan* (Washington, D. C. , 1953), pp. 146–47, 166; and Ryan, "Ethics of Speculation," *The International Journal of Ethics* 12 (April 1902): 346. On Ryan's attack on the "diversified satisfaction of the senses," see "Charity and Charities," *The Catholic Encyclopedia*, vol. 15 (New York, 1912), p. 603. On the relative weakness of the Catholic social gospel as compared with the Protestant, see Mel Piehl, *Breaking Bread: The Catholic Worker and the Origins of Catholic Radicalism in America* (Philadelphia, 1982), pp. 38–39. On Ryan's importance, see Piehl, pp. 36–37; Gearty, p. 39; and Francis L. Broderick, *Right Reverend New Dealer* (New York, 1963), pp. 105–7.

[4] John Ryan, "The Cost of Christian Living," *The Catholic World* (December 1908): 576–88, and quoted in Broderick, *Right Reverend New Dealer*, p. 55; Ryan, "The Economic Philosophy of St. Thomas," in Robert E. Brenen, ed., *Essays in Thomism* (Freeport, N. Y., 1942, 1972), p. 248. See also Ryan, "The Fallacy of Bettering One's Position," *The Catholic World* (November 1907): 145–56; and "False and True Welfare," in *The Church and Socialism, and Other Essays* (Washington, 1919), pp. 197–202, 213–216.

[5] Felix Adler, *The Ethical Philosophy of Life Presented in Its Main Outlines* (New York, 1918), pp. 185, 192, 203, 275. On Unitarianism, see Daniel Howe, *The Unitarian Conscience* (Cambridge, Mass., 1970), pp. 60–61; on "personality" as a spiritual concept, see Casey Nelson Blake, *Beloved Community* (Chapel Hill, 1990), pp. 6–7, 49–60.

[6] Arthur Goren, *New York Jews and the Quest for Community: The Kehillah Experiment, 1908–1922* (New York, 1970), pp. 74–85; Mordecai Kaplan, *Judaism as a Civilization* (New York, 1934), pp. 28–29. Goren's study provides a wonderful glimpse into a remarkable experiment.

[7] Goren, *New York Jews*, p. 79.

[8] Ibid., pp. 76–85. It is interesting that in the same year the Kehillah experiment was launched. The Protestant Federal Council of Churches attempted, also without success, to achieve greater all-Protestant unity by organizing a commission on the evangelism (or on the orthodox wing of Protestantism) to "counterbalance" its liberalism and "well-known social activism." George Marsden, *Fundamentalism and American Culture* (New York, 1980), p. 91. For a very different view of the Jewish response to American market culture, see Andrew Heinze, *Adapting to Abundance: Jewish Immigrants, Mass Consumption, and the Search for American Identity* (New York, 1990). Heinze argues that Jews adapted rather readily to the new culture with little conflict and tension. The experience, he says, was a positive and "liberating" one, as Jews became "Americanized," and as virtually all Jewish holidays were repackaged to suit the needs of the consumption and "shopping."

[9] David Haldeman, quoted in George Marsden, *Fundamentalism and American Culture*, p. 84; on the Amana community, see Herbert Wallace Schneider, *Religion in*

Twentieth-Century America (Cambridge, Mass., 1967, orig. pub. 1952), p. 4.

[10] For a discussion of the Calvinist world-view, see Ann Douglas, *The Feminization of American Culture* (New York, 1977).

[11] For a good recent history of these institutions, see Ann M. Boylan, *Sunday School: Formation of an American Institution, 1790–1880* (New Haven, Conn., 1988); and Sydney E. Ahlstrom, *A Religious History of the American People* (New Haven, Conn., 1972).

[12] Quoted in Gibbons, *John Wanamaker* (New York, 1926), vol. 1, p. 43.

[13] Gibbons, *John Wanamaker*, vol. 1, pp. 54–56.

[14] Ibid., p. 245.

[15] On Moody, see James F. Findlay, *Jr., Dwight L. Moody, American Evangelist, 1837–1899* (Chicago, 1965), pp. 32–58.

[16] Quoted in Findlay, *Dwight L. Moody*, p. 88.

[17] Findlay, *Dwight L. Moody*, p. 86.

[18] For a discussion of Moody's views, see Marsden, *Fundamentalism and American Culture*, pp. 32–39.

[19] Quoted in Findlay, *Dwight L. Moody*, p. 91.

[20] Findlay, *Dwight L. Moody*, pp. 132–33, 225–26; Aaron Abell, *The Urban Impact on American Protestantism* (London, 1962), p. 15.

[21] Marsden, *Fundamentalism and American Culture*, pp. 73–75, 92; Findlay, *Dwight L. Moody*, p. 132; on the holiness movement, see also Ahlstrom, *A Religious History of the American People*, pp. 816–23.

[22] Findlay, *Dwight L. Moody*, pp. 250–61. For slightly different views of Moody, see William McLoughlin, *Revivals, Awakenings, and Reform* (Chicago Press, 1978), pp. 141–45; and James Gilbert, *Perfect Utopias: Chicago's Utopias of 1893* (Chicago, 1991), pp. 169–207.

[23] On Wanamaker's debate in 1860 over a ministerial career, see Gibbons, *John Wanamaker*, vol. 1, pp. 57–62.

[24] Dwight Moody to JW (October 7, 1877 and November 5, 1877), WA.

[25] Findlay, *Dwight L. Moody*, pp. 251–53.

[26] William R. Hutchinson, *The Modernist Impulse in American Protestantism* (Cambridge, Mass., 1976), pp. 8–11.

[27] JW, address book, under "E" and "Q" (1871), WA.

[28] JW, notebook dated 1894 (May 13, 1894), p. 19, WA.

[29] JW to George Bailey (June 26, 1913), in Wanamaker Letterbook, "April 5, 1913 to October 25, 1913," p. 413; JW journal (1901), black notebook, paper wrapper, dated 1901, WA.

[30] Oriana Atkinson, *Manhattan and Me* (New York, 1954), pp. 63–65; Abell, *The Urban Impact on American Protestantism*, p. 156. On institutional churches generally, see Abell, pp. 135–65.

[31] Schneider, *Religion in Twentieth-Century America*, pp. 10–11. See also on institutional churches Marsden, *Fundamentalism and American Culture*, pp. 82–83.

[32] "The New Wanamaker Store," *Architects' and Builders' Magazine* 38 (June 1906):

365—72.
- [33] Gibbons, *John Wanamaker*, vol. 1, pp. 336—37; Marsden, *Fundamentalism*, pp. 83—85; and Abell, *The Urban Impact*, pp. 155—56.
- [34] JW to Harry T. Alumbaugh (June 21, 1913), in Wanamaker Letterbook, "April 5, 1913 to October 25, 1913," p. 382, WA.
- [35] "Book of the Romans," *The Holy Bible*, Revised Standard Version (New York, 1952), p. 147. For samples of the letters Wanamaker sent the wives of the "Brotherhood," see JW to Mrs. Reinert (September 24, 1904), "August 25, 1904 to January 13, 1905," p. 192; JW to Mrs. McCreery (September 23, 1904); and JW to Mrs. Allen (September 23, 1904), WA.
- [36] JW to Mrs. William Sunday (September 6, 1913, and March 5, 1914), "From October 24, 1913 to May 28, 1914," WA; and Marsden, *Fundamentalism and American Culture*, pp. 96—97.
- [37] Gibbons, *John Wanamaker*, vol. 2, pp. 322, 330, 347; and JW to J. C. Ensign (September 24, 1886), Wanamaker Letterbook, "December 22, 1885 to December 2, 1886," WA.
- [38] Gibbons, *John Wanamaker*, vol. 2, pp. 346, 354.
- [39] David E. Shi, *The Simple Life, Plain Living, and High Thinking in American Culture* (New York, 1985), p. 176. This book traces the development and impact of simple-life ideas in America from the Colonial period to the present. It is a good and thoughtful book. Unfortunately, however, it fails to mention John Wanamaker, but Wanamaker's role in building the movement was crucial. Shi's discussion—especially in the best chapter, "Progressive Simplicity," and partly because of his failure to deal with Wanamaker—does little to show how this "movement" ended up or tended intrinsically to support the thing it resisted.
- [40] John Muir, quoted in Shi, *The Simple Life*, p. 197; see also chap. 8, "Progressive Simplicity," pp. 174—214.
- [41] Walter Edmond Roth, quoted in Michael Taussig, *Shamanism, Colonialism, and the Wild Man: A Study in Terror and Healing* (Chicago, 1987), p. 57, and published as "An Introductory Study in the Arts, Crafts, and Customs of the Guinean Indians," in *The Thirty-eighth Annual Report of the Bureau of American Ethnology: 1916—1917* (Washington, D. C. , 1924), pp. 725—45. See also Shi, *The Simple Life*, pp. 208—14.
- [42] Pastor Wagner, *The Simple Life* (New York, 1903), pp. ix-x, 111—12. On the book's rank as a bestseller, see Frank Luther Mott, *Golden Multitudes: The Story of Best Sellers in the United States* (New York, 1966), p. 324.
- [43] Wagner, *The Simple Life*, p. 134.
- [44] Quoted in Stickley, "M. Charles Wagner……," *The Craftsman*, vol. VII, p. 131.
- [45] Ibid, p. 138.
- [46] Wagner, *The Simple Life*, p. 17.
- [47] Editorial, *DGE* (December 3, 1904).
- [48] George Wharton James, "Two Days with M. Wagner," *The Craftsman*, vol. VII, pp. 184—85.
- [49] Gibbons, *John Wanamaker*, vol. 2, p. 149; and JW to Ford G. Finley (November 28,

1902), Wanamaker Letterbook, "November 22, 1902 to August 11, 1903," p. 30, WA.
[50] Editorial, *DGE* (December 3, 1904, and March 11, 1905).
[51] JW, Wanamaker notebook (1900), unpaginated, WA.
[52] JW to Charles Stock (January 16, 1903), Wanamaker Letterbook, "November 22, 1902 to August 11, 1903," pp. 386–87, WA.
[53] Gibbons, *John Wanamaker*, vol. 2, p. 143.
[54] JW to Miss S. C. Glass, James C. Pond Lyceum Bureau (September 10, 1904), "August 25, 1904 to January 13, 1905," p. 113, WA.
[55] JW to Pastor Miller (July 6, 1903), "November 22, 1902, to August 11, 1903," p. 804, WA.
[56] Ibid., p. 13.
[57] Charles Wagner, *My Impressions of America* (New York, 1906), p. 41.
[58] Ibid., pp. 41–44, 51; for list of paintings in Wanamaker's home, see typescript record, "Among the Works of Art in the 'Lindenhurst' Collection and at the Store," WA.
[59] Wagner, *My Impressions*, p. 12.
[60] JW to John Brisbane Walker (September 27, 1904), "August 25, 1904 to January 13, 1905," p. 253; JW to Reverend John T. Beckley (October 4, 1904, p. 351); and JW to Professor F. H. Green (October 4, 1904), p. 345, WA.
[61] Wagner, *My Impressions*, p. 84.
[62] Wagner, *My Impressions*, p. 96.
[63] JW to Ralph H. Graves (*The New York Times*), September 30, 1904, "August 25, 1904 to January 13, 1905," p. 271; and JW to F. W. Squire, editor (*Booklover's Magazine*), October 20, 1904, p. 502. On Wanamaker's presentation of Wagner to Roosevelt, see JW to Reverend Joseph Cochran, September 21, 1904, "August 25, 1904 to January 13, 1905," p. 182, WA. "On Monday next I am going with Reverend Charles Wagner to Washington to present him to the President."
[64] JW to Mr. Griffiths, October 24, 1904, p. 540, WA.
[65] See file card on Charles Wagner, arranged by Herbert Adams Gibbons, October 1, 1904, Gibbons file cabinet, WA.
[66] Wagner, *My Impressions*, p. 85.
[67] Wagner, *My Impressions*, pp. 87–89.
[68] JW to Pastor Wagner, December 31, 1904, "August 25, 1904 to January 13, 1905," pp. 911–12; JW to Harry Peak, c/o John Wanamaker's in Paris, December 24, 1904, p. 885; JW to Robert McClure, November 26, 1904, "August 25, 1904 to January 13, 1905," p. 703; and JW to Reverend Fordyce Argo, December 2, 1904, p. 742, WA.
[69] According to Wanamaker's own store history, *Golden Book of the Wanamaker Stores*, Wanamaker's was the "first store lighted by electricity" and, in November 1909, the "first store" to sell "flying machines" (Philadelphia, 1911), pp. 67, 125, On his "power plant" and other facilities and activities, see *Golden Book*, p. 281.
[70] Gibbons, *John Wanamaker*, vol. 2, p. 369: "He alone created a French atmosphere."
[71] *DGE* (April 6, 1901). On Wanamaker's opposition to "theatricals," see JW to Walter Crowder (March 24, 1900), Wanamaker Letterbook, vol. 24, p. 835. A Sabbatarian, he also opposed in 1893 having the World's Columbian Exposition in Chicago open on

Sunday. It would be a "disgrace," he wrote, to make Sunday a symbol of "recreation and pleasure." See JW to Fred Ingles (June 6, 1893), "May 17, 1893 to September 13, 1893," p. 209, WA.

[72] See Daniel T. Rodgers, *The Work Ethic in America, 1850–1920* (Chicago, 1978), pp. 125–52, and Brian Atterbury, *The Fantasy Tradition in American Literature: From Irving to Le Guin* (Bloomington, Ind., 1980), pp. 64–72. On the emergence of the Victorian fairy tale, see Humphrey Carpenter, *Secret Gardens: The Golden Age of Children's Literature* (Boston, 1985); Jack Zipes, ed. with introduction, *Victorian Fairy Tales: The Revolt of the Fairies and Elves* (New York, 1987); and Michael Patrick Hearn ed. with introduction, *The Victorian Fairy Tale* (New York, 1988).

[73] JW (August 1, 1917, April 14, 1917, December 9, 1916, March 21, 1915, November 2, 1915, September 24, 1914, August 18, 1914, October 10, 1913, October 2, 1913, March 10, 1912) in the "Editorials of John Wanamaker, Volume I, October 1, 1912 to December 31, 1917," WA.

[74] Gibbons, *John Wanamaker*, vol. 2, p. 317.

[75] JW to RW (December 1, 1910), "1910, JW to RW," WA.

[76] JW to H. Laggart (March 9, 1886), "December 22, 1885 to December 2, 1886," p. 185; and JW to Thomas Stevenson (October 14, 1886), p. 544, WA.

[77] JW to A. S. Nickerson (October 10, 1898), Wanamaker Letterbooks, p. 23. However, Wanamaker did write in 1907 to one of his Bethany friends that "the Hebrews are growing in every city in the world. I am told that there are 1, 150, 000 Jews in New York, which is probably about the entire population of Philadelphia. It is very significant to see the hold that the Hebrews are getting upon the country." See JW to Thomas Marshall (November 16, 1907), "December 14, 1906 to February 16, 1908," 227–28, WA.

[78] JW, 1901 journal, black notebook in paper wrapper dated 1901, WA; and Gibbons, *John Wanamaker*, vol. 2, pp. 66–67, 101–5.

[79] JW to John Oburn (September 12, 1904), "August 25, 1904 to January 13, 1905," p. 126, WA.

[80] JW to Ferdinand Widerholdt, Commercial Office of the Imperial German Commission, Palace of Varied Industries, Louisiana Purchase Exposition, St. Louis (November 18, 1904), p. 627; JW to Anthony Comstock (November 12, 1904), p. 579. WA; Gibbons, *John Wanamaker*, vol. 2, pp. 82–3, 188.

[81] JW to Rev. T. Harry Sprague (September 9, 1901) "August 20, 1901 to June 21, 1902," p. 109, WA.

[82] JW to J. B. Learned, M. D. (February 15, 1908), "December 14, 1906 to February 20, 1908," p. 965, WA.

[83] Findlay, *Dwight L. Moody*, p. 88; Hutchinson, *The Modernist Impulse in American Protestantism*, pp. 8–11.

[84] JW to Eugenia Bacon (November 23, 1898), "October 7, 1898 to March 18, 1899," p. 296, WA.

[85] JW to Rev. R. M. Luther (December 31, 1896), vol. 17, p. 875; JW to Robert Ogden (April 4, 1897), vol. 18, p. 68. WA.

[86] JW, 1901 journal, WA.
[87] Herbert Wallace Schneider, *Religion in Twentieth-Century America*, pp. 8–9. Schneider goes on, p. 8: The "depressed groups" were "equally conspicuous in urban and rural life, and equally unimportant from the point of view of their civilized neighbors. Fortunately, so far during this century they have been a relatively 'small class.'"
[88] Edward Ross, *Sin and Society: An Analysis of Latter-Day Iniquity* (New York, 1907), pp. 29, 88–91.
[89] Edith Wharton, *The Custom of the Country* (New York, 1913; reprint, 1981), p. 134.
[90] For a recent discussion of the liberal position and its accommodation to the new culture, see Richard Fox, "The Discipline of Amusement," in *Inventing Times Square: Commerce and Culture at the Crossroads of the World* (New York, 1991), pp. 66–82. See also, on this same accommodation, William McLoughlin, *The Meaning of Henry Ward Beecher: An Essay on the Shifting Values of Mid-Victorian America, 1840–1870* (New York, 1970); Douglas, *The Feminization of American Culture*; and Altina L. Waller, *Reverend Beecher and Mrs. Tilton: Sex and Class in Victorian America* (Amherst, Mass., 1982).
[91] Edward Ross, *Changing America: Studies in Contemporary Society* (New York, 1912), p. 103.
[92] Quoted in John J. Costanis, "Law and Aesthetics: A Critique and a Reformulation of the Dilemmas," *Michigan Law Review* 80 (January 1982) (1): 413.
[93] Walter Rauschenbusch, *Christianity and the Social Crisis* (New York, 1907, 1964), p. 338. See also Sydney Ahlstrom, *Religious History of the American People*, p. 847: "The message and teaching of this increasingly homogeneous religious tradition and the attitudes it inculcated were closely adapted to what Americans wanted to hear and highly conducive to complacency and self-righteousness. The prophetic note tended to get lost. The sins most universally condemned were the middle-class 'don'ts' applicable to any would-be self-made man."
[94] Benjamin Rabinowitz, *The Young Men's Hebrew Associations, 1854–1913* (New York, 1948).
[95] Deborah Dash Moore, *At Home in America: Second Generation New York Jews* (New York, 1981), esp. chap. 5, "From Chevra to Center," pp. 123–46.
[96] Jay Dolan, *The American Catholic Experience: A History from Colonial Times to the Present* (New York, 1985), pp. 197, 321–46.
[97] Quoted in Aaron Abell, *American Catholicism and Social Action* (New York, 1963), p. 183.
[98] Carle Zimmerman, *Consumption and Standards of Living* (New York, 1936), p. 304; *The American Catholic Experience*, pp. 195–220. On Catholic charities, see Marguerite T. Boylan, *Social Welfare in the Catholic Church* (New York, 1941), pp. 21–62; and John O'Grady, *Catholic Charities in the United States* (New York, 1971). These reflections are also based on a conversation with Professor Reverend Paul Robichaud of The Catholic University, Washington, D. C. (November 10, 1992). As in many other areas in the religious history of these times, there is much research to be done.

[99] Dolan, *The American Catholic Experience*, pp. 349–51; on Mundelein, see Edward R. Kantowicz, *Corporation Sole: Cardinal Mundelein and Chicago Catholicism* (Notre Dame, Ind., 1983), pp. 3, 47–48, 171. On the orders for the contemplative life that existed in America, which though very tiny in this period, nevertheless testified to the fact that America could support a "theology of asceticism," see John Tracy Ellis, *American Catholicism* (Chicago, 1969), pp. 133–36.

[100] Mel Piehl, *Breaking Bread: The Catholic Worker and the Origins of Catholic Radicalism in America* (Philadelphia, 1982), pp. 28–29, 53.

[101] Philip Gleason, "In Search of Unity: American Catholic Thought, 1920–1960," *The Catholic Historical Review* 65 (April 1979): 189–91, 194.

[102] Dolan, *The American Catholic Experience*, pp. 206–15, 231–33, 351. Dolan points out, on p. 227, that Catholicism's two "major sins" were "drunkenness" and "impurity." The urban cardinals also created their own youth organizations (the most famous being the CYO), which imitated in every way the YMCA of the Protestants. See Kantowicz, *Corporation Sole*, pp. 173–75.

[103] On "going first class," see Kantowicz, *Corporation Sole*, p. 3.

[104] JW to RW (February 11, 1918); and, for 1903 citations, see JW to RW (February 13 and 14, 1903), "letters to Rodman," WA. For other citations, see May 30, 1913 (telegram), August 8, 1913, March 5, 1917, and August 23, 1919, WA.

[105] JW to RW (June 26, 1913). WA.

[106] JW to RW (August 11, 1913), WA.

[107] Gibbons, *John Wanamaker*, vol. 2, pp. 69, 162–63.

[108] See RW, collection of sheet music by Rodman Wanamaker, WA.

[109] *Eve Journal* (March 9, 1928), 1, scrapbook, "In Memoriam, Rodman Wanamaker, 1863–1928," WA.

[110] RW to Minnie Warburton (July 28, 1924), in tin box, estate of JW, miscellaneous papers, WA.

[111] The evidence for John, Jr.'s, behavior were preserved in the Wanamaker archives in a closed tin box, which I had opened for inspection at the store. This particular citation comes from a formal oath signed on December 16, 1927, by John Wanamaker, Jr., in which he promised not to drink or otherwise indulge himself. "Failing to live up to the agreement as stated above," he promised further, "I agree, with the consent of my father and at the instigation of two or more reputable physicians to place myself, or have my father place me in an institution selected by said physicians and my father, for a period of one year." ("Miscellaneous Correspondence, Capt. John Wanamaker, Jr.") A detailed discussion of John, Jr.'s, character also appears in a private dictation (also preserved in the closed tin box) by William Nevin, president of the Philadelphia store (dated March 24, 1928), WA.

[112] "John Wanamaker, Jr., Correspondence Between Rodman Wanamaker, Mr. Rebmann and Mr. Whitney, Years 1923–1928." See, in particular, Mr. Rebmann to A. M. Peeples (December 16, 1927), WA.

第八章

[1] Charles Brodie Patterson, *In the Sunlight of Health* (New York, 1913).

[2] Herbert Adams Gibbons, *John Wanamaker* (New York, 1926), vol. 2, p. 462.

[3] See Arthur Meier Schlesinger, "The Critical Period in American Religion, 1875–1900," *Proceedings of the Massachusetts Historical Society* 64 (1932–33): 523–47; Paul Carter, *The Spiritual Crisis of the Gilded Age* (DeKalb, Ill., 1971); Sidney Ahlstrom, *A Religious History of the American People* (New Haven, Conn., 1972), pp. 731–857; and George M. Marsden, *Fundamentalism and American Culture: The Shaping of Twentieth-Century Evangelicalism, 1870–1925* (New York, 1980), sep. chap. 1, "Evangelical America at the Brink of Crisis," pp. 11–39. On the despair and doubt (and the "therapeutic" reaction) engendered by this religious "crisis," see T. Jackson Lears, *No Place of Grace* (New York, 1981).

[4] Stephen Gottschalk, *The Emergence of Christian Science in American Religious Life* (Berkeley, Calif., 1973), pp. 112–13; William James, *The Varieties of Religious Experience* (New York, 1958), pp. 137–39, 284. For brief histories of the mind-cure movement in the United States, see Johan Huizinga, *America* (New York, 1972; orig. pub. 1928), pp. 187–203; Harold Faulkner, *The Quest for Social Justice, 1898–1914* (New York, 1931), pp. 213–18; Ahlstrom, *A Religious History of the American People*, pp. 1020–38; and Warren Susman, *Culture as History: The Transformation of American Society in the Twentieth Century* (New York, 1984), pp. 270–85. For a greater-length treatment, see Donald Meyer, *The positive Thinkers: Popular Religious Psychology from Mary Baker Eddy to Norman Vincent Peale and Ronald Reagan* (Middletown, Conn., 1989). For a discussion of the conflicts within the mind-cure movements as a whole, see Gottschalk; and see also Charles Braden, *Spirits in Rebellion: The Rise and Development of New Thought* (Dallas, 1963), pp. 14–25.

[5] Lucy Sprague Mitchell, *Two Lives: The Story of Wesley Clair Mitchell and Myself* (New York, 1953), pp. 70–71.

[6] Horace W. Dresser, *A History of the New Thought Movement* (New York, 1919), pp. 176–80; Wendell Thomas, *Hinduism Invades America* (New York, 1930), pp. 73–77; Gottschalk, *The Emergence of Christian Science in American Religious Life*, pp. 150–57; Carter, *The Spiritual Crisis of the Gilded Age*, pp. 210–21.

[7] James, *The Varieties of Religious Experience*, pp. 88–89. For a discussion of trends in liberal Protestantism similar to those in the mind-cure movement, see Richard Fox, "The Discipline of Amusement," in *Inventing Times Square: Commerce and Culture at the Crossroads of the World*, ed. William R. Taylor (New York, 1991), pp. 83–98.

[8] Bruce Campbell, *Ancient Wisdom Revealed: A History of the Theosophical Society* (Berkeley, Calif., 1980), pp. 23–29; Marion Meade, *Madame Blavatsky: The Woman Behind the Myth* (New York, 1980), pp. 101–35, 160–75, 180, 224, 232; and Helene Blavatsky, *The Key to Theosophy* (Corina, Calif., 1946; orig. pub. 1889), pp. 27, 33, 61–65, 75.

[9] J. H. Leuba, "Paychotherapic Cults: Christian Science; Mind Cure; New Thought," *The Monist* 22 (July 1912): 350–51.

[10] Blavatsky, *The Key to Theosophy*, pp. 27, 33, 61—65, 75; and Campbell, *Ancient Wisdom Revealed*, pp. 3—9.
[11] Meyer, *The Positive Thinkers*, pp. 73—82; James, *The Varieties of Religious Experience*, p. 96.
[12] Horace Dresser, *Handbook of the New Thought* (New York, 1917), p. iii.
[13] Dresser, *A History of the New Thought Movement*, p. 211.
[14] For Vivekenanda citation, see Wendell Thomas, *Hinduism Invades America*, pp. 107—08.
[15] Blavatsky, *The Key to Theosophy*, p. 26.
[16] Elizabeth Townes, *Practical Methods for Self-Development* (1904), quoted in Meyer, *The Positive Thinkers*, p. 199; Ralph Waldo Trine, *What the World Is Seeking* (New York, 1896), pp. 171—79. Other quoted material comes from James, *The Varieties of Religious Experience*, pp. 90, 97; and Orison Swett Marden, *Peace, Power, and Plenty* (New York, 1909), p. 12.
[17] "The Joy of Service," *The American Cooperator* (June 6, 1903): 20.
[18] *Success Magazine* (August 15, 1903, September 26, 1903).
[19] Meyer, *The Positive Thinkers*, pp. 198—99.
[20] "A Monograph on Worry," *The Poster* (November 1912); articles in *The Department Store and Advertising World*.
[21] "Don't Postpone Your Happiness," *Thought and Work* (May 15, 1904).
[22] Quoted in Freeman Champney, *Art and Glory: The Story of Elbert Hubbard* (New York, 1978), pp. 39—40, 144—46.
[23] "Elbert Hubbard's Creed," *The American Cooperator* (July 4, 1903): 24.
[24] *The Dry Goods Reporter* (August 7, 1909): 18.
[25] Quoted in *MRSW* (November 1908). For references to the Kansas City designer, see *Business Women's Magazine* (December 1914); and for popularity of Billikens, see *DGE* (February 27, 1909); *DGE* (May 29, 1909), p. 132; and *DGE* (March 6, 1909), p. 35.
[26] Mabel Dodge, quoted in Lois Palken Rudnick, *Mabel Dodge Luhan: New Women, New Worlds* (Albuquerque, 1984), pp. 132—37. See also, on the reception of New Thought, Nathan Hale, *Freud and the Americans: The Beginnings of Psychoanalysis in the United States, 1876—1917* (New York, 1971), pp. 245—49.
[27] On Ellen Veblen, see R. L. Duffus, *Innocents at Cedro* (New York, 1944), concluding chapter; on Dreiser, see Richard Lingeman, *Theodore Dreiser: An American Journey, 1908—1941* (New York, 1990), p. 48, 108—112, 123.
[28] On the unity of the social sciences up to the 1890s, see Daniel Fox, *The Discovery of Abundance: Simon N. Patten and the Transformation of Social Theory* (Ithaca, N. Y., 1968), pp. 156—58; on the conflicts among them, see Mary Furner, *Advocacy and Objectivity* (Louisville, 1975).
[29] Joseph Schumpeter, *Ten Great Economists from Marx to Keynes* (New York, 1951), p. 241. On the rise of economics as a field, see William Barber, "Political Economy and the Academic Setting Before 1900: An Introduction," in Barber, ed., *Breaking the Academic Mould: Economists and American Higher Learning in the Nineteenth*

Century (Middletown, Conn., 1988, pp. 3–14); and Mary Furner, "Knowing Capitalism: Public Investigation and the Labor Question in the Long Progressive Era," in *The State and Economic Knowledge*, ed. Mary Furner and Barry Supple (Cambridge, Eng., 1990), pp. 242–45.

[30] Simon Patten, "The Conflict Theory of Distribution," in *Essays in Economic Theory*, ed. Rexford Tugwell (New York, 1924), p. 240, repr. from *The Yale Review* 17 (August 1908).

[31] On the continuing (and even more widespread) trend in modern economics to focus only on "abstract market forces," see Robert Heilbroner, "Reflections, Economic Predictions," *The New Yorker* (July 8, 1991), pp. 70–77.

[32] Mary Furner, "The Republican Tradition and the New Liberalism: Social Investigation, State Building, and Social Learning in the Gilded Age," manuscript in possession of author. On the squeezing out of history and the larger view from economics after 1915, see Richard Swedberg, introduction to *Joseph A. Schumpeter: The Economics and Sociology of Capitalism*, ed. R. Swedberg (Princeton, N. J., 1991), pp. 31–33.

[33] This overall perspective was (and is) known as "institutional economics," an interdisciplinary field that blended economics, sociology, history, and other subjects and that insisted on making ethical judgments about the nature of economic and social change. On institutional economics, see David Sechler, *Thorstein Veblen and the Institutionalists* (Boulder, Colo., 1975), pp. 1–17; Edward Jandy, *Charles Horton Cooley: His Life and His Social Theory* (New York, 1968; orig. pub. 1942), pp. 255–56; Allan Gruchey, *Contemporary Economic Thought: The Contribution of neo-Institutional Economics* (Clifton, N. J., 1972), pp. 17–67; Joseph Dorfman, *The Economic Mind in American Civilization* (New York, 1959), vol. 4, pp. 352–97; Wesley Clair Mitchell, *Lecture Notes on Types of Economic Theory* (New York, 1949), vol. 2, pp. 225–27; and Lev E. Dobriansky, *Veblenism: A New Critique* (Washington, D. C., 1957), pp. 217–21, and chap. 7, pp. 289–343.

[34] Thorstein Veblen, "Christian Morals and the Competitive System," repr. in *Essays on Our Changing Order*, ed. Leon Andzrooni (New York, 1964), orig. pub. in *The International Journal of Ethics* 20 (January 1910): 216.

[35] Joseph Dorfman, *Thorstein Veblen and His America* (New York, 1934), p. 327. Dorfman's is still the most complete biography of Veblen, although John P. Diggins's more recent, intellectually focused *The Bard of Savagery: Thorstein Veblen and Modern Social Theory* (New York, 1978), is also useful. In many ways, the best and most moving account of Veblen is R. L. Duffus, *The Innocents at Cedro: A Memoir of Thorstein Veblen and Some Others* (New York, 1944).

[36] Veblen, quoted in Dobriansky, *Veblenism: A New Critique*, pp. 315–17; Dorfman, *Thorstein Veblen*, pp. 205, 252; and Thorstein Veblen, *The Theory of Business Enterprise* (New York, 1904), pp. 45–85.

[37] Thorstein Veblen, *Absentee Ownership and Business Enterprise in Recent Times: The Case of America* (New York, 1923), pp. 97–98, 313. Veblen divided salesmanship into two categories: "newsprint" and "outdoor advertising"; the first included advertising

by mail and in newspapers and magazines; the second included advertising through posters and bulletins, and the new signboards and "spectacular" electrical displays. Between these two categories were what Veblen described as the "formidable minor devices"—show windows, indoor display, packaging and labels, decorative interiors, trademarks, and decorative containers. On the validity of his views on the relations among credit, rising prices, and salesmanship, see Dobriansky, *Veblenism: A New Critique*, pp. 305–9, 330; Charles Friday, "Veblen and the Future of American Capitalism" and Thomas Cochran, "Business in Veblen's America," in *Thorstein Veblen: The Carleton College Veblen Seminar Essays* (Minneapolis, 1968), pp. 16–71; and Joel B. Dirlam, "The Place of Corporation Finance in Veblen's Economics," in *Thorstein Veblen: A Critical Reappraisal*, ed. Douglas F. Dowd (New York, 1958), pp. 212–29.

[38] *Absentee Ownership* (New York, 1923), quoted in Dorfman, *Thorstein Veblen*, p. 98.
[39] *The Higher Learning in America* (1911), quoted in Dorfman, *Thorstein Veblen*, p. 407.
[40] Veblen, *Absentee Ownership*. pp. 309–11, 318–23.
[41] Thorstein Veblen, *The Vested Interests and the Common Man* (New York, 1964; orig. pub. 1919), pp. 27–30, 71–76, 94–100; *Absentee Ownership*, quoted in Dorfman, *Thorstein Veblen*, p. 473; Veblen, *The Engineers and the Price System* (New York, 1921), pp. 108–11.
[42] Veblen, *The Instinct of Workmanship*, quoted in Dorfman, *Thorstein Veblen*, pp. 324–25.
[43] Veblen, "Christian Morals and the Competitive System," p. 216; and *The Instinct of Workmanship*, quoted in Dorfman, *Thorstein Veblen*, p. 327.
[44] Rexford Tugwell, "Notes on the Life and Work of Simon Nelson Patten," *The Journal of Political Economy* 31 (April 1923): pp. 182–83. Unless otherwise noted, most of the biographical material on Patten in this chapter is taken from Tugwell's article (still the best thing written on Patten) or from Daniel Fox, *The Discovery of Abundance: Simon N. Patten and the Transformation of Social Theory* (Ithaca, N. Y., 1968). For a very different analysis of both Patten and Veblen from the one I present here, see Daniel Horowitz, *The Morality of Spending, Attitudes Toward the Consumer Society in America, 1875–1940* (Baltimore and London, 1988), pp. 30–41.
[45] Simon Patten, quoted in oral interview of Dr. William H. Allen, director of the Bureau of Municipal Research, and secretary, New York, City Municipal Civil Service Commission, by Owen Bompard (December 1948–January 2, 1950), pp. 26–31, CUOHP.
[46] Patten, *Mud Hollow* (New York, 1922), p. 229.
[47] On earlier American views, see Paul K. Conkin, *Prophets of Prosperity: America's First Political Economists* (Bloomington, Ind., 1980); on Patten's debt to earlier thinkers, see David B. Schulter, "Economics and the Sociology of Consumption: Simon Patten and Early Academics in America, 1894–1904," *The Journal of the History of Sociology* 2, (Fall-Winter 1979–80): 132–62.
[48] Patten, "The Economic Cause of Social Progress" (pub. 1912), repr. in Rexford Tugwell, ed., *Essays in Economic Theory* (New York, 1924), p. 167.

[49] On the theme of decline reviled by Patten, see John L. Thomas, *Alternative America: Henry George, Edward Bellamy, Henry Demarest Lloyd, and the Adversary Tradition* (Cambridge, Mass., 1983), pp. 1–36.
[50] Patten, *The Consumption of Wealth* (New York, 1901), p. vi.
[51] On "inculcated……" and "emphasized……" see Patten, *The Theory of Prosperity* (New York, 1902), p. 162; on "the principle of sacrifice," see Patten, "The Economic Cause of Social Progress," in Tugwell, ed., *Essays in Economic Theory*, pp. 21, 316; and on "restraint, denial, and negation," see Patten, *The New Basis of Civilization* (New York, 1907), pp. 50, 129. On Patten's "new religion," see also Fox, *The Discovery of Abundance*, pp. 72–73, 108–9.
[52] On "checks to full" and "adjust a people," see Patten, *The Theory of Prosperity*, p. 162.
[53] Quoted in Marianne Weber, *Max Weber: A Biography*, trans, and ed. Harry Zohn (New York, 1975; orig; pub. 1920). p. 307.
[54] On the early eighteenth-century position on commerce, see Albert O. Hirschman, *Rival Views of Market Society and Other Recent Essays* (New York, 1986), pp. 41–43, 105–9. Mistakenly, I think, Hirschman argues in his otherwise fine essay that there were no American economists in the nineteenth and early twentieth centuries who "kept alive" the earlier notion that "market societies forged all sorts of social ties of trust, friendliness, sociability, and thus helped to hold society together" (p. 122). Clearly, Patten and his followers did much to keep it alive, albeit in a new corporate market form.
[55] Patten, "Reconstruction of Economic Theory" (pub. 1912), repr, in Tugwell, ed., *Essays in Economic Theory*, pp. 310–12.
[56] Ibid.
[57] Tugwell, ed., *Essays in Economic Theory*, p. 22.
[58] Patten, *The Consumption of Wealth*, pp. 10, 168–69.
[59] Historian Dorothy Ross argues that Patten never placed much stock in the theory of marginal utility. He "never regarded marginalism," she writes, "as more than a minor analytical technique." Ross may be able to prove this claim, but here it is clear that Patten attributed much significance to marginal theory. See Dorothy Ross, *The Origins of American Social Science* (Cambridge, Eng., 1991), pp. 195–96.
[60] Patten, *The Consumption of Wealth*, pp. 10–13; Patten, "The Scope of Political Economy," p. 182, in Tugwell, ed., *Essays in Economic Theory*.
[61] Patten, *The Consumption of Wealth*, p. 51.
[62] Patten, "Reconstruction of Economic Theory," p. 337.
[63] Patten, *The Theory of Prosperity*, pp. 168–69; Patten, *New Basis*, p. 141.
[64] Tugwell, ed., *Essays in Economic Theory*, p. 22.
[65] Patten, *The Theory of Prosperity*, pp. 164–65, 208; Patten, *Mud Hollow*, pp. 239–40.
[66] Patten, *Product and Climax* (New York, 1909), p. 62; Patten, *The Theory of Prosperity*, p. 182.
[67] Simon N. Patten, "Hymn Writing," *The Survey Magazine* (December 20, 1913): 403–4.
[68] Tugwell, ed., *Essays in Economic Theory*, pp. 175–77.

[69] Ibid., p. 13.
[70] Patten, *The Theory of Prosperity*, p. 162; *Product and Climax*, p. 18—22, 55.
[71] Patten, *Product and Climax*, p. 62.
[72] Fox, *The Discovery of Abundance*, pp. 133—34.
[73] Quoted in Rexford Tugwell, *To the Lesser Heights of Morningside: A Memoir* (Philadelphia, 1982), p. 135. On Patten's wish theory, see also Fox, *The Discovery of Abundance*, pp. 134—35.
[74] Patten, *Mud Hollow*, pp. 297, 325, 350—51.
[75] Tugwell, *To the Lesser Heights of Morningside*, pp. 44, 154. On Patten's influence on social workers and on the economic profession, see Joseph Dorfman, *The Economic Mind in American Civilization* (New York, 1959), vol. 3, pp. 187—88, 209.
[76] Franklin Giddings, *Studies in the Theory of Human Society* (New York, 1922), pp. 61—63, orig. pub. as "Quality of Civilization"; and Tugwell, "Notes on the Life and Work of Simon Nelson Patten," p. 191. Daniel Fox argues, in his biography of Patten, *The Discovery of Abundance*, p. 161, that Giddings and Patten were "poles apart." But as these statements indicate, they agreed on the role standardization played in the culture and economy.
[77] On Lippmann's views of Weyl, see Charles Forcey, introduction to Weyl, *New Democracy* (New York, 1965) p. xiv.
[78] Weyl, *New Democracy*, pp. 194, 251—52.
[79] Ibid., pp. 246—47.
[80] On *Oh, Money! Money!* See Grant M. Overton, *The Women Who Make Our Novels* (New York, 1922), pp. 119—20; for biographical materials on Porter, see *Overton*, pp. 108—18, and Stanley Kunitz and Howard Haycroft, ed., *Twentieth-Century Authors* (New York, 1942), pp. 1116—17.
[81] Eleanor H. Porter, *Pollyanna* (New York, 1912), pp. 24, 149, 186, 223—25, 276.
[82] Ibid., pp. 226—27.
[83] Ibid., p. 287.
[84] On the novel's reception, see "Eleanor Porter," in *Notable American Women*, ed. Edward T. James (Cambridge, Mass., 1971), pp. 85—86.
[85] Matilda Joslyn Gage, *Woman, Church, and State* (included in the first volume of *The History of Woman Suffrage*) (New York, 1893), p. 31; and Campbell, *Ancient Wisdom Revealed*, p. 3.
[86] John Algeo, "A Notable Theosophist: L. Frank Baum," in *The American Theosophist* 74(August-September 1986): 270—73; *The Aberdeen Saturday Pioneer* (a Baum-edited newspaper; hereafter *Pioneer*) (April 5, 1890); Matilda Joslyn Gage (grandniece of Mrs. Gage), "The Dakota Dakota Days of L. Frank Baum," Part III, *The Baum Bugle* (Christmas 1966).
[87] *Pioneer* (January 25, 1890, and February 22, 1890).
[88] *Pioneer* (May 10, 1890); and quoted in Matilda J. Gage, "The Dakota Days of L. Frank Baum," Part II, *The Baum Bugle* (Autumn 1966).
[89] "L. Frank Baum and His New Plays," newspaper article, p. 63, LFB Papers, Arendts Collection, Syracuse University.

[90] *Pioneer* (November 8, 1890, February 22, 1890, March 1, 1890, March 15, 1890, March 22, 1890, May 3, 1890, and February 8, 1891).

[91] For Baum's edible landscapes, see LFB, *The Emerald City of Oz* (Chicago, 1910), pp. 181–82, 299; LFB, *The Purple Dragon and Other Fantasies* (Lakemount, Ga., 1976), ed. with foreword by David L. Greene, pp. 18, 21; LFB, *Tot and Dot in Merryland* (Chicago, 1901), pp. 103–5; and Frank Baum and Russell MacFall, *To Please a Child: A Biography of L. Frank Baum, Royal Historian of Oz* (Chicago, 1951), pp. 21–32.

[92] On the Oz industry, merchandising, and advertising, see Baum and MacFall, *To Please a Child*, pp. 251–56; *The Baum Bugle* (Christmas 1964); and *The Baum Bugle* (December 1962). On the popularity of The Wizard of Oz, see Frank Luther Mott, *Golden Multitudes: The Story of Best Sellers in the United States* (New York, 1966).

[93] "Why 'Everybody's Going to the Big Store.'" *ST* (September 1, 1913).

[94] Quoted in a Baum newspaper interview, "L. Frank Baum and His New Plays" (1910), LFB Papers, Arendts Collection, Syracuse University Library. See also on the production, Baum and MacFall, *To Please a Child*, pp. 5–15, and *The Baum Bugle* (Spring 1969). On recent adaptations, see, on Emerald City Mall, *NYT*, September 24, 1989, p. 25 and, on "Oz," *NYT*, October 29, 1992, p. c19.

[95] On traditional elements in fairy tales, see Brian Atterbery, *The Fantasy Tradition in American Literature: From Irving to LeGuin* (Bloomington, Ind., 1980), pp. 91–922; Bruno Bettelheim, *The Uses of Enchantment: The Meaning and Importance of Fairy Tales* (New York, 1977), pp. 3–19; and Laura F. Kready, *A Study of Fairy Tales* (New York, 1916), pp. 13–22.

[96] On the uniqueness of Baum's achievement, see Atterbery, *The Fantasy Tradition in American Literature*, pp. 81–3; and Humphrey Carpenter, *Secret Gardens: The Golden Age of Children's Literature* (Boston, 1985), pp. x, 16–17.

[97] John Bunyan, *The Pilgrim's Progress: From This World to That Which Is to Come*, pt. I, ed. with introduction by James Thorpe (Boston, 1969), pp. 147–82, 194, 199. On the popularity of the Bunyan book, see Daniel T. Rodgers, *The Work Ethic in America, 1850–1920*, p. 128; and Paul Fussell, *The Great War in Modern Memory* (New York, 1977), pp. 137–44.

[98] On this critical tradition of fairy-tale writing, see Carpenter, *Secret Gardens*.

[99] The most well-known and wide-eyed of these analysts is Henry Littlefield, whose "The Wizard of Oz: Parable of Populism," *American Quarterly* (Spring 1964): 47–58 is still widely used. See also Fred Erisman, "L. Frank Baum and the Progressive Dilemma," *American Quarterly* (Fall 1968): 616–23; and Brian Atterbery, *The Fantasy Tradition in American Literature*, pp. 86–90.

[100] *Pioneer* (December 20, 1890). Baum was editor of this newspaper when he lived in Aberdeen, South Dakota, a region of intense farmer unrest and populist activity. Yet he devoted almost nothing in his paper to this unrest, which is surprising if one believes that Baum was greatly interested in populism. Baum was more interested in writing about costume parties given by the "best people," about theater and musical activities in Aberdeen, and about show windows and goods.

[101] The page references to *The Wizard of Oz*, which henceforth will appear in the narrative, come from *The Wonderful Wizard of Oz*, ed. William Leach (Belmont, Calif., 1991).

[102] On these kingdoms or "globes," see Bruce Campbell, *Ancient Wisdom Revealed*, pp. 61–74.

[103] The relationship between theosophy/spiritualism and color is briefly explored in Faber Birren, *Color and Human Response* (New York, 1978). On a colorist who preceded Baum and may have influenced him, see Edwin Babbitt, *The Principles of Light and Color: The Classic Study of the Healing Power of Color*, ed. and annotated by Faber Birren (New York, 1967; orig. pub. in 1878). A Presbyterian like John Wanamaker, Babbitt "converted" to spiritualism in 1869 at age forty (p. vi). "Wonderful," he wrote on p. 93, "are the healing properties of light and color, so gentle, so penetrating, so enduring in their effects."

[104] On Baum's use of color, see Harry Neal Baum, "My Father Was the Wizard of Oz," manuscript, LFB Papers, Arendts Collection, Syracuse University, pp. 13–14; and Michael P. Hearn, introduction to *The Annotated Wizard of Oz* (New York, 1973), p. 114.

[105] On the historical significance of tricksterism in America and its gradual domestication by the 1870s and 1880s, see Neil Harris, *Humbug: The Art of P. T. Barnum* (Chicago, 1973), pp. 72–79; Karen Halttunen, *Confidence Men and Painted Women* (New Haven, Conn., 1982); and Ann Fabian, *Card Sharps, Dream Books, and Bucket Shops: Gambling in 19th Century America* (Ithaca, N. Y., 1990).

[106] Harry Neal Baum, "My Father Was the Wizard of Oz."

[107] Paul Tietjens, "Excerpts Pertaining to L. Frank Baum Taken from the Diary of Paul Tietjens, 1901 to 1904," LFB Papers, Syracuse University Library.

[108] Bettelheim, *The Uses of Enchantment*, pp. 61–66, 78–83, 143–50.

[109] Atterbery, *The Fantasy Tradition in American Literature*, p. 93.

[110] Bettelheim, *The Uses of Enchantment*, pp. 144–45.

[111] Matilda Gage Baum, "Great Men and Women: L. Frank Baum," *The Baum Bugle* (Winter, 1980–81).

[112] LFB, *The Emerald City of Oz* (Chicago, 1910), p. 31.

[113] Patterson, *In Sunlight and Health*, p. iii.

[114] James, *The Varieties of Religious Experience* (New York, 1958), pp. 137–39, 284.

第九章

[1] Quoted in *NYT* (December 14, 1922), p. 21; on Wanamaker's death, see *NYT* (December 13, 1922), p. 1.

[2] *NYT* (December 15, 1922), p. 19.

[3] J. M. Giddings to William Nevins (August 2, 1918), folder "Correspondence Regarding Inquiries into Sale of Business," cabinet file JW, WA.

[4] For these proposals to Nevin and RW, see Louis Boissevain (February 2, 1925); phone memo from Mr. Mandel to William Nevin (December 11, 1925) (for Gimbel Brothers):

Carl E. Whitney (of Wise, Whitney, and Parker) to William Nevin (September 12, 1928); Wilson Prichett (representative of Goldman, Sachs) to RW (December 12, 1924); M. L. Freeman (representative of banking group) to Nevin (April 26, 1927); Russell Thayer (representative of banking interests) to Nevin (February 3, 1927); and Daniel Cohn to Nevin (October 15, 1924), in folder "Correspondence Regarding Inquiries," WA.

[5] Archie Shaw, quoted in Guy Alchon, *The Invisible Hand of Planning: Capitalism, Social Science, and the State* (Princeton, N, J., 1985), p. 147.

[6] David Montgomery, *The Fall of the House of Labor* (Cambridge, Eng., 1987), pp. 406, 432.

[7] Ibid., p. 464.

[8] André Siegfried, "The Gulf Between," *The Atlantic Monthly* (March 1928): 289–96.

[9] Samuel Strauss, "Rich Men and Key Men," *The Atlantic Monthly* (December 1927): 721–29, and "'Things Are in the Saddle,'" *The Atlantic Monthly* (November 1924): 577–88. On Strauss's later abandonment of his critique, see his *American Opportunity* (Boston, 1935). The book constitutes, in fact, a major reversal in analysis and also lacks much of the rich cultural thinking of his earlier criticism. Strauss could write uncritically, for instance, "that the common man wishes always more things, always better things" (p. 124).

[10] "Moses Strauss," biographical sketch, *History of Des Moines and Polk County, Iowa* (Chicago, 1911), pp. 178–81; L. F. Andrews, "He Rounds Out Half Century as a Businessman in Des Moines," *Des Moines Register and Leader* (December 1, 1907), p. 30, courtesy of the State Historical Society of Iowa, Iowa City, Ia.

[11] "Moses Strauss," p. 181.

[12] On Strauss's membership in the Kehillah, see Arthur Goren, *New York Jews and the Quest for Community: The Kehillah Experiment, 1908–1922* (New York, 1970), p. 175.

[13] "Contributors' Column," *The Atlantic Monthly* 140 (December 1927): 858; obituary, *NYT* (April 3, 1953), p. 27.

[14] Strauss, "Epicurus and America," *The Villager* 1 (May 19, 1917): 15–16.

[15] Strauss, "'Things Are in the Saddle' ": 577–88.

[16] Ibid.

[17] "Progress," *The Villager* (April 9, 1921), review of J. B. Bury's *Progress*; *The Villager*, "Some Thoughts on the Time" (December 4, 1920): 111.

[18] "Out of the Grip of Things," *The Villager* 3 (July 5, 1919): 47–48.

[19] "Why Great Wealth Is No Longer Envied," *The Villager* 6 (June 30, 1923): 299.

[20] "Out of the Grip of Things"; "Rich Men and Key Men," pp. 727–29.

[21] "Buyers Instead of Citizens," *The Villager* 6 (July 28, 1923): 170–71.

[22] Raymond Loewy, *Never Leave Well Enough Alone* (New York, 1951), p. 73.

[23] Monsignor Francis Spellman to LK (May 6, 1930), LKP, HBS; Frederick Lewis Allen, *Only Yesterday: An Informal History of the 1920s* (New York, 1964; orig. pub 1931), pp. 87–90; George Mowry, *The Urban Nation* (New York, 1964), pp. 6–15; U. S. Department of Commerce, "International Trade in Clocks and Watches," Trade Information Bulletin no. 585 (Washington, D. C., November 1928), p. 1; sales chart

for "Toilet Goods Department" (1914—26), William Filene Department Store, Box 21, Elizabeth Arden File, LKP; *DC* 7 (February 20, 1931): 5; U. S. Department of Commerce, "World Trade in Toilet Preparations," Trade Information Bulletin no. 344 (Washington, D. C., May 1925).

The best contemporary account of goods production in this period can be found in the National Bureau of Economic Research, *Recent Economic Changes in the United States* (hereafter *REC*), Report of the Hoover Committee on Recent Economic Changes, of the President's Conference on Unemployment (New York, 1929), pp. ix-xxiii, 1—68.

[24] On Rothschild's, see *PRL* (May 2, 1923), p. 4; "The Wanamaker Pet Shop," *The Pet Shop* (hereafter *PS*) (July 1926); *PS* (September 1926); *PS* (December 1926); *PS* (January 1927); *PS* (November 1928); and *PS* (April 1929).

[25] Richard Fox, *Reinhold Niebuhr: A Biography* (New York, 1985), pp. 90—96; Stephen Meyer III, *The Five Dollar Day: Labor Movement and Social Control in the Ford Motor Company, 1908—1921* (Albany, N. Y., 1982); Montgomery, *Fall of the House of Labor*, p. 397.

[26] PM, "Memorandum for Mr Kirstein, No 1, Change in the Financial Status of the United States," May 12, 1921, Box 38, PM, LKP; Ron Chernow, *The House of Morgan* (New York, 1990), pp. 205—6; Ramsay Muir, *America the Golden: An Englishman's Notes and Comparisons* (London, 1927), pp. 65—87.

[27] Quoted in *MRSW* 61 (December 1927): 39; Harold Barger, *Distribution's Place in the American Economy Since 1869* (Princeton, N. J., 1955), pp. 4—16.

[28] On Gimbels' elevator, see *WWD* (November 12, 1927), p. 7; on Bamberger's, see *WWD* (May 5, 1928), p. 2.

[29] *REC*, p. xi.

[30] *REC*, pp. xvi-xvii.

[31] John Allen Murphy, *Merchandising Through Mergers* (New York, 1930), p. 15; on the character of chain methods, see Edith M. Stern, "Chain Department Stores," *American Mercury* 30 (October 1933): 152—59; for statistics regarding the number of chain stores from 1886 to 1929, see U. S. Federal Trade Commission, *Chain Store Investigation* (Washington, D. C., 1935), pt. 4, "Crowth and Development of Chain Stores," pp. 6—7, and Muir, *America the Golden*, pp. 78—79.

[32] Murphy, *Merchandising Through Mergers*, pp. 43—44.

[33] On Child's, see *The American Restaurant* 3 (November 1920): 38; on Savarin's, see *The American Restaurant* 4 (January 1921): 19—23.

[34] *REC*, pp. 365—67; on Fanny Farmer, see *PRL* (April 4, 1923): 4; for 1927, *REC*, p. 363.

[35] Whitney Bolton, *The Silver Spade: The Conrad Hilton Story* (New York, 1954), pp. 41—67; Rufus Jarman, *A Bed for the Night: The Story of the Wheeling Bellboy, E. N. Statler and His Remarkable Hotels* (New York, 1952), p. 170; Murphy, *Merchandising Through Mergers*, p. 92.

[36] "Hilton Brothers Broaden Hotel Activities," *The American Greeter* 25 (November 1932): 32.

[37] Quoted in *NYT* (September 26, 1928), p. 20.

[38] These figures and analysis are taken from Morris A. Horowitz, *The New York Hotel Industry: A Labor Relations Study* (Cambridge, Mass., 1960), pp. 3–8, 17–25.
[39] *REC*, pp. 365–67; also on Penney's, see *MRSW* 63 (October 1928): 54.
[40] Loewy, *Never Leave Well Enough Alone*, p. 73; on Walden's, see *MRSW* 66 (March 1930): 26; on Bedell's, see *MRSW* 65 (May 1929): 19; on Peck & Peck, see *MRSW* 61 (December 1927): 51; on the World Radio Corporation chain, see Ernest Henderson, *The World of 'Mr. Sheraton'* (New York, 1960), pp. 57–72; on the number of drugstores in 1925, see Muir, *America the Golden*, p. 79; and on reorganization of the drug business, see Murphy, *Merchandising Through Merger*, pp. 7, 114.
[41] Quoted in Leon Harris, *Merchant Princes: An Intimate History of Jewish Families Who Built Great Department Stores* (New York, 1979), p. 351. On Marion, Ohio, see Charles Wesley Wood, *The Passing of Normalcy* (New York, 1929), p. 2; and W. A. Swanberg, *Norman Thomas: The Last Idealist* (New York, 1976), pp. 1–11. Also on chain stores, see Robert and Helen Lynd, *Middletown* (New York, 1929), pp. 45–47.
[42] Murphy, *Merchandising Through Mergers*, p. 15.
[43] Clark, quoted in Joseph Dorfman, *The Economic Mind in American Civilization* (New York, 1949), vol. 4 (1918–33), pp. 254–55.
[44] Murphy, *Merchandising Through Mergers*, pp. 68–69, 76–77.
[45] On this membership, see George W. Edwards, *The Evolution of Finance Capitalism* (London, 1938), pp 228–29.
[46] On the debate over the role financiers have played in shaping American economic life, see Douglas Gomery, "Rethinking U. S. Film History: The Depression Decade and Monopoly Capital," *Film and History* 10 (May 1980): 32–37.
[47] Murphy, *Merchandising Through Mergers*, p. 56.
[48] Herbert Lehman to LK (November 29, 1923), LKP; Allen Nevins, *Herbert H. Lehman* (New York, 1962), pp. 62–65. Due to the absence of archival materials, no historian has been able to study Lehman's early investment career in any depth or even at all. Nevins has nothing to say about it. This letter to Kirstein, then, is of some consequence, because it is one of the few (that I know of, at any rate) to show the extent of Lehman's interest and involvement.
[49] John Kenneth Galbraith, *The Great Crash of 1929* (Boston, 1961), pp. 48–70. On Catchings, see Dorfman, *The Economic Mind in American Civilization*, vol. 4. pp. 339–41; and *NYT*, obituary (January 1, 1968), p. 15.
[50] Waddill Catchings and William Trufant Foster, *Progress and Plenty: Two-Minute Talks on the Economics of Prosperity* (New York, 1930), p. 45. This book is a compendium of articles Catchings and Foster wrote in the late twenties.
[51] Waddill Catchings and William Trufant Foster, *The Road to Plenty* (New York, 1928), p. 173, and *Progress and Plenty*, p. 18.
[52] *Business Week* (September 14, 1929), p. 29.
[53] Ibid.
[54] Murphy, *Merchandising Through Mergers*, pp. 19–20. On the merger work of these firms, see Carroso, *Investment Banking in America* (Cambridge, Mass., 1970), pp. 19–20, 82–85; Neal Gabler, *An Empire of Their Own: How the Jews*

Invented Hollywood (New York, 1988), pp. 123–28; Boris Emmet and John E. Jeuck, *Catalogues and Counters: A History of Sears, Roebuck and Company* (Chicago, 1950), pp. 55–58; Anna Rochester, *Rulers in America: A Study in Finance Capital* (New York, 1936), pp. 81–82, 186, 246; and *Lehman Brothers: A Centennial, 1850–1950* (New York, 1950), pp. 31–46.

[55] J. Douglas Gomery, "Writing the History of the American Film Industry: Warner Bros and Sound," *Screen* 17 (Spring 1976): 4053; Gomery, "The Coming of Sound: Technological Change in the American Film Industry," in Tino Balio, ed., *The American Film Industry* (Madison, Wis., 1985), p. 248; "Waddill Catchings: 25th Anniversary Report, Harvard Class of 1901, Harvard University Alumni Records, pp. 124–26; Gabler, *An Empire of Their Own*, pp. 132–38.

[56] Edwards, *The Evolution of Financial Capitalism*, pp. 229–31.

[57] For description of this mart and on Field's expansion, see *The Shield*, employee magazine, vol. 1 (September 1931), pp. 5–6, MFA; and "The Cathedral of All Stores," *Fortune Magazine* (1936), pp. 78–87, 134–41, copy in MFA.

[58] On branch expansion, see *HBR* 6 (October 1927): 81–89; "Department Store Branches in Suburbs Succeed, Multiply," *Business Week* (October 1, 1930), p. 10; and on the Saks branch in Chicago, see *MRSW* 66 (February 1930): 18.

[59] Joseph Appel, "Analysis of the Situation," internal memorandum "written......in 1928, at the time of Rodman Wanamaker's death," p. 8, WA.

[60] On Gimbels, see *MRSW* 59 (December 1926): 22; on Hudson's, see *PRL* (Second November Issue, 1927): 10; and on Bamberger's, see *DGE* (August 5, 1922), p. 14; *DGE* (November 18, 1922), p. 108.

[61] Oral interview with Fred Lazarus, Jr., by Edward Edwin, CUOHP, Records of the Federated Department Store Company, pp. 118, 122, 147–48.

[62] On Macy's, see *WWD* (January 4, 1928), p. 8; *WWD* (April 18, 1928); Murphy, *Merchandising Through Mergers*, p. 106; *DGE* (February 18, 1922), p. 32. On volume of sales surpassing all others by the early thirties, see *Fortune Magazine* (October 1936) and *MRSW* (November 1936): 4. On the doubling of Macy's store size in 1923, see *MRSW* (March 1923): 20. On the Straus acquisition of the entire block and store doubling again, see *NYT* (September 13, 1929), p. 31, and *NYT* (September 28, 1930), p. 16. On sales volume and comparison to the early store, see Ralph Hower, *History of Macy's in New York, 1858–1919* (Cambridge, Mass., 1967; orig. pub. 1943), pp. 398–400.

[63] Dwight MacDonald to Dinsmore Wheeler (April 12, 1928), quoted in Robert Cummings, "The Education of Dwight MacDonald, 1906–1928: A Biographical Study," Ph. D. diss., Stanford University (1988), pp. 238–39. On the intellectuals' envy of institutional power, see Christopher Lasch, *The New Radicalism in America [1889–63]: The Intellectual as Social Type* (New York, 1965).

[64] On cooperative shopping news in Boston, Cleveland, Chicago, and Philadelphia, see *WWD* (May 24, 1928), p. 16; Alfred Lief, *Family Business: A Century in the Life and Times of Strawbridge and Clothier* (New York, 1968), p. 178; *PRL* (September issue, 1927): 1; and "How The Chicago Shopping News Was Started," interview with

Field's advertising manager, G. R. Schaeffer, "Lloyd Lewis Interviews," MFA. On cooperative advertising and fashion activities, see *MRSW* 55 (November 1924): 36; and on "mutual protection" groups, see *PRL* (March 7, 1923): 7. On common delivery, see *PRL* (December 1928): 8, and *PRL* (First October Issue, 1927): 1. On simultaneous window displays, see *MRSW* 61 (September 1927): 24.

[65] On the founding of the AMC and the RRA. see Fred Lazarus, Jr., oral interview by Edwin Edwards, pp. 110–12.

[66] Memorandum from LK to "Merchandise Organization" (December 10, 1925), attached to letter from Paul Nystrom (director of the AMC) to LK (January 7, 1926), file Nystrom, Box 84, LKP. On medium-size combines, see *WWD* (May 6, 1928), p. 1; on Mandels' chain, see *MRSW* 64 (March 1929): 47; on Macy's and Bamberger's, see Macy's, "Exective Council Minutes" (October 2, 1929), MA; on history of RRA (and *AMC*), see Kenneth Dameron, "Cooperative Retail Buying of Apparel Goods," *HBR* 6 (July 1928): 443–56; David R. Falk, "Central Buying by Department Store Mergers," *HBR* 7 (January 1930): 265–71; and Paul Nystrom to LK (January 19, 1926), file Nystrom, Box 84, LKP. "We met the buying power of the chain stores by group buying," A. Lincoln Filene said in 1928. "We did not create group buying—it was created for us." Quoted in *WWD* (February 26, 1928), p. 5.

[67] LK to PM (June 3, 1921), Box 28, file AMC-Federated, LKP.

[68] On Field's, see *Toy World* 3 (July 1929): 54; *PRL* (January 2, 1924): 4; and William Nevin to Thomas A. Hayes of Field's (October 29, 1925), folder on JW, WA. On Gimbels, see *DGE* (July 1, 1922); *PRL* (Second December Issue, 1925): 4, and *PRL* (First March Issue, 1926): 4. On the national chains, see Murphy, *Merchandising Through Mergers*, pp. 40–41, and *PRL* (January 17, 1923): 12. On Macy's expansion, see "Correspondence, confidential reports, and other memoranda on expansion into Reading and Easton, Pennsylvania; Cumberland, Maryland; and other cities of similar size, 1921," RG 63, MA; D. F. Kelly (general manager of Mandel's; re Rothschild's)to Jesse I. Straus (July 7 and October 18, 1921), "Store Expansion Correspondence," RG 63, MA; Margaret Case Harriman, *And the Price Is Right* (New York, 1957), p. 113; and on LaSalle and Koch, see *NYT* (January 1, 1924), p. 8.

[69] For biographical materials on these men, see Harris, *Merchant Princes*, pp. 17–32, 338–39.

[70] Ibid., p. 338.

[71] Robert Hendrickson, *The Grand Emporiums: The Illustrated History of America's Great Department Stores* (New York, 1979), p. 75.

[72] Fred Lazarus, Jr., quoted in oral interview by Edward Edwin (1965), CUOHP, pp. 44–45.

[73] Ibid., p. 239.

[74] For acquisitions of Shillito and R. H. White, see Lazarus oral interview, p. 40; *MRSW* 63 (December 1928): 68, and *PRL* (First December Issue 1928): 29. For Lincoln Kirstein on his father, see Harris, *Merchant Princes*, p. 32.

[75] On stock purchases, see LK to C. O. Cooper and Co. (March 4, 1921), file "C. O. Cooper Store," no. 75f. 6, LKP; J. J. Kaplan to E. J. Frost (May 25, 1920), LKP; and

Ruth Alley (secretary to PM; re Lane Bryant) to LK (March 25, 1925), PM file, Box 38, LKP.
[76] PM to LK (June 9, 1921), Box 38, LKP.
[77] PM to LK (October 14, 1918), LKP; LK to PM (November 5, 1918), LKP; author's interview with Mrs. Paul Mazur, New York City (June 5, 1988); *Who's Who in America*, vol. 29 (1956−57), pp. 1661−62.
[78] PM to LK, undated (but probably 1920), letterhead "Oil Issues Company," LKP.
[79] PM, "Report of the First Year's Operation of Belmont Stores Corporation" (August 24, 1922), file 588, PM, Herbert Lehman Papers, Columbia University Library, pp. 11−12.
[80] Lehman Brothers, *A Centennial: Lehman Brothers, 1850−1950* (New York, 1950), p. 46.
[81] LK to Fred Lazarus (March 11, 1925), LKP; and, on his chairmanship, see LK to Robert Armory (February 19, 1923), LKP.
[82] James A. Bowie, *Education for Business Management* (Oxford, Eng., 1930), p. 103.
[83] *The Journal of Retailing*, New York University (October 1929): 27; Bowie, *Education for Business Management*, pp. 107−11.
[84] Transcript of interview with Howard B. Meek, Statler Hotel School, Cornell, by Sharon Carroll (September 1964), Cornell University Archives, pp. 24, 45, 55; Morris Bishop, *A History of Cornell* (Ithaca, N. Y., 1962), pp. 482−83.
[85] On curriculum in day and night schools, see *NYU School for Retailing Bulletin* (1923−24), pp. 26−29; on enrollments, see *The School of Retailing Bulletin* (October 1928), pp. 1−3; on creation of graduate school, see "Memorandum Re: School of Retailing" (October 18, 1922) and "Minutes of Luncheon Meeting of the Executive Committee of the New York University School of Retailing in the Executive Offices of R. H. Macy and Co., Inc. "(January 18, 1922), p. 2, NYUA; and on employment placement in city stores, see *The Journal of Retailing* (hereafter *JR*) 1 (October 1925): 23; *JR* 2 (October 1926): 23; and *JR* 3(October 1917): 29.
[86] On this gift, see *NYT* (June 5, 1929), Folder 6, NYUA; on his chairmanship, see *JR* 2 (April 1926): 2; and on the meetings of the executive committee at Macy's, see "Minutes of Luncheon Meeting of the Executive Committee of the New York University School of Retailing in the Executive Offices of R. H. Macy and Co., Inc." (November 29, 1921−October 14, 1932), NYUA.
[87] "Extract from Report of the Visiting Committee, Harvard Business School (Draft)" (1922), Box 25, "Harvard Business School, 1921−30," LKP. The report also read that "this is a so-called capitalistic country and not a socialistic country. If property—that is, capital—is protected and properly managed, we believe many other problems such as the so-called 'labor question' will gradually diminish in importance…… 'Big business' as at present conducted is one of the greatest factors in the nation for the development of citizenship and leadership, is a great Americanizing force and out of it will come many of the future leaders of the country."
[88] Samuel E. Morison, *Three Centuries of Harvard, 1636−1936* (Cambridge, Mass., 1936), pp. 471−72; on Baker's relationship to Morgan, see Ron Chernow, *The House of Morgan*, p. 143.

[89] Melvin Copeland, *And Mark an Era* (Cambridge, Mass., 1958), p. 255.
[90] For an indication of the school's relationship to commerce, see the changing curriculum in the Index to School Correspondence (1919–45), HBS.
[91] LK to R. C. Hudson of O'Neill and Co., Baltimore (March 12, 1925), LKP.
[92] Melvin Copeland to Lew Hahn (April 23, 1921), HBS.
[93] Donald David to Percy Straus (January 28, 1921), HBS.
[94] Lew Hahn to PM (August 6, 1924): "I should explain to you that our Association for some years now has supplied funds for the use of Harvard in making an entirely independent study each year of operating costs in department stores." (Mazur file, LKP). And Donald David (assistant dean) to PS (December 13, 1920): "It was exceedingly kind of you to make the suggestion that Macy's would be willing to join with others to underwrite the finances of the Burear" (HBS).
[95] Joseph P. Kennedy, ed., *The Story of Films* (Chicago, 1927), p. xiii.
[96] LK to Dean Walter Donham (July 9, 1924), LKP.
[97] Robert R. Locke, "Business Education in Germany: Past Systems and Current Practice," *Business History Review* 59 (Summer 1985): 232–53; Locke, *The End of Practical Man: The End of the Practical Man, Entrepreneurship and Higher Education in Germany, France, and Great Britain, 1880–1942* (London, 1984), pp. 110–11.
[98] Copeland, *And Mark an Era*, p. 278; for recent MBA enrollment figures in Europe and the United States, see *NYT* (May 29, 1991), p. Dl and *NYT* (June 30, 1991), p. F5. Cambridge University in England had no M. B. A. program until October 1991.
[99] PM, "Future Development in Retailing," *HBR* 2 (July 1924): 434–46.
[100] PM, quoted in *PRL* (Second February Issue, 1927): 1; "Is the Cost of Distribution Too High?," *HBR* 4 (October 1925): 5–6.
[101] Lew Hahn to PM (August 6, 1924), Mazur file, LKP. On the debate aroused by the essay, see *DGE* (July 12, 1924).
[102] See newspaper clipping, *Fourth Estate*, a Wall Street paper, in PM to LK (October 26, 1926), LKP.
[103] Donald David to Lew Hahn (June 9, 1925), Mazur file, LKP.
[104] Donald David to PM (June 15, 1925), LKP.
[105] PM, *Principles of Organization Applied to Modern Retailing* (New York, 1927), pp. 2–3, 6–7, 31–33, 67.
[106] Ibid., pp. 8, 33.
[107] PM, *American Prosperity: Its Causes and Consequences* (New York, 1928), pp. 24–25, 224–25.
[108] PM, "Memorandum on Retail Research Consolidation" (May 1, 1925), LKP; PM to A. Lincoln Filene (March 26, 1924, and December 23, 1924), LKP.
[109] LK to A. Lincoln Filene (July 12, 1929), Box 65, "Correspondence with Lincoln Filene," LKP.
[110] Ibid.
[111] PM, oral interview by Edward Edwin (January 14, 1965), CUOHP, p. 57; Kirstein to Filene (July 12, 1929), LKP.
[112] On the growth of Wall Street, see Alexander Dana Noyes, *The Market Place:*

Reminiscences of a Financial Editor (Boston, 1938), pp. 53–54; Matthew Josephson, *The Money Lords: The Great Finance Capitalists, 1925–1950* (New York, 1972), pp. 1–2, 53; Harold G. Moulton, *Financial Organization and the Economic System* (New York, 1938), pp. 212–14; and Robert Sobel, *The Great Bull Market: Wall Street in the 1920s* (New York, 1968), pp. 30–35.

[113] Martin Mayer, *Madison Avenue, U. S. A.* (New York, 1957), p. 6; the Fifth Avenue Association, *Bulletin* (September 1930): 1.

[114] M. D. C. Crawford, *The Ways of Fashion* (New York, 1943), p. 264.

[115] On the buying agencies, see Kenneth Dameron, "Cooperative Retail Buying of Apparel Goods," *HBR* 6 (July 1928): 444; on the number of factories in 1921, see "New Garment Center Reflects Power of Cooperative Effort in Industry," *DGE* (June 18, 1921), p. 112. On the general economic purpose of the district, see Crawford, *The Ways of Fashion; American Guide Series, New York City Guide* (New York, 1970), pp. 160–62; Florence S. Richards, *The Ready-to-Wear Industry, 1900–1950* (New York, 1951), pp. 9, 22; New York University Graduate School of Public Administration, *The Garment Center: A Design Proposal* (New York, 1966), p. 111; Jeannette A. Jarnow and Beatrice Judelle, *Inside the Fashion Business* (New York, 1964); and Murray Sices, *Seventh Avenue* (New York, 1953).

[116] Crawford, *The Ways of Fashion*, pp. 264–65.

[117] Ibid., p. 165; *New York City Guide*, pp. 160–61.

[118] On the evolution of luxury in Western thought, see John Sekora, *Luxury: The Concept in Western Thought, Eden to Smollett* (Baltimore, 1977); and Carle C. Zimmerman, *Consumption and Standards of Living* (New York, 1936), pp. 278–305.

[119] Edwin R. A. Seligman, *The Economics of Installment Selling*, vol. 1 (New York, 1927), pp. 218–20.

[120] Samuel Strauss, *American Opportunity* (New York, 1935), pp. 156–62. This is not to say, however, that the debate over luxury disappeared. See, for competing positions, "The Appraisal of Luxuries," in *American Standards and Planes of Living*, Thomas D. Eliot, ed. (New York, 1931), pp. 427–68.

[121] Seligman, *The Economics of Installment Selling*, p. 221.

[122] See on the "living wage," John Ryan, *The Living Wage* (New York, 1906); on the interchangeability of these terms in early literature, see Zimmerman, *Consumption and Standards of Living*, pp. 462–65.

[123] On the history and character of the standard of living as a concept, see Zimmerman, *Consumption and the Standards of Living*, pp. 278–478.

[124] Chicago Standard Budget, Table XXXIX, "Cost of Minimum Requirements for the Necessities of Life by Individual Members of Families," quoted in Paul Nystrom, *Economic Principles of Consumption* (New York, 1929), p. 208. The quotations here also come from Nystrom, pp. 54–56. See also Hazel Kyrk, *A Theory of Consumption* (New York, 1923); Thomas D. Eliot, ed., *Introduction to American Standards of Living and Planes of Living* (Boston, 1931); L. L. Bernard, "Standards and Planes of Living," *Social Forces*, vol. 7 (1928): pp. 190–202; Werner Sombart, *Why Is There No Socialism in the United States?* (New York, 1976; orig. pub. 1906), esp. pp. 58–114;

Robert and Helen Lynd, *Middletown* (New York, 1929); and Seligman, *The Economics of Installment Selling*, pp. 214–20.

[125] Thomas D. Eliot, ed., "American Standards and Planes of living," in Introduction, p. 11.

[126] William Graham Sumner and Albert Galloway Keller, *The Science of Society* (New Haven, 1927), vol. I, pp. 71–79; and Edward Devine, *The Normal Life* (New York, 1917), pp. 1–8, 193–94, These sources are also cited in Eliot, ed., Introduction to American Standards, which supplies an excellent overview of the debate on the standard of living up to 1930.

[127] Zimmerman, *Consumption and Standards of Living*, pp. 136, 285, 563–64; and Eliot, ed., "American Standards and Planes of Living," pp. 13–14.

[128] Zimmerman, *Consumption and Standards of Living*, pp. 477–78, 567. Although Zimmerman wrote this book in 1936, many of his ideas had earlier been developed in his *Principles of Rural-Urban Sociology* (New York, 1929), which he co-wrote with Peter Sorokin. For a brief discussion of Zimmerman, see Christopher Lasch, *Haven in a Heartless World* (New York, 1977), pp. 44–49. Lasch here compares Zimmerman unfavorably to sociologist Willard Waller who, unlike the "conservative" Zimmerman, espoused a "leftist position that harked back to Veblen and the best of populism" (p. 50). But Zimmerman, too, owed a great deal to Veblen and to populism, as the 1936 book shows.

[129] Zimmerman, *Consumption and Standards of Living*, pp. 564, 580.

[130] Ibid, p. 580.

[131] On the increased number of securities dealers in the twenties, see Ronald Chernow, *The House of Morgan*, p. 303; and for the 1990 figures on securities dealers and brokers, see Grace Toto, ed., *The Security Industry of the' 80s*, SIA Fact Book (New York, 1990), p. 6.

[132] On numbers in credit agencies, see *PRL* (January 17, 1923): 12; and on the ad agencies, see William Leiss et al., *Social Communication in Advertising* (London, 1986), pp. 82–84, 97–145.

[133] Herbert Hoover, *The New Day: Campaign Speeches of Herbert Hoover, 1926* (Palo Alto, Calif., 1928), p. 82; and "Service Industries Creating Occupations for Men Replaced by Machinery," *DC* 2 (October 23, 1928): 1: "Since 1920 our factories have decreased their employees by more than 900, 000." At the same time, due to the production of "automobiles, radios, telephones, motion pictures, and other contributions to comfort," a new group of workers have appeared— "more than 1, 280, 000 men……as chauffeurs or truck drivers," servicemen of automobiles, and repairmen for "electric refrigerators, oil heaters, and similar household appliances."

第十章

[1] Helen Landon Cass, *PRL* (June 6, 1923): 6.
[2] Evans Clark, *Financing the Consumer* (New York, 1930), pp. 27–30.
[3] Rolf Nugent, *Consumer Credit and Economic Stability* (New York, 1939), p. 101.

[4] Ibid.
[5] "A Big Store's Advertising," *MRSW* 47 (November 1920): 48; *MRSW* 79 (November 1936): 3.
[6] These percentages were reported by Alfred W. Miles, vice president of Best and Company, to NRA hearings in 1934; see "Proceeding—Hearing in the Matter of a Complaint Filed with the Retail Code Authority—City of New York by Best and Co., Inc., against R. H. Macy and Co., Inc." (April 2, 1934), NRA Transcripts of Hearings, Box 7289, Record Group 69, NA.
[7] Nugent, *Consumer Credit*, p. 100.
[8] Ibid., p. 96.
[9] Clark, *Financing the Consumer*, pp. 212–13.
[10] Daniel Bloomfield, manager of the Boston Retail Board of Trade, "Customer Returns of Merchandise Great Economic Waste," address before the NRDGA, New York City (February 6, 1929), Records of the BFDC, RG 151, file 751, "Conventions—NRDGA," NA.
[11] Retail Trade Board, Boston Chamber of Commerce, "Report on Returned Merchandise," BFDC, RG 151, General Records, 402, 300, "Domestic Commerce—Retail—Returned Merchandise," NA.
[12] *DC* (Department of Commerce publication) (July 29, 1929), p. 45.
[13] Bloomfield, "Customer Returns of Merchandise."
[14] Grover Whalen, *Report of the Proceedings of the 12th Annual Controllers' Congress of the NRDGA*, Washington, D. C., May 25–28, 1931 (New York, 1931), pp. 265–66.
[15] "Analysis and Control of Returns," *DC* (April 29, 1929), p. 7.
[16] William Wales, assistant professor of merchandising, New York University School of Retailing, to Gordon James, Domestic Commerce Division (May 9, 1929), file 402. 300, "Domestic Commerce—Retail—Returned Merchandise, 1925–27," Box 1956, RG 151, NA.
[17] *NYT* (March 20, 1927), pt. II, p. 4; *NYT* (January 30, 1928), p. 25.
[18] Adolph Zukor, "Influence of the Motion Picture," in *Broadway: The Grand Canyon of American Business* (New York, 1926), pp. 109–14.
[19] "Market for Air Conditioning," *DC* (December 10, 1937), p. 311.
[20] B. Franklin Miller, "Creating Indoor Weather," *The Journal of Retailing*, New York University 5 (April 1929): 21.
[21] "Cool Shopping in Summer Is Macy Leaf from Movies," *NYT* (March 31, 1929), pt. II, p. 16; on other stores, see *MRSW* (August 1934): 26 and *MRSW* (October 1934): 15.
[22] Herbert Hoover, "Advertising Is a Vital Force in Our National Life" repr. in *Advertising World* 30 (August 1925): 1–2; *PRL* (Second May Issue, 1925): 7.
[23] Daniel Pope, *The Making of Modern Advertising* (New York, 1983), pp. 180–81.
[24] Constance Rourke, *Charles Scheeler* (New York, 1938), p. 117.
[25] Edward Bernays, *Biography of an Idea: Memoirs of Public Relations Counsel Edward L. Bernays* (New York, 1962), pp. 306–7.
[26] Douglas Allan and Douglas Allan, Sr., with foreword by Paul Horgan and introduction by Richard Layton, *N. C. Wyeth: The Collected Paintings, Illustrations, and Murals*

(New York, 1972), pp. 161, 171, Wyeth did his first commercial mural, Moods, for the Hotel Utica Corporation, painting four large panels of American Indians in the different seasons of the year (*Indian Fisherman*, *Indian Fighter*, and so on), for the grillroom of the Hotel Utica, p. 157.

[27] Ring Lardner used "Urbanesque" as a word to signify luxury; see "The Love Nest," in *The Best Short Stories of Ring Lardner* (New York, 1957), p. 168.
[28] Howard Mandelbaum and Eric Myers, *Screen Deco* (New York, 1985), pp. 139—40.
[29] Otto Teegan, "Joseph Urban's Philosophy of Color," Deems Taylor, "The Scenic Art of Joseph Urban," and Teegan, "Joseph Urban," *Architecture* 69 (May 1934): 258, 272, 256. See also Otto Teegan, lead typescript in collection catalog, Urban Papers, Butler Library, Columbia University.
[30] Joseph Urban and Thomas Lamb, "The Ziegfeld Theater, New York," *Good Furniture* 46 (May 1927): 415—19; *Arts and Decoration* 21 (January 1927): 43, clipping in scrapbook, Urban portfolio no. 37, pt. 2, Urban Papers; and Ely J. Kahn, "The Ziegfeld Theater," *The Architectural Record* 61 (May 1927): 385—93.
[31] Thomas Hibben, ed., "An Exhibition of the Mural Paintings of Boardman Robinson" (New York: The Gallery of the Art Students' League, New York City, 1929). Publicity Department, Kaufmann's Department Store, Pittsburgh, Pa.
[32] Lloyd Goodrich, "Mural Paintings of Boardman Robinson," *The Arts* 16 (February 1930): 390—93, 498; Albert Christ-Janer, *Boardman Robinson* (Chicago: University of Chicago Press, 1946), pp. 15—31, 52.
[33] Bureau of Labor Statistics, U. S. Department of Labor, "Productivity of Labor in the Glass Industry" (Washington, C. C., 1927), p. 170; Warren C. Scoville, *Revolution in Glassmaking* (Cambridge, Mass., 1948), p. 259.
[34] "National Back to School Week," *MRSW* 69 (July 1931): 31.
[35] Frederick Kiesler, *Contemporary Art Applied to the Store and Its Display* (New York, 1930), pp. 80, 82; "Productivity of Labor in the Glass Industry," p. 15.
[36] "Mannikins Featured at Macy's," *MRSW* 61 (October 1927): 76; *MRSW* 61 (November 1927): 66; *WWD* (December 24, 1927), p. 17.
[37] "Notes from New York," *MRSW* 61 (July 1927): 30. Kiesler, *Contemporary Art*, p. 103.
[38] *DW* 3 (October 1923): 49. See also on Fraser, author interview with Dana O'Clare, displayman at Lord & Taylor in the 1930s (June 11, 1985); Arthur Fraser, "Lloyd Lewis Interviews," MFA; *MRSW* 79(November 1936): 3 .
[39] Cecily Staples, *DW* 49 (August 1946): 90.
[40] Quoted in Leonard Marcus, *The American Store Window* (Chicago, 1979), pp. 20—21.
[41] On the spread of "modernist marketing" from the 1920s, see James Sloan Allen, *The Romance of Commerce and Culture: Capitalism, Modernism, and the Chicago-Aspen Crusade for Cultural Reform* (Chicago, 1983), pp. 1—76.
[42] Kiesler, *Contemporary Art*, pp. 24—25.
[43] Lee Simonson, *Journal of The American Institute of Architects* 15 (July 1927): 231.
[44] Kenneth Reid, *Masters of Design* (New York, 1937), pp. 3—6; Norman Bel Geddes, *Miracle in the Evening: An Autobiography* (New York, 1960), pp. 10—92.
[45] Bel Geddes, *Miracle*, pp. 160—63.

[46] Norman Bel Geddes, *Horizons* (New York, 1932, 1977), p. 6.
[47] Norman Bel Geddes, "The Store Window a Stage; Merchandise the Actors," *WWD* (November 19, 1927), p. 1. This piece became the basis for Bel Geddes's more extended discussion of window display in *Horizons*, pp. 259–71.
[48] Bel Geddes, *Horizons*, p. 261.
[49] *WWD* (November 19, 1927), pp. 1–2, 18; *MRSW* 61 (July 1927): 33; *MRSW* 61 (October 1927): 30–31; *MRSW* 63 (July 1928): 44; Bel Geddes, *Miracle*, pp. 160, 259–67, 278–93, and *Horizons*, pp. 259–71.
[50] *WWD* (November 26, 1927), p. 1; *MRSW* 55 (August 1925): 12.
[51] Johan Huizinga, *America*, trans. with introduction and notes by Herbert Rowen (New York, 1972; orig. pub. 1927), pp. 232–33.
[52] On style changes, see *PRL* (First May Issue, 1928): Estelle Hamburger, *It's a Woman's Business* (New York, 1939), pp. 240–56. On the importance of style in advertising and industry, see Roland Marchand, *Advertising the American Dream: Making Way for Modernity, 1920–1940* (Berkeley, Calif., 1985), pp. 122–49; and Jeffrey Meikle, *Twentieth Century Limited: Industrial Design in America, 1925–1939* (Philadelphia, 1983).
[53] John Robert Powers, *The Power Girls: The Story of Models and Modeling* (New York, 1941), pp. 19–21, 23.
[54] For the 1923 figure, see "An Almost Perfect Thirty-Four," *Saturday Evening Post*, November 10, 1923: 22; and, for the 1930 figure, see John B. Kennedy, "Model Maids," *Collier's*, February 8, 1930: 61.
[55] Quoted in Kennedy, "Model Maids": 61.
[56] Powers, *The Power Girls*, pp. 21, 23–24, 45; Clyde M. Dessner, *So You Want to Be a Model* (Chicago, 1943), pp. 29, 80.
[57] "Modes and Manners—a New Magazine," J. Walter Thompson, *News Letter* 1 (January 17, 1924): 1–2, J. Walter Thompson Archives; *Business Week* (May 20, 1931), p. 13. On Bamberger's *Charm* magazine, see John E. O'Connor and Charles F. Cummings, "Bamberger's Department Store, *Charm* Magazine, and the Culture of Consumption in New Jersey, 1924–1932," *New Jersey History* 101 (Fall/Winter 1984): 1–33.
[58] *Modes and Manners* (February 1925): 5; *Modes and Manners* (June 1924): 11–17.
[59] *Amos Parrish Magazine* (hereafter *APM*) (June 1928): 11; *APM* (April 1925): 1; *APM* (January 1926): 13; *APM* (June 1928): 6; *WWD* (February 8, 1928); Elizabeth Hawes, *Fashion Is Spinach* (New York, 1938), p. 113; *MRSW* 69 (December 1931): 37.
[60] *APM* (February 1929), p. 11; *APM* (August 28, 1928), pp. 8–9.
[61] Elaine Jabenis, *The Fashion Director: What She Does and How to Be* One (New York, 1972), p. 371.
[62] *WWD* (February 3, 1928): 1–2; *HBR* 1 (October 1927): 93.
[63] *PRL* (First December Issue, 1926): 9; Frances Fisher Dubuc, "Women Wanted by Department Stores," *The Saturday Evening Post*, no. 200 (June 23, 1928): 130, 132, 134.
[64] On Rose Van Sant, see *MRSW* 66 (January 1930): 43 and *Retailing* (July 31, 1933): 5;

on Polly Pettit, see *MRSW* 64 (February 1929): 58 and *MRSW* 78 (April 1936): 32.
[65] Frances Anne Allen, "Lady Buyers," *The American Mercury* 8 (February 1928): 138–44.
[66] Julia Coburn, oral interview conducted by Mid Semple (April 30, 1984), p. 11, transcript in possession of author; Jabenis, *The Fashion Director*, p. 33. See also Estelle Hamburger, *It's a Woman's Business* (New York, 1939), p. 211; *WWD* (December 6, 1927): 1; *MRSW* 75 (February 1935): 30; and *Sheldon's Retail Trade in the United States* (New York, 1924), pp. 1–9.
[67] Quoted in *MRSW* 69 (August 1931): 40.
[68] Quoted in *PRL* (Second February Issue, 1927): 1.
[69] SC, "The Magic of Color," a paper given before the Annual Meeting of the Textile Color Card Association of the United States (February 18, 1925), repr. in *The Brooklyn Museum Quarterly* (April 1925), SC; the Textile Color Card Association to Stewart Culin (April 20, 1928), SCP. See also "Color Standardization," *DGE* (April 13, 1918): 33; "Color Cards Help Sell Through Correct Matching," *DGE* (March 11, 1922): 24; "1933 Spring Hosiery Colors," *MRSW* 72 (January 1933): 17; "World Color Chart Urged as Trade Aid," *WWD* (July 20, 1928): 6; and *WWD* (February 25, 1926): 1.
[70] On the show at Marshall Field's, see "1922 Arts and Industries Exhibit—Retail," the Field's scrapbook, Publicity XB–1, MFA.
[71] William H. Baldwin, "Modern Art and the Machine Age," *The Independent* (July 9, 1927): 39; and "Art in Trade Glorified by Macy's," *The Bulletin* (May 1927), exposition publicity, MA.
[72] Repard Leirum, *The New Yorker* (May 14, 1927), Macy's scrapbook, MA.
[73] Macy's advertisement, *The New York Times* (May 28, 1928), Macy's scrapbook, MA.
[74] *The New York Times* (May 13, 1928), Macy's scrapbook, MA.
[75] On all these stores, see *WWD* (March 3, 1928): 1–2; *MRSW* 63 (November 1928): 7 and 63 (March 1928): 119; and N. C. Sanford, "An International Exhibit of Modern Art," *Good Furniture Magazine* (July 1928), Macy's scrapbook, MA.
[76] Richard Bach to Henry Kent (August 16, 1927), reported on the "season's work," "Bach, Richard F.," Correspondence, etc., relating to the Industrial Arts, Archives of the Metropolitan Museum of Art, New York City (hereafter MMAA); Mayor W. Freeland Kendrick to Henry Kent (June 27, 1927), "Bach, Richard F." Ellis Gimbel to Henry Kent (June 23, 1927), "Bach, Richard F." On the competition among museums, fairs, and department stores over which institution was most influencing public taste in the twenties, see Neil Harris, "Museums, Merchandising, and Popular Taste: The Struggle for Influence," in *Material Culture and the Study of American Life*, ed. Ian G. Quimby (New York, 1978), pp. 140–74.
[77] Metropolitan Museum of Art, attendance figures (1917–1929), file, "Exhibitions—Manufacturers and Designers," MMAA; for list of Participants, catalog, "Sixth Exhibition of American Industrial Art" (January 15–February 26, 1922), MMAA: and Richard Bach, "Manufacturers, Merchants, and the Museum of Art," copy of article written for Marshall Field's *Fashions of the Hour*, in "Bach, Richard F.," MMAA. See also on Bach, Jay Cantor, "Art and Industry: Reflections on the Role of the American

Museum in Encouraging Innovation in the Decorative Arts," ed. Ian Quimby and Polly Ann Earl in *Technological Innovation in the Decorative Arts* (Winterthur, Del., 1973): 332–54.

[78] Author interview with Marjorie Pleshette, buyer at Macy's and Bonwit Teller's in the 1930s (May 6, 1985).

[79] Samuel Reyburn, quoted in *The Independent* (a contemporary feminist magazine for businesswomen) (December 1924), p. 1; and for the best published sketch of Shaver's life, see Allene Talmey, "Dorothy Shaver of Lord & Taylor, Unorthodox Store Strategist," *Vogue* (February 1, 1946), Dorothy Shaver Papers, Costume Division, National Museum of American History, Washington, D. C.

[80] Talmey, "Dorothy Shaver."

[81] Quoted in *The Christian Science Monitor* (July 28, 1931) and in *Retailing* (February 14, 1931), newspaper clippings, Shaver Papers; and Mildred Custin to Dorothy Shaver (April 23, 1958), Shaver Papers.

[82] Stanley McCandless to Dorothy Shaver (March 10, 1928), Shaver Papers; Helen Appleton Read, "An Exposition of Modern French Decorative Art," vol. 6, scrapbook, Shaver Papers.

[83] Jeanne Perkins, "No. 1 Career Woman," *Life* (May 12, 1947), transcript in Shaver Papers, vol. 6; Edward L. Bernays, *Biography of an Idea: Memoirs of Public Relations Counsel Edward L. Bernays* (New York, 1962), p. 225; Shaver, quoted by Florence Yoder Wilson, "That Elusive Thing Called 'In Style'" (1931), p. 16, in Shaver Papers; and Shaver, transcript talk given in the mid–1930s, vol. 3, Shaver Papers. On "closer alignment," see *WWD* (March 3, 1928): 1. And on the 1925 modernistic room, see Dorothy Shaver, "Principles and Practices in the Decorating Service of a Retailer," *House and Garden* (February 1928): 7, scrapbook on the Exposition of Modern French Decorative Art, Shaver Papers. On the showing of the "first ensembles," see Read, "An Exposition," scrapbook, Shaver Papers.

[84] Albert Camus, quoted in R. Jeffrey Lustig, *Corporate Liberalism: The Origins of Modern American Political Theory, 1890–1920* (Berkeley, Calif., 1982), p. 46; and Dorothy Shaver, "Excerpts from Miss Dorothy Shaver's Broadcast over the Radio on...... 'Clothes are Really Different This Spring?'" (1937), transcript, Shaver Papers.

[85] Priscilla Whiley to Dorothy Shaver (March 2, 1928), Shaver Papers.

[86] For Adler quote, see *PRL* (July 16, 1924): 5; and also, on Adler, see "Growth of Color Interest," *Color News* 2 (June 1925): 5. On the NRDGA committee, see *DC* (August 10, 1930): 45; and on the Filene colorscope, see "Color Notes," *Color News* 1 (1924): 20.

[87] *MRSW* 56 (January 1925): 1. The quote belongs to Charles Morton, displayman for Weinstock, Lubin (Sacramento, Calif). For the Woodward and Lothrop ad, see *The Washington Evening Star* (December 12, 1921): 15.

[88] Clare Wilson, "Lloyd Lewis Interviews" (1946), MA.

[89] *DW* 3 (August 23, 1913): 7; *PRL* 28 (April 1933): 10.

[90] "Wanamaker Rearranges Old Stewart Store to Facilitate Buying and Selling," *DGE* (October 15, 1921): 47. "The changes which have taken place," this article says of New York's Wanamaker's, "have been largely in the nature of rearrangement of

departments to accomplish a definite end—consolidating and correlating departments in such a way as to make both buying and selling easier."

[91] The museum fostered the current fashion for "American Colonial" by granting special morning tours to merchants and buyers; one winter morning in 1925, an army of Macy's buyers trooped through the "new addition under expert guidance." See *Sparks* (the Macy's employee magazine), vol. 7 (February 1925), p. 7; on the American Wing, see Marshall B. Davidson and Elizabeth Stillinger, *The American Wing at the Metropolitan Museum of Art* (New York, 1985).

[92] "L. Bamberger and Co. Build Ideal Home," Decorative Furnisher 44 (April 1923): 91; "Nottingham House, Demonstration House Furnished by Bamberger's Newark," *Good Furniture Magazine* 29 (August 1927): 54. On Macy's executive council decision, see "Minutes of the Executive Council," (February 20, 1924), MA.

[93] "All Glass Room," *NYT* (May 8, 1928), in Macy's album, "International Exposition of Art in Industry," MA. On Weber's rooms, see photograph on. 11 in Macy's album, and "Art in Industry Exposition at R. H. Macy and Co.," *House Furnishing Review* (June 1928), Macy's scrapbook, MA.

[94] Quoted in J. Walter Thompson and Co., *News Letter* 1 (February 6, 1924): 1–2; *MRSW* (1924); and "The Minutes of the Executive Council" (December 22, 1927), MA. On appointment of "interior display manager" to Lord & Taylor, see *DW* 5 (November 1924): 41.

[95] Bernays, *Biography of an Idea*, p. 77.
[96] Ibid., pp. 75, 87.
[97] Ibid., pp. 153–55.
[98] Edward L. Bernays, *Propaganda* (New York, 1928), pp. 27, 58; and Bernays, *Biography of an Idea*, pp. 155–72.
[99] Edward L. Bernays, *Crystallizing Public Opinion* (New York, 1925), pp. 14, 34, 125–26, 173; Bernays, *Biography of an Idea*, pp. 287–300; and interview with author (June 21, 1988), Cambridge, Mass.
[100] Bernays, *Crystallizing Public Opinion*, pp. 61–63, 95, 162.
[101] Bernays, *Biography of an Idea*, pp. 316–18.
[102] Ibid., p. 240; Daniel Boorstin, *The Image: A Guide to History of Pseudo-Events* (New York, 1964).

第十一章

[1] F. Scott Fitzgerald, "Absolution," in *Babylon Revisited and Other Stories* (New York, 1960), pp. 136–51.
[2] F. Scott Fitzgerald, *The Great Gatsby* (New York, 1925), p. 120.
[3] SC, address on the Rainbow House (December 8, 1926), typescript, SCP, Brooklyn Museum, Brooklyn, N. Y.; SC, *Art News* (December 19, 1925), Folder 6, "Extra-Museum Activities," and SC to Edward Lyman (February 16, 1926), SCP.
[4] SC to Edward Lyman (February 16, 1926), SCP; SC, *Men's Wear* (June 9, 1925), copy, SCP, and *NYT* (August 7, 1927), p. 23.

[5] John Wanamaker and Co., "The Sesquicentennial International Exposition" (Philadelphia, 1926), pp. 3–33, WA.
[6] F. Christopher Meyer, "Wherein Will Be Glorified the Things of Dress," *The Sesquicentennial Newsogram* 1 (December 1925): 12–13, SCP; on the architectural style, see *Sesquicentennial News Bulletin* 3 (June 1, 1926–December 1, 1926): 1, SCP.
[7] *Sesquicentennial News Bulletin* 1 (June 1–December 1, 1926), SCP; Ben Howe, director of the Fashion Exposition, to SC (February 18, 1926), memorandum on the exposition, in "Extra-Museum Activities," Folder 6 (1925–26), SCP; *The Philadelphia Inquirer* (November 24, 1925), scrapbook, textiles, SCP.
[8] *WWD* (December 7, 1925), scrapbook, textiles, SCP.
[9] SC to Ben Howe (October 21, 1925), Folder 6 (1925), "Extra-Museum Activities," Philadelphia Exposition, SCP.
[10] SC, *Art News* (December 19, 1925), "Extra-Museum Activities," Folder 6, SCP.
[11] For contributors, see Roy Schaeffer, advertising manager, "list of those participating in State Street Celebration," Marshall Field, MFA.
[12] *Chicago Tribune* (October 15, 1926), *Chicago American* (October 8, 1926), *Chicago Herald Examiner* (October 15, 1926), and *Chicago Post* (October 15, 16, 1926)—all clippings in scrapbook, MFA.
[13] Oral interview with George McAnery by Allen Nevins and Dean Albertson (1949), CUOHP, p. 94.
[14] F. Scott Fitzgerald, "May Day," in *Babylon Revisited and Other Stories*, p. 25; and "May Day," Mayor's Papers, John Hylan (1918–22), Box 22, p. 332, departmental letters received, Municipal Archives, Manhattan; Grover Whalen to Reisenweber's Restaurant (April 2, 1919), Mayor's Papers, Hylan, Box 42, p. 32. File "Mayor's Committee on Welcome of Homecoming Troops," Municipal Archives; and Grover Whalen, *Mr. New York: The Autobiography of Grover Whalen* (New York, 1955), p. 82. See also Frederick Lewis Allen, *Only Yesterday* (New York, 1930), for the first description of New York's Welcome Home Celebration.
[15] Oral interview with Arthur Wallender by Owen Bompard (January 1950), CUOHP, p. 14.
[16] Emma Kidd Hulburt, "Every Child Needs a Playroom," *Children: The Magazine for Parents* 3 (November 1928): 45; Persis Leger, "Christmas Toys," *Child Welfare* 23 (December 1928): 184.
[17] "Keynote for 1929," *Toy World* 25 (December 1928): 18; U. S. Department of Commerce, "International Trade in Toys," *Trade Information Bulletin* no. 449 (Washington. D. C., December 1926). For the European comparison, see Carle Zimmerman, *Consumption and Standards of Living* (New York, 1936), p. 11.
[18] Laurence Hansen, "Measuring a Retail Market," *Trade Information Bulletin* no. 272 (Washington, D. C., October 13, 1924), p. 4.
[19] *TN* 52 (June 1928): 64; *TN* 52 (August 1928): 82; *TN* 53 (January 1929): 330.
[20] *TN* 53 (January 1929): 329; Joseph Jastrow, *Keeping Fit Mentally* (New York, 1928); Jastrow, *Character and Temperament* (New York, 1915).
[21] For biographical material on Gruenberg, see Sidonie Gruenberg, unpublished

autobiography (c. 1962), pp. 16–17, 44, 93, Box 64, Sidonie Gruenberg Papers, LC.
[22] Sidonie Gruenberg, *Your Child Today and Tomorrow* (New York, 1910), pp. 32, 43–46; *Sons and Daughters* (New York, 1916), pp. 145, 235, 312; and unpublished autobiography, pp. 121–23.
[23] On the performance of Baum's fairy tale, see *PRL* 21 (January 1923): 118.
[24] On the Wanamaker's and Bloomingdale's shorts, see *WWD* (May 28, 1928), p. 7. On Gimbels and other store policies, see *PRL* (December 1924 Issue): 87; *PRL* (December Issue, 1925): 9; and *PRL* (First November Issue 1925): 1. On "radio Santas," see NRDGA, *Radio Broadcasting Manual: The Radio as Publicity Medium in America* (New York, 1935), p. 43; and *Toy World* 2 (December 1928): 35.
[25] William Dean Howells, *Through the Eye of the Needle* (New York, 1907), p. 308; and Frank Weitenkampf, *Manhattan Kaleidoscope* (New Yore 1947), p. 11.
[26] "Parading Thanksgiving Ragamuffins Except Out Where City Subway Lines End," *NYT* (November 28, 1930), p. 4; Al Smith, *Up to Now: An Autobiography* (New York, 1929), p. 30.
[27] On Thompson, see "Monster Militant at Panama Fair," *PT* 7 (June 1914): 72; "Toyland at the Panama Fair," *PT* 7 (July 1914): 76; and for the police interview, see *NYT* (November 22, 1930): 4.
[28] Interview with "Miss Clark," grocery buyer, by Ralph Hower (1930), RG 10, Harvard History Project, Box 4 of 4, p. 73, MA.
[29] Ralph Hower, *History of Macy's of New York, 1858–1919* (Cambridge, Mass., 1943, repr. 1967), pp. 336–69.
[30] Author's interview (May 6, 1985).
[31] Lecture by PS (January-April 1929), "History of the Training Department," RG 10, Harvard History Project (1934), MA.
[32] Author's interview (May 17, 1985).
[33] Interview with Dr. V. V. Anderson, employment manager, by Ralph Hower (1930), RG 10, Harvard History Project (1934), pp. 107–8, MA; G. Cowles, "How we Check Our Employment Tests," *System Magazine* 47 (May 1925): 131–33; "Psychiatrist Ministers to Macy Workers' Mental Health," *WWD* (October 19, 1927), p. 4; and Macy's buyer Dora Sanders, author interview (April 10, 1986), Manhattan. Sanders administered the tests in the early 1930s. Also see on the tests *WWD* (November 1, 1927): 4.
[34] "Minutes of the Council" (July 26, 1923), MA; the *PRL* (November 7, 1923): 3.
[35] *Business Week* (January 28, 1931), p. 11; *Business Week* (November 10, 1934), p. 14.
[36] On the Straus brothers' commitment to institutional service, see "Institutional Ad Series Relates 'Human Interests' Facts of Macy Store and Goods," *WWD* (October 22, 1927): 14; and Kenneth Collins (executive vice president of Macy's), "Institutionalizing Macy's," *Executive Training Course*, Series I, Lecture 3 (January-April 1929), p.1, Record Group 22, Corporate Documentation, Management, Personnel Training Material (1929–49), MA. Summarizing the position, Collins said that "Macy's is anxious to be known as an institution in the community. A store becomes an institution when it succeeds in rendering services that are unique, absolutely distinctive."

[37] On this permission, see "The Marvels of Macyland," *PT* (December 1924): 246. On the month-by-month progress toward getting the parade underway, see "Minutes of the Executive Council" (June 12, 1924), p. 66; (August 7, 1924), pp. 78, 84; (September 4, 1924), p. 87; (September 25, 1924), p. 91; (October 9, 1924), p. 101; (November 6, 1924), p. 110; and "Macy's Christmas Parade," "Advertising—Special Events," p. 173, MA.
[38] Sarg, quoted in Fred J. McIsaac, "Tony Sarg," *The Drama* (December 1921): 83, in "Clippings," Tony Sarg, Robinson Locke Collection, scrapbook, Sal-Swin, Lincoln Center Theater Collection, New York City. See also on Sarg, Jon Monk Saunders, "Tony Sarg Has Never Done a Stroke of Work in His Life," *The American Magazine* 1 (May 1926): 26–28, 100, 103–4, 106, 108.
[39] Jameson Sewell, "The Marionette: The Movie of the Past," *Shadowland* (September 1919), pp. 15–18; obituary, *New York Herald Tribune* (March 17 and 21, 1942); *New York Herald* (Sunday, March 15, 1931); *The Villager* (March 12, 1942); *New York Sun* (February 28, 1942); Anne Stoddard, "The Renaissance of the Puppet Play," *Century Magazine* (June 1918), pp. 173–86, Sarg "Clippings."
[40] On Bel Geddes, see *MRSW* 59 (December 1926): 22, and *Sparks* (the Macy's employee magazine) (December 1926): 15. On the management choice of Sarg to design the floats, see "minutes of the Executive Council" (September 25, 1924), p. 91; and on his poster advertising, see *PRL* (November 2, 1925).
[41] *Sparks* (November 1928): 4.
[42] "Macy's Toy Circus Outshines the Glory of Last Year," *PRL* (December 1, 1924): 10; on the "large police force," see *NYT* (November 28, 1924), p. 15.
[43] "The Marvels of Macyland": 10; *PT* (December 1924): 246; *MRSW* 55 (December 1924): 24. *MRSW* later reported that the parade was a unique one. Macy's, the journal said, was "the only department store of the kind in our recollection" to present a parade "marching from upper New York to the store"; see *MRSW* 56 (January 1925): 1.
[44] "Santa Claus Exhibits," *NYT* (December 19, 1926), pt. II: 19.
[45] *PRL* (Second December Issue, 1924): 1.
[46] William H. Baldwin, "Like Topsy, We 'Just Growed,' The Case History of a Public Relations Counselor," *Public Relations Journal* 14 (September 1958): 9–10, 12.
[47] *WWD* (November 23, 1927): 2; *WWD* (November 26, 1927): 17; *PRL* (First December Issue, 1927): 11; *MRSW* 56 (December 1927): 18.
[48] Frances E. Fox, director of Drama Division of the Department of Recreation, Houston, to the Children's Bureau (October 9, 1930), Children's Bureau Papers, Folder 5–8–1, "Holiday Celebrations," RG 101, NA.
[49] *Toy World* 3 (November 1929): 88–89.
[50] *MRSW* (January 9, 1929): 36–37; "The Great Toystore Tableaux," Howard Kratz, Wanamaker's Philadelphia display manager, photo album (1927–31), WA; John Wanamaker and Co., "The Enchanted Forest" (Philadelphia, 1927), WA; *TN* (January 1930): 197; *TN* (November 1930): 88–89; *PRL* (September 1933): 17.
[51] *NYT* (November 28, 1930), p. 4.
[52] See Betsy Blackmar, "Uptown Real Estate and the Creation of Times Square," in *Inventing Times Square*, ed. William R. Taylor (New York, 1991), pp. 51–66.

[53] "Grover Whalen Has New Plans to Speed Traffic," *NYT* (May 19, 1929), pt. X: 10; F. George Fredericks, *Adventuring in New York* (New York, 1923) p. 38; *ST* (March 1927): 60.
[54] David Schulte, real estate developer, quoted in *NYT* (April 30, 1925), p. 1.
[55] On the increase in expenditure, see Clyde Thompson of J. Walter Thompson, "The Trend in Outdoor Advertising," *The Advertising World* 35 (August 1930): 71–77; on Bullock's, see *The Advertising World* 31 (November 1926): 22–23.
[56] Thorstein Veblen, *Absentee Ownership and Business Enterprise in Recent Times: The Case of America* (New York, 1923), p. 315. On the zoning laws, see Jerome Charyn, *Metropolis: New York as Myth, Marketplace, and Magical Land* (New York, 1985), pp. 43–44.
[57] For an ordinary advertising day in the district in 1922, see *ST* (February 1922): 11; and for 1924, see *ST* (February 1924): 35. According to *ST*, automobile advertising began to dominate district advertising by 1924 (see "Automobile Advertising Leads Survey of Electric Signs Being Used," *ST* [February 1924]: 35). See also *The WPA Guide to New York City*, with introduction by William H. Whyte (New York, 1982; orig. pub. 1939), p. 170.
[58] Fredericks, *Adventuring in New York*, p. 38.
[59] *ST* (February 1925): 48.
[60] *ST* (January 1923): 45; *ST* (September 1920): 1.
[61] *ST* (April 1925): 48; *ST* (August 1924): 27.
[62] Quoted in Joseph Urban, "Wedding Theatre Beauty to Ballyhoo," *NYT* (August 19, 1928), pt. IV: 10.
[63] Edward L. Bernays to SC (January 26, 1928), SCP; Bernays, *Biography of an Idea* (New York, 1962), pp. 403–18; *NYT* (February 2, 1928): 5.
[64] *NYT* (November 11, 1929): 55.
[65] "Broadway's Colors," *NYT* (June 23, 1929), pt. V: 21; on Georges Claude, see *ST* (March 1927): 60.
[66] On the all-day advertising advantages of neon, see *ST* (March 1927): 60; and "Luminous Tube Signs Rapidly Developing in Popularity," *ST* (May 1926): 52.
[67] "Broadway's Colors": 21.
[68] Christopher Isherwood, quoted in Alex de Jonge, *The Weimar Chronicle: Prelude to Hitler* (New York, 1972), p. 125; Friedrich Sieburg, quoted in *The Paris We Remember*, ed. and trans. Elisabeth Finley Thomas, with introduction by Elliot Paul (New York, 1942), pp. 117–18; Henry Haynie, *Paris Past and Present* (New York, 1902), vol. 1, pp. 339–41. On the six thousand neon signs in Paris, see *ST* (March 1927): 60; and Edith Wharton, *A Backward Glance* (New York, 1934), p. 320.
[69] *NYT* (June 18, 1928), editorial, p. 18. "What consternation would greet that order," said the *Times*, "if Mayor Walker were to promulgate it here?......Cigarette and motorcar advertisements would have to go, along with Tex Rickard's electric pointer."
[70] On the "battle" between the Fifth Avenue and Broadway associations, see *ST* (April 1922): 54; *ST* (June 1922): 38; *ST* (July 1922): 48; and *NYT* (February 12, 1928), pt. II: 5. On the Gude Company's membership in the Fifth Avenue Association, see *The*

Annual Report of the Fifth Avenue Association (New York, 1919): 33.
[71] SC to Edward Bernays (January 26, 1928), SCP; Ezra Pound, *Patria Mia* (Chicago, 1950; written c. 1913), pp. 32−33.
[72] Veblen, *Absentee Ownership and Business Enterprise in Recent Times* (New York, 1923), pp. 321−22.
[73] Lang, quoted in Mandelbaum and Myers, *Screen Deco*, p. 166.
[74] Lewis Mumford, "The City," in *Civilization in the United States*, ed. Harold Stearns (New York, 1923), pp. 8−9.
[75] G. K. Chesterton, "A Meditation in Broadway," in *What I Saw in America*, in *The Collected Works of G. K. Chesterton*, ed. Robert Royal, vol. 21 (San Francisco, 1990), pp. 66−72.
[76] Chesterton, "A Meditation in Broadway," p. 68; "The Rituals of Christmas," *Illustrated London News* (December 24, 1927), in *The Collected Works of G. K. Chesterton*, ed. Lawrence J. Clipper, pp. 26, 438−39.
[77] *The Collected Works*, ed. Robert Royal, Chesterton, "What Is America?," vol. 21, pp. 47−48.
[78] Ibid., p. 48.
[79] Chesterton, "A Meditation in Broadway," p. 70.

第十二章

[1] R. L. Duffus, "A New National Symbol in Stone," *NYT* (May 15, 1932), sec. 5, magazine; *NYT* (June 4, 1929): 28.
[2] Herman Melville, *The Confidence Man* (New York, 1955), p. 12.
[3] *NYT* (December 26, 1931): 14.
[4] *NYT* (June 9, 1929), pt. III: 4.
[5] Duffus, "A New National Symbol in Stone": 11.
[6] Carroll H. Wooddy, *The Growth of the Federal Government, 1915−1932* (New York, 1934), pp. 549−54. This study was actually prepared under the direction of President Herbert Hoover's Research Committee on Social Trends.
[7] The following biographical sketch has been drawn largely from David Burner's biography of Hoover, *Herbert Hoover: A Public Life* (New York, 1979) and from George H. Nash's massive two-volume study of Hoover's early years, *The Life of Herbert Hoover: The Engineer, 1874−1914* and *The Life of Herbert Hoover: The Humanitarian, 1914−1917* (New York, 1983, 1988).
[8] Herbert Hoover, "Message to the National Federation of Men's Bible Classes" (May 5, 1929), in *Herbert Hoover: Papers of the presidents of the United States* (Washington, D. C., 1974), p. 136.
[9] Quoted in Burner, *Herbert Hoover*, p. 54. The reference to the passport policies of Turkey and Russia appears in Hoover's *Memoirs* as quoted in Burner, p. 73; and Nash, *The Life of Herbert Hoover: The Engineer*, pp. 245−83, 348−78, 384−475.
[10] Craig Lloyd, *Aggressive Introvert: A Study of Herbert Hoover and Public Relations Management, 1912−32* (Columbus, O., 1972), pp. 21−28.

[11] Robert Sobel, *The Great Bull Market: Wall Street in the 1920s* (New York, 1968), pp. 24–26.
[12] HH to JK (May 23, 1925), BFDC, Record Group 151, 402. 1. General Files, NA. Washington, D. C. See also, for clear summations of the problems focused on by Commerce throughout the twenties, Frank Surface, assistant director of Domestic Commerce, *DC* 2 (February 3, 1928): 4; and "Report on the Census of Distribution," BFDC, 151, 024, General Files (1933–34), NA.
[13] On this compromise, see Ellis Hawley, "Herbert Hoover and Economic Stabilization, 1921–22," in *Herbert Hoover as Secretary of Commerce*, ed. Ellis Hawley (Iowa City, Ia., 1981), pp. 43–80; Hawley, essay in *Herbert Hoover and the Crisis of American Capitalism*, ed. Joseph Huthmacher and Warren Susman (Cambridge, Eng., 1970), pp. 3–33; David Burner, *Herbert Hoover*, pp. 158–89; Joseph Brandes, *Herbert Hoover and Economic Diplomacy* (Pittsburgh, Pa., 1962); Daniel Fox, *The Discovery of Abundance: Simon Patten and the Transformation of Social Theory* (Ithaca, N. Y., 1967), p. 164; Carolyn Grin, "The Unemployment Conference of 1921: An Experiment in National Cooperative Planning," *Mid-America* 55 (April 1973): 83–107; Guy Alchon, *The Invisible Hand of Planning: Capitalism, Social Science, and the State in the 1920s* (Princeton, N. J., 1985), pp. 3–15; and R. Jeffrey Lustig, *Corporate Liberalism: The Origins of Modern Political Theory, 1890–1920* (Berkeley, Calif., 1986). Not all of these historians agree, however, on the exact character of the compromise Hoover developed. Most see Hoover principally as a corporate liberal. For an excellent recent discussion of corporate liberalism and statism as ideologies, see Mary O. Furner, "Knowing Capitalism: Public Investigation and the Labor Question in the Long Progressive Era," in *The State and Economic Knowledge The American and British Experiences*, ed. Mary O. Furner and Barry Supple (Cambridge, Eng., 1990), pp. 241–86.
[14] HH, *American Individualism* (New York, 1922), pp. 1–33.
[15] On the impact of the "new economics" on Hoover, see esp. William J. Barber, *From New Era to New Deal* (Cambridge, Eng., 1985), pp. 7–77; and Alchon, *The Invisible Hand of Planning*.
[16] HH, *American Individualism*, p. 33.
[17] *Recent Economic Changes*, p. xviii.
[18] *DC* (May 13, 1929), p. 6.
[19] HH, *The Memoirs of Herbert Hoover: The Cabinet and the Presidency, 1920–1933*, vol. 2 (New York, 1952), p. 167.
[20] Ibid.
[21] HH, *The New Day: Campaign Speeches of Herbert Hoover* (Palo Alto, Calif., 1928), pp. 77–78; and HH, *Memoirs*, pp. 169–70.
[22] A. Lincoln Filene to LK (April 23, 1921), Box 65, "Filene, A. Lincoln," LKP, Baker Library, Harvard Business School.
[23] HH, *Memoirs*, pp. 168–173; and Burner, *Herbert Hoover*, pp. 172–73.
[24] HH, *American Individualism*, p. 40.
[25] HH, *The New Day*, pp. 10–23. On the relation of state power to "knowledge

production," see Mary O. Furner and Barry Supple, "Ideas, Institutions, and State in the United States and Britain: An Introduction," in *The State and Economic Knowledge*, pp. 3–39; and Michael Lacy and Mary O. Furner, "Social Investigation and Public Discourse," in *State and Social Investigation in Britain and U. S.*, ed. Lacy and Furner (Cambridge, Eng., forthcoming). See also, on the emergence of centralized statistical agencies in Washington during World War I, Robert Cuff, "Creating Control Systems: Edwin F. Gay and the Central Bureau of Planning and Statistics, 1917–1919," *Business History Review* 63 (Autumn 1989): 588–613.

[26] Wesley Clair Mitchell, "Economic Resources and Their Employment," in *Studies in Economics and Industrial Relations* (Philadelphia, 1941), p. 2.

[27] Cuff, "Creating Control Systems," pp. 609–13.

[28] Burner, *Herbert Hoover*, pp. 161–62.

[29] HH, *New Day*, p. 74 (speech at Newark), p. 120 (speech at Boston), and p. 187 (Speech at St. Louis). For list of businessmen hired by Hoover to head his commodity divisions, see Will Kennedy, "Business Experts Make Sacrifices to Help Put the Hoover Plan Across," *The Washington Evening Star* (December 25, 1921), Editorial Sec.: 1. See also, on these divisions, Hawley, "Herbert Hoover and Economic Stabilization," pp. 52–53.

[30] Dr. Frank Surface, assistant director of BFDC, quoted in *DC* (January 30, 1931), 27; JK, *Frontiers of Trade* (New York, 1929), pp. 120, 141.

[31] JK to Bernays (December 9, 1929), General Files, 402. 1; General (1927–49), BFDC, NA.

[32] On this new "section," see S. L. Kedsierski, Costs and Operations Analysis, Merchandising Research Division, to Max Kelley (November 28, 1930), RG 151, BFDC, entry 1 NE–27, General Records, 402, 301, *DC*, Retail, Consumers, NA. On the overall structure, see Hancock Adams, "Our New Commerce Building," *National Republic* 19 (November 11, 1931): 5–6.

[33] Quoted in Joseph Dorfman, *The Economic Mind in American Civilization*, vol. 4. (New York, 1959), p. 367; Wesley Clair Mitchell, *Business Cycles* (Berkeley, Calif., 1913), p. 599; and Alchon, *The Invisible Hand of Planning*, p. 19.

[34] Quoted in Robert Seidel, "Progressive Pan Americanism: Development and United States Policy Toward South America, 1906–1931," Ph. D. diss., Cornell University (1973), p. 185; see also Seidel, pp. 169, 278; and JK to Edwin Gay (June 24, 1915), Edwin Gay Papers, Manuscripts and Archives, Baker Library, HBS.

[35] Melvin Copeland, *And Mark the Era: The Story of the Harvard Business School* (Boston, 1958), pp. 16–25, 214–16, 431; Edwin Gay, quoted in Herbert Heaton, *A Scholar in Action: Edwin F. Gay* (Cambridge, Mass., 1952), pp. 18, 38–49, 62–70, 80, 98–99.

[36] JK to Edwin Gay (September 27, 1915, October 3, 1915, and September 27, 1915); and Edwin Gay to A. Lawrence Lowell (February 15, 1912), and April 6, 1912), Gay Papers.

[37] JK, *The Mesta: A Study in Spanish Economic History, 1273–1836* (Cambridge, Mass., 1920), pp. vii-xi, 9–22, 28–42, 52; JK to Edwin Gay (September 7, 1917), Gay Papers.

[38] Franklin Johnston to JK (August 8, 1928), RG 151, BFDC, Criticism, NA ; Julius Klein, biographical sketch in *Who's Who in Government* (New York, 1930), vol. 1, p. 312.

[39] Wesley Clair Mitchell, "Economic Resources and Their Employment," in *Studies in Economics and Industrial Relations* (Philadelphia, 1941), p. 2; Willford I. King, "Trade Cycles and Factory Production," and Francis Walker, "New Data Needed for Forecasting," in *The Problems of Business Forecasting*, ed. Warren Persons et al. (Boston, 1924), pp. 13–16, 27, 35, 85–91.

[40] JK, *Frontiers of Trade*, pp. 187–88.

[41] U. S. Department of Commerce, *Tenth Annual Report of the Secretary of Commerce* (Washington, D. C., 1922), p. 135.

[42] Ibid., pp. 96–98, 107–10.

[43] JK to Congresswoman Edith Rogers (October 16, 1928), BFDC, RG 151, 402. 10, New England General, NA; A. Heath Onthank to the Chamber of Commerce, Cleveland, Ohio (May 6, 1925), 402. 1, General Files, BFDC, NA; "The Retailer and the Consumer in New England," *Trade Information Bulletin* no. 575 (Washington, D. C., October 1925), pp. 1–3; and Irving Paull to John C. Rink, N. W. Ayer and Sons (August 22, 1923), RG 151, 402. 4. 7, BFDC, NA.

[44] On the retail credit survey, see *DC* (May 24, 1928): 2, and *DC* (July 9, 1928): 2. On retail distribution surveys, see John C. Rink of N. W. Ayer and Sons to I. S. Paull (August 21, 1923), BFDC, RG 151, 402. 4, Conferences on Retail Distribution, NA; and H. C. Dunn, chief of *DC* Division, to J. W. Roedel (October 9, 1929), 402. 4, Returned Goods, RG 151, BFDC, NA.

[45] Victor Cutter to JK (July 30, 1929), RG 151, "Domestic Commerce—Distribution—Surveys—New England," BFDC, NA.

[46] "Resolution of the Association of National Advertisers," in convention at Detroit (May 11, 1927), RG 151, 402. 1, General, 1927–29, General Files, BFDC, NA.

[47] C. B. Clark, J. L. Hudson and Co., to Irving S. Paull, chief of Domestic Commerce Division (June 1, 1923), RG 151, 402. 4 General, "Domestic Conferences—Conferences—General–1923–29," BFDC, NA.

[48] Frederick M. Feiker to HH (January 7, 1925), RG 151, General Files, 402. 1. General, 1925, BFDC, NA.

[49] Robert P. Lamont, secretary of commerce, radio address (December 1, 1929), General Files, 0024, 1930, Census; "Philadelphia and the Census of Distribution" (May 3, 1930), 024, General (1930), Census, pp. 1–4; and "What the Census of Distribution Is," General, 024 (1933–34), Census, pp. 1–2, BFDC, NA. On the first British census, see Margaret Hall, John Knapp, and Christopher Winston, *Distribution in Great Britain and North America* (London, 1961), pp. 1–5.

[50] *DC* (May 13, 1929): 6.

[51] For a sample of BFDC publications, see "Retail Store Planning," *Trade Information Bulletin* 291 (Washington, D. C., 1924), pp. 2–3; "Cooperative Retail Advertising," *Trade Information Bulletin* 302 (Washington, D. C., January 1925); "Measuring a Retail Market," *Trade Information Bulletin* 272 (Washington, D. C., October 13, 1924); "Planning Salesman's Territories," *Trade Information Bulletin* 214 (Washington, D. C.,

1924); and Domestic Commerce Series, "Retail Store Problems" (Washington, D. C., 1926).
[52] JK, *Frontiers of Trade*, pp. 90–91, 210; and C. J. North to Chester Jones, Paris, commercial attaché (February 5, 1927), 400. 2, France, RG 151, Trade Promotion, BFDC, NA.
[53] JK, "Fundamental Basis of Our Prosperity," *NYT* (December 15, 1929), sec. XI: 3, 20.
[54] HH, *Memoirs*, vol. 2, p. 79; Donald Breed to O. P. Hopkins (April 25, 1932), RG 151, 101. 1, Criticism, BFDC, NA; JK, radio address, *NYT* (November 25, 1929), p. 4.
[55] JK, report on CBS radio show, *NYT* (January 20, 1930), p. 9.
[56] For Klein's radio show on industrial design, see "Beauty as a Business Builder," *MRSW* 66 (June 1930): 7–9; on show windows, "Art in Industry Pays Dividends," *MRSW* 61 (March 1930): 4, 13–17, and *DC* (March 1930): 98; and on advertising, *NYT* (October 14, 1929): 41.
[57] *NYT* (October 14, 1929): 41.
[58] *NYT* (October 22, 1929), editorial: 28; Bernays, *The Biography of an Idea* (New York, 1962), pp. 445–59.
[59] On Insull, see Forrest MacDonald, *Insull* (Chicago, 1962); and for the best account of the "jubilee" to celebrate Edison, see Matthew Josephson, *Edison* (New York, 1959), pp. 432–56.
[60] See Grin, "The Unemployment Conference of 1921," pp. 83–107.
[61] HH, *Memoirs*, vol. 2, p. 7.
[62] On Hoover's Division of Building and Housing and the Better Homes Movement, see HH, *Memoirs*, vol. 2, pp. 92–94.
[63] Lloyd, *Aggressive Introvert*, pp. 122–33. Lloyd provides a fine discussion of Hoover's publicity role on pp. 20–33, 45–55, 131–43, and 152–63. See also Gwendolyn Wright, *Building the Dream: A Social History of Housing in America* (New York, 1981), pp. 195–98.
[64] John Gries and James Ford, ed., *Housing Objectives and Programs*, vol. 11 of *The President's Conference on Home Building and Home Ownership* (Washington, D. C., 1932), pp. 150–201.
[65] HH, *Memoirs*, vol. 2, pp. 97, 99.
[66] White House Conference on Child Health and Protection, *The Home and the Child: Housing, Furnishing, Management, Income, and Clothing* (New York, 1931), pp. 13–17.
[67] Ibid., pp. 39–55.
[68] Prentiss Terry, district manager, Louisville, Ky., to R. J. Croghan, Division of Current Information (April 21, 1932), 101. 1, Criticism, RG 151, BFDC, NA; and ed., *Bulletin of the International Management Institute* [Geneva, Switz.] 7 (March 1933): 46.
[69] Ernest DuBrul, general manager of National Machine Tool Builders' Association, to W. H. Rastall, chief of Industrial Machinery Division (January 30, 1928), RG 151, 402–10, Domestic Commerce—Conferences—General–1923–29," BFDC, NA.
[70] JK, memorandum to Frank Surface (August 13, 1928); H. B. Dorsey, secretary of the Texas Grain Dealers' Association, to B. S. Culler, chief of the BFDC (May 20, 1919);

Franklin Johnston, editor of *The American Economist*, to JK (August 8, 1928); R. J. Croghan to Prentiss Terry (April 21, 1932); M. J. Hart, congressman from Michigan, to E. Kent Hubbard, Connecticut Manufacturers' Association (June 10, 1932), 101. 0, Criticism, RG 151, BFDC, NA.

[71] Donald Breed, *The Freeport Journal Standard*, Freeport, Ill. (April 2, 1931), editorial: 8; Breed to O. P. Hopkins, assistant director of the BFDC (April 25, 1932), 101. 0, Criticism, BFDC, NA.

[72] *DC* (September 3, 1928): 1.

[73] HH, "Advertising Is a Vital Force in Our National Life," repr. in *Advertising World* 30 (August 1925): 1–2. See also *PRL* (Second May Issue, 1925): 7.

[74] HH, "Addresses During the Campaign" (August 21, 1928), in *Public Papers of the Presidents* (Washington, 1958) pp. 521–24.

[75] Ibid., p. 524.

[76] On these writers, see Richard H. Pells, *Radical Visions and American Dreams: Culture and Social Thought in the Depression Years* (Middletown, Conn., 1984), pp. 96–105.

结论

[1] Edmund Wilson, "The Literary Consequences of the Crash" (March 23, 1932), repub. in *The Shores of Light: A Literary Chronicle of the Twenties and Thirties*, ed. Edmund Wilson (Boston, 1985; orig. pub. 1952), p. 498.

[2] Edmund Wilson, "An Appeal to Progressives," orig. pub. 1930 and repub. in Edmund Wilson, ed., *The Shores of Light* (New York, 1961), pp. 518–27. All quotes in this paragraph are from this text.

[3] Sidonie and Benjamin Gruenberg, *Parents, Children, and Money* (New York, 1933), pp. 172–75.

[4] Quoted in Richard Pells, *Radical Visions and American Dreams* (Middletown, Conn., 1984), p. 108. Pells presents an excellent discussion of the thinking of these men, pp. 69–150.

[5] Quoted in Pells, pp. 99, 107.

[6] For the Dewey quote, see Pells, p. 120; on the quest for "wholeness," see Pells, pp. 97–102; and on Mumford's critique of constant growth, see Pells, p. 110.

[7] See, on dimensions of this search for a "shared American culture," Warren Susman, *Culture as History: The Transformation of American Society in the Twentieth Century* (New York, 1984), chap. 9, "The Culture of the Thirties," pp. 150–83.

[8] Samuel Strauss, *American Opportunity* (New York, 1935), pp. 23–25.

[9] On government modernization programs, see "Store Improvement Planned and Is Greatly on the Increase," *MRSW* 76 (April 1935): 37, 78 (April 19336): 1; and *DC* (November 30, 1936): 311. On *The New Republic* and *The Nation*, see Pells, pp. 81–86.

[10] James Rorty, *Where Life Is Better: The Unsentimental American Journey* (New York, 1936), pp. 103–110, p. 157, p. 169, p. 287, 380–81.

[11] Robert Heilbroner, *The Nature and Logic of Capitalism* (New York, 1985), pp. 104–5.

[12] James Grant, *Money on the Mind: Borrowing and Lending in America from the Civil War to Michael Milken* (New York, 1992), p. 5.
[13] Leroy C. Schwarz Kopf, *Government Reference Serials* (Englewood, Colo.: Libraries Unlimited, 1988); and Donna Andriot, ed., *Guide to U. S. Government Publications* (McLean, Va., 1990). I want to make clear here that this discussion is not intended as an attack on the public sector; rather, it is meant to indicate how much business is dependent on the public sector for its existence. Businessmen who argue otherwise are, at the very least, disingenuous. Moreover, the private and public sectors are today so deeply intertwined that only ideologues can construe them as divorced from or contradictory to one another.
[14] U. S. Government, *Budget of the United States Government, Fiscal Year 1990* (Washington, D. C., 1990), I-F7—F10.
[15] On the Kuwait service, see *NYT* (March 22, 1991): Dl; and on the export licenses, see *The Wall Street Journal* (July 31, 1992): A14.
[16] "Selling to the World," *The Wall Street Journal* (August 27, 1992): 1.
[17] Michael Schudson, *Advertising, the Uneasy Persuasion: Its Dubious Impact on American Society* (New York, 1984).
[18] "Germans Sigh and Say 'Charge It,'" *NYT* (April 13, 1991): L37.
[19] "New Fashion School in India Draws from a Rich Heritage," *NYT* (June 21, 1989): C14.
[20] Anne Hollander, "Dragtime," *The New Republic* (August 31, 1992): 41.
[21] On the Nike advertising, see *NYT* (December 27, 1991): D5; and on the Indonesian factory, see letter to the editor, *NYT* (August 15, 1992): 18.
[22] Samuel Strauss, "The Future," *The Villager* 6 (April 28, 1923): 119.
[23] "American Culture Examined as a Force That Groups the World," *NYT* (March 11, 1992): C17.
[24] Deborah Levenson, *Death Into Life: Trade Unions and Terror in Guatemala, 1954—1985* (Chapel Hill, N. C., forthcoming).
[25] Robert E. Reich, "Who Is Them?," *Harvard Business Review* (March-April 1991): 82; and "For Coke, World Is Its Oyster," *NYT* (November 21, 1991): Dl.
[26] The Marriott Hotel Corporation and its president, J. W. Marriott, Jr., provide a good example of this disregard. In ten years, from 1980 to 1990, they increased the number of their hotels from 75 to 650—a tremendously wasteful overbuilding that resulted only in numerous empty buildings and in the need to sell off one hotel after another. *NYT* (March 22, 1991): Dl.
[27] Robert E. Litan, Robert Z. Lawrence, and Charles L. Schultze, eds. *American Living Standards: Threats and Challenges* (Washington, 1988), p. 14, 116—31; and Christopher Lasch, *The True and Only Heaven. Progress and Its Critics* (New York, 1991), pp. 412—532.